封扉题字　江泽民

劉瑞龍文集

第三卷

人民出版社

南通师范校庆八十周年

母校创于一九〇二年，于今八旬，校随国新，此祝。

师范称首创　旨在育群英
救国寻大策　新旧起抗争
我党开新路　帝封一扫清
揩将热血洒　迤逦举国兴
先驱励后继　烈士节铮铮
长程慨曲折　韧进终有成
神州风光好　江海喜奔腾
四化肩任重　战绩日日新

刘瑞龙

一九八二年一月八日

刘瑞龙手迹

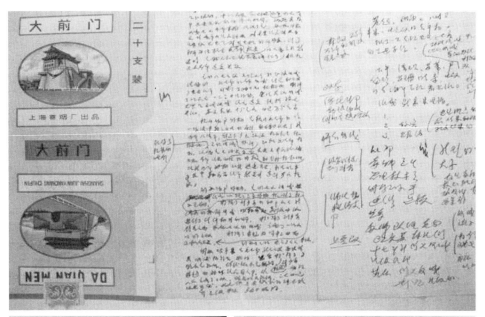

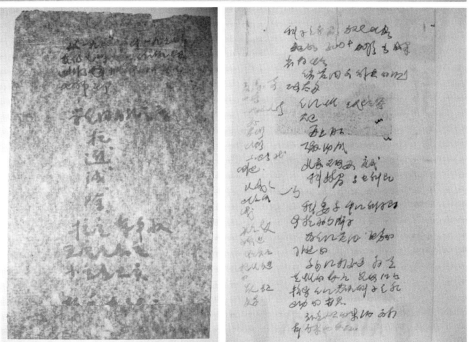

　　这是"文革"中，刘瑞龙受"四人帮"迫害，被关进监狱后，为撰写《农业"八字宪法"浅说》，克服没有纸张的困难，写在香烟盒纸背面的手稿。

目　录

社会主义建设时期

社会主义建设时期

驳"江南农村无封建"*

——对江南农村情况的分析

（1950 年 3 月）

一

对江南农村情况的观察，江南某些地主近来似乎有一种共同的说法："江南农村无封建"，这是片面强调了、并且片面夸大了它的特点的方面，而抹煞了它与中国一般农村未解放前的那种半封建半殖民地在本质上共同的方面，用意在于模糊人们对江南农村的正确认识，以此作为企图逃避或反对土地改革的借口。我们党内一部分从北方来江南农村工作的干部，则每易机械搬运老区经验，只是一般地了解了江南农村与北方解放前的农村在本质上相同的方面，而忽视了它的不同的方面。

二

据现有的材料看，应当承认，长江三角洲及其相近地区的这个江南农村，在解放前，其经济情况，和北方土改前的农村或者和长江两岸及其以南各偏远乡村的情况比较起来，确有其不同的特点。表现为帝国主义和官僚资本主义的直接侵蚀作用以及民族工商业的影响特别深刻：在帝国主义经济政治侵略的冲击过程中，江南农村是帝国主义首先侵入推销商品、收购原料与剥削廉价劳动力的市场；这一区域是国民党反动统治的中心，官僚资本利用政治势力深入农村，通过各种方式去剥削农民；这一区域各大中城市的工商业较之其他地区发达，这是全国工商业的中心地带，有大量民族资本的存在，它是受帝国主义与官僚资本压迫的，但它与农村中的封建经济在其先天已结有不解之缘。这几种

---

* 作者时任华东局农委书记，华东土改委员会副主任。华东地区是全国经济最发达的地区。当时全区的农业人口约 1.25 亿，农村阶级关系复杂，租佃关系形式多样。作者通过细致周密的调查研究，撰写出这篇具有指导性的文章。

势力与江南农村原来的封建势力互相结合互相影响，因而使得江南农村的阶级关系、剥削关系、农业经营以及政治、文化等等方面，都存在着若干错综复杂的情形。当然，过去这些特点并没有从根本上动摇了或是改变了江南农村经济的半封建半殖民地的本质，也没有从根本上动摇了或是改变了封建势力在江南农村中的经济上和政治上的统治地位，而是基本上在更复杂更多样更巧妙的形式之下，加深了封建阶级对农民的剥削强度，并维持着封建阶级在农村中的统治地位。

三

江南农村与土改前北方农村共同的方面这里姑不具列，其不同的特征，表现在：

1. 农村中地主阶级与农民阶级都有其不同情形。地主阶级中不住在农村的大中地主较多，很多地主住在城市和集镇上，所谓"离乡地主"或"不在地主"便是指的他们，这些人们大多以其剥削农民所得兼营工商业（兼作厂主、店主、行东或与其他工商业家合股经营或直接替洋行当买办等）。也有些工商业家，以其利润所得之一部，不去扩大生产而用于购买土地，从事封建剥削。因此，便形成了某些地方土地的垄断者，又是农村中初级市场或中级市场的垄断者，这些人们中间很多同时兼营高利贷，这种一身而二任或者三位一体的情形，使得我们在农村中的每一关联到地主阶级的动作和措施，都会或多或少地牵连到甚至震动到城市的某些工商业家们。若干在抗战后新起的暴发户地主，多是利用敌伪或国民党势力起家的，则和官僚资本有着密切关系。在多重剥削之下已经破产或者濒于破产的农民，大多到城市工厂做工，在城市做零工或苦力，有的借钱跑单帮，至于无工可做或无钱经商的则流为游民。据查慈溪县的一个区，离村进城谋生的，达到该区人口的20.6%。无锡市礼社县一个乡，离村外出谋生的，达到该乡人口的20%左右。很多农民在城市有了固定工作之后，家里原有的小块土地，一般是出租给其他农民耕种。或是农忙季节回家农作，农闲时又回到城市做工，因此，江南除长年工之外，还有相当数量的"季候工"。有的一家既有人做工亦有人农作。工人和农民的关系是异常密切的，城市和乡村的革命斗争两者之间的相互推动相互影响的作用极快。

2. 农产物商品化的程度较北方为高，农业中商品作物较北方发展，农村经济对城市工商业甚至在某种程度内对帝国主义的依赖也较明显。不少地方的农业生产不是自给自足的，而是为供给城市工业原料或城市生活消费而服务的。松江500余万亩土地，棉田即占了200余万亩；很多地方植麻、种桑、饲蚕、栽种果木、喂猪、养羊等，都是为了这个目的。江南农村副业特别发达，有些县份最盛时期，副业收入曾达到农民总收入的30％，很多农村手工业及副业与城市工商业密切结合着，工商业资本家为了利用农村中剩余的贱价劳动，除在城市有自己的工厂或商店外，个别的还在乡间分设作坊，或委托农村中原有作坊及个别农户进行初制工作，如织坯布、打手套、织毛巾洋袜、刺绣等，初步制成后，再到城市加以复制，然后出售，很多农村手工作坊、家庭手工业或农户副业，便是依靠这方面的联系赖以谋生并维持其存在的。在农作过程中，农业技术基本上仍然是落后的，但已采用进步肥料如豆饼、肥田粉等，这些都要依靠城市或较大集镇供给，沪、宁、杭沿线个别县戽水机（即抽水机）甚多，无锡、武进每县即有千余具，吴县亦有数百具，大多掌握在富农及商人手中，所用柴油，还要靠进口。农民不仅在生产上依赖城市，即其日常生活必需品，很多也要依赖城市供给。农业与手工业紧密结合的自然经济的破坏也较任何地区明显。

3. 租佃关系复杂。在全国一切未土改的农村，土地大部分集中于地主阶级手中，农村中地主阶级土地所有制仍占统治地位，农民受着地主阶级的压迫和剥削，这在江南也是共同的。但土地集中于地主阶级手中的程度一般较北方为高，而土地的使用经营，则一般较北方更为分散。其租佃关系复杂情况值得注意的是：

出租土地的人们中间，除了一般的地主及旧式富农外，还有大批兼营工商业的地主或兼作地主的工商业资本家。这些人中间有一部分还是外地工商业者在本地购地出租的。此外还有相当数量非地主阶级的小土地所有者，如教员、医生、职员、工程师等自由职业者，因从事其他职业而以出租土地作为部分生活补助的；也有部分工人、农民为生计所迫另谋生路，而将自己小块土地出租的。公田、学田、族田、庙田、义庄田亦较北方为多，其中祠堂祭田尤其复杂，关于修理宗祠、大的祭祀、与部分地区的祭田所有权等，多为地主、富农所操纵，但有的地区则其土地所有权，仍属其宗族或分支，因农村破产的关系，其中多数是贫农、中农，他们在一定时期内能轮种一次或收租一次（田不在本村附近的，只有收租），对他们家庭收入有补助作用，对鳏寡孤独关系更大。

租佃制度除一般的定租、分租、议租、典佃之外，有永佃权的较多。据说部分是太平天国时期遗留下来的；部分是北伐时期农民斗争得来；部分是原属农民土地，因欠债无法清偿债务，被迫低价卖给地主，农民只剩下永佃权了；部分是原属田荒地圩场，由地主圈地农民垦殖而取得永佃权的。这些土地的所有权是属于地主的，耕种权则属于农民。在苏南谓之田底（即所有权）、田面（即使用权），在浙江谓之"大业"、"小业"，这种土地，有的叫"灰肥田"、"常种田"，有的叫"管业田"。地主凭着田底权可以收租，但无权退佃，而农民的田面权，如自己不愿耕种，也可以出租或出卖，叫做"一田双卖两不相涉"。抗战前田底价格比田面贵，后来因为要种田的人多，个别地方的田面价格，反超过田底价格。也有一种永佃权的土地，要农民按时交租，田面才能长期属于农民，否则，便要"摘田"，这种名义上的永佃权，实际是并未固定的。田底田面均归地主的名为"借种田"、"花利田"或"盖头田"。吴县叫这种地主为"盖头地主"，佃户为"盖头佃户"。除固定佃户之外，有些地主为了加强剥削，采取活租田的形式，即年年要换佃户，个别地主换佃户时，采取"投标招佃"办法，由佃户自认租额，谁的租额认得高，田即交给谁种。此外尚有一种"转租"制度，又名"接手田"，甲户由地主方面租来若干土地之后，又转租给乙户、丙户及其他各户，这个最初的承租人，既替地主收租，又从中进行中间剥削，实际是地主的代理人，所以又叫二地主。由于货币关系的发展，地主为了剥夺农民的资金，便于自己图利并保障地租收入，于是押租制（即押板或下脚）及预租制（浙江又名垫租、现租、上交租）也相应地发展，部分县区有押租或收预租的土地，最多的达到全部佃田的80%。

各地交租有一熟两熟之分，有的只收秋租，有的则麦四秋六。其中租额由于原因不同而高低不一，最轻的仅占收获数量15%左右，最重的达70%左右，一般在收获量50%上下。大抵田多人少租轻，人多田少租重；外地地主租轻，本地地主租重；公田、学田、祭田租轻，其他私人地主较重；有永佃权及押租者租轻，无者租重。至于地租形态本来实物地租较多，在抗战前币值稳定期间，货币地租（又名"折价"）相当发展，以后币值不稳定，原有的货币地租多转为实物地租。个别地区还存在着劳役地租的残余。超经济的额外剥削种类亦多，如虚田实租（七当十、八当十、六当十、五当十）、大斗大秤、借田不借埂、送礼……，因不在乡地主较多，直接与农民发生关系者多为经租账房或地主所组织的租栈，不少地主只知收租，和农民不发生面对面的关系。额外劳役也到处都有。

个别地区农民因缺牛或本来有牛，因欠债牛被地主牵走再租回使用，因而发生牛租这种剥削形式，浙江及皖南山区牛租较多，一般地主出租牛有多到一两百头的，大多分散给农民喂养，每年每头牛租额 1 石到 3 石谷不等。有的则按亩或按工计算牛租。

4. 借贷关系频繁。这是由于农产商品化的程度加大，交换关系频繁，农民对货币的需要增加，以及由于农民穷困破产的加速而产生的。抗战前物价稳定时期，地主和农民在收获季节之后，地主所收地租及农民交租后剩下的粮谷，大多抛入市场，换取流动资金。地主将所得资金部分投入工商业，大多做其他投机事业；农民则将所得资金，大多还债或做小本生意，或投入其他生产。以后币值不稳定，一般人又转为轻币重货，在粮价过贱时，很多地主便将租谷甚至还加购粮谷囤入砻坊或米行，待机操纵市场，投机取利。

农民耕作需要资金，加上国民党的苛捐杂税，往往旧债未还，新债又接上了，每年为债所困，总是还不清。因此，江南借贷关系特多。乡村农民借债的，各村最低的达到全村户数的 50% 左右，一般的占 70% 左右，最多的达到 90%。乡村地主富农过去每年都要趁青黄不接季节，大放高利贷，有所谓放青谷、借麦还稻、粒半头、放桑叶等。由于工商业的发展，巨大规模组织的金融网在农村展开了，官僚资本的中国农民银行、中央合作金库合作社（江南农民名之曰合借社）等为急先锋，再辅之以私人银行钱庄典当。通过收购原料，预买青苗，贷放肥料、豆饼，抵押农产等等方式，用高利贷剥削农民。许多离乡地主，也多假手于这些金融机构，进行高利贷。上述这些，是借贷关系主要的一面。

此外则有农民之间的借贷，以及农民与工人之间的借贷，城市一部分工人亦有以其工资积蓄所得，借给本乡农民的。沪宁铁路工人放账是普遍的。上海亚美绸厂 60% 的工人都有拿所余工资放回本乡作为储蓄手段的。纱厂工人中也有类似情形。

5. 商业资本的中间剥削比较多样，规模较大，更有组织，并与高利贷密切结合。大的有茶叶、蚕丝、桐油、猪鬃、棉花等公司，小的有米行、茧行、丝行、花行、油行以及国民党所办各种形式的合作社等。这些公私行庄的主人或股东里面，工厂主、商人、买办地主都有。乡村糟坊、油坊、砻坊、粉坊、木行、竹行大都掌握在地主手中，低价买原料、买农产，高价卖成品。城市物价波动对农村影响极快，商人便利用这种波动操纵农产品的价格，使农民在交换中陷于更不利的地位。很多米行、粉坊、油坊还替地主收租放债，地租高利贷和商业营业利润，有时完全搅杂一起，很不容易分清。

6. 农业生产中除经营地主、旧式富农、佃富农之外，在部分地区还有个别公营的及私人经营的农场及少数农业资本家，采用较进步的经营方法。除地主富农雇佣长工之外，佃富农及农场也雇佣长工。由于农村剩余劳动力多，出卖零工的及雇佣零工的也较多，不仅地主、富农雇佣零工，即中农以下一般农民有时也雇佣零工。有的因经营副业而副业收入较农业为多的，便雇佣零工帮助耕作。雇工（放牛的不包括在内）工资一般较北方高，每年低者4、5石谷，最高者14、15石谷，一般8到10石谷左右。有些地方，雇工中的外来户，占相当大的数量。

7. 过去国民党长期的反动统治，在农村中反动政权机构较完备，国民党三青团在农村中亦有其组织，民社党、青年党在部分农村中曾发现他们的活动，这些都是为反动地主阶级服务的。耶稣教、天主教及帮会比北方多。太湖周围各县过去曾有过刀会、一贯道、佛教会等封建迷信团体。这些宗教会门的反动首领大多和地主勾结，土匪、特务、封建势力也是勾结在一起的，江南地主比北方地主更善于运用反动统治机构去统治农民。

8. 文化发达。大专学校集中于沪、宁、杭，部分较大县城亦有大学，各县甚至区内亦有中学，乡有完小，保国民小学亦普遍。地主、富农子弟读书的很多，即使农民识字的也较北方为多，文化水平较高。

9. 这个地区，在大革命前后曾经有过大规模的农民运动，苏维埃运动时期曾经暴发过农民起义和斗争，抗日战争时期曾开展游击战争并建立根据地。我军主力撤退后及在解放战争中，仍保留有许多人民游击部队及游击区，群众经过长期斗争的锻炼，使党具有传统的影响力。

四

由于以上种种情况，因此我们有准备、有步骤地进行土地改革的方针是坚定不移的。但在这些地区的农村进行工作时，必须注意掌握其经济、政治、文化等情况的复杂性及其与北方土改前农村的不同特征。在执行党的农村政策、领导农民运动时，必须采取稳进步骤。在情况未弄清、条件不成熟、准备未充分的时候，每一措施不宜轻易普遍推广。一切政策指导，策略指导，工作方法、方式，都应从江南具体情况的具体研究出发。对于准备土改与实行分配土地两个不同策略步骤中的不同政策界限，必须划分清楚；对于农村中现有的各种剥削，要加以全面考察。哪些是要马上取消的，哪些需要减轻，哪些又是需要暂时保留的，等待条件成熟，再行逐步废除的，都要有所区别。不能采取千篇一律，简单化的办法。要巩固和发展农村中反封建的统一战线，要更好地团结和组织农民的大多数，特别是巩固地团结中农；对于农村知识分子更要稳重、审慎，采取团结教育与分别改造的方针。在与封建势力进行斗争时，必须区别地主的大、中、小，区别恶霸与非恶霸，区别地主与富农。在经济上区别其封建剥削部分与非封建剥削部分。要善于有分别地对待地主阶级中的不同阶层，以及不同情形的地主分子，争取和团结开明士绅，打垮地主阶级的当权派，以减少土改的阻力。正由于江南地主与工商业的密切联系，我们便要更好地注意保护工商业，使得我们的农村斗争，不致损害有利于国计民生的工商业的正常发展。

怎样为人民服务的问题*

（1950 年 4 月 9 日）

同学们！华东革大第二期的基本教育方针是为今年冬季土改准备干部。就是说，我们革命大学要训练出三千、五千甚至上万的干部来参加伟大的消灭封建的土地改革工作。你们即将很快地投身到这场斗争中去，从现在到冬季土改，时间是很短的。在这里，我提出几点意见，供大家考虑。

第一，要抱定目的和宗旨。首先学习要一心一意，而不是三心二意。同学们有的离开了原来的学校，有的离开了原来的工作岗位，来到革命大学，既来了，就要把精力转移到这里的学习上来。心无旁骛，这就是一心一意。你们进革大所为何事？是要学习马列主义、毛泽东思想，学好了去为人民服务。这就是你们所要抱定的目的和宗旨。"为人民服务"这句话，谈起来容易做起来难。我们要求大家不但会讲，更重要的是学了能做。因为小资产阶级常常把"各人自扫门前雪，不管他人瓦上霜"当做处世做人的信条。这样，许多事情就会阻碍你前进，使你与人民群众相脱离。

第二，要敢于为人民服务。愿意为人民服务，不等于敢于为人民服务。譬如在为人民服务的时候，有时要同人民的敌人作斗争，如果你没有勇气就不行了。所以还要敢于为人民服务。

第三，要懂得为人民服务。"为人民服务"还有个服务得好不好的问题。有一种好心没有好报的做法，是我们所不取的。有些同志到农村去有一片好心肠，可结果把事情搞糟了，农民不领情，这叫有好心却没有好报。这样看来，为人民服务，光有了决心还不够，还得有方法，要考虑怎样把事情办好而不是把事情办坏。我建议大家在学习某一问题、做某一件事情时，要善于运用学到的知识。过去曾山同志讲过四句话可供大家参考。

这四句话就是"划清界限，分清是非，利害分清，理论联系实际"。"划清界限"，就是划清马列主义与非马列主义、划清毛泽东思想与非毛泽东思想、划清敌人与朋友等界限。"分清是非"，就是对每个问题、每件事都要分清是与非，

---

* 本文是在华东人民革命大学第二期第三、四部开学典礼上的讲话。作者时任中共上海市委秘书长。

不能含糊。"利害分清"，就是每做一件事，要分清这样做有什么好处，不这样做有什么害处或者是这样做有什么害处，不这样做有什么好处。"理论联系实际"，就是将学到的理论用于实际工作。言行要一致。

还有土地改革的问题。今冬到华东进行土改的地区，拥有七千万人口。我们要在这么广大的区域里面彻底消灭封建土地剥削制度，这任务是伟大的。在进行土改时，我们的力量是强大的，环境是安定的。现在广大农民已经组织起来。我们的有利条件是很多的。但是也有困难，这就是封建势力从各方面来的抵抗和破坏。但是不用怕。只要把广大群众充分发动起来，困难就能克服。

革大的课程很多。你们首先学《社会发展史》，学马列主义、毛泽东思想的基本知识来打好理论和思想基础，之后，再学土改政策、策略、方法等。我们一定要使今冬的土改搞得好，使农民在政治上翻身，获得土地，发挥生产积极性，推动生产大发展。

同学们肩负的任务是艰巨的。希望大家要珍惜时间，一分一秒也不要浪费。下定为人民服务的决心，完成学习任务。

华东一年来的土地改革运动

（1951 年）

一、华东土地改革经过

去年 2 月，华东各地根据军政委员会的指示，进行土地改革的准备。7 月，开始宣传动员，训练干部，进行典型试验。9 月中旬与 11 月中旬，先后召开了两次典型试验总结会议。12 月中旬以后，新区进行土地改革及老区结束土地改革即先后展开，今年 4 月，因春耕紧张，会暂时停止。夏收以后，利用农隙，继续进行。到 9 月底止，已经完成土地分配的新区连同老区共计 45 个专区，325 个县及 63 个县的一部分，共 3.7865 万个乡，占全区总乡数的 87% 强，其中已经颁发土地证的，共 1.7903 万个乡。尚未进行土地改革的地区，计 11 个县及 63 个县的一部分，共 5403 个乡，准备在今冬明春继续完成。

二、土地改革后华东农村的变化

华东土地改革工作，在毛主席和中央人民政府以及军政委员会的领导下，各级人民政府、广大干部及各地农民群众共同努力，获得了极大的胜利。土地改革后的华东农村，在政治上、经济上都发生了根本的变化，各方面气象焕然一新。

政治方面，摧毁了农村几千年来的封建统治，农民真正做了主人，农民的政治觉悟、组织力量和爱国热情空前提高。

过去，大江南北的地主阶级和帝国主义、官僚主义有密切联系。他们除运用反动政权统治农民外，有的私设公堂、刑房，直接残害农民；有的勾结土匪、帮会，组织道会门，利用伪参议会、伪农会，利用宗族势力以至反动的牧师神父，控制和欺压农民。他们夺取农民田产，霸占农民妻女，残害人命，无恶不作。土地改革中，地主中的不法分子会百般破坏，事实打破了某些人的"和平分田"的幻想。

华东很多地区的农民，在共产党领导下，曾经过反复斗争的锻炼，并在解放后各种运动中，初步显示了他们的智慧和威力。尤其是这次土地改革，由于抗美援朝运动的推动，并与镇压反革命运动密切结合，更加速了农民的觉悟。松江农民说："蜡烛不点不亮，地主不斗不老实。"原来某些怕政府不撑腰的农民，一经人民政府表明"坚决惩治不法地主"、"坚决镇压反革命"，并首先逮捕了罪恶昭彰的恶霸地主和反革命分子以后，都迅速团结起来，积极参加了反封建斗争。

土地改革全面展开后，农民斗争异常猛烈，运动普及各个角落。经过广大农民斗争和人民法庭的有力支持，骑在农民头上作威作福的地主，大都受到了不同程度的正义打击，某些在土地改革前仍被地主统治着的乡村（农村称之为"美国地界"、"小台湾"、"小蒋管区"），也变为人民民主的乡村。

封建制度摧毁了，土地改革实现了，农民的政治觉悟空前提高。到处歌颂着："分了地，出了气；翻了身，见了天。"农民不仅认识到自己团结的力量，而且也藐视美帝国主义；"地主是美帝国主义的千里眼、顺风耳，打倒了地主，美国便变成了瞎子和聋子。"农民的爱国热情空前高涨，在"保卫翻身果实，不受二遍罪"的口号下，纷纷订立爱国公约，自动报名参军，踊跃缴纳公粮并进行爱国增产捐献，展开了热烈的抗美援朝保家卫国运动，从各方面表现了对共产党、毛主席的热爱。

农民在斗争中组织起来了。全区农民协会会员从土地改革前的1000余万人发展到3390余万人，占全区农村人口的27%。其中包括民兵290余万人，妇女会员1500万人。每个乡都涌现了一二百个积极分子，青年农民中约百余万的积极分子已成为青年团员。农民的团结更加巩固，农民协会的威信普遍提高，农民掌握了政权。农民订出规矩，管制那些不安分的地主，解除了地主的武装，武装了自己，农村秩序空前安定。从此人民民主专政在农村中生根了。

经济方面，消灭了地主阶级的封建土地所有制，实现了农民的土地所有制，农民正以新的劳动态度在自己的土地上努力耕作。

过去华东农村中，地主阶级的封建土地所有制，无例外地占着统治地位。只占农村人口3%到4%的地主阶级，却占有农村中30%到50%的土地，部分达到百分之七八十。江南各地大量的公田公地，多控制在地主阶级手中。一户占有万亩以上土地的地主，各地都有。地主阶级掠夺农民土地的现象，在江、湖、河、海边沿及山区最为突出。而占农村人口百分之八九十的农民，却只有很少土地或没有土地：贫雇农占农村人口50%到60%左右，仅占有农村10%到15%的土地；中农占农村人口25%到30%，仅占有农村20%到25%左右的土地。地主向农民收取地租一般占土地正产物的一半以上，收取押租、预租的也比较普遍。此外还采取"虚田实租"、"逾期加成"、"晒干扬净"、"大进小出"、勒索年礼节礼、剥削无价劳役、放高利贷等等办法，剥削农民。农民收入的70%到80%都进了地主的荷包，生活陷入极端悲惨的情况，无法扩大再生产和抵抗自然灾害的袭击，土地大批荒芜，生产普遍降低。农民不断失去土地，卖儿卖女、卖妻溺婴或外出逃生者很多。

土地改革消灭了地主阶级的封建土地所有制，实现了农民的土地所有制。

各地没收和征收的土地，一般约占农村土地总数的40%到60%，各地得益的农民约占农村人口的60%到70%，贫雇农每人平均分得土地约在一亩五分到二亩左右，个别地区贫雇农平均分得三亩以上，人多地少的地区每人平均也分得七分到一亩左右，很多雇农光身汉一口人分得等于两口人的土地，如将贫雇农分得土地连同原有土地计算，每人平均占有土地数接近于当地每人占有土地平均数，中农每人平均补进土地稍高于当地每人占有土地平均数，中农每人平均补进土地在五分到一亩左右，如连同原有土地计算，每人平均占有土地数稍高于当地每人占有土地平均数，从此占农村人口80%的农民，已占有农村80%以上的土地。富农除出租土地的一部或全部被征收外，其自耕及雇人耕种的土地及其他财产都得到保护。华侨、小土地出租者、浙闽山区的畲民以及各地渔民、盐民都得到妥善照顾。对地主也分给与农民同样的一份土地和生产资料，给予劳动改造的机会。

农民分得土地后，生产情绪空前提高，今年春耕普遍提早，比去年多耕一遍，施肥量一般增加二三成。农民纷纷添置农具、购买耕牛。山东全省耕畜农具已恢复到战前水平85%以上。皖北、苏北部分灾区基本上做到了不荒一亩地。土地改革大大增强了农民抵抗自然灾害的力量，除沿淮、黄、沂、运及江海堤防工程外，各地农民兴修农田水利规模很大，受益土地达4800余万亩，其中绝大多数为群众自动兴修的，多年老河也都疏浚了。农民互助组正在发展，农村合作社社员也从去年5月的400余万人，发展到1700余万人。今年全年各种农作物的总产量，都超过了1950年。随着农产丰收和推销土产工作的开展，农民的收入迅速增加，生活逐渐改善，各地农民购买力一般较去年约增50%以上，工业品销路大畅。

随着土地改革的胜利，农民的文化要求正日益增长。

农民在摆脱了封建的经济和政治束缚之后，普遍地要求学习文化，要求"换脑筋"。

最显著的是去冬今春各地冬学运动的发展。各省区初步统计，参加冬学的男女农民，共约700余万人。农民说他们踊跃上冬学的原因是"翻了身还要翻心"。农民在冬学中进行回忆诉苦，研究翻身道理，喜欢听时事，同时要求教识字，讲生产。全区冬学学员转入常年民校学习的共计300余万人。农民纷纷送子弟入学，小学学生普遍增加。农村文娱活动到处展开，识字班、黑板报、读报组、农民剧团都有很大发展，逛茶馆玩赌博的闲人大大减少了，社会风气焕然一新。

从以上各方面的成就看，土地改革不仅解放了农民，巩固了人民民主专政，为农业及工商业的进一步发展开辟了广阔的道路，并使农村文化的普及有了可能。

三、土地改革的经验

华东土地改革能够顺利地并正常地进行，主要是由于各地广大干部积极努力，坚决地执行了毛主席的指示，坚决地执行了土地改革的总路线总政策及中央的各项法令，贯彻了有领导地放手发动群众的方针。具体来说，有下列几点经验：

第一，华东土地改革工作中的准备、展开及结束三个阶段是先后衔接进行的。在运动展开前，各地进行了较充分的准备：发动和组织群众，改造区、乡政权，调查土地情况，宣传政策，训练干部和进行典型试验。然后在典型试验的基础上，经过局部开展到全面开展，进入运动的高潮。在预定地区内完成土地分配后，即抓紧群众热潮转入结束土地改革。

我们在情况不够明了，群众准备不够充分，干部尚无经验时，会有意识地强调了"小心谨慎，稳步前进"的做法。到了情况已经清楚，群众已有准备，干部已有经验，即强调放手发动群众，大胆展开运动。

我们采取了"带"、"推"、"跳"的方法，贯彻了典型示范，点面结合，以重点推动全局的方针，这样有准备地有经验地有阵地地展开运动，就能做到既稳且快，使运动保持健康的发展。

第二，充分发挥广大农民群众，向地主阶级进行坚决的必要的恰当的斗争，是贯彻政策、完成土地改革任务的关键。各地都是按照刘少奇副主席所指示的"依靠贫农、雇农，团结中农，中立富农，有步骤地有分别地消灭封建剥削制度，发展农业生产"的总路线进行工作的。经验证明：凡是坚决地依靠贫雇农的觉悟和骨干作用，并巩固地团结了中农，就能使基本农民群众，在农村中取得压倒的优势，促使富农中立，并团结起农村中一切反封建力量，彻底消灭封建势力。

发展群众的基本方式，是普遍组织诉苦运动，抓住地主的具体罪恶和农民身受的痛苦，启发农民的阶级觉悟，通过各界人民代表会议和农民代表会议，依靠群众中的积极分子，去动员教育和团结广大群众，造成农村中反封建斗争的浩大声势。群众斗争方式是控诉说理和人民法庭审判相结合。对不同对象采取不同的斗争方式。放手发动群众的目标只要对准恶霸地主、大地主和不法地主，就不会犯错误。普遍运用人民法庭和正确配合群众斗争，既能有力地支持群众，有效地打破地主的反抗和破坏，又可避免乱打乱杀现象的发生。

各地先后组织了城市各民主党派、各人民团体、知识分子和工商界人士，下乡参加或参观土地改革，仅苏南地区即达16万人。苏南及上海又先后举办了土地改革展览会，某些大中城市并组织了城乡联络委员会，及时地正确处理了土地改革中城乡有关问题。这些措施，不仅有力地支持了农村的反封建斗争，巩固了工农联盟，也进一步巩固和发展了城乡人民的反封建统一战线。

第三，加强政策教育，明确政策界限，是提高群众政治觉悟、保证运动正常和健康发展的中心环节。各地执行政策，一般都很谨慎，曾连续地反复地向干部和广大群众进行了政策教育，特别注意分清什么应当做与什么不应当做的界限。对新区、老区、恢复区等不同地区的政策界限，也作了严格的区分。对有关政策的各项重大问题，分清轻重缓急，顺序解决。例如，先解决地主在农村中的土地财产问题，后解决地主在小城市的集镇中的房屋问题；先解决一般农业区的土地改革问题，后解决山林和盐区、渔区的土地改革问题等。这样，便可避免混乱，争取领导上的主动。

在土地改革初期，由于地主阶级的绝望挣扎以及干部和群众缺乏经验，曾发生个别缺点。例如，各地曾发生不同程度的急躁草率现象。部分地区由于恶霸不法地主的破坏，引起农民义愤，曾因此发生农民打地主及甚至个别打死地主的现象。部分乡村曾发生漏划或错划阶级成分的现象等等。但这些现象，不久便纠正了。所以，从总的方面说，华东土地改革工作的发展是正常的、健康的。

第四，只有建立坚强的组织领导，才能保证政策的正确贯彻，才能引导群众走向胜利。在此次土地改革运动中，各地中共党委、各级人民政府及驻在各省区的人民解放军都先后抽出大批干部，选拔了大批知识青年、农民积极分子和一部分失业工人共约十余万人，经过训练，组成土地改革工作队，结合农民协会，领导农民进行土地改革。

各级领导机关在土地改革中集中精力领导，反复进行检查，及时了解情况，及时加以指导，对发生问题较多较复杂的地方，选派强有力的干部前往直接帮助，保证了运动的正确展开和顺利完成。

四、彻底完成华东的土地改革与今后农村工作任务

据若干地区初步检查，土地分配完毕的地区，还遗留个别问题。有些地主认为风头已过，趁机向农民报复；没有受到应有惩处的不法地主，还继续进行破坏活动，并有少数漏网的地主，逍遥法外。另在农民内部，还遗留若干问题，亟须处理。因此分不同地区，认真切实检查和结束土地改革，是完全必要的。对于群众已充分发动、封建势力已彻底摧毁、土地已合理分配的乡村，应即结束土地改革，颁发土地证、确定产权，积极动员生产。对于土地改革中各项基本任务业已解决但尚遗留若干问题的乡村，应即就事论事，依据政策，教育干部，领导群众，妥善解决各项遗留的问题。对于土地改革中各项基本问题尚未解决的乡村，则应认真进行复查，继续发动群众，彻底摧毁封建势力，消灭"夹生饭"和"假土改"现象，达到土地的合理分配。

华东土地改革运动初步总结

（1951 年 12 月）

一、华东土地改革的伟大胜利

华东全区（台湾除外）农业人口共约 1.25 亿。在人民解放战争中，曾进行过土地改革的老解放区，包括山东大部、苏北一部、皖北小部，约有农业人口 4500 万。其中有 600 万人口的地区，已经结束土地改革；有 1500 万人口的地区，尚未发土地证；有 2400 余万人口的地区，是曾被蒋军侵占的恢复区，虽进行过减租和土地改革，但地主、富农曾反攻倒算，土地关系很乱。至于 1949 年解放的新区，包括安徽大部、苏南、浙江、福建全部，约有农业人口 8000 余万。这些地区，曾经是帝国主义者百余年来侵略与奴役中国人民的最坚强堡垒，也是国民党反动派二十余年来统治和压榨中国人民的主要基地。使得广大农村（特别是江南沪、宁、杭三角地区的农村）经济，更显著地表现为帝国主义、官僚资本主义与农村封建势力互相结合、互相渗透的错综复杂的形态，但基本上并未改变一般农村经济的半封建性质。

华东老区土地改革工作结束时，适值新区土地改革运动开始。中国人民革命在全国的胜利，农民要求土地，老区的土地改革经验，使这次土地改革具备更多的有利条件。但当时新区解放不久，土匪、特务残余势力尚未肃清，江南地主具有较丰富的统治经验，群众尚未充分发动，土地关系复杂，又要求我们在运动初期必须采取谨慎小心、稳步前进的方针。

华东的土地改革运动是有准备地、有步骤地、有秩序地进行的。全部过程经历了准备、展开、结束三个阶段：

1949 年夏，各地根据华东局加强农村工作的指示，进行剿匪及各种社会改革运动，有意识地创造土地改革的条件。1950 年 2 月到 10 月，各地有计划地进行调查研究，宣传政策，训练干部，组织工作队，发展与健全农民协会，改造区乡政权，并进行土地改革的典型试验。

在完成了各项基本的准备工作之后，11 月，提出有领导地放手发动群众，大胆展开运动。运动经过点面结合，由局部展开走到全面展开。12 月，华东各地掀起了轰轰烈烈的消灭封建制度的高潮，土地改革成为千百万农民群众的正义行动。由于当时抗美援朝运动的有力推动，及与镇压反革命运动的密切结合，更提高了农民的觉悟，并给地主阶级和农村中反革命势力以毁灭性的打击。各地土地改革的范围及进度，随着运动的发展而加宽、加快。1951年4月，绝大部分地区的土地分配基本完成。皖北、苏北，因连年水灾，治水任务繁重，创造了治淮与土地改革相结合的经验；福建解放较晚，残匪亟待肃清，创造了剿匪与土地改革相结合的方法。从而顺利地完成了预定的土地改革任务。

1951年5月，各大中城市郊区的土地改革工作亦先后完成。

1951年夏秋两季，顺利地完成了各省山区、渔区、盐区的土地改革工作。

从此地主阶级封建剥削的土地所有制消灭了，农民的土地所有制实现了。土地改革中没收、征收的土地，据初步统计，新区、老区共约1.21亿多亩，占耕地总面积的35%强，新区均在40%上下。

在没收、征收的土地中，地主及其把持的公田占92%以上，半地主式富农的出租土地占2%强，一般富农的出租土地占3%左右。从富农阶层连同从工商业家、小土地出租者、债利生活者及农村其他阶层中依法征收得来的土地，仅占没收、征收土地总数的8%弱。

在没收、征收土地中，地主阶级的土地被全部没收了，但对地主兼营的工商业及其直接用于经营工商业的土地和财产，则未予以没收，严格地执行了保存富农经济的方针，富农所有的自耕和雇人耕种的土地及其他财产，均确实得到保护。半地主式富农的出租土地是被征收了，一般富农约有不足一半户数的出租土地只征收了一些，绝大部分富农保有的土地数仍在当地每人占有土地平均数的一倍以上。工商业家在农村中占有的出租土地大部分被征收了，但他们在农村中的其他财产和合法经营则得到坚决保护。小土地出租者均依法得到妥善的照顾，仅有将近一半的户数的出租土地被依法征收了一部分，约占小土地出租者所有土地的1%到3%。

没收、征收的土地90%以上分配给了农民，留作公田的占2%强，分给地主的土地约7%。土地改革中，雇农、贫农、中农等阶层得益人口共8600余万人，占农村人口的65%以上，分得土地近1.1亿亩，平均每人分得土地1亩3分。个别土地较多的地方，平均每人分得1亩5分到2亩左右，人多地少的城市郊区，最少也分得5分以上。

贫农、雇农的土地要求是基本上满足了，一般平均每人分到1亩5分到2亩左右，如连同原有土地计算，每人所有土地已接近当地每人占有土地的平均数，比土地改革前原有土地增加了两倍。很多单身的贫农、雇农，分得了两份土地。中农原有的土地和财产，都得到坚决的保护，所有缺地的中农都分了土地，一般平均补进5分到1亩左右，如连同原有土地计算，每人所有土地稍高于当地每人占有土地的平均数，比土地改革前原有土地增加了1/3。

对地主也分给了与农民同样的一份土地，据初步统计，全区地主440余万人，分给了800余万亩的土地，给予了劳动改造的出路。

土地改革后农村各阶级（层）占有土地的情况是：地主占2.7%，富农占4.3%，雇农、贫农、中农占89.3%。

农民在没收地主阶级的土地时，连带没收了地主阶级的多余房屋、粮食、耕畜和农具，获得了大量的生活资料和生产资料。计房屋650余万间，耕畜50余万头，农具990余万件，粮食10亿斤。农民摆脱了地主阶级年年勒索的各种地租、劳役以及积年累月的高利贷债务。

农民翻了身，获得了土地，可以在自己的土地上自由劳动了，不再受地主阶级的剥削了，有了放手发展生产的可能。地主阶级的封建统治被消灭了，农民成了农村中的主人，人民民主专政扎下了深厚的根基。

封建的、贫困的、落后的农村，变成民主的、进步的并日益走向繁荣的新农村。这是华东各省（区）市各级党委、各级人民政府，广大土地改革工作干部及各地农民群众坚决执行毛主席所指示的土地改革方针和中央人民政府颁布的政策法令的结果。土地改革的完成，为祖国大规模的经济建设，开辟了顺畅的道路。

二、充分准备是土地改革工作能够准确进行的前提

各地土地改革运动，在政策上、思想上、组织上、领导经验上，是作了充分准备的。

1949年7月，各地通过剿匪、反霸、减租和合理负担运动，安定农村社会秩序，发动农民。1950年2月，华东军政委员会遵照中央指示，提出准备土地改革的任务。3月，发布关于土地改革准备工作的指示，各地进入土地改革的直接准备阶段。

2月到6月，各地继续发动群众，健全与发展农民协会，改造基层政权。省、专区、县三级普遍进行了新区农村土地情况及阶级关系的调查，按平原、山区、公田、山林、一般农业区、经济作物区、城市郊区、渔区、盐区、侨区、

垦区等不同类型，分别进行了重点调查，提出有关政策的意见。在进行典型调查的乡村，分别召开雇农、贫农、中农、富农、小土地出租者、工商业家等各种人的座谈会，了解不同阶层对土地改革的反映和要求。这就为学习中央的政策法令及进行土地改革的典型试验，作了较好的准备。

6月，中央人民政府颁布了土地改革法，发表了刘少奇同志关于土地改革问题的报告。7月，在华东军政委员会第二次全体委员会议上，通过了《华东土地改革实施办法的规定》和《关于干部在进行土地改革时的八项纪律》。会后，各地逐级召开了各界人民代表会议及农民代表会议，开展了广泛的宣传教育工作。对农民着重说明土地改革的正义性和必要性，提高其阶级觉悟，并进行关于土地改革两种可能性的教育，反复说明土地改革搞得好，对生产、对农民、对国家都有利；搞得不好，则对生产、对农民、对国家都不利。在机关、部队、学校及各人民团体中，普遍地学习了土地改革法。在城市人民中，分别召开了工人、学生、教授、工商界等各界人民的会议，揭露了地主阶级的罪恶，系统地宣传了土地改革政策，批驳了"江南无封建"、"和平土改"等谬论，形成了拥护与赞成土地改革的舆论。

各地进行了大规模训练干部的工作。各级党委、各级人民政府，驻在各省、区的人民解放军，都先后抽调大批干部并选拔了大批知识青年、农民积极分子和部分城市工人，由省、专区、县分别负责训练，组成土地改革工作队，共计17万人，分批下乡，成为完成土地改革的骨干力量。在训练中，对老干部着重使其了解新区农村情况特点，弄清政策界限，防止与批判经验主义；对新干部与知识青年，着重教育坚定为人民服务的立场，密切联系群众；对基层干部和农民积极分子，着重启发其阶级觉悟并进行群众路线以及大公无私的教育。使参加土地改革工作的干部和工作队员，事先都能了解土地改革的任务、政策、步骤、方法和纪律，达到语言统一，行动一致。

各地特别注意结合农村各项中心工作，整顿与发展农民协会。将运动中涌现出来的贫农、雇农、中农中的积极分子提拔到农民协会的领导岗位。对混进的地主、富农分子及其代理人以及品质恶劣的分子，分别加以清洗。对作风不纯的分子，则加强教育。

各省区并结合当地情况，先后制定了土地改革的实施办法和具体计划。相继建立了县以上各级人民政府的土地改革委员会，训练了人民法庭干部。

各地领导机关为了取得发动群众贯彻土地改革的直接经验，从7月下旬开始，即由省、专区、县、区先后逐级进行典型试验。9月中旬，华东局召开了第一次典型试验经验总结会议。会议检查了各地的准备工作，并根据业已完成土地分配的 13 个乡的经验，研究了在一个乡进行土地改革的步骤和方法。11 月中旬，各地预定的典型试验工作大都完成，有 1183 个乡完成了土地分配的工作。华东局召开了第二次典型试验经验总结会议，总结了各项经验。至此，各省、专区、大部分县、部分区的领导机关，以及绝大部分的工作队员，均取得了土地改革工作的初步经验。相当长期的系统的准备工作，给运动的健康发展，提供了可靠保证。

三、点面结合是开展运动的基本方法

各地在土地改革中，自始至终掌握了点面结合，以重点推动全局的工作方法，使运动能有领导、有步骤、有阵地地前进。

点面结合，首先从典型试验开始。在土地改革的准备阶段，县以上各级领导机关，均就近选择一两个工作基础较好的乡（村）做基点。配备较多、较强并经过训练的干部，根据土地改革的任务和该乡（村）的具体情况，拟订计划。按照宣传政策和整顿组织、划分阶级、没收征收、分配、总结经验转入生产等步骤，进行试验。研究发动群众、贯彻政策、消灭封建的具体方法。使领导机关摸清运动的规律，干部取得直接经验，培养了群众骨干，并给周围群众以现实榜样。同时在基点乡（村）外，设有附点乡及外围乡，配备一定数量的干部进行工作，这样就准备了运动展开的条件。

以基点推动全局的具体做法，是"带"、"推"、"跳"三种方法的结合。

土地改革的每一步骤，都是以基点乡的先进经验，指导与带动后续地区前进的。基点乡的工作较外围乡的行动，超前一步或两步。外围乡派干部和积极分子轮番到基点乡学习，基点乡做完一段，总结一段。以区为单位或在区的范围内，分片召开农民代表会议，介绍情况，传播经验。并选派干部、积极分子，帮助外围乡的工作。组织基点乡（村）与外围乡（村）联合行动，举行几个村以至几个乡的联合诉苦、联合讲理、联合审判及其他形式的斗争大会等。

一个乡以至一个区土地改革完成后，除留个别干部处理未了事项外，一方面就地向周围乡"推"，向周围区"推"，四面八方向外"推"。另一方面抽调大批干部、积极分子，组成新的工作队，跳到较远的县或区展开工作。

这样运用既"带"且"推"又"跳"的方法，使土地改革的骨干力量和群众力量不断增长，经验不断丰富。运动步步发展，既稳且快，既深且广，透而

不乱，直到全部完成。

落后乡（村）放在后面解决，各地都是以基点乡的经验，采取外力帮助和发动内力相结合的方法，充分运用先进乡的影响，加以突破。在基点乡（村）的影响之下，有些外围乡（村）的农民，自动起来斗争地主，各地一般是及时派遣干部，加强领导，如主观力量不够，则说服群众，积极准备条件。

点面结合，就是领导与群众的结合。有了基点乡（村）的活经验、活榜样，容易教育与鼓励干部和群众，并带领他们前进；可以使领导心中有数，减少摸索过程，使运动总是在有领导、有阵地、有经验的情况下前进。领导总是和群众在一起，并走在群众的前面，不做群众的尾巴，也不脱离群众。

点面结合，就是"大刀阔斧"与"精细深入"两种工作方式的结合。在进行典型试验时，必须精细深入，既要抓紧领导，又要充分发挥群众的积极性，从便利全面展开着眼，以创造经验。在运动全面展开时，始终以基点为阵地，大刀阔斧地大胆前进，同时又注意严格掌握政策，脚踏实地地进行工作。

基点乡（村）所创造的经验，应由省（区）领导机关审查，肯定与推广好的经验，批判与防止坏的经验，不能乱传。外围乡（村）运用基点乡（村）的经验时，要结合本乡（村）的具体情况，加以正确的运用，不能硬套。基点乡要及时总结本身经验，并注意吸取外围乡的创造，培养新的基点，以不断改进和提高工作。

四、有领导地放手发动群众，结成反封建统一战线，展开反封建斗争，是完成土地改革的关键

土地改革运动确实是一场系统的激烈的斗争。地主阶级长期压迫与剥削农民，他们是决不甘心被消灭的。在土地改革中，地主阶级不断地进行反抗和破坏，软硬兼施，多方挣扎。只有充分发动群众，依靠广大农民的觉悟和团结，进行坚决的、必要的斗争，打倒封建势力，树立农民的统治威势，才能实现土地改革。民族资产阶级中某些代表人物，曾经错误地认为："不发动群众斗争，采取'和平分田'的办法，也可以实行土地改革"，事实打破了这种幻想。

有领导地放手发动群众，是遵照毛主席和中共中央所规定的"依靠贫农、雇农，团结中农，中立富农，有步骤地、有分别地消灭封建剥削制度，发展农业生产"的路线进行的。贫农、雇农的觉悟和带头作用，推动中农迅速地并坚决地投入运动。贫农、雇农、中农的巩固团结，使基本农民群众，在农村中取

得绝对的优势，促使富农中立，争取某些开明绅士的赞助，并团结农村一切反封建力量，彻底消灭封建。

群众的土地改革斗争是步步发展的。运动初期，因客观情况不熟，干部经验不足，群众准备尚不充分，曾有意识地强调了"小心谨慎，稳步前进"的做法，因而顺利地取得了经验。而在情况已经明了，干部已有经验，群众已有准备之后，便提出有领导地放手发动群众，大胆展开运动。

发动群众的基本方式，是普遍地、有准备地组织群众的诉苦运动。抓住地主阶级的具体罪恶和农民身受的痛苦，进行教育，提高农民群众的阶级觉悟和政策水平。通过各界人民代表会议和农民代表会议，依靠群众中的积极分子，经过反复的思想酝酿，去动员教育和团结广大群众。基本农民群众在农村中的斗争威势和组织力量愈强大，愈能促使富农中立，从而使地主阶级完全陷于孤立。

土地改革将要全面展开时，正当美帝侵朝紧张之际，不法地主变本加厉地反抗破坏，抗缴地契，撕榜、拔标，放火、暗杀，妄图暴乱，普遍引起了农民的愤怒。华东军政委员会于1950年10月适时地颁布了惩治不法地主条例，给农民的正义斗争以极大的支持。各地农民在代表会议上，控诉地主阶级的罪恶。通过会议讨论，按照人民政府法令的规定，确定应加惩办和斗争的对象。同时与镇压反革命相结合，各地都有计划地、主动地逮捕了一批过去在农村中最有权势、罪大恶极、群众痛恨的恶霸地主、匪首、惯匪、反革命头子，以及有严重破坏罪行的不法地主。然后运用人民法庭，适时地、有重点地组织审判，并与群众控诉斗争相结合，及时依法杀了一批，关了一批，管了一批。放手发动群众展开反封建斗争的锋芒，只要对准恶霸地主、大地主和不法地主，就不会犯错误。普遍运用人民法庭及时地镇压恶霸、不法地主和反革命分子。支持群众斗争，既有效地打击了地主的反抗和破坏，提高了群众的斗争情绪，又避免了乱打、乱杀现象的发生。封建地主阶级的首脑人物一经被惩办，"搬掉石头，抓起拦路虎"，大大鼓舞了群众的斗志，动摇了敌人的内部，推动群众的反封建斗争普遍地、迅速地深入展开。各乡（村）通过划分阶级、没收征收、追转移、追破坏、追赔偿等具体行动。对于一般的破坏土地改革的不法地主，组织群众控诉。结合法庭审判，依法处理。对一般的有劣迹的地主，进行了面对面的说理斗争，迫使一般地主低头就范。远逃西安、康定、广州的不法地主，也大都由各乡农民依法追捕归案。农民依靠自己的斗争，打掉了地主的威风，惩治了不法地主的首脑人物，追回了分散转移的封建财产，收缴了暗藏的枪支武器。

这就从根本上摧毁了地主阶级的封建统治，并为彻底地进行土地改革，合理分配土地铺平了道路。

在土地改革中，各地都能随时掌握地主动态和群众情绪，提高群众觉悟，壮大群众的组织力量，使运动不断深入提高，达到胜利。当群众尚未发动起来时，着重思想教育和组织工作，并表明政府态度，给予有力支持，使农民相信自己的力量，敢于起来作坚决斗争；当群众行动起来、斗争展开之后，为了有效地打击地主阶级，强调教育群众在斗争中讲究政策，对不同地主要分别对待：镇压反动破坏的，宽大处理一般的，照顾争取开明的。对于不法地主的镇压和斗争，做到打得准，敌我界限分明；打得稳，有准备，有步骤，镇压与宽大相结合；打得狠，打中要害，打得及时，该杀的杀了，该关的关了，该管制的管制起来了。当封建势力已经摧毁，土地已经合理分配，便及时引导群众进行检查和结束土地改革的工作，转入生产，并加强对地主的管制和劳动改造工作，以巩固土地改革的胜利。

农民群众的反封建斗争，取得了城市人民，特别是工人、学生的赞助。各地均组织了城市人民下乡参观或参加土地改革斗争。不少城市人民将地主非法转移隐藏的财产交给农民，并积极检举逃进城市的恶霸和不法地主，直接支持了农民反封建斗争。土地改革教育了城市各界人民，进一步巩固了工农联盟，巩固和发展了城乡人民反封建统一战线。

五、正确执行政策是保证运动健康发展的中心环节

根据土地改革法的规定和各地不同情形，在各地具体实施办法中，都严格地区分了老解放区、新解放区的政策界限：在基本上业已完成土地分配的老解放区，保护农民已得土地的所有权，确定地权，发展生产。在解放战争中已经分配过土地的恢复区，凡农民所分得的土地曾被地主和富农夺回者，由农民协会依法收回，交回原得地户，或在原耕基础上，适当调整，确定地权。在新解放区以及未分配过土地的恢复区，一律按照土地改革法的规定，进行土地改革。

各地曾反复向干部和广大群众进行了政策教育。首先使领导土地改革的干部和工作队弄通土地改革的各项政策，分清什么应当做与什么不应当做的界限。然后，在群众中广泛深入地宣传政策。在提高群众阶级觉悟、分清敌我，决心消灭封建的前提下，使群众了解只有正确执行政策，才对自己有利，从而组织和依靠群众贯彻政策。农民经过教育，是能够正确地按人民政府的政策法令办

事的。

正确划分阶级，是贯彻土地改革政策的先决条件。因华东新区土地关系比较复杂，地主兼营工商业或工商业家出租土地的人较多。不少工人、职员、自由职业者保有并出租一部分土地，很多富农兼有出租土地。因此各地在划分阶级中，特别注意掌握地主与工商业家、地主与富农、地主与小土地出租者的界限，先划地主再划其他成分，做到是地主不遗漏，非地主不错划。

在没收、征收地主的土地、财产时，严格限制在五大财产的范围以内，不动浮财，不挖底财。严格地区分地主的封建剥削部分和工商业部分。坚决地保护了工商业。对小土地出租者，则予以妥善的照顾。在运动初期，因缺乏经验，没有强调征收富农的出租土地。随着运动的发展，农民要求征收富农的出租土地，而富农也愿意让出出租土地，表示去掉封建包袱，靠拢农民。多数地区根据华东军政委员会的指示，批准了农民的要求，对若干富农的出租土地，采取与富农协商的方法，予以征收分配。

新区土地改革前，只进行减租反霸，在土地改革中着重先解决土地问题，做到经济上废除地主阶级封建剥削的土地所有制，实行农民土地所有制；政治上消灭地主阶级的封建势力，建立和巩固人民民主专政。就华东情况看，这样做的好处是群众斗争精力集中，干部易于掌握，土地改革易于彻底，可以减少对城市工商业的某些震动。

对有关政策的各项重大问题，分清轻重缓急，顺序解决。例如，先解决地主在农村中的土地财产问题，后解决地主在小城市和集镇中的房屋问题。先解决一般农业区的土地改革问题，后解决山林、盐区、渔区的土地改革问题。这样可以避免混乱，取得领导的主动权。

各地在分配土地之前，均充分地进行了"农民团结互让，干部大公无私，目的有利生产，方法民主协商，分配公平合理，结果群众满意"的教育。因华东新区不少乡（村）中，农民有永佃权者较普遍，故特别注意适当照顾原耕农民的利益，并经过群众的反复酝酿协商，确定分配方案。对原耕农民租入有田面权的土地，则按田面和田底的折价比例，先折后分；对租种土地较多的原耕农民，进行了耐心的教育，采取了先留后分，分给相当于当地每人平均土地亩数的土地。华东各地公田公地较多，除依照土地改革法的规定执行外，对祠堂、庙宇、寺院、教堂的其他财产一律不动，对宗族土地特别注意照顾本族农民的意见，以免伤害农民的宗教感情与宗族感情。

在运动中，农民提出了一些在政策法令中未经规定的要求，各地均从有利生产、巩固胜利、团结大多数出发，根据政策，研究适合于当地情况的解决办法。重大问题则经过省（区）以至华东局批准。带有全局性的问题，报中央请示。华东及各地曾为此颁布了若干补充法令，既实现了群众的合理要求，又贯彻了政策。

在运动开展初期，各地曾发生不同程度的急躁草率现象。部分地区由于恶霸、不法地主的破坏，激起群众义愤，干部对群众教育不深入，曾在农民诉苦说理斗争中，一时发生农民打地主及个别打死地主的现象。部分乡（村）曾发生漏划或错划阶级成分的现象。个别地方干部包庇地主，多得果实，浪费果实及违反土地改革纪律等。各级领导机关对于这些个别缺点，不是消极地批评，或一般地纠偏，而是采取从积极方面教育干部，引导运动向正确方向前进的方法，使干部能自觉地、积极地改正错误。

土地改革中，各级党委、各级人民政府的领导机关集中精力指导，使运动能够正常地、健康地进行。各地特别重视检查工作，边做、边查，及时了解运动的情况，指示运动各个阶段的关键，有系统地介绍肯定了的经验，对发生问题较多较复杂的地方，派遣强有力的干部前往直接指导，一有偏差，能够立即纠正。在政策纪律问题上，各地都曾抓住突出事件，进行处理。在运动每告一段落时，都进行检查，并布置后一段工作。用总结经验的方法教育干部，收效最大。

六、认真切实地结束土地改革

检查和结束土地改革，是最后的也是最重要的一步。

1951年4月春耕紧张季节到来之前，大部分地区基本上完成了土地分配。据各地当时调查：群众已充分发动、封建势力已彻底摧毁、土地已合理分配的一类乡（村），一般约占乡（村）总数的30%到40%。土地改革中各项基本任务业已完成，但遗留若干问题尚未解决的二类乡（村），一般的占乡（村）总数的50%。封建势力尚未摧毁，群众尚未发动因而发生落后"夹生"现象的三类乡（村），如以村计，一般约占10%到20%。

华东局及时指示各地，土地改革应全始全终，贯彻到底，明确以领导农业生产为中心，结合生产或利用农事间隙，有计划地认真切实地进行检查和结束土地改革的工作。

各地均按照这一指示，在完成分配土地的乡（村），一般都留下了一两个熟悉本乡工作情况的干部，紧接着土地分配之后，进行检查和结束土地改革的工作。方法是检查组自上而下的重点检查和发动群众自下而上的检查相结合，从检查群众发动程度、封建势力被摧毁程度及政策执行程度三个基本方面入手，弄清情况，分别不同类型乡（村），采取不同方法，处理未了事项。对第一类型和第二类型乡（村），中心问题是确定产权，颁发土地证。对第三类型乡（村），则强调认真发动群众，彻底摧毁封建势力，在土地合理分配后，确定产权，颁发土地证。

每乡土地改革中的未了问题，一经处理完毕，即进行总结，并由区委检查，报县审查批准，颁发土地证，正式宣布结束。并结合宣传发展农业生产的十大政策，动员群众全力生产。

在处理各项未了问题时，华东局着重指示：就事论事，依据政策，加以解决。不强调发动一次大规模的群众运动，以免浪费群众精力，妨碍生产。

个别地区结束土地改革工作中，曾一度发生的急躁草率、节外生枝或放任自流、拖延误事的现象，均及时纠正。

绝大部分地区的土地改革斗争是比较深入的，发动群众比较充分，土地改革任务的完成是比较彻底的。不误农时，及时地领导农民生产，对稳定与提高农民的生产情绪，是有极大好处的。

七、向合作化的道路前进

1951 年 9 月，华东局及时地发出了《关于土地改革后农村工作任务的指示》，明确指出："土地改革完成后，农村工作的中心任务，是在继续扩大和深入抗美援朝保家卫国运动的基础上，提高农业生产，提高农民政治觉悟，加强民主建政，以巩固土地改革的胜利，巩固人民民主专政"。

两年来，华东农业生产的恢复任务已经基本上完成，现已进入发展阶段。各地农民生活有了不同程度的改善，农村阶级关系已发生基本变化，大批贫农上升为中农，中农已成为农村生产的主体。

老区贫农一般占农户总数的 20% 左右，个别地区达到 25%，新区贫农占30% 左右，贫农上升为中农的约占原来贫农户数的 60% 到 70%。现在还是贫农状态的人，多系原来家底太空，或人口多劳力少，或因遭受天灾人祸，或系鳏、寡、孤、独无劳力户，以及少数懒汉、二流子等。此外在交通不便的山区，过去敌人摧残较重经济恢复较迟的老区的农民，以及沿海的盐民、渔民等，尚需大力扶持。

中农在老区一般占农户总数的75%，高者达80%以上，新区一般占农户总数的60%左右。

老区经过平分的富农分子的生产、生活条件，一般能维持中农水平，个别的已恢复到富农水平。新富农不到农户总数的1%。新区富农基本未动，约占农户总数3%到5%，生产情绪是稳定的。

群众发动比较充分的乡（村），在农民群众的监督下，多数地主生产劳动较老实，但仍有若干地主心怀不满，个别不安分的地主仍图伺机反攻。少数发动群众不充分的乡（村），地主中的不法分子甚至尚敢采取公开的或比较隐蔽的方法，篡夺乡（村）政权，向农民反攻，夺取农民已分得的土地和财产等。

今后农村工作的方向，就是坚决执行毛主席指示的"引导农民组织起来，发展生产"，提供更多的粮食和工业原料，以配合祖国大规模的经济建设。全区已有46%的农户组织起来了，在农业生产中，表现了显著的优越性。我们应继续贯彻党中央所指示的"积极领导，稳步前进"的方针，更好地发展互助合作运动，并加强农业生产的指导，使农业行政、研究、教育、推广等机关与农民的生产组织有机结合起来，充分发挥农业生产的潜在能力，提高单位面积产量，保证完成和超额完成农业增产计划。

应按照共同纲领的规定，召开各级人民代表大会，选举各级人民政府，以充分发挥人民群众参加国家建设事业的积极性。同时，结合整理与发展民兵，加强农民协会、青年团、妇联的工作，以加强和巩固人民民主专政。

土地改革中尚有若干遗留问题，新区、老区均有少数落后与"夹生"的乡（村），必须结合农业生产和民主建政运动切实处理。严格地强制地主劳动改造，对伺机反攻复辟的不法分子，必须及时严厉地依法镇压，这仍然是一个长期的艰巨的斗争。

新的农业改造的任务业已开始，必须在巩固土地改革胜利成果的基础上，耐心地教育农民，继续提高农民政治觉悟，引导农民进一步组织起来，更好地发展农业生产，巩固人民民主专政，伴随着国家工业化的进展，为逐步完成农业集体化的任务而奋斗。

华东互助合作运动的发展及其初步经验*

(1952 年 6 月)

一、去秋以来华东互助合作运动情况

去年 9 月，华东局根据中央指示召开了第一次互助合作工作会议后，各地进行了一系列的工作，如调查和研究各地原有互助合作情况，培养互助合作典型，组织各级干部学习中央关于农业生产互助合作的决议（草案）。不少地方召开了劳模代表会议、农民代表会议、互助组代表会议。有的地方举办了互助合作训练班，宣传组织起来的好处和组织互助合作的办法。在秋冬两季农村生产中，各地都进行了互助组的初步整理和发展工作。今春各地又结合春耕动员爱国增产竞赛，继续发展互助合作。大部地区一度存在的自流状态已基本克服。据今年 4 月统计，华东全区已有 1433278 个互助组，参加组织的农户共 700 余万户，占全区农户总数的 23% 强。老区互助组发展比较普遍的约占农户总数的 40% 左右，发展较差的约占农户总数的 15%。新区组织起来的农户，一般占农户总数的 15% 左右。其中常年组在山东约占总组数 41% 强，在苏北约占 28%。新区常年组一般占 10% 左右，个别地区如浙江达 17%，福建达 18%。到 6 月中旬统计，各地互助合作组织又有新的发展，计达 2036000 余组，参加农户达 1100 万户，占全区农户总数 33% 强。山东、安徽、苏南组织起来的农户占农户总数 40% 以上；浙江、苏北、福建组织起来的农户占农户总数 25% 以上。

其中常年互助组占总组数的 29% 强，临时互助组约占总组数的 70% 强。在渔区、茶区及其他经济作物区各种专业性的互助组，正在发展。各地原有的、领导机关试办的和下面自动组织的农业生产合作社，4 月中旬统计有 406 个。其中有一部分不够健全，一部分条件不成熟尚未定型，经各地审查后，还有 319 个。

去年 9 月到目前，各地组织起来的组数和参加的农户数，一般增加了 1 ~ 5 倍。老区中过去互助合作运动有基础的地方，组织起来的户数比例比较大，临

---

* 本文是作者在华东局农委书记任上时，对华东合作化运动的工作总结。

时性季节性互助组逐渐减少，常年固定的互助组相对增加；过去互助运动基础比较薄弱的地方，临时性季节性互助组有比较显著的发展。新区临时性季节性互助组发展较快，且已有一部分临时性季节性互助组逐步提高成为常年固定的互助组。不论新区、老区，凡是土地改革比较彻底，群众发动比较充分的地方，农民顾虑便少，互助合作运动发展便快。反之，工作上困难便多。

据各地反映，得到了土地、解除了封建压迫的广大农民，经过共产党与人民政府的教育，互助合作的积极性显著增长。安徽有的农民说："过去组织互助组是上边卡着干的，今年是下面看着好干的。"贫雇农在运动中很积极。中农在解除顾虑之后，也表示欢迎。工作做得好的地方，青年、妇女在运动中活跃，发挥了很大作用。群众性的互助合作运动，已在各地形成。

在运动中，各地基本上贯彻了中央稳步前进的方针。大部分地区都进行了典型试验交流。通过农业劳动模范会议、农民代表会议、互助合作代表会议、农民互助合作训练班等，宣传农村经济发展方向，并以典型经验的真人实事教育农民。发动和组织党员、青年团员和劳动模范带头，领导农民组织起来。

苏南区各县掌握的基点乡有47个，共115个基点互助组。据20个县的统计，区的基点互助组共435个，乡的基点互助组共3128个。浙江省各县县委直接掌握的典型互助组有312个。在510个区中，有501个区，掌握了1163个典型互助组；在5515个乡中，有4612个乡，掌握了6124个典型互助组。全省从县到乡共有7599个典型互助组。经验证明：凡是培养了典型，树立了好的榜样，并对农民进行了耐心教育的地方，群众看着好，便跟着干，往往在一个典型互助组的周围，新的互助组是成"片"地发展。如苏南宜兴县邓槐银互助组周围的农民，便在该组织影响之下，组织了140个互助组。有了好的样子，农民接受得快，发展也快。

据浙江省统计，今年入春以来，县级召开的互助合作代表会议与举办的互助合作训练班共计361次，计训练干部和群众积极分子46433人，其中包括个体农民4732人。经验证明：举办互助合作训练班，召开互助合作代表会，是推动互助合作运动发展与提高的基本办法。在这些代表会议和训练班中，不仅解决了农民的一般思想问题和生产办法问题，特别是典型互助组现身说法，报告组织起来的经验，最能教育广大群众。

凡是互助合作运动正常发展的地方，对发展农业生产，都产生了显著的效果，不仅节省了劳力，提高了农作技术，做到精耕细作，解决了农民的生产困难，特别重要的是提高了农民的觉悟，不断地加强了农民的集体主义观念，了解组织起来是由穷变富的必由之路。苏南农民反映："互助组人多主意多，人多兴趣高，人多做活快，人多工夫省"，"生活细作"，"不耽误庄稼"，"可解决困难，改造懒汉"，"田脚好人，收成多了"。据安徽报告，比较先进的常年互助组，农民生产情绪很高，生活已有改善，开始转向较有计划地发展生产。有的互助组设置丰产田，成立技术研究组，不少互助组已与副业结合，实行农副业的分工，随着经济的不断上升，公有财产正在增加。各地互助合作组织已普遍地成为农业爱国增产竞赛的骨干。在实际的农业生产活动中，表现出互助合作确比单干优越，常年互助组比临时互助组优越，农业生产合作社又比常年互助组优越。在农业生产合作社试办成功的地方，都给周围农民以极大的鼓舞。

各地互助合作运动的发展是很不平衡的。一般是老区发展得早，发展得快，基础较强。各省（区）、专区、县都有发展较好或较差的地方，即在发展较好的地方，也有不少空白乡村。

从发展的数量看，浙江新登县城岑区组织起来的程度已达农户总数的90%。而江苏常熟福山区全区只有19个组，溧水山南乡只有一个组。福建估计劳动力组织达80%左右的先进乡约占乡总数的10%，劳动力组织达20%～50%的乡约占80%，浙江和福建估计空白乡村约占10%。

从发展的深度看，据浙江初步统计，运动进展比较迅速、正常。基础较好的地区，约占全省总乡数17.36%；运动进展基本正常，已有初步基础但存在问题较多的地区，约占44.5%；运动中偏向较多、基础薄弱的地区，约占36.2%。发展不平衡的原因，与各地土地改革的先后不同，农民觉悟程度不一，以及领导上重视程度不同有关。凡是领导上重视、搞好了典型、训练了积极分子、培养了骨干的地方，互助合作运动便迅速发展。反之互助合作运动的发展便受到阻碍。

在部分干部中，自流等待和急躁冒进，这两种偏向，是同时存在的。在互助合作运动尚未展开，或运动停滞不前的地区，主要表现对广大群众互助合作的积极性估计不足，对正确领导互助合作运动的信心不足。对广大群众中有关互助合作的宣传和组织工作，采取消极态度。对已有的互助合作组织放任自流，不去巩固提高，听任互助组内部富农剥削存在和党内干部资本主义思想滋长而不及时加以纠正。据山东莱阳地区统计，农村雇工的党员约占党员总数的4%～9%；据德州地委党校统计，该校学生中雇人的比例：1950年雇工的17人，占学员总数3.8%；1951年雇工的44人，占10%；1952年雇工的增加到17%。吴桥县梁集区徐运九村支部书记、宣传委员、组织委员都带头雇工，区委书记建议组织互助，他们说："找那些麻烦干什么，多种上二亩棉花，就顶上了。"个别地区在互助运动的初期听任富农带雇工参加互助组。这些情况，必须引起严重注意。

有些地方，则发生强迫命令的做法。对不参加互助组的农民，提出"参加互助光荣，不参加互助可耻"，甚至用"开除农会会籍"、"开会斗争"、"断绝往来"、"不准组员借东西给他们"、"不给贷款"等办法相威胁。有些地区错误地提出"消灭单干户"的口号。也有用大会动员、集体报告、关门造册等大呼隆的办法，结果是"名单写了，计划订了，就是没有行动"，形成"只打锣鼓不唱戏"的形式组。溧水陆德法互助组，每天插着红旗，实际各干各的。昆山包桥乡互助组是"乡干来了集体耕种，乡干走了分散经营"。苏南估计全区没有行动的互助组约占20%，其中有的是怕人家骂落后勉强组织起来。有的是对干部敷衍报账。有的是怕人家白使耕牛、先凑一个架子。有的是为了贷款。也有的是干部虚报数字或以少报多。有的则被地主富农混入，甚至被他们窃取了领导权。也有不适当地单独组织青年组、妇女组的。也有不根据条件盲目追求高级形式的。如安徽徽州专区多数县在不到两个月时间内，便发展了140多个农业生产合作社，因条件不具备，造成领导上的被动。

总之，广大农民群众互助合作的积极性是高涨的，但由于农村工作干部本身受教育不够，也缺乏系统经验。各级党委去冬今春忙于"三反"、"五反"，来不及腾出手来加强互助合作运动的领导。个别干部对推行合作化是党在农村中土地改革后又一战略任务认识不够深刻，因而主观领导显得与运动的规模和速度都不相称。

二、今后互相合作运动的大体计划

今后华东互助合作运动的发展，仍应坚决贯彻中央所指示的"根据可能条件稳步前进"的方针。发展要稳，提高要稳，稳就是快，可以少走弯路，可以克服盲目性。一定要有准备、有阵地、有步骤、有领导地前进。在没有经验、没有准备之前，要有意识地不放手，在有了经验有了准备之后再去放手。

根据中央指示，老区今明两年之内，组织农村劳动力的80%左右，新区三年左右完成这个任务。我们准备采取的步骤是1952年到1954年作为第一阶段。完成全区组织劳动力的任务，并自今年起逐年顺序完成省（区）、专区、县、区各级农业生产合作社的试办工作。要求常年互助组达到组织起来的农户总数的

30%，其中农业生产合作社占组织起来的农户总数的 5%。1955 年到 1957 年作为第二阶段，继续提高临时性季节性的互助组，要求常年互助组达到组织起来的农户总数的 70%，其中农业生产合作社占组织起来的农户总数的 15%，每个乡能办起一个到两个农业生产合作社。准备在 1955 年，看条件可能（除垦区外），每个省（区）开始试办一个集体农庄。

总的精神是强调稳步前进，先稳后快，由低到高，因地制宜，不同地区采取不同速度。老区互助运动基础较好地区，合作社的速度可以适当加快一些。根据今明两年发展情形，在明年底打算对上述计划做适当修改。强调稳进，对认真切实准备合作化的基础，是有利的，不致因提出较高要求而引起干部中的急躁冒进情绪。估计在第一阶段中，真正做好教育群众、组织劳动力、试办合作社及培养骨干等工作。1955 年后，全区农业生产合作社的速度，一定会超过预期的要求。今年根基打好了，将来要求走得快些是容易的。如果根基打得不好，结果很可能有些地方要走回头路，反而欲速则不达。

根据上述方针，1952 年的计划是：在争取全年丰收的前提下，普遍发展临时性、季节性互助组。而在临时性、季节性互助组比较有基础的地方，应有领导地推广常年固定的互助组。把当前没有组织的广大农民群众组织起来，并加强对互助组的领导，作为今年互助合作运动的重点。各省（区）组织劳动力的程度及当年固定互助组与临时性、季节性互助组的比例，由各省（区）按当地条件规定。至于农业生产合作社，必须在互助运动有基础的农村个别重点试办。今年只由每一个省（区）党委试办一个到两个，每个地委试办一个，试办计划要报上级党委批准。试办数量宁可少些，但一定要办好。在试办已有初步经验的地方，主要防止急躁冒进、忽视组织广大农民参加互助组和放松对现有互助组的领导的倾向。个别地委未认真抓紧试办的等待思想也应克服。对已经试办起来的农业生产合作社要办好，对群众自发组织起来的农业生产合作社要加强领导，并分别情况处理。对那些确实是群众自愿组织起来，并有条件能维持下去的还是把它搞好。对那些根本不具备条件甚至已经试办坏了的，应说服群众改成各种形式的互助合作组织。各地专业性的互助组织须继续发展。

在执行这个计划时，一方面要照顾今天互助合作运动的现状，即已经组织起来的 200 余万个互助组必须巩固提高。还有广大尚未组织起来的群众需要继续组织，当前农业增产任务主要是依靠已经组织起来的常年互助组和临时互助组及广大尚未组织起来的农民，而不能寄托在农业生产合作社方面。如果单纯追求高级形式，必然会抓了小的，丢了大的，对当前农业生产不利。另一方面，必须要有发展的观点。农业生产合作社是有前途的富有生命力的形式，已有的临时性、季节性的互助组和常年固定的互助组，归根结底是要走向农业生产合作社的道路。因此今天一定要试办农业生产合作社，积累这方面的经验，这是将来进一步推行农业合作化的极端重要的准备工作，如果对这方面的工作采取消极等待态度，必然要陷于被动，甚至犯错误。有人说："临时性季节性互助组和常年固定性的互助组已经完成它的历史使命了。"显而易见这种说法是不对的，但看不见发展前途，不积极进行农业生产合作社的试办工作，也是不对的。

三、发展、巩固与提高劳动互助组

（一）在新解放区和互助运动基础较弱的地区，要重视并抓紧发展临时性、季节性互助组

临时性、季节性互助组，在形式上是比较低级的，但在生产上已比单干户前进一步，并且是目前广大农民最容易接受的一种形式。只要按照自愿原则将广大农民组织到互助组内，不仅不会出大乱子，还可以教育和引导农民前进。因此轻视临时性、季节性的互助组，是不对的。

发展临时性、季节性互助组的方法大体是：

1. 抓住农忙季节，从解决群众生产困难着手；

2. 调查当地农民中原有的互助习惯，运用原有的互助形式，逐步改变其不合理部分，建立民主生活和领导制度；

3. 从贫农、中农丰产模范中物色和培养积极分子，采取代表会、训练班方式加以教育，作为互助合作运动骨干，推动他们去发展互助组织；

4. 领导上抓好典型，通过实人实事，宣传互助合作的优越性，强调不要走旧社会自私自利剥削他人的老路，而应走互助合作大家富裕的新路。宣传"自愿结合，等价互利与民主管理"三大原则，消除群众顾虑，发动群众组织起来。

（二）临时性、季节性互助组发展后，要及时进行巩固提高工作

一面发展，一面巩固，这是继续开展和提高互助合作运动的基础。目前临时性季节性的互助组占全区互助合作组织总数的70%以上。巩固、提高的任务很繁重，要对症下药，才能把临时性、季节性互助组巩固下来，并提高一步。临时性、季节性互助组的主要弱点是：

1. 绝大多数互助组员都是为了解决生产困难而临时参加的，思想上并未准备长期搞下去，加之教育也不深入，因而对互助合作方向的认识，是比较模糊

的、不巩固的。

2. 单纯的临时的互助，还未和改进耕作技术和副业生产相结合。农忙互助，农闲散伙单干，不能摆脱季节性的限制，"老鼠尾巴，就只那么长"。

3. 开始多系私人感情的结合，不记工不算账，马马虎虎，大家嘴里讲义气，心里都想讨点小便宜。只要强的劳力参加，不要妇女和弱的劳力参加。日子一长，不论生产上、行动上或相互关系上，都要发生问题。强的劳动力留在家里做活，弱的劳动力到互助组"磨洋工"。

4. 一般互助组长都缺乏领导集体劳动的经验，民主管理制度不健全，生产缺乏计划。劳力分工不科学，生产先后矛盾不易及时得到合理解决，再加上有些组长还有自私自利的弱点，往往引起组员的不满。

上述问题如不及时克服，就一定要产生"口互心不互"、"嘴里义气，心里抱怨"、"表面客气，心里憋气"的现象。

但客观上农民在扩大再生产的要求下，为了克服困难，还是需要互助的，这就是临时互助组能够巩固提高的基础。要使临时互助组巩固提高，应抓住下面几个关键：

1. 认真贯彻等价互利原则。提倡"亲兄弟，明算账"，"算账算得清，交情交得深"。等价交换的第一步是记工算账。农民提出的粗细、多少、快慢、高低、轻重等问题，要帮助研究解决。在组员没有经验的情况下，开始按人、按时记工是很自然的，但这种初级的办法，不能继续维持。必须进一步采取按劳定分、死分活评的办法。根据各个组员劳动强度，固定基本工分，再按各人每日具体劳动中的工作效率、技术好坏，适当增减工分。要注意实行男女同工同酬。在使用耕牛农具方面，应使有耕畜、有农具的农民，得到合理的代价。至于做活先后问题，吃饭问题，也应总结与推广可行的先进经验，逐步达到合理解决。等价交换，各地不能强求一致，必须实事求是，发动群众民主讨论，研究因地制宜的办法。

2. 提高生产的计划性。根据可能条件，逐步丰富互助组的内容。如提高农作技术，精耕细作，改良土壤。农闲为农忙作准备，发展副业等，以克服季节性的限制。

3. 临时组搞长了，矛盾多了，必须发扬民主，随时解决矛盾。

4. 通过各种会议，经常检查和按时评比总结互助组的工作。抓住互助合作中每一成就教育农民，不断提高农民对互助合作方向的认识，使他们确信互助合作的优越性。

5. 培养领导农业生产和副业生产的骨干。正如安徽农民提出的，互助组长肚里要装群众意见，装生产经验，装领导方法，装爱国主义。

做好以上各项工作，临时性季节性互助组，就有把握逐步提高到常年互助组了。

（三）临时性、季节性互助组提高为常年互助组后，新的问题产生了

随着农业生产的发展，农民提出了新的要求，我们必须有意识地抓住这些新问题、新要求，加以解决，才能使常年组继续巩固下去。

1. 搞好农业生产，满足农民群众进一步扩大再生产的要求，这是巩固常年互助组的基本环节。互相能够增产，组员情绪便高，减产，情绪便低，群众在这方面的反映是很快的。继续提高生产的关键之一，是加强计划性，特别是农、副业结合后，更为重要。应根据生产需要、劳力多少，进行合理的分工、分业。特别要注意组织组员精耕细作，改良土壤，提高农业技术，提高单位面积产量，增加收入，以巩固每个互助组员对常年互助组的信心。

2. 由于常年互助组在组织生产上比临时互助组又前进了一步，因而剩余劳动力的适当利用，特别迫切。除在农业生产上从事土地加工，与自然灾害作斗争，及农闲为农忙做准备，改变临时互助组的季节限制外，必须有计划地发展副业生产，因地制宜，动脑筋，想办法，组织手工业、畜牧、造林、渔业等各种有销路的有前途的副业生产，丰富常年互助内容。农副业结合的互助，对巩固常年互助组有重大作用。为了有计划地发展副业，加强副业的生产指导，克服这方面的盲目性，应通过订立合同，使互助合作与供销合作逐步结合起来。

3. 常年组的等价交换办法、记工办法要改进、提高。一般采取田间评比、田头清、定期结账划工。少数先进组采取定质、定量的办法。按各项生产数量、质量对一定土地规定工数，按劳评分。这对解决生产先后矛盾有好处，可以研究。对于副业生产的劳动工分，应按照生产种类、技术效率等不同情况，民主评定。对技术性较高的劳动（如裁缝、木工）和特别艰苦的劳动（如烧炭等），要适当提高工分。至于工资问题，不少互助组采取统一农副业工资标准，或使副业工资不低于农业或则按农业劳动工分，统一分红。对副业生产的资金和工具问题，应分情况，适当处理。对于资金很少、利润不高、主要是"赚工夫钱"的副业，在群众同意下，可采取资金还本办法。不计利息，也不分红。对于资金较大、利润较大的副业，为鼓励农民投资，可经公议给予适当利息。至于工具问题，对制作简陋、可长期使用的工具，可采取公用公修的办法。

4. 农民思想上通常有两种情况：一是农副业发展后，农民经济条件比以前

改善，某些觉悟不高的农民，容易要求单干，想买地、雇长工。二是有一些农民积累了一部分资金，不知如何应用，提出"往哪里奔"的问题。这时，一方面要在政治上加强爱国主义和组织起来的教育，使农民明确地认识农村经济的发展方向，正确认识国家利益和私人利益、集体利益与个人利益的一致性。另一方面还要运用农民的节余资金，投入再生产，或根据群众自愿及经济条件，购买农具或积累一部分公有财产。

5. 随着农业生产的发展，农民要求建立经常性的比较健全的民主生活制度，应及时予以满足。

四、农业生产合作社的试办工作

华东各地已有的农业生产合作社，大体是在以下几种情况下产生的：（1）在地广人稀的海边，因集体开荒而组织起来的。如山东三柳树、坡庄，苏北康庄等农业生产合作社。其中有一部分合作社已经过整理并得到发展。（2）在较好的常年互助组的基础上，随着生产发展的需要，由党员带头并经群众同意，自动发展起来的。如苏北赵甫亚、山东宋宗国等农业生产合作社。（3）党和政府的领导机关选择较好的常年互助组试办起来的。如浙江许桂荣、山东吕鸿宾和苏北的陈维芳等农业生产合作社。（4）在当地或外地农业生产合作社优越性的影响下，经过劳模会议或党训班的教育，由劳动模范或党员带头自发组织起来的。（5）个别基点乡的干部强迫命令，包办组织起来的。

各合作社内容有下列不同类型：比较完备的是土地入社分租，劳力计工取酬，耕畜农具统一使用，已积累了一部分公共财产，并初步建立了民主制度的。此外，还有单纯按劳分红的，或单纯按土地分红的，或计口授粮的。这些不大完备的甚至带有偏向的办法，有的已经改变，有的正在改变中。

组织规模最大的是苏北康庄合作社，100多户，3000多亩地；其次是山东三柳树合作社，45户，1600多亩地。一般的规模都在土地100亩到300亩，农户10户到30户。社员入股的土地，一般在社员所占有的土地总数的90%以上，自用地约留5%~10%。

根据各地报告，试办工作大体上要注意：

1. 选择的基点必须具备一定的条件，配备一定的干部（每个农业生产合作社应配备一个县级干部），并由省区领导机关直接掌握。中央指示中强调群众有比较丰富的互助经验，又有比较坚强的领导骨干。强调要根据群众生产需要、互助基础、群众积极性及充分酝酿等条件。具体地说就是：（1）所谓互助基础，就是所选择的基点已是常年固定性的互助组，组内已有比较合理的记工算账方法，有了民主制度，组员已有互助经验。劳动互助的组织和经验是农业生产合作社的主要基础。（2）所谓领导骨干，就是已有一批较好的积极分子，可以形成领导核心。（3）群众不但已经体验到互助合作的好处，且有进一步发展生产的要求。如耕作先后问题不能解决，要求统一使用土地等。这三条是试办农业生产合作社的基本条件。只有骨干而群众觉悟不足或只是群众要求而无骨干领导，都不容易办起来或办起来也容易垮下去。特别是互助经验是非常重要的。一定要经过常年组这个阶段才能发展到合作社，否则群众和干部都互无经验，合作社也不易巩固。条件不具备的应切实准备条件，不要冒昧举办。有了条件才可以配备干部，研究步骤。绝不能不顾条件地乱轰一阵。农业生产合作社只能办好，不能办坏，办坏了比不办还坏，走回头路要比新办花许多倍工夫。

在什么条件下才能超越常年互助组的阶段呢？（1）特殊的生产条件，如开垦荒地，土地一开始便是公有的；（2）周围都已经组成了农业生产合作社；（3）有强的领导掌握。在一般的条件下，还是顺序前进为好。

2. 试办的步骤：

（1）进行充分的思想酝酿和动员工作。要使所有参加农业生产合作社的成员及其家庭完全自愿，要使每一成员都知道办合作社比办互助组有更大的好处。办合作社之前要使每一个成员把所有的顾虑都讲出来，并在酝酿中得到解决。要达到上述目的，必须做好几件事：要向农民宣传，讲农业生产合作社的性质，它的优越性，说明这是走向社会主义的桥梁。要打破农民以为参加农业生产合作社会丧失土地所有权的顾虑，说明参加农业生产合作社后，土地还是自己的，公粮仍由各户分别负担，入社和退社完全自由。当农民提出具体疑问时，应发动大家动脑筋、算细账、想办法来解决，绝不能简单化。有的群众可能认为组织农业生产合作社就是共产，土地入了股自己不能做主，土地多、劳力少的，怕给有劳力的沾光。有劳力的，怕分不到东西。土地既少又无劳力的，怕人家说入社找便宜。会种田的人，怕别人种不好田。老年人，怕没活干，怕死了没人埋。鳏寡孤独的，怕不让参加。甚至更具体地提出社员要添新衣，逢年过节买点香烛、猪肉怎么办？添小孩、娶老婆怎么办？对这些问题，必须顺着农民的思想，根据政策，加以解决，绝不能采取鲁莽的态度。

（2）领导社员讨论和研究农业生产合作社的各种具体制度和规定。如土地评产入股、劳力分红、土地分租的办法，公积金的分配比例，耕牛、农具、种子、肥料的投资办法，农副业如何结合经营，公粮如何负担等等。这些问题解决得合理与否，是试办能否成功的关键。解决这些问题时要紧紧掌握既要有利于发挥共同劳动的积极性，又要照顾农民私有财产的利益。要以公私兼顾的方针教育农民，进行充分的民主协商，在自愿互利原则下求得合理的解决。

（3）建立组织，确定制度，计划生产，开展竞赛。农业生产合作社的管理机构应通过社员民主选举产生，组织形式以委员会或理事会为宜，以便根据生产需要，实行分工领导。社员可按农业、副业编组。农业生产合作社的民主管理制度特别重要，一开始就要将账目搞清，组织建立后要加强领导和加强教育。

一个社的组成大体要30到40天。

在处理农业生产合作社内部问题上，必须抓紧下列原则：

（1）规定一切办法必须严格掌握合作社两方面的性质。即参加合作社的各个成员有土地私有权和其他生产手段的私有权的私有性质和社员共同劳动、按劳取酬并有某些公共财产的社会主义性质。

（2）严格掌握各地区不同的经济条件和生产习惯，允许各地办法有区别，承认办法的多样性，不能作统一硬性规定。

（3）必须绝对遵守和坚决贯彻自愿互利原则，任何不自愿不互利的办法都是错误的。

（4）所有办法力求公平合理，简便易行。

（5）随着农业生产的发展，群众觉悟程度和干部经验的提高，农业生产合作社的各种办法都应随之逐步改进和提高。

目前我们看到有某些不合理的地方，但群众却坚持要这样做。遇到这种情况，就要很好了解一下群众坚持的理由，往往群众的意见是对的。即使群众意见不完全正确，必要时我们也要做有意识的让步，允许某些过渡的办法。但另一方面，必须加强教育，有意识地引导农民前进。

关于各项具体问题，各地提供了下列解决办法：

（1）土地入股：有评产入股和折成标准亩入股的两种办法。土地质量差不多的也可按亩入股。一般以评产入股办法较好，按土地好坏、位置远近、水利情况，经过民主评议，以常年产量为标准照顾去年产量（一律包括全年农作物的正产物和副产物）评定固定产量入股。租入土地可由合作社继续承租。农民可以留一部分家用地，但不宜留得过多。过多会妨碍集体劳动的积极性，"这是滋生私心的根子"。

（2）农副业收入的分配标准：农业总收入除去肥料、种子、农具及社内购买耕牛的费用外，分定产、增产两部分，各根据一定比例进行分配。定产部分土地分租额一般不应低于30%，不应高于50%；增产部分土地分租额一般可在30%～35%左右。总之，应做到即使社员感到土地入社有利，又使劳力分红比例在原则上稍高于土地分租。副业总收入除去生产成本和留一小部分作为公积金外，应和农业总收入中劳力分红部分并在一起按劳分配。

（3）评定工分办法：农业生产合作社应当普遍推行按活记工，按每一社员的实际劳动量作为记工根据。浙江许桂荣农业生产合作社为了发挥社员集体劳动的积极性，研究出"定工、定肥、定产、土地划片、分组生产"的办法，把全社土地划成几片，按土质好坏和需工多少评定从春耕到秋收的人工和肥料，和每片土地应生产的粮食，由各个农业小组分片负责生产，秋后即按评定的工数分红，超额增产的奖励。无特殊原因完不成计划的，由农业组负责赔偿。这个办法还将为进一步实行按件记工（定工、定质、定时、定产），实行劳动日的制度开辟道路。

（4）耕牛的处理：①社员私有耕牛折价卖给社内，公养公用，牛款由合作社分年偿付，并给予一定利息，草料由社负担，牛粪归社；②牲口仍归私有，做活记工分红；③按田亩摊钱公买公用。上述三种办法都可按各地实际情况试用。三柳树合作社耕牛记工的工分太高，引起社员不满，应当改变。

（5）农具的处理：大农具按社内财力负担的可能，在不降低社员收入的条件下，由社折价收买，分期偿还，给予一定利息；小农具私有，公用公修；按田亩摊钱公买公用。

（6）肥料的处理：肥料分两部分，商品肥料，按各户需肥量由各户投资，多了由社付给利息。人工肥料，按所花的劳动力评定工分。

（7）种子的处理：由社员拿出秋后归还，以后由社内统一留种。

（8）副业投资的代价：①劳资按一定比例分红；②资金给合理利息，按劳分红；③资金不计利息，单纯按劳分红。上述办法也可以同时按照不同情况分别试用。

（9）公积金：以占全社岁收入的1%～5%为宜。初成立时少留，收成不好时不留。公积金的用途主要应放在扩大再生产方面，同时抽出一部分公积金办理社内集体福利事业。公积金应有专人保管，预决算及使用制度须经社员大会通过。

（10）公粮负担：一般以分户负担为好，过早地统一由社负担，容易引起农民的疑虑。

（11）入社出社问题：社员有入社退社的自由，退社应在一年收获完毕之后。退社时有带出所投资金及分内公积金的权利。农业生产合作社为了改良土壤及改善水利设备等所耗费的资金，退社者应偿付一定的代价。新社员入股的土地，应根据常年产量为标准，根据具体情况，可酌带一部分公积金入社，但不应作硬性规定，以免影响合作社组织的扩展。

农业生产合作社组织起来应加强领导，不能听任自流。各地现有经验是：

（1）巩固与提高农业生产合作社的物质基础是提高生产多打粮食，合理地分配收益，以充分发挥社员集体劳动的积极性。为此，必须加强生产的计划性，根据当地条件，国家与社员需要，民主制订周密的具体的爱国增产计划。按计划进行生产，完成后检查总结，保证计划的完成。必须与供销合作社订立结合合同，避免生产的盲目性。必须科学地组织劳力，推广当地行之有效的新式农具，改进耕作方法，加强技术指导。经营有利于农业生产的副业，增加合作社收入，以便于扩大土地投资。

（2）必须有计划地训练合作社的会计人员，建立和健全合作社内部的经济管理制度。社内应有健全的会计管理收支账目，并应规定切实可行的开支手续。每月月终必须公布账目，实行经济民主，防止贪污浪费和分配不公。

（3）加强对合作社的具体领导与政治教育，通过检查评比总结，组织互相参观，互相竞赛。建立经常的时事教育与文化教育，不断地提高群众觉悟，鼓励群众的生产积极性，克服和防止社员中可能产生的自满情绪。

（4）加强合作社与附近互助组及个体农民的联系，经常介绍情况，交流经验，推动周围群众组织起来，同时也使合作社本身更加巩固。

（5）凡有党的支部的乡村必须加强支部对农业生产合作社的政治工作，并号召所有党员以身作则、大公无私，坚持自愿两利原则，团结群众办好合作社。

五、若干有关互助合作运动的政策问题

1. 应切实帮助在土地改革中获得土地的贫农、雇农解决生产问题，同时紧密地团结中农及农村中一切劳动人民发展生产。在互助组和农业生产合作社内部，应坚持等价交换政策，正确地、合理地规定人力、畜力的换工比例及解决耕畜、农具的使用问题，不要把使用耕畜和农具的报酬压得过低，但也不要提得过高。应切实照顾贫农、雇农，防止和纠正排斥贫农、雇农和使他们吃亏的现象，又应切实保护中农利益，不得侵犯中农利益。互助组和农业生产合作社

的领导骨干应以贫农、雇农和中农中的积极分子充任。对暂时不愿参加互助组的个体农民，不应轻视和排斥，而应以组织起来优于单干的实例教育他们，并教育已经组织起来的农民主动地团结他们，逐步地吸收他们自愿参加。

2. 在社会上允许富农雇工经营，督促与监督富农遵守人民政府的劳动、税收和物价等政策。但在互助组和农业生产合作社内部，不应允许进行雇工劳动的剥削（即富农的剥削），不应允许组员或社员雇长工入组、入社，也不允许互助组和农业生产合作社雇长工耕种土地，如有此种情况，应由组员和社员会议讨论，规定出纠正或改组的办法。对已参加互助组的富农分子，应分别情况采取不同办法处理。对老区中经过平分土地的现在已经不存在雇工劳动剥削的旧式富农，可经过群众同意允许其参加互助组与农业生产合作社，但绝不允许其操纵领导与恢复雇佣劳动的剥削。对个别已参加农业生产合作社和互助组的并未再进行雇工的新式富农，在群众同意的前提下，仍允许其留在组内、社内，但应加以教育和改造，不许其对别的组员、社员进行剥削。在新区原则上不应吸收富农加入互助组或农业生产合作社，对现已入组、入社的富农分子，如果他是带雇工入组、入社的，则应坚决地向农民解释清楚，经过组员、社员多数通过，加以清洗。如果他现在并未带雇工入组、入社，并确实能遵守组内或社内的规矩而互助组或农业生产合作社的领导骨干又较坚强，经组员、社员同意，也可不令其退出。对个别原来是富农而经过征收其出租土地现在所留自耕土地已大体与农民相等，已不雇工，不放高利贷，并能以自己劳动耕作自己土地，按其经济情况已经不成为富农，但尚未正式宣布改变其社会成分的富农分子，经过组员、社员同意，可允许其入组、入社。对上述允许留组、留社或入组、入社的富农分子，均应由组员、社员讨论，规定一些办法，使之不能在组内、社内进行剥削，并不得充当组或社的领导人，以便从生产组织上对他们加以控制，防止他们进行破坏。至于在个别农村，富农被清洗出组后，自行组织所谓"互助"，应明确指出这是富农的合股组织，是富农联合起来剥削雇佣劳动的，人民政府今天虽不在法律上禁止富农为了生产而相互联合起来，但应不准富农盗用互助组的名义，以免在农民中和农村干部中引起思想混乱。如果富农互相组织起来后，既不进行雇佣劳动的剥削，又不进行高利贷的剥削，而是依靠自己的劳动，经营自己的土地，则在若干年后，可以承认他们的互助组织是互助组。

3. 不能允许地主参加农民的互助合作组织。由于农民互助合作组织的性质与任务以及土地改革后很多不法地主仍然仇视人民与人民政府，其破坏活动并未停止，故在地主未改变其成分前，不能允许其加入农民互助合作组织。对于地主的劳动改造应当在乡、村政权、农民协会、民兵及农民互助组等监督下，强制其经常劳动生产，也可强制个别地主临时与互助组一起劳动。过去个别地方强制地主替互助组做无代价的劳动，或组织"地主互助组"都是不对的，应予纠正。

4. 对懒汉、二流子及流氓，应采取说服与强制相结合的办法，动员他们参加生产，进行劳动改造。在群众同意下，并可参加劳动互助组织。对个别生产情绪不高的农民，应进行教育，不要随便说他们是懒汉、二流子。对农村中的土匪家属、悔过自新的土匪、伪军士兵、伪职员、伪保长等，只要原系劳动人民出身，又非管制对象，在群众自愿结合的原则下，可允许他们参加互助组，以便强制与监督他们从事劳动生产，达到改造的目的。但不得将他们集中在一起，更不得让他们担任互助组和农业生产合作社的领导人。

5. 应积极组织有一定劳动力的烈、军属参加互助组，进行生产劳动，同样进行记分。对烈、军属的土地代耕问题，应以乡或村为单位，民主评定应当代耕的土地和所需的人工，按照人民政府规定，合理分配代耕义务，实行固定代耕制。对一般鳏、寡、孤、独贫穷户，在群众自愿原则下，可参加互助组，并在平等互利原则下予以适当照顾；对劳动力不足的农民家属，应主动照顾，使他们能通过互助合作，逐步改善其生活条件，但必须注意不能把他们集中在少数组内，致使这些组的负担加重，而应分散在各个组内，以求负担平衡。

6. 乡、村干部应积极参加互助组或农业生产合作社，并积极劳动。在农作中应坚持等价原则，不得有任何特殊权利。为了不耽误乡、村干部的生产时间，应减少他们的兼职并在农民群众中吸收更多的积极分子参加工作，尽可能做到一人一职。

7. 人民政府应在贷款、贷粮及技术等方面，给组织起来的农民以适当的优待与扶助，并须适当地照顾单干的农民。

8. 对有余钱、余粮的农民，应积极组织他们自愿投资到互助组和供销合作社中，以扩大再生产，或鼓励他们向国家银行、合作社储蓄。互助组与供销合作社间，应签订"结合合同"，互相保证按计划进行供应和推销。

9. 互助组、农业生产合作社集体开垦的荒地，应归互助组或农业生产合作社公有。其农业税负担的优待办法，由人民政府另订之。

10. 应当普遍实行男女同工同酬的原则。对互助组和农业生产合作社中的妇女劳动力，应按其劳动的实际效能，民主评定其劳动分数，不能一律作为半劳动力计算。

六、加强互助合作运动的领导

1. 今后农村工作的中心任务仍然是发展农业生产，提高农民觉悟，一切工作都应围绕这个中心任务去进行。

2. 在互助合作运动中应紧紧掌握一条基本方针，也就是我们政策的出发点，即一方面坚决保护和鼓励农民的生产积极性；另一方面又耐心地教育和引导农民组织起来，逐步地引向合作化的道路。应当反对形形色色的自流观点，消极等待、强迫命令、急躁冒进的偏向。

3. 坚决贯彻共产党的互助合作政策，对参加互助组的成员必须严格掌握，对待参加互助合作的农民与单干农民的关系必须正确处理，必须适当地运用国家财力、物力以支持互相合作运动的发展等。

4. 今后农村工作的干部，必须学习经营管理，懂得经济，只有善于帮助农民进行经济建设的人，才能做好领导工作。学习经济知识和农业生产的各方面知识，很好引导农民前进，需要持久不懈的努力。

5. 要农民进行一些比较重大的改革，一定要根据自愿原则和采取耐心说服的方法。一定要进行耐心的教育工作，"严重的问题是教育农民。"（引自毛泽东《在中国共产党第七届中央委员会第二次全体会议上的报告》）列宁曾说过："要想影响千百万小农经济，只能采取谨慎的逐步的办法，只能靠成功的实际例子，因为农民非常实际，固守老一套的经营方法，要使他们采取某种重大的改变，单靠忠告和书本知识是不行的，这样做达不到目的，而且也荒谬。"[①] 毛主席所说："耐心说服"、"典型示范"[②] 都是一个道理。

6. 培养和掌握典型，指导一般。省（区）、专区、县、区、乡都要掌握一两个典型组，取得经验，以便指导工作。特别是县以上要配备有一定政治水平的干部负责典型试验工作。农业生产合作社要配备县级干部进行试办。典型确定后，应保持在当地党委统一领导之下进行工作。党委要经常联系，了解情况，帮助总结经验，及时予以指导。在典型互助组的培养过程中一定要纠正和防止外来干部的包办代替和物质上的过分支持的偏向，否则，往往使典型脱离群众，

---

① 《列宁选集》第4卷，人民出版社1972年第2版，第106~107页。
② 《必须学会做经济工作》，《毛泽东选集》第三卷，人民出版社1952年版，第966页。

失去指导意义。典型互助组应与当地骨干建立经常联系，以推动与带领周围群众，不要"照远不照近"。好的经验要及时介绍，但一定要慎重，要经过当地党委审查，好消息也要当地群众承认，特别要合乎事实。要注意培养新的典型，逐步培养基点乡、基点村。

7. 开办互助合作训练班，训练骨干。对象为互助组长、合作社主任、互助合作运动中的积极分子、生产能手、领导生产的乡村干部。上述成员中应包括15%～30%的妇女成分。训练的内容是互助合作运动的方向、政策和各种具体办法，农业生产技术、丰产经验。训练方法应是上课和总结经验相结合。首先由领导机关积累经验，然后以县为单位进行普训。县里负责训练组长、社长、贫农中农中的生产积极分子，省训练模范互助组长。时间一个星期到十天半个月。除开办训练班外，应利用夏收秋收季节普遍进行总结评比，自下而上地召开互助合作代表会议，召开干部总结工作会议，组织干部学习中央及华东局各项有关指示，在党校、干校中添授互助合作的课程等，都是提高干部水平所必须采用的办法。

8. 互助合作的指导机构问题：党委的农委是党委领导互助合作运动的助手，负责运动指导、政策研究、政治教育、重点掌握、情况检查及经验总结等；人民政府的农林部门也应建立指导互助合作的专门组织，掌握互助合作运动的各种统计、生产技术指导及新式农具的改良使用，并运用国家经济力量支持互助合作运动等。各县党委书记要亲自掌握互助合作运动的领导，县农民协会主任及县人民政府农林科长，应具体分工负责。区、乡、村的干部亦应明确分工，并指派专人负责互助合作运动的指导工作。

各地土地改革中的没收、征收和分配工作，在做法上是大同小异，繁简不一，我只是将其中若干方法上的要点提出研究，但在上海郊区必须严格照顾到郊区的特点，不能机械照搬。

关于农业建设第四师屯垦情况的报告*

（1952 年 8 月 27 日）

华东局、苏北区党委：

一、我们于 8 月 14 日到达农建四师师部驻地——滨海县八滩区六垛。15 日起，首先听取师党委汇报，然后，即分组研究该师生产计划，重点放在水利、垦务方面。同时召集了所在县、区、乡干部 10 余人开会，研究了有关垦地的若干政策问题。我们并利用了会议间隙勘察了沿海各港口，对该师今后工作，亦提供了若干意见。

二、该师于 5 月 17 日进入垦地，经过 3 个多月的工作，业已站稳脚跟。

他们在 6 月底前，主要抓紧了以下工作：

（一）部队一进入工地，即用突击方法，抢搭工棚 1300 个，住 8000 人。在 40 多天内，抢建草房 806 间，使部队可能度过雨季并进行伏垦。目前仍有 1600 人住在工棚里面，待第二批营房造成后，始可迁入新屋。

（二）与建造房屋同时，进行了灌溉渠南准备伏垦的 120000 亩荒地上的水利工程。在 25 个工作日内，连同民工开挖（大面）套河（干河）1.25 公里。支河 3.85 公里，条河 49 条，长 69112 公尺，共计 423580 公方。

（三）为争取时间伏垦，派员去北京运回斯大林 80 号拖拉机 4 台。途中困难重重，终于运达。当时附属机件与油料不全未能立即垦作。师党委一面派人赶运机件油料，一面成立机训班，训练机耕人才。目前能单独驾驶拖拉机的有 12 人，正在学习驾驶的有 36 人，另为华东劳改队训练驾驶员 44 人。开始耕作后，试车期间拖三铧犁，每小时消耗油量 1.5 公斤，垦地 4.2 亩。正式耕作已能拖五铧犁，每小时消耗油量 1.41 公斤，垦地 8.43 亩。截至 8 月 25 日，已垦 10320 亩，已耙 4136 亩。

（四）当部队在海门出发前，对所需工棚房屋材料和生活资料及简单的生产工具，均已作出计划，并分批派员采购赶运。当部队到达滨海县境蔡桥、五汛港一线时，已运到铺板 3000 多张，木头 300 余方。在部队进入垦区以后，陆续

---

* 本文是刘瑞龙与万众一共同撰写、签署的报告。署名顺序为：刘瑞龙、万众一。

运到器材约重 1600 万斤，大米 200 万斤，柴草 300 万斤。大批工具器材粮草的及时供应，保证了建场工程的顺利进行。

（五）该师的小型铁木工厂已成立，现有木工 29 人，铁工 4 人，制成板凳 1000 多条，方桌子 35 张，工棚 12 间，并调出 19 个窑工，到八滩建立窑厂，为今后副业生产作了良好的尝试。

部队直接投入工地劳动人数达 7800 余人，劳动热情高涨，不少女同志自动下厨房，替换炊事员上河工。好多单位人员，有的牺牲午睡，有的夜晚赶工。有的阴雨不停，忘我地进行劳动。劳动效率不断提高，水利工程开始时，每人每天只能挖 2.5 公方，在熟练后迅速上升到 3.7 公方。师直执法班，10 天计划 7 天完成。在工程结束时，每天每人能挖土 4.85～4.9 公方。因劳动积极集体得功者 37 个单位，个人得功者 1005 人。

7 月上旬，该师开始进行雨季以后工作的准备，进行整党及政治教育，制订下半年水利工程计划及修建计划，组织水利工程队及建筑工程队，并购运所需材料等。

据师党委同志谈，在这一时期工作中体会最深的，有下列三点：

（一）当师接受农业建设任务时，不少干部表示怀疑。在海门动员北上时，某团副参谋长估计途中逃亡人数将达 300 人。实际全师仅逃亡 30 余人，现已大部分归队，部队转业思想亦已基本安定。证明 1 个战斗部队集体转入农业生产建设是可行的，其中心环节在于深入的政治动员，明确地提出任务，连续采用各种方式，克服怀疑和顾虑，大力开展功模运动，及时发扬干部和战士中的积极因素。

（二）有些干部，对时间匆促，准备不够，能否按时完成计划，表示怀疑。该师采取了先期准备及"边准备、边行动"的办法，因而保证了计划的实现。他们在工作中曾碰到不少生疏的问题，干部边学边做，战士先教后做，不断地向群众和专家请教，因而逐步地克服了困难，解决了问题。由于时间短促，没有经验，也产生了某些浪费现象，一经发觉，已及时纠正。

（三）当地各级党委、人民政府与广大群众的热烈支援，对初期建场工作的胜利，有很大作用。在开挖支河时，一批动员民工 2070 人，在 14 日内，挖土 7 万余公方。在抢建营房工程中，糜滩、五汛、八滩、临海、东坎 5 个区，一次动员笆瓦木匠 1500 人，并派出干部，协助掌握。在物资供应及粮草运输紧急时，除部队本身水运以外，附近很多农民带了牛车、人力车前来服务。

三、关于该师五年生产计划轮廓和今明两年生产工作问题，根据华东与苏北棉垦会议讨论的各兴垦单位在进入垦地一年半后争取自给的精神，师党委提出，该师到达垦区较迟，大部分水利尚待兴修，机耕力量不足。今年尚无生产收入，如明年年底即要自给，困难尚多，如无特殊情况，请求延长至1954年7月开始自给。我们已告他们目前可按此意见提出计划，候华东和苏北核批。

根据上述原则，该师5年内垦务进度和种植任务，均比原计划提早一步。如1952年原计划开垦5万亩。1953年植棉12000亩，现改为1952年内农业生产可收入150亿元，1954年可收入400亿元（上述两年收入，均未扣除生产成本），争取在1954年下半年开始自给，是可能的。

今明两年工作，也较原计划加重，决定在年内垦地6万亩，以备明年植棉。目前尚在雨季，机耕力量不够，师党委决定发动一切力量，完成计划。提出"三不等"的口号："不等补充机具，不等雨季过去，不等房子盖好"，提早垦作。并组织拖拉机、马拉犁、牛耕和人挖同时进行，"四宝齐放"，争取在入冬前机耕2遍耙2遍，畜耕1遍，明年早春再行耕耙，播种前进行细耙，保证全苗。在年内并需做好有关植棉的准备工作，试种小麦1000亩。

此外，结合生产任务，研究了下列问题：

（一）该师垦区水利，经勘察研究，拟议如下：

海堤——垦区滨海海堤由射阳河北岸起到老黄河口止，共长60公里，双洋口以北旧堤在1939年被高潮冲毁，后建新堤，在1949年及1952年又全线培修2次，顶高5公尺，距离设计高度尚差1公尺，今冬明春继续完成。沿堤有险工两处，一在双洋口以南的丫头港，一在废黄河口，须做护险工程。

挡潮闸——沿堤有排水入海港口5处，大喇叭口、双洋口均有30年前所做钢筋混凝土闸，尚可利用；大面套拟做新闸，今冬施工，与旧闸平行使用；二为垦区北部排水港口，旧闸已废毁，新闸今冬施工。

排水沟河系统——按照条田南北，长度1000～1500公尺挖条沟，并注东西干河，在渠南分由大喇叭口、双洋口及大面套口入海，在渠北由二口入海。条沟距离原拟100公尺，为了洗碱及增加高潮期时雨水停蓄作用，在两沟中间挖临时沟一道。

灌溉渠系统——灌溉渠横贯垦区中部，为垦区供应淡化洗碱及辅助灌溉造成了有利条件。灌溉系统与排水系统分开较为适当，但灌溉方法采漫灌（即溢灌）或沟灌问题，尚待审慎研究。

（二）关于机械配备和人力、畜力运用问题。该师现有斯大林80号拖拉机4台，要在本年内完成6万亩地二耕二耙和以后垦殖任务，必须在机具方面予以支援。该师要求本年内添置中型拖拉机 12 台，小型柴油机 6 台，拟请华东农林部予以审核，因机务人员经验不够，致机具易生故障，已建议由师级干部一人专责主持机务工作，并有计划地培养驾驶人员。部分干部单纯依赖机耕，有忽视人力、畜力倾向，经指出目前农业建设还未到全部机械化阶段，必须结合人力、畜力进行耕作。

（三）部分干部认为既然是建设社会主义性质的国营农场，便要装潢门面，充实设备，力求"美化"环境。个别干部原提预算中有"轻便铁道、弹簧椅子、音乐室、盥洗室"等项目。经师党委提出纠正。决定基本建设要先其所急，水利工程经费应在力求节约、保障安全原则下考虑；仓库厂房等建筑要注意实用，宿舍住房则应因陋就简。

（四）副业经营任务以解决本身油、盐、蔬菜、铁木诸用具及砖瓦为主，随农业发展需要，举办各种加工厂，并提出利用碾米、磨面、榨油设备，解决本身需要，及利用糠麸养猪，棉饼作肥料等。

四、关于垦区土地关系问题——四师垦区，地跨灌溉总渠两岸，背靠废黄河，面临射阳河，土质肥美，交通便利。土改后，由于上游水利逐步解决，垦区土地情况已有变化。群众在荒地中零星扦土垦殖，建房居住。现除靠射阳河边一块 22 万亩，因碱分较重，土地关系比较单纯外，跨在灌溉渠两岸的 243217 亩中计棉田 20375 亩，扛田 13861 亩，草滩 201973 亩，光板地 7000 亩。已确定产前者为 115946 亩。国有土地已分给群众使用者，为 119117 亩，未分配使用者，只有 17554 亩。居民共 3134 户，14373 人，每人平均使用面积达 8 亩、10 亩至 20 亩不等。经详细研究，部队垦地面积，除留给群众足够土地外，另在废黄河北再调剂一部分土地可达 50 万亩，实耕面积 40 万亩。该地地势低洼，农民虽选高滩耕种，但每遇雨水较多，群众迫切要求解决水利问题。自四师移驻后，积极筹划治水，兴土动工，群众均热情表示拥护与赞助。该师在规划的荒地范围内及目前垦作的荒地上，对群众已垦土地尚未变动。但由于未能及时公布有关垦地的政策，部队仓促投入工地，有 8 户农民因部队挖河而损失的土地、房屋和青苗，未能及时处理，因而引起群众的怀疑和顾虑，部分群众表示不安，怕自己历年经营的高地被规划进去，怕部队拣好地，换给孬地，怕熟地被部队耕掉了不赔偿，怕搬家后失去土地，怕"开荒三年穷"，影响生活（民工对帮助部队挖河及修建时，因工价较低吃不饱饭也有意见）。这些都直接影响到部分群众的生产情绪。五汛、临海、八滩三个区规划内的群众，提早割草。五汛区新港乡周会长 8 亩扛田，麦后未敢下种。部分群众的地当锄的也不好好地锄。群众迫切要求早日明确政策，以便安心生产。

这次在有关县、区、乡干部座谈会上，对垦地调整问题，初步拟定了下列意见。

（一）凡属垦区水利、垦务、建筑、交通、造林事项，必须统一规划。在规划调整中，必须坚决保护农民（草民、盐民、牧民在内）的利益并带动农民兴垦，以利生产。

（二）在机耕农场范围内，对农民的土地房屋等，采取一般不动，个别调整原则，集中的村落庄舍，一律不动。荒地中散居的农户，无碍于水利、垦务、建筑、交通、造林等建设事业者，不必移动。如必须移动而上列各项建设事业尚未进行时，亦可暂不移动。

（三）为便于处理垦区土地问题，各单位兴垦步骤，应先垦尚无居民或居民甚少，以及与附近群众没有关系或关系甚少的荒地。与群众有关系或关系甚多的荒地，应俟当地人民政府查明情况，依照法令妥善处理，并正式划归兴垦单位后，方得垦作。

（四）凡因水利、垦务、建筑、交通、造林等建设事业必须调换的农民所有的土地，在上述工作尚未实施前，仍由原耕农民继续种植，并由兴垦单位依照等价交换原则，将换给农民的土地，先期垦熟，取得同意，然后调换。农民在换出的土地上，因改良土地所投的劳力和资金，应由兴垦单位按照人民政府规定给予补贴，其必须迁移的房屋，应由兴垦单位遵照人民政府规定，给予补贴。

（五）在处理垦区土地问题时，必须严格遵照下列原则：

1. 凡农民在垦区规划范围内业已取得所有权的土地，包括家中原有土地与土地改革中分得的土地，一律保护，任何人不得侵犯。

2. 凡农民在垦区内业已取得使用权的国有土地，其中经原耕农民垦熟或扛高的土地，一律由原经营者继续经营。

原垦区农民家中原有土地已足够维持生活者，除垦熟土地仍归其继续经营外，其多余未垦的荒地的使用权，可由人民政府酌情收回。如原垦农民家中有土地不够维持生活者，应由当地人民政府补给足够维持生活的土地。

3. 凡垦区内尚未分给农民、盐民、草民使用的成片国有土地，一律交由兴垦单位使用。

（六）对农民垦地上的青苗，一律保护，不得损毁。如因兴修水利、建筑公路、桥梁及其他重要建筑物而损毁者，应由兴垦单位补贴耕工、种子、肥料；或按青苗生长情况及可能收获量，依照人民政府规定成数给予补贴。如非因上述公用损毁者，须由兴垦单位赔偿农民的全部损失，并给当事人或负责机关以应得处分。

已分给农民使用的国有土地上的柴草，一律归原分得的农民收割，任何人不得侵犯。

（七）垦区内文物、古迹及当地群众共同信仰的建筑物、救命墩等，一律保护，不得损毁。

（八）由当地人民政府、群众团体指派代表，会同兴垦单位组织垦区农民生产委员会，提出处理上述有关问题的计划，并呈报行政公署批准后实施。

五、该师部队士气旺盛，劳动积极，这是基本的方面，而部分干部和战士，在思想上也产生若干新的波动，例如有的说："干农业不光荣，没出息，不如干工业，干国防军。"有的认为"生产不要纪律，可以马马虎虎"，组织纪律表现松懈，有的急于解决老婆问题，要请假、闹地位、争待遇等。师党委针对上述情况，决定加强政治工作的领导，并提出生产建设中的政治工作责任应是不断提高部队的政治觉悟，发扬劳动生产任务的积极性、创造性，组织爱国增产竞赛，学习农业科学知识，保证生产任务的加速完成，并保证农场与当地人民建立良好关系。个别干部认为政治工作"没前途"，要"改行"，甚至存在不问政治的倾向，必须加以纠正。我们认为不仅军垦农场要加强政治工作，即使其他国营农场，亦需建立政治工作。

根据毛主席指示的"生产待命"的方针，师党委对部队组织形式拟分别进行调整，适应生产。目前团、营、连建制不变，但须精简机关，充实连队劳动力。该师部队成分95%以上为翻身农民，2/3为1949年以前的老成分。班以上干部，近4000余人，多数系抗日战争时期参军的，个别战士中尚有1946年的乡干。只要经过一定时间的生产业务训练和技术教育，可培养出一批国营农场工作的骨干。

六、以上报告是否有当，请批示。

对于华东国营农场工作的几点意见[*]

（1952 年 9 月 27 日）

华东区国营农场工作会议今天要结束了。我利用这个时间，对国营农场工作提几点意见，供同志们参考。

第一个问题，自从中央提出要大规模地发展国营农场的工作任务，在华东局、华东军政委员会领导下开过几次会议，各地方、各农场在建场工作、生产工作及其他工作上都获得了不少成绩。根据这次会议的初步估计，我们现在已经有了若干个大型的国营机械化农场，已经有了 1197 处省、专、县、区以下的较小的试验示范农场，其中有些是专业性的，如棉场，稻作场等。这些农场开垦和耕种的土地已经有 35 万亩以上，其中国营机械农场有 95000 亩，军垦农场有 7 万亩，小型示范农场有 19 万亩，约占全华东耕地面积的 1‰。在生产上，这些农场也都有成绩。国营农场的小麦的产量是逐年提高的，东辛农场去年每亩产量只有 95 斤，今年是 136 斤；方邱湖农场去年是 180 斤，今年达 225 斤。示范农场方面，根据华东农林部的统计，有 70% 的农场的产量平均超过当地群众 40%，特别是莱芜农场一亩丰产田小麦收了 915 斤；打破去年全国的丰产纪录。由于这些地区同志们的努力，生产工作搞得好。虽然我们的建场时间还不长，但是，已经表现出集体劳动和先进的耕作技术的优越性，起到了示范作用。并在群众中产生了良好的影响。此外，我们的农场在传播农业科学知识和耕作技术上，也或多或少地创造了一些经验。例如山东省很多农场在建立技术推广网，其他省区也有很多很好成就。这就是说，我们的国营农场已经具有了初步的规模，并且培养了一批懂得办理农场工作的干部，这是首先应该肯定的。

但是我们不能够满足于现状，应该在现有的基础上继续前进。这次会议的主要议程，就是在已有基础上，根据可能与需要，提出今后的计划。

第二个问题，国营农场今后工作的中心应该是全力以赴地搞好生产。不管是大型机械化农场、小型示范农场、军垦农场或者劳改农场，都必须以搞好生产来向群众作示范，必须克服现在生产工作中存在的一些落后情况。这个问题，

---

* 本文是作者在华东区国营农场工作会议上的报告讲稿。

我在苏北曾和农建四师的同志们谈过。我说，我们的部队是好是坏，在战争中能否消灭敌人，能否打胜仗来判断，如果只是标语写得很好，口号喊得很响，歌唱得很好，戏演得很好，打仗却是不行的话，那就不行。农场也是这样。如果只是人很多，拖拉机很多，房子造得漂亮，但是生产上不行的话，那这个农场就不是好农场。我们判断农场是好是坏，基本标准只有一个——生产。生产搞得好，就是好农场，生产搞得不好，就是坏农场。

所谓生产好，就是能不断提高农作物的产量，多打粮食，多收棉花。在提高产量过程中，同时又要不断地改善农场的自然条件和生产条件，并不断地培养地力。有的人这样想，既然应该提高产量，那就拼命捞一把吧！这是不行的。我们办农场既要把生产搞好，又要把地力提高，这就是叫做细水长流。假如拼命捞一把，好了一两年却破坏了土壤，十年恢复不起来，那仍算是没有搞好的。总而言之，正如老百姓所说的，我们的农场要愈办愈兴旺才对。

现在个别单位在生产上有落后情况，必须以很大力量去扭转这种局面。例如东辛农场一亩只收 15.5 斤的籽棉，只合 5 斤皮棉。我们的责任是领导农民走向集体化，麦子收得比当地群众的要多，才可以示范；但是每亩只收 15.5 斤棉花，我们怎能举起拳头号召农民跟着我们走呢？还有广北农场的棉花，去年每亩收了 28.5 斤，比东辛农场多了一点，但拳头也还是举不起来的。现在华东农林部不是规定我们最低限度每亩要收 35 斤皮棉，即 105 斤籽棉嘛！那么，我们所说的克服生产落后情况的具体内容就是：必须把 15.5 斤、28.5 斤上升到 105 斤。只能多，不能少。只能比老百姓的多，不能比老百姓的少。老百姓说："种花如绣花"，这是一个难题。但是这个问题不解决，农场就绝不可能办得好。谁有勇气，有毅力，有本领，就在这个地方表现。有困难，必须用最大的努力去克服。当然也应该说明，如果碰到了不可抵抗的自然灾害，那是例外。但条件和老百姓的一样，同样的土质，同样的气候等等，那我们国营农场，在产量上必须比老百姓的多，这才能带着老百姓前进。为了要搞好生产，克服在生产上落后的情况，有几个办法应该采取：

1. 各场应该同老百姓一样，也订立丰产计划，具体规定生产任务，不但规定垦荒多少，耕种多少，还要提出每亩农作物的产量是多少。现在有的互助组，农业生产合作社，已经做到二保四定。什么叫二保？保工、保产。什么叫四定？定工、定肥、定质、定产量。

2. 要学会大田生产的方法。这次我走了几个单位之后，深深地感觉到现在办农场，特别是 3 万亩、5 万亩、15 万亩的农场，一切工作都必须有计划、有准备。老百姓种地，若是耽搁一下，损失的不过是几亩麦子，一亩几分地的棉花。如果我们耽搁一下怎样呢？那不是花几亩几分，而是几万亩的麦子，几千亩的棉花。这是多大的损失？所以，全部的工作必须有计划，有准备地进行。

3. 我们农场应该用极大的注意力来改善农场的水利情况，用极大的注意力来改良农场的土壤情况，用极大的注意力来消灭杂草的危害，用极大的注意力来选种。我们必须很好地注意这些事情。特别重要的是，对于当地的土壤、气候等情况要很好地研究，然后根据这些情况，来部署作物的生产工作。对于各种自然灾害，一定要先期周密预防，及时扑灭。在这一点上，我们是已经有了很大教训的了。去年东辛农场不是遭了蚜虫吗？好了，今年对蚜虫很注意了，所以没有受害，但是对于以后的其他虫害注意得不够，结果是没有几天，好好的棉花，一下子变成了坏花。

在这里，值得特别注意的是，大田生产和小农生产有很大的不同。我们必须很好地注意学习。小农生产的经验，有很多是可以作为大田生产参考的，但是其中有一些在大田生产中却无用武之地。必须明白，大田生产有大田生产的特殊性，必须抓住这个特殊性，才能办好大田生产。在这里应该特别提出的是：有很多地方的试验田办得很好，但是要把试验田的经验用到大田中去就很困难。他们不了解农场试验田提供的方法，一定要合乎大田的条件才行。丰产田是为了普及的，我们不要每年就是这几亩丰产田装门面。

4. 要充分发挥现在生产的潜在力。大田生产中的组织工作是十分重要的。我们知道大农场里面有拖拉机、康拜因等机械，有牛、马、羊等牲畜，有很多的工作同志。因此必须根据这些机械、畜力、人力的情况，加以适当的组织和配合，使各方面的力量，能够充分地发挥出来。我们在过去的生产运动中，曾经提出过："家无闲人，田无弃地"的口号；现在虽然说荒地是逐渐开垦了，但人力、畜力、机械也是应该充分利用的。这是一个很重要的问题。在组织领导上，必须按级负责；在大田生产上，也要分区负责，只有这样，各方面才能很好地配合起来。

5. 要事事有计划，有准备。在大田生产中，某一些农作物生产中的季节突击性，表现得最明显。老百姓割麦要抢，棉花锄草要抢，他有多少地？麦子不过十来亩，棉花不过几亩。农场现在却有几千亩的棉花，几万亩的麦子。突击性就更突出了。这一次东辛农场棉花遭灾，就因为正在抢收麦子的时候，虫害来了，人力一时调配不过来，耽误了几天，棉花就完了。这是同部队打仗一样紧张的事。我们知道，部队打仗有作战计划，有任务区分，根据情况发展有具体部署。农场也应该这样，要在没有发生的时候，准备工作就做好了。要在收麦前半个月，一切收麦的准备工作都做妥了。《孙子兵法》说，不要把胜利寄托在敌人的不来上，而是要靠我们的有准备。我们不能靠虫子不来，不能靠天不下雨，而是要靠我们自己来解决问题。自然灾害不是袭击共产党，不是袭击坚强的人，自然灾害只是袭击懒惰的人，没有准备的人的。

6. 提高农场的技术指导。在大田耕作中，有一种普遍存在的错误观念，认为在小田生产中是应该讲究耕作技术，但大田生产范围太大了，讲究不了这么多，所以大田生产可以不讲究耕作技术，这是错误的。假如部队里有人说打小仗要讲究战术，打大仗不必讲究战术的话，无疑的大家都会笑他简直连常识都没有。但是在农业生产上，却有这种流行的说法，这必须纠正。应该说，正因为是大田生产，更需要讲究新式的耕作技术。我们农场生产上的失败、很多庄稼收不好的原因，正是我们的耕作技术上的缺点。例如耕地太湿，耕地过浅，耕作深浅不匀，中耕不及时，整地不平，治虫松懈麻痹等等，都是教训。苏联有一句名言，叫做"没有不良的土地，只有不良的耕作方法"。因此农场里所有的人员，特别是技术人员，都要学习科学技术。要注意培养熟悉农场里主要作物的生产技术的专门人才。例如农建五师的主要作物是水稻，今年也长得不坏，那就该培养很多对水稻有兴趣的人做骨干，慢慢使水稻长得更好。又如四师是粮、棉并重，那就要同时准备对小麦、对棉花有兴趣、肯研究的人。其他各场也一样。

在农业科学技术的学习上，注意要使科学知识与老百姓的经验结合起来。这一次我听到一个笑话，说是华东劳改农场到了苏北，不用老百姓常用的农具，却去山东买山东农民用的农具，结果不合用。这一点农建四师强多了，他们明白苏北老百姓之所以用这样的工具，自有他们几千年的经验和根据，假如对当地经验轻视，没有经过试验研究就丢弃，就一定要犯错误。东辛农场负责同志谈到一个经验，我认为很重要。他说用拖拉机耕作，也要看当地的条件，如果有些条件不合适的话，就必须采取适当的办法。例如东辛农场是黏土，对于粘土来说需要耕后立即就耙，于是就改变操作法，在犁后挂上耙，以适合黏土的条件，这种精神是很重要的。

7. 统计工作、检查工作也是很重要的。东辛农场负责同志说，现在已经建立了统计、检查工作制度，这很好。这是农场建立科学管理的基础。没有统计工作，检查工作，农场的科学管理是空谈。

8. 实行大田牧草轮作制。苏联很重视这个方法。我们应该有准备、有计划地逐步进行，这对改良土壤有很大帮助。

第三个问题，就是爱护机具，使机具发挥更好的效率，我们现在办大农场比苏联人幸福多了。苏联初办时很艰苦，而我们现在一开始就有了斯大林80号。我们本钱不小，有122台拖拉机，23台联合收割机，47台抽水机，明年还会大批的增加。但是情况怎样呢？好的一面是耕了地，锄了草等等，严重的是保养工作极不注意，机器未能发挥应有的效率。没有机器的时候。整天叫何日机器来？机器来了以后，却不爱护。这种不能容忍的情况，不但干部，不但机务人员，连老百姓也为我们着急，他们说你们的机器放在露天，日晒雨淋不会坏么？放在露天的不仅是犁是耙，而且还有联合收割机，有的地方已经在拆机器补机器了，这是一种危险的情况，应该引起注意。我们曾经计算了一下，按照这些机具的能力来说，可以耕作17万亩土地，而现在只耕了9万亩，机具没有充分利用。个别地方甚至是绝大部分的机器已经坏了。我在东辛农场时曾经说："不谈这些机器值多少钱，只说这机器是钢铁做的，钢铁是铁矿炼的，铁矿是要从山上开采出来的，制造一部这样的机器要花多少的劳动是可想而知的。何况机器还要从莫斯科运到北京，再从北京运到农场里来！要明白这些财产具有两重意义：其一，这是兄弟朋友所给的。其二，这是祖国给的。这里面包含着国际主义友谊，我们能让它日晒雨淋么？决不能的。我们必须以具体的国际主义和爱国主义来衡量。什么叫国际主义？国际主义就是说要爱护这些从兄弟国家来的机器。什么叫爱国主义？爱国主义包括要爱护国家财产。我又说，机器好像人一样，组织得好，管理得好的话，用时它就听指挥。如果平时不好好组织，不好好管理，一旦要用，就不容易听话了，问题就在这里。另外，我也说到我们华东应该讲点信用，说办农场，要来了这样多的机器，等机器交到我们手中，就不好好注意保养，让它坏掉。这怎么行？在人民解放军里有一个传统，叫做爱护武器如爱护自己的眼睛一样。农场的武器是什么？就是拖拉机，收割机，我们能不爱护？为什么要这样强调呢？因为根据这一次会议上所讨论通过的计划，我们要买的机器的数字不小，假如现在那么一点机器，都还不重视的话，将来大批的来了，不知要搞坏多少。为了要充分发挥机具的效率，我认为机具还可以适当地调整一下，不能空放着不用。各个单位应该很好地计算一下自己到底有多少机器？有多少生产任务？假如不需要这许多机器的话，就调整出来，不要背着一身的折旧费，把机器放在那里生锈。

此外，加强机务的组织工作，特别是使驾驶员、修理员的工作时效约束在机器的安全限度以内，这点十分要紧。这方面在东辛农场有很多经验，可以作机务组织工作及发挥机器效率的参考。广北农场及其他的老场，也都有一些经验，有一些场提出要实行严格的驾驶员专责制，修理员专责制，保管员专责制等，这是很好的。我们还要注意人员的安全，要安全生产，要知道枪能够打敌人，假如不小心的话也会走火打自己。机器能够耕地，也会伤人。现在机器少，机会还少，将来多了，更要注意。

关于训练机务人员、驾驶员的问题，在计划中已经提到。华东机械化农业学院，明天就要开学了。必须说，过去那些老的场子，例如东辛农场、广北农场在人员训练培养上，做了不少工作，今后有了学校，各场仍应注意训练培养人才。我建议凡有机器的农场，都要用师傅带徒弟的方式，培养训练初级驾驶员。还要开训练班，专门拨训练经费。

现在各农场在机器的修理上很不方便；差了一个零件或什么配件就没有办法。所以农场管理局应该有计划地去解决机件、配件的供应。以后恐怕每一个场的负责人当中，都要有一个来专门负责机务方面的工作。这问题不能忽视，否则不但造成国家资金上的浪费，而且事情还办不好。

第四个问题，就是发扬精打细算，白手起家，力求自给的精神。这里首先要提出一个问题：农场是不是要进行正规化的建设呢？要的。要不要建设得像苏联那样的程度呢？也是要的。问题不是要不要，而是什么时候做到和今天能不能做到的问题。在今天，我们的国家最要紧的是大力建设工业，既然这样，我们就不能不从各方面把资金节省下来，投到工业建设里去。既然这样，农业上就不能不暂时委屈一下子。这样，我们也就不能一下子要求达到正规化。另外，农场机械化的程度，也该和正规化的程度相适应；我们目前有拖拉机、收割机，但是还不能够全部机械化，还只能够是某一些场的局部机械化。现在还只能依靠本单位的集体劳动和大家的智慧及国家财政上可能的援助来建设社会主义，而不是向国家要大量的钱来买社会主义。我们的农场还是新办的，对于新办的单位来说，打好底子是重要的。什么底子呢？节约是社会主义财富的基本来源之一。社会主义不可能去剥削别人，那么，财富就不能不依靠节约。我们应该教育所有的干部，使他们都懂得精打细算，白手起家，想穷办法。我要介绍一本叫做《苏联第一个谷物国营农场》的书。这书是介绍苏联第一个谷物国营农场名叫"格干特"的，在这书的前面有一章《格干特谷物国营农场的今昔》，简单介绍了它的发展情况。里面有一段说："很长时间没有实现经营上所必需数量的建筑——没有粮仓，缺乏设备完整的畜舍，没有农机具库，缺少菜窖，住宅不足，更没有学校、浴室、食堂等……"一句话，是五个没有，两个缺乏，一个不足。比我们还要坏。今天他们已经很好了，有时候还用飞机工作。但是即使在今天，他们也始终没有忘掉过去艰苦的情形。打个比方，好比叫化子成了富翁，在大堂上挂着他的拐棍和讨饭篮子给人看，表示他过去的日子很艰苦。这一段不是专门写给我们看的，但是我们看来都要认作这是正对着我们说的。农建四师原来的计划里——我晓得这只是个别同志的意见，并不代表四师——有四样东西：一是俱乐部，二是盥洗室，三是弹簧椅子，四是轻便铁道。这些同志想，既然说是建立社会主义，那么这些东西总不能不要一些。但是这些是不是社会主义的基本特征呢？是不是有了这些东西就是社会主义呢？是不是没有这些就不能成为社会主义呢？我们晓得，在上海别说这四样东西，再多些的也有，但是直到解放军解放它时为止，它一直是半封建半殖民地。就是现在也只是由新民主主义向社会主义过渡。相反的，苏联在十月革命后的最初几年条件很坏，但它照样是社会主义（后来谈清楚了，四师也把这改过了）。其实，这只是常识以内的事情，不是什么高深的理论问题。毛病在什么地方呢？有人说农场是社会主义的农业企业，于是以为既说社会主义，那么就得跟苏联的农场差不多。其实这只是看到社会主义苏联的皮毛，没有看到社会主义苏联的实质。社会主义的实质是什么？是"各尽所能，各取所值"，像这样哪能谈到各尽所能、各取所值，简直是"各尽所要"了。这不是建设社会主义，而是拒社会主义于千里之外。为什么呢？大家都这样搞，有一点钱，都给你用完了，社会主义的财富就不能积累，生产就不能扩大，结果是社会主义根本建设不起来。大家看社会主义是这样建设的么？那不得了，那是一个用空谈去引诱别人上当的玩意，这不是拒社会主义于千里之外吗？很多人对建设社会主义这个问题的认识是有偏差的。我们同志的热情很高，很可贵，但是实事求是的精神不够，这是缺点。再加上有一些负责同志自己没有掌握，事情就马马虎虎提出来了。农建四师这一次造房子很主动，因为它造了草房子。如果一开始就来一个砖墙瓦顶，等到不批准，钱不够时那就被动了。东辛农场就有点被动，没有看清楚全面情况，就盖起来了。假如说将来农场的土壤、地形、水利等各方面情况全盘了解以后，对于规划有了改变，那时改是不改？不改吧，对于全场的生产规划不利；改吧，造这些房子的钱白花了，新的钱批不准怎么办？或者有人会说不造好一点干部工人不高兴怎么办？但是，同志，我们怎么能够拿国家大批的钱，去买几个人的高兴呢？以往我们都没有事先很好考虑一下，结果是走的弯路太多了。好处也是有的，总算花了这许多钱买来了一个乖，这次会议以后，再要走弯路的人总不多了吧！即使再有，起码也要研究研究了吧？

我这一次在新人村，在劳改队，在东辛，在四师都提出一个口号，所谓"一钱不落虚空地"。同志们，我们来算一算，这次会议研究出来的预算有多少吧！274万亩地，基本建设投资是17460亿元（当时亿元等于现在万元，以下同——本文集编者），生产投资是10638亿元，两项相加是28098亿元。这数目不小。1万亿元有多少？1万亿元就是10亿斤粮。28000亿元就是28亿斤粮食。这等于两个省的公粮，等于4000万个农民一年缴的公粮！也就是4000万人一年的劳动。这实在不是小数目。现在一师有三四千亿元，也就是三四亿斤粮食，恐怕各位负责同志有生以来没有经手过这么多的钱吧？关于这个钱究竟是多了还是少了，今天我们不去谈它。这个问题必须是用实事求是的方法去解决，即是说，必须要花的钱不能少给一个，不需要花的钱一个也不给。华东农林部、华东财委会、中央人民政府农业部、中央财经委员会都要审查的，结果怎样，那时便见分晓。不过有一点必须记住，这不过是一个没有批准的预算。如果回去说预算已编造了，于是就要按照这个预算用起来，那我要说还太早。回去不是照这个预算，而是要以精打细算，要以白手起家的精神用钱。因为这个预算里面可能还有打得不够精，算得不够细的地方。还需要仔细的研究。在这里有关各个单位的自给期限已经作了初步规定，但这也还要本着实事求是的精神，再研究决定的。例如农建师方面还有军委，劳改农场还有中央人民政府公安部，国营农场有中央人民政府农业部，都各有主管，还要等他们来决定。但是几条原则是可以提一提的：

第一，水利经费有三句口号，所谓"力求节约、照顾全局、保障安全"。

第二，生产工具和生产投资，是一句话："以必须的为限"。

第三，关于机房、仓库是"将就实用"。这一次好几个单位都想用钢筋水泥做机房、仓库，可以免了。苏北以往好多农场不是泥墙草顶的仓库？不也照样用了没有出毛病？若是要钢筋水泥的仓库也行，等我们赚了钱再来造。

第四，住房、办公室应该因陋就简。

就是这样几条原则。

我们都清楚，苏州华东革大的讲堂、华东党校的礼堂等都是草棚子。我们里边有谁的预算里要造漂亮的大礼堂？没有。现在可以改口了。这次我看到新人村的局长用抽水马桶，用7亿造一个大礼堂。尤其恶劣的是在小学里立一块碑，上刻"人之初"；在医院里立一块碑，上刻"治病救人"；在办公室立一块碑，上刻"人地相宜"，下面都刻上某某题，而且所有的石头都是上海运去的，花了多少人力、物力？太恶劣了！我们必须讲求实际。或者有人说国际友人来看到我们这副样子岂不太可怜了？不懂事的人是会这样看的，但是懂事的人就会懂得："哦！国营农场是这样办起来的，那我们也可以办"。这样，无论是印度的、越南的、印度尼西亚的、缅甸的友人都会觉得这不是绝难下手，而是都可以办得起来的。让他们看是要让他们懂得他们也能办，不是摆个样子吓唬人的。老实说，要办到像上海大厦那么漂亮又何尝办不到？办一个小的袖珍农场就是了，那是专门给人看的了。或者有人说草房子不卫生，但是人民解放军住了几十年草房子，也没有什么不好，忽然解放了三年就说草房子不卫生了，岂不奇怪。我们有一些观念必须大胆地打破才对。要晓得这是在中国土地上，全国解放才三年，现在正在大力兴建工业，是在这样历史条件下办的农场，这点必须充分理解到。假如在这方面没有很好的体会，农场是办不好的。同志们，我们要晓得要到了钱，也不一定事情就办得好。例如四师养鸭子，为了怕鸭子冻坏，于是去买了稻草铺起来。结果鸭子都得了摇头瘟，老百姓的鸭子因为没有钱买稻草，倒长得很好。又比如劳改农场想搞一个木工场，因为没有人设计，就请了一个专家来起草计划，结果竟要好几亿！为什么？那个专家满脑子洋货，所以拟出来的计划也不是中国式的。

另外，也要讲明一切的行动都要有计划、有准备。我们有些农场挖沟，挖了又填，填了又挖。这是何苦哩？要晓得我们挖沟不是几车土的问题，挖和填的过程中，投入的金钱、劳力是很可观的呢！老百姓过去动土先请风水先生用罗盘来看上一看。现在说来，这是迷信，但其中也有一点道理，至少也算是事先有个计划吧！我们连风水先生都不先请一个看看，心血来潮想挖就挖了。现在算是懂得了，总算钱还没有白花，花了钱买来了经验，学了乖。但假如连经验又忘了，那将来不可避免的又会再犯。

总之，钱既要用得得当，又不要浪费，那就必须把两个条件结合起来。第一是各单位首长要亲自掌握预算。这一次的预算说是各个单位的，实在冤枉得很。很多只是科长做的，有的甚至科长都没有很好研究，只是叫一般干部做的。这样做出来的预算，我们怎么能拿它当真？但是以后要讲明白，凡是你盖过章的就由你负责。不能再这样马马虎虎，不管青红皂白，一盖图章了事。这一次经我们了解以后，凡是负责的同志研究过的预算，都曾经过修改。凡是没有经过修改的，那荒唐的事项就多得很。其次，这一次有人提出来说，上级统一指导，也是要紧的，今后的用钱应该有一定的标准。过去有很多浪费都是因为上级没有统一规定的关系。过去没有经验，而且也没有严格的标准，这也不能怪大家。例如华东劳改农场的建筑是请上海建筑公司设计的，一切工程设计都经过详细规定，连所有的木头都是无锡先锯好了一定尺寸才运去的。结果是材料一到只是搭起就成了，这样就能省很多钱。

总而言之，主要干部要亲自掌握，上级要有统一的指导，说清楚钱应该怎样用，事应该怎样办，这就好得多了。过去在部队里要一个洋瓷碗，要上上下下来回好多电报。要增加二两粮食也是这样，都当件大事办。现在是一搞多少亿，比洋瓷碗、二两粮食多得多了，还不更该当大事搞？反过来，像新人村那样一办中学花掉两亿，好像只怕钱用不出去，钱哪里来的就不晓得，这就可怕得很了。这是不行的，必须改过。关于这个问题我翻来覆去一再讲它，只因为我们有1000多个农场，事情太大了，如果办不好，就会是个大漏洞。恐怕5年28000多亿元的投资花在基本建设上的会占很大部分，这就不能不引人重视了。

小型示范农场的工作也是一个问题。我们的示范农场已经有1197处，其中省、专级的55个，县级的405个，区级的737个。这表示我们的小型示范农场在过去一年里已经有了很大的发展。有人怀疑小型示范农场是不是有前途？是不是有存在价值呢？我们说，小型国营示范农场在发展农业生产上有着极大的重要性，它是传播农业科学知识，推广先进农业技术经验的据点。今天不是取消示范农场，不是不管示范农场，而是要将现有的示范农场加以巩固与提高，使它在广大的农民群众中发挥示范作用。根据苏北和其他几个地方的报告，我们可以清楚看出示范农场是有很大的作用的。例如棉场同农民的关系很好，农民对棉场的技术指导也很有兴趣，这就足以证明。现在要把示范农场办好，使它能够充分发挥作用，基本的方法是：首先，应该完成并超过预定的生产任务；其次，应该通过互助组、农业生产合作社加强对广大农民群众的技术指导。这后一点工作，应该通过多种多样的形式来实现：（1）结合政府开办训练班传授农业生产的科学知识；（2）扶植丰产基点；（3）帮助群众组织技术研究组、推广网；（4）开办展览会等等。

关于示范农场的土地问题，现在有的土地如果是已经够的，或者差不多够的就不去说它了。至于另外那一些不够的，假如当地在土地改革中留有公地的话，可以根据当地政府的计划，进行适当的调整和扩充；如果没有公地，是否可以用钱买进来呢？一般说，现在还不打算这样做。可以一方面利用现有的土地进行试验示范工作；另一方面可与周围的常年互助组，农业生产合作社联系，进行某些农业生产技术的试验推广工作。

县以下的区农场怎样呢？是继续办还是不办呢？这个问题暂时不作结论，由各省去考虑。有些地方，如苏南，区农场办得好，是起作用的，那么不妨让它继续办下去。有些地方用政府的公地同农民的劳力合作经营，这个也可以试一试。有的地方没有什么成绩，只是赔钱，那就得要好好考虑。办区农场的办法，要因地制宜。但是有一条，那就是要办就得办好，不能空有其名。

另外，我们农场必须密切联系群众，建立良好的群众关系。我们兴办农场，一方面，固然是为了搞好生产，增加国家的资财。另一方面也是为了要带领农民前进，使个体农民逐步经过合作经营走向集体化。既然这样，跟农民的关系就必须搞好。在今天来说，这个关系里存在的一个基本问题，是土地问题。我们应该抱定一个宗旨，农场应该是通过我们的技术指导，通过我们的丰产经验去指导群众，使农民也增产，而不是去和农民争地。现在的矛盾是我们办农场，尤其是办机械大农场，必须要找一块大而完整的土地，而这样的土地现在又不多。即使在苏北、山东沿海荒地，其中也是公有地、私有地犬牙交错，并不完全是公荒，这样就使问题复杂化了。如果不去动农民的土地，土地就没法规划，河就没法开，拖拉机一不小心就会损坏老百姓的庄稼，这在事实上确是有困难的。矛盾就在这个地方。老百姓对于我们农场一是喜，一是惧。一方面看到我们的机器一响，荒滩变成了良田。河沟一挖，盐水变成了甜水。积水又可以流去，交通也方便了，心里十分喜欢。另一方面，农民就怕我们去要他的好地。现在我们应该很好地处理这个问题。凡是我们的农场，不管是军垦的或其他的农场，只要是老百姓说好的，都是土地问题解决得好的；凡是说坏的，都是土地问题没有处理得好的。所以在这一次会议以后，大家一定要很好地掌握，一个基本的原则是，在垦区以内，水利、垦务、交通、造林、建筑等应该统一规划；在统一规划里，应该一方面有利于国营农场事业的发展，一方面要很好地保护农民的利益。这主要是垦区里的问题，所以只谈垦区的情形。在这里可以提出几条意见，作为大家的参考：凡是兴垦单位，应该先垦没有居民或者居民较少的荒地。假如牵涉到农民的土地，就应该提请当地政府考虑，等划入垦区范围时才去开垦。假如因为水利、垦务、交通、造林、建筑等事业而必须调整土地，必须以等价交换的方式，先把预备与农民交换的土地垦好，取得农民的同意以后再调整。假如农民是在我们目前还未开垦的地区种地，那就让他耕种。听说在山东有一个单位发生了这样的事，有一个农民的一块高粱地划进垦区范围了，这农民来问你们是不是马上就垦种，假如不马上垦种，那是不是可以让他给高粱锄草？回答是："假如我们不耕，你就可以锄。假如我们要耕，你锄草不也是白锄了？"这个答复并没有解决问题。假如我们是老百姓会怎么想？自己辛辛苦苦垦种的土地，一下子划进了垦区，连已经种上的高粱都收不到，我们也会不舒服的。这是说对于个体的农民，对于集体合作兴垦的农民，尤其应该很好地扶持，要很好地照顾他们的利益。现在问题是在垦区内农民取得使用权的那些土地。对已经具有土地主权的一般不能侵犯；对农民原来占有的荒地，如果他的土地已经够种，除了已经垦熟的，仍旧归他外，还没有开垦的荒地，可以酌情收回。这就是说，如果他已经花了工夫荒地变成了熟地，我们仍应给他。假如原垦的土地还不足的，就应该给他足够生活的土地。不过也有冒名侵占并盗卖土地的新富农，在广饶和四师两个地方都曾经发现过。例如有一个农会主任冒名侵占了国有土地200多亩。这种情况一定要查明、究办、追回。所以同志们不必担心，地还是有的。此外，凡还没有归农民使用的成片的荒地就归兴垦单位。这就是说，在垦区有三种土地，也有三种不同的处理方法。在国有土地上有关垦务、水利等都要统一设计、统一规划；我们的国营农场是要发展的，同时农民的利益也要照顾；对于侵占、盗卖土地的，则要查明、究办、追回。在我们国有的土地上是绝不准许有富农存在的。此外，对于青苗损坏补偿等问题的处理，应该采取十分慎重的态度。

关于加强农场中党的领导与政治工作的问题，我们必须做到党对于国营农场工作的绝对领导，在农场里要建立党委制，建立政治工作制。埋头生产不问政治的偏向，必须克服。当然，不问政治不行，只管政治不管生产的偏向，也是不行的。为什么要有党的绝对领导？党委制建立了做些什么？至少要做到以下的几项：

1. 保证生产任务的完成，党要发动和组织劳动竞赛，对于模范的个人或单位要及时表扬；要发动广大职工学习农业科学知识，并提高全体人员的政治觉悟，使每个人、每一分钟的努力都是对于祖国最大的贡献，以提高其工作积极性和工作效率。

2. 提高农场人员的政治觉悟和政治水平。

3. 开展农场内部的文化、福利事业，使场内每个人都有一定的文化。军垦农场现在的战士，多半认不了多少字，应该有计划地在几年之内把全体人员提高到初中文化程度。再过一个时期，还要提高到高中文化程度。要晓得现在在农场里的人都是国家投下的大本钱，将来都要成为干部的。自然，所谓提高文化与搞好福利，是应该以今天的可能和必须为条件，不是无原则的办。

4. 最后，还必须巩固劳动纪律，群众纪律。这个政治工作是必须搞好的。要搞好政治工作，又必须先搞好支部工作。党员干部的教育工作必须搞好，要培养模范工作者为旗帜，这种旗帜在各生产单位都要有，在有特别重要意义的单位尤其重要。对技术工作人员尤其是专家，应该采取正确的态度，对他们的技术知识和经验要尊重，要很好地向他们学习。但对他从旧社会带来的灰尘要清除，这就要很好地帮助他进行思想改造工作，帮助他们在政治上进步。重要的是要用亲切的态度，不能用歧视的态度，党组织在这地方要发挥作用。农场的党、政、工、团等组织，应该在党委的统一领导下发挥作用，应该注意相互间的密切配合。应该注意对青工、妇女工作的领导。总之，党的工作应该搞好，要做到行政上有事找场长，党内有事找党委。

还有几个问题再提一提。

1. 农场的工作指导上应该按照不同的具体情况作不同的安排。现在我们有军垦农场、机械农场、劳改农场、示范农场等多种类型，指导工作不能一般化，应该从各单位的具体情况出发。

2. 军垦部队组织形式怎样适应生产需要的问题。毛主席的命令是"生产待命"。"生产"在前，"待命"在后。待命虽有，乃是在生产之中待命，不是为了待命而生产。所以把组织形式改变一下，以适合生产需要是必须的；但既然待命，就不能取消部队的形式。我曾经同四师的同志研究过，同意四师提出的意见，即是师、团、营、连、排、班等的组织不变，在这个原则下，把机关进行适当的紧缩，充实下面的劳动力，把师的司令部改为生产司令部，后勤处改为财务处，政治部还是政治部等等。这样，既保存了军队的形式，又适合了生产要求，两边都照顾了。

3. 关于训练干部的问题。这个问题的现有的意见是，在不增加编制的原则下，各个大型机械农场及军垦农场可以附设训练班，以便不断地训练出农业的、机务的、政治工作的、财务会计的、经营管理的人员。过去曾经谈到过的附设农业中学的话，将来看情况再决定。目前只以短期的、流动的训练班为原则，目的是提高大家的业务水平。这是一个很重要的问题，否则业务不提高，农场也就不容易办得好。

这一次会议开得很有成绩，好的和坏的经验都发现了不少，这对今后的工作是有很大的帮助的。

关于四年来农业生产工作的基本
情况和今后方针任务[*]

（1953 年 12 月）

一、过去农业生产工作的基本估计

四年来，我国农业生产工作，在中央、毛主席和各级党委与人民政府的正确领导下，经过各级干部努力和广大农民辛勤劳动，获得了如下的成绩：

（一）普遍地促进了农业增产。

1952 年全国粮食、棉花及工业原料作物、特产作物、畜牧、水产的生产量，都已超过抗日战争前的最高水平。1953 年若干地区遭受灾害，粮食产量仍达3300 亿斤，略多于 1952 年，棉花产量 2353 万担，超过战前 38.6%，大家畜增达 7978 万头，猪 9300 余万口，绵羊、山羊 7256 万只，水产增达 189.3 万吨，都超过了战前水平。农业生产的恢复和发展，对于我国财政经济状况的根本好转、抗美援朝的胜利及国家的工业建设、人民生活的改善、工农联盟的巩固等，都起了重大作用。并为实现农业的社会主义改造，准备了条件。农业生产的恢复与发展，是由于：全国解放，建立了人民民主专政；土地改革基本完成，消灭了封建的土地制度，解放了农业生产力；互助合作运动发展，克服了个体农民生产上的困难，提高了农业生产力；国家通过兴修水利、生产救灾、发放贷款、改进农业技术、组织城乡物资交流及奖励农业增产等政策大力扶持；加上苏联专家的指导等。

（二）促进了互助合作。

各级农业部门一般都积极参加了发展农业生产及互助合作的组织领导工作，并通过各项增产措施，促进了互助合作的发展。各地互助合作组织，克服了生产上的困难，改进了生产技术，增强了农民战胜自然灾害的能力，有效地提高

---

　　* 本文系作者主持起草，在 1953 年 12 月召开的全国农业工作会议上代表农业部提出的报告；继由作者主持讨论、修改后，上报中共中央、中央人民政府政务院批准，于 1954 年 10 月以农业部名义发表在《中国农报》上。

了产量。各地依靠发展互助合作组织，又带动了广大农民，发动爱国增产运动，组织增产竞赛，奖励劳动模范，克服了生产到顶的保守思想，鼓励了农民的增产积极性。

（三）逐步改进了农业技术。

领导并帮助农民保护和繁殖耕畜，增补和改进农具，改进耕作技术，战胜自然灾害。农民的畜力和农具，在战争中所遭受的损失，一般均已恢复。在平原旱作地区，推广新式步犁、马拉农具及其他新式农具和水车，试办了农业机器拖拉机站、抽水机站、马拉农具站。在改进耕作技术方面，从一般地提倡精耕细作、学习苏联先进技术，进而与当地的生产条件和群众的生产经验相结合，许多地区找出当地不同作物的增产关键，如深耕保墒、适当密植、合理灌溉、推广良种、增施肥料、改良土壤等，就地推广这些措施，都收到了一定的增产效果。本着防重于治的方针，领导农民抗旱、防涝、防治畜疫、防治病虫害，有效地遏止和减轻了灾害，保证了农业增产。互助合作组织推动了农业技术的改进，技术改进工作又使互助组、农业生产合作社得到巩固与提高。群众在技术上互教互学的评比运动的开展，提高了农民改进技术的兴趣和信心。全国已建立起农业科学研究所和省、专、县农场2281处，经过几年来的整顿，办得好的已成为推广先进技术的基地。农业技术推广站3600多个，畜牧兽医工作站1600多个，凡是骨干力量较强，领导抓紧的地方，经过深入群众、因地制宜的工作，就能获得增产效果。这是联系群众，推广先进耕作技术的良好组织形式。

（四）建立和发展了社会主义性质的国营农业企业。

大面积耕作的机械化国营农场，初步学习了苏联的先进经验，改进了农业技术，积累了一些经验，培养了一批干部，为国家生产了部分商品粮食，产量一般高于当地农民。特别经过1953年整顿后，明确了经济核算制度和依靠职工办好农场的思想，大多数农场的经营情况有了改善，近半数农场的生产已能盈利，获得了办好国营农场的初步经验。目前全国共有59个国营机耕农场，耕地面积210余万亩；国营牧场85处，各种牲畜12.3万余头，牧地1600余万亩；国营水产公司11处，有渔轮248艘。这些企业已成为引导农民、牧民、渔民向社会主义前进的据点，并为今后进一步发展国营农业企业准备了条件。

（五）逐步建立了各级人民政府的农业行政机构及事业机构，协同教育部门整顿和创办了高等和中等的农业院校一百几十所，培养了大批行政干部和技术干部。

几年来，各级农业部门，在各级党委与人民政府领导下所进行的工作，基本上是遵循着党的总路线前进的，但在工作中仍有不少缺点和错误：

1. 在领导群众生产的工作中，由于不了解小农经济的特点及如何改造小农经济，忽视了中国农村经济发展的不平衡性和农业生产的地域性，因而产生过急躁冒进和一般化的偏向。具体表现在对个体农民干涉过多，按主观热情办事，有些是个体农民办不到的事，也强迫他们去办。例如普遍号召个体农民定计划，部分地区在农村进行项目繁杂的调查。农业部门报表之多，是农村五多的突出表现之一。有些工作本身是应当做的，也是群众所需要的。例如推广新式农具、优良品种、农药、农械、商品肥料等，但不少地方在实际工作中，不注意研究当时、当地的具体条件，而采取一般化的步骤和方法，过早、过急地要求五年普及良种，机械摊派步犁、水车、化肥，机械规定农作物的密植株数等等，在若干地方发生强迫命令，引起群众不满。又如过早地制定全国劳模奖励办法，组织全国规模的竞赛，奖励偏重于小面积的丰产，实物奖励标准定得过高，从而助长了部分干部的锦标主义思想。同时，在另外一些地区，在改进农业技术和供应生产资料等工作中，也发生过放任自流的偏向。

2. 对社会主义的农业企业重视不够，对办好这些国营农场引导农民进行社会主义改造的重要意义认识不足，有些干部不了解国营农业企业目前在整个农业经济中所占比重虽小，但它是最进步的、最有前途的、对广大农民具有引导作用的一种经济。不少农场在建场前，缺乏充分确实的调查研究和周密慎重的勘测设计；在经营管理上，存在着供给制思想，缺乏经济核算观念，多数农场机构大、冗员多，基本建设缺乏计划，要求过高，存在着摆大摊子的冒进倾向；加以在试办初期，缺乏经验，也确有若干困难，从而发生成本高、浪费大、劳动效率低、多数赔本。不少国营牧场、国营水产企业，也有类似情况。

3. 对农业科学研究工作抓得不紧，具体指导很差，帮助和鼓励技术人员认真地学习群众生产实际经验和系统地学习苏联先进科学，并使二者结合起来做得不够。不少农事试验研究机关的工作，存在着脱离实际、脱离群众和各搞一套的做法。在农业教育工作上，没有积极配合教育部门办好农业院校，中等农业学校划归农业部门后，未能抓紧领导和贯彻正确的教学方针，对充实和提高师资、改进教材做得不够。在农业科学研究机关和农业院校中，理论与实际脱节的现象，仍未能有效地克服纠正。

4. 在工作作风上，存在着不同程度的主观主义、分散主义和官僚主义，表现出思想性和政治性不强，对农村中、国营农业企业中和农业建设事业中的基本情况，缺乏深入的、系统的、周密的调查研究，按主观愿望办事，只看需要，不顾可能，或片面强调现状，缺乏预见，因而在若干工作中，就不免脱离实际，脱离群众。加以文牍主义、事务主义的危害，缺乏经常深入的检查工作，以致错误未能及时发现和纠正。

1953年春季，中央号召反对主观主义、官僚主义、命令主义，并颁布了指导农村工作的三大文件，各级农业部门在认真学习后，认识到领导农业生产必须从小农经济的现状出发，同时检查和揭发了过去工作中的缺点和错误，纠正了工作中的急躁冒进和一般化的偏向。不少领导干部深入农村，抓住基点，了解情况，推动生产。但有的又只注意了适应小农经济现状，而忽视了对小农经济的改造工作，把对农民生产必要的领导也当成不应有的干涉而任其自流，结果就减弱了农村工作的力量。若干农业部门对新式农具的推广，药械及其他生产资料的供应，发展国营农场的准备，及许多必须做的措施，也一度束手束脚，未能积极解决。经过大张旗鼓地宣传国家过渡时期的总路线，实行粮食统购统销，中央颁布关于发展农业生产合作社的决议，广大农民发展生产和互助合作的积极性空前高涨，干部的阶级觉悟大大提高，进一步地明确认识了领导农业生产既要照顾小农经济的特点又要逐步改造小农经济，放任自流的偏向，从而得到了纠正。

二、今后农业生产工作的方针和任务

我国业已进入国民经济有计划地建设的新时期。随着国家工业化的进展，城市人口逐年增加，人民生活不断提高，需要增产更多的粮食、棉花、油料作物及其他工业原料、特产、蔬菜、畜产品、水产品等。但目前我国农村中小农经济还占绝对优势，扩大再生产的能力很低，不能满足国家工业化和人民生活日益增长的需要。因此农业生产工作的方针是：坚决贯彻国家过渡时期的总路线，逐步实现对农业的社会主义改造，发展农业生产，努力增产粮食、棉花、油料作物，相应地发展其他工业原料、特产与城市郊区蔬菜的生产，积极发展畜牧业、水产业，以适应国家社会主义工业化的需要和人民生活水平逐步提高的需要，巩固工农联盟。并在社会主义工业的领导之下，随着工业的发展，进而取得农业社会主义改造的彻底的完全的胜利。

（一）根据上述方针，在第一个五年计划的时期内，农业生产的具体任务是：

1. 增产粮食和棉花，是农业生产战线上的首要任务。在粮食生产中，应粗粮、细粮并重，并视各地情况提倡种植高产量的粮食作物。抓紧各主要粮区的增产关键，进行增产，切实恢复灾区生产，并大力提高低产区的产量。粮食总产量要求 1954 年达到 3600 亿斤左右，较 1953 年预计增产 9.4%。1957 年达到 4000～4200 亿斤，较 1952 年增产 25% 左右。

增产棉花应以普遍提高单位面积产量为主，并在宜棉地区扩大植棉面积。要求 1954 年棉田面积达到 8264 万亩，总产量 2754 万担左右，较 1953 年预计增产 17.8%。1957 年棉田面积达到 9840 万亩，总产量 3740 万担左右，较 1952 年约增加 45%。

2. 油料作物，除东北等适宜地区增产大豆外，其他各地花生、油菜、芝麻等也必须增产。1954 年油料（花生、油菜、芝麻三种）总产量 9465 万担，较 1953 年增加 42.6%。1957 年达到 11600 万担，较 1952 年增加 53.7%。在不影响粮食增产的前提下，适当地扩大花生、菜子、芝麻、向日葵、胡麻、蓖麻等油料作物的种植面积。在山地要长期地有计划地奖励大量栽种油茶、核桃等。对麻、茶叶、烤烟、糖料等工业原料，则应根据工业、民用、外销的需要和增产的可能，积极发展。

3. 大量繁殖牲畜，增加畜产品，并逐步改良牲畜品种。繁殖役畜，应成为畜牧工作的重点。全国大家畜 1954 年要求达到 8385 万头，较 1953 年增加 5.5%；1957 年达到 9397 万头，较 1952 年增加 27%。大力发展养猪业，1957 年达到 13000 万口。积极改良羊种，提倡增产半细毛羊和细毛羊。大力增殖家禽，加强畜牧兽医工作的领导，办好国营牧场，在牧区继续贯彻中央既定政策，以促进畜牧业的发展。

4. 积极提高海洋水产品产量，发展淡水养殖。1954 年水产品的产量要求达到 208 万吨，较 1953 年增加 11%。1957 年达到 270 万～300 万吨，较 1952 年增加 56%～73.5%。在海洋渔业中应扶持组织起来的渔民和贫苦渔民，使其能够增添船网，改善捕捞、养殖、加工技术。同时要严格执行繁殖保护政策，颁布保护法令。加强海上安全工作，增加安全设备，逐步实行常年作业和扩大海洋捕鱼，并掌握合理渔价，以提高渔民生产积极性。在淡水渔业中，应发展养殖，防治病害。

5. 各地山区应继续贯彻农、林、牧及其他副业相结合的方针，开展护林、育林、扎山沟、修梯田、保持水土等工作，加强经济扶持和物资交流工作，并加强技术指导和防治灾害等。积极发展适宜山区栽培的油茶、蚕桑、茶叶、果品等，以改善山区人民生活。

积极增产茶叶，加强现有茶园的管理，增补新株，以提高单位面积产量。

提倡老树更新，垦复旧茶园，并在主要茶区有计划地集中开辟新茶园，基本稳定现有茶区。1954 年要求生产毛茶 180 万担，较 1953 年增加 9.6%。1957 年生产毛茶 230 万担，较 1952 年增加 38.5%。采取各项有效措施，争取在第二个五年计划时期内，恢复到战前的 340 万担的水平。

有计划地发展蚕桑、水果，根据其多年生的特点与内外销的需要，提倡在山区荒地大量种植，尽量避免与粮棉争地。家蚕茧 1954 年生产 137.7 万担，较 1953 年增加 13.1%。1957 年达到 190 万担，较 1952 年增加 47.9%。

6. 大城市郊区及工矿区附近农村的农业生产的首要任务，是有计划地提高蔬菜生产，保证供应，同时适当地发展肉类、乳类、水果的生产。大力发展蔬菜互助组，积极地举办蔬菜生产合作社，根据可能条件，建立国营蔬菜农场。郊区国营农场应以蔬菜为主，并培植果木，发展乳牛、养猪、养鸡等。

（二）在目前条件下，增加农作物产量的方法，应以提高单位面积产量为主，同时在可能条件下适当扩大耕地面积。

我国自然条件优厚，人口众多，生产潜力尚未充分发挥，在现有耕地上，通过发展互助合作，改进耕作技术，提高单位面积产量还是很有可能的。

扩大耕地面积，开辟新的农业基地，是今后长时期内安置人多地少地区剩余劳动力的办法，也是增产粮食和其他农产品的重要途径。在第一个五年计划时期内，主要是组织力量，调查可耕荒地，收集必要资料，并根据国家财力有计划地在部分地区进行重点垦殖。

为了适当解决粮食种植面积和增加经济作物种植面积的矛盾。除按照国家需要，规定各种经济作物的种植面积和发展比例外，要求各地根据当地的土壤、气候、作物、种植习惯、技术及交通条件，逐步地大体划定经济作物区，划定后不要随意改变。

（三）提高农业生产的根本出路。

提高农业生产的根本办法，是"逐步实现对农业的社会主义改造，使农业经济由落后的小规模生产的个体经济变为先进的大规模生产的合作经济"，并随着国家工业化进展，在国家工业援助下改革农业技术，逐步采用新式农具、拖拉机和其他农业机器，采用化学肥料和先进耕作法。但在第一个以至第二个五年计划时期内，我国拖拉机和化学肥料的生产还是有限的，农业增产主要的依靠是促进农业的合作化，发挥组织起来集体劳动、统一经营的优越性，带动广大农民，开展群众的技术改革运动以及适当发展国营农场及其他国营农业企业等。因此：

1. 应积极地稳步地发展互助合作组织。这是使农业过渡到社会主义的必由之路，也是不断提高农业生产的主要保证。各级农业干部应在各级党委的统一领导下，认真学习并坚决贯彻中共中央《关于农业生产互助合作的决议》及《发展农业生产合作社的决议》。大力发展和巩固农业生产合作社，积极发展和提高各种类型的互助组，以便实现大面积增产并带动个体农民走向合作化。县以上各级人民政府都应该设置专人和适当的机构，切实负责研究改进农业生产合作社、互助组的经营管理以及改进农业技术等事项，有计划地为农业生产合作社训练农业技术人员和会计人员。各级农业部门应善于通过农业生产中各项增产措施、国家对农民的经济援助以及国营农场的示范作用，来促进和扶持农村互助合作运动的发展。农业生产中各项工作，均须与改造小农经济这个总任务密切地联系起来。在牧业和渔业中，也应积极稳步地发展互助合作。

2. 个体农民在今天还是多数，还有一定的增产潜在力量，必须正确地、恰当地运用他们的生产积极性，以提高生产。各级农业部门在组织群众力量和运用国家经济援助，贯彻各项增产措施时，均应关心和照顾而不是歧视单干农民，要善于通过互助合作组织的示范行动和具体帮助，耐心教育和吸引单干农民走向互助合作。

3. 有计划有步骤地发展国营农场、国营牧场、国营水产公司等，这是引导农、牧、渔业生产前进、推动社会主义改造的据点。所有国营农业企业，均负有为国家增加生产、积累资金、积累经验、培养干部和向群众示范的任务。

目前工作重点是办好现有国营农业企业。其基本环节是加强领导，依靠职工，改善经营管理，克服供给制思想，坚决贯彻经济核算制。所有单位均应无例外地开展增产节约运动，实行计划、定额、成本、技术管理，建立专责制，实行按件计工，提高劳动纪律，发动生产竞赛，实行超额奖励，争取超额完成国家的生产任务。以本身的社会主义积累去扩大再生产，以实际的增产成绩向群众示范，联系群众，帮助和推动群众组织起来，改进技术，提高生产。

国营农场应充分利用已有的土地和设备，提高劳动生产率，充分发挥机具效能。为了改良土壤，可根据具体条件实行当地群众行之有效的调茬轮作，有条件的地方，亦可试行苏联先进的作物、牧草轮种制。一般农场均应以农业为主，同时应当因地制宜地分别发展畜牧、水产、林木等副业，实行多种经营。新办国营农场必须按照投资少、收效快、收获大、不与民争地的方针，慎重选择自然条件较好的场址，经过周密的勘察设计，始得建场。在第一个五年计划时期内，国营机耕农场的耕地面积扩大到 630 万亩。

国营牧场应努力增殖牲畜和增产畜产品，经营上亦须与农业结合，做到草料、粮食、蔬菜的自给。

国营水产公司必须大力改善捕捞技术，提高捕鱼量，并成为团结组织渔民的核心。

稳步发展合作经济，正确发挥个体农民积极性，有计划地发展国营社会主义农业企业，三者必须紧密联系，互相配合。互助合作组织要向国营农场学习先进经验，同时要关心和帮助单干农民。国营农场要以本身的增产示范作用，推动互助合作组织的发展，并教育单干农民，以达到逐步实现农业的社会主义改造，发展农业生产的目的。

（四）农业部门保证实现增产任务并促进农业合作化的各项措施。

1. 推广新式农具，增补和改良旧农具，继续试办机器拖拉机站、抽水机站、新式农具站、打草机站，促进互助合作，提高农业生产力。农业部门应根据各地条件和农民需要，提出生产和推广新式农具的计划，教会农民使用，并帮助农民解决畜力困难。在推广新式农具的地区，应视需要在技术推广站中配备修理员，并组织乡村铁匠学会修理新式农具，组成农具修理站。建议工业部门努力提高农具质量，降低成本。南方各大区、省应积极研究适宜水田使用的新式农具。

在土地平坦、互助合作基础较好，增产商品粮棉收效较快的地区，有重点地试办机器拖拉机站，在水稻地区试办抽水机站，以机械耕作、机械灌溉的优越性向农民示范，促进农业生产的合作化，并从中积累经验，培养干部。

在当前生产中旧式农具仍占有重要地位，应配合供销合作部门，帮助农民增补旧式农具，并切实降低农具价格。农民所需运输工具，亦应注意适当添补。

协助商业、合作部门做好农具、肥料、耕畜及药械等生产资料的供应工作。切实帮助农民解决生产资料的困难，有意识地引导农民将余资投入到扩大再生产中，这是提高农业生产促进农业社会主义改造的重要环节。

2. 逐步改进农业技术，切实整顿并加强农业技术推广站的工作，使科学技术与群众增产经验相结合，找出当地增产关键，就地取材，就地推广。技术推广站应充分运用当地农场的先进经验和示范作用，首先做好互助合作中的技术改进工作。在互助组与农业生产合作社中，成立农业技术研究会或研究小组，培养农民技术干部，并依靠他们去带动广大农民，及时耕作，改进耕作和栽培技术。

切实组织好广大群众进行选种、留种工作。选择当地优良品种，就地推广。

各级农场、互助合作组织的留种地，应根据可能积极繁殖产量高、品质好和抗逆力强的品种。各地指导推广良种的工作机构，应予恢复和加强。

在商品肥料不足的条件下，应切实贯彻以农家肥料为主的方针。充分利用现有肥源，推行合理施肥方法。鼓励农民养猪、积肥，增加厩肥。按照各地条件，适当扩大绿肥面积，发展其他人造肥料，充分利用城粪，并试行利用磷肥及泥炭等矿质肥料。

为了适应推广新式农具后增强畜力的需要，必须大力增殖耕畜，并逐步改良畜种。所有国营农场、牧场、互助合作组织，均应繁殖牲畜并奖励农民繁殖。根据各地条件切实解决饲料问题。提倡选留种畜，改进配种工作，减少母畜空怀现象。加强防治畜疫工作，保障牲畜安全。

有计划地改进农田基本建设。协同水利部门组织群众有计划地、因地制宜地兴修小型农田水利，修塘、筑坝、开渠、打井、增补汲水工具，扩大灌溉面积，提倡合理用水，改进灌溉方法。协同林业部门营造防沙、防洪、防风林，提倡改良土壤，保持水土、防旱保墒和排水防涝的耕作技术。

加强对病虫害预测、预报，结合改进耕作技术，开展群众性的防治工作。重点试办植物检疫，防止危险病虫的传播。各地应研究当地自然灾害发生的规律，确定防治重点，但对其他灾害，亦应积极防治。

3. 加强农业（包括畜牧、水产）科学研究工作，以适应农业合作化的发展。贯彻科学技术与群众生产经验相结合的方针。针对当地生产上普遍存在急待解决的问题，有计划、有组织地进行综合性的试验研究，提高作物栽培、品种改良、牲畜饲养、水产养殖等技术。一切新的科学成就及外国、外地的经验及良种等，均须先行试验，试验示范成功后再逐步推广。各地农业科学研究机关，应从长期的农业建设着眼，对各自所在区域土壤、气候、作物、病虫害、耕作制度等有计划地进行调查研究，以指导当前的农业生产，并为合作化、机械化的大田耕作准备条件。在机耕农场、农业生产合作社、拖拉机站、新式农具站所在地区，应有计划地选择基点，研究相应的技术措施。省农事试验场（分场）、农业试验场（包括指定有试验研究任务的专、县农场），应以试验研究为主要任务，同时做好大田生产示范和良种繁殖工作。一般专、县农场，应坚决贯彻增产示范的方针，繁殖良种，帮助农民改进技术，根据当地需要和上级计划进行简单试验。

4. 加强农业计划工作。在国家有计划的建设中，由于互助合作组织的开展，粮食、油料统购统销政策及主要产品的预购政策的实行，我们必须也可能加强农业工作的计划性。因此，应根据国家建设和人民生活的需要，贯彻正确的价格政策及进行必要与可行的经济工作和政治工作，逐步引导农民按照国家的要求进行生产。国家规定的各项农业生产指标应下达到县，由区乡干部根据县所分配的控制数字，配合宣传价格政策和预购农产品等工作，与农业生产合作社、互助组的代表，按照当地可能条件，商量各乡村实际的种植计划与增产任务，并进行宣传以推动个体农民。下面议定的数字应报县综合，作为指导生产掌握价格政策的大体依据。各级农业部门应依据国家要求和各地具体条件，逐步进行系统的有关农业经济的重点调查，继续研究农业生产发展的合理规划，保证农业经济中农业、畜牧、水产等各个部门相适应地发展。

5. 认真办好农业部门直接管理的高等院校及中等农业学校，大力培养农业建设人才。除按规定招收青年学生外，应有计划地吸收当地有农业生产经验的农村干部及农业生产合作社的骨干、劳动模范、农场工人入学。教育的方针应当是学用一致，就地培养，就地使用，适当调剂。同时还应有步骤地、适当地调整农业院校内专业的设置，积极培养和提高师资，有计划地编译适用教材，加强试验和实习，稳步地进行教学改革。

加强在职干部的学习，抽调干部轮训，不断地提高现有干部的政治水平和业务水平，使农业干部认真学习国家过渡时期的总路线，学习国家对农业的社会主义改造的理论政策，学习苏联先进经验和农业科学技术，学会指导国营农业企业和农业生产合作社的经营管理的本领，善于联系农民群众，总结群众生产经验，深入钻研，逐步精通业务，

从政治上、思想上和技术上进一步团结、教育、培养和提高技术人员，加强为人民服务的观点，帮助他们积极学习群众经验，学习苏联农业科学。在农业生产合作社中，在广大农民中，大力传播农业科学知识，有意识地发现与培养农业专家。

6. 继续开展爱国增产竞赛活动，奖励劳动模范。主要形式应当是在一个乡、一个区或一个县的范围内，组织互助组、农业生产合作社之间及组员和组员、社员和社员、生产队和生产队之间的增产竞赛。增产奖励及评选劳动模范的对象，主要是大面积增产的互助组、农业生产合作社及其优秀骨干和领导生产的模范干部以及在农业技术改进上有特殊创造和贡献的人。应以精神奖励为主，物质奖励数量不应过大。

7. 有计划地扶助少数民族地区的牧业、农业和副业生产。首先应逐渐减轻自然灾害的影响，配合国营商业和供销合作部门有计划地供应适合当地条件的

生产工具，发放贷款，帮助推销土、特产品，加强物资交流，解决农民、牧民的具体困难。配合卫生部门，开展少数民族地区的医疗卫生和防治畜疫工作，达到人畜两旺。培养当地农、牧业工作的民族干部，传播先进的农、牧技术，逐步改进生产方法，提高产量，改善生活，巩固民族团结。

三、加强农业生产的领导

为完成上述任务，各级农业部门必须改进和加强对农业生产的领导。

（一）坚决贯彻积极建设、稳步前进的方针，提高工作的计划性。

领导农民完成当前的增产任务必须与长期的农业建设任务相结合，放松当前工作或不积极为将来发展作准备，这两种偏向都须防止。一方面要反对安于小农经济现状，而不能预见将来，不积极从事农业社会主义改造的右的思想；另一方面也要防止超过群众觉悟和可能条件，要求过高、过猛，盲目冒进的"左"的偏向。一切工作必须根据需要与可能，分别轻重缓急，逐步进行。没有经验的事，均须经过试办取得经验后逐步推行。

（二）各级农业部门应善于将下述各个方面的活动组织起来，并按照情况，加强对农业生产的具体领导。

依靠互助合作组织贯彻各项增产措施，并从改善经营管理、改进技术、加强经济援助以及训练骨干等方面给予帮助，从而促进互助合作组织的发展；办好国营农场（牧场、水产企业），充分发挥增产节约的示范作用，密切联系群众，以实例引导农民前进；技术推广站与新式农具站是农业部门直接指导群众生产的基层组织，应加强领导，深入群众，在提高产量、增加收入方面，真正给群众以具体帮助；农业科学研究机关应及时了解与研究互助合作组织及国营农场在生产中提出的问题，寻求解决办法；农业院校应根据农业建设的实际需要，为上述企业和专业机关培养干部，毕业生应首先派到场、站去工作。各场、站应有计划地运用展览会、座谈会、组织参观、结合评比竞赛等方式，教育群众。

（三）应在调整和精简人员的原则下，加强各级农业机构。

为了适应农业生产的地域性，必须适当加强各省的农业机构。专区、县两级政府的建议科，应根据各地实际情况适当地改为专业的农林水（牧）科或局，并适当充实县级农业部门和各农业企业与事业单位的领导骨干。

（四）加强农业部门的政治领导和思想领导。

　　农业部门必须在各级党委与人民政府统一领导下，努力工作，防止分散主义。提倡和发扬虚心学习、实事求是、因地制宜、大胆创造的作风，力戒主观主义、官僚主义与一般化、公式化的作风。领导工作必须深入下层，做好基点工作，推动全盘。改进和加强检查工作，正确地开展批评与自我批评，及时总结和推广新的经验，发现缺点和工作中存在的问题，应及时正确解决，克服文牍主义与事务主义。加强农业部门与有关部门的团结，建立密切联系，并从全局出发，主动地配合工作。

积极参加农业的社会主义改造事业是农村青年的光荣任务 *

（1954 年 3 月）

土地改革基本完成之后，农村青年团员和广大青年群众，积极地响应党和人民政府组织起来的号召，绝大多数青年团员，都参加了互助组和农业生产合作社，其中不少团员已经成为互助合作组织中的领导骨干。他们也积极响应了党和人民政府开展爱国增产运动的号召，和广大农民群众一起，坚持不懈地向各种自然灾害进行顽强的斗争，学习农业科学知识和先进生产经验以改进耕作技术，为祖国生产更多的粮食、棉花和其他农产品。在国营农场里，在国营牧场里，在国营水产企业机构里，在农业机器拖拉机站里，在农业技术推广站里，在农业科学研究机关里，在一切社会主义的农业企业和事业单位里，青年团员都团结了青年群众，发挥了积极作用。毛主席说过，中国青年是英勇积极的。他们是建设祖国的可靠力量。这个力量在农业生产战线上，对过去几年农业经济的迅速恢复并使农作物产量超过战前水平，均起了巨大作用。

农村青年们在参加农业生产及各方面斗争的同时，也锻炼了自己，不断地提高着自己的觉悟程度，丰富着自己的生产经验，培养着新的集体主义道德品质与爱国主义和国际主义的精神。在农业生产战线上，涌现了许多年轻的农业劳动模范和模范工作人员。像广西省农业劳动模范蒋在球，他因领导全社战胜50 年来未有的干旱，获得水稻丰产而闻名全国。像山西省农业劳动模范申纪兰，她发动妇女参加农业劳动，争取同工同酬，提高妇女社会地位，并协助全国著名农业劳动模范李顺达同志全面发展农林、畜牧生产，开辟了山区通往社会主义幸福生活的道路。他们以及其他许多青年模范人物，为了祖国的繁荣，为了人民的幸福，不避艰难，不问甘苦，终年辛勤劳动，做了许许多多有益于国家和人民的工作。这些同志是我们农村青年的好榜样。

我国国民经济建设的第一个五年计划的基本任务是："集中主要力量发展重工业，建立国家工业化和国防现代化的基础；相应地培养建设人才，发展交通

---

* 作者时任国家农业部常务副部长，党组副书记。本文首发于 1954 年第 6 期《中国青年》杂志。

运输业、轻工业、农业和商业；有步骤地促进农业、手工业的合作化，继续进行对资本主义工商业的改造，同时正确地发挥个体农业、手工业和资本主义工商业的作用；保证国民经济中社会主义成分的比重稳步增长，保证在发展生产的基础上逐步提高人民物质生活和文化生活的水平。"根据这一基本任务，在我国第一个五年计划期间，粮食、棉花和其他各种油料作物、畜牧业、水产业也都要有相应的增长。农业生产合作社将要发展到 80 万个左右，国营农场、国营牧场、水产企业、农业机器拖拉机站、农业技术推广站、抽水机站等也都要有适当的发展；此外，还要加强科学试验研究机构，培养大量的农业干部。这就是说，在过渡时期，在实现国家社会主义工业化的同时，必须在国家工业的援助之下，逐步进行国家对农业的社会主义改造，以便使农业有和工业相适应的发展，从而保证满足国家建设的需要，逐步改善农民和全国人民的生活，并在新的经济基础上巩固工农联盟，最后使农业和工业结成社会主义经济的整体。这是一个多么光荣伟大的任务！这个任务落在农村中党的组织和广大农民群众身上，也落在农村青年，首先是青年团员的身上。农村青年团员应该以自己的实际行动来影响和团结农村广大青年，带头参加互助合作组织，努力进行英勇的劳动，为生产更多的粮食、工业原料和其他农产品，为发展农业生产和完成农业的社会主义改造而斗争。

有些农村青年团员和青年群众认为："工业重要，农业不重要"，因而不安心农村工作，要求进城市，上工厂，参加工业建设。这种积极要求直接参加工业建设的热情是好的，但这种思想是带有片面性的。国家工业化，是我国人民百年来的愿望。毛主席教导我们："没有工业，便没有巩固的国防，便没有人民的福利，便没有国家的富强。"只有实现社会主义工业化，才能促进农业和交通运输业的现代化，才能建立和巩固现代化的国防，才能保证逐步完成非社会主义经济成分的改造，而使我们的经济能够达到满足人民日益增长的物质和文化生活需要的目的。当然，能够亲身参加伟大的工业建设是很光荣的，国家为了发展工业，也需要有组织地、有计划地从农村吸收一部分青年到工业建设方面去。但是必须认识：参加工业建设是光荣的，而参加农业建设同样也是光荣的。因为要实现国家社会主义工业化，就必须对农业实行社会主义的改造，要发展工业还得相应地发展农业。只有把目前孤立的、分散的、守旧的、落后的小农经济，逐步地联合组织起来，改造成为先进的、大规模的合作经济，使得农业经济获得与工业发展相适应的高涨，才能保证粮食和工业原料的充分供应，扩大工业品的市场，促进社会主义工业化事业的发展，满足城乡人民日益增长的改善生活的要求，并使农民能够逐步完全摆脱贫困的状况而取得共同富裕和普遍繁荣的生活。没有相应发展的农业作为巩固的基础，而孤立地发展工业，犹如高楼大厦建筑在沙滩上，这是无源之水，无本之木，是万万行不通的。矿工们在矿井底下多采一吨煤，是促进了工业建设；炼钢工人多生产一吨钢材，是促进了工业建设；农村青年同志们，你们在农村中多生产一吨粮食，对国家的社会主义工业化，同样也是一个极其重要的具体支援。当祖国需要你们到工业方面去的时候，你们就要积极响应号召，参加工业生产。当祖国需要你们积极参加农业生产的时候，就要求你们站稳自己现在的岗位，安心生产，积极工作。

有一些青年同志认为农村落后，没有文化，在农村学不到技术，自己不容易提高，因而也要求转入城市。自从全国解放以来，中国共产党和人民政府就着手来改变这种落后状况。农村中实行了土地改革，彻底消灭了封建剥削制度，清除了农村落后的根源。农村中大量地建立了小学校，到处成立冬学，开办速成识字班，逐步提高农民的文化。正如毛主席所说："随着经济建设的高潮的到来，不可避免地将要出现一个文化建设的高潮。"（《在中国人民政治协商会议第一届全体会议上的开幕词》，1949 年 9 月 22 日《人民日报》）今后随着农业社会主义的改造和国民经济的发展，农村文化生活将会日益丰富起来。到了社会主义社会，城市先进、乡村落后的现象，就会逐步得到改变。现在正是因为农村落后，所以才需要实行社会主义的改造。我们在农村中所进行的一切工作，正是为了使农村富裕起来，使农村文明起来。这个改造任务的完成，在我国辽阔的原野上，将建成一个合作化、机械化、现代化的农业，出现一个经济繁荣、文化发达的崭新的农村。青年同志们，这个改造的任务是伟大的，参加这个改造的人们是光荣的。你们在改造农村的过程中，也会受到锻炼，学到许多东西，并不断提高。今后建设农村需要几百万甚至上千万个农业生产合作社的主任、生产队长、会计和技术人员；需要千千万万的拖拉机手和联合收割机手；需要许多管理国营农场的干部和农业技术专家；需要许多教师、医生以及其他从事农村文化工作的人员。为了迎接这些新的任务，要求你们在现在的岗位上加强学习，向有经验的老农学，向一切内行的人们学。学习农业科学知识和生产经验，学习驾驶和修理新式农具与农业机械的技术，学习互助组、农业生产合作社和国营农业企业、事业的经营管理，学习群众路线的工作方法，为争取使自己成为建设农村的各方面的骨干而努力。在工作中学习是最实际的，爱国丰产金星奖章获得者任国栋同志并没有进过农业学校，但是他坚决地相信农民群众的创造力是无穷无尽的，他深入农村、深入田间、深入生产过程，虚心向老农学习，就变成了内行，发现了当地的增产关键，为国家创造了巨大的财富。当然，国家为了大批培养农村建设人才，还要从农村中选拔许多人来轮流训练。这样的机会现在就有，将来还会更多。只要自己肯努力，劳动和学习都好，具备了受国家培养的条件，你们就能够充分利用这些机会。农村的道路，在你们面前是广阔的，因为今天已经没有什么力量能够阻止你们创造农村的新生活，因而也没有什么力量能够阻碍你们的前进。

还有一些青年认为农村生活苦，羡慕城市生活，要求进城工作。农村究竟苦不苦呢？拿目前的农村生活和城市生活比，自然差些；但是要比比解放以前，全国农民生活一般已大大提高了。今后随着国民经济的发展，农村生活还会不断地改善。松江省的星火集体农庄，1953 年 203 公顷水稻全部使用机器耕作，平均每公顷土地收获 12000 多斤稻谷，每个劳动日收入 6 元，庄员家里点着电灯，床上铺着花被褥，吃的是白米饭，穿的是新衣袄，有的庄员自己还有自行车、缝纫机和收音机。农庄成立了俱乐部、图书室和托儿所。星火集体农庄的今天正是全国农村的明天。我们坚信，经过两三个五年计划时间的努力，农村生活将会根本改观。农村青年同志们，继续发扬你们热爱劳动、勇于创造的精神，以自己辛勤的劳动，来建设新中国的新农村吧！你们将来一定会因生活在用自己双手创造起来的幸福生活中，而感到骄傲和愉快。

农业的社会主义改造事业，是一个创造未来的事业，而未来是属于青年的。这个事业是一个革新的事业，而最热心地跟着革新者走的总是青年。这个事业是与陈旧腐败现象进行斗争的事业，而首先参加这个斗争的始终还是青年。农村青年团员和青年同志们，人民在期待着你们，祖国在召唤着你们，你们应该站稳农村工作的岗位，站在农业生产战线的最前列，遵照党中央所指示的，积极领导、稳步前进的方针，把革命热情与实际精神结合起来，以实事求是的态度做好工作。

在农村中进行一切工作，一方面必须看到落后的小农经济限制着农业生产力的发展，它与社会主义的工业化之间日益暴露出很大的矛盾。因此，为了满足广大人民改善生活的需要，为了满足整个国民经济高涨的需要，就必须积极领导农民逐步联合组织起来，逐步实行农业的社会主义改造，使农业能够由落后的小规模生产的个体经济变为先进的大规模生产的合作经济；而不能安于现状，使领导落后于群众的要求和国家建设的需要。另一方面还必须深刻地认识到，目前农民所耕种的土地是私有的、分散的，使用的农具是古老的木犁、水车，靠人力、畜力耕耘，抗御自然灾害的能力还很薄弱。这样的经济条件，经不起风险，万一有失，就影响他们一年的生活，甚至两三年也翻不过身来。因此他们在思想上就表现出较多的保守心理，对于任何一种新的改革，一定要经过反复计算比较，确知其有得无失、有利无害时才能接受。因此，对农业实行改造，必须适应小农经济这个特点，用明白易懂而为他们所能够接受的道理和办法去对农民进行教育；用谨慎的态度并采取许多具体的、恰当的、多样的办法去进行工作；对没有经验的事，要经过试办，取得了经验，再行推广，稳步前进。一切工作都不能超过群众的觉悟和不顾可能的条件。这就是说：一切农村工作必须根据当时、当地的客观实际情况，从实际出发，根据需要和可能，分别轻重缓急，逐步进行；既要防止安于小农经济的落后状况，不能预见将来，不积极从事改造的右倾思想，还要防止超过群众觉悟和可能条件，要求过高、过猛、盲目冒进的"左"的偏向。

我国地大物博，各地自然条件差别很大，政治、经济、文化的发展极不平衡。有老解放区、晚解放区，还有尚未实行土地改革的少数民族地区；有农区、牧区、渔区、经济作物区；有北满寒冷的一年一熟地区、黄淮泾渭平原两年三熟地区、长江流域一年两熟地区和亚热带一年三熟地区；有交通便利的平原地区和交通阻塞的偏僻山区。在农村进行工作的时候，如果无视地区差别，而生搬硬套外来经验，强迫群众执行，就会使群众遭受损失，造成错误。因此，推广农业先进技术以及进行其他工作的时候，都必须按照因地制宜的方针，把科学技术和群众经验结合起来，就地取材，就地推广。我国农业生产历史悠久，我国农民们继承了祖先留下来的极其丰富的生产经验，这些经验又是在当地经过历史考验而证明是适合的。因此，一切农业科学技术，必须与农民的实际经验结合起来才能发挥作用，只有从当地群众在当地具体条件下所运用的原有生产经验或新创造出来的生产技术中，才能总结出当地的真正增产的关键性措施，也只有这样总结出来的经验，才适合当地条件，而为大家所乐于接受。

农村青年团员和青年同志们，祖国赋予你们改造农村、发展农业生产的任务是伟大的，同时也是艰巨的，是要经历和克服许多困难的。须知克服困难就是推动事物前进，就是进步。你们要在中国共产党和人民政府的领导下，同广大农民群众在一起，发扬艰苦奋斗的精神，排除一切困难，为实现国家的农业增产任务，为实现农业的社会主义改造而奋斗。

中国农业访问团在缅甸*

（1955 年 7 月）

中华人民共和国农业访问团应缅甸联邦政府的邀请，于 1955 年 2 月 27 日从北京出发，3 月 8 日到达缅甸首都仰光。由于主人的盛意，使我们能在短短的 3 个星期内，访问了缅甸各主要农业区域，到了仰光、曼德勒、毛淡棉等 13 处城镇和附近的农村，参观了农业、林业、水利灌溉、畜牧兽医、淡水养鱼、加工工厂、合作社等共达 28 个单位。伊洛瓦底江下游三角洲平坦辽阔的稻田，掸邦高原上的畜牧、果园，英利湖上长满了花果蔬菜的浮岛，在海拔 1000 多米高的避暑胜地——眉苗的咖啡园、植物园和蚕桑学校，以及伊洛瓦底江中游干燥地区的棉田、烟草和花生，都给我们很深刻的印象。

缅甸政府和人民对我们的热情欢迎和招待，令人难忘。巴宇总统在百忙中接见了我们。当访问团两度逗留仰光期间，吴努总理正在国外进行访问，但对我们始终表示关怀。访问团所到的地方，受到当地地方政府、各界代表、农林部门的官员、农民代表以及我国旅缅侨胞的热烈欢迎和亲切接待，到处洋溢着中缅友好的气氛，无论在讲话里，或频繁的友好交谈中，都充满着两国间互相了解、友好合作的感情。实际自由同盟主席说："中缅两国亲密友好是巩固和平的象征。"中缅两国人民历史上深远的传统友谊，在近代反对帝国主义的侵略战争和殖民主义统治的斗争中，由于互相支持、互相同情而增加了新的因素。在访问中，我们亲身体会到，自中缅两国总理发表和平共处五项原则的声明以来，两国的同情和友好正在日益增长。

我们曾访问了好几个农村和农民合作社，同缅甸的农民兄弟们见了面，他们用简单、纯朴但又热烈的方式来欢迎和接待我们。当我们从密地拉赴马来因棉场参观时，途经甜水村，当地 200 多农民敲锣打鼓，夹道相迎，把我们接到在路旁临时搭起的彩棚里以茶点款待，并表演民间歌舞，歌唱中缅友好，感谢访问团的来临。

缅甸的农民是勤劳而智慧的，土地是肥沃而广阔的，有着丰饶富足的农业

* 刘瑞龙时任中华人民共和国农业访问团团长。本文原载于 1955 年 7 月 10 日《人民日报》。

资源。缅甸极大部分地处热带，小部分在亚热带，气候温暖，没有冬季，雨量充沛，农作物终年可以生长。已耕地总面积曾达 2100 万英亩，平均每一农业人口有耕地 1.6 英亩左右（约合 10 市亩）。

缅甸的作物种类很多，温带、亚热带、热带作物都有生长。下缅甸以水稻为主。上缅甸除栽种水稻外，还有芝麻、花生、玉蜀黍、小米、各种豆类、烟草、黄麻、辣椒等；其中曼德勒西南黑土地带是棉花生产的中心。缅甸中部和密芝那附近盛产甘蔗。森林面积占全缅甸土地面积一半以上，林木资源如珍贵的柚木和有价值的硬木等蕴藏极丰。黄牛水牛是农业生产上的主要动力；驯象多在柚木林区用作运输。缅甸境内河流湖泊很多，有著名的伊洛瓦底江及萨尔温江，海岸线长达 2000 英里，水产种类名目繁多。

大米、柚木是缅甸两大出口农产。尤以大米是国民经济的生命线。战前水稻种植面积曾达 1200 万英亩，稻谷产量 750 万吨，出口大米约 320 至 350 万吨，是世界上输出大米最多的国家。目前水稻种植面积约为 1000 万英亩，产稻谷 550 万吨左右。

缅甸是一个有悠久农业历史的国家，农民在长期生产实践中积累了不少经验。上缅甸的干燥地带是缅甸开发最早的农业区域。这里是缅甸雨量比较少的地方，有的地方全年雨量只有五六百厘米，而且也像缅甸其他地区一样，雨水集中在每年 5 月到 11 月的雨季，其余半年则极少下雨。雨量分布不匀，给农业生产造成一定的困难。缅甸农民们在同大自然的斗争中，发挥了高度的智慧。他们在这里兴修水利、建筑堤坝水渠来进行灌溉，因此，这一带除能种植水稻外，还生长多种农作物，有的地区并能一年两熟。如今许多地区都利用了原有的灌溉系统，扩大了耕种面积。我们在密地拉时曾参观了缅甸古代传下来的人工湖和一些渠道，现在仍在灌溉着干旱的土地，生产出多种丰硕的庄稼。

下缅甸的开发较迟，距今不过百余年历史，水稻面积在 1865 年还只有 144 万英亩，到 1950 年已扩大到 670 万英亩。这些都是缅甸的劳动农民，在没有任何机器的条件下，依靠耕牛和最简单的农具，在长遍灌木丛林的荒原上，流血流汗，一块一块开垦出来的。

缅甸农民在长期生产实践中也创造和发展了不少适合于各地自然条件生长的作物品种。如在下缅甸勃固区西汤河下游及分散在三角洲的不少沼泽地，每到雨季，积水深达七八英尺以上，当地农民即种植一种深水稻，每年雨季前播种，雨来后，稻苗能随水生长，在水位猛涨时可淹没一星期不致淹死，11 月收割，仍能得到相当收获。我们在密地拉实阶一带看到一种糖棕榈，适于在干旱地区生长，每株每年产糖约20斤，生长期可达60年，糖可供食用或做酒，是缅甸干燥地区农民的主要收入。缅甸南部河流两岸种植很多名叫"亚答"的树，树叶可盖屋，果可食亦可酿酒，这是当地农民一项很大的收入。

缅甸的农产是很丰富的。但在独立前，在英帝国主义长期的殖民统治下，大量的人民财富被榨取，农村经济长期处于停滞和贫困的状态。缅甸人民对于英帝国主义百年来的残酷统治深切痛恨。第二次世界大战后，美帝国主义希图利用"美援"、"技术合作"等幌子束缚和奴役缅甸，被缅甸人民拒绝了，没有上它的圈套。美国向亚洲市场倾销小麦和大米直接打击了缅甸大米的销路，更为缅甸人所痛恨。缅甸人民十分珍视自己祖国的独立，因而要求根除殖民主义的祸害是很自然的。缅甸人民相信自己的劳动和智慧，相信只有摆脱帝国主义的枷锁才能够生活下去，才能进行建设和创造幸福的生活。

缅甸的农业工作者和科学家们热爱自己的祖国，他们辛勤地工作，在提高大米和棉花的品质、产量、增加作物品种和收获次数等方面，获得不少成绩。他们因陋就简，因地制宜，克服困难的精神值得我们钦佩。我们在东技参观了综合种畜场，他们利用山顶泉源，接管引水，凿池蓄水，解决了牲畜的饮水问题，并在山坡上等高作垄，种植牧草，供应本场牲口饲料。

从事于农田水利的工作者，正在就上缅甸的灌溉事业的开展进行规划。我们在密地拉参观的东普鲁水闸灌溉工程，是1954年才完成的。这项工程在广大农民的参加下，利用岩石为基，筑土坝于其上，材料所费不多，灌溉面积可达0.7～1.2万英亩，对进一步开展缅甸灌溉事业说来，这确实是一个良好的开端。在缅甸中部干燥地区灌溉事业的管理上，他们按照河流的灌溉渠道划分成灌溉区、分区、小区，分别设立机构，由专人负责，并有渠道管理员及闸工专司配水，管理员并经常巡视检查，这些经验是值得参考的。

缅甸森林事业有悠久历史，科学工作者们为了恢复中部干燥地区的森林，计划在8年内造林120万市亩，现已选出12种耐干旱、生长迅速的本地及外来树种，其中尤以从南美引入的马斯奎树（一种豆科常绿灌木）能在年雨量150厘米以下的地带生长，树叶并可充饲料及绿肥，木材亦好。为了保护森林资源，特别是柚木的采伐，规定了一定的采伐标准和一套森林更新的办法。在提高木材利用率方面，他们正在开展木材综合工业的研究。我们在仰光附近曾参观了一个家具厂，他们用碎木屑试制壁板，可节省木材达20%～30%。又用药水处理竹子，使其经久耐用，以代替一部分建筑房屋用的木料。

缅甸人民对于我国农民的勤劳、精耕细作和丰富经验有良好的印象，并对我国农业生产表示关怀。许多缅甸朋友对于中国近几年来的水利建设也表示了很大的兴趣。在我们所到的农村举行的许多座谈会上，以至在实阶的各界代表欢迎会上，我们都被恳切地邀请作关于新中国农业生产情况的介绍。对于我国的特产如茶叶、蚕丝等，缅甸朋友们更有亲切的好感和兴趣。在我们访问团中，有一位年老的水稻专家华南农学院丁颖院长和一位全国劳动模范汪汉国同志，他们到处都受到热烈的欢迎和尊敬，不少缅甸农业科学工作者和农民们都愿意同他们交换和研究生产技术方面的意见和问题。

在访问中，我们曾和缅甸政府农林部门的官员、农业科学工作者及广大农民，进行了广泛的接触，举行了很多次座谈，介绍和交流了两国农业生产的情况和经验，交换了今后加强联系的意见。在所有这些场合里，我们感觉到最深刻的是期望和平、友好和合作的感情；而这感情是基于普遍认识到，只有和平共处，才能进行农业建设，农业生产才有出路的信念上的。缅甸农林部部长德钦觉顿在农业访问团告别招待会上，代表缅甸联邦政府赠送给我国政府礼物时说："中缅两国政府的互相赠送礼物是友好真诚的表现。我们要互相交换农业生产经验，随着经验知识的互相交流，将更进一步发展两国的农业，将会更好地执行两国总理联合声明的五项和平共处的原则，有助于亚洲及世界的和平。"在访问中，我们互相送了一些优良作物种子，这些种子无疑地将在两国的土地上开出和平的花朵，结成幸福的果实，它们的种子又会一代一代地流传下去。

我们相信两国在农业上的交往和联系将日益增进，并祝两国的农民和农业工作者和科学家们为了农业的发展、人民的幸福、和平的事业而共同携手前进。

发展农业是保证工业和全部
经济计划完成的基本条件*

（1955 年 8 月）

第一届全国人民代表大会第二次会议通过的我国发展国民经济的第一个五年计划，明确地规定了发展我国农业的计划，深刻地指明了发展农业对于发展我国工业的极端重要性。

社会主义工业化，是国家在过渡时期总任务的主体，实现社会主义工业化的基本环节，是优先发展重工业。这是为我国社会主义事业建立强大物质基础、使我们国家富强和人民幸福的唯一正确的政策。只有以发展国家的重工业为重点的社会主义工业化，才能使我国农业、轻工业、交通运输业获得技术的改造，改变我国在这些方面的落后状态，全面地发展我国的国民经济。只有重工业能够供应大量的拖拉机、农业机械、化学肥料、柴油、水利工程设备，以及大量开垦荒地所需要的生产资料，当我们有了这些现代化的设备和生产资料的时候，才能从根本上改变农业的面貌，更进一步地提高农业生产。只有重工业能够生产现代化的交通工具和轻工业的机器，随着重工业的发展，交通运输业、轻工业也发展起来，才能有系统地改善人民的生活。只有重工业能够制造现代化的武器来装备我国军队、巩固国防。因此，实现社会主义工业化，优先发展重工业，是我国社会主义建设和社会主义改造的基本环节。坚决贯彻这个政策，是我国人民的最大利益。

用一切方法发展工业，优先发展重工业，决不能减轻发展农业的意义。没有农业的相应发展，我国的社会主义工业化事业是不可能实现的。毛泽东早在 1945 年就说过："农民——这是中国工业市场的主体。只有他们能够供给最丰富的粮食和原料，并吸收最大量的工业品。"农业是粮食与原料的供应者，农民又是很大部分工业产品的消费者，农业是发展工业的基础，强大的工业必须有不断高涨的农业生产的支持，我们必须在发展工业的同时，相应地发展我国的农业。

只有相应地发展农业，才能供应城市和工矿区日益增长的粮食需要，才能

---

* 本文原载于 1955 年 8 月 8 日《人民日报》。

供应工业以必需的原料，才能供应为换进工业装备所必需的出口农产品。只有相应地发展农业，农民的收入才能增加，购买力才能提高，才能为工业开辟广阔的市场，促进工业的发展。

社会主义工业由于获得粮食与原料的供应，产品获得销路而顺畅地发展，农民由于生产提高，收入增加，生活不断改善，这就是工人阶级领导的以工农联盟为基础的人民民主专政不断地巩固和加强的物质基础，就是社会主义建设和社会主义改造事业顺利前进的可靠保证。

发展农业，保证农业生产和工业的发展相适应，防止和克服农业和工业的脱节现象，是我们在建设社会主义事业中重大而迫切的任务。

五年计划中的农业部分，对于国家和人民的需要，作了全面的周到的安排。五年计划要求加强工农联盟和城乡物资交流以促进农业的新高涨，要求保证粮食、棉花、油料及其他技术作物每年都有必要的增加。五年计划明确地规定我们到达 1957 年的农业增产计划：粮食达到 3856 亿斤，棉花达到 3270 万担，黄麻、洋麻达到 730 万担，烤烟达到 780 万担，甘蔗达到 263 亿斤，甜菜达到 42.7 亿斤，油料作物播种面积达到 1.18 亿亩。在增殖牲畜方面，牛要达到 7361 万头，猪要达到 1.3834 亿头，马、驴、骡、羊、家禽等都应大力增殖。在增产水产物方面，1957 年总产量要达到 280.7 万吨。

这是国家对农业生产所提出的必需的要求，这个计划是符合我国国民经济有计划按比例发展的现实需要的。这是全国农民、农业科学家、农业工作者和其他人民群众在第一个五年计划期间内在农业方面的奋斗目标，我们必须尽一切努力完满地实现并争取超额完成这个计划。

坚决地完成和超额完成这个计划，我们就有把握保证农业的发展与工业相适应，就能克服和防止农业和工业的脱节现象。

有人怀疑："依照五年计划的规定，粮食产量的增长是否能与我国人口的增长相适应？"我们说，根据现在的调查统计资料，这两者是相适应的，今天我们的粮食是够吃的，我们坚决完成五年计划，我们的粮食还可能储备一部分，每人的粮食消费水平，还可能在某种程度内提高。

当然，我们的任务是艰巨的。在第一个五年计划的头两年，1953 年春旱秋涝，1954 年许多地方遇到特大洪水，这两年粮食生产虽有增加，但没有完成原来拟定的增产计划，这就不得不加重后三年的任务。五年计划中后三年的增产指标，仍然是很高的。今天我国农业设备落后，我国的工业还没有发展到足以大量开垦荒地和帮助全国农业完成技术改造的程度。我国农业中小农经济仍占优势，农业合作化的任务还需要相当的时间才能逐步完成。我国每年还有 2000万到 4000 万人口的地区遭受不同程度的水旱灾害。这些不利条件，不能不增加我们完成任务的困难，我们必须进行艰苦的工作，在逐步克服困难的过程中，完成我们的农业增产任务。

从我国农业生产的基本情况看，我们是可以完成五年计划所规定的农业增产任务的。

我国东北、西北、西南和沿海、沿江地区，有大片荒地可以开垦。据现有资料初步估算，我国可以开垦的荒地，约略和现有耕地相等。我国还有广大的山地、湖泊、江河可以充分利用。我国绝大部分地区处于温带，还有一部分地区处于亚热带和热带，气候温和，雨量充沛，无霜期较长，自然条件优越，增产潜力很大。我国劳动力多，农民勤苦耐劳，大部分地区农民有长期积累的精耕细作的经验。

特别重要的是我国是人民民主国家。农民在改革土地制度之后，正在发展农业合作化，农民的增产积极性提高，农业生产投资增加。由于我国工业的发展，国家给农民的经济援助和技术援助正在不断增长。这些，就能为我国农业的新高涨开辟道路。

我们具备一切必要的条件来战胜困难，完成计划。我们要发扬艰苦奋斗克服困难的精神，善于利用各种条件去克服困难。

在今天条件下，完成农业增产计划的决定环节，是积极地有步骤地在自愿互利原则的基础上，依靠贫农，巩固地团结中农，发展农业合作化。五年计划着重提出，第一个五年的农业增产计划，应该特别注意依靠现在的土地入股、统一经营为特点的农业生产合作社，进行适当的初步的技术改良，来发掘农业的潜在力量，提高单位面积的产量。正如李富春副总理的报告中所说的，在目前情况下，"这是一种投资少、收效大、收效快的农业增产办法，又是引导农民走向社会主义的必要步骤"。只要按照第一个五年计划的要求，加强对农民的教育，提高农民的社会主义觉悟，把农民组织起来，一步一步地走向合作化，加上适当的初步的技术改良，我们就能达到增产的目的。

在五年计划期间，个体农民仍在全国农民中占很大比重，农业的个体经济还有一定的潜在力量，因此必须正确地、充分地发挥个体农民的积极性，增加农业生产。

为了使得农业增产能和工业的发展相适应，我们必须在农业合作化的基础上采取各项因地制宜的技术措施，充分有效地利用现有耕地，这是今天实现农业增产的主要办法。同时，必须积极地有计划地开垦宜于耕种的荒地，这是解决我国农业增产问题的根本途径。有人怀疑提高现有耕地产量的可能性，提出这样的问题："现有耕地的增产能力是否已经到顶了，是否会到达它的极限？"其实，这是用不着怀疑的。中国农业生产发展的事实，中国农民保持和提高土壤肥力达到增产的经验，已经作了最生动的回答。马克思说过：如果正确地对待土地，土地就会不断地改良。苏联的经验更加证明了社会主义制度有建立合理的农业制度的一切可能性，这种制度使得土地肥沃程度不断提高，保证农业生产能达到最高的生产率。今天应该做的是根据五年计划的规定，很好地利用现有耕地，提高单位面积产量。

为使农业增产能和工业的发展相适应，对农业各个部门、各种主要作物、各个不同的农业地区，必须进行全面的安排，抓住重点，大力经营，以推动农业的全面发展。

各个地区应该根据当地的具体情况和经验，定出本地方农业增产的五年计划，对农业、畜牧业、水产业均须有通盘增产的规划。

在农作物方面，对于粮食作物和技术作物要作合理安排，在不影响粮食增产的条件下，利用全国各地区的不同条件，适当地扩大技术作物的面积。在粮食方面，要提倡扩大高产作物的种植。在经济作物方面，要大力增产棉花、油料、麻类等。要特别抓紧粮食增产，这是各种农业生产的基础。因为粮食增加了，就能充分供给经济作物区的农民所需的粮食，使他们能够放手增产棉花、麻类、油料、糖料、烟叶、茶、丝等等，就能充分供应畜牧业所需要的饲料，推动畜牧业的发展。粮食生产的高涨，使我们更有把握地促进其他各种农产品以及农业的其他部门生产的高涨。

对华南热带和亚热带的自然条件要充分加以利用，在完成粮食增产任务的前提下，要大力发展这些地区利于生长的国家和人民需要的经济作物。对华北若干低产粮区要采取有效措施，减轻灾害，发挥地力，使产量能够稳定，并逐步提高。

为使农业增产能和工业的发展相适应，我们要善于运用国家的经济援助和技术援助，使这些援助真正同广大农民群众的增产措施相结合，达到增产的目的。五年计划中所列的我们国家对农民的经济援助和技术援助，是我国历史上空前未有的，如果好好地加以利用，将在农业增产上发挥极大的作用。这里要求各地在采取各项增产措施时，必须根据当地的气候特点和土壤特点，根据当地各种农作物的种植条件，因地制宜，才能获得良好效果。

　　为使农业增产能同工业的发展相适应，我们必须加强农业科学研究工作，即在原有基础上大力改进，继续提高，逐步做到有计划地有组织地总结农民经验，研究和解决农业增产中各项迫切要求解决的具体问题，切实为国家的农业增产服务，为促进农业合作化服务。国营农场必须在增产节约方面，加强示范作用，以推动广大农民。

　　各地农村的国家工作人员应该集中力量去领导农业生产，充分发挥地方的积极性和群众的积极性，是完成农业增产任务的重要保证。

　　第一个五年计划是中国共产党和中华人民共和国国家机关领导全国人民为实现过渡时期总任务而奋斗的带有决定意义的纲领，为了实现我国的社会主义工业化的事业，我们必须努力为实现第一个五年计划中的农业增产计划而奋斗。

争取农业全面增产保证社员增加收入 *

(1956 年 6 月 20 日)

中共中央和国务院发出关于勤俭办社的联合指示，号召各个农业生产合作社真正做到增加生产，降低成本，增加社员的收入。全国农民响应党中央和国务院这一号召，决心争取县县增产、乡乡增产、社社增产、户户增产。一个声势浩大的农业增产运动，正在全国范围内顺利开展。

一

从全国各地春耕生产的情况看来，今年农业增产是有把握的。去冬今春，从备耕到春播，农业生产高潮一直在继续向前发展。农村中男女老幼都动员起来了，巨大的农业生产潜力陆续被挖掘出来。在县、区、乡、社的统一规划下，这一支组织起来的合作化大军，抓住当地的增产关键，采取了许多打破常规的办法，进行生产的突击，获得了前所未有的成绩。今春许多地区各种作物的播种，比往年提早，并且缩短了播种的时间，提高了播种质量。夏收作物的田间管理也比往年好。今年国家对农业生产的经济支援显著增加了；入春以来，全国大部分地区雨水是适时的。只要我们坚持不懈，继续努力，如果不发生特大的灾害，全国实现今年的增产任务是可以做到的。

如果在今年获得一个更大的丰收，我们就将提前完成第一个五年计划的农业增产任务；它将进一步证明农业合作化的优越性，有利于农业合作社的巩固提高和进一步的发展，使它成为我国农村中巩固的社会制度。

农民努力增加生产，是为了增加每户每人的收入。因此，在领导方面，在争取增产的同时，就要注意正确地处理收获物的分配问题，做到合作社总收入的 60%～70%分配给社员，争取 90%的社员在今年能比去年有较多的收入。当然，只有农业合作社增产了，社员的收入才能增加；但是，合作社即使增产了，

---

  * 1956 年是全国基本实现农业合作化的第一年，农业生产从个体经济走向集体经济，生产规模扩大，各地区都出现了许多新问题。作者通过深入调查、认真研究，撰写出此文，提出了具有全局观的指导性意见。本文原载于 1956 年 5 月 20 日《人民日报》。

并不一定能够保证社员增加收入。今年要做到既能增产，又能增加社员收入，必须注意两个问题：一方面要领导农业生产合作社切实贯彻执行各项增产措施，搞好今年生产；一方面要结合生产，贯彻执行勤俭办社的方针，搞好合作社的经营管理。就现在的情况看，既争取增产，又争取增加社员收入，是大有希望的。但是，我们决不能够满足于已经取得的成绩，今后四个月到六个月的工作，在正常的自然条件下是决定今年农业丰歉的关键。我们对于群众情绪高、劲头足、潜力大、办法多的一面，必须足够地估计，充分地运用；但是，我们同时要看到各方面的准备还不足，经验还不够，各地工作还是不平衡的。即便天时很好，如果我们努力不足，工作不好，还有可能完不成生产计划。当前农村一切活动的中心，就是领导农业生产合作社把生产搞好，真正做到增产增收。农村中一切活动，都应当奔向这个总的目标。

二

要实现今年的农业增产计划，要抓紧哪些工作呢？

（一）必须力争全面增产。

农业、林业、畜牧、副业、渔业都要增产。不仅粮食、棉花、大豆和其他油料作物要增产，其他经济作物和牲畜也要增产。重视粮食、棉花的增产是必须的，但决不能忽视油料和其他经济作物的增产。在粮食生产当中，注意水稻、玉米、薯类和小麦的增产是必须的，但决不能忽视其他杂粮的增产。在高产区继续提高产量是必须的，但决不能忽视低产区的生产改革。现在部分地区的个别单位，只注意农业，忽视畜牧或副业。这种领导生产上的片面性，对国民经济的平衡发展是不利的。我国农村副业生产历来就占农民收入的 1/3 左右，是农业生产资金和农民生活费用的主要来源之一。去冬今春以来，有些地区的副业生产比过去减少了 1/3 到 1/2，这对农业生产的发展极其不利。若干地区发生了牲畜瘦弱死亡现象，许多农业生产合作社还不会很好地饲养和使用牲畜。若干地区生猪繁殖很慢，不少产猪区还有疫病流行。这些问题必须及时加以解决。

（二）要把国家农业增产计划变成每个农业生产合作社的计划，成为广大社员群众的具体增产行动。

农业生产合作社的各项增产指标要放在积极、先进而又切实可靠的基础上，很多农业生产合作社的增产指标，是符合这个标准的；也有若干农业生产合作社的增产指标，是脱离实际的。据山东省春季检查，发现有些社"有指标无措施，有信心无办法"，其他各省也检查出类似的情况。现在许多合作社已经根据积极可靠的精神修订计划。但是，有些社害怕修改计划以后，会降低预计分值，影响社员情绪，因此不愿修改；有的社又不经社员讨论，不顾实际条件，盲目降低指标；有的干部放松当前生产的指导，关在屋子里修订计划。这种与群众脱节、与生产活动脱节的做法是不对的。应该根据国家要求和本社条件，通过社员讨论，充分挖掘潜力，把修订计划作为组织和动员群众实现增产的动力。从春播完成到夏收、中耕，还有几个间隙，我们应当利用这些间隙，一面检查和布置农活，进行必要的技术传授；一面修订年度生产计划，做好分季、分段的计划。

去冬今春，各地抓紧实施各项增产措施，取得很大成绩。但是，各个地区的春耕生产工作还是很不平衡的。有些地区只抓紧了水利、积肥，而放松了春耕、春种的领导，影响了春播质量。有些地区积肥数量大大超过了往年，但质量降低了。某些改变耕作制度规模较大的地区，肥料数量还不能满足追肥和下茬作物的需要。若干地区生产资料供应还比较缓慢。经验证明，要实现农业增产，必须贯彻实行全面的增产措施。这就是说，抓紧解决当地生产中的重要关键问题是对的，忽视或放松了其他增产措施，那就不对了。只有采用综合性的增产措施，才能充分获得增产的实效。

今年国家供应的各种生产资料都比往年多。但仍不能充分满足农民增产的要求。许多地区已经加强了技术指导工作，把现有的各种生产资料，集中地用在今年最迫切需要的增产方面。解决生产资料不足的主要办法，还是根据当地条件，从各方面挖掘群众的潜力。有些农业生产合作社缺乏生产投资和饲草、饲料，由于深入宣传教育，向群众讲明政策，根据社员的自愿和可能，经过社员讨论，解除了思想顾虑，很快地解决了问题。

（三）必须大大加强农业生产的技术指导工作。

许多地区实行了大面积的耕作制度改革。高产作物和经济作物的种植面积增加了。今年各地灌溉面积扩大了很多。肥料、农具、种子、农药、农械等生产资料的数量都大大增加。我们有些措施能否发挥增产的实效，决定于我们的组织工作和正确及时的指导。当前不少地区的群众迫切要求技术指导，我们的工作却跟不上去。这种现象必须改变。根据各地经验，要在技术指导工作上由被动转到主动，办法不外这样几项：

1. 领导机关要有计划、有预见地把当年增产措施按照季节排起队来，分别轻重缓急，先期准备；及时检查准备情况，凡是准备不足的要及时补课。

2. 必须全年不误农时，从备耕、春耕播种、查苗补苗、治虫、中耕、追肥、防旱、防涝到细收细打，都要及时加强领导；在完成上茬作物的措施中，便要为下一茬作物做好准备。

3. 每个地区都有若干突出的增产措施，必须加强指导，求得彻底实现。例如改变耕作制度，增种高产作物，以及自然灾害的预防和及时抢救等。

4. 把技术指导和农业生产合作社的经营管理工作相结合，各项技术措施的实施，应当和制订生产计划、劳动规划、包工包产和劳动定额的工作结合起来。已经拟订了农业技术操作规程的地方，应当依据条件灵活运用，总结群众经验，加以修正补充。

5. 群众在生产中提出很多问题，而我们的知识有限，有的简直不懂，这是造成被动的最大的原因。解决这个问题的办法，就是向群众请教，集中群众智慧去指导群众。吸收群众中有经验的生产能手担任辅导员，担任"师傅"，学习和总结他们的经验。把合作社里的生产能手组织到技术组织中去，通过骨干教会社员，造成广大群众性的改进技术运动。有些地方组织技术辅导团到新区传授，或组织落后区农民到先进区参观，或组织有关不同作物增产经验的交流会议；有些地区党委亲自动手，组织干部学习技术，划片设点，深入站、社，掌握技术指导工作，都收到良好的效果。

农业技术推广站、种子站、畜牧兽医工作站的干部在改进技术的运动中，要担负起重大的任务。他们应该在党政机关领导之下，深入到农业合作社、生产队里去，虚心向群众学习，运用国家农牧场的示范和帮助，结合科学技术人员的帮助和指导，充分动员各方面的力量，具体帮助农业合作社正确贯彻各项增产技术措施。

三

今年新社和大社增加了很多，目前不少合作社的干部对领导大规模的集体生产还缺乏经验，对许多新的问题还缺乏合理解决的具体办法。因此，帮助农业生产合作社做好生产组织和经营管理工作，使一切有利于发展农业生产、有利于增加社员收入的窍门，都能发掘出来，有计划地加以运用。一切足以造成增加开支、降低生产、减少收入的漏洞都能堵住，便具有头等重要意义。如果农业生产合作社的生产财务工作管理得不好，增产、增收仍然是没有把握的。今年春播工作中，有些合作社，生产组织建立得不好，干部分工不明确，全社农活现抓、现派，造成窝工、旷工和工作质量不高的现象。有些合作社工作没有计划，造成当前生产工作过分紧张，劳力不足的严重情况。这就需要帮助他们把生产秩序整顿好，按照有利于生产和便于领导的原则搞好劳动组织，合理地划分和调整耕作区，实行包工包产，建立生产责任制。有些社的管理机构，组织庞大，层次过多，应该简化以提高工作效能。并且要加强生产队的领导，充实队一级的领导骨干，社的领导干部应当深入生产队，检查生产情况，随时解决问题。只要社干部深入下去，依靠社员群众，倾听社员意见，遇事和社员商量，充分发扬社员积极性，认真实行民主管理，合作社的生产是容易走上轨道的。

不少合作社还没有实行包工、包产和劳动定额，这也造成了许多工作无人负责和派工、记工混乱的现象。根据各地经验，在没有制定全面的劳动定额以前，只要把各队的生产任务和用工数量定得大体平衡，还是可以包到队里去执行的。这对加强生产队的工作责任和迅速扭转混乱现象，很有好处。但绝不能因此便放松制定劳动定额的工作。把全年的农、林、牧、副、渔等各项定额一下子统统订好，是有困难的，大忙季节，也来不及这样做；但为了提高社员的出勤率和劳动生产率，可以抓紧时间，先把当前的主要农活作出定额，然后再陆续做出下一阶段的，以至全年的各项定额。各队的包工也可根据逐步订好的劳动定额进行修订，做到比较公平合理。

保证90％的社员增加收入，是一项艰巨复杂的工作。除了社的生产财务计划必须保证实行外，每户、每个社员，都应当根据社的计划，订出自己保证增产和增加收入的打算。在保证一般社员增产、增收的同时，对那些由于种种原因可能减少收入的社员，必须早做安排，在安排农活和其他工作上适当照顾，使他们各种不同的劳动能力得到充分利用，以保证他们的生活能和一般社员同样提高。当然这一切，只有建立在全社的增产和节约的基础上才是可能的。今年大量的合作社建立起来，特别是很多合作社并社升级以后，社员的劳动积极性空前提高，投入再生产的人力、物力、财力大大增加，这是发展生产极为有利的因素。对这些，本来是应当有计划地、合理地加以运用。但是有些地区，曾经发生铺张浪费现象，有些干部把大量的人力、物力、财力用到非生产建设上去。有人甚至认为批评少花钱就是"保守思想"，"家大业大，花点没啥"，"社大了，花点钱不算什么，反正不是一个人的"，"花过了头，国家还能叫人挨饿！"等等。在这些错误思想的支配下，不必要的开支增加起来了，社员收入受到影响，引起了社员群众的极大不满。中共中央和国务院关于勤俭办社的联合指示下达以后，浪费财力、物力的现象，较快地得到了纠正。但不少合作社对纠正浪费人力的现象，还注意不够。非生产性的劳动多，计划不周窝工多，脱产干部多等等现象，仍然存在。还有不少合作社对节约生产性的开支注意不够，如不及早纠正，便将有提高生产成本，减少劳动收益的危险。一切用在生产上的开支，都必须分清缓急，精打细算，有节制地适当使用。年度生产投资一般应当控制在总收入的15%到20%，一切技术措施都要严格计算经济效果，才有利于增加社员收入。在今明两年内，需要把合作社的人力、物力、财力集中投放在有利于当年增产的方面，除进行一些必要的基本建设以外，一切不急需的事情，都要坚决缓办。全国农业发展纲要规划的五年、七年、十年、十二年内分期、分批逐步完成的各项事业，绝不能在合作社生产增长还没有坚实基础的时候，要求在一两年内全部办好。坚决执行勤俭办社指示中关于这些方面平衡控制的规定，是极为重要的。

有些合作社，由于财务管理制度不健全，开支上混乱，也造成物力、财力上的浪费。堵塞这个漏洞的办法，就是切实整顿财务会计工作，按照生产计划，订好财务收支计划，建立开支审批手续，制定实物消耗定额，实行财务包干和节约奖励制度。节约是社会主义经济的经营方针，是完全符合群众利益和愿望的。只要社干部经常关心社员生活，把节约开支、降低成本和社员群众的切身利害联系起来，在社员群众中做好思想动员工作，使社员懂得增加不必要的开支就会减少自己的收入，把勤劳增产、厉行节约变成群众行动，一切浪费现象是可以克服的。

四

今年是全国基本实现农业合作化的第一年，农村生产由个体经营走到集体经营，由小生产变成大生产，生产规模扩大，生产内容增加。在农业生产和合作社的经营管理上，有许多新的问题，需要领导机关帮助他们具体解决，仅靠一般性的原则指示，已经很不够了。很多地区党委、政府和各级农业部门，及时地采取了加强具体领导的工作方法，领导干部亲自动手，深入到社里、队里、场里、站里，了解情况，总结和推广先进经验，及时地解决困难问题，克服了薄弱环节，这样不仅推动了工作，也改善了领导，锻炼了干部。在农业生产高潮中，涌现出大批先进生产者和劳动模范，他们提供了很多使农业生产合作社增加农业生产和社员收入的好经验、好倡议，只要各级领导能深入到群众中去，重视和推行这些经验和倡议，不仅生产中的困难可以克服，生产水平也必将进一步提高。可是有些地方，只是口里空喊深入下层，并没有真正行动起来。还有些地方只是从形式上进行具体领导，不注意真正解决问题。例如河北省唐县城关区为了推动生产，把各乡总支书记和驻乡指导员组成参观团，由区委书记和区长带领，骑着自行车，在两天内转了7个乡、30多个村，乡指导员说："像跑马一样，一天跑七八十里，光落个累得慌，别的作用一点也起不了。"也有些地方领导机关和乡、社干部，以为组织成合作社，好办事了，因而不去深入了解情况，遇事不和群众商量，主观地布置任务，滋长着强迫命令、脱离群众、脱离实际的作风，对于完成增产、增收任务，继续提高合作社的工作，是极其有害的，必须纠正。

农业部门应当主动地和有关经济部门密切配合协作，做好各项保证农业增产、保证社员增加收入的经济工作，例如正确执行价格政策和负担政策，及时供应生产资料，做好预购农产品和发放贷款的工作等。

现在正是农业生产的紧张季节，生产领导和生产管理不应该落在群众生产运动的后面，我们必须立即抓紧时机，迎头赶上，保证全面增产、增收。

对全国人大常委会所提问题的答复*

（1957 年 4 月 15 日）

对各位委员所提问题，谨作如下答复，其中不尽不实之处希予指正。

一、关于 1956 年全国粮食产量统计数字问题

1956 年全国粮食产量 3680 亿斤。这个数字，是各地采用调查加估算的办法统计出来的，实际情况会有出入，报得不够或报过了头，两种情况都有，目前各地正在核对。根据部分省最近报来的核对情况看，这个数字大体可靠，出入可能不大。过去在个体经济占优势的情况下，采用典型调查加估算的办法统计产量，是很难准确的。目前，全国实现了合作化，农业统计工作有了有利的基础，但也不会做到完全准确。有些社把产量估得稍高一些，也有些社把产量估得稍低一些，甚至有隐瞒产量的情况。进一步核实产量数字，对安排国民经济的确是十分重要的，农业计划部门正在研究这个问题。

二、关于增加化肥生产及开辟肥源问题

全国施肥面积与单位面积施肥量近年来有些增长。据估计，1952 年全国施肥面积为耕地面积的 70%，1956 年扩大到 85%。一般每亩施肥量 1952 年为 1500 斤，1956 年增加到 2500 斤。但是，目前我国施肥水平还是低的。还有一部分田地不施肥，很多田地施肥不足，影响产量的提高。随着改革耕作制度，增加复种指数，扩大灌溉面积，以及密植等农业技术的推广，各地肥料不足的情况更加突出。这是当前我国农业生产中的一个亟须努力解决的问题。

我国在 1952 年只生产氮肥 19.4 万吨。1956 年生产氮肥 59.2 万吨，磷肥 7.4 万吨，共 66.6 万吨。进口化肥也在逐年增加，1952 年为 24.3 万吨，1956

---

* 本文系时任农业部常务副部长的刘瑞龙代表农业部对全国人大常委会讨论农业生产工作时所提问题的答复。

年为133万吨。第二个五年计划中化肥生产的建议数字，到1962年，计划年产量达300万吨，这次听说可以考虑增产到500万吨到600万吨，这是一个好消息。也有人提出要求达到800万吨，是否能够实现还要请有关方面研究。总之，根据国家的全面规划，在可能条件下，增加化学肥料的生产，是必要的，对我国农业增产，是有利的。在我国农业尚未实现机械化的条件下，增加化肥，可以使我们较快地获得增产实效。

鉴于国家投资有限，而需要肥料的数量很大，除大量增产化肥外，主要办法还是广辟肥源，增加农家肥料的生产。过去曾粗略地计算一下，化肥生产即使达到1500万吨，也只能解决5%的需要，此外95%需要从农家肥料及其他肥料方面寻求解决。

目前牲畜粪尿利用不到60%，人粪尿利用不到50%。各地荒坡、隙地、沟沿、堤边、道旁，可以配合绿化种植绿肥。南方近两亿亩冬闲田，也可种植绿肥。我国磷矿及草炭蕴藏甚丰。城镇杂肥种类甚多。这些潜力都是应该充分发掘加以利用的。此外细菌肥料等，也可以考虑发展。

三、关于在新疆和甘肃河西走廊发展棉花生产的问题

我部曾经在1954年派人配合当时西北农林局，组织新疆省棉花考察工作组，到新疆进行了初步考察。1955年和1956年，继续了解。

南疆自然条件适宜，无霜期约170～200天，较北疆玛纳斯河垦区长30～50天，棉花生长期间，有良好的日照（全年约2900小时），有较高的温度，有肥沃的可垦地和丰富的水源，是发展棉花的主要基地。粗略估计，在开都河、阿克苏河、叶尔羌河一带，有可垦荒地6950余万亩，其中有2350余万亩的灌溉问题较易解决。

北疆玛纳斯河垦区现在是新疆的主要棉区，但该地处于高纬度，气候不够稳定，产量也不稳定，今后兰新铁路将经过这里，又是石油工业基地，应多发展粮食，不准备多发展棉田。

甘肃河西走廊地区，如敦煌县及临近的踏实宝盆地，这一带自然条件与南疆相仿，估计有可垦荒地1000万亩，其中宜于植棉的约有230万亩。

根据以上情况，拟建议在第二个五年计划内，在南疆和甘肃河西走廊一带发展棉田1000万亩左右。为了做好在这两个地区发展植棉的计划，拟在1957年下半年组织工作组，深入进行调查，以便提出发展棉花生产的具体步骤。

在北疆玛纳斯河垦区及南疆部分棉田，次生盐渍化是严重的问题，过去我们对这方面的问题很少研究。1956年中国科学院曾经组织考察，今年将再组织力量继续研究。目前防止耕地次生盐渍化的办法，是作好开垦前的水文、地质、土地勘测规划，建立正确的灌溉排水系统，确定灌溉技术和耕作制度等。

至于雪山、冰川等水利资源的调查，对新疆荒地的垦殖工作是极为重要的。拟请林业部结合森林调查，配合水利部利用航测等办法，有计划地进行调查研究，以作为开发垦殖工作的依据。

四、关于冀、晋、鲁、豫、陕5省农业规划中的水土保持工作问题

做好水土保持工作，防止水土流失，确实是这五省农业生产中一项极其重要的措施。山西羊井底村和大泉山的经验，业已收到成效。

在这一方面，中国科学院出了很大的力，水利部、林业部做了很多工作。农业部本身做得很不够，只是派了一些干部参加，虽然做了一些工作，也没有及时地向有关方面汇报，没有尽到农业部门应尽的责任。有关省区的农业部门在水土保持方面是做了工作的，虽然工作中也还有很多缺点。

在水土保持工作中，目前还存在一些缺点。例如，有些部门协同工作不够，若干地区偏重于工程措施，而忽视农业生物措施和农业技术改革，治标多于治本等等。这些情况是需要改变的。

水土保持工作应该成为五省农业规划中的重要组成部分。在水土流失地区，每个农业社均应进行以土地规划为中心的农业生产规划，以水土保持作为主要增产措施之一。组织和指导农业社进行水土保持措施，应该成为农业部门在水土流失地区的主要任务。为了达到这个目的，应当加强这些地区的技术指导工作，加强农业科学研究机关的研究工作。我们建议在国务院领导下，建立一个领导水土保持工作的机构，以期真正做到农、林、水各部和科学院等方面密切配合，协同动作，做好水土保持工作。

五、关于开发海南岛地区的规划问题

广东省海南、湛江、合浦等地区，土地总面积约1.2亿亩，其中现有耕地

2126 万亩，荒山 2129 万亩，荒地 3718 万亩。这个地区不仅适于发展经济价值较高的特种作物，如橡胶、椰子、咖啡、剑麻、番麻、油棕、槟榔、香茅、木棉、胡椒等，而且适宜于发展水稻和杂粮，增产粮食。

中央有关部门曾经派专家考察研究，初步进行了一些垦殖工作。1955 年 8 月，广东省正式成立热带资源开发委员会，负责这一带的资源勘察规划工作。到目前为止，种植的亚热带作物已达 600 万亩，并于 1956 年提出了海南、合浦、湛江地区资源开发方案（草案）。方案中提出三个五年内共发展热带作物及技术作物达到 2917.9 万亩（海南 1501.9 万亩，湛江 979.1 万亩，合浦 436.9 万亩）。其中国营达 813.8 万亩，民营达 2104.1 万亩。

现在农业、农垦两部正在对这个方案进行详细研究。但是由于种苗的数量、品种不能完全满足需要，水利须逐步解决，技术力量跟不上，加上国家大量投资尚有困难，因此，在第二个五年计划期间，尚不能大量开发。经初步研究，打算建议在第二个五年计划期间发展 1168.5 万亩，达到 1956.6 万亩。目前国营农场拟以发展橡胶、剑麻、咖啡、香料及油料等作物为主，兼顾粮食作物的发展。对农业生产合作社加强粮食生产的指导，兼营经济作物，逐步做到海南岛的粮食供应，不仅自给而且有余。

六、关于大豆生产问题

据现有资料，1956 年大豆产量确实还未恢复到战前水平。战前[①]我国大豆播种面积最高年为 14903 万亩，总产量为 226 亿斤。1956 年播种面积为 17800 万亩，总产量为 204 亿斤。面积增加了，但总产量少了 22 亿斤。

战前 226 亿斤是最高数字，战争中逐年下降。据日本人小林良正 1938 年统计，中国大豆产量为 198 亿斤（东北 80 亿斤，关内各省 118 亿斤）。国民党农林部 1947 年统计，全国大豆产量 159 亿斤。到 1949 年，面积只达到 12478 万亩，总产量 102 亿斤。战争时期，中国大豆产量是直线下降的趋势。只是在全国解放以后，大豆面积和产量才逐年上升。

就解放以后的情况看，大豆种植面积是有增加的。

1949 年是 12478 万亩，1952 年增至 17519 万亩。那时提倡种大豆，在 1953 年增至 18543 万亩，1954 年增至 18980 万亩。因 1954 年遭灾减产，1955 年提倡

---

① 战前，这里指抗日战争以前，即七七事变以前。

高产作物，粮食价格调整，大豆价格相形之下显得不合理，1955 年大豆面积减为 17162 万亩，1956 年春大豆提价 8%，面积增到 17800 万亩。

大豆单位产量也是逐年增加的。1949 年亩产 81.5 斤，1952 年为 108 斤，1956 年为 114 斤，产量比较稳定。面积增加，单位产量稳定，条件较前优越，但总产量仍未超过战前，因此对战前数字，似有研究之必要。

今后继续增产大豆是否有办法？办法是有的。现有重点产区要稳定面积，提高单位面积产量。在新垦荒地可扩大一部分大豆的种植面积。这就需要加强对大豆生产的领导，推广先进经验，改进栽培技术。此外，还要执行奖励政策，加强大豆科学研究工作等。

七、关于复员军人和中小学毕业生参加农业生产问题

今年复员军人总数为 65 万人，其中要复员回农村的 45 万人；高中（包括工农速成中学）毕业生不能升学的有 8 万多人；初中毕业生不能升学的有 79 万多人；高小毕业生不能升学的有 360 万人，其中大部分要到农村参加农业生产。我们的工作就是帮助他们决心归农和安心务农。

从 1950 年到 1956 年已有 400 多万人回乡参加农业生产；初中和高小毕业生回乡参加农业生产的也有几百万人。由于他们都是有文化的青年，政治觉悟也比较高，易于接受新事物，在促进农业合作化、改进耕作技术和开展文化娱乐活动等方面都起了一定的作用。有不少复员军人和中小学毕业生担任了乡、社干部和会计等职务，如山西省的乡、社干部中有 55% 以上是复员军人；湖南省 85 个县的 7928 个复员军人中，有 78% 担任了乡、社干部。

从农业生产的现状来看，农村是需要这些人的。为了搞好农业生产合作社的经营管理和改进耕作技术，非常需要有文化的青年和坚强的政治骨干，逐渐充实农业生产的队伍。各地的农业生产合作社，由于普遍开展了多种经营，提高了复种指数，进一步实行了精耕细作，对劳动力的需要不是减少而是增多了。例如，从前个体经营的时候，一亩棉田一般只用十几个工，合作化以后，为了提高产量，进一步实行精耕细作，一亩地一般要用 20 多个工。过去种单季稻一亩田一般只用十几个工，改种双季稻后一般要用 20 多个工。在抢收早稻、抢插晚稻时劳动力特别紧张。很多地方在农忙季节劳动力不够用。这时一批有文化的和有一定政治水平的力量，投入农业生产战线，对发展农业生产是极其有利的。

当前的问题主要是如何使这些人安心务农，如何使这些人在农业生产战线上充分发挥作用。现在还有些复员军人和中小学毕业生不愿回农村生产，嫌农村艰苦，认为没出息，没前途；同时社会上也还存在着一种不正确的看法，认为中学生回农村是不正常的现象，这也助长了他们不愿从事农业的情绪；此外也确实有一些实际困难，有些复员军人和中小学毕业生因为离开农村较久或根本没正式干过农业劳动，对搞农业生产不习惯，也不懂技术。针对这些情况，各地的党、政、军领导机关和青年团、学校等有关部门，已经注意加强政治思想教育和宣传工作。目前正在一面教育复员军人和中小学毕业生，要使他们认识到参加农业生产不仅是国家和人民所需要，而且是有美好前途的；另一面则正在教育乡、社干部和群众，要热情地欢迎复员军人和中小学毕业生回到农村，加入农业生产合作社，并根据他们的专长和志愿，分配给他们适当的职务和农活，教给他们技术，鼓励他们劳动。各地的农业部门和农业技术推广站，协助农业生产合作社和青年团组织，组织复员军人和中小学毕业生，参加业余的农业技术训练班和文化补习班，培养他们充当农业生产合作社的骨干，并使他们在农业技术改革中起带头作用。

八、关于处理南方各省积压的双轮双铧犁的问题

去冬国务院曾经指示各地，将积压在群众手中、确实不适合当地条件、不能使用的双轮双铧犁收回，目前南方各地已收回近四万部。最近经委曾召集有关部门研究了几次，打算采取以下办法解决：

1. 凡经过试验示范，证明适合使用，而且经过群众试用认可，但因技术等方面的原因没有使用的，要加强技术训练，保证教会农民使用和进行简单的修理，防止盲目退货。

2. 凡因地区条件不适合，农具型号不对路，以及超过农业合作社实际需要的，应该积极组织省内地区间的调剂，省内有余的再组织省际间的调剂。

3. 各地结合春耕生产，认真进行检查。已经推销到农业生产合作社的双轮双铧犁，在当地确实不适合使用的，应该根据国务院的指示，坚决予以收回。

4. 凡收回的农具在当地不能使用运往外地又得不偿失的，拟就地将零件拆卸后销毁一部分，钢铁另作他用。

至于南犁北调的办法，可考虑在秋后进行，因为北方各省现存双铧犁，已

经可以满足当前推广的需要。

九、关于增加农产品满足人口增殖需要的问题

我国粮食，1952年以来，平均每年增产4.5%，即150亿斤，人口每年增加2%~2.5%，约1200~1300万人。按现在平均消费水平计算，来自人口增殖方面的民食需要，每年约增加60亿斤。随着人口增加，工业用粮、饲料用粮等也要相应地增加，每年递增150亿斤，仍然是不富裕的。同时，棉花、油料等其他经济作物，也必须增加产量。这的确是当前我国农业生产上根本性的重大问题。

开垦荒地，是解决这个问题的途径之一。近年来由于人口增加，每人平均耕地面积日见减少，1953年每人平均2.8亩，1955年降至2.7亩。粗略估计，要保持每人平均3亩地的水平，就需要每年开垦4000万亩荒地。开垦一亩荒地要投资40元，这样每年就需投资16亿元。从国家的经济力量看，大规模垦荒目前还办不到，因之只能按照可能条件，在东北、西北、华南等地逐步地开垦一些荒地，同时要在广大地区组织农业合作社开垦小片荒地。

从1953年到1956年，耕地面积平均每年增加1400万亩，第二个五年计划期内，可能稍多一点，但对需要来说，相差还是很远。

因此，在目前增产粮食的主要途径，还是大力推行各项有效增产措施，提高一切现有耕地面积的产量，妥善安排粮食和其他作物的比例，使农业的各个部门全面发展。从几年来单位面积产量提高的情况看，以及从同一地区丰产社和低产社相差的程度看，在这方面，我们是很有潜力的。如以1952年粮食每亩平均产量为100，1956年提高到108.8，平均每年提高2.1%。第二个五年计划期内单位产量将提高20.3%，平均每年提高3.8%。粮食总产量平均每年增加5.1%，即220亿斤，五年共增加1100亿斤。其中以60%即660亿斤供作食用，新生人口每年1313万人，五年共增6565万人，按每人每年需粮540斤计，共需354亿斤。除此以外，有309亿斤可供原有人口改善生活，计每人平均增加44斤，每人每年增加8.8斤。

十、关于农业生产合作社组织规模的问题

对于有些规模过大、不利于生产、不好巩固的大社，中共中央和国务院去

年在关于合作社组织建设和秋收分配的两个指示中，都提出要适当地分开，办小社或联社。去冬今春各地在整社中，根据中央指示，对于问题较多和经济条件悬殊很大的大社，经过社员协商，分别进行了处理。河北、四川，大社分成小社的多一些。但也不是所有的大社社员都愿分成小社；也有些大社某些问题解决之后，还可以继续办下去。为了正确地贯彻执行这个指示，本年3月间农业部会同农村工作部召开的农业合作社经营管理会议上，曾经进行研究讨论。中共中央农村工作部，最近又发布了关于改进大型农业社经营管理工作经验的通报。

继续办好高等农业学校 *

（1957 年 8 月 16 日）

一、国务院为什么决定把高等农业学校
由高等教育部转移给农业部领导

过去高等教育部曾经一度希望把高等农业学校交给农业部领导，当时农业部因为忙于农业生产的恢复工作，忙于粮棉增产工作和农业的社会主义改造，没有来得及接管。

随着农业合作化的完成，农业生产和农业科学研究工作的发展，迫切要求培养干部的工作同生产指导和科学研究紧密结合起来，以便充分发挥各方面的力量，进一步提高农业教育工作，开展科学研究，加速农业生产的发展。过去凡是注意了这三方面结合的，大都取得了较好的成绩。个别地区由于这三方面的脱节，已经发生某种程度的人力和物力的浪费现象。为了解决这个问题，去年国务院体制会议上，拟订了将高等农业学校交由农业部领导的方案。今年 2 月，科学规划委员会农业小组根据体制会议精神，提出了关于农业科学组织机构的协调方案，建议把高等农业学校交给农业部领导。农业部和高等教育部研究后，都同意这个意见，国务院批准了这个方案。聂荣臻副总理指示移交工作一定要在 8 月底以前办好。

周总理在今年全国人民代表大会第四次会议的政府工作报告中说："为了有效地发展我国科学研究工作，必须贯彻协作的原则。各有关部门必须协调地进行工作。政府今年在医学、农学和机械等方面，已经制订较好的协调方案，并且已经部分地见诸实行。这种做法，为国家节约了大量的人力和物力，并且加速了科学工作的开展，以后应该加以推广。"农业教育、农业科学研究、农业生产三方面紧密结合，就是将高等农业学校交给农业部领导的根本理由。

---

* 本文系作者在高等农业学校转移领导关系会议上的发言稿。

二、在已有成绩的基础上，坚决贯彻执行国务院关于
农业教育、科学研究和农业生产相结合的指示

解放 8 年来，高等农业学校在高等教育部的领导下，进行了各项带根本性的改革，成绩很大。这就是把旧中国时代那种脱离实际、为反动统治阶级服务的教育，基本上改造成为广大劳动人民服务的、适应我国社会主义改造和社会主义建设的、理论与实际结合的新型的高等农业教育。其中比较突出的成绩是院系调整、专业设置、教学改革和科学研究。在院系调整和专业设置方面，将原有的 43 个单位（包括林学院）调整为 30 多个院校，将原有的 182 个系科调整为 23 种 137 个专业。农业院校在调整后的分布，基本上照顾了农业的地区性，专业设置也基本上满足了国家的需要。在教学改革方面，参照了苏联的教学计划，制订了 19 个专业的统一教学计划，并且开始组织编写中国自己的教材。科学研究工作，几年来有很大成绩。教师们的科学研究题目很多是与有关生产部门合作进行的，并且有很多已经在生产上收到成效。这些成绩，对培养我国社会主义农业生产建设所需要的人才，起了重要的作用；对今后高等农业学校的健全发展，打下了良好的根基。我们农业部门必须爱护这些成绩，发扬这些成绩，在这个基础上，把学校继续办好。

农业部接管高等农业学校以后，是有决心把学校办好的。当然，要搞好学校，还得靠在座的同志。农业部门必须办好高等农业学校，因为农业合作化已经完成，摆在面前的问题是农业生产赶不上整个国民经济发展的需要，我们国家已经提出了在一定时期内发展农业与发展工业并重的方针，从而加速农业的发展。依靠农业合作社，改进农业技术，推行各项增产措施，是今天加速发展我国农业生产的基本途径。只有发展生产，使合作社一天一天地富裕起来，才能巩固合作社，才能源源不断供应工业原料，才能逐步建立起现代化的工业基础和现代化的农业基础，进一步巩固工农联盟，巩固人民民主专政，巩固社会主义制度。这里除掉巩固合作社组织千百万农民生产、加强农业科学研究工作外，就是要很好地训练干部，提高干部质量。因此，训练和提高干部，就成为农业部门迫不及待的任务。今天，农业生产、农业科学研究和农业教育工作，是唇齿相依、息息相关、不可分割的，是互相推动、互相发展的。

今后在农业学校的工作中，必须坚持贯彻教育、生产、科学研究紧密结合的方针。这样做，好处很多，最少有下列三点：

1. 高等农业学校和农业生产部门、农业科学研究部门密切配合，可以适当吸收生产部门和科学研究部门的人员兼任教学工作，利用农业生产和科学研究的实际材料，充实教学内容，提高教学质量。

2. 充分发挥教师的力量，从事科学研究，提高研究工作的质量，增多科学研究成果，更有力地为发展我国农业生产服务。

3. 高等农业学校可以充分利用农业科学研究机构的研究设备，通力合作，充分发挥现有人力物力的作用，把教育和科研办得又好又省。

总的说来，这对提高干部质量、发展科学研究、促进农业增产，都具有极大的重要性。我们希望各省根据当地条件和上述原则，把农学院、农业科学研究所（试验站）、农业厅三方面的工作紧密结合的办法，作出具体部署。

三、理论联系实际，为我国社会主义农业建设服务，为发展 我国农业生产服务，是办好高等农业院校的根本方针

这并不是什么新的方针。1954 年高等农业教育会议上就提出来了。我们坚决拥护，并且继续贯彻执行。周总理说："我们今后的教育方针，应该是培养有社会主义觉悟的、有文化的、身体健康的劳动者。"要打破过去"学而优则仕"的腐朽的剥削阶级的观点。出了学校就马上当干部的办法要改变。学习了生产技术，反而不事生产，害怕劳动，只愿搞科学研究、考博士、当专家，不愿到农村参加劳动、指导生产，不去做社会主义农村的建设者。这是旧时代剥削阶级教育影响的残余，是我们坚决反对的。今后从高等农业学校毕业出来的学生，应首先分配到农业生产合作社、国营农场等基层生产单位参加生产劳动，使他们在劳动中锻炼自己，提高社会主义觉悟，增强劳动观念。真正获得在基层生产单位中实际生产的知识，了解群众生活，学会联系群众。经过一定年限的劳动实践之后，再根据他们的专长和在劳动中的表现，分配他们的工作。这种做法，对国家来说，可以培养出一批真正是理论结合实践的、既有科学技术知识又有社会主义觉悟的、既有文化又有实际生产经验的、既经过一定的锻炼又能联系基本群众的干部。对学生本身来说，只有这样做才能获得真正的锻炼和提高，才能使每个人的发展适应于祖国社会主义建设的需要。

我们认为今后农业学校的毕业生，一定要先到合作社或农场去从事三年生产劳动，然后再从中挑选表现好的来做干部、做研究工作。今天一定要培养这种学风。因为只有这样做，才能培养出真正的农业科学工作者和农业建设干部。

有的学校在执行这一方针中下了力气，取得了成绩，但也碰到一些思想障碍。

这里有几个问题应该解决：

（一）科学理论和生产实践相联系的问题。

理论联系实际这是方针问题，必须首先明确。这几年来，不少人曾经努力进行，因而获得一定成绩。但还有人认为农业科学工作者追求的应该是所谓"理论"、"远大目标"、"国际水平"，反对为发展我国农业生产服务。一提到解决当前农业生产中的问题，便认为是推广站技术员的事，不是科学家的任务。在这些人看来，似乎解决当前生产中的问题是不需要理论指导的，理论和当前生产实际是没有关联的，研究远大目标和解决当前问题是互不相干的，国际水平和解决中国的实际生产问题是风马牛不相及的。无疑，这种论调是错误的。为发展我国农业生产服务，就是为我国社会主义建设服务，在发展农业生产中，每一个人都应当有所贡献。那些反对农业科学为农业生产服务的人，就是要农业科学家放弃在建设社会主义农业中的责任，坐视中国的农业生产永远落后于资本主义国家。农业科学家在为生产服务的时候，不仅要求解决长远目标的问题，而更重要的是要求根据目前我国农业生产特点和生产水平来研究和解决当前生产中迫切要求解决的问题。研究长远问题，应当从解决当前问题着手。解决当前问题，可以为长远目标提供正确方向和可靠依据。当然也必须预见到将来的需要。由一小部分专家研究与目前生产关系不大、现在如不着手将来就会误事的问题。但不主张以大部分力量去研究。因为今天我国科学研究人才有限，而且当前的问题不解决，长远目标也会落空。科学是在生产发展的基础上发展起来的，决不能设想生产不发展而科学可以发展，决不能设想听任生产落后而科学可以赶上国际水平。假如科学不为我国生产发展贡献力量，试问人民要科学做什么？如果国际水平和发展我国农业生产无关，"国际水平"再高，又有什么用处！

真正的科学家，都是从实践中锻炼出来的，他们最关心生产实践，他们有丰富的实践知识。弄书本子的工作比较好做，但要实地解决问题，就需要进行紧张劳动和艰苦工作。科学是从解决实际问题当中发展起来的，真正的科学不怕实践的考验，而且正是由于实践的推动发展了科学。理论是经验的总结，科学就是事物发展规律的客观反映，摸清现实规律是为了改造现实，科学从实践中得来，又去指导实践。离开实践就没有科学，要达到国际水平，必须利用已有科学成就和经验，在解决中国本身问题的工作中去争取。这就要使学生不仅有基本科学知识，还要有实践知识；不仅要读好书本，做好室内试验，而且要深入田间，通过生产实习，把课堂讲授、试验研究同生产实际结合起来，使他们有理论知识和实践经验的全面发展，让他们到农业生产实际中去锻炼，培养他们成为全心全意为人民服务的密切联系群众的工人阶级的知识分子。成为在党的领导下，忠于社会主义事业的骨干，而不致成为华而不实、自私自利、不利于社会主义的人。

为生产各部门培养专业人才是必须的，但必须注意到农业生产是一个整体，技术的经济的措施以及政治工作往往是联在一起的。灌溉、施肥、选种、耕作、栽培、土壤、农具、植物保护等，也往往必须统一考虑、综合研究。只能在一门专业中当状元，而对其他方面缺乏必要的常识，要想有效地为发展农业生产服务是困难的。我们在高等农业学校中，必须培养具备全面的一般农业科学知识、同时又有专长的农业建设人才。

（二）关于总结群众经验和创造性的研究相结合的问题。

1954 年高等农林教育工作会议强调了这一点，若干学校也已做出成绩。去年曾经有人说，中国农民没有什么经验，就是有经验也没有科学价值，不值得研究；研究群众经验，就是浪费科学家的时间，降低科学家的身份；研究外国的东西还来不及，哪有闲工夫研究中国的东西。这种见解无疑是错误的。外国的科学成就和先进经验我们要学习，但作为一个中国农业工作者，或者是一个中国农业科学工作者来说，一定要了解中国的情况，一定要具备中国农业的知识。我国是一个古老的农业国，我国农业科学家如果把我国的农业生产经验很好地总结起来，无论对中国对世界农业科学都是很大的贡献。我们一定要承认，我国农民在几千年农业实践中，积累了丰富的经验，这些经验是在中国的条件下产生的，因而最容易为我国农民所接受，最容易在我国条件下推广。这里面揭开了很多自然界的秘密，体现了客观规律，因而正确运用这些经验，就一定行之有效，因而肯定是有科学价值的。当然，这些经验是分散的、朴素的，因为受环境条件的限制，这些经验还是不完全的，有它的局限性。把这些经验加以收集、分析、总结、提高之后，就可以在生产中发挥极大作用。这应该是我国农业科学家责无旁贷的任务。我们这样做，不是缩小了而正是大大扩展了我国农业科学园地，不是降低了我国农业科学水平，而正是丰富了我国农业科学研究的内容，会大大提高我们的水平。

总结群众生产经验不能和创造性的研究对立起来，而是要在总结群众经验的基础上进行创造性的研究，这好像是水之有源、树之有根一样。我们在进行农业科学研究工作的时候，必须研究中国的自然条件和经济条件，研究我国农民群众的经验和祖国农业的丰富遗产，研究世界上已有的科学成就，再加上本身的实践。这些，应当是创造性的科学研究的基础。离开这些，就是唯心主义。当然，总结群众经验不仅不排斥创造性的科学研究，而正是更好地启发创造性的科学研究。研究农业科学不和直接从事农业劳动的群众接触，是不行的。轻视群众经验，正是资产阶级轻视劳动的表现。对农民的经验不加总结，确实是一个大损失。外国的科学成就和先进经验都要学。毛主席教导我们：在学习外国东西的时候，必须"用脑筋想一下，学那些和我国情况相适合的东西，即吸取对我们有益的经验"。不管我国情况，把适用的和不适用的统统搬来的教条主义态度，是极为有害的。

（三）在学术问题上坚决贯彻"百花齐放、百家争鸣"的方针。

学术上的不同意见，应当通过科学界的自由争论和客观实践来解决。在农业科学界也必须坚决贯彻执行这个方针。我国地区辽阔，各地自然条件和经济条件差异大，情况不同，所发现的问题也有不同。因此就不能采取同一个办法解决不同的问题；即使解决同一个问题，在不同条件下，也必须采取不同的办法。在解决农业生产和农业科学上各项问题的时候，应当提倡因地制宜，可以殊途同归。农业科学界对不同的问题有不同的看法，是正常的现象。不同意见的争论可以帮助我们全面考虑问题。科学不怕争论，真理愈辩愈明。一切好的东西都应当学，不同意见可以争论，提倡互相学习，取长补短，反对学术问题上的垄断思想和门户之见。

（四）试验研究和推广示范的问题。

各项研究成果，经过区域试验，凡是行之有效的，即可在相同的条件下推广。试验研究和推广示范两方面，应该密切合作。过去有些农业科学工作者，认为将试验成果写成论文就完事了。对于推广示范的工作不关心、不协助，这是不对的。推广示范是贯彻试验成果为生产服务，又是在生产中检查、修正、补充试验成果的必要步骤。试验研究单位不同于示范推广单位，但对示范推广是负有责任的。这就是科学家有责任根据发展生产的需要，拟订出具体的技术措施，把试验成果编成小册子广为介绍。并且帮助训练干部，使他们掌握具体操作技术。还应不断观察，总结推广的经验，使之更加充实、完善。这乃是科学家义不容辞的义务。

聂荣臻副总理说，在发展科学事业中走社会主义道路，就是科学事业要有为社会主义建设服务的明确目标。科学家在选择研究题目时，要根据国家建设需要和个人专长相结合，理论和实际相结合的原则。在发展科学事业中，走社会主义的道路就是要有计划、有组织、有领导。这就是说，应该制订发展科学事业的远景计划、年度计划。计划要有重点，同时又要照顾全面，要根据工作需要，该集中人力来做的就要集中，该分散进行的就应该有意识地分散。要加强分工和协作，要有统一的领导。

今后在教育界、科学界要坚持走社会主义的道路，这一问题是非常明确的。任何走资本主义道路的想法和做法，都是不允许的。

四、坚决贯彻执行勤俭办学的方针

这是党中央和国务院反复强调的方针，高等教育部从来就是坚持这个方针的，农业部要继续贯彻执行。我国是一个大国，又是一个经济落后的国家。我们正在以最大的经济力量进行社会主义建设，在办学方面尤其需要精打细算，少花钱，多办事，提倡艰苦朴素、勤俭办学。勤俭建国、勤俭办社、勤俭办企业、勤俭办科学和教育，是建设社会主义的根本原则。在高等农业学校中，多数同志对勤俭办学的方针是抓得比较紧的。但是有些单位还未能很好地贯彻。据说过去曾经有一个时期，发生过程度不同的浪费现象。例如建设房屋，没有注意节约适用，编制庞大，人浮于事。设备购置缺乏计划，形成积压，仪器、图书保管不善等等。据说这种现象里面，有一个思想问题，有些人曾经热心追求"大气、洋气、阔气"，反对"小气、土气、穷气"。今天看来，小气一点，土气一点，穷气一点，是符合我国目前的经济条件和勤俭建国的根本原则的。确实，我们今天不能讲究"大气、洋气、阔气"，我们是讲究不起的。据说在个别学校中，曾经发生彼此比阔的风气。比大礼堂、比俱乐部、比教学大楼、比高级宿舍、比贵宾招待所、比灯光球场等。其实，在勤俭建国的今天，不应当提倡。试问达尔文、米丘林、威廉士是在怎样条件下工作的呢？应该说他们的居住条件和工作条件并不是很好的，但是他们研究的成果，却是具有国际水平的。我们要真正地培养人才，发展科学，不一定先在房子上讲究，房子搞得太好，养尊处优，对教师、学生都不会有好处。有些毕业的学生不愿意下乡，可能与此有关。勤俭建国，艰苦朴素一定要造成舆论、养成风气。愈是艰难困苦，愈能培养和锻炼出有用的人才来。当然，必须解决的问题一定要实事求是地负责解决。有关农场、牧场、农业机械的不足问题，要根据实际可能有步骤地加以解决。至于供应资料、实习、参观等问题，最近国务院已发出指示，我们将根据这一精神办事。

全国养猪重点县座谈会总结报告*

（1957 年 10 月）

　　农业部和城市服务部联合召开的全国养猪重点县座谈会今天结束。会开得好，收获很大。在座谈会上，许多重点县和重点社的同志们报告了发展生猪生产的经验。朱副主席、邓副总理、谢觉哉部长、杨一辰部长、蔡子伟副部长都作了指示。

　　同志们以具体、生动的事实，说明了大量发展生猪是完全可能的，这主要是依靠农业合作社的完成、党和政府的正确方针政策、干部与广大农业社社员的养猪积极性。中共中央和国务院为了发展生猪生产所发布的"关于发展养猪生产的决定"；毛主席亲自批转的山东省阳谷县石门宋乡农业社发展生猪生产的经验；湖南省望城县的发展生猪生产经验的传播；国家提高了生猪收购价格，和各地根据中共中央关于增加社员自留地的通知，增拨自留地种植猪饲料等。加之，各有关部门在生猪生产方面的密切配合，通力合作，这些都推动了生猪生产的迅猛发展。希望在这次会议以后，能够把会上的经验、领导同志的指示，积极地因地制宜地加以应用，掀起一个发展生猪的生产高潮。

　　先谈一谈目前生猪生产的发展情况、今后任务和发展生猪生产的重要性。

　　今年生猪发展很快。根据这次会上的统计，目前全国生猪已达到 11800 多万头，和全国农业户数来比较，差不多达到平均一户一头猪的水平，比 1956 年 6 月底增加 3390 多万头，比 1956 年底增加 2000 多万头。前几年一度出现的下降趋势，现在已经根本扭转。但是这种发展还不是很巩固的，因为有许多地方，饲料不很充足，发生猪疫的地方还不少，有些地方仔猪不足，有些地方技术指导工作做得不很好。这些问题都会影响到生猪生产的巩固发展。我们必须大力巩固已取得的成绩，并且继续向前发展，为争取完成第一个五年计划生猪生产任务而努力。

　　根据朱副主席和邓副总理的指示，我们的养猪任务越来越大了，初步计划到 1962 年全国生猪发展到 2 ~ 2.5 亿头，争取达到 3 亿头。1967 年发展到 5 亿

　　* 本文原载于 1957 年第 11 期《中国农报增刊》。

头，争取达到 7 亿头。现在必须为实现这个目标准备条件。希望各地根据邓副总理指示的发展生猪生产的指标和选育普及良种以及消灭猪疫等问题，做出 5 年和 10 年的长远规划及年度计划。实现这个任务是可能的，因为发展生猪是利国、利社、利家的生产事业，和每一个社员利益是一致的。向群众讲清道理，他们是愿意干的。我国养猪已有悠久的历史，谢觉哉部长说：我国的"家"字，上边是宝盖头，下边是一个"豕"字，这说明"有猪才有家，无猪不成家"。我们的祖先早有养猪的习惯，而且也积累了很多宝贵的经验。我国绝大部分地区是温带，还有热带，到处有猪饲料。谢部长讲：猪吃百样草，看你找不找。条件既好，经验也多，大家赞成，养猪劲头一定很大。

第二个五年计划末，要求全国养到 2.5～3 亿头猪，每年要增加多少头呢？如果预计今年年底发展到 1.2 亿头，从明年开始，平均每年就要增加 2600 万～3600 万头，即每年增加 16%～20%。根据各地经验，这样的增长速度不算大。从发展较快的生猪重点县的材料来看，在 1957 年上半年，南方的县份中增长速度最慢的为 16% 以上，一般的为 20%～30%，最快的达 47% 以上。北方的县份中增长最慢的为 18%，一般的为 21%～29%，最快的达 163% 以上。再从养猪发展较快的重点农业社来看，发展就更快了。在 1957 年上半年，南方的农业社中，增长较慢的为 86%，一般在 140% 以上，最快的达 172%。北方的农业社中，增长较慢的为 26.5%，一般的为 47%～72%，最快的达 94% 以上。能够达到这些县、社的一般发展速度，就可以超额完成计划了。

再从农业人口来计算一下，1962 年全国生猪达到 3 亿头，农业人口约达 6 亿左右，差不多是每两个人养一头猪，要实现这个要求，是可能的。南方像四川荣昌、湖北长阳、湖南望城等三个重点县，现在平均每人养到 0.55 头，每户养到 2.5 头。但是目前南方 13 个省、市（西藏除外）一共仅有猪 8400 多万头，平均每人只养 0.26 头。如果南方 13 个省、市所有农户都能向荣昌、长阳、望城等三个县的先进水平看齐的话，就能养到 1.7 亿头。北方像河北省遵化、内丘、黑龙江省拜泉等三个重点县现在平均每人养到 0.5 头，每户 2.5 头。但是目前北方 13 个省、市（新疆除外）一共仅有猪 3382 万多头，平均每人只养 0.15 头，大约每 7 个人才养 1 头。如果北方的 13 个省、市的农户都能向先进县的水平看齐，就能养 1.2 亿头。南北 26 个省、市加起来，一共就可达 2.9 亿头，接近 3 亿头了。

再研究一下，1967 年要求发展到 5 亿头是否可能。

从几个先进农业社的材料来看，南方几个社平均每人养猪 0.73 头，北方平均每人养猪 0.76 头，北方几个社还多一些。如果各农业社都能达到这样的水平，全国就有 3.98 亿头，接近 4 亿头了。这个数字比 5 亿头还差 1 亿头。但是应该注意，全国还有许多空栏户没有养猪。黑龙江省目前还有 15%～20% 的农户没有养猪，湖南省 1957 年上半年调查，还有 25% 左右的农户没有养猪；而且现在农业社的集体养猪业还未发展起来。如果把这两个空子都补上，到 1967 年全国生猪发展到 5 亿头，也是有充分可能的。因此，最新修订的《全国农业发展纲要》（草案）内提出 1962 年平均每户养猪 1.5～2 头，1967 年平均每户养猪 2.5～3 头的任务，是完全有把握的。

其次，谈谈巩固成绩，继续发展生猪生产，应该着重做的几件事：

一、大大宣传发展养猪的好处

我们要大力宣传养猪的好处。

邓副总理指出养猪的五大好处，要很好宣传，要使所有农民都知道养猪能增积肥料、增加粮食产量、增加城乡肉食供应、支援工业生产、增加出口物资、支援社会主义建设、增加农民收入和巩固农业社等等。这是有利于国家，有利于农业社，有利于每个农民的生产事业，必须很好地宣传。同时，要宣传发展生猪生产的可能性、有利条件和养猪业对社会主义建设的重要意义。关于这些问题，朱副主席、谢部长、杨部长都着重地作了指示，我想特别讲一讲养猪积肥对于增加粮食的重大作用。中国农民有一句老话"种地不养猪，好比秀才不读书"，养猪才能获得好肥料，才能使土地增加肥力，粮食越产越多。根据农民经验，一头猪从小养到肥，大约能产 40 担粪，如果都施在田里，被农作物吸收的部分，大约相当于 60 斤硫铵的肥效（硫铵含纯氮约为 20%）。猪粪是比较全面的肥料，它不但含有大量的氮，同时还含有磷、钾以及有机物质，施在地里，可以改良土壤。如果单施化学肥料，不同时施用猪粪，对土壤是不好的。另外，猪粪经过腐熟以后，也是很好的速效肥料。去年、今年有些地方，看到有些水稻施肥不足，长得不大好，急需追肥而又没有化肥，后来赶紧施下腐熟的猪粪，同样使粮食增产了。现在，我国已在积极发展化学肥料，但是今年只能生产 60 多万吨。明年的产量也增加不多。以后农作物的肥料还是以农家肥料为主，其中更要以猪粪为主。如果按现有猪 1.18 亿头计算，所产的肥料大约等于 350 多万吨硫铵，相当于现在我国每年化学肥料产量的 6 倍。1962 年全国生猪如果发展到 3 亿头的话，所产的粪肥，大约可以等于 900 万吨的硫铵，那时候可能生产的化学肥料，还只有 500～700 万吨。第三个五年计划期中，我国每年虽然约能生产化学肥料 1000～1500 万吨，但猪、牛、马、羊粪的作用还是很重要。如果不施家畜厩肥，单施化学肥料，会使土壤物理性状恶化。

这次会上，各地提出由于多养生猪、多积肥料而增产粮食的生动例子很多。河北省平谷县大辛寨村，1954 年平均每 6.8 亩地有一头猪，每亩粮食平均产量仅 222 斤，1957 年猪养多了，平均每户养猪 4.89 头，每 2.3 亩地有一头猪，粪肥多了，平均每亩粮食产量预计可以提高到 438 斤。4 年之中，平均每亩粮食产量提高 97.5%。该村的玉米产量，由原来的亩产 299 斤提高到 564 斤。因此，这个村已由缺粮村变成了余粮村。1955 年全村缺粮 1.3 万多斤，现在已能多余粮食 4 万多斤。四川省荣昌县胜利农业社 1956 年每亩施肥 22 挑，平均每亩产粮食 658 斤；1957 年每亩施肥 26 挑，预计平均每亩可产粮食 815 斤，比 1956 年增产 15.8%。山东省惠民县五星农业社，1955 年每亩施肥一车，平均每亩产粮食 220 斤；1956 年施肥二车，平均每亩产粮食 345 斤；1957 年施肥三车，预计亩产量可以到 400 斤。根据 11 个养猪重点县、11 个养猪重点农业社的材料，每一头猪的粪尿如果都施在地里，可以增产粮食 200～300 斤，多至 400 斤。据一般反映，每猪每年可积肥 40 担，每担可增产粮食 5～10 斤，可见一头猪的粪肥可以增产粮食 200～300 斤的说法是可靠的。养猪是增产了粮食还是赔本？对此颇有一些争论。我看，养猪所积的肥，如确能都施到地里，一定不会赔本。根据会议上的材料，大约每一头猪从小到大要吃 100 斤左右的粮食，但是每一头猪的粪肥可以增产粮食 200～300 斤，这样，每养一头猪就能够赚 100～200 斤粮食，同时还可以产猪肉。这种赚钱的大买卖，为什么不做呢？当然，如果养猪不积肥，不全部施到地里，那就一定要赔本。有些养散猪（放牧）的户，由一个人专门跟在猪后边捡粪，充其量每头也不过收到 10 担、8 担，算来仅能增产粮食 50～80 斤，这样，当然赔本。目前，还有一些同志怕多养猪消耗粮食，不敢下决心放手增养，这是不对的。养猪不是消耗粮食，而是增产粮食，应该很好地宣传养猪的好处。

二、贯彻执行"私有私养公助为主"的养猪方针

关于这个方针，今天邓副总理已经解释得很清楚。会议材料证明，这个方针大大推动了生猪生产的发展。各地生猪有了显著的增加。另外，私养猪的比重也增加得很快。1956 年浙江省的私有猪，约占全省生猪总数的 73.3%，1957

年增加到 88.3% 。该省嘉兴专区 1956 年私有猪数占全区猪数的 73.8% ，1957年上升到 93.5% 。山东省私养猪数占全省总猪数的百分比，也由 1956 年的 66%上升到 1957 年的 78% 。有些地区由于没有很好地贯彻执行"私有私养公助为主"的方针，就影响了生猪生产的发展。有些地区过分强调发展集体养公有猪，有些地区实行私有猪折价入社，都引起生猪的下降和农民的不满，发生杀卖母猪的现象。邓副总理已经指出，今后在相当长的时期内，仍应坚持私有私养公助为主、集体饲养为辅的方针。这样做的好处很多。我国农民原来有以户为单位的养猪习惯，可以充分利用社员家中老幼人力和剩余的劳动力，利用每户口粮所产的糠麸、残羹、剩饭、涮锅水，以及利用原有的猪圈等。而且各户分散饲养，只要照顾得好，也容易防止疫病传播。在没有丰富的集体饲养大群生猪经验时，如果集体猪群中有一头猪发生了传染病，就有传染全群或者导致全部死亡的可能。此外，如果现在就把全部私有猪都折价归社，集体喂养，社里也没有这样多的本钱。不看条件、过分强调集体养猪已产生不利的结果。邓副总理指出，一般肥猪应该以农民各家私养为主，种公母猪以贯彻执行"社繁户养"的方针较好，一般由社养或公有私养，繁殖自主，供给社员饲养。并且指示了许多好办法，如委托社员代养、包养，收益按比例分成等等。目前对私人养母猪的社员户也不必干涉，只要教育养母猪户把生下来的小猪，按公平合理的价格卖给社里，由社统一分配给社员饲养就行了。

四川省北川县，目前贫困户占总户数的 23.8% ，其中没养猪的空栏户占11.1% 。他们计划大力贯彻执行扶助贫困户发展养猪的方针，预计到今年 10 月底，基本上可以消灭贫困的空栏户。各地都应该作出定期消灭贫困空栏户的规划，贯彻执行。

关于集体养猪业方面，应当照顾各地条件，逐步量力而行。对于已有集体养猪基础和经验的社，应该建立和健全各种制度，建设饲养管理、防疫卫生及检查评比奖励等工作，巩固成绩，积极发展。湖南省望城县在 1957 年 7 月，集体养猪的社已由 1956 年的 333 个社、养猪 2.2 万多头，发展到 445 个社，共养猪 4.3 万多头，公有猪数比 1956 年增加 92.7% 。1956 年 315 个集体养猪的社，赚钱的有 277 个社，占 88% ；保本的有 11 个社，占 3.5% ；亏本的有 27 个社，占 8.5% 。1957 年调查 223 个集体养猪的社，赚钱的有 197 个社，保本的有 17个社，亏本的只有 9 个社。现在集体养猪的社有赚钱的，有保本的，有亏本的，我们要努力做到不亏本。

集体养猪业的形式有社养、队养、公有私养、包工、包产、包成本等各种不同的形式，各地可以结合具体情况采用不同方法。

三、切实解决养猪饲料

种地靠肥料，养猪靠饲料。老农说："种地不上粪，等于瞎胡混。"有肥料，一定会增产粮食。有饲料，不怕生猪生产不发展起来。会议上，同志们一致同意"以青绿粗饲料为主，适当搭配精饲料"的养猪方针，这是今后解决饲料问题的根本办法。采用这个方针，主要是：1. 我国的粮食增产速度，还赶不上人民粮食消费的增长速度，目前我国粮食还不是很宽裕；2. 我国青绿饲料的产量很丰富；3. 我国一般的猪对于青绿粗饲料的消化利用能力很高。

采用"青绿粗饲料为主"的方针，是完全有可能把猪养好而且把养猪业发展起来。河北省遵化县到 1957 年 8 月，全县存栏猪数已发展到 22 万多头，平均每户养 2.63 头，每人养 0.54 头，每 4.93 亩耕地养一头猪，主要是靠利用青绿粗饲料发展起来的。该县的范家岭村，过去把一头小猪从 20 斤养到 150 斤，除了粗饲料以外，要用 200 斤粮食、200 斤秕花。现在采用粗饲料与米糠掺和起来埋在地窖里压紧封严，做成糟后，搭配青绿粗饲料喂猪，只要用 80 斤粮食，100 斤秕花，就可以把猪养到 150 斤重。目前全县已有 300 多个村子推广了范家岭村的经验。河北省是一个粮食紧缺的省份，遵化县的粮食也不宽裕，这样节省粮食，多用青绿粗饲料，少用精饲料，一样可以把猪养好。

关于粗饲料的来源和利用，会上提供了很多经验。青绿饲料山上有、平原有、水里也有。橡树的果实就是很好的养猪饲料。我国的野生、水生植物非常丰富，南方很多，北方也不少。农民说："猪吃百样草，全在人会找。"河北省平谷县大辛寨村在 1957 年 5 月中旬到 6 月底一个半月之内，就采集了 20 多万斤，足见野生饲料潜力是非常大的。

农作物的藤蔓也是养猪的好饲料，必须很好地收集，不要糟蹋。在制订农业生产计划时，应该适当地种植藤蔓、子实适于作饲料的高产作物，以增加养猪饲料。江苏省泰兴县在制订农作物播种计划时，注意兼顾生产饲料，1956 年播种与饲料有关系的粮食作物及饲料作物面积共达到总耕地面积的 43.11%。因此该县在人多地少，每人平均只有耕地一亩多的情况下而生猪发展仍很快。1957 年 6 月，全县有存栏猪 42 万多头，平均每户养 1.91 头，每人 0.4 头，每 3.5 亩耕地养一头猪。在人多地少和缺乏野草的地区，应该参考他们的经验。

这几年来，各地发现和推广了许多种高产饲料作物，如广东的水浮莲大家都知道了，其他还有东洋草、佛手瓜、毛豌豆等等，应该大量推广种植。绿肥作物也可以割取一部分来喂猪，可以参考浙江省嵊县的经验。东洋草产量很高，浙江省嘉兴县用东洋草制粉喂猪，效果很好。北方各地所产的苜蓿草，晒干磨成粉喂猪更是好饲料。在粗料十分缺乏的地区，也可以用碱化稻草少量搭配喂猪。向日葵的头也可以磨粉作为猪饲料。另外，青贮饲料营养好，猪爱吃，应当普遍推广。

关于养猪的精饲料来源问题，邓副总理已经指示：第一，三坊应该下放，让农民可以利用糠、麸、糟粕喂猪。第二，卖给农民的统销粮应该尽可能用原粮，让农民自己加工，利用糠麸作饲料。第三，养猪饲料粮应该因地制宜地视需要与可能留下，做到不可不留，也不可多留。精饲料仅是在必要时做搭配用的，主要还是以青绿粗饲料为主。

关于社员养猪自留地问题，邓副总理也作了指示。现在留地的方法，有按猪留的，有按人留的，有按户留的。据会议上的意见，这些方法各有优点与缺点。山东省阳谷县建国农业社采用"以猪定地，适当照顾养猪少，或者没有养猪的队、户"的办法，是比较全面的。关于留地的数量，在中共中央的通知中明确指出为当地每人平均土地面积的 5%～10%。各地可在这个范围内自行斟酌。自留地一般以由社员自己经营为好，但问题是有些社员不种饲料，必须教育社员，除种菜外，应该种饲料。关于防止有些社员把肥料施在自留地里，不向社投肥料问题，一方面可以由社确定合理的收购肥料报酬，以刺激社员向社投肥；另一方面可以由社与社员设立投肥合同，在完成投肥合同规定的任务后，可以听任社员在自留地里施肥。有些社员由于有了自留地，把主要劳动力投在自留地上，对集体劳动不关心，这可以由社进行教育，并规定每一个劳动力每年一定的出工日数来解决。

山东省有些地方由于饲料缺乏，出售架子猪，可由收购部门收买，转卖给有饲料的地区进行肥育。

四、积极繁殖优良种猪

我国的猪种是需要改良的。发展生猪既要发展数量，又要提高质量，双方兼顾，全面掌握。

对于繁殖小猪，应该下大工夫。小猪不足的地区应该继续留养足够的种公母猪。小猪已经足够或者过剩的地区，应该有计划地选留好种公母猪，汰劣去弱。

现在不少地区收购的肥猪体重下降。根据收购部门统计，1957年1月全国所收肥猪平均体重为144斤，6月份下降为136斤。各省中下降最突出的为浙江省，1月份为141斤，6月份为119斤，这可能是暂时的现象。重量下降的原因很多，希望各地很好地研究，想办法制止下降现象。

如果一头猪能多产20多斤肉的话，1亿头猪就可以多产100万吨肉。朱副主席指示全国要争取出口2000万头猪，即100万吨猪肉，就可以换回500万吨钢材。

提高生猪质量的有效办法是经济杂交，利用两个不同品种的公、母猪来进行杂交，利用它们所产第一代杂种猪作为肥育之用。经验证明，一代杂种猪生命力非常旺盛，不但生长发育快，对于饲料的消化利用能力也比较强，在与本地猪相同的饲料条件下，在相同的饲养时期内，可以比本地猪获得更大的体重和出肉率。如江苏省如皋县用约克夏公猪和当地母猪杂交所产的一代杂种猪，经去势饲养239天后，体重达300斤，出肉率达70%；而当地肥猪经饲养256天后，体重仅达210斤，出肉率仅为65%。也就是说，在同样的饲养条件下，一代杂种猪比本地猪少养17天，但体重反而增加90斤，多出净肉73.5斤，按净肉量计算，经济杂交的肥猪比本地种肥猪提高53.85%。同时，经济杂交不一定要用外国种猪，就是用国产良种，也可以起到良好作用。经济杂交方便易行，希望有计划、有组织地大力推广。在暂时缺乏进行经济杂交经验的地区，必须扩大宣传教育，普遍提倡就地选种，并防止小公母猪交配过早，以便普遍逐步提高生猪的质量。

关于解决种猪问题，各地要调查研究适合于当地推广的良种，组织国营农场，大量繁殖良种猪。区、县农场也要繁殖良种猪。原有优良猪种的地区，应该积极建立良种基地，指导群众进行选种选配繁殖，提高猪的质量，有组织地向外推广。农业社也应该养优良种猪。对现在已建立的良种基地如新金、荣昌等等地区，应该很好地加强工作。对县畜牧兽医工作站，应该加强繁育良种工作的技术指导。城市服务部计划从国外输入一些优良种猪，但是国外良种猪对饲养管理，特别是饲料条件要求高，各地应该注意改进饲养条件等问题。邓副总理今天提出，到1962年全国的猪要改良1/5～1/4，差不多是6000～7000万头，根据农业部畜牧兽医局计算，包括经济杂交所产的杂种猪在内是可能做到的，甚至会超过的。按7000万头计算，约需400～600万头母猪，20～30万头优良公猪，这是可能供应的。我国有许多良种猪，各地应积极地建立良种基地，培育优良种猪。

五、大力防治猪病

农民说：“养猪是好事，就是死不起”，他们要求“养猪要多生、多养、养大、养肥、不病”。畜牧兽医工作者必须努力保证做到这一步。现在已有许多先进县、社做到了基本消灭或者控制疫病不流行。有些养猪模范，如河北省藁城县养猪模范赵洛运养猪几十年，没有死过一头。会上已宣布了一个奋斗目标，要求在第二个五年计划期间内基本上消灭猪瘟，控制猪丹毒、猪肺疫，使不流行。要求各地订出切实可行的防治猪病的规划，保证达到这个目标，这样农民就敢放胆养猪了。

为了消灭猪传染病，必须贯彻执行“防重于治”的方针。谢部长指出，猪也和人一样，要照顾得好。把猪招呼好了，猪就不会生病。养猪模范赵洛运几十年来年年喂7~8头猪，没有死过一头猪。他如何招呼猪的呢？他说：猪看起来是一个脏东西，但也要经常讲卫生，如果做不好这一点，就容易使猪传上病。赵洛运就在这方面做得好：猪圈是天天打扫，猪槽是顿顿洗刷，经常保持干净。每隔两个多月，就把猪圈大清扫一次，圈里粪起出，垫上新土，圈墙四周用火烤燎，用石灰水刷一次，并且注意不让猪乱跑，不往猪圈里倒脏东西，不买病猪肉吃，这就断绝了病菌、病毒的来路，减少了猪病传染机会。他的秘诀就在于此。另外，猪发生了传染病怎么办？根据许多县、社的经验证明，只要工作做得好，也是有办法把疫病控制和消灭的。

防治猪病要靠农业社，因为农业社是养猪的基本阵地，猪都是养在农业社里的。猪在哪儿养，就应该在哪儿防，这是最根本的一条。每一个农业社都应该有防疫的组织和防疫员，对社员进行防疫教育，订立防疫公约。有一个农业社订了八条防疫公约：

1. 自繁自养，不买进带病的小猪。
2. 养猪有圈，不让散猪串街。
3. 圈干、草净，勤扫圈、勤洗槽子。
4. 猪圈要定期消毒，猪食煮熟后再喂。
5. 不买和不吃病猪肉，防止带进疫病。
6. 发现有病的猪，立刻进行隔离、封锁，以免传播。
7. 定期进行预防注射。

8. 没事不进猪圈，进猪圈时要得到户主的允许。

各地订的防疫公约，不论条款多少，主要在于教育群众，严格检查，加强防疫措施，保证生猪的健康与安全。

各地在实在不得已而要向外地购买小猪时，要特别注意。河北省通县专区有个好经验，他们规定买小猪要向无疫病地区订立预购合同，选派有经验的社员去选购。养猪模范赵洛运说：不买毛儿不顺的，鼻头上没有汗的，眼长眵目糊的，耳根发烧的，尾根粘着稀屎的。选猪时要带些猪食诱使猪吃，看它吃得欢不欢，吃得不欢的就是有病的表现，不要买。叫声发哑的和脖子粗的也不要买，这些猪很多是米心猪（囊虫病）。此外，买猪不要贪便宜，太便宜的就可能有问题。选猪要选下颚宽长，口大眼大的，肋骨要长而圆，乳头要有 12 ~ 14 个，长得整齐匀称，这样的猪吃得好，长得大。

防疫注射工作应该定期进行，查清常发病的地区与细节，根据病的种类与需要，进行一种或几种疫苗的注射。在生猪调运频繁的地区，猪的集散市场、仓库等，更应抓紧普遍注射。疫病正在流行的地区及其附近地带，除积极采取紧急防治措施外，要全部进行预防注射。今年上半年很多省预防注射进度很慢，生猪疫病流行比较严重。冬末春初是猪瘟流行季节，各省必须在下半年抓紧完成今年的预防注射计划。

为了保证预防注射工作顺利开展，必须做好生物药品的订购及贮备工作。近年来由于各省提出的需要生药计划，常常变动，使生药厂不能计划生产，甚至造成产品大量积压、药厂停工的严重现象。今年上半年各厂就积压了猪丹毒菌苗 4167 万毫升，猪肺疫疫苗 1000 万毫升，这种现象如不改变，各厂就很难做到均衡生产，也很难保证生药的及时供应。因此各省必须于每年 6 月底前提出确实的用药计划，并由省与指定的生药厂在 8 月底前签订合同，按合同生产供应。

为了做好防疫工作，必须组织力量，各地现在已设有许多诊疗所，在防疫上起了很好作用，各地畜牧兽医工作站是防疫的骨干。现在每一个农业社都有 1 ~ 2 个防疫员，一共有 100 多万人，加上兽医 15 万人和城市服务部门的收购人员将近 20 万人，一共将近 150 万人。这是很大的一个防疫队伍，必须训练提高。各地农业技术推广站也应该参加防疫工作，大家一齐动手，疫病就可以消灭了。

六、认真加强畜牧业的领导

朱副主席指出，在党的领导下，没有一件办不成的事，任何事情都可以做好。邓副总理指示各级党委要抓紧领导生猪生产工作。各地搞生猪生产的同志应该随时向当地党政反映情况，提出建议。常常到群众中去摸索经验，发现问题，向上级报告，并在各地党委领导下做出长期发展生猪生产的规划与年度计划。在培养生猪生产工作的队伍方面，对于农业社的防疫员、收购部门的收购员、畜牧兽医工作站的干部都要加以训练，提高他们的政治和技术水平。

培养生猪生产基地及重点县、社，是很重要的工作，各省要培养生猪重点县，各县要培养生猪重点社，各社要培养生猪重点队及养猪模范，以便就地组织观摩，交流经验，以点带面，推动全盘。培养重点的作用是很大的。

各有关单位应该密切配合，现在农业部门和城市服务部门已配合得很好，以后农业部门要主动争取和粮食部门、供销合作部门密切合作，以进一步大量发展生猪生产。

建立生猪生产指导委员会或者办公室，对发展生猪生产的作用很大，以后要加强工作，防止流于形式。

会上反映，妇联会、共青团在发展生猪生产过程中，起到了很大的作用。今后还要发挥这一方面的力量，促进生猪生产的发展。

最后，希望各地要注意全面发展畜牧业，以推动农业全面增产。畜牧业不发展，农业生产是难以发展的。

"牛马成群，粮食满仓"，必须使牛马成群，才能使粮食满仓。现在说："猪、牛成群，粮食满仓"也可以。畜牧业是农业生产上必需的动力和肥料的来源，有了肥料，地力壮起来，有了耕畜，能够精耕细作，才可以得到农业的高产。所以今后不但要发展猪，还要发展牛、马、羊以及家禽。但是畜牧业中最重要的是两个中心：一个是猪，一个是耕畜。目前，猪的数量已经由下降而转变为迅速上升，而且继续上升，但还不很巩固。耕畜虽抓了一把，可是若干地区现在还在下降，没有停止。今年有很多地方耕畜配种工作做得很不好，母畜空怀率很大。现状很令人担心，现有耕畜老的老、小的小，小的繁殖得很少，有接不上的趋势，这是很严重的问题。现在一刻也不能停，必须用尽一切办法迅速扭转下降趋势。

过去，宣传"耕地不用牛，点灯不用油"，这是远景。现在看起来，不用牛，不用油，还需要很长的时间。目前拖拉机还不能解决水田、山地和丘陵地的耕作问题，我们急需繁殖耕畜，不能等待拖拉机。

我们要迅速扭转耕畜的瘦弱死亡现象，加速繁殖工作。有些农业社存在依靠向外买的思想。这是极不可靠的。由本地本社自己繁殖，才是可靠的办法。现在来谈几件紧急的工作：

第一，对于下半年还能配种的母畜，要抓紧补配，对于已经配上的母畜必须加强饲养管理，做好保胎工作，防止流产。缺乏种公畜的县、社，要在今年预先准备选购，以供明春配种之用。有些社把原有的种公畜当役畜用，应当改变过来。对原来做过配种户的社员，应该利用他的技术，仍搞配种工作。

第二，必须大量为耕畜备足过冬饲料，保证不再发生疫病和瘦弱死亡情况。青贮和打草工作都要抓紧进行。牧区的瘦弱不能保证过冬的牧畜，要早想办法处理。

第三，关于饲养方式，根据各地反映，集体饲养得好的还是少数，已经集体养得很好的当然不一定要改变为分散饲养，但是一般集体养得不好的，要分散饲养。

今冬明春各地都要掀起一个农业生产的高潮。搞好水利、积肥和耕畜工作是保证农业丰收的基本条件，各地一定要把这些工作搞好，保证1958年的大丰收。

农业技术推广站、畜牧兽医工作站、区县农场、种子站是我们的工作队伍，也要整顿一下，与农业社密切地合作起来。今年有许多学生下乡，要很好地教育他们，使他们下决心、安心地为农业服务。

在全国山区生产座谈会议上的发言

（1957 年 11 月 4 日）

一、我国山区农牧业的生产潜力

向山区进军，发展山区生产，对发展我国农业有极其重大的意义。要农业产量稳定提高，必须大力经营山区。从我国农业现状来看，平原发展有限，山区农牧业的生产潜力很大，山区农牧业产量提高了，必然推动整个农、牧业产量的提高。

谈到山区潜力，首先涉及的是山区范围问题。现在有不同的看法，有的把浅山、丘陵所谓半山区也包括在内，山区范围就相当大。在研究措施的时候，有的主张从浅山、近山做起，有的主张对深山、远山多下些工夫。这些，都可以研究。根据各省报告汇总估算，如果包括丘陵地在内，山区土地面积约占全国土地总面积 69% ~ 70%，其中耕地面积约占全国总耕地面积 42.8%。如果不包括丘陵地，山区土地面积约占 59% ~ 60%，耕地面积约占 20.9%。山区许多地方是没有经过调查的，没有被利用的土地很多，就是已经利用的地方，增产潜力还很大。

目前山区粮食产量一般很低。西北干旱山区，在生产条件未改变前，每亩只有 40 ~ 80 斤，进行了水土保持，发展灌溉、增施肥料、改良土壤等项措施之后，亩产量很快提高到 200 ~ 300 斤。广东省一般山区粮食亩产只有 300 斤，改善生产条件和生产技术后，亩产量就迅速提高到 500 斤，也有达到 800 多斤到 1000 斤以上的。山区广种薄收、耕作粗放的情况改变后，产量可以大大提高。据各地反映，不少山区还有相当数量的抛荒土地，亟须加以利用。

经济作物的潜力也不小。山区植物油源很多，野生的油料，没有利用的固然不少，现已栽培的油料，经营很粗放，原有的油茶荒芜的在一半以上。山区能种茶树的地方还不少，现有茶园一般平均每亩产量只有 50 斤左右，培育好的就可以达到 150 ~ 200 斤。不少地方可以种桑树，南方山区可以发展养蚕，北方山区也可养蚕。全国有柞林约 7000 万亩，现在只利用 1230 万亩，有些地方的县级干部还不知道柞林可以放养柞蚕。果树单位面积产量还可大大提高，如山西裕民农业社，1952年每亩产643斤，经过经营培育以后，1956年每亩产1449斤。据最近农业部召开的养蜂座谈会上的估计，全国约有100多万群野生蜜蜂，现在大多采取毁灭性的放火赶蜂的办法来取蜜，如果加以抚育并在采蜜的方法上稍加改良，就可以增加几倍的产量。

畜牧方面：不论北方、南方都有不少宜牧地，尚未全部利用。全国估计已利用的只占1/2～2/3，还有1/3～1/2的草地没有利用。不少山区的畜牧业还未恢复，河北省通县专区五个山区县，1937年有羊65万只，牛7.8万头，现在仅有羊15.6万只，为解放前的24.13%，牛只有3.5万头，为解放前的45%。如恢复到战前水平，牲畜还可大大发展。

由此可见，山区不是没有东西，而是有很多东西。也并不是取不到，而是我们来不及去取或者是没有去取。河北省有同志提出，要发展山区生产，必须打破坐吃山空的懒汉保守思想。有些人只是看到山区地广人稀，居住分散，交通不便，水土流失严重，耕作粗放，鸟兽为害等等困难方面，没有看到山区资源丰富，生产门路多，潜力大等等有利的方面。因此就认为山区是穷山恶水，灾害俱全，经营山区远水不解近渴，山区由穷变富是遥遥无期。这些错误的观点必须打破，否则，发展山区生产是不可能的。

山区生产落后的现状必须改变，也是可以改变的，并不需要很长的时间，只要认真切实地干，短期内就可见效。全国解放以后，在党和政府领导下，山区的不利情况正在迅速改变，山区人民的生活也有显著改善，山区生产发展并不比平原慢。湖北省从1952年到1956年山区粮食增产了45.56%。河北省唐山专区的抚宁、迁安、遵化、迁西、卢龙等五个山区县，1952年粮食每亩产量只有200斤，1956年就提高到316斤。甘肃省武山县邓家埠1952年每亩产粮食80斤，1956年增加到310斤。山东省莒县大山农业社1950年亩产粮食230斤，到1956年就增加到552斤。福建省南平专区顺昌县原是一个地瘠土薄，十年九旱的荒山区，该县建锋农业社粮食总产量1952年为32万斤，到1956年就增加到66万斤，亩产由1952年的220斤，提高到1956年的440斤。云南省楚雄专区禄劝县1952年生产粮食9000万斤，到1956年增加到19000万斤。广西融安县1956年粮食产量比1952年增长48%。河北省承德专区解放后在山区栽的苹果和板栗，现在都已结果，有些地方栽的杨柳树也成材了，穷山变成了富山，恶水变成了长流水。事实证明困难是可以克服的，不仅南方的穷山可以变成富山，北方山区也是可以由穷变富的。

二、从农业方面看，在山区要解决哪些问题

全面地发展山区的农、林、牧、副业生产，应当是部署山区农业生产的出发点，任何片面性都是有害的。

（一）粮食生产问题。

在粮食生产方面，党的八大决议中指出："粮食生产是农业经济的基础。"一般地说，这在山区也是适用的。现在有些山区，口粮比较紧张，逐步做到自给自足并有余粮备荒，是必要的。像湖北省竹溪县，按地方说，吃饱有余的占20%，只够吃的占20%，不够吃的占60%。这些地方做到自给有余，就非常必要了。从山外运粮进山，暂时赈救饥荒是必要的，但不能长期依靠山外运粮。豆腐运成肉价，老百姓吃不起，国家也赔不了。如果山区粮食增产了，不仅可以改善山区人民生活，而且能够缓和国家粮食紧张的局面，增加国家的粮食储备，这是具有战略意义的。据粗略估算，目前山区粮食作物的播种面积约占全国粮食总播种面积的21.7%（如果包括丘陵地则占44.6%），如按全国耕地面积16.8亿亩计算，山区约占4亿亩（如包括丘陵地则占8.3亿亩）。按7亿亩计算，如果每亩增产50斤，即增产350亿斤，以4亿亩计算，也可增产200亿斤。我们是否可以考虑在山区提出这样的任务，即：粮食自给有余的地区，要继续提高产量，增加当地储备和对国家商品粮的供应量；在粮食自给自足的地区，要做到粮食有余并有储备；在缺粮地区，在若干年内逐步达到自给，争取有余。在山区同样要按农业发展纲要的要求，在十二年内要有半年、一年、一年半的储备粮。各地具体情况不一，可以提出不同要求。当然，片面地强调粮食生产，把应当进行多种经营的山区生产，搞成单一化，也会出毛病的。过去个别地方挖掉橘树、桐树种粮食的现象，是要避免的。山区必须增产粮食，但不能因此就放松多种经营。

山区粮食生产不稳定的原因，主要是生产条件差，技术水平低。只要把这些问题解决了，产量就可以大大提高。湖北省委总结了群众生产经验，肯定山区发展粮食生产的主要途径，是因地制宜兴修水利，逐步进行坡地改梯田或梯地，旱地改水田或水浇地，逐步改用良种，充分使用自然肥料，积极改良土壤，克服兽害、虫害，提高单位面积产量。要求山区各地，对于适宜于种植粮食作物的土地，积极进行基本建设，逐步把粮食作物的种植面积稳定起来，建立粮食生产基地。执行结果，取得较好成绩。1956年全省改梯田或梯地22万亩，增

产粮食 2200 万斤；改水田或水浇地 50 万亩，增产粮食 1 亿多斤。他们还提出要根据山区生产的复杂性逐步进行，速度要因地而异。

为了增产粮食，在山区还必须保持现有耕地面积，并在可能条件下，适当扩大耕地面积。盲目开荒毁林轮垦，必然造成严重的水土流失；盲目的封山育林、停垦还林，也会增加山区农民的困难。湖北、四川都提供了解决这个问题的经验。湖北省大部分地区成功的经验是：根据统筹兼顾的原则，对建立粮食基地和减少开荒范围采取全面规划的办法，在保证粮食增产的前提下，从实际情况出发，本着量力而为的精神，年年修梯地，年年有轮歇，年年开些荒，逐年扩大梯田梯地面积，逐年减少开荒范围，按比例地发展，使开和改结合起来，开荒和造林结合起来，一开荒就造林，等到不能种粮时，林也长起来了。或者是停垦时再造林，不使耕地荒芜，最后达到保持水土的目的。在现有耕地建设好了以后，还可以进行开荒，但是开出来就要建设好，防止造成水土流失的现象。四川省委提出山区要逐步改变废林轮垦的习惯，因为砍林种粮后，结果林搞坏了。他们提出一般耕地主要的增产办法，是进行土地加工，提高复种指数，增施肥料，精耕细作，改进耕作技术等。但是不能机械地禁止所有的开荒和要求一下就废除轮垦轮歇的习惯。只要坡度不太大，没有可以成材的林木的荒地，开垦后又不致影响水土保持的，应该允许开荒。凡是开荒 20 亩以下的，由乡审批，开垦 20～50 亩的，由区审批，50 亩以上的由县审批。批准机关还应该派人实地勘察和监督。抛荒地合乎上述条件的可以重新耕种。

在粮食品种上，有条件的山区也要提倡种植高产作物，有水的地方可种水稻。由于山区旱地多，应该重视杂粮（如玉米、谷子、高粱、薯类等）、小杂粮、瓜菜的生产，注意利用田边地角，种植瓜菜和小杂粮。南方每年要从北方调运马铃薯种，而且都要黑龙江的品种，使该省难于应付。建议在南方高寒山区有计划地建立马铃薯留种基地，逐渐减少种薯的远程调运。

（二）经济作物生产问题。

在经济作物生产方面，解决平原地区经济作物和粮食争地的矛盾的主要途径，就是一部分适宜在山区种植的经济作物必须进山、上山，当这部分经济作物在山区发展后，平原还可以腾出部分地扩种粮食。

在山区发展经济作物的工作中，有几点值得注意的：

1. 关于南方、北方山区发展哪些经济作物要有通盘规划，其中大宗小宗、集中分散、深山浅山、长期短期、野生栽培等等方面，都应当根据历史和现状，按照需要和可能进行经营。

2. 在经济作物的分布上，凡是商品性较大的，应该比较集中地种植，便于收购、加工和经营指导。地方自给性较大的，应该比较分散地种植，可以减少不必要的运输。

3. 在深山应该提倡发展那些产值高，便于运输出来的产品。

4. 对于大宗的经济作物如蚕、茶、油料、果树等，应当注意经营指导，对于那些经济价值高或是群众生活所必需并与增加群众收入有关的小宗的经济作物，如某些药材、香料等，也要给予应有的重视，指导其发展。

5. 将有些野生的经济作物逐渐变成为栽培的。在我国常用的植物药材当中，野生药材约占80%，过去只有挖取而无保护，以致影响产量。现在开始注意，例如吉林人参已进行人工栽培。若干野生的油料作物也可以变为栽培的。这是利用我国农业资源中一个很重要的问题。

6. 以当年生的作物收益养多年生的作物，即以短补长，以生产来养生产。以热带作物为例，海南岛澄迈县东溪农业社，全社550户，去年8月组织农业队到青龙山去开荒，他们贯彻了以短养长，以生产养生产的方针，已种橡胶、咖啡880株，还育苗1000多株，种芝麻、香茅300亩，菠萝1200株，种甘薯、豆类120亩，养鸡、鸭、猪、牛等，现在香茅加工每天出油3斤，今年预计全部收入可达1万元。

7. 对现有的经济作物要加强抚育管理，做好防治病虫害、增施肥料、栽培管理等项措施，以提高单位面积产量。只采摘而不抚育的现象要避免。战前和解放前荒芜的要大力垦复。同时，要有计划地由点到面地有步骤地有准备地发展新产区。

8. 为了迅速地发展经济作物，还必须注意种子的收集和苗木的培育。对于经济价值大、技术性强的苗木的培育，以建立国营农场培育为主，并委托有条件的合作社培育。其他可由农业生产合作社大量培育。种子的收购也应该采取这种分工办法。在育苗种子收购中，都要注意优良品种和无病种苗，以减少病虫的传播危害。

（三）畜牧业生产问题。

山区在畜牧生产方面，应该采取积极发展的方针。过去认为够用就行了，是不对的。山区是我国历史上耕畜和畜产品的重要产地，发展山区的畜牧业，补充平原地区的耕畜，并且供应大量商品性的畜产品，这是又一个有战略意义的措施。

北方山区要在发展牛、羊上多下工夫。南方山区四季长青，饲料来源丰富，牛、羊、猪都可以发展，应当是今后经营的重点。耕畜、肉畜都要繁殖，绵羊、山羊也都可以发展。山羊会危害幼树，但适应性强，今后放牧时注意一下，还是可以养的。这里还有几个问题：

1. 大力经营山区原有的畜牧基地。山区草场面积大，粗饲料多，自然形成发展多种牲畜的基地。比如浙南、闽北山区，贵州和湘西山区，云南山区，四川山区，河南的伏牛山区，安徽的大别山区都是著名的产牛区。晋、冀、鲁、豫、陕五个省的山区都是羊的产区。过去这些山区的牲畜，每年都大量流入丘陵区转到平原区，支援农业生产或作肉食，换回山区人民所需要的生产与生活资料。但是这种历史的流转规律，近几年来发生了变化，部分山区畜牧生产萎缩，平原耕畜肉食紧张。今后应该指定专门机构，有计划地经营，恢复过去的牲畜流转规律，打开销路，大量繁殖各种牲畜。没有恢复到战前水平的地区应当设法迅速恢复。并且应该积极地在山区组织新的牲畜繁殖基地。这些地区的牲畜由城市服务部门统一经营比较有利。

2. 发展山区牲畜，既要增加数量，又要提高质量。有些山区畜群组成不正常，母畜比例小，种公畜数量不足，质量更差，加以饲养管理不善，牲畜质量正在退化。个子变小，毛和肉的生产降低。今后应该加强经营管理，增加畜群中的母畜比重，配备足用的良种公畜，以利繁殖和改良。

3. 要加强草坡管理，以便充分地并合理地利用山区的饲料资源。进行草坡勘察，明确使用权。指导农业社划留割草地，实行分片放牧制度。进行简易的草坡工程，防止水土流失，积极开展青贮和打草工作。还要种植各种饲料作物，使牲畜有足够的饲料，以利繁殖和改良工作，也可以减少草坡过度放牧，防止水土流失。

4. 山区野生动物很多，有些动物经济价值很高，应当实行有计划地打猎，以保护野生动物的繁育。有条件的地区，可以发展野生动物饲养工作，如养鹿、养狐等。

（四）山区发展生产应全面考虑的问题。

为了达到上述要求，有几个问题再提一下：

1. 全面规划问题。妥善安排山区农、林、牧、副多种经营。农、林、牧、副应该互相依赖，互相支援，统一协作，全面发展。有林就有水，有牧就有粪，有副就有钱，有粮人才站得住。在不同山区，生产各有重点，有的以林为主，有的以牧为主，有的以农为主，但都要进行多种经营，任何单一化和片面性，都是不妥当的。有计划地分片封山，打草放牧，主动地解决农、林、牧生产的矛盾也是很重要的。

2. 凡有山区的省、地、县、区、乡、社都要全面规划。有些地方提出五站队（生产门路、土地利用、人力、畜力、领导分工）或八站队（加上工具、资金、技术等），做到地尽其用，人尽其才，畜力足够，工作分别轻重缓急，事事有人负责，分工领导。

3. 对不同山区，应当按照当地气候、土壤和资源条件、历史经营习惯、经济条件和技术水平，规划各种生产。远山多的发展林，近山多的发展经济林，草坡多的着重畜牧，近山多造速成林，远山多造用材林，近山种鲜果、远山种干果。总之，要因地制宜，要求投资小，收益大，收效快，学好技术，也要做到多、快、好、省。

4. 近山、浅山应该支援深山、远山，具体步骤要由近到远，由浅到深，从有人的地方搞起。与经营浅山同时，应该在若干深山区建立据点，由点到面，步步为营地向前发展。

5. 以生产周转期短的生产支持生产周转期长的生产。以一年生养多年生，以短养长，以农养林办法实行农林间作，广西三江等地农民提出：一年花生三年桐、五年茶子满山红。

三、发展山区农、牧业生产的措施问题

（一）贯彻党的关于发展山区的基本政策。

使现在山区的人安定下来，积极生产，使平原地区的人乐于上山，建设山区。这是山区各项政策的基本出发点。在山区发展农、林、牧、副同样要坚决走社会主义道路，坚决贯彻党的路线。在经济上也必须确定分别在三五年内达到富裕中农生产水平的目标。各项措施主要依靠农业社的人力、物力、财力，国家也要给以适当的援助，以国家的支援来培养和增长民力。优先照顾革命老根据地和贫瘠山区是必要的。在山区工作中，宣传、示范、组织、经济和技术援助等各方面要一齐赶上去。

（二）山区基本建设，有以下几个重点。

1. 水土保持是发展山区生产的根本措施。改变山区下雨遭殃，天晴无墒的情况，不管在南方、北方都很重要。农、林、水部门要一起动手，密切协作，综合治理。农业部门对土地利用，农业土壤改良，农业技术改良，修筑梯田、梯地等高种植以及草地改良等工作，要负责指导。黄河中上游山区水土流失的

情况很严重，要特别加以注意。改变南方 1 亿亩望天田为保收田，这是又一个重点。水利灌溉上山是可能的。湖北省水利模范李大贵领导的均县习家店乡明星一社地势高，河床浅，以盘山渠为主，也在沟脑修坝，段段修坝，挖卧牛挡，拦蓄山水，引水灌田，改变了原来低产的状况。在 1957 年干旱的情况下，每亩产量达到 300 斤以上，比原来旱地产量增产两倍。

2. 改良山区农具，对于解决劳力缺少的困难和提高劳动生产率都有重大意义。少数民族地区，如果把木制农具改为铁制农具，改变"刀耕火种、脚踏田、手摘谷"的生产方式，就是一个革命。山区需要的农具是多种多样的，如山地犁、抽水机、切片机、挖土器、运土器、喷雾器以及制茶、打油、打猎、挖药材的工具等。不仅要注意改良山上用的农具，还要注意改良平坝上用的农具。

3. 改变广种薄收的习惯为精耕细作。要帮助山区农民学会灌溉、施肥、锄草、选种、农产品的加工储藏等，加强山区农民与鸟、兽、病、虫害作斗争的力量。

4. 发展山区交通。如果把背的、挑的改为驮的，驮的改为车拉，就是一个大进步，可以节省很多人力用于发展生产。在修筑道路方面，湖北、四川、广东等省创造了好经验，有关的经济部门把收购农产品或销售工业品，所花的运费预支出来，共同凑钱来办，从修好一条、两条道路做起，每年都这样搞，效果一定很大。

5. 医治山区地方病。这是保卫劳动力的斗争。山区地方病很多。甘肃陇南山区的老百姓这样说："上山以后，一辈发、二辈差、三辈傻"。山西安泽县有些山区，人是不敢去的，怕去了染上病，要绝种。河南嵩县深山区 21 个乡调查，患瘿病的占人口 80% 以上，浅山区 28 个乡也占 24%。要医治地方病，要组织医务人员上山，组织医疗站，训练山区农业社的卫生员，有些地方还组织巡回医疗，而且要普遍宣传讲究卫生，设法改善居住条件，解决饮水问题。有些地方病如血吸虫病，须结合改进农业技术措施，防止疾病的传染。

6. 建立小型农产品加工厂。山区有许多产品运不出来，可以就地加工，如酿造、榨油、烘干、制皮、制奶品、造纸浆、竹木加工等。保加利亚有些农业社种了葡萄，国家的收购站、酿酒厂就设在社的附近。葡萄成熟了，好的拣出装箱，运到港岸出口。次的装箱，运到国内市场出售。差的送到酒厂酿酒。手续简单，无论国家或是农业社都有好处。

7. 科学技术进山。农业部门应当在山区选择重点，建立综合性的农业技术服务站。农业科学家也要进山，建立试验站，进行科学研究工作。培育山区适用的作物品种，研究适宜的栽培方法。必须因地制宜地进行工作，一切措施都要多与群众商量进行。

（三）组织各方面的力量支援山区生产。

在党委统一领导下，各方面统一规划，密切协作，是发展山区生产的决定环节。现在许多经济部门都在加强生产观点和群众观点的口号下，大力支援山区农、牧业生产，并且初步提供了一些经验。据各地反映，大致这几项工作是可以做的：

1. 工业部门在产区组织自己的原料基地。如食品工业部门在产区建立酿造、制糖基地，轻工业部门在产区建立造纸原料基地。城市服务部门建立腌腊基地。其他例如麻、蚕桑、茶业、油料、畜产品及其他出口物资，也都可以这样做。

2. 在基地范围内，农业社关于这些产品的生产任务，要由收购部门采取合同形式，规定下来。收购工作要及时跟上去。合同要算数，按合同生产的东西，必须收购。除必要建立的国营收购网之外，收购部门还可与农业社直接挂钩，充分运用农业社的力量进行代购，以减少经营环节。

3. 正确掌握价格政策，价格要使生产者、消费者、贩运者三方面都有利，首先使生产者有利。农产品等级规格简明扼要，便于执行，不得定得太多、太杂、太死。

4. 商业部门的收购员兼做生产的指导员。这是城市服务部发明的。生猪收购员学了打针进行预防注射，群众很欢迎，收购任务也容易完成。据粗略估算，现在商业部门的收购人员中能够一身二任的大约在 100 万人左右，这些人加以训练，参加生产指导工作，是一支很大的力量，对生产将有极大帮助，收购人员本身的积极性也会大大提高。

5. 经济部门收购农产品，推销生活资料和生产资料，是否可以结合起来，不要分工太细，卖的也是买的，可以减少很多人员、运输上的浪费。

6. 有关经济部门将预定用在山区的费用集合起来，共同兴办有利于山区生产的事业，例如湖北、四川等省经济部门合资修路的方法就很好。经济部门稍微将自己的经费调剂一下，就可以给以山区生产大力支援，使死钱变为活钱，一个钱做几个钱用。

进一步开展水土保持工作，保证
山区、丘陵区农牧业的发展*

（1957 年 12 月 4 日）

发展山区生产，应该是在做好水土保持、积极增产粮食的基础上，有计划地、因地制宜地实行农业、林业、牧业、矿业、土特产等多种经营互相结合、全面发展。这是发展山区生产工作中的根本方针。保持水土则是山区、丘陵地区发展生产的根本措施。对于这个问题，提出以下意见，供大家讨论。

一、水土流失对农业的危害及水土保持对农业带来的好处

水土流失是旧社会遗留下来的灾难之一，是水、旱灾的根源。据不完全统计，全国水土流失面积约有 150 万平方公里，约占全国总土地面积的 15%。除西藏、新疆没有统计外，每一个省（区），都有水土流失的山区，只是面积大小、严重程度不同。以几条主要河流的流域的水土流失面积来说，黄河流域有58.7 万平方公里，占流域总面积的 75%；海河流域有 13.3 万平方公里，占流域总面积的 47%；淮河流域有 7.6 万平方公里，占流域总面积的 33%；长江流域有 15.8 万平方公里，占流域总面积的 9%。总的说来，水土流失面积在土地总面积中所占比重，北方大些，南方小些。这是一般概况。南方有些地区水土流失的情况也是很严重的，例如云南省水土流失面积达 14.53 万平方公里，约占全省土地总面积的 34.1%；湖南沩水流域（沩水是湘江支流之一，在宁乡县境内，经长沙市西北流入湘江）约有 38% 的土地，每平方公里流失量达到 2~3 万公吨；四川遂宁、资阳丘陵地区在 20°~25° 的坡地上，每平方公里流失量达1.5~2.85 万立方米。总之，全国各个山区都有水土流失现象，无论南方、北方都是很严重的。

---

* 作者担任农业部常务副部长后，对土壤尤为关注，他潜心学"土"，研究"土"，利用"土"，并经常向有关部门提出指导性的意见，逐步形成了他尔后的理论著作《农业"八字宪法"浅说》的第一项内容——"土"。本文是作者在全国第二次水土保持工作会议上所作报告的讲稿。

水土流失给山区、丘陵地区的农、牧业带来了严重的灾难。由于水土流失，使地里施用的肥料和土壤里的养分、水分大量损失，这样就使得植物生长的两个最基本的条件急剧恶化，单位面积产量也因此而低微；水土流失还使土壤保墒抗旱的能力大大降低，因此稍遇干旱就大量减产。这样的地方由于收成不好且不稳定，农民为了维持生产就只好采用尽量广种，而不采用精耕细作。因为广种，就难免滥垦。滥垦缩小了牧地、林地，使饲料、肥料、燃料都日益缺乏，剩余的牧地，不得不过度放牧，仅存的残林不得不滥伐。这样就越发加重了水土的流失，而农牧业生产也就更趋于低落。"越穷越垦，越垦越穷"。这就是过去封建统治时代个体私营制度下，在山区、丘陵地区水土流失与生产衰落互为因果，每况愈下的历史写照。

由于土壤侵蚀造成了流沙压田、山崩、岸塌等，缩小了耕地面积，破坏了土地资源。如广东省德庆县被泥沙毁坏，不能用于农业生产的稻田达 6 万亩，因泥沙侵入而减产的稻田有 4 万多亩。河南鲁山县 1955 年因山坡滑塌，全年共冲毁耕地 77175 亩，约占全县耕地的 12%。土壤侵蚀的结果，除上游人民生产生活遭受灾害外，同时也给下游带来了洪水灾害。从山坡上冲刷下来的泥沙，淤积在水库、湖泊、渠道、山塘里，影响了水库的寿命和水利资源的利用。如安徽省佛子岭水库，从 1955 年汛期前到 1956 年 7 月前，淤积泥沙 780 万立方米。四川都江堰渠系每年淤沙 98.7 万立方米，最高达 263 万立方米，每年要费很多劳力做清淤工作。洞庭湖历年平均泥沙淤积量有 1.28 亿立方米，湖底逐年淤高，湖区逐年缩小，这就大大地影响了调节长江洪水的作用，以致造成湖区洪涝灾害。

我国土壤侵蚀除水蚀外，在陕、甘、晋、内蒙古的部分地区，风沙危害也相当严重。沙漠日渐南移，淤积渠道，埋没农田，对农牧生产造成很大的损失。

解放以来为了改善山区面貌，改善山区人民生活，早在 1952 年，前政务院就发出了关于发动群众，继续开展防旱、抗旱运动，并大力推行水土保持工作的指示。经过各级党政的努力贯彻，在许多地方普遍开展水土保持工作，并获得了显著成绩。特别是在农业生产方面取得了前所没有的高产效益。陈云同志报告中已经举了很多典型例子，说明做了水土保持工作后，所获得的综合利益。现在我举几个丘陵、山区由于进行了水土保持工作而提高了农作物产量的例子：甘肃武山邓家堡村是黄土丘陵干旱地区，有耕地 2213.5 亩，由于历年来水土流失的结果，每年从坡面耕地上流失的土壤每亩达 2.2 立方米，农田被切割得支离破碎，产量低落。1952 年平均每亩只有 90 斤。1952 年开始，群众就进行了水土保持示范工作，几年来根据先坡后沟，从上到下，从小到大的原则，先后在 2200 亩的耕地面积上进行了修梯田、培地埂、作软堰、填陷穴、挖涝池等田间工程，同时采用了保持水土的沟垄耕作，草木樨轮作，深耕、秋耕、密植和增施肥料等农业技术措施，并结合沟壑治理发展灌溉面积，从而使粮食产量逐年提高。1953 年每亩产 117.5 斤，1954 年为 134 斤，1955 年为 221 斤。去年达到 310 斤，比 1952 年增加了 2.51 倍。每人平均生产的粮食，1952 年只有 382.5 斤，1956 年增加到 860 斤。又如陕北米脂县杜家石沟农业社，1950 年建立初级社，社员有 16 户，耕地 813 亩，1952 年在县委书记的领导与帮助下，作了生产规划，开始进行水土保持和农业技术改进工作。到 1956 年已发展成为有社员 82 户，耕地 2500 多亩的高级社。几年来共用 6464 个工，修了梯田 767 亩，并做了许多埝窝地、水簸箕、涝池、旱井等田间工程，灌溉面积扩大到 137 亩。造林 684 亩，种苜蓿和草木樨 307 亩，水土流失已大量减轻。1956 年该社平均亩产 118 斤，而米脂全县平均亩产只有 41 斤。虽然牛羊逐年增加，但收获的青草牲口吃不完。全年共积肥 180 多万斤，比当地一般施肥量高约一倍。以往全村缺粮很多，1956 年每人平均产粮 800 斤以上，全社卖给国家粮食 1 万多斤。

杜家石沟农业社同米脂全县历年粮食亩产量比较

年　度	1953	1954	1955	1956
杜家石沟社亩产（斤）	101	85	69	118
米脂全县亩产（斤）	85	44	31	41
杜家石沟社亩产量为全县亩产的%	120	192	223	285

从上表看出，杜家石沟社几年来粮食亩产比全县高，最近 3 年约高出一倍，而且产量比较稳定。例如 1955 年歉收年的粮食亩产与 1953 年丰收年的粮食亩产比较，米脂全县减产 2/3，杜家石沟社只减产 1/3。这说明杜家石沟社度荒的能力增加了。还必须说明，杜家石沟社保持水土、发展生产的效益现在仅是开始，草山、林园、家畜、果品的收益尚未显示出来。又如河南济源县，几年来在山岭地区开展了水土保持为重点的农业基本建设工作，修梯田、培地埂、筑山塘小水库，打坝植树造林，封山育林，推广水土保持耕作法等，经过全面规划、综合治理，扩大了耕地和水浇地的面积，结果连续四年丰收。1956 年全县平均粮食单位面积产量由 1949 年的 49 斤增加到 168.4 斤，粮食总产量由 6638 万斤增长到 19778 万斤；畜牧业也有很大的发展，大家畜由 1949 年的 32805 头增加到 94947 头。如该县李八庄乡刚解放时全乡没有一群羊，没有一口猪，耕畜寥寥无几。现在有牲口 2200 余头，猪 1200 余口，羊 2200 余只；全县农业社 1956

年有91.8%的社员增加了收入。这个县的农民过去不但在灾年有大批逃荒，就是平常年景，也过着半饥半饱的生活，但1956年每人平均生产粮食达到698斤。

四川遂宁专区全区9个水土保持试点乡，1955年到1956年共改坡土为梯田约18031亩，改良土壤31923亩，修排水渠、沿山渠991条，改旱地为水浇田23886亩，再加以农业技术措施的推广，1956年就增产原粮3123900斤，约占这些地区农业增产总数的15%。

云南路南县、湖北罗田县的群众，在15°~30°的坡地上修成了梯田，兴修了山塘和排水工程，利用雨水和泉水灌溉，种植水稻，每亩收到800斤以上，有的还可收到220斤豆子。

广东五华县截至1955年底，除大面积推行深耕保墒、蓄水保土的措施外，还修筑了大小谷坊11626座，造林207084亩。初步控制了流失面积450平方公里，具体效益除河流刷深不再淤浅、陡坡造林保持水土外，耕地面积也得到了扩大，农作物产量逐渐增加，如万华乡仅在连塘内的小范围作了水土保持，使沙坝变为耕地7.2亩，每亩年产稻谷470斤。另外80亩田，1955年的耕作措施、施肥量与往年相同，但产量却增加了1600斤，平均每亩增产20斤。

以上情况充分说明合作化后的山区，只要做好水土保持这一根本措施，在几年时间内，就能获得较高而稳定的产量。我们要学习山西阳高县张凤林、高进才，用18年的辛勤劳动，彻底改变了大泉山面貌的经验。学习山东莒南县大山社，为了保水、保土、增产、增收，拿出愚公移山的劲头，向造成水土流失的自然灾害作顽强斗争的勇气。

二、当前必须抓紧的几项农业水土保持措施

既然水土大量流失的现象，通过我们人为的办法可以克服、制止。那么，保持水土工程的速度快慢和增产效益的显著程度，当然完全决定于人为措施的恰当与否。

有些地方，为了很快地收到拦沙效果，把重点单纯地放在打坝拦泥、治理沟壑方面。经验证明，这样做不但农作物增产不明显，保持水土效益也不很显著。我们知道，沟是水冲成的，水是从广大坡面上集流下来的。沟壑是水土流失的后果，而不是水土流失的根源。水土流失的根源在于广大的坡面。沟内拦泥，只能使泥不出沟，不能使泥不下坡，在沟里是拦不胜拦的。即便拦住，也是暂时的。因此，我们必须采取的根本办法，就是要在坡面径流还没有集中的

时候，就加以分散消灭，这样做的结果，水和泥就大部或全部保蓄在农田里。既然泥和水不下坡，沟里的问题当然也就不大了。同时这些水和泥就可以被坡面上的农作物、牧草、林木以及一切植物加以就地利用。所以我们说保土必先保水，治沟必先治坡。

群众要求保持水土的目的是为了要合理地利用水土资源，多打粮食，多养牲畜，发展生产，增加收入。因此又必须要尽量满足群众当前的利益，以便鼓舞群众的热情来支持长期斗争。所以今后一切保持水土的措施，都要着眼于发展生产。而一切生产措施，又都必须要能保持水土。从而达到不断地提高土地肥力和不断提高单位面积产量的目的。

农业水土保持措施都是消除水土流失根源的措施，也是把拦挡起来的水土就地利用，增加生产的措施。我们农业部门应该把这一光荣而艰巨的任务担当起来。我们要做好这个工作的具体措施，归纳起来，有以下四个方面：（1）合理利用土地；（2）农业土壤改良；（3）农业技术改良；（4）草地改良。但是目前工作又必须特别抓紧以下几项：

（一）合理利用土地。

山区的各种土地由于高程、坡度、坡向、土壤等自然条件和耕作、放牧、采樵、铲草等人为条件的不同，每块土地水土流失的程度和生产能力也就不同。如果能够根据这些具体条件，把各种土地分别安排以最适宜的用途，同时采用最适宜地保持水土的措施，这就不但能使这些土地充分发挥生产能力，同时也能收到消灭土壤侵蚀的效果。这就是山区土地的合理利用。我们建议山区的农业社在安排各种土地的利用时，可以从以下几方面加以综合考虑：

1. 要考虑生产任务，即为了满足社员生活和国家需要而提出来的生产任务。根据任务一个农业社应该大体划分多少耕地、牧地和林园地，以合理利用耕地。

2. 要考虑土地的本身条件，就是要弄清某块土地能够用最小的成本，生产既最有价值、又最能满足国家和本社需要的东西是什么？是粮食？还是经济作物、林木、牧草还是燃料？

3. 要考虑人为的措施。主要是如何采用经济有效的水土保持方法，改变土地的用途。就是说把用处小的土地，改变成为用处大的土地。

只要把生产任务，土地条件和保持水土的措施三者密切结合来考虑，就能使土地利用起到保持水土的作用，而保持水土又能起到提高土地利用的价值。

目前在丘陵山区的土地利用上，确实存在一些不合理的情况，有些地方滥垦陡坡，只顾多种上几亩地，当年多收一些庄稼。从而引起了严重的水土流失，土地遭到破坏，以后不但不能种粮食，而且难以生长牧草、林木，结果得不偿失，这是不对的。另有一些地方盲目封山育林，大量停耕坡地，一下子还林还牧，结果粮食总产量骤然减少，影响了群众当前利益，更违背了国家发展山区生产的方针。有些山区对于农、林、牧业的用地比重和坡地的利用，没有根据具体情况而主观机械地加以规定或限制，这显然是不适当的。所有这些，都应该通过认真的调查研究，全面规划，加以解决。

丘陵山区由于交通不便、运输困难，因此今后要求粮食生产要自给有余。利用土地的目的首先是要满足粮食生产的需要，除努力提高现有的耕地面积的单位产量外，还要在可能条件下适当地扩大一些耕地面积。至于荒坡地的开垦利用，必须在有效地保持水土的前提下进行，否则不但会引起严重的土壤侵蚀，而且开垦出来的土地也得不到较好的产量，当年收益也很少。在水土流失已经严重，"三料"（饲料、燃料、肥料）缺乏的地区，为了增产粮食还应多种绿肥、牧草、灌木，以多养牲畜，增加肥源和燃料。南方有些地区人多地少，群众历来就有利用粮、林结合生产的办法来增产粮食的习惯。也有农草混作的习惯，这就是以当年生作物收益来养多年生作物，既能保持水土，又能解决当前利益，值得我们重视。湖北省在丘陵山区土地利用方面已经摸出了一些好的办法，他们的意见是对建立粮食基地和减少开垦面积这个问题上，通过全面规划，做到兼筹并顾。在保证粮食增产的前提下年年修梯田，年年有轮歇，年年开些荒，逐年扩大梯田、梯地面积，逐年减少开垦范围，使"开"和"改"结合起来，开荒和造林结合起来，一开荒就造林，等到不能种粮食时，林也起来了，或者是停垦时再造林，总之不使耕地荒芜，以达到保持水土的目的。对开出来的荒地就要建设好，防止造成水土流失。四川省提出山区要逐步改变"废林轮垦"的习惯，一般耕地主要的增产办法是进行土地加工，提高复种指数，增施肥料，精耕细作，改进耕作技术等，但是不能机械地禁止所有的开荒，也不能要求一下就达到废垦轮歇。只要坡度不太大，没有可以成材林木的荒地，开垦后又不影响水土保持的应该允许开垦。在陕北和四川地区也有不少利用坡度陡的，土质差的耕地和轮歇地用来种植草木樨、苜蓿、葛藤等生长快的绿肥饲草的习惯，这样既可覆盖地面，防止土壤侵蚀，又能生产饲料、肥料、燃料，发展了畜牧业，提高了耕地的单位面积产量。

（二）广泛采用水土保持耕作法。

坡地上土壤侵蚀主要是地表径流造成的，地表径流越多、越集中、速度越快，土壤侵蚀也就越严重。因此在广大坡面上减少径流，分散径流，减缓径流速度是保持水土的根本办法。在农田里所进行的各种水土保持耕作方法，就属于这一类。例如深耕，横坡耕作，适时耕作，雨后中耕，增施有机肥料，横坡条播，穴播沟垲种法等等，都能减缓地面坡度，改善土壤结构增加土壤透水性和保墒性，既保持了水土又提高产量。据四川省的经验，横坡开行耕作比顺坡耕作可减少土壤流失量30%~45%，增产10%~15%；甘肃天水试验站9年观测结果，垄作区田（沟垲耕种）比一般农家耕作法径流量减少77%，土壤冲失量减少88%，而粮食增产11%。我国不同的山地丘陵地区都有适合于当地条件的保持水土的耕作经验。各种水土保持措施中，耕作法是最简便易行的方法，应该广泛地总结群众的经验，加以提高，大力推广。

（三）推广保持水土的轮作、间作、套种等方法。

在水土流失严重地区的轮作、倒茬，除了满足粮食、经济作物、饲料、饲草、绿肥、燃料等需要因地种植外，还要考虑到保持水土，特别要解决暴雨季节，在不影响主要作物产量的前提下，尽可能增加田面的作物覆被。据陕北水土保持试验站的观察，1956年8月8日一次暴雨在23°坡地收麦后只进行伏天耕翻的休闲地上，每亩冲失土壤达2万市斤，单种谷子的23°坡地上每亩冲失土壤也是2万市斤。但是在29°的冬麦地里早期套种黑豆，覆被达到50%，冲失土壤每亩只有4000市斤。23°~29°的冬麦地早期套种木樨，覆被达80%，冲失土壤每亩只2000市斤，为休闲地的10%。这就说明地面覆被愈好，土壤冲失量愈小。各地玉米行里间种大豆、高粱，谷子行里间作小豆；陕北还有小麦套作黑豆，豌豆套作黑豆等，都是充分利用土地，培养地力，保持水土的好办法。要求科学工作者，技术服务站把这些经验很好地总结，提高推广。特别在北方只种一季夏收小麦、豌豆等作物地区，应尽可能消灭夏季休闲地。

间作、套作是否会影响主要作物的产量？据陕北群众反映，合理的间作、套作的总产量要高于单种一种作物的产量。又据科学院西北生物研究所1956年在绥德试验结果，冬麦单作每亩收小麦95.4斤，麦草103斤，冬季套种草木樨的每亩收麦97斤，干麦草89斤，还有800多斤草木樨的根、枝、叶翻下去可做有机肥料。从这个结果看来，冬麦套种草木樨，虽然增产不多，但至少可以说没有减产，同时增加了土壤肥力。

另一个问题是在夏秋雨水不多年份，套作的作物或绿肥、饲料作物用去了土壤的水分，是否影响下季主要作物的生长。这个问题还有待于进一步研究，作出正确的结论。但是值得提出的是：从包括合理密植在内的轮作、倒茬方面找出适合不同地区增加地面覆被，减少土壤侵蚀，提高每亩坡地的总产量、总收益的方法是可能的。

此外，在植被完全破坏了的荒坡上，北方可以种植柠条、紫穗槐、胡枝子等灌木，南方可种植猪屎豆、铺地木蓝等能耐瘠薄土地的植物。渭河以南地区的破碎土地上可以种植葛藤，这些都是在荒坡上增加覆被，同时又是增产饲料绿肥的办法。

（四）修筑防止水土流失的田间工程。

坡陡是影响水土流失的重要因素之一，若把陡坡地改为缓坡地，缓坡地改为平地，就能拦蓄径流，防止土壤侵蚀。修梯田、培地埂、挖水平沟等田间工程，都能起到这种作用。修梯田是我国劳动农民长期以来防止水土流失的宝贵经验，也是我们在坡地上需要进行的主要田间工程。坡地修成梯田能获得显著的增产。据湖北省报告，1956年全省共修梯田22万亩，增产2200万斤粮食，平均每亩增产100斤。该省的竹山县花栗乡，1956年全乡坡地改梯田624亩，增产115433斤，平均每亩增产183斤。甘肃省庄浪县共和乡共和一社去年作水平犁沟的小麦，亩产131斤，未作的亩产只有83斤。

修梯田究竟应该一次修成水平梯田还是逐年分期修成？这不能机械规定。应该看当地劳动力情况，增产效果等具体条件决定。如劳动力充足，可以引水灌溉，修筑时能使表土留在地表面，则一次修平收效更快。如劳动力不很充足，肥料赶不上增产需要，那也可以用逐年分期修成的方法。

在坡地很多的地区，使用同样的劳动力，在大面积土地上修成带坡的梯田，比在小面积土地上修成水平梯田，对保持水土，可能有更大的效用。

对现有梯田要注意培修养护，不使损坏，个别地区把距离村庄远的梯田放弃不种，或盲目追求变小块田为大块田，盲目地把梯田田埂去掉，以致引起水土流失，这都是危险的错误做法。

修筑梯田任务大的地方，为了解决劳力紧张的问题，应该提出既能节省劳力，又能保证质量的方法。目前各地农业社关于组织劳力修筑梯田等田间工程的形式各不相同，有的社里专门组织常年专业基建队，有的是季节性的专业基建队，有的没有基建队的组织而是分别由各生产队负责进行，也有的采用包干办法，究竟以哪一种办法最好，各社可根据具体情况决定。总之要在保证质量的前提下使工程做得省工、省料、迅速、及时。

（五）在坡地放牧，应当实行加工管理，防止水土流失。

许多山区应该发展畜牧业支援平原。只有加强草坡的加工经营，管理保护，以保持水土，提高草的单位面积产量，才能保证饲料供应，为发展畜牧业创造基本条件。牧场广阔富裕的地方可实行分区轮牧；生草稀疏，产量很低的牧地，要补种最适宜于当地条件的营养价值高、保持水土能力强、生长快、产量高的饲草，如北方的苜蓿、草木樨、鸡脚草，南方的田菁、柽麻、猪屎豆等，这样做的结果是既能割草又能放牧。在干旱地区，草坡上进行简易的水平沟等蓄水工程，可以减少坡面径流，增加土壤水分，提高产草量。

三、水土保持必须因地制宜

我国山区广阔，情况复杂，各地的自然、经济条件都不一样，而引起水土流失的各种因素如暴雨、坡度、土壤、植被、耕作方法、放牧、采樵、铲草的程度以及群众生产的历史习惯等方面都有区别。因此，各地应该采用的保持水土的具体措施也都有所不同。不但南方和北方之间是如此，就是同一类地区，社与社之间，这个山与那个山，也不完全相同。例如南方山区人口要比北方密一些，每人平均负担的耕地面积要少一些，气候暖、雨量多、植被恢复得快，有的甚至四季常青，饲料、肥料和燃料的资源也比较丰富，林业的基础较好，发展畜牧业的现有条件也有利些。因此，南方山区、丘陵区保持水土的方法，除梯田梯地以外，还可以大量修筑小型塘坝和小水库扩大灌溉面积。因为南方一次暴雨的降水量大，在陡坡上完全蓄起来有困难，要设法缓流排泄不使土壤冲刷。林业方面不单是造林问题，而是如何把现有林地保护好，合理地采伐利用。但是北方的情况就不一样：雨水稀少、暴雨集中、气候干寒、植被缺乏、草木生长很慢。再加上土壤疏松的特性，以致剖面侵蚀严重，沟壑面积逐渐增加。同时劳力也缺，耕作粗放，只有广种薄收，粮食产量很低。再加上目前林业的基础也很差，畜牧业发展由于饲料困难而受到限制。因此，北方保持水土的措施，在坡面上主要是梯田、地埂、涝池、横沟软堰等田间工程以及植树、种草尽量拦蓄坡面径流，以达到使有限的雨水都能渗入土壤的目的。特别在黄土高原，要尽量避免坡地排水。总之我们要根据各个地区的自然条件和人为因素，找出引起水土流失的具体原因，采用保持水土的具体办法。

四、工作中应注意的事项

1. 由于水土保持工作是山区发展农业生产的基本措施，所以必须依靠群众和合作社来进行，要走群众路线，发挥广大社员群众的积极性和创造性。山区、丘陵地区农民有与水土流失作斗争的丰富经验，几年来许多地方的经验证明：凡是充分依靠和发动群众的单位，工作就开展得又快又好，效果显著。对有些地区人民生产生活水平较差，政府除了在经济政策和技术上指导外，还应该给以一定的资金补助。在一般地区主要是技术指导。总的精神是强调依靠群众，自力更生。此外，为了鼓励提高群众的积极性，来加速工作的开展，有关部门应该制订一些奖励办法。

2. 进行水土保持工作，必须从发展生产、增加收入、改善人民生活出发。要把长远利益与当前利益相结合，从解决群众当前迫切需要的增产粮食、饲料、增加收入的要求着手。以搞好当前生产来支援长期建设；以当年生的作物来养多年生的作物。因为只有同时搞好了当前生产，才能把群众发动起来。为此在工作中首先应该抓紧改良耕作、兴修小型水利、进行简易有效的田间工程，种草，发展经济作物等项工作。

3. 做出山区、丘陵地区的全面规划，可以挖掘生产潜力，以美满的远景来鼓舞山区人民建设社会主义新山区的积极性。因此，我们认为应该根据 1956 ~ 1957 年全国农业发展纲要（修正草案）的要求，省、专、县、区、乡、社各级进行一次全面的综合规划。规划应当特别着重提出重要增产措施和解决当前生产中主要问题的办法。合理利用土地，合理安排水土保持的各项措施以及劳力、资金筹措与安排等，成为这个全面规划的主要内容。规划的方法必须以社为主，依靠群众，发动大家共同讨论研究。方案要简明扼要，便于群众执行。在执行中还要根据新的经验不断补充修改，总之是边讨论边执行边修订。

4. 进一步开展水土保持工作是农业部门的重要任务之一。各省农业厅、各专县农业局（科）应在当地党、政统一领导下，统一规划，因地制宜，分期分批，积极进行。水土流失地区的农业技术服务站、畜牧兽医站等应该很好地总结群众经验，推广水土保持的农业技术措施。农业科学研究所、试验场、试验站应在总结群众水土保持经验的基础上，进行水土保持农业措施的研究工作。除了分别研究解决各项农业水土保持专业问题外，还要为不同地区以水土保持增加产量为目的综合地研究出包括田间工程、耕作栽培、轮作等方面的整套办法。

另外，由于丘陵山区地广人稀，交通不便，劳动强度大而劳动力又很缺乏。同时地形条件复杂，按照各种需要适用的农具和修筑田间工程用的工具与平原地区又大不相同，最主要的特点是要轻便灵巧、坚固耐用。但是目前的情况不仅农具、工具的质量不高，而且功效也很低，这也是影响水土保持开展的速度和农作物产量不能迅速提高的直接因素，过去在这一方面注意不够，今后农业机械研究机关更应进一步重视，积极研究改进，要求在最短期间把山区丘陵区的农业机械和水土保持工具发展规划的方案提出来，以求大大减轻人民的劳动强度，加快山区建设步伐。

推广各种有效措施实现水土保持的更大发展*

（1957 年 12 月）

这次黄河、永定河流域中上游的水土保持广播大会，对于这两个流域的水土保持工作将起巨大的促进作用。对于这两个流域的山区生产的发展、农业生产的发展，也将产生积极的影响。现在这两个流域广大群众的水土保持运动，正在迅速开展。我代表农业部向奋战在这两个流域水土保持战线上的全体指战员，致以亲切的慰问。

几年来，水土保持工作取得了巨大成就，收到了蓄水保土、增加生产的显著效果。这些成就，确切地证实了水土保持是发展山区生产的生命线。许多水土流失严重的地区，经过治理以后，农业产量增加两倍以上，有的达到四、五倍，同时，林业生产和牧业生产有了很大发展。不少地区扭转了燃料、饲料、肥料"三料"俱缺的局面。这些地区的经验证明：修梯田、打淤地坝、造林种草、引洪漫地以及兴修大型、中型、小型水库等办法，对于拦截泥沙、增加生产，都是最有效的。黄河流域的水土保持经验证明：水平梯田是保水保土的一项根本办法。他们总结有四大好处：第一，可以减少泥土冲刷的 80%～100%；第二，山地农田单位面积的产量可以大大提高；第三，便于耕作、施肥和改良土壤；第四，便于扩大田块，采用机械耕作。淤地坝的效益也很高，它可以有效地拦制沟壑的泥沙和径流，提高土地肥力。据典型调查，修了淤地坝的土地，每亩一般增产 100 多斤，多的增产三四百斤。大量造林种草，可以获得大量的燃料、饲料和肥料。生长四五年的洋槐幼林，每亩每年整枝可以得到干柴 400斤到 600 斤，种一亩草木樨，每年可以收干柴 1000～2000 斤，草木樨的茎叶还是很好的饲料和肥料。

以上这几项，都是保水保土的有效措施，同时也都是当年就能收到效益的措施，值得广泛提倡。

为了更好地开展今冬明春的水土保持工作，我们提出以下几点意见，供同志们参考。

---

* 这是作者代表农业部向奋战在黄河、永定河流域水土保持战线的全体指战员表示慰问，并提出指导性意见的发言稿。

　　第一，各地区在安排农事活动的时候，都要考虑水土保持，支持水土保持，把水土保持安排在工作日程上，特别要抓紧冬春农闲季节和雨后的有利时机，进行突击。

　　第二，要大抓一下水平梯田。国务院水土保持委员会已经提出号召，要求有关地区今冬明春每一个劳动力搞一亩到三亩水平梯田。当前应当很好地布置，并且进行检查，争取实现这个号召。希望三两年内山区和丘陵区按人口每人能有两亩到三亩水平梯田。

　　第三，要抓山区小型水利，改良土壤，大搞引水上山、上塬和引洪漫地以及淤地坝等工程。

　　第四，要大量造林种草，逐步实现荒山荒坡绿化。

　　同志们！让我们响应党中央国务院的号召，在黄河流域和永定河流域的水土保持工作中，作出更光辉、更伟大的成就。

摸清土壤底细，充分发挥土壤的增产潜力*

(1958 年 11 月 5 日)

中国农业科学院会同农业部土地利用局，在广东省新兴县召开了土壤普查鉴定工作现场会议。这次会议根据有些地方已经取得的经验，建议在全国范围内，以县为单位，以人民公社为基础，结合深耕、改良土壤和制定土地利用规划，开展一个群众性的以耕地为主的土壤普查鉴定运动。

会议还建议各地在进行土壤普查鉴定工作后，把有关土壤资料系统地整理出来，并且要求科学研究机关和农、林、水利等有关部门实行大协作，整理出全国的土壤资料，并绘制土壤图，发展中国的土壤科学。

一

为什么要进行土壤普查鉴定工作呢？

贯彻执行农业增产的"八字宪法"（土、肥、水、种、密、保、工、管），系统地进行农田基本建设，加速农业生产中的技术改革，向土壤工作提出了新任务，就是要进一步摸清土壤的底细，从各方面提高土壤肥力，以便充分利用土地资源，达到不断增产的目的。

土地的潜力是无穷无尽的，只要我们合理地加以经营和利用，土壤肥力就会不断地提高。在目前条件下不良的土壤，可以通过人们的劳动，改造成为肥沃的土壤，从而获得丰富的农产品。马克思早就说过："处理得当，土地会不断改良"。恩格斯曾经着重指出："人类所支配的生产力是无穷无尽的。应用资本、劳动和科学就可以使土壤的收获量无限地提高"。进行土壤普查鉴定，摸清土壤底细，是继续改良土壤、合理经营和利用土壤并且继续提高土壤肥力的基础工作。

在中共中央关于深耕和改良土壤的指示中，明确指出：增产措施的"中心

---

* 本文是刘瑞龙在全国土壤普查鉴定工作现场会议上的发言稿，原载于《揭开土壤秘密，改造利用土壤：全国土壤普查鉴定工作现场会议文件选辑（一）》，农业出版社 1959 年版，第 1～9 页。

是土，就是深耕"。又说："深耕是密植的基础"。植物利用根部吸收土壤中的养分和水分。不深耕，植物就会发生营养不足、发育不良的现象。但是，不同土壤含有不同的养分，保水保肥能力也不同；不同作物对养分、水分的要求也不同；不同土壤所需要的肥料成分不同，被作物吸收的情况也不同。我们要做到合理地用水，合理地施肥，使农作物正常地生长，不"疯长"，不倒伏，不害病，获得高额的产量，就必须研究作物的特性及其需要，尤其重要的是要摸清土壤的底细，进行土壤普查鉴定工作。

农村实现人民公社化以后，各地迫切要求作出规划，以便经济地、有效地利用土地。各地为了逐步执行少种、高产、多收的方针，都打算逐步划定基本农田，选择最好的耕地来经营大面积的高额丰产田，搞好试验田，以推动全面的、更大的跃进。所有的这些工作，都需要进一步摸清土壤底细。因此，进行土壤普查鉴定工作，摸清土壤底细，就成了广大群众的迫切要求。

我们必须深入地了解土壤，才能摆脱在土壤问题上的盲目性，变成土壤的主人，有效地经营和利用土壤，使土壤变成听人们使唤的驯服工具。

二

凡是已经进行了土壤普查鉴定工作的地方，都开始收到了成效。

我国过去因为没有做过土壤普查鉴定的工作，人们对于各地的土壤情况，往往只有笼统的概念和一些不切实际的推测。例如，过去有一些人认为吉林省榆树县黑钙土多，土壤肥力较高，不发生水土流失。经过土壤普查鉴定工作后，发现全县黑钙土只占 45.6%，还有 20%～30% 的土地有水土流失现象。过去一般人认为南方是酸性土壤，需要施用石灰。但经过土壤鉴定的南海县跃进人民公社，查明酸性土壤仅占 20% 左右。有些地方滥施石灰，反而恶化土壤，变成了石灰板结田。摸清土壤底细后，就为深耕、改良土壤找到了对症下药的科学根据。

经过了土壤普查鉴定，就可以按土层深浅，订出深耕指标。例如广东省怀集县环城乡通过土壤普查鉴定工作，按照土层深浅和底土情况制出土壤深耕图，订出各社田土深耕的深度和方法，消除了一些人怕深耕会漏水、漏肥或翻起生土等顾虑，推动了深耕工作，使深耕收到了良好的效果。

经过土壤普查鉴定工作，为合理施肥提供了科学依据。广东省番禺县土壤普查鉴定结果表明：有 62% 的田每亩含速效磷不足 3 斤，有 75% 以上的田，每亩含速效钾只有 6～12 斤。这就纠正了过去一般人认为砂田区土壤不缺磷钾的笼统看法，提高了群众大量使用磷钾肥料的信心，对 1958 年晚稻的增产，起了很大的作用。四川省南部县新立五社有十多亩晚稻秧苗发红。经过土壤普查鉴定，查明是因为酸度过大。他们及时施用了石灰，秧苗很快转青。社员十分满意地说："这个办法真好，红秧也能转青。"经过土壤普查鉴定工作，还可开发肥源。广东省惠阳县在土壤普查中查出大量泥炭、石灰石、磷矿石和石膏等，大大扩大了肥源。

土壤普查鉴定工作，也为水利工作带来了好处。广东省新兴县在土壤普查鉴定后，把全县土壤划分为 4 个土壤改良区，分别提出了不同的灌溉、排水和水土保持措施，从而为该县合理利用水利资源、统一安排灌溉排水系统、消灭水土流失、解决长期积水和灌溉水源不足等问题提供了依据。江西省宜春县在土壤普查鉴定中，查明了全县的冷浆田、冷水田、渍水田共占 22.5%，这些田的土壤水分过多，水温又低，必须排水，因而决定在全县革新灌溉系统，消灭过水田，排除积水，严格放水制度。

此外，经过土壤普查鉴定工作，查明了土壤的酸碱程度、砂黏情形、耕作难易程度和土壤肥力情况等，就为因地种植作物、选用适当品种、进行密植、合理轮作等提供资料；也为栽培管理、农具改革、消灭病虫害等工作提供线索。

由此可见，通过土壤普查鉴定，摸清土壤的底细，对具体贯彻农业"八字宪法"的各项措施都有积极的作用。

土壤普查鉴定工作应该和土壤改良以及土地利用规划的制订密切结合。例如广东省新兴县红旗人民公社凤凰乡，根据土壤普查的结果，制订了全面的远景规划，并在不到五天的时间内，将几座小山，开成层层环山的梯田，种上了果树和其他树木以及经济作物，使农村园林化有了很好的开端。新会县和番禺县，也都在土壤普查的基础上，及时地制订了全县的全面跃进规划。

土壤普查鉴定是制订土地利用规划和进行土壤改良的先进步骤，利用和改良土壤是土壤普查鉴定的目的。凡是把这几个方面的工作密切结合起来，收效都很大，对生产的好处都很显著；反之，如果相互脱节，其效果也就不显著。当然，这不是说，所有正在进行的规划的地方都应该等待普查，而是应该"边普查、边规划、边行动"。已经完成普查的，需要进行规划；普查工作做得不够的，需要进行补课。

三

土壤普查鉴定工作，是一个极其巨大的工作。依靠谁来进行这项工作呢？在这个问题上存在着两条不同的路线。一条路线是只依靠少数技术干部组成的专门工作队来做土壤普查鉴定工作，就是所谓的"干部做，群众看"的方法。这是一条少慢差费的路线。我国地区辽阔，在全国范围内进行土壤普查鉴定工作，如果只依靠少数技术干部，三年五年甚至十年八年也不一定能搞得完。即使能搞完，农民群众因为没有参与其事，也很难充分利用这份工作的成果。另一条路线是充分发动群众，依靠广大农民群众，这就是，在各级党委统一领导下，结合农业生产过程的各个中心环节，以群众做主力，以土壤科学技术干部做参谋，使领导、群众、技术干部三者密切结合的办法。这是一条多、快、好、省的正确路线。

有人说："土壤普查鉴定工作，是一项复杂的科学技术工作，只能由少数专门技术干部去做。"这种说法是不对的。的确，进行土壤普查鉴定工作，需要具备一定的科学技术知识。但是，只要破除对科学技术的神秘观点，放手把技术教给群众，群众是完全能够承担这项任务的。实践证明，普通农民不仅能学，而且能做，并且做得很好。四川省南部县参加普查工作的人员，绝大多数是只有初小文化程度的农民。他们因为有丰富的生产经验，接受科学技术知识的能力很强。不少地方开办短期培训班，培养了大批的农民技术干部。他们采取的训练方法是"三化"（科学名词通俗化，农民用语科学化，讲课形象化），"三多"（多辩论，多实习，多评比），"两明确"（明确了解当地各类土壤，明确了解各种图表）。经过训练以后，这些农民技术员一般掌握了三门技术：识别土壤的种类、形状和绘制土壤分布图；测定土壤的酸碱度和分析土壤中氮、磷、钾的含量；制定土壤改良办法和施肥措施。农民把土壤普查鉴定工作叫做"千年未有的大好事"，叫做"给田土看相，查生辰八字"。他们学习技术的干劲，势如破竹。广东省南海县跃进人民公社所训练的 200 个农民技术员，许多人只用了几天的时间，就学会了上述三门技术。这个人民公社的技术员中还有 10 岁的红领巾和 58 岁的老大娘。不仅如此，在土壤普查鉴定过程中，许多人民公社都建立了自己的土壤科学研究机构。农民群众在掌握土壤普查鉴定的技术之后，还要进一步掌握土壤科学。

有人说："土壤普查鉴定工作是需要好几年才能完成的工作。"这也是不对的。当然，应该看到，人们不可能经过一次土壤普查，彻底掌握土壤的全部情况。但是，只要充分发动群众，向群众讲明土壤普查鉴定的目的和做法，并切实做好准备工作，不是孤立地进行，而是结合生产来进行，那么，掌握土壤的基本情况，是可以在比较短的时间内做到的。广东省在去年 3 月开始试点，8 月全面展开，到 11 月份基本完成了全省的土壤普查鉴定工作。广东的新兴县是最初的试点县，他们在生产、普查两不误的原则下，花了 39 天就完成了土壤普查。

有人说："进行土壤普查鉴定工作，需要大量的药品和仪器，哪里来这笔经费去购置？又到哪里去购置到那么多的药品和仪器？"全面地开展土壤普查鉴定工作，无疑地是需要大量药品和仪器的，但问题在于采取什么办法来解决。一种办法是伸手向上级要；另一种办法是本着因陋就简、勤俭办科学的原则，依靠群众，自力更生。事实证明，采取后一种办法可以不花很多钱就能把事情办好。四川省南部县采取这一个办法，群众自己制造了许多仪器、用品，如土钻、木箱、试剂、蒸馏水等，打破了小地方不能生产科学仪器、用品的迷信。广东省南海县跃进人民公社采用了许多代用品和土制用具，如用木制天平代替金属天平，用破玻璃瓶口代替漏斗，用旧墨水瓶来改制酒精灯，用自制的速测器来代替"洋"速测器等等。他们采用代用品和土制用具所作的化验，完全合乎要求。这种勤俭办科学事业的精神，正是我们在开展群众性的土壤普查鉴定工作中应该大力发扬的。

四

这次会议，在有关土壤科学的问题上，也给人们很大的启发。各地进行土壤普查鉴定工作的实际经验表明：在广大群众中蕴藏着无穷的智慧，农民群众不仅能够搞好土壤普查鉴定工作，广大群众对土壤分类、土壤改良和土地利用，提供了许多宝贵的资料，打破了在土壤学上过去许多陈腐和脱离生产实践的论点，大大地丰富了我国的土壤科学。

过去很多土壤科学工作者只注意自然情况的描述，或者只是一般地讨论一些自然变化规律，没有把劳动人民在社会生产过程中改造利用土壤的作用贯彻到土壤科学研究工作中去，土壤科学如果脱离生产实践，脱离人民群众的需要，便会失掉它的科学性和工作意义。广大农民群众的土壤科学活动是把认识土壤和改造利用土壤结合起来，这就从根本上克服了上述的弱点。农业生产实践表明，耕作土壤虽然与自然的物质基础和客观条件分不开，但更重要的是农业生产过程的产物，是劳动人民不断加工、改造的产物。在我国社会主义的社会制度下，耕作土壤会日益发展成为农业跃进增产服务的驯服对象。我们不应该等待和依赖土壤自然肥力，而要用不断革命的精神和多、快、好、省的方法，创造远远超过自然所能给予的肥力。人们能够做到这一点，已经为我国农业生产大跃进的实践所充分证明了。我们是从社会主义农业的不断跃进增产出发，并且以农民群众的生产实践为基础来不断加深对土壤的认识和改良利用土壤的，这种观点，和资产阶级学者杜尔阁、安徒生等人所提出，又为马尔萨斯所剽窃，至今尚被其门徒奉为金科玉律的土地报酬递减律是根本不相容的。据这些人的说法：在土地上追加的每一份劳力和投资超过一定限度后，伴随而来的增产量不是相当而是逐渐减少的。这种说法，撇开了生产方式的改变和技术的革新，其结果只能是鼓励广种薄收。我们的观点也和流行于资产阶级学者之间的所谓的土地会愈种愈瘦的说法根本不相容。这种说法只是反映了在资本主义制度下掠夺式经营的结果。在社会主义制度下，土壤经过劳动人民的加工改造，合理利用，情况就和资产阶级学者所说的恰恰相反，土壤肥力不是递减，而是不断提高的。这个事实正是我们经过深耕细作，耕地园田化能够达到少种高产多收的根据。

作为自然科学一个部门的土壤科学，是没有阶级性的。但是，从事土壤科学研究的工作者，则不能不受到一定社会条件和阶级立场的限制。土壤科学本来是服从社会的生产需要和从农业生产实践中创造出来并且发展起来的。但是，在资本主义的社会条件下，人与物的关系被倒置了，人的能动性被低估了，再加上从事土壤科学研究的人们，又远远离开了社会农业生产的实践，因此使科学和生产分离开来了，甚至越走越远。这种资产阶级的毒害，不幸也熏染了我国一小部分土壤科学工作者，以致他们远远跟不上农业生产大跃进的实际需要，大大减低了土壤科学的战斗性和对农业生产的指导作用。相反的，我国劳动人民和各级党政干部，以及大部分与农业生产实践保持密切联系的土壤科学技术干部，通过对土壤的各种改良利用措施，通过产量的检验，他们对耕作土壤的"五官"和"生辰八字"，获得比较深刻的理解，因而能够仅仅根据农业生产大跃进的需要，使生产和科学结合起来，把土壤逐步变成驯服的工具，这是我国农业土壤科学进一步发展繁荣的可靠基础。当然，我们对于过去土壤科学中的各项积极成果应当系统学习，但是，对于过去土壤科学中一些消极的非科学的东西，必须通过调查研究加以分析批判。

农民群众在土壤普查鉴定工作中做出许多辉煌的科学成就。农民群众不仅能够运用科学并且能够发展科学。农民群众中的男女老少，不仅很快地学会鉴别土壤的种类，测定分析土壤的性状和所含养分的比例，而且科学地把耕作土壤作了科学的实用分类，每种土壤有反映生产和耕作特性的土壤名称，有深耕、改土和施肥措施的意见。把这些资料系统地整理出来，必然要从根本上改变我国土壤科学研究工作的面貌，从而使我国农业土壤学以及土壤耕作学、农业化学和土壤改良学获得新的发展。

大比例尺的土壤图，我国过去做过，但是由农民群众自查自绘自用，还是一项创举。由于土地广大，工作量多，过去一般土壤调查多采取点线推面的方法，土壤界限是由推论来的，所以编制的全国和全省的土壤图幅，由于资料不够常有变更。今天我们是依据广大群众的资料来编制全省和全国的土壤图，这同样是土壤制图科学的新发展。

农民群众不仅在土壤科学方面取得很大的成就，还在科学工作方法上树立了许多良好范例。广东省的土壤普查鉴定工作，打破了科学研究工作中的神秘观点，男女老少都参加土壤普查鉴定工作，充分发挥全党全民办科学的精神。在科学设备方面，力求简单节约，就地取材，废物利用。如用竹管和火柴盒来装标本，用木料和一颗大头针，也可以制成适用的天平。自制一套土壤速测箱只花几块钱，一切都是按着勤俭办科学的原则。

群众性土壤科学的开展，不仅推动农业生产和土壤科学前进，还启发和鼓舞我国的土壤科学界，在党的正确领导下，树立改造土壤与认识土壤相结合的观点，展开群众性的土壤科学工作。有的土壤科学工作者已经开始感到，要用和农民群众共同生产劳动、共同研究总结的方法，来进行土壤科学研究工作，并且要从生产实践入手，研究提高土壤肥力的方法，开展耕地的土壤研究工作。这是一种值得庆幸的新气象。完全可以预期，在群众性的土壤普查鉴定的基础上，土壤科学将有新的发展。

五

土壤普查鉴定和深耕改土的工作，是一个大规模的、群众性的技术革命运动，是为土地规划、深耕改土、提高产量服务的，是为明年农业更大跃进所必须做好的物质准备和技术准备。因此，必须加强党的领导。广东的经验是：领导、群众、技术密切结合，党的领导起了决定性的作用。

土壤普查鉴定工作，必须在党统一领导之下进行，由党委通盘考虑，把土壤普查鉴定工作安排一个适当的位置，农、林、水等部门应该组织专门力量，大力协作，以有利于这个工作的开展。尤其是某些正在进行流域规划的地区，更应该在当地党委的统一领导下，统一安排任务，统一使用力量。在先一步地做好群众性的土壤普查鉴定的基础上，利用土壤普查鉴定和土地利用规划的资料，这将大大缩短流域规划的时间。

搞好麦田管理、春耕准备工作，掀起积肥高潮[*]

（1959 年 1 月 10 日）

抓紧小麦和油菜等越冬作物的田间管理，保证 1959 年夏季更大的丰收，是争取今年更大更好更全面发展的头一关。今年全国冬小麦播种面积 3.5 亿亩左右，比去年略有缩小，单位面积产量需要比去年提高一倍到两倍，油菜虽比去年扩大了 1000 万亩左右，但要完成预定的增产任务。单产也需要比去年提高一倍到两倍。

今年越冬作物播种质量比往年好得多：（1）底墒好。去年秋播时只有 1000 万亩麦田墒情不好，北方大部分麦田实现了水利化，播种前浇足了底墒水。（2）翻得深。北方 80% 的麦田深翻一尺左右，南方 50% 的麦田深翻八寸到一尺，其余也达五六寸。（3）底肥多。大部麦田亩施底肥在万斤以上。（4）种得密。大部麦田每亩下种比往年增加一倍左右。（5）种子好。良种面积达 90% 以上，比去年扩大 20%。播种以后，不少地区组织了专业队，进行查苗补栽，追肥、浇水、消灭三类苗。目前各地越冬作物生长情况一般是好的。这是我们争取夏季丰收的有利条件，只要进一步加强田间管理，一直坚持到收穗，一定可以获得比去年更大的丰收。

加强田间管理的中心环节是追肥、浇水。从目前情况看，今年追肥、冬灌的锣鼓还没有去年打得响。到年底为止，好的地方追肥面积只达麦田面积的 70%，有不少地区只达麦田面积的 30%。有些地方现有的积肥还远远不能满足麦田追肥的需要。例如陕西干县算了一笔账，根据增产指标的要求，全县麦田需肥 100 亿斤，目前已积的肥料还缺 2/3。据本月中旬统计，全国麦田冬灌面积达 5000 多万亩，只占计划冬灌面积的 18%。山东省年前冬灌面积只达麦田的 30% 多，而前年同期已浇 53.4%。在基肥足、底墒好的情况下，特别是深耕、密植以后，幼苗长得壮、分蘖多，追肥、浇水格外重要。根据前些时候河南、河北、湖北、江苏等地检查，不少麦田的麦苗有发黄现象，主要原因就是水、肥没有跟上。

---

[*] 本文系作者在中央书记处电话会议上的发言记录稿，原载于 1959 年 1 月 20 日《中国农报》第 2～4 页。

目前，小麦、油菜已经进入越冬阶段，必须抓紧农闲积肥有利季节开展一个比去年更大规模的突击积肥运动，大量攒积各种粪肥，大搞土化肥，为越冬作物追肥及春播作物底肥准备足够的肥料。今年国家供应的化肥不多，不能像去年那样，把大部分化肥用在麦田上，当前解决小麦追肥的基本办法还是大搞农家肥料。要抓紧在春节前后追施一次腊肥。去年的经验证明，北方施用腊肥覆盖麦苗，南方施用腊肥培育小麦、油菜等作物根部，既可起到防冻保苗作用，还可及时供应返青后麦苗及油菜生长的需要。在开春后，要抓紧返青前后及时浇水及追施速效性肥料，并掌握拔节抽穗等不同时期及时追肥浇水。南方遇到春旱，也要改变过去只排水不灌溉的习惯，提倡在排水中灌水浸浇。南方麦田及油菜田，冬季生长并不停止，容易受冻，要加强培土防冻工作，并要注意清理排水流，防止春涝。目前南方有些油菜田，有抽苔现象，要实行打苔，以免遭受冻害。开春以后，要注意预防霜冻和风害，从现在起，就着手必要的物质准备。把灾害影响压缩到最小限度。

由于去秋雨水较多，冷得较晚，小麦锈病已在陕西、山西、河北等地发生。油菜蚜虫在浙江等地也有发生，要迅速加以扑灭，防止蔓延。今年冬天气温转高，越冬害虫死亡率比往年低；小麦锈病，在密植、浇水等条件下，适于锈病孢子的繁殖，也有扩大蔓延的可能。因此，今年对防治病虫害必须有足够的准备，去年各地在这方面已有丰富经验，今年产用药械供应比较紧张，各地不要等待中央分配，要尽量利用土产药如石灰硫磺合剂、草木灰水、猫眼儿水、香蓼草水、酸模水等防治，并要做好预测预报工作，事先做好充分准备，一有病虫害发生，立即采取防治措施。

初步统计，各省共培养小麦大面积高额丰产田6000多万亩。对这些麦田，更要精心护理，这是今年夏季更大丰收的主要保证。各地每个人民公社都要选一个生产队做好高额丰产田的记载，建立田间档案制，从耕到播，详细记载每个阶段作物生长情况，采取了哪些措施，用了多少人工、成本，有些什么灾害等等，以便系统地总结经验。目前不少地区的高额丰产试验田，由于种得过密，麦苗陡长，分药及永久根很少，要采取有效措施，控制麦苗生长使其健壮。有些地区，又有重视高额丰产田、放松一般田管理的情况，有些地区重视了消灭三类苗，放松巩固和提高一类苗，这些现象，都要注意防止。

田间管理工作必须做到从头到尾，一环不松，一着不让。前年小麦曾经丰收在望，由于阴雨连绵，造成发芽霉烂重大损失。去年秋收工作中，也因收穗粗糙，丢失很大。对今年麦收产量必须有足够估计，从现在开始，就要进行收穗准备，首先要及早准备收割工具和仓库设备（口粮、种子、储备粮等，要分别入仓保管）。对麦收的全部工作：收割、打场、翻晒、运输、入仓等工作所需的劳动力和工具，要做详细的计算，进行全面的安排和组织，切实贯彻精收细扫，力争丰产多收。

二

现在距离春播季节，南方只有一个多月，北方还有两个多月。为了保证今年春播作物种早种好，必须及早做好准备工作。除了做好思想准备，组织准备之外，还要大抓措施准备。要继续大抓"八字宪法"，不能松懈。根据各地反映，有以下几点情况，需请各地注意。

（一）春播作物的播种面积必须保证完成。要把春播计划落实到社到队，发动社员充分讨论，按照播种计划和增产要求，做出具体措施计划，开始行动，做到人人心中有数，目标明确；春节后，各级领导部门要连续组织检查，进行督促。

（二）今年各种作物春播的面积大约有 10 亿亩，其中已经深耕 3 亿亩左右，还有 7 亿亩没有进行过深耕，必须在今春尽早地进行春耕春耙，精细整地。在那些灌溉条件好的地区，仍可深耕，达到一尺左右。在那些容易遭受春旱、缺乏灌溉条件、劳力又紧张的地区，耕尺达到 7、8 寸也就可以了。对深耕所需要的劳力、畜力和工具，要算个大账，妥善安排，采取具体措施，特别是搞好工具改革工作。

（三）种子问题，去年大多数地区在秋收中都作了安排，但从大面积高额增产的要求来看，有些地方种子不够纯，不够壮，还需要进行精选。有些地方粮食作物的良种、花生、麻类等的种子，数量还不够，需要做好调剂工作。原来各省要求农业部组织调集的种子，就现在我们和各省联系恰妥调运的数字看，不能满足各省的要求。目前的根本办法，还是就地选换、就地调集；省间必要的调种，各省已经约好的，要及早调运，及早分配到人民公社里去。各地人民公社的种子田要提早做好安排。

（四）春播中要坚决贯彻执行合理密植的要求，但必须考虑肥料、灌溉、品种等等条件。各县、各人民公社应该根据 1958 年大面积丰产的经验和今年的增产要求订出适合本县、本社的合理密植规格，如果其他条件不足，片面地过分密植，以致妨碍作物的正常生长，是应该避免的。

（五）在今年10亿多亩的春播面积中，灌溉条件较好的约5亿亩，有一部分是灌溉条件较差的，有些虽有灌溉条件，但缺乏提水工具。为了保证适时春播，建议各地对蓄水、保水、提水工具进行一次检查，并且要按照需要平整土地，要抓紧蓄水；提水工具不足的，该增补的增补，该修理的修理，该归队的归队。据河北省反映，铁制水车80万部，损坏了24万部，占30%，藁城县损坏达50%，如果不及早修理，临时抓是来不及的。有条件的地方，在春耕前建议采取措施，把提水灌溉改成自流灌溉。没有灌溉条件的旱播地区，则应采取早耕、多耙、细耙的办法，达到保墒的目的。

（六）备耕春耕是一场紧张的战斗，要根据春耕任务妥善安排劳动力。各地都应当根据情况，作出春耕期间的劳力规划，把人力比较集中地安排到春耕播种这一中心任务方面来。在春播中至少要有80%以上的劳力投入这一战斗。在农村劳力不足的地方，要注意组织农村中的非产业劳力、辅助劳力以及城市劳动力，抽出一部分来，投入春耕运动。同时，还应该十分注意劳动组织、劳动管理的整顿工作，大抓工具改革，使劳动生产率不断提高。

三

积肥，是备耕工作中的中心问题，现在着重谈一谈。

据21个省（自治区、直辖市）统计，去冬以来，已经积攒各种自然肥料2300多亿担，平均每亩耕地有肥料1.6万多斤；同时建立了土化肥厂80多万个，生产了土化肥3000多亿斤。从数字看，是比去年同期增加了很多，已有一定成绩。但是据反映，其中有些虚数，并有一部分质量很差。从各地参加积肥的人数和声势看，许多地区还没有形成高潮，除少数地区外，一般各地积肥的人数只占农村劳力的15%～20%。有些地区没有把积肥工作摆在主要地位。在人民公社化以后，有些地区积肥的组织工作还没跟上，还没有把社员群众积肥的积极性充分调动起来。

增产肥料是保证今年夏季和秋季更大丰收的关键。今年粮食作物的单位面积产量要求提高一倍左右，每亩所施的肥料就必须比去年大大增加。实现增产指标，才有保证。为了满足麦田追肥和春播基肥的需要，保证实现1959年更大的丰收，不能把肥料问题看成一般问题，需要立即掀起一个人人动手、大搞积肥造肥的群众运动。省、县、乡、社，都应当根据需要和可能，制定规划，分配任务。在农村人民公社里，要把任务布置到各队、各组、各户；要把专业队的积肥工作和各户各人的积肥工作结合起来，统筹安排。在城镇、机关、部队、学校里，也要把任务布置到各个基层单位。不但要求积够充足的数量，而且要求达到一定的质量；适当减少土肥，大量增加有机肥和土化肥。各单位对于积肥成绩的计算，要力求确实，不低估，也不夸大，各地的土化肥厂，要立即进行整顿，充实起来，提高土化肥的质量。河北省邯郸地区最近开展了积肥突击月，每县有一到三个县委书记亲自掌握，采取了三算（算肥料需要账、算增产账、算肥料不足的减产账）、两摸底（摸肥料底、摸思想底）的办法，并且按劳动力分配积肥任务到队到户，贯彻了定额积肥，超额奖励的制度，有70%的劳动力投入了积肥运动，争取在春节前完成积肥计划的2/3以上。这是一个很好的范例。

从当前积肥运动的情况看，还远远不能满足农业生产全面跃进的需要，各地肥源还是很丰富的，关键还是个劳力问题。解决的办法，一方面是从其他战线抽调一定的劳力组织积肥突击队，并且把积肥的责任贯彻到户、到人，建立定任务、定质量、定时间、定奖励的制度。另一方面，还必须想一些积肥多而又省人力的办法，根据各地经验，主要是搞积肥、造肥、运肥、施肥的工具改革，提高积肥运肥的劳动效率；实行地头积肥、地头沤肥、地头熏肥、三圈（牛、猪、羊）到田等办法，并且要根据已有的成功经验，多搞肥效高的土化肥和细菌肥等等，从这几方面来解决积肥量大和劳动力不足的矛盾。

今年绿肥的面积比去年扩大不多，有些地区由于种子不好，目前绿肥生长较差，必须加强管理，追施腊肥，提高产草量。

从目前情况来看，组织群众积肥造肥，已经是非常迫切的任务，是实现今年增产计划的最主要的一个环节，各级党委书记亲自抓这项工作，一定能够取得比去年的高潮时更大更好的成绩。

论争取小麦更大丰收 *

（1959 年 2 月）

今年夏收粮食作物面积占全年粮食作物播种面积 1/4 以上，小麦面积又占夏收粮食作物 80% 以上。争取小麦等夏收作物丰收，是今年农业生产战线上第一个伟大的战役。这一仗打胜了，不仅在完成今年全年粮食生产上占有很大的比重；而且由于小麦的丰收，必然会大大振奋人心，鼓舞士气，推动秋季作物获得更大丰收，从而超额完成全年的农业增产任务。

一、小麦丰收大有希望

今年小麦播种质量好，麦苗生长空前苗壮，只要继续加强管理，战胜灾害，使产量在去年的基础上提高一倍、两倍甚至几倍，都是可能的。今年小麦的更大丰收，是大有希望的。这是因为：

第一，小麦底子打得好，先天足。去年小麦播种季节，播种质量比往年好得多。水、肥、土、种、密等项基本增产措施，比任何一年都做得好，不仅超过去年丰收的小麦，也超过去年秋季获得高产的其他作物。主要表现在：（一）底墒好。去年播种前大部分地区都降了透雨，两亿亩麦田可以进行灌溉，不少麦田实现了畦田化。（二）耕翻深。据十省市统计，深翻一尺以上的麦田约占麦田总面积的 2/3。（三）底肥多。90% 左右的麦田施了底肥。每亩施底肥 2 万斤和 2 万斤以上的各占 1/3。（四）播得密。平均每亩 30 斤左右。（五）种子好。良种面积达麦田总面积 90% 左右。

第二，麦田管理抓得早，抓得好。很多地区党委书记亲自挂帅，开展了大规模的麦田管理运动。河北、河南、山东等省投入麦田管理运动的人数在两千万以上，组织了麦田管理队伍 50 多万个。许多地区还开展了小麦田间管理工作评比检查，建立了丰产方，开展了大面积高额丰产运动。据十省市统计，麦田追肥面积达 80% 以上，一般每亩追肥在 1 万斤左右，两次以上的占 40%。冬灌

---

* 本文原载于 1959 年 2 月 26 日《人民日报》。

面积比去年扩大了一倍，北方已浇麦田占总麦田36%，目前正在积极提早春灌。

第三，小麦生长情况比以往任何一年都好。按各省市报告估算，平均每亩50万株左右。十省市排队：一类麦田占57%左右，一般每苗有2~3个分蘖，每亩有50~80万株，苗全苗壮；二类麦田约占34.2%，一般每苗有1~2个分蘖，每亩30~50万株；三类麦田占8.8%，很少分蘖，一般每亩在30万株以下，生长较弱。主要是一些腾茬较晚的晚播麦田，耕得浅，施肥少或者未施肥，播种质量粗糙，管理工作也没有及时跟上。

今年小麦先天足，后天又抓得早，抓得紧，麦苗生长普遍良好，更大丰收的基础已经有了。按现在麦苗生长情况来算，每亩平均已有50万株左右，培育得好，每亩保持50万穗是可能的。按每穗30粒就能保证千斤的产量；如果每穗能有45粒，就能保证1500斤的产量。我们必须看到这个条件，鼓足干劲，力争实现高产量的指标。但是，小麦丰收有望，不等于丰收业已定局，麦子已经到手。现在到收麦还有80多天，要渡过一整段紧张的战斗时期。

二、还要过好几关

小麦产量是由株数、穗数、粒数、粒重构成的。确保小麦更大丰收的基本关键，就是按照小麦生长发育的规律，过好返青、拔节、抽穗、扬花、灌浆、收获等关。在小麦整个生长阶段，都要像母亲抚育婴儿一样，饥了就喂，渴了就饮，精心护理，才能达到高额丰产。

越冬分蘖关，在大部分地区已经基本过去了。在这个阶段，凡是注意及时追肥、冬灌、加强管理的，小麦越冬情况都好。

"惊蛰"以后，大部地区小麦开始返青。最主要的问题是过好小麦返青起身关。这是麦穗形成的主要时期，是穗胎伸长，小穗、小花的分化期，不仅决定麦穗的多少，也基本上为穗子的大小准备了雏型。在这个阶段，保证麦苗有丰富的营养料，就可以巩固冬前分蘖，增多早春分蘖，提高有效分蘖率，增多穗数；丰富的营养料，还可以适当延长小穗的分化时间，增加小穗数，达到穗长穗大。

返青以后，进入拔节、抽穗时期。在这个时期，麦穗已经基本定型，到了决定每个穗子结实多少并且是预防倒伏、预防霜冻的重要阶段。这时田间管理的主要任务是保证茎秆健壮发育，提高小穗的结实率。因此在返青期追肥的基础上，还要适当在拔节期追肥，以赶上孕穗开花的需要，减少不孕小穗小花数，达到穗大粒多。对一些生长较弱的麦株，要追施速效性"偏肥"，除施氮肥外，并且要注意增施磷、钾质肥料，促使茎秆粗壮。小麦到拔节期，茎秆迅速生长，需要大量水分（约占全生长期的需水量的1/4还多）；如果缺水，就会使麦株矮小，穗小粒少。但是在早浇返青水的基础上，拔节水要适当迟浇，使茎秆基部节间粗短坚韧，增强抗倒伏的能力。

扬花、灌浆，是决定小麦粒饱、粒重的阶段。当小麦扬花受精以后，每穗的粒数已经定型，小麦茎叶中积累的养分不断向籽粒中输送。在小麦灌浆时，供应水分十分重要；水分不足，结籽就不能饱满。要根据气候、土壤及小麦生长需要，先期浇好扬花、灌浆、催籽三道水，促使灌浆充足，结实饱满。这时还要加施些速效性的肥料（特别是磷肥），不断供应养分，使籽粒不断壮大。

最后决定丰产丰收的，是成熟收获阶段。我国冬麦主要产区小麦一般在5月下旬6月上旬先后成熟。小麦的成熟期短而集中，"麦熟一晌，龙口夺食"，时间十分紧迫。每年收麦季节容易遭受雨害。要事先做好一切准备，保证及时收割、脱粒、翻晒、入仓。做到地里一穗不留，场上一粒不丢。收获过晚或收获粗糙，都会遭受损失。

要过好以上各个关口，就要有实际措施加以保证：

第一，要加强管理培育，保证小麦要肥有肥，要水有水，做到五增（株、穗、粒、重、产）。在深耕、密植以后，小麦对于肥、水的需要大大增加了，必须使水、肥跟上去，防止任何脱水、脱肥的现象发生。对于小麦返青、拔节、抽穗、扬花、灌浆等各个阶段的水、肥需要量，都要具体算账，订出计划，事先准备，以便及时进行施肥、灌溉。目前在大量积肥的同时，还要注意提高肥料的质量，要随积随运，随运随施。在施肥方法上，一般是底肥重于追肥，前期重于后期；但并不是说底肥足就不再需要追肥了。尤其在要求高产的情况下，必须源源不断地供给小麦生长以必需的养料和水分。在灌水方面，要修好渠埂、畦田，增补提水用具，保证及时灌溉，并且做好灌溉管理工作。不论施肥和灌水，都要根据情况适时适量。此外，还要及时进行中耕除草等工作。

第二，要加强与自然灾害作斗争，做好五防工作：

（一）防旱涝。目前底墒虽好，但要注意2～4月间可能发生的气候变化。根据中央气象局材料，3月份华北、淮北降雨量比常年要少25％，4月份少25％～50％。各地要尽量利用现有水源，加强灌溉。没有水源的地区，要做好保墒工作。南方要清沟排水，防止春雨成涝。

（二）防病虫。冬季气温较高，小麦种得较密，适于锈病孢子的繁殖。据十个省、市的报告，已有 99 个县市发现锈病。如不及时防治，后期可能更加严重。南方多雨，要预防赤霉病的发生。害虫越冬死亡的较少，值得注意。现在就要做好预测预报工作，尽一切可能准备好药械，及早动手，消灭病虫在点片和幼龄阶段，不使其蔓延。

（三）防霜冻。今年晚霜终止日期可能延长。现在天气较暖，有些地方也可能转冷。加强气象预报，做好防霜准备。

（四）防倒伏。主要是在拔节孕穗阶段，合理施肥、灌溉，使麦株生长健壮，防止前期倒伏。

（五）防风雨。办法是事先浇水，及时收获，防止雨害。

第三，要及时收获，做到丰产丰收，颗粒归仓。按照小麦丰产计划准备劳力、工具、晒场、仓库等，做好规划。省、专、县、社各级组织专人在小麦收获前准备好收割、脱粒、运输工具，保证及时收割、脱粒、翻晒、入仓。收割前要穗选种子，单打单藏。

三、丰产田带动全面丰产

在各地争取小麦更大丰收的斗争中的一个共同特点，就是抓紧经营大面积高额丰产田，带动一般田，不断地消灭三类苗，推动全面丰产。我国小麦重要产区十个省市有几千万亩丰产田，这是推动当前农业生产全面跃进的基地，也是为高产、少种、多收和建设现代化农业逐步实现大地园林化的伟大理想准备条件的。

为了使丰产田（又叫丰产方）真正获得高额产量，就要按照农业增产"八字宪法"的要求，培养丰产方，有计划地系统地进行建设。对丰产方应当科学地精细管理，建立田间管理的档案制度；并且应在总结经验的基础上，制定各种作物的技术操作规程，建立健全的责任制。要努力提高劳动生产率，随着工具改革的机械化、细肥化的进展，逐步提高管理定额。对丰产方的基本建设和种植栽培，要有严格的要求，逐步做到规格化。当然，这种规格化，是作物生产所要求的，既不是强迫命令，更不是僵硬不前，而是要发挥群众的积极性创造性，运用群众的力量、智慧和经验，充实和发展这些规程，使它不断完善。

要注意全面掌握、充分运用丰产田的经验推动一般田，达到全面丰产，这正是经营丰产田的根本目的。如果只注意抓丰产田而丢掉一般田，这就必然要严重地影响到总产量的增加，对争取全面丰产是极其不利的。

为了加强对丰产田的领导，各地都建立了试验田（有的名为"指挥田"、"卫星田"）。凡是能在大面积丰产田上推广或准备推广的，都要在试验田进行试验，系统观察，详细记录，随着作物生长过程及时做出阶段小结，在作物收获后做出全部过程的科学总结。

不论在丰产田、一般田、试验田上，都有三类田、三类苗。"方方都有三类田，块块都有三类苗"，这是指那些庄稼生长暂时比较差些的地块和长得差些的植株说的。这就要通过加强管理，进行地块禾苗升级运动，使三类地块变成一类地块，三类麦苗变成一类麦苗，这是一个不间断的运动，消灭了一次三类苗，又会在高一级的基础上出现新的三类苗。这就要求我们采取不断革命的精神，加强管理培育，既要争取平衡发展，又要不断突破平衡，不断扩大丰产阵地，达到全面丰产。

四、千方百计发挥有利因素

夏季丰收有望，还要过好五关。要力争小麦更大丰收，就要继续加强政治思想工作，既要不断地克服右倾保守思想，又要不断地和自满麻痹思想作斗争。战胜了这两种思想，在实际工作中过好五关，战胜灾害，今年夏季就完全有可能获得比去年高出一倍、两倍甚至更大的丰收。在大跃进的群众运动普遍开展的时候，右倾保守思想常常出现在那些三类苗的耕地上、条件较差的地区、自然灾害袭击严重的时候和那些本来就是怀疑派担负领导的地方。在这些地方和这些时候，必须随时以作物生长的实际事实和他们斗争，拿出事实教育他们、说服他们。克服了右倾保守思想，群众性的生产高潮起来之后，最容易发生也是危险最大的是自满麻痹倾向。这种倾向可能造成严重的损失。在争取小麦更大丰收的斗争中，促进小麦丰收的有利因素和造成小麦减产的不利因素是同时存在的，这两种因素给小麦生产带来了两种可能性：自满麻痹、疏忽大意，必然造成降低亩产量；兢兢业业尽力而为，才能提高亩产量。我们要做争取小麦丰收的"算账派"，按照作物各个生长发育阶段的情况，根据实际数据，具体计算对增产有利或是不利的因素，紧紧抓住并且充分利用有利因素，随时克服不利因素，我们就能获得高额产量。

争取小麦更大丰收，是今年农业战线上第一个规模巨大的战役，每过一道关，就是一次战斗，因此必须按照作物生长季节有计划地组织战斗，一个高潮接着一个高潮地向前发展。每个战斗的共同任务，都是要给作物充分的营养和水分，克服作物生长过程中可能遭到的一切灾害和困难。前期管理要搞好，后期管理要求更高，要劲上加劲，精益求精。在作物生长发育的每一个关键时期，放任自流就是失败；加强领导，抓紧关键问题及时解决，才能获得胜利。农民说："一紧一松差一半"，就是这个道理。

现在加强田间管理的中心工作是不论丰产田、试验田、一般田，都要建立健全的责任制。山东省所提的划方分片，分块分亩，固定包方，一包到底。河南省所提路路有帅、方方有将、片片有兵、人人有责、块块不漏、亩亩丰产。河北省所提队包方、组包片、人包畦等方法，都是把大规模的群众运动和细致的田间管理责任制结合起来的好形式。

小麦生长一刻不能停止，管理工作分秒必争。要达到这个目的，必须事先在思想上、物质上和措施上做好准备。经济工作愈做愈细，农业工作不能例外。生产实践中提出了很多经济上的科学技术上的新问题，要求我们深入研究，细致分析，及时提出措施，展开工作，前一步就看到下一步，一步跟一步，一环不松，一着不让，精心护理，直到小麦收获入仓，才是我们取得最后胜利的时候。

水稻插秧机的革命意义*

（1960 年 3 月 21 日）

1956 年，我国出现第一台水稻插秧机模型。4 年来，各地不断试验研究，现在已经获得初步成功。在全国第 7 次插秧机评比会上，各地选送了 84 种插秧机，评选出"湖南醴陵 2 号"、"江西－59 型"、"广西59－3 型"、"上海南汇 1 号"、"湖北汉川－59 型"、"浙农 4 号"、"南 105 号－B 型"等 7 种插秧机，确定定型制造推广。此外，还有 14 种向全国推荐试用。

插秧机的种类多种多样。插秧的方式，有直插式、滚插式、夹插式。从动力讲，有人力的，有畜力的，还有机械动力的。正是因为有多种多样的形式，各地可以按照当地条件和需要加以选择。

（一）现在定型推广的插秧机，已经达到新的水平。

1. 插秧质量好，符合农业技术要求。机插穴距均匀，能保证合理密植。机插秧苗深浅一致，入泥深度都在 4～5 厘米左右。过去插秧机作业有漏插、勾秧、伤秧和不均匀等缺点，现在已经基本解决。漏秧率少的 1%，多的 5%；勾秧率低的 2%，高的 30% 以上；伤秧率少的不到 1%，多的 8%；均匀度达 90%，差的 60% 或 70%。机插水稻的插秧穴眼小，田间脚印少，秧苗拔出后曝晒时间短，栽插时没有包心秧。这些，都是有利于水稻生长发育的。

2. 插秧效率高。按每亩 3 万穴的密度，用人工每天只插半亩。如用醴陵简易插秧机，每天可插 3～4 亩；用"江西－59 型"或"广西59－3 型"，每天可插 5～7 亩；用"南 105 号－B 型"，最多每天可插 30 亩左右，机插比手插效率提高几倍、十几倍，甚至到几十倍。

3. 机身坚固，部件牢稳。这是几年来不断改进的结果，自然也包括工艺制造的质量在内。过去插秧机下水后，水浸日晒，极易变形，不能经久使用。现在不少地方用各种方法处理木材，已经做到机器不变形，下水后可以比较持久

---

*从 1956 年我国出现第一台水稻插秧机模型后，到 20 世纪 80 年代初期，我国由南向北，三熟制、双季稻、稻麦两熟等面积增加 3 亿多亩，全国复种指数达 150% 左右，间、套作面积也大量增加，早熟种植已成为我国种植业中主要的种植制度。在这一巨大变革中，水稻插秧机的应用和推广以及不断提高，起到了不可估量的作用。作者早在 50 年前便已预见到了这一先进生产工具的使用将产生的翻天覆地的变化。本文原载于 1960 年 3 月 21 日《人民日报》。

地作业。

4. 操作轻便，劳动强度大大减轻。妇女、半劳力都能操作。湖南攸县妇女插秧能手陈彬秀，原先不相信插秧机能插得好，插得快；后来她和插秧机比赛了一番，结果插秧机比她快 4 倍，而且操作轻便。从此以后，她就积极地使用插秧机，由手插能手变成了机插能手。

使用插秧机插秧，既能抢住季节，又能保证合理密植。1959 年全国试用各种型号插秧机，栽插水稻的面积达到 68 万多亩。各地大面积试验的田间鉴定证明，使用插秧机插秧是增产的。据贵州、湖南、四川、安徽、湖北、江西、河北等 14 个点统计，机插比手插增产的情况是：增产 2%～10% 的有 6 个点，增产 11%～20% 的有 4 个点，增产 31%～35% 的有 4 个点。使用插秧机不仅提高工效，而且增产，农民十分喜爱插秧机。贵州农民唱得妙："自古插秧手称能，如今机器飞田中，保质保量效率高，腰不酸来腿不疼。初看好似龙戏水，转眼青纱已织成。"

水稻插秧机的试验成功和普及推广，对于根本改变我国水田的耕作技术的落后面貌，促进农业生产的全面跃进，有极为重要的意义。在我国社会主义改造尚未完成时，毛主席在 1955 年 7 月就指出实现我国农业机械化的重要意义，毛主席说："中国只有在社会经济制度方面彻底完成社会主义改造，又在技术方面，在一切能够使用机器操作的部门和地方，通通使用机器操作，才能使社会经济面貌全部改观。"在这里毛主席所说"在一切能够使用机器操作的部门和地方，通通使用机器操作"这一伟大理想，在水田地区，将会由于水稻插秧机的推广普及和不断改进提高而逐步地实现。我国有近 1/4 的耕地是种植水稻的。水稻栽培有插秧移植和大田直播的两种方式。所占面积，前者是绝大多数，后者只在少数地区采用。现有经验证明，在深耕足肥、整地良好、管理精细的条件下，直播可以获得高产，但它的缺点是难以克服与前作物生长的矛盾，前作物未收，无法播种，在大部分地区一年只能种一季，加上条播株距密集，草苗齐长，清除杂草困难，在我国大多数地区耕地能种两季的情况下，一时难以推广。插秧（育苗移栽）的好处是在小块秧田育苗期间，大田仍可种植其他作物，可以经济利用土地，提高复种指数；在秧田育苗、本田灌水以及整秧栽插时，都能有效地清除杂草，按一定穴距栽插也便于中耕和通风透光。插秧是我国水稻生产精耕细作传统中一项优良技术，也是今天绝大多数地区采用的比较可靠的增产办法。但是，水稻插秧时对农时要求很严格，一般要求 10 天以内完成，拖延时间，就要减产。插秧费工多，劳动强度大。特别是收麦插秧和收早稻插晚稻的季节，劳动力是十分紧张的。所以水稻插秧作业的机械化和半机械化，便成了我国水田地区广大农民的迫切要求。

插秧机从提出任务经多次试验创制到定型推广，中间经过无数次的曲折。既要和由于缺乏现成经验所产生的困难作斗争，又要和保守思想的阻挠作斗争。党的各级组织坚决支持插秧机创制者的创造活动，从各方面培育这个新生事物。

（二）插秧机的成功，给人们以下述思想启发。

1. 插秧机的初步成功，证明我国农业的机械化可以和我国精耕细作的传统结合起来，打破了一些人认为的"插秧不能机械化"的观念。我国南方水田地区耕作能否机械化，首先取决于水稻田作业能否机械化，而水稻田作业中技术要求较高的就是插秧。这个环节一突破，便为水田地区机械化作业开辟了顺畅的道路。现在定型推广的插秧机多数还是靠人力操作的，因为其诞生不久，难免有一些缺点，今后必将不断改进，逐渐完善。将来有了大量的动力牵引机械，插秧作业就可以比较容易地从半机械化过渡到机械化。最初怀疑的人们曾经认为用机器插秧是不可思议的。当插秧机初步成功的时候，他们又怀疑能否增产。他们强调插秧技术的复杂性，插秧条件的特殊性，并强调说，田小路窄，难以运行；地形崎岖，难以改变等。诚然，插秧操作技术要求较高，分秧和送秧，曾经是所有插秧机创制者首先遇到的难题。但是，广大工人、农民并没有被困难所吓倒，而是坚毅不拔地刻苦钻研，互相学习，努力创造。插秧机创制者林体强同志从打字机等距移动的原理，找到了用秧箱移动的办法来分秧。贺继生同志从梳头的梳子找到了夹式分秧的原理。他们的结论和懒汉懦夫的思想相反：插秧机械化虽说是困难的，但是，困难是可以攻破的。现在无数事例证明：插秧不仅可以机械化，而且可以增产。插秧机不仅是提高劳动效率的工具，而且是增产的工具。

2. 插秧机的初步成功，证明资本主义国家没有创造出来或者还没有创造成功的东西，我国人民是能够创造出来和创造成功的。别人还没有做到的事情，我们也是可以做到的。我国农业机械化水平虽然比资本主义国家落后许多年，我们是能够在较短时间内赶上他们的。有些资本主义国家多年前就有人研究插秧机，至今还没有成功。我们只花了几年的时间就初步成功了。这是什么原因呢？第一，我们有共产党的领导，有优越的社会主义制度，我国工人、农民和知识分子，在共产党领导下，坚持政治挂帅，破除迷信，解放思想，树立了敢想、敢说、敢做的共产主义风格。为了加速建设社会主义，都在大胆创造，忘我劳动。每一个人都以克服困难、帮助别人为光荣，集中领导，分地创造，互相学习，彼此促进。因此，成功就快。在资本主义社会，一切为了利润，为了个人发财，彼此互相保密，所以进度就慢。第二，正因为我国是社会主义国家，我们能够采取群众路线的方法，不仅有专业研究队伍，而且发挥群众智慧，采取多种多样的方案和方法，进行多点试验研究。根据不完全统计，全国在试验中的插秧机就有2000多种。千百万人民群众开动脑筋，想问题，出主意，互相学习，取长补短，发挥集体智慧。所有插秧机的创制，都是你中有我，我中有你。就是这样，前进中遇到困难问题，就一个个地、一批批地得到解决，插秧机就研制成功了。为了交流技术研究成果，全国和各地每年定期召开多次经验交流会。1956年以来，就召开了7次全国插秧机会议。

3. 插秧机初步成功的事实，证明工人、农民是能够攀登科学技术高峰的。我们在解决许多技术问题上，必须坚决走群众路线，必须相信人民群众的伟大创造力，必须土洋并举。过去不少人认为工人、农民是大老粗，文化低，对科学是无法问津的。这次创制插秧机成功的人，多数是工农出身的"土专家"。他们在党的领导下，有高度的社会主义觉悟，敢于破除迷信，解放思想，不怕失败，失败了再干，虚心学习，刻苦钻研，再接再厉，坚持到底，因此，成功就快。"湖北汉川－59型"改进了23次才成功。"湖南耒阳插秧机"改了175次才成功。贺继生是当时农业合作社干部，白天忙于行政工作，夜里研究插秧机，他们受到了各种讽刺，说"土包子能造机器，机器就不值钱了"。其实，世界上许多机器，最初都是"土包子"设想出来和研究出来的，有的经过技术人员的指导、帮助，就很快研究成功。事实证明，科学技术人员也要放下架子，和工人、农民一道，把书本上的理论知识和工人、农民的实践经验结合起来，才能充分发挥作用。"南农2号"插秧机，就是工人、农民、知识分子三合一搞出来的。

各地制造插秧机都要保证产品质量。推广出去的插秧机也要不断组织检查，解决使用中碰到的具体问题，发挥省工增产的实效，并研究改进和日臻完善的途径。

要做好技术训练工作。在插秧季节，必须根据推广计划，采取实际操作现场教学办法，每台插秧机培训两班操作手。提前培训修理人员，在插秧季节，组织田间流动修理组，做好插秧机的修理维护和使用保管工作。

正如同志们所说的那样：推广插秧机还必须估计到，现有各种型号的插秧机都还存在着一定的缺点。加上在赶制中技术不熟练，插不好的现象也必然会发生，甚至有些比手插的还要差。所有这些毛病都必须估计到，必须有坚定的信心，出了毛病不后悔、不退缩。

当前的任务是，插秧机本身要继续改进，消灭漏秧、勾秧、伤秧现象；早稻、中稻、晚稻，嫩秧、壮秧都能插；密度和深度可以灵活调节。

我们要在现有基础上，进行水田作业机械系列化的研究。我们需要一整套的适合水田的农业机械，例如水田深耕犁、耙，适合密植要求的中耕器和防治病虫的农械，高效率的人力、畜力或机引的收获机、脱谷机以及干燥机等，以便加速水稻地区农业的技术改造。

继续大规模地开展水土保持运动 *

（1960 年）

1960 年的水土保持工作，亿万人民在党的领导下，斗志昂扬，干劲冲天，各地以气吞山河之势，展开了轰轰烈烈的治山、治水、治土运动。根据不完全统计，全国已初步治理水土流失面积就有 99326 平方公里，占全国年计划 152249 平方公里的 65%；加工提高面积达 43205 平方公里，占今年计划 116434 平方公里的 37%。其中黄河流域七省（区）就已经完成初步治理水土流失面积 78534 平方公里；加工提高面积达 42817 平方公里。合计完成 121351 平方公里，占今年计划任务 48642 平方公里的 81%，比 1958 年同期进度还多，再一次证明水土保持是完全可以高速度发展的。目前甘肃省已完成 1960 年度计划的 120%，山西、河南、陕西、青海完成全年计划的 70% 以上，宁夏完成全年计划的 40% 左右，内蒙完成全年计划的 16%。今年运动特点是：第一，各地区进一步认识了水土保持工作的作用，领导决心更大，群众干劲更足，运动规模大，进度快，效益高，运动直线上升。第二，一般都按山系，按流域进行大面积的综合治理，集中治理，水库工程与面的治理同时并进，全面规划，分片包干。第三，结合农田基本建设大搞水平梯田。第四，生物措施与工程措施进一步密切结合。大抓造林种草，工程到哪里，造林种草跟着也到哪里。第五，大搞以高工效、高质量为中心的工具改革技术革新运动，推广定向爆破和松动爆破。开展了县与县、社与社、队与队之间大协作、大兵团、大突击作战。第六，工作做得更细致，抓紧工程检查，保证工程质量。

根据总理对黄河流域水土保持会议指示精神，为保证 1960 年三门峡水库拦洪的需要，必须大抓黄河中上游地区水土保持工作。为了继续大规模地开展当前的水土保持运动，提出如下意见：

第一，各地进度是不平衡的，工作薄弱地区，还未很好展开，为了克服不平衡的情况，必须：1. 加强宣传，促进工作薄弱地区的干部，群众更加重视水土保持工作。在领导方面要对目前运动作一检查，掌握什么地区开展得好，什

---

* 这是作者 1960 年对全国水土保持工作提出的指导性意见。这一年 10 月，作者便被免去农业部常务副部长一职，改任华东局农委主任。

么地区开展得弱，对弱的地方要加强督促检查。2. 要继续抓按流域进行综合治理，集中治理。采取全面规划，分片包干的办法，带动落后地区的工作。3. 对先进单位要采用现场评比竞赛等方法，把这些地方的先进经验推广出去，好的典型一定让其普遍化，不要停留在点上，使运动由点到面全面平衡地发展。4. 向党委汇报，研究保证完成1960年任务的具体措施，根据农事活动把水土保持安排在日程上。

第二，全国的水土保持工作的重点是黄河中上游地区，但决不是放松其他各省区的水土保持工作。黄河中上游水土流失最严重的地区做好了，其他各省区更能做好，黄河流域以外各省区，也应选择水土流失严重地区作为本省的工作重点。当前尤其注意抓已完成的正在修建或准备修建的大中型水库上游的水土保持工作。

第三，为了改变黄河流域的面貌，必须积极开展造林种草工作，种苗主要靠自力更生解决。各地必须抓紧时机，动员一切可能动员的力量，再次展开大规模的社、队采种运动，把一切需要的种子全部采集起来，为绿化造林做好充分准备。

第四，要大搞工具改革，提高工程技术。这是节约劳力、加速工程进度的有效措施。要鼓励启发群众的创造性，随时注意发现先进经验，及时总结推广。陕北米脂县采取山地犁、刮土板，修水平梯田，提高工效2~3倍。延安专区，采取定向爆破办法修筑土坝，试验成功，大大节省了劳力。条件做好的地区都可大力推广。山西省举办专县技术干部的定向爆破训练班传授技术，这都是推广先进经验的办法，各地都可仿效。

第五，用飞机播种的省区，目前应抓紧进行播种地区的勘测规划工作，树种草种的采集贮运，简易机场的建立以及干部训练等工作，为大规模飞机播种做好准备。

最近水土保持委员会办公室研究了一下工作，考虑10月以前对人民公社指导上要抓以下工作：

1. 抓公社规化，抓公社小流域治理。
2. 抓计划完成情况，典型效益。
3. 抓苗圃。
4. 抓造林种草。
5. 抓水平梯田和爆破堵沟筑坝工程。

目前群众生产情绪高昂，我们必须抓住这一有利形势，加强领导，充分发动群众，把水土保持推向新的高潮，争取超额完成1960年水土保持任务，为实现五化：坡耕地梯田化、山区园林化、牧坡草地化、沟壑川台化、坡耕地水利化而奋斗。

让土壤科学为农业持续增产服务 *

（1960 年 6 月）

土壤，是农作物生长发育的基地。毛泽东根据我国农业生产经验和科学研究成果总结出的农业"八字宪法"，把"土"列为第一位。农作物的生长发育需要阳光、温度、水分、空气和养料，其中水分、养料、土壤中的空气和热量，主要是依靠土壤来提供的。土壤的性状决定着农作物生长发育和繁殖的状况。具有高度肥力的土壤是农业稳产高产的重要物质条件。

我国研究土壤的历史是很早的。在《禹贡》、《吕氏春秋》、《管子》等著作中，对水土资源与人民生活的关系和掌握天时地利以发展农业生产等方面，就有过精辟的阐述。广大农民群众在长期的生产实践中，与土地共"命运"、同"呼吸"，摸透了耕地土壤的"脾气"，世代相传，积累了极其丰富的经验。现代的土壤科学工作者也作出了不小的成就。自 1958 年以来，在全国范围内开展的群众性的土壤普查鉴定运动，为土壤科学研究提供了极为丰富的科学资料，给土壤科学工作者提出了许多新问题。这一切都为我国土壤科学的进一步发展准备了有利的条件。

为了使我国土壤科学在已有成就的基础上取得更大的发展，我们必须坚持马克思列宁主义观点，系统地总结群众的丰富经验，学习和利用土壤科学上的有益成果，开展更加广泛和深入的科学研究工作。

一、坚持以辩证唯物主义的观点和方法来研究土壤

土壤科学的任务是以辩证唯物主义的观点和方法，通过生产和科学实践，更深刻地认识土壤，更有效地利用和改造土壤，使它为人民造福。

农业土壤（主要是指耕作土壤）是历史自然体，是农业的基本生产资料，是劳动的产物。为了使我国土壤科学健康地、迅速地向前发展，就需要进一步

---

* 本文是作者在全国第一次群众性土壤普查资料汇总工作会议上的讲稿。作者时任农业部常务副部长。

研究农业土壤的形成、运动和发展的整个过程。土壤的形成和发展，是与自然环境条件和社会生产活动密切联系着的；土壤的形成过程是与土壤的形成因素密切联系着的。因此，在研究农业土壤时，要同时考虑到自然成土因素和社会生产活动对土壤形成和发展的作用，不仅要研究气候、地形、母质、生物、年龄等成土因素对土壤形成的作用，同时要研究栽培作物和耕作措施对土壤形成的作用。必须把这两方面的作用联系起来考察，否则就不可能认识农业土壤及其肥力的发展变化。

过去，有一些土壤科学工作者，偏重以自然土壤为研究对象，死死地按照五大自然成土因素来描述土壤的自然发生过程，并着重按照土壤的外部形态来进行土壤分类，而不是以耕作土壤为主要的研究对象，把自然成土因素与社会生产活动的作用联系起来，考察土壤的发展变化。因此，他们在认识和描述土壤方面做得多，而在利用和改造土壤方面做得少。这就大大降低了土壤科学的战斗性和对农业生产的指导作用。通过群众性的土壤普查鉴定运动，许多土壤科学工作者进一步明确了以耕作土壤为主要研究对象，通过广泛总结农民群众认识、利用和改造土壤的经验，肯定了人为因素对改造土壤的能动作用，确立了促进和控制土壤定向发展的论点。这种辩证唯物主义观点的逐步树立，纠正了偏重研究自然土壤和偏重从自然成土因素来描述土壤的片面性，把我国土壤科学大大向前推进了一步。但是，目前在少数土壤科学工作者中，又出现了另一种片面认识。他们认为，既然农业土壤主要是受社会生产活动的支配，那么研究土壤的环境条件和自然成土因素就没有多大意思。按照这种想法，似乎不去研究自然成土因素对土壤的作用，不必掌握土壤运动变化的客观规律，也可以利用和改造土壤。显然，这种观点也是不对的。

为了更好地掌握土壤运动发展规律，还需要正确地认识农业土壤和自然土壤的关系。农业土壤（主要是指耕作土壤）与自然土壤（主要是指生长自然植被的原始土壤）是有联系的，是统一的，又是有差别的。

自然土壤和农业土壤，是土壤形成过程中的具有质的区别的两阶段。从地表岩石风化为母质，从母质到能生长绿色植物的土壤，是自然土壤的形成过程和发展阶段。自然土壤的形成，单纯是自然成土因素作用的结果。农业土壤则是自然土壤在农业生产条件下发展起来的，自然土壤经过人工熟化过程就形成农业土壤，这便是农业土壤的形成过程和发展阶段。土壤经过人们开垦利用来生产农产品之后，自然成土因素当然还在继续发生作用；而耕作措施和栽培作物的作用，便成为农业土壤形成发展过程中不可忽视的、日益占据重要地位的因素。所以，自然土壤是农业土壤的前身，农业土壤是自然土壤在耕作措施、栽培作物和自然成土因素作用下的继续发展。自然土壤与农业土壤的共性，就在于都具有作为历史自然体的土壤的自然属性，具有肥力这一质的特性。农业土壤的特殊性，则在于它被利用为农业生产资料及其所产生的新的属性，其本质特征是经济肥力。

农业土壤与自然土壤有共同性，是比较容易为人们所理解的，农业土壤的特殊性则曾为一些人所忽视或否认。如有人认为："自然土壤和农业土壤都是土壤，它们都具有土壤的本质特性。"这种说法，只是表明农业土壤与自然土壤具有共同性。但是忽略了它们的特殊性，很容易使人们了解成似乎是以自然土壤的概念来代替对农业土壤的认识。因此，着重阐明农业土壤的特殊性是必要的。

农业土壤不仅是历史自然体，而且是最基本的农业生产资料，是劳动的产物。它较之自然土壤来说，是一种新的、更高级的、更复杂的土壤。它的形成过程、发展方向、发展速度和动力等，都与自然土壤有着本质的差别。当然，初垦的耕作土壤，只是质变的开始，与原来自然土壤的差别还是很小的。但是，这种差别是越来越大的。农业土壤在耕作措施和栽培作物的作用下，进行着自己的熟化过程，最明显的表现是自然植被为栽培作物所代替，是耕种、施肥、灌溉等农业技术措施与平整土地、修筑梯田、改良土壤和营造防护林带等农田基本建设措施对土壤形成过程的积极干涉。农业土壤的形成因素，除了气候、地形、母质、生物、年龄等自然成土因素外，还受着社会生产活动的影响，而且这种影响较之其他因素对土壤形成的影响来说，则有着深刻的、原则上的区别。人的劳动是有意识的，人基于对土壤的认识，从提高农作物的产量出发，积极促进土壤有利因素的发挥，控制不利因素的影响，因而使诸成土因素的对比关系发生了深刻的变化，使土壤朝着合乎发展农业生产所要求的方向发展。例如贵州省农业试验站有两块黄泥地，其中一块经过 10 年耕作以后，表土熟化层增厚，有机质和全磷含量增高；另一块未开垦利用的地，不但没有变好，反而遭受严重的侵蚀。在农业生产措施定向促进和合理控制下，农业土壤及其肥力的发展变化速度，远非自然土壤可以比拟。例如深耕和大量施用有机肥料，能加速土壤的熟化；盐碱土通过开沟排水和洗盐，能加速脱盐过程；客土换土能改变土壤的泥沙比例和物理性质。农业土壤的形成和发展，固然是人工熟化的过程，但是不同土壤的熟化过程有着自己的特点，就是同一土壤也有着不同的熟化阶段。土壤的熟化过程，不仅表现在土壤的物理、化学和生物特性的改变，更重要的是土壤肥力、耕性和生产性能的不断改善。中国科学院土壤及水土保持研究所和北京市农业科学院通过对京郊菜园土壤的调查，了解到群众在生产实践中，早就对新老园田土壤有着严格的划分。群众认为：旱地改园田的头3年，是菜园土熟化的初期阶段。土壤肥力较低，口紧，土和肥还没有充分融合，容易漏水、漏肥，每年需增施大量的有机肥料。宜种蒜、扁豆、茄子和瓜类等。种大白菜则包心较差，并易烧心，产量低。群众把这个时期叫作喂肥期，是由生土变熟土的过程，属新园田阶段。耕种4年以上的园田，群众把它叫作老园田，它的熟化层增厚，土色均匀、发黑，土肥相融，土性柔和发暖，已变成油土，宜种需肥较多、不易感染病菌的蔬菜，如大白菜、洋白菜和芹菜等。特别是种大白菜，包心好，产量高。

农业土壤的肥力发展，虽然与土壤的自然特性有关，但是它却决定于人类社会不同发展阶段而有所改变的耕作方法。因此，正像马克思所指出的：必须把自然肥力同经济肥力，即有效肥力区别开来。农业土壤的肥力是经济肥力，它是自然成土因素所形成的自然肥力加上人为耕作措施所形成的人工肥力的综合。土壤之具有自然肥力，并不决定于人类对土壤的影响，而土壤之具有经济肥力，则是社会生产活动对土壤发生积极影响的结果。这种影响，决定于科学技术发展水平和受生产关系所制约的劳动生产率。因此，土壤的有效肥力是与社会关系有着密切联系的。

自然土壤对人类社会来说，仅仅是作为可利用的土壤资源而存在，它的形成和发展很少受到或基本不受人为因素的影响，它的发展方向和过程，主要受自然成土因素的支配，表现为自发的发展过程。自然土壤及其肥力的发展变化，较之农业土壤则非常缓慢。

由此可见，熟化的农业土壤与自然土壤有着本质的区别。我们要积极地去探索农业土壤形成发展的特殊规律，以便掌握加速提高土壤肥力的有效途径和措施。为了加速提高单位面积产量，当前我们应当以研究农业土壤为重点；为了扩大耕地面积和合理利用土地资源，我们同时也要研究自然土壤。

二、以严肃的科学态度来总结群众的经验

我国农民群众在长期的生产实践中，积累了认识、鉴别、利用和改造土壤的丰富经验。两年来的土壤普查在全国范围内总结了群众生产实践的经验，获得了大量的土壤资料。我们要以最大的热情对待群众中来的这些宝贵资料，以严肃的科学态度和最大的责任心加以系统地总结，使之上升为理论，然后用来

指导生产实践。

在汇总资料时，必须重视从群众中得来的素材，不要以现成的、一般的、抽象的概念去代替群众在生产实践中获得的丰富经验。

毛泽东告诉我们："人的认识，主要地依赖于物质的生产活动，逐渐地了解自然的现象、自然的性质、自然的规律性、人和自然的关系。"[1] 自然科学是生产斗争经验的总结，它的发展依赖于社会的生产实践。广大农民群众直接从事生产活动，对土壤的性质和变化、耕作措施及作物对土壤肥力的影响等，都有丰富的知识，这些知识具体体现在他们的生产经验中。所以说，广大农民的生产实践，他们认识、利用和改造土壤的经验，是土壤科学知识的源泉。因此，土壤科学工作者要虚心向群众学习，要做到像毛泽东同志所指示的，先当学生而后当先生。生产的发展和群众在生产实践中的创造，不仅给科学研究提供日益丰富的材料，而且还能启发科学工作者的思想认识。如土壤科学工作者过去对土壤的发苗情况和耕性等就很少研究，而农民群众却很注意这些方面，并且有丰富的经验。可见科学的基本来源是生产实践。实践经验本身就包含了科学的成分，我们认真整理和概括群众生产实践的经验，同时进行深入系统的试验观察，就能产生理论和发展科学。1958 年以来，我国土壤科学工作者在整理和概括群众生产经验方面已经做了不少工作。今后我们还要做更大的努力，更好地结合生产实践，用实践来检验过去的理论，概括和总结新的成果和经验，从实践中发现新的规律。只有这样，科学才能真正为生产服务，推动生产的发展。

我们重视群众生产实践的经验，重视素材，但是不主张用简单罗列现象的方法，把群众经验堆积起来，或者仅仅是作一些零碎、烦琐的描述。我们在研究任何一个问题的时候，都要从客观事物出发，详细地占有材料，在马克思列宁主义的基本原理指导下，给予科学的分析，然后形成正确的观点，并做到材料和观点的统一。因此，我们在整理群众经验和调查材料时，"就必须经过思考作用，将丰富的感觉材料加以去粗取精、去伪存真、由此及彼、由表及里的改造制作工夫，造成概念和理论的系统，就必须从感性认识跃进到理性认识"。[2] 我们对大量的感性材料进行认真的分析，经过思维，达到理性认识。掌握了各类耕作土壤肥力发展的特殊规律，并总结出一般规律，因而能够有根据地运用各项耕作措施，积极地促进和控制土壤中水、肥、气、热等肥力因素的运动变

---

[1] 《实践论》，《毛泽东选集》第一卷，人民出版社 1952 年版，第 271 页。
[2] 《实践论》，《毛泽东选集》第一卷，人民出版社 1952 年版，第 280 页。

化，以满足农作物在不同生长期的需要，能动地去利用和改造土壤，充分发挥土壤的增产潜力。这正是土壤科学的战斗性和对生产的指导作用所在。

关于如何整理和总结群众经验的问题，根据已有的经验，需要注意这样几点：第一，就是要有实事求是的精神。材料是总结和概括经验的基础，首先要详细占有材料，并分析材料的准确性。只有从精确而丰富的材料中，才能总结出合乎实际规律的认识。我们编制的土壤图和土壤志，务求反映真实情况。实事求是，是我们党的传统作风。毛泽东教导我们："'实事'就是客观存在着的一切事物，就是客观事物的内部联系，即规律性，'求'就是我们去研究"。①我们要分析研究每一类土壤的内在性质和外部条件，寻找出它发展变化的特殊规律，并针对这些规律，采取相应的措施。第二，要从土壤的发展变化中去了解土壤的规律。土壤是运动变化着的客体，特别是耕作土壤，其发展变化的速度是很快的，必须把土壤的自然环境条件与耕作措施及栽培作物对它的影响联系起来，研究它历年来的发展变化，这样才能找出土壤运动发展的规律。第三，必须走群众路线。我们编制的有关土壤的资料和著作，应当是党领导下的"领导人员、群众、技术人员"三结合的、集体创作的科学作品。在土壤资料汇总过程中，必须把个人努力与集体智慧结合起来，既要有具体的分工，充分发挥个人的专长，又要展开集体讨论，集思广益。只有这样，才能克服主观性、片面性和表面性，使汇总的资料具有较高的科学水平。

总之，我们一定要以严肃负责的科学态度，来整理群众认识、鉴别、利用和改造土壤的经验，珍视群众的素材，对群众的素材进行科学的分析和归纳，把群众生产实践的经验，提升到更高的理论水平。

三、积极地学习和利用土壤科学上一切有益的成果

我们强调总结群众生产实践的经验，丝毫不意味着否定或不重视现代土壤科学研究成果，而是要运用现代土壤科学中经过检验的原理来总结群众经验，从而丰富我国土壤科学的内容，促进土壤科学的发展，为迅速发展农业生产服务。土壤科学已有的成就，也是前人许许多多的研究成果和经验汇合总结而成的，它为土壤科学的进一步发展提供了重要的线索和武器。我们今天能在全国范围内进行土壤普查和鉴定工作，而且获得了丰硕的成果，这和我国土壤科学

---

① 《改造我们的学习》，《毛泽东选集》第三卷，人民出版社1953年版，第801页。

的已有成就是分不开的。就我国土壤科学发展的情况看，当它尚未与广大群众生产实践密切结合的时候，其发展速度是缓慢的，而一旦与广大群众的生产实践密切结合起来，就获得了迅速发展。我国一些著名的土壤科学家，他们重视理论与实践的联系，在调查总结群众经验的基础上进行艰苦深入的研究，获得了显著的成效。在土壤普查鉴定和科学实践中，我国土壤科学家对土壤肥力的概念也有了新的发展。按照过去的说法，肥力是土壤对植物供给养分和水分的能力。这个认识是正确的，但现在看来还不完全。植物生长所需要的水分、养分都由土壤直接供给外，植物生长所需的热量、空气，也和土壤温度及土壤空气有一定的联系。我国土壤科学界通过对农民生产实践经验的总结和科学实践，进一步了解到：土壤温度的变化和土壤通气能力的好坏，不但直接影响到农作物的生长发育，而且同土壤中的水分和养分变化也有密切关系。因而在土壤肥力因素中，有适当强调土壤空气和土壤温度的必要。应当说：土壤肥力的因素是多方面的，它应当包括满足农作物"吃饱、喝足、住得舒服"（适合于作物根系伸展和生长发育）的全部土壤条件。同时，还进一步认识到：肥力因素的运动变化是与劳动生产活动密切联系着的，只有适时地运用各种耕作措施，积极地促进和控制土壤中水、肥、气、热等肥力因素的运动变化，才能及时满足作物在不同生长期的需要，最有效地发挥肥力的作用，达到丰产的目的。这就充分说明，土壤科学的发展，与广大农民群众的生产实践是紧密联系在一起的。广大群众的生产实践是土壤科学发展的源泉，也是检验土壤科学的标准。土壤科学必须以生产实践为基础，把科学研究与总结广大群众生产实践的经验密切结合起来，贯彻理论联系实际、科学结合群众的原则，这是迅速发展我国土壤科学的根本途径。

新中国的农业科学工作者，要有雄心壮志，要有决心解决我国农业生产上的问题。我们不仅要有勇气独创，同时也要有勇气、有能力去吸收和利用国外已有的科学研究成果，而不为一切框框所限制。我们应当把学习已有的土壤科学研究成果与完成当前的土壤工作任务结合起来，加速我国土壤科学的发展，使它更好地为社会主义农业建设服务。

做好农业生产中的思想政治工作*

（1964 年 6 月 1 日）

农村思想政治工作，必须同生产密切结合，为巩固人民公社集体经济，发展农业生产服务。但是，如何坚持农忙期间的思想政治工作，还是一个没有解决好的问题。不少干部认为："生产是硬任务，思想政治工作是软任务"，"农忙生产紧张，无时间做思想政治工作"，把思想政治工作和当前生产对立起来，这种看法是不对的。昆山县的同志说得好，"割麦一定要磨镰，磨镰误不了割麦"。这句话把思想政治工作和生产的关系，说透彻了。会上也有同志说："不做思想工作一时兴，做了思想工作万年青。"可见，不搞好思想政治工作，有成绩也是一时花梢，没有根基的，不进行坚强有力的思想政治工作，不振作千百万农民和干部的革命精神，要办好社会主义农业，是没有保证的。

我们在农村中进行经常、系统的思想政治工作，就是要把工作真正做到生产中去，坚持全年。不仅农闲时要做，农忙时也要做，不是农忙一到，便把思想工作停下来，而是要适应农忙的情况，把思想工作做得更好。

在生产斗争中，干部和群众的思想是最活跃的。这个时候，有各种各样的思想。我们要及时地分析思想情况，有的放矢地发扬先进思想，克服落后思想，不断地提高干群的思想觉悟，才能保证生产任务的顺利完成，推动生产的发展。同时，我们的思想政治工作，也只有真正做到生产中去，才能有效地发挥思想政治工作促进生产的威力。

怎样进行农业生产中的思想政治工作，大家的经验还不是太多的，根据初步摸索，大体有这样几点：

1. 要掌握农业生产的季节特点。一年中有几个战役必须掌握。例如春耕春播，田间管理，夏收夏种，秋收秋耕秋种，应当根据地区季节、农活、干群思想不同情况，抓住生产中迫切要求解决的问题进行工作。在不同季节，有不同的问题，例如耕、种、管、收时候的农活质量问题，农田基本建设中发扬自力更生精神问题，分配时正确处理国家、集体和个人三者关系问题，和自然灾害

---

* 本文是作者在苏州地委扩大会议上的讲话稿。

作斗争时克服靠天吃饭，鼓舞奋发图强精神问题，丰收后防止自满松劲，提倡节约，受灾后提倡生产自救问题等等。

2. 要掌握农业生产的地区特点。有山区、丘陵、平原，有粮区、经济作物区，有靠近城市的郊区，有远离城市的农村，有丰收区、平产区、歉收区，不同地区有不同的问题。昆山县的同志告诉我，在城郊地区资本主义投机贩卖活动比较多，在离城远的地区，封建迷信活动比较突出。又如丰收区容易麻痹自满，歉收区容易畏难发愁、干劲不足等等。

3. 我们要经常注意农村中不同阶级、不同阶层的思想动态，学会阶级分析，这是思想政治工作的核心。

我们必须在实际工作中，逐步弄清不同地区、不同季节、不同情况下，社员和基层干部的思想规律和思想变化，根据党的路线、方针、政策，有效地进行思想政治工作。

农忙期间，农村一切工作都应该服从生产的需要，只能促进生产，而绝不能妨害生产。思想政治工作一定要运用适合农忙特点的方式去进行。过去有的同志有误解，认为一做思想政治工作就要开会，不开会就不能做思想政治工作，这是不对的。要分析哪些事情要开会，哪些事情不要开会，哪些事情开了会反而做不好。我们不能光靠开会，要对各种不同的问题加以区别，采取不同的办法解决。首先干部要带头参加劳动，做出榜样，有了这条，就有做好思想政治工作的本钱，工作才会有效。其次是要依靠党的基层组织、贫下中农组织和其他各种群众组织，去分工联系群众，教育群众。再次是通过具体问题的处理抓住问题的本质，及时教育群众，进行思想政治工作，既解决了问题，又提高了觉悟。另外，要把思想工作做到基层，做到社员家里，做到田头去。港口公社同志讲："生产问题解决在田头，工作问题解决在下面。"这一点很要紧。《人民日报》有一篇《把思想工作做到田间》的文章，上面讲："把思想工作做到田间，就是把思想工作做到要害处，做到细微处，做到苗头上。"

总起来一句话，根据目前初步摸索到的东西，农村思想政治工作，就是要抓住农业生产的季节特点，地区特点和农民、干部思想上的变化，进行阶级分析，根据党的路线方针政策，采取适合当时当地农村生产的方式去进行。这样做了，就可以克服过去思想政治工作中的单一化、死而不活、空而不实、粗而不细的毛病。

上面讲的是根据农村的特点，农业的特点，农民的特点来进行思想政治工作，下面我想着重谈谈比学赶帮的问题。

我们要加强比学赶帮运动中的思想政治工作。各地比学赶帮运动正在开展，农业生产形势很好，新的生产高潮正在形成和发展。但是也发现一些值得注意的苗头，必须及时掌握，正确处理。

例如，对形势的看法上，不少干部有自满麻痹、盲目乐观情绪，缺乏一分为二的思想，讲成绩多而具体，讲问题少而抽象。

我在下面碰到一些同志，他们说工作中没有问题，没有困难，没有缺点。有的人甘居中游思想未解决："只求过得去，怕冒'尖子'"，"看去年心满意足，看现在心里笃定"，"上游不想，下游不让，中游相当"，"当了先进急煞，当了后进赶煞，不上不下安逸煞。"有些干部劲头很足，但缺乏实事求是精神。所以省委在工作部署中，强调坚持政策、坚持群众路线、坚持劳逸结合、坚持科学态度，是很重要的。这里有几个方面：（1）既要鼓足干劲，又要坚持严格的科学态度，实事求是，踏踏实实。（2）既要发扬共产主义风格，互相协作支援，又要坚持自愿互利、等价交换原则。（3）既要热爱国家，踊跃完成国家收购任务，又要正确处理三者关系。（4）既要坚决维护和发展集体经济，又要对自留地、家庭副业，正确地按政策办事。不要一讲搞集体多种经营就马上来个平调，把社员自留地收起来，这是万万做不得的。（5）既要苦干实干，又要劳逸结合，爱惜干群精力。（6）群众越是听话，干部越要走群众路线。但要说清楚，不是群众不听话就可以强迫命令，在群众没有发动起来的地方，要努力发动群众，在群众已发动起来的地方，要保护群众的积极性，加强教育，提高觉悟。要很好总结，发扬过去的优点，克服缺点，做冷静的促进派，要有一分为二的辩证法，不要形而上学。

比学赶帮运动，各地有不少好的经验，要很好总结研究。现在看来运动发展不平衡。有的地方已形成群众运动，有的地方还未形成，有的上下俱热，有的上热下冷，有的上下俱冷。在已经形成群众运动的地方，以五好社队、五好社员带动一切的中心环节还不落实。对于比什么、怎么比还不明确。有的地方单纯比产量、比指标，出了不少问题。看来，不应着重比产量，而应着重比措施、比干劲、比做思想政治工作、比执行党的政策、比贡献、比自力更生奋发图强的精神、比热爱国家顾全大局的风格。在学的问题上，有的只看人家好经验的外表，对于条件和具体过程，缺乏具体分析，对自己的缺点何在，怎样赶上人家，缺乏准备。因此没有学到窍门，而是学的形式，效果不大。和看戏一样，"会看戏的看门道，不会看戏的看热闹"。赶的问题，有的积极性很好，但想一步登天，没有分析人家先进的条件和发展过程，因此也提不出自己切实可行的措施和规划。帮的问题，等待依赖和不顾政策的两种情况都有存在。刚才讲的问题，有些是已经解决了，有的正在解决，但解决了的问题，今后不一定不会再发生。

对于先进单位的参观、访问、调查，要加以控制，要有计划、有组织地进行。听说到汤浜大队参观的人很多，把他们忙得不可开交，要请县委同志注意，对这些先进单位和劳模，要订出具体保护办法。

下面再谈样板的问题。苏州专区搞样板有一年多了。地委搞了一个唯亭样板的总结，各县是不是也研究一下，把样板搞好。

样板和试验田有严格的区别。样板是示范的性质，目的是要促进大田的增产，也为建设稳产高产农田积累经验。在样板田上我们只能推广成功的有把握的东西，没有成功的或没有把握的东西，只能在小块的试验田上试验。因此，强调确有把握、因地制宜、只能搞好、不能搞坏的原则，是必要的。

苏州专区的样板，开始是水稻样板，现在是多项作物的，开始是农业的，后来发展到多种经营的。多种经营，在苏州专区来说，是很重要的。许多高产单位，产量是高的，收入是低的。无锡去年每人集体分配的收入只有61.9元，红旗公社每人收入只有72元。这个收入水平，比过去是高了，但从需要来看还是低的。这是现在许多高产粮区的共同情况。这个情况要想法加以改变。根本办法是开展多种经营。这不但牵涉到农民的收入问题，还牵涉到农业的稳产高产问题，牵涉到技术改革问题。我们说自力更生就是依靠人民公社的内部力量。这个内部力量从哪里来，长期61.9元是不行的，要靠多种经营。另外，大家都认为农村里的劳动力是有点过剩，怎么办？要统一考虑劳动力的使用，精耕细作，基本建设，多种经营。其中带有决定性的是多种经营。多种经营搞起来，就能从经济上支持精耕细作，支持农田基本建设。现在是不是把小队的多种经营搞起来，随后再搞几个队联合经营。

样板队必须有自力更生，奋发图强的精神，不能强调特殊照顾，不能多给许多东西，使样板变成温室里的花，人家不能学，不敢学，不想学。这样，样板就失去积极意义了。

样板是为促进大面积增产服务的，是为建设大面积高产样板服务的。因此，它一方面要把本身的工作做好，另一方面，又要正确处理和基本田、大田的关系，三位一体，总产挂帅，全面经营。只顾样板，忘了大田，忽视总产，也就忽视了样板的真正意义。

样板的经验，在单位内部和向外传播的时候，都要采取科学的态度，贯彻群众路线。为了达到促进大面积增产，地委指出的在样板田上，不推广没有把握的增产措施，不进行盲目复杂的试验研究，不强调过高的生产条件、增加农本，不说瞎话，这是很必要的。一切经验都要根据具体条件具体情况，先试验，成功了再推广。一切新的技术措施，都要经过严格的技术鉴定，证明是科学的，再在小范围内试验，成功以后，在取得群众同意的条件下，由一点到多点、由多点到全面，逐步推开。总之，要按照毛主席所指示的去做，"放手发动群众，一切经过试验。"我们要扎扎实实，有把握地去做。搞样板，要认真调查研究，要系统积累第一性资料，系统地及时地总结当地群众的经验。绝不能弄虚作假，不能把设想说成是经验。我们介绍的经验，必须说明条件和解决问题的过程。不论县委或公社党委，不能认为这是我的样板，你们都要照我的样板做，一丝一毫不能差。不能这样，人家学多学少，应该允许因地制宜，允许不同做法，允许唱对台戏。在这里，特别要尊重生产队的自主权。这样，才能真正达到以点带面、以面促点的目的，才能从面上学到许多好经验，丰富点的内容。

样板工作是综合性的，涉及各个方面，必须在党委的领导下进行。它又是领导、群众、技术人员三结合的，是传播先进经验、先进科学技术的基地。因此，要加强农业科学研究机构的工作，充分发挥科学研究的作用，要和群众的科学实验活动很好地结合起来，要把群众性科学技术网很好地组织起来。

我们要提倡各级领导干部蹲点，蹲点、劳动和种样板田三结合。各级领导一定要蹲点，做笨工作，下苦工夫，才能使工作取得真正的效果。干部参加劳动，在若干公社内，还是薄弱环节。公社党委的同志以身作则，才有决定意义。我们的思想政治工作要做到样板中去，使样板变成思想政治工作的样板，变成又红又专的样板。

在全国第二次土壤普查科学技术
顾问组长会议上的讲话[*]

(1979 年 7 月 22 日)

我们这次会议，是在党的三中全会制定了一系列重大战略决策之后召开的。全党工作的着重点正在转移到社会主义现代化建设上来。三中全会关于农业的两个文件，确定了一系列正确的方针政策，提出了逐步实现农业现代化的部署。农村广大干部、群众欢欣鼓舞。粉碎"四人帮"以来，农村情况一天比一天好。但是，我国的农业还落后，农业发展缓慢，农民收入和生活水平还低，农业内部比例严重失调，农副产品还不能适应工业发展和人口增长的需要，我们要继续有力地推动农业向前发展。

在三年调整期中，在全国范围内，不具备齐头并进办农业现代化的条件，只能有重点地稳步前进。重要的是，在现有生产力基础上加快发展农业的同时，为农业现代化做些扎实的准备工作。党中央和国务院决定的农业自然资源调查和农业区划工作，就是准备工作的先行部分。

以土壤普查为重要内容的农业自然资源调查与农业区划，是为加速农业发展、实现农业现代化进行摸底、探路的基础工作，是正确指导农业生产的前提条件。

我想先谈一谈农业生产必须坚持因地因时制宜问题。这个原则是很古老的。北魏时期著名农学家贾思勰对我国农民长期经验有一段很精辟的总结。他说："顺天时，量地利，则用力少而成功多。任情反道，劳而无获。"这就是说，农业生产必须因时因地制宜，必须按客观规律办事。如果凭主观愿望，违反客观规律，则劳而无获。这个论断，至今仍然有科学价值。

毛泽东一贯坚持因地因时制宜的思想。他说，"要因地因时制宜，农业的地区与时间不同，发展农业的方法也不同。我们指导农业，要依各种不同地区采取不同方法。不但在大的区域之间要有分别，就是在一县、一区、有时甚至在一乡之内，也要有这种分别。"还说，"周密研究客观情况，根据不同地方与不

---

* 作者在该讲话前约一个月，即 1979 年 6 月，被恢复农业部副部长职务。

同时间，提出确定的要求，解决增产的条件。"周恩来在几次制订发展我国国民经济的五年计划时，都强调安排农业生产布局和采取技术措施，必须特别注意因地制宜。

最近有一位科学工作者，谈到土壤问题时指出，即使在一个不大的范围内，例如一个县，一个公社，甚至一个大队，同时就有不同性质的各种土壤。土壤分布是错综复杂的，同一座山的山顶、山坡、山脚的土质就不大一样。这为开展多种经营、种植多种作物，提供了有利条件。因此，在指导生产上不能搞"一刀切"。

我国地域辽阔，不同地区的自然条件、经济条件和技术条件千差万别，由此产生的农业地区性、季节性和发展的不平衡性，十分突出。在采取一切农业措施时，都必须摸清情况，作为一切工作的出发点，从中发现、认识、利用和适应客观规律，因势利导，兴利除害，趋利避害，进行生产和建设，才能事半功倍，达到人们预期的目的。我们过去工作中，因为忽视调查研究，犯过瞎指挥的错误，遭到了大自然的惩罚，使农业受到极大的破坏，教训是极为深刻的。国务院决定进行全国包括土壤普查为重要内容的农业自然资源调查和农业区划，就是为加快农业发展，逐步实现农业现代化摸底、探路的先行措施。

我想就第一次和第二次土壤普查提一些看法。

我同意农业部报告中对第一次土壤普查工作的评价："我国从 1958～1960 年，遵照伟大领袖毛主席的批示，开展了全国第一次土壤普查，初步摸清了耕地土壤资源，总结了农民鉴别、利用和改良土壤的经验，为因地制宜贯彻农业'八字宪法'提供了有利条件，促进了农业生产的发展，提高了我国土壤科学的水平，缩小了和农业科学先进国家之间的差距。"这个评价说明，第一次土壤普查是必要的、正确的，是有成果的，对农业和科学的发展是起了有益作用的。

1953～1966 年的农业区划工作，对农业生产是起了促进作用的。1964 年在国务院和国家科委领导下，科委副主任范长江同志和各大区、各省、市、自治区搞农业区划工作的同志，在无锡召开了经验交流会，是想把工作继续向前推进的。后来被林彪、"四人帮"打断了。

第一次土壤普查工作在方法上有许多不足之处。这次土壤普查要根据过去经验和现实需要，提出更高的要求。

（一）这次土壤普查和其他资源调查以及农业区划，要为党的三中全会决定的农业方针服务。党的十一届三中全会提出了"集中主要力量，尽快把农业搞上去。……大力恢复和发展农业生产，坚决地、完整地执行农、林、牧、副、渔并举和以粮为纲，全面发展，因地制宜，适当集中"的方针，逐步实现农业现代化。这是完成三年调整任务，进而实现四个现代化的根本保证。也是调整农业内部五业之间以及农业十二字之间比例关系的方针，也是我国经过长期努力争取农业过关的方针。在这里，我想着重地谈谈为农、林、牧、副、渔并举服务的问题。一定要坚持种植业和饲养业并重，农、林、牧三结合，农、林、牧、副、渔并举的思想。因为农业发展不是孤立的，同整个生物环境保持着相互依赖、互养互荣、物质和能量相互转化的密切关系，形成总体的生态平衡。没有充分发达的畜牧业和林业，就没有健全、迅速发展的农业。没有农、林、牧、副、渔全面高涨，中国农业就没有高速度，就不能过关。包括土壤普查在内的农业自然资源调查和农业区划工作，都要十分重视这个问题。

（二）根据三中全会对农业问题的决定，有五项工作是要统一考虑的。农业自然资源调查先行；接着，据此进行农业区划；而后，在资源调查和农业区划的基础上，由下而上，逐级进行农业现代化规划；在规划的基础上，制订各种农业商品生产基地建设的规划。资源调查、区划、规划、基地建设这四件事，在一个地区，以先后衔接进行为有利。此外，先选若干县在完成资源调查、区划、规划工作后，开始进行农业现代化综合试验，取得经验，建设样板，是完全必要的。

（三）土壤普查是农业自然资源调查的重要内容。因为土地是农业的基本生产资料，气候、水、生物，都是在一定地区的土地上起作用的，同土壤是不可分割的。土壤科学是农业的基础科学，农业自然资源调查和农业区划，必须由土壤普查提供基本资料。为了有利于区划工作的进行，在力量允许的条件下，各项资源调查以平行作业为有利。如力量不足，也可以分先后进行。但必须有统一计划，避免各项工作互不联系和某些内容的重复，而且要对各项调查资料作综合分析和评价。

（四）在土壤普查和其他农业自然资源调查中，要全面了解当地的基本情况。要有计划地、深入系统地了解当地的自然条件、社会经济条件和生产技术条件。对这三方面情况的了解，如力量允许，也以平行作业为有利。如力量不足，也可以分先后进行。在土壤普查中，调查自然条件和技术条件，常为人们注意，而调查社会经济情况，往往被人们所忽略。如果不深入系统地调查当地社会经济情况，就不可能了解当地农业生产中的情况、问题和发展规律，就不可能提出切实可行的建议。这方面的工作必须认真加强。

（五）在土壤普查及其他农业资源调查中，都要注意比较静态的和动态的两方面情况的了解。所谓比较静态的，是指那些相对稳定的、变化较慢的情况。所谓动态的，是指要从形成、变化、发展和趋势等历史过程中去了解的情况。无论了解土壤的宏观世界或微观世界，都要从静态和动态两个方面去了解。而着重点是了解动态方面。因为，如果不着重动态的了解，就无从正确了解现状和它今后发展的趋势，无从研究今后控制其坏的发展方向，引导它向好的方向发展。这就需要从不同地区、不同时间、不同类型、不同程度、不同水平上进行比较研究。从它的差异、差距、难易、顺逆、利弊、好坏、成败和不平衡中去发现主要矛盾和互相联系的各个方面，根据实际情况和群众经验，找出解决矛盾的办法，提出切实可行的建议，包括主攻方向和具体建设步骤，近期要求和远景目标等。

从土壤普查的角度看，我国的土壤好坏两个方面的变化是显著的。由于农田基本建设的加强，高产稳产田增加了，灌溉面积增加了。由于土壤改良工作的积极进行，冀、鲁、豫三省盐碱地面积总的趋势是在缩小。在丘陵山区，修梯田和种树种草的面积也有增加。但由于林彪、"四人帮"的严重破坏和工作上的瞎指挥，破坏了农、林、牧、副、渔全面发展的方针，毁林开荒，乱垦草原，盲目围湖造田，使森林、草原和水资源的破坏情况严重。黄土高原水土流失严重，黄河每年下泻大量泥沙，河床每年升高 10 公分。

长江流域每年也冲刷大量表土，干流下泻泥沙每年平均五亿吨以上。全国沙漠面积在扩大，草原沙化、碱化、退化的面积扩大，草质退化严重。长江沿岸，有污染源四万个，每天有大量的工业废水排入长江，在重庆、武汉、南京、上海等沿江城市，已形成明显的污染带，淡水养殖面积缩小。这次会上反映，江南有些水田，由于长期泡水，地下水位升高，引起严重的次生潜育化现象。华北一些地区由于灌溉不当，次生盐渍化面积有扩大现象。最近在黑龙江省农业现代化学术讨论会上有同志反映，该省农业自然生态有恶化趋势：林区和草原都在缩小，草质衰退，林业退化，降水量减少。该省耕地中黑土层减少了一半，许多肥沃的黑土地在开垦初期有机质含量为 9%，现在一般只有 3%，有的已下降到 1% 了。对于上述自然生态平衡遭受严重破坏的情况，我们再也不能无动于衷了，一定要以对子孙后代负责的态度，研究提出具体措施，阻止这种情况的发展。

（六）第一次土壤普查把重点放在农业土壤即耕作土壤上，是必要的。这次土壤普查的范围，扩大到荒山、荒地、草原、林区、宜林地，要农、林、牧、渔、垦兼顾。并要结合各种生产基地的建设和从改造低产田入手进行。

　　这次土壤普查任务有战略的和战术的两个方面。战略任务是查清我国土壤资源，提出合理利用和开发土地及农、林、牧用地合理布局的意见，宜农则农，宜林则林，宜牧则牧，宜渔则渔，为农业区划因地制宜地实行农业区域化、专业化提供科学依据。还要查清低产土壤（包括农田、草场、林地在内）的主要障碍因素，提出改造、利用的措施，为农田基本建设（农田、草场、林场、渔塘在内）服务。还要调查研究高产稳产农田的土壤条件，提出不同土壤建设高产稳产农田和高产稳产草场、林场的主攻方向和关键措施。战术任务是查明土壤肥力、性状，总结群众用地养地经验，提出因土改良，因土种植，因土施肥，因土灌溉，因土耕作、轮作、轮牧、营林，因地选用农业机械，为提高科学种田水平，实现高产、稳产、低成本服务。这两方面的任务，都应该切实完成。

　　这次会上还提出了有关普查的工作方法问题，不少意见是关系到普查成果的问题。总起来说，就是要保质保量完成普查任务。对当前生产和农业现代化事业，真正发挥促进作用。多数同志提出这次普查试点必须保证质量，提供的情况、数据、建议真正管用，避免盲目赶时间、走过场，草草了事，流于形式主义。要科学办普查，勤俭办普查，真正完成预定的任务和要求。当然需要有一个打算，抓紧进行，这是农业战线的一项长期建设工作，以后还要继续干下去。大家十分注意通过试点工作，组织和培养一支相对稳定的有一定水平的土壤专业队伍和建设土肥工作机构。大家十分重视土壤普查骨干的培训问题，认为要把有关普查的业务知识和技术方法先向大家讲清楚。这次会议强调坚持发挥专业队伍作用和放手发动群众紧密结合的问题，提出要总结群众经验、野外考察、室内分析、田间试验密切结合，借鉴国内外先进经验，从而提高普查质量，锻炼队伍，从基础理论和实践应用方面发展我国土壤科学。关于保证普查工作条件，引进少量的确实先进实用的设备，并且要培训使用设备的人员，重点还是放在补充急需的那些常规设备。对于普查队伍的工作指导与生活上的关心，以及着重应用普查成果于生产实践等等。这些意见，都是很宝贵的。

对实现我国农业现代化的几点意见 [*]（节选）

（1979 年 8 月）

邓小平同志多次指出，要搞"中国式的现代化"。我理解对农业说来，就是适应中国条件，走中国自己道路的农业现代化。

一、关于中国农业现代化的标志问题

我们国家底子很薄，农业经济的积累能力更是有限。如何把有限的资金和物资投放在关键的地方，是个关系全局成败的大事，应该严肃对待。近二三十年来，一些发达的资本主义国家，在工业高度发展的基础上，引起了一个以减少农业劳动力为特征的能源集约农业。这种类型的现代农业有三个特征：第一是产量与劳动生产率的发展很不平衡，产量增长的速度有限，而劳动生产率由于机械大量代替了人力劳动而高速发展。第二是企业内部的精打细算与社会的惊人浪费。美国农业，一年就要消耗6000万吨油，800万吨钢材，16万吨橡胶。第三是高投资。1978年美国每个农业劳动力占有固定资产11.2万美元，比制造业中每个劳动力占有固定资产5.5万美元，高出一倍。每生产1美元的农产品，要投资8美元，而钢铁工业每美元的销售额，只投资半美元。这种类型的现代农业中所采用的农业科学技术，与它采用的机械科学技术相比，是有限的，其最为关切的地方是腾出劳力，节省时间。中国农业现代化，是不是要走这个路子？中国农业现代化是要提高单产还是提高劳动生产率，这是要好好研究的，不能照抄。事物具有两重性。一方面是共性，一方面是个性。共同的趋势是应该研究的。但是，不同的国家，由于社会制度的不同，具体条件的不同，它们在农业现代化的发展进程中所采取的具体形式，不可能一样，这里不可能有统一的模式。因此，我国的农业现代化，应从我国的具体条件出发，走我们自己的路。

---

[*] 本文节选自刘瑞龙在东北地区农业现代化学术讨论会上的书面发言稿。

二、关于中国特殊条件下的农业现代化

我国的特殊条件，就是人口多，耕地少，国土大，底子薄。我国农业就是在这样两短两长的矛盾中，走向现代化的。两短，逼着我们要搞农业现代化，这是促进的因素。两长，960 万平方公里土地，农村 3 亿劳动力，提供了我们解决困难的有利条件。我们搞农业现代化，一定要从这种实际情况出发，在解决两长、两短的矛盾方面作文章。下面就如何解决矛盾，实现农业现代化，谈几点探索性的设想：

第一，我国农村 3 亿多农业劳动力，由于农业现代化而腾出来的劳动力如何安排，是我国农业现代化首先碰到的一个突出矛盾。因此，我国农业现代化的每一个步骤，都要考虑到为多余劳动力广开生产就业门路的措施，使农业现代化成为广开生产门路的有力武器，做到农业现代化的程度越高，农业多余劳动力的生产门路越广。广开就业门路的根本办法，就是毛泽东已指出的"向生产的深度和广度进军"。我国农业现代化腾出来的劳动力，工业和城市目前容纳不了，只能在农村安排。初步设想可能有以下几个方面：

1. 首先，还是在现有 15 亿亩耕地上精耕细作、多种经营方面作文章。这是我国农业现代化的宝贵基地，向全国发展的进攻出发地，要首先用力建设好。要在搞好农田基本建设，提高科学种田水平，大幅度地提高单位面积产量，从而不断提高总产量方面下工夫。粮食单产不能长期停留在"四、五、八"水平上，而是要逐步向亩产 600 斤、1000 斤、1500 斤、2000 斤方向进军。要低产变高产、高产更高产。建设商品粮基地，应先选择几块人均耕地较多，单位面积产量较低，增产潜力较大的地方搞起来。在抓商品粮基地建设时，还要加强对低产缺粮地区的建设，把促低产变高产作为主攻方向。要在本世纪末，把我国变成世界上的高产国家。除了粮食作物外，各种经济作物都要提高单产和总产。此外，还有开展多种经营、科学养畜、科学造林营林、科学养殖、发展社队企业的问题。这些方面，都可以容纳很多的劳动力。

2. 要向 15 亿亩耕地以外的尚未开发利用的国土中、近期可以进行经济开发的那些荒地、荒山、草坡、草原、宜林地和水域进军。在保护自然资源条件下，有计划地开垦宜农荒地，建立新的粮食作物和经济作物（棉花、油料、糖料）基地，建设新的林业、牧业、渔业基地。

3. 我国山区面积占全国总面积的 2/3，自然资源十分丰富，生产门路很多，

要经济、合理、充分地加以利用。无论是在原有农区或是新开发的区域，都还可以因地制宜地积极发展多种内容的种植业（林场、干鲜果、木本油料、木本粮食、茶场、蚕桑场、药材、良种、食用菌等）、养殖业（畜禽、水产）等；农、畜、林、渔产品加工业；农用工业（中小农具制造和农机修配业以及在统一计划下的零部件加工等）；凡原料有销路的各种小型工业、手工业和其他副业；还有为农村人民衣食住行服务的行业、基层商业、建筑业、运输业、土特产、山货的生产、采集、加工、运销行业，为城市大工业辅助加工、为出口、为旅游服务的各种行业等。所有这些行业，都组织在集体所有制内。凡是自己能解决原料、加工、销路的，都应该允许集体所有制经营。在大城市郊区，在条件较好的农、牧地区和经济作物集中产区，积极试办生产、加工、销售一条龙的农、工、商联合企业，增加集体经济和社员收入，增加集体的积累，扩大再生产能力。这种多种经营的社队企业，既可以容纳多余劳力，在国家物质和技术支持下，又可以为农业现代化积累资金。看来，在农业中根据我国条件走农、工、商一条龙的道路，是一种健康发展的趋势，应该得到有关部门的热情帮助和积极支持。当然，要实现上述设想，可能还要采取若干过渡性的办法。

4. 有计划地组织调剂劳动力支持内地和支持边疆，帮助经济落后地区加快发展步伐。

如果这样考虑，农业现代化的程度愈高，生产就业的门路可能愈广，农村现代化的速度可能会加快。实现农业现代化，是要依靠我国农村3亿劳动力的优势，经济地合理地充分地利用当地资源，积极发展社队企业，使农林牧副渔全面发展，开辟更多的新的生产门路。当然这不是说人口越多越好，我们还是要抓紧抓好计划生育工作，切实控制人口的增长。

第二，中国实现农业现代化，要特别强调因地制宜。我国国土大，农业生产水平地域差异很大，就农业现代化的内容说，机械化、电气化、水利化、化学化、良种化、园田化、大地园林化等等，各地农业现代化发展的过程、先后、重点，都要从本地农业生产中存在的主要矛盾出发，首先从急需解决的问题着手，不能一刀切。农业现代化离不开机械化，在某些地区、某种条件下，机械化可能是农业现代化的中心环节，但不是所有地方都一定要从机械化开始。要改变那种把农业机械化与农业现代化等同起来的见解。农业机械化也要因地制宜，从急需的着手，有选择地量力进行，不能一刀切。

在中国实现农业现代化过程中，要根据我国特有的耕作制度和耕作方法，很好地解决应用现代科学技术、农业机械和中国精耕细作的优良传统互相结合、互相适应、互相促进的问题。

在中国实现农业现代化过程中，不可避免地要出现这种情况，即机械化、半机械化、改良农具、手工、畜力农具，大、中、小型，多种能源并存的局面。这种并存局面，在一定时间内，对于生产和备战，可能是有益的。我们有时生产中的一些问题并不是进步工具所能一下全部解决的，还要依靠多方面工具和动力。我们要避免一讲到现代化，就想到按电钮，想到高、精、尖。东北各省农业机械化进程中，由于农机不配套、机马牛并存而形成的两套成本、高产穷队问题，一定要加强调查研究，总结已有经验，采取若干符合实际的步骤妥善处理。

第三，在农业现代化过程中采取的一切措施，都要考虑我们底子薄的特点。农业现代化资金来源是我们艰苦奋斗，靠自己双手劳动积累和国家支持。资金和劳力的使用，都要讲究投资少、见效快、收益大。讲究以最少的劳动和物质消耗，获得最大的经济效果。一切措施都要讲究质量和实效。要做到这一点，就必须严格按照自然规律和经济规律办事。在采取每一个重大措施前，认真调查研究，搞好规划，分期分批，量力而行，集中力量打歼灭战，十分注意贯彻政策，讲求质量。

第四，我国的农用工业如何为农业现代化服务的经验要很好总结，要急农业现代化需要之急，工业为农业现代化服务，也要因地制宜。现在工业如何更好地为农业服务，还存在一些问题，如农业现代化所急需的农用工业没有很好注意生产，农具没有配套，零件生产供应不上，农民为了买个农机上的零配件，既困难又费钱；制造单一肥料比复合肥料浪费大；农药不配套，除草剂、农用塑料薄膜，质次价高；农用机械太贵，支农变成坑农。这些问题都要很好地解决，要把农用工业很好地转到为农业现代化服务的轨道上来。

第五，关于学习外国的问题。我们闭关自守是不行的，要积极地、努力地学习别国先进经验和技术，引进对我国有用而我们又有力量引进的技术设备。但不要忘记我国已有的基础，要有选择、有步骤地引进。例如日本有四行插秧机和八行插秧机，四行人力拉，八行机动拉。四行效果好，用起来方便。日本人就用四行插秧机，这证明国外也是人力和机动并存的。所以学习外国也不能盲目照搬照抄，还是要靠自力更生，苦干、巧干。我国的农业现代化是抄不来，搬不来，也买不来的。

第六，在我国农业现代化过程中，要因地制宜地全面贯彻农业"八字宪法"，大力恢复和发展农业科学、农业教育和技术推广事业，更是必要的。

从以上设想看，对我国的农业现代化是否可以这样理解：农业现代化主要是首先从发展生产力水平这个角度来说的，就是要用现代工业和现代科学技术武装农业，对我国农业进行全面的技术改造。这样，从根本上来改变我国农业技术上、经济上的落后面貌，变为先进的社会主义现代化大农业。中国的现代化农业，应该是自然资源利用比较经济、合理、充分的，环境生态系统比较合理平衡的，环境污染比较轻的，农村就业率高的，农林牧副渔全面发展的，土地生产率高的，劳动生产率高的，农产品商品率高的，能满足工业发展和人民生活需要的农业。生产力发展水平，在一定时间内，农村各项生产中，机械化、半机械化、手工、畜力农具（大、中、小型），多种能源利用（包括电力、沼气、风力、水力、太阳能等）将同时并存。这种现代化大农业，以两种社会主义公有制为基础，以计划经济为主，以市场经济为辅，以开展多种经营，发展社队企业为基本内容，以农、工、商业相结合，生产、加工、销售一条龙为基本生产方式，为逐步缩小工农差别、城乡差别，准备条件。这些设想中有许多看法不一定妥当，需要进一步调查研究，学习国外的好经验，总结我们自己的经验，经过生产实践的考验，才能看清楚。

农业科学研究为农业现代化服务*

（1979 年）

一

实现农业科学技术现代化，是加快农业发展、实现农业现代化的关键。我们要在实现农业科学技术现代化的过程中完成农业的现代化。

近来关于农业现代化的问题讨论很多，叶剑英在建国 30 周年国庆讲话中对农业现代化问题作了明确的概括。他说："实现四个现代化，将使我国农业逐步变成为农林牧副渔布局合理、全面发展、能满足人民生活和工业发展需要的发达的农业，使我国农村逐步变成为农工商综合经营的富庶的农村。"发达的农业，富庶的农村，就是我国农业现代化的总目标和基本内容。前提是农林牧副渔全面发展，农工商综合经营，这是给农业现代化创造日益雄厚的物质基础，最终结果是几亿人民生活的改善。在农业工作中，一定要坚持"农林牧副渔同时并举"和"以粮为纲，全面发展，因地制宜，适当集中"的方针，坚持农工商综合经营，走工业农业结合、城乡结合的道路，提高几亿人民生活水平，促进国民经济全面发展。我们的农业现代化是中国式的，是走中国自己道路的社会主义的农业现代化。这就是在农业集体化的基础上，实行对农业的技术改造。就是用社会主义工业、现代科学技术和现代管理科学，全面装备农业，改变农业生产条件，改革经营管理体制和方法，集中力量发展农业生产力，从根本上改变我国农业经济上、技术上的落后面貌，使之成为农林牧副渔全面发展的、农工商综合经营的具有世界当代先进水平的、现代化的社会主义大农业。农业现代化包括农林牧副渔各业产品的生产过程以及产品的贮藏、运输、加工和销售等各个环节的现代化，是牵涉面很广、综合性很强的技术改造和经济发展过程。中国农业的现代化，要经过一个先进技术与手工操作技术并存、由低级到高级的发展过程，逐步实现。我们要把农业的结构和布局调整好，扬长避短，

---

* 十一届三中全会以后，作者致力于研究科学技术和科学研究如何为农业现代化服务的问题，撰写了一系列有关文章，提出了许多意见和建议。本文是其中具有全局性和指导意义的重点文章之一。

发挥优势，使农林牧副渔全面发展起来，农村经济活跃繁荣起来，生产队和农民陆续富裕起来，逐步向更高的目标前进。为了保证农村改变落后状况，必须一方面大力发展农业生产，同时实行计划生育，切实控制人口的盲目增长。

为了加快农业发展、逐步实现农业现代化，应当着重抓好两方面的工作：

一是认真贯彻党中央规定的各项农业政策。在兼顾国家、集体、社员三者利益的基础上，使农民获得实际的经济、政治利益，调动农民的积极性。要坚持集体经济方向，这是我国农业走向现代化，提高劳动生产率和商品率，使农民摆脱贫困达到共同富裕的基本经济形式。为了把经济搞活，在生产资料公有制占绝对优势的前提下，允许一定数量的其他补充成分，采取多种多样的经营形式，开展竞争，发展商品经济。各地农村从实际出发建立多种形式的生产责任制，不同地区不同社队因地制宜地采取多种经营方式、多种劳动组织、多种计酬方法，不搞一刀切，收到增产增收的实效。在边远山区、贫困落后地区、社员对集体经济丧失信心而要求包产到户的地区，可以在生产队领导下实行包产到户或包干到户。一般地区集体经济比较稳定，生产有所发展，群众满意现行生产责任制的，就不要搞包产到户，集中精力巩固和发展集体经济。专业承包、联产计酬责任制，是发挥集体经济优越性和调动社员积极性、主动性的一种大有发展前途的责任制。我们应当根据群众意愿，加以引导，因地制宜地推广上述各类形式。

二是大力发展农业科研、教育、推广事业。从各个方面用现代农业科学技术武装农业，搞好科学种田。要因地制宜地、有计划地改善农业生产条件，根据不同地区情况和要求搞有选择性的机械化，推广行之有效的科学技术措施，采用科学的管理方法。要努力发展各级各类农业教育事业，办好高等农业院校，办好中等农校，办好各县农业中学、农村职业中学。普通中学添设农业课程，办好多种形式、不同内容的农林技工学校和训练班，培养大批农业科学技术骨干和经营管理人才，培养和建设一支坚持社会主义道路的、有专业知识和能力的、和广大群众密切结合的农业科学技术队伍。同时在农村普及农业科学技术知识，提高广大农民的科学文化水平。

二

农业科学研究怎样为加速农业发展和实现农业现代化服务？这里有基础的、应用的和发展的三个方面的研究任务。我们要综合应用有关的各种基础科学成果，为发展农业生产、为农业现代化服务。因此，一定要重视发展农业基础理论科学。现阶段应用科学是重点。应用部分本身，有宏观的方向性、全局性的部分，也有微观的局部性、技术性的部分。基础性的和应用性的研究，这两个部分是统一的，互相促进的。一句话，就是要在加快农业发展、促进农业现代化的过程中，集中力量首先解决那些生产上、科学技术上、经济上迫切要求解决的关键问题。如果不解决这些问题，我们就寸步难行。所谓发展性研究，是根据农业发展前景，要及早研究解决生产上必须解决的那些问题。在这三个方面，我们都要发挥农业科学技术研究工作的先行作用。

研究技术政策问题，这是涉及科学技术发展方向的大事，应作为"看准方向、定准任务"关系全局的问题。例如：怎样切实完成农业资源调查和农业区划工作，合理、经济、充分地利用我国的农业自然资源和劳力资源，充分发挥不同地区的优势，创造更多的物质财富；怎样通过生物措施结合工程措施综合治理低产土壤（盐碱土、红壤土和黄土高原等），怎样因地制宜地逐步调整和实现合理的农业经济结构和生产布局，怎样加强农业生物科学的研究，使农业现代化的发展得到可靠的科学技术保证；怎样应用先进的农业工程技术，结合原有基础和经验，研究、开发、利用农业资源，改善农业生产过程的环境因素，怎样停止若干地区对生态系统的破坏，怎样改变一些地区陷入恶性循环的生态系统，下工夫恢复良性循环；怎样用现代化设备、先进科学技术武装农业，持续地改善农业生产条件；怎样采取多种有效途径开发利用农村多种能源，逐步解决农村饲料、燃料、肥料三料矛盾的迫切问题等等。其他，如高产稳产田肥力指标和培肥措施，良种选育及理论研究，生物固氮，高产栽培技术及其规律，耕作制度的技术和理论等，也都涉及技术政策问题。

我们搞农业现代化试点，第一步要进行农业自然资源（土壤、气候、水资源和生物）和农业经济调查，然后据此进行农业区划。在上述基础上，进行各级农业现代化的规划。按照规划，分期分批、有计划地建设各种农业商品生产基地。并选择各种不同类型的县、公社、农场进行农业现代化综合试点，积累经验。在研究农业科技政策时，也可以按调查、区划、规划、基地、试点这五件事统一考虑工作部署。我们的一切工作首先要从认识农业生产对象着手，一切工作都要从当地的自然条件、经济条件、技术条件、农业生产水平等实际情况出发，提出我们的努力方向、任务、课题、方案等，这样才能对症下药地发挥农业科技事业促进农业发展的实际作用。

我们在规划农业科研工作中，要正确处理自然科学与经济科学或社会科学之间的关系，要使研究出来的新技术做到技术上先进，经济上合算，能在生产上广泛应用和推广。这是在新时期必须注意的。不是要求每个农业自然科学工作者都成为经济学专家，而是要注意经济效果。少数同志不懂农业生产是自然再生产和经济再生产的结合，不懂它是既受自然规律又受经济规律支配的，因此在调查情况时，不注意了解经济情况，在考虑措施时，只注意自然科学方面的技术问题，而不考虑有关的技术经济和经济效果，不考虑从经济方面来保证这些措施的顺利实施。我们要注意任何一项科技措施，都要考虑能增产、增收，持续增产，都有一个经济效果问题，而这正是一切经济工作的出发点及其归宿。过去科研工作中，有些人由于忽视经济方面的问题，由于不注意经济效果，提出的建议和方案往往不能实现。我们在研究农业措施时，要克服人为地把自然科学和经济科学割裂的现象。我们不仅要努力探索有关自然科学技术方面的问题，也要注意考虑有关经济方针、政策以及经济效果等方面的调查分析，全面地考虑提高劳动生产率、土地生产率（单产和总产）、商品率、经济核算、增产增收、持续增产等方面的问题。我们要认真学会采取经济手段和科学手段指导农业发展，行政方法只能作为辅助手段，要克服单纯行政命令的做法。

三

当前农业科技战线的紧急任务就是把农业科学技术力量组织起来。全国地区以上的农业科研单位有600多个，职工89000多人，其中科技人员24000多人。这一部分力量是可贵的，但是还远远不能满足需要。当前的主要问题是把目前比较分散、薄弱的力量，合理地组织起来，逐步形成专业配套、布局合理的体系和工作有力的队伍，保持安定团结，整顿领导班子并保持相对稳定，搞好"五定"，在正确的方向、任务、规划下进行有正常秩序的科学研究，更快更多地出成果、出人才，有力地促进我国农业现代化事业。

建议按下述原则组织我们的力量：

中国农业科学院应该是全国农业科学研究的中心。中国农业科学院党组根据全国科学技术发展纲要及农业发展需要提出农牧业重点科学项目作为主攻目标。我们要组织好全国重大科研项目的协作研究，要研究大幅度提高农牧业产量和质量的科技问题。加强基础工作和理论研究，并使理论研究与应用科学密切结合。还要搞好国内外科技情报。有目的地开展双方互利的国际科技交流与合作。中国农业科学院要指导全国的农业科学技术工作，就必须先认真抓好院属各所的科研工作的整顿和建设，搞好所承担的国家重点科研项目，以及组织好全国协作方面的任务。加强学术领导。

省（市、自治区）的农科院，应根据本地的自然资源、经济条件和农业生产特点，建成具有地方特点的综合性和专业性科研机构，坚持以应用和发展研究为主，按照地方农业发展需要，开展具有自己特色的重大课题的研究，同时也承担国家的、农业部的和有关生产部门下达的重点科研项目。

地区农科所在本省统一规划下，根据各地区农业生产的需要，开展具有地区特点和侧重某一专业的科研工作。引进国内外和省内外先进技术，进行地区适应性试验研究，并指导县级农业科学技术推广工作。

高等农业院校应充分利用现有设备和人力，结合教学开展科学研究。要有计划地充实现代化设备，侧重基础理论和技术科学方面的研究。由于历史条件、科技力量和区域性特点，也可以逐渐形成某项或某几项科研工作的中心。农业院校要加强农业生物科学等基础课程，如植物动物生理、微生物、遗传育种、土壤、农化耕作、栽培、植物保护以及农业工程、农业机械化、农业经济及农业企业管理、新技术应用等基础知识和应用技能，并加强生产实习和外语学习。要提倡理论联系实际、实事求是、群众路线、民主团结、崇尚科学、注重钻研、艰苦实干、革新首创的学风。

中央关于发展农业生产若干问题的决定中提出，重点加强中国农业科学院和北京农业大学。农业部已将其作为重点加强的单位，并正在研究重点加强的措施。为了调整好省、地区农科院、所和高等农业院校的研究项目，省农业局、农科院应会同有关部门和地区在省农委（农办）的统一领导下，对每一个研究所、室，逐个确定其方向、任务，尽力避免重复。

四

农业科研成果的有效推广，使可能的生产力迅速成为现实的生产力是当前的一大任务。要研究如何使科研、教育、推广三方面有机地结合起来。农业技术推广工作，应逐步形成由上而下的工作体系。除农业部、省、市、自治区及地区各级设农业技术推广机构外，县设农业技术推广站，作为实施系统和指导基地。现有县农科所的主要任务是试验示范推广农业科学技术，提高科学种田水平，普及农业科学知识，加快农业发展。过去不少科学研究成果没有推广开，要分析原因，采取有效措施。对已取得的农业科研成果，要由负责单位按鉴定程序进行审查，审查该项成果技术上的先进性、经济上的合理性和理论上的可靠性。在这些问题解决后，还要坚持进行地区适应性试验，经过试验要提出操作规程，经过典型示范，使这项成果得到群众的承认，而后才能因地制宜地大面积推广。要坚持一切经过试验、典型示范、逐步推广的原则，把试验、示范、培训和推广工作结合起来。要实行推广先进技术和总结群众增产经验相结合的原则，注重调查研究，按自然规律和经济规律办事，讲求经济效果，尊重生产队的自主权，加强计划指导，反对瞎指挥。推广时还要加强技术指导，及时帮助群众解决困难问题。建议试办以县农科所或县农业科学技术推广站（包括县农牧试验场）为中心，把各个站（农业、畜牧、兽医、种子、植保、土肥等）组织起来，在县农业局的领导下，形成一个县的农业科学技术推广中心。试办单项的或若干项的技术服务公司，形成推广科学技术的经验。

五

提高现有农业科技人员水平。老一辈科技人员要积极培养新生力量，要充分发挥老科学家传帮带的作用，要青出于蓝而胜于蓝。其次，要采取多种训练方法，提高青年科技骨干的基础理论知识，基本操作技能，从基本功锻炼入手。还要通过多种途径，培养科研骨干的后备力量。

我国农业科研工作有成绩，有些在世界上是领先的，如杂交水稻、沼气、兽医疫苗等。要继续前进，不要自卑。农业科学研究与生产发展要求不适应，成果不够多，有的成果推广很不力，这是要大力克服的。关于学习外国先进经验问题，我们要积极虚心地学，反对过去闭目塞听、夜郎自大的错误思想；也反对民族虚无主义的盲目崇外思想。

我们要努力学习国外确实先进的、对我们有益的科学技术、先进设备、科学管理方法，不是重复人家的弯路和资本主义社会的各种弊病。有计划、有重点、有准备地选派人员出国深造或邀请国外有真才实学的专家来我国讲学。要把人家真正精华的东西，对我们有益的东西学来。一定要从我国实际出发，结合自己的条件、需要、工作基础、原有经验，不要照搬照抄，要善于采取众长，择优利用，努力消化、仿制、改造、创新、赶上和提高，在继承、引进、改造的基础上创新，充分发挥我们的长处，努力创造出优良成绩。

《农业"八字宪法"浅说》1979 年版
单行本编者的话*

科学是生产力,一旦为广大群众所了解、掌握和应用于实践,就会变成巨大的物质力量。北京四季青公社社员说得好:"不学科学,就是科盲;不懂科学,就没法实现现代化。"用现代农业科学技术和科学管理知识武装广大农民和干部,提高科学种田水平,是加快发展我国农业、逐步实现农业现代化的一项基础工作。

《农业"八字宪法"浅说》是一本农业科学普及读物。它是我们在国庆 30 周年、毛泽东提出农业"八字宪法"20 周年的时候编写的,以此献给农村基层干部、四级农科网成员和有志于社会主义现代化农业建设的青年,作为学习农业科学技术知识的参考读物。

农业"八字宪法"是毛泽东把农业科学技术和群众经验结合起来概括而成的。它体现了实现农业增产的基本因素,体现了我国农业技术改造现阶段的主要内容,是科学种田的依据。当然,它不是一般所理解的"宪法"。现在我们称之为"八字宪法",只是因为这种叫法已经通行多年,而为人们所习用。有人说,搞现代化了,用不着宣传农业"八字宪法"了,这是一种误解。实践证明,因地制宜地贯彻农业"八字宪法",对改善农业生产条件,促进农业发展,效果是很显著的。农业"八字宪法"是随着农业生产和农业科学技术的发展而发展的,它的每个字都有丰富的现代农业科学技术的内容,是我国社会主义现代化农业重要组成部分。有人认为它的作用太窄,只适用于种植业。其实不然。它不仅服务于农业中的种植业,也服务于林牧副渔各业。农林牧副渔全面发展,都需要全面地因地制宜地贯彻农业"八字宪法"。广泛地、系统地、深入地向广大农民和农村基层干部宣传农业"八字宪法"的科学知识,对全面提高科学种田水平,加速实现我国农业现代化具有重要意义。这就是我们编辑这本小册子

---

* 《农业"八字宪法"浅说》一稿是刘瑞龙在"文革"中受迫害时在狱中撰写的。当时因没有纸张,此稿写在从垃圾堆中捡来的香烟盒的反面。出狱后,一些同志帮助他整理、编辑、审订。该书稿 1979 年出版单行本。刘瑞龙在《编者的话》中,一一列出协助他整理、加工书稿的同志,但该书稿的原作者,也就是他自己,却没有列出,由此也可见他人品的高洁。——本文集编者

的目的。

这本小册子的内容简介如下：

第一部分，以《因地制宜地全面贯彻农业"八字宪法"》一文作为本书的绪论，包括农业"八字宪法"的形成和发展，八项增产措施的相互关系，"八字宪法"与农业现代化以及有关全面贯彻农业"八字宪法"的若干经验。

第二部分，按"八字宪法"顺序分章，分别说明各项措施在农业增产中的意义和作用，有关的基本知识、历史发展和我国现有的技术水平，同国外先进水平的差距及需要探索的问题。

第三部分，介绍"光"和"气"在农业生产方面的作用。

本书是由农业有关部门的科研工作者和专业工作者以及参加农业科研基础工作的同志合作，共同拟定提纲、收集资料、整理编订而成的。在编写过程中，曾得到农业部、水利部、农机部、中央气象局、中国农业科学院和农业出版社的同志们大力支持，谨此表示谢意。

但愿这本小册子，对热心我国社会主义现代化农业建设的同志能够提供微薄的帮助，并作为引玉之砖。本书内容并没有完整反映我国现有农业生产措施水平，其中关于基本知识、历史发展、科研成果、先进经验、国外先进水平等，由于编写时间短促，有的材料收集不齐，有的未经反复核实，有的论点未经深入推敲，加上编者水平的限制，缺漏谬误之处，在所难免。希读者来信补充指正，以便再版时补充改正。

参加本书编写审订工作的同志名单列后：（以姓氏笔画为序）马克让、马瞿翁、王天铎、王炳章、方原、叶和才、石山、刘锡庚、刘河石、刘松林、吕世简、庄巧生、朱祖祥、李君凯、邱式邦、沈其益、宋达泉、张乃凤、张庆海、陈华癸、祖国辅、侯光炯、柳培柏、项南、钱正英、梁雪丰、饶兴、郝盛琦、席承藩、陶鼎来、陶岳嵩、高惠民、黄瑞采、章一华、龚一询、曾观惠、粟宗嵩、彭克明、蔡旭、裴温、鲍文奎、戴松思。

刘瑞龙

1979 年 12 月

农业"八字宪法"浅说

(1979 年)

第一部分

因地制宜地全面贯彻农业"八字宪法"

1979 年，党的十一届三中全会和五届人大二次会议决定把全党全国的工作着重点转移到社会主义现代化建设上来。三中全会原则通过的两个农业文件鼓舞了广大农民和干部的积极性。在新的历史时期中，我们必须集中主要精力使目前还很落后的农业尽快得到发展，这是保证实现四个现代化的根本条件。而因地制宜地全面贯彻农业"八字宪法"是加快我国农业发展，逐步实现农业现代化的一项重大措施。华国锋在五届人大的政府工作报告中，把"从上到下建立和健全农业科学研究和技术推广系统，全面贯彻农业'八字宪法'"，作为实现农业发展规划的九项重要措施之一。

农业"八字宪法"是毛泽东经过调查研究，在 1958 年提出来的。它是党的领导、群众经验和科学研究相结合的产物。土地改革和农业合作化，为我国农业生产力的发展开辟了广阔的道路。毛泽东依据先进的农业科学理论和技术，总结我国农民精耕细作的经验和全国解放后农业技术改革的经验，多次提出有关农业增产措施的意见。在农业社会主义改造高潮时期，就在《关于农业合作化问题》一文中，把"提高耕作技术（深耕细作、小株密植、增加复种面积、采用良种、推广新式农具、同病虫害作斗争等）；增加生产资料（土地、肥料、水利、牲畜、农具等）"作为巩固合作社，保证增产的必不可少的条件。1956 年在《全国农业发展纲要（草案）》中，进一步提出我国农业奋斗目标和相应的 12 项增产措施。1958 年初又在《工作方法六十条（草案）》中，列举了抓社会主义农业的 14 个要点。同年，经过多次酝酿，毛泽东把农业增产的基本措施概括为八个字，大家把它通俗地称作农业"八字宪法"，它是我国农业生产丰富经验的结晶。

毛泽东说，农业"八字宪法"这就是土（深耕、改良土壤、土壤普查和土地规划）、肥（广辟肥源、合理施肥）、水（发展水利和合理用水）、种（培育和推广良种)、密（合理密植）、保（植物保护、防治病虫害）、管（田间管理）、工（工具改革）。农业"八字宪法"把先进的农业科学技术和群众的增产经验结合起来，加以科学概括，这就比较系统地反映了夺取农业丰收的各个重要环节，向人们提示了从农业角度认识、改造和合理利用自然，深入探索农业增产因素，进行农业技术改造的途径。农业"八字宪法"是毛泽东在促进我国社会主义农业发展方面作出的一项重要贡献。它将在我国农业现代化的伟大事业中继续发挥作用。

　　农业生产是有生命的物质的再生产，农作物增产是由多方面的因素构成的。农业"八字宪法"扼要地表达了这些因素，其中既包括改善农作物的外部生活条件，也包括改良农作物品种的内在特性；要求采取适应农作物生长、发育的各项栽培管理措施，并且不断改革工具和生产技术，提高土地生产率和劳动生产率等。

　　土、肥、水是农作物赖以生长发育的基本条件。土地是农业的基本生产资料，土是基础，农田基本建设归根结底是从各个方面把农作物进行生命活动的基地——土壤搞好。必须坚持合理耕作、轮作、灌溉、排水、用地和养地相结合，多方面保持和提高土壤肥力；还要对症下药采取综合措施，连续治理，重点改良约占我国耕地三分之一的各种低产土壤；并在不损害水土保持、森林、草原和水产资源的条件下，有计划地开荒造田，适当扩大耕地面积，同时因地制宜地建设非耕地的新的林场、牧场、渔场。肥料是植物的粮食，必须广积农家肥，多种绿肥，多制饼肥，大力推广沼气，逐步解决农村燃料问题，扩大秸秆还田，增施肥料，适当增加土壤有机质；合理地增施化学肥料，满足作物高产对矿物营养多方面的需要，是现代农业技术的一个重要环节，应该大力发展化肥工业，提高化肥质量，增加复合肥料及农需微量元素等，结合土壤和作物营养诊断，科学施肥。兴修水利，就是在治理江河兴建必要的大型骨干工程的同时，因地制宜地搞好中、小型水利和配套工程，防旱除涝。充分利用大气水、地面水，开发地下水，增加灌溉面积，采用现代化的灌溉技术，提高灌溉效益。同时，大力植树种草，造林护林，建设和更新草原，绿化祖国，调节气候，涵养水源，创造有利于农业全面发展的合理的生态环境，因地制宜地搞好农林牧副渔各业生产。为了从根本上改变我国农业生产条件，我国人民发扬愚公移山精神，大搞以改土、治水、培肥、造林为主要内容的山水田林路综合治理，生物措施和工程措施相结合，建设旱涝保收、高产稳产农田，为农作物创造水、肥、气、热相互协调的土壤环境，并为实现农业机械化创造良好条件。今后，要进一步加强水利、农田、草场、林业、渔场、住宅、畜舍、饲料加工厂、屠宰场、仓库、晒场、道路、沼气池和其他自然资源等各项农业基本建设。

有了土、肥、水等良好的外部条件，为增产提供了基础，还必须积极选育、引进和推广良种，充分发挥作物良种的增产作用。我国地少人多，只有大幅度提高单位面积产量，改进品质，才能满足社会主义四个现代化的需要。而产量高低、品质好坏主要是由农作物的内因决定的。国内外的经验表明，良种的增产潜力极大，培育良种在现代农业科学技术工作中占有重要地位。种子工作是一项系统的、持续性的基础工作，不能一劳永逸，也不容临渴掘井，晚动手一年，会吃亏多年。我们要在研究和掌握植物遗传规律的基础上，以常规育种为主，并结合采用各种现代化育种技术，根据不同地区和条件的要求，培育高产、稳产、早熟、优质、抗逆性强、适应性广的优良品种，同时搞好良种引进、繁殖、提纯复壮和适期更新工作，保持优良种性。加强种子工作，就要认真做好良种选育、繁殖、推广、供应、调剂工作，在继续搞好大队、生产队种子田和县、社良种繁育场的同时，尽快建立省、地、县的种子生产基地，有步骤地实现种子的生产专业化，质量标准化，加工机械化，品种布局区域化。要建立健全种子公司的经营系统，修订并贯彻执行品种审定、良种繁殖和普及、经营管理、种子检验等规章制度，并早日制定颁布种子法。良种供应要优质优价，防止种子退化和种子混杂，保证增产。还要加强优良种畜、树种、草种、水产养殖良种等方面的工作，为农业全面发展服务。

有了良种，还必须栽培科学化，进行合理密植，搞好植物保护，加强田间管理，才能确保当年增产。为了充分利用阳光、空气和地力，一方面要因地制宜地进行合理密植，在单位面积上保有适当数量的苗数，使作物的个体和群体都能得到良好的生长发育，以提高单位面积产量和总产量；另一方面，要因地制宜地改革耕作制度，在当地气候、土壤、水利、肥料、品种、劳力、技术等条件的许可下，进行合理的间、套、复种，适当提高复种指数，争取全年多收高产并持续增产。要做好植物保护工作。为了减轻灾害损失，要充分掌握病、虫、杂草发生、发展的规律，综合采用农业的、生物的、化学的和物理的多种手段，经济、安全、有效地控制其在经济危害的水平之下。同时做好水、旱、风、雹、低温冷害、霜冻等其他自然灾害的防灾、抗灾准备，避免并及时地克服各项不利因素的影响，使作物得以正常生长发育。要按照作物生长发育的规律和特点，进行田间管理。不失时机地精细地进行播种，力争苗全苗壮，巧用肥、水，实行积极促进和适当控制相结合，促幼苗早发，控中期旺长，防后期早衰，以保证作物的生长沿着高产稳产的长势发展，使高产丰收的可能性变为现实。

农业生产的各个部门，土、肥、水、种、密、保、管每个字，都和工具改革有密切关系，都要实现机械化。通过农具的改良运动逐步过渡到半机械化和机械化，逐步做到在一切能够使用机器操作的部门和地方，统统使用机器操作，这是发展农业生产力，合理充分利用农业自然资源，提高土地生产率和劳动生产率，促进农业全面发展和农村全面建设的一项根本措施，是发展我国农业的长期方针。国家农用工业，要根据农业发展的迫切需要，大力增产适应不同类型地区特点、质量好、价格便宜的现代化农业机械，逐步做到标准化、系列化、通用化，认真解决好农业机具的配套问题和零配件的生产、供应问题，搞好维修和管理，加强农机人员的培训，提高农业机械的耕作效率。同时，还要积极发展社队企业，开展多种经营，增强社队经济力量，为农业机械化积累资金和解决劳动力安排问题。要把先进的农机设备同精耕细作的优良传统结合起来，相互适应，提高科学种田的水平。在农业机械薄弱的地方，要从生产亟须解决的机具做起，还要充分发挥现有手工、畜力农具的作用。以机代畜，要看条件稳步前进。

毛泽东在 1964 年看到竺可桢《论我国气候的几个特点及其与粮食生产的关系》一文表示赞同并向他说，农业"八字宪法"似应加上光、气二字。随着实践和科学的发展，使我们进一步认识到充分利用光能和其他气候资源的重要意义。毛主席所说的"光"，就是太阳光能。植物利用太阳光的能量，通过光合作用，把空气中的二氧化碳和土壤中的水分，转化成有机质碳水化合物。这种光合作用是一切绿色植物最基本的生命活动，也是农作物产量形成的基础。因此，在全面贯彻农业"八字宪法"时，要注意培育光合效率高的农作物品种，采取合理的栽培措施，因地制宜地密植和间套复种，适当扩大田间群体的叶面积指数，并维持其较长的功能期，以利光合物质的积累，以从提高叶绿体内的光合效率，如抑制光呼吸作用、施二氧化碳类肥料等方面，努力探索提高农作物产量的途径。

农业是露天作业，受天气、气候的影响极大，农业"八字宪法"的每一个字都直接或间接与之有关。如农业耕作制度的改革、作物布局、新品种的引进、病虫害防治、合理灌溉和施肥，都要考虑当地气候条件，趋利避害，因地制宜、因时制宜。为此要加强农业气象工作，贯彻国家台站与社队哨组相结合、专业人员与群众相结合的原则，把现代化科学技术与群众中极其丰富的测天经验结合起来，逐步认识和掌握当地的天气、气候特点及演变规律，提高天气预报，特别是灾害性天气预报水平，为科学种田当好参谋。要研究和分析农业气候资源，做好农业气象区划，为农业的区域化、专业化布局作出确切的农业气候评价。随着科学技术的不断发展，还要进一步研究人工调节农田小气候、人工影响天气的有效方法，使农业气象工作在农业生产上发挥更大作用。

农业"八字宪法"的八个字在发展农业生产中各有其特殊的作用，它们又是相互促进、相互制约的，是一个统一的不可分割的整体。改善农作物的生活环境条件，必须适应作物本身的要求；而要发挥作物品种本身的优良特性，又依赖于生活环境条件的不断改善，依赖于人们生产技术和管理水平的不断提高。不能把农业"八字宪法"看作是各自孤立的几项措施，认为可以重视某几项，忽视某几项。当然，根据地区自然条件、农业生产水平和农时季节的不同要求，抓住主要矛盾，因地因时制宜有所侧重，这也是必须的。有所侧重也是为了更好地发挥整体措施的综合增产作用。所以说，农业"八字宪法"必须全面贯彻执行，以收到相辅相成的增产效益。

为了全面地、正确地贯彻执行农业"八字宪法"，使其在实现农业现代化的斗争中充分发挥作用，我们需要从农业发展的全局来看待它的意义和作用。所谓农业全局，是指支配农业发展的那些客观条件，自然规律和经济规律，以及反映这些规律的，党和国家所制定的方针、政策和措施。这些是贯彻农业"八字宪法"的基础。

我们要深入学习和坚决贯彻党的四中全会通过的叶剑英《国庆讲话》所指明的实现四个现代化的努力方向，以及《讲话》中所指明的我国农业现代化的总目标："实现四个现代化，将使我国农业逐步变为农林牧副渔布局合理、全面发展，能够满足人民生活和工业发展需要的发达的农业，使我国农村逐步变为农工商综合经营的富庶的农村。"党的四中全会通过的《中共中央关于加快农业发展若干问题的决定》，对我国农业现状的分析、对历史经验的总结和实现农业现代化的部署，是符合实际情况的，是正确的；《决定》提出的一系列方针、政策，是适合我国现阶段农业生产发展的需要的，是顺乎民心的。我们一定要全面落实《讲话》、《决定》的精神，牢牢记取正反两方面的经验教训。一定要长期保持安定团结的政治局面；一定要正确认识和处理农村以及全国范围的阶级斗争，正确地进行对农民的社会主义教育，防止"左"的或右的干扰，特别要注意肃清林彪、"四人帮"极左路线的流毒；一定要毫不动摇地坚持党的四项基本原则，解放思想，实事求是，团结一致向前看，同心同德搞四化；一定要持续地、稳定地执行党在农村现阶段的各项政策。人民公社要继续稳定地实行三级所有、队为基础的制度，不允许任意改变，搞所谓"穷过渡"；必须认真执行各尽所能、按劳分配、多劳多得的社会主义分配原则，决不允许把它当作资本主义原则来反对；必须因地制宜地实行有利于巩固和发展集体经济的生产责任制，坚持集体调配劳力的制度；社队的多种经营以及作为社会主义经济附属和补充的社员自留地、自留畜、家庭副业和农村集市贸易也绝不允许把它们当作资本主义经济来批判和取缔。全面落实这些原则和政策，充分发挥社会主义制度的优越性，充分调动广大农民和干部的积极性，贯彻农业"八字宪法"，加快农业发展的前提和根本条件。

我们必须切实加强国家对农业的物质支持和技术支持，用社会主义工业和现代科学技术武装农业。国家加强了对农业的支持，农民生产的积极性就会愈来愈高涨。离开国家的支持，单纯依靠农民本身的物质力量，农业不可能高速度发展，尤其不可能实现现代化。我们一定要坚定不移地执行以农业为基础的方针，真正落实国民经济计划按农、轻、重次序安排。各行各业都要大力支援农业，为农业服务。国家对农业的基本建设投资、事业费和农业贷款要逐步增加；对工农产品的比价，继续进行必要的调整；农用工业品要增加数量、提高质量、降低价格。我们要集中力量抓好农业技术改造，搞好各项农业基本建设，发展农业生产力。在农业集体化的基础上，实现对农业的技术改造，这是我们党在农业问题上的根本路线，是巩固工农联盟，用社会主义战胜资本主义的根本途径。全面贯彻农业"八字宪法"，就是为实现党的这条根本路线，为实现农业现代化服务的；农业"八字宪法"本身也将随之得到不断发展。

坚持全面规划，合理安排。全面规划是把党的路线、方针、政策和群众的要求、经验、智慧结合起来的好方法。要搞好以土壤普查为重要内容的农业自然资源（土壤、气候、水源、生物）、农业经济调查和农业区划，并据此制订各级的农业现代化规划。这是充分利用自然资源、调整农业布局、建设农业商品生产基地、因地制宜地贯彻农业"八字宪法"、加速农业现代化的一项基础工作。制定规划必须走群众路线，自下而上地充分调查研究，酝酿讨论，搞好综合平衡，因地制宜地作出全面安排，有步骤地实施。规划一定要正确地、完整地贯彻执行"农林牧副渔同时并举"和"以粮为纲，全面发展，因地制宜，适当集中"的方针，在抓紧粮食生产的同时，认真抓好棉花、油料、糖料等各项经济作物，大力发展林业、牧业、副业、渔业和社队企业，逐步增加经济作物、林业、牧业、副业、渔业在农业中的比重，有计划地逐步改变我国目前的农业结构和人们的食物构成。我们一定要充分利用自然资源，充分挖掘各方面的潜力，找出当地阻碍农业发展的主要矛盾，因势利导，趋利避害，兴利除害。规划要远近结合，长短结合，立足当前，着眼长远。我们采取各项措施，不仅要看当前增产实效，而且要瞻前顾后，研究对今后长远建设的利弊得失，避免只顾近利、不顾后患、"吃子孙饭、造子孙孽"的错误做法。同样，我们不仅善于合理开发利用自然资源，还要注意保持生态平衡，善于保护、培育和更新自然资源，逐步达到"青山永在，绿水长流"，使其生生不息，永续利用。规划的实施要量力而行，分期分批，集中力量打歼灭战；要贯彻政策，注意质量，讲求实效；要抓紧检查，随时完善规划和纠正失误。

全面贯彻农业"八字宪法"，一定要坚持因地制宜的原则。我国古代著名农学家贾思勰精辟地总结了我国农民长期的经验。他说："顺天时，量地利，则用力少而成功多。任情反道，劳而无获。"毛泽东一贯坚持因地因时制宜的思想，指出要"周密调查客观情况，根据不同地方与不同时间，提出确定的要求，解决增产的条件"。周恩来在几次制订发展我国国民经济的五年计划时，都强调安排农业生产布局和采取技术措施，必须发挥地方的积极性，发挥因地制宜的灵活性。我国各地自然情况十分复杂，就是在一个县、社的范围之内，也有很大差异。由于不同地区的自然条件、经济条件和生产技术条件的千差万别形成农业的地区性、季节性和不平衡性，十分突出。过去我们在工作中一度忽视了这些特点，犯过瞎指挥、一刀切的错误，做过一些"人憋气、地减产"的蠢事。有些地方不顾条件毁林开荒，滥垦草原，盲目围湖造田，脱离实际搞农业基本建设，使自然资源和生态平衡遭到破坏，以致水土流失、沙化、盐碱化的面积扩大，旱涝风雹等灾害加重。有些地方不顾时间、地点、条件，依靠行政命令硬性推广新技术和改变耕作制度。因为这种做法脱离实际，脱离群众，挫伤农民积极性，常常事与愿违，造成生产损失。事实教育我们，忽视因地因时制宜的原则，对于生产措施要求各地千篇一律地执行，必然遭到大自然的惩罚。我们应该接受教训，今后务必不再重复这种错误做法。

科学研究、教育必须走在生产前面。没有先进的科学技术和科学管理方法，就没有现代化的社会主义大农业。搞农业现代化的根本依靠，就是发展科学事业和培养科学技术人才。我们必须努力解决加快农业发展中的科学技术和农业经济方面的迫切问题，要深入探索自然界的奥秘，使人们在同大自然的战斗中获得日益增多的主动权。我们要大力恢复积极发展和提高我国农业科学研究、农业教育和技术推广事业，建设健全的布局合理的农业科研、教育、推广体系，发扬理论联系实际的优良传统，紧密结合加快我国农业发展和农业现代化的实际需要，深入探索农业"八字宪法"八个字的共同规律、各自特殊规律及其综合作用，总结群众的实践经验，选定一批当前亟须解决的科研项目，有计划地组织力量，重点突破，使农业"八字宪法"随着生产发展和农业现代化的进展而不断丰富其内容。毛泽东提出了农业"八字宪法"，但并没有终极它。农业"八字宪法"仅是向探索农业生产奥秘的拓荒者指引了正确的方向，同其他事物一样，也是发展的，路还得由人们自己去走。有人认为它是小农经济的产物，就是没有把它看作是不断发展的。农业是一门涉及面广、内容丰富的学科，它所包括或涉及的专业很多，从气象学、生物学、遗传育种学、土壤学、农业化学到作物栽培学、农业工程学、农业机械学、农业经济学以至原子能、激光、电子计算和自动控制等各个专业，都有广大的必然王国有待于我们去争取自由。这就向广大的农业干部和科技人员提出了一个严重的学习和探索的任务。我们要学政治、学经济、学科学技术、学科学管理等等，要努力学习和有选择地引进国外先进的对我有益的经验和技术。要迅速恢复和办好高等农业院校、中等农校和县农校，农村中学要增设农业课，举办各种训练班培养各级农业领导干部、科技人才和管理人才，提高广大农村干部和农民的科学技术、经营管理知识和文化水平，普及农业"八字宪法"的科学知识。发展农民教育，提高农民的科学文化水平，是提高整个中华民族科学文化水平的一个重要条件，也是实现四个现代化的一个重要奋斗目标。

加强人民公社经营管理，实行民主办社。我们一定要在思想上加强对农民的社会主义教育的同时，在经济上充分关心他们的物质利益，在政治上切实保障他们的民主权利。这是调动群众积极性，贯彻农业"八字宪法"的基础工作。在加强经济工作和经营管理方面，我们要充分发挥社会主义集体经济的优越性，继续发扬自力更生、艰苦奋斗的精神，善于在经济上开源节流，学习用经济办法管理经济。我们要尽可能充分利用人力和设备，广开生产门路，多方提高农民扩大再生产的能力；尽可能改善劳动组织、改善经营管理，提高劳动生产率；尽可能节约一切可能节约的人力和物力，实行劳动竞赛和经济核算，厉行增产节约。每一项农业措施，都要精打细算，力求投资少、见效快、收益大，力求以最少的劳动和物质消耗，获得最大的增产增收的经济效果。在全面发展农业和加强经济管理的时候，我们要在改革和完善社会主义经济制度的同时，改革和完善社会主义政治制度，发展高度的社会主义民主和完备的社会主义法制。我们要坚持民主办社的原则，尊重和保护社员群众的民主权利。人民公社、生产大队和生产队的所有权和自主权应该受到国家法律的保护，任何单位和个人都不得侵犯它的利益。在坚持社会主义方向、接受国家计划指导的前提下，基本核算单位有权因地制宜地进行种植，有权决定增产措施，有权决定经营管理方法，有权分配自己的产品和现金，有权抵制任何机关和领导人的瞎指挥。人民公社各级组织都要实行民主管理，干部选举，账目公开。社员对干部有批评和监督的权利，严禁打击报复。在农业科学研究领域内，同样要发扬民主，坚持百花齐放、百家争鸣的方针；不同学术观点，可以在互相讨论、互相促进中得到发展，共同为农业现代化服务。

坚持实事求是、群众路线。坚持实践是检验真理的唯一标准，就是坚持辩证唯物主义的思想路线，坚持完整地、准确地理解和掌握毛泽东思想的科学体系。这是反对唯心主义、形而上学，清除林彪、"四人帮"一伙极左路线的有力武器，同样是贯彻农业"八字宪法"的根本思想路线。解放思想，实事求是地研究和解决新问题，仍然是亟须解决的任务。我们要破除迷信，坚持真理，要敢于打破那些阻碍生产力发展的陈规旧套，纠正那些经实践证明是不适当的或错误的口号和做法。任何农业措施、科研成果、先进经验，是否符合自然规律和经济规律，是否有利于生产力的发展，是否能够增产增收，都要接受广大群众生产实践的检验。进行农业技术改革，必须坚持群众路线，贯彻放手发动群众，深入调查研究和一切经过试验的原则。在进行一项新的工作时，一定要进行试验，即使推广国内外先进经验，也必须经过反复试验、典型示范、逐步推广的过程，必须经过同当地条件、发展生产需要、原有工作基础、群众和干部的经验相结合的过程，也就是要经过学习、试验、消化、吸收、改造、创新的过程。只有这样，外来的先进经验才能真正被我们掌握运用，成为我们自己的本领。这里，我们需要的是革命精神和科学态度结合，是鼓实劲，不鼓虚劲，是大兴调查研究之风，提倡钻研业务的精神。决不要说假话，说大话，说空话。要注重政策，踏实工作，要实干、苦干、巧干，骄傲自满、夜郎自大、故步自封、官僚主义的态度和小生产的保守思想，是必须克服的。任何不经调查、分析、选择，强迫命令、盲目蛮干、瞎指挥、一哄而起的做法，没有不失败的。现在各地选择某些不同类型的县、社或国营农场，建设现代化农业科学实验基地，积累经验，逐步推广的做法，必须大力提倡。用典型推动全面是好办法，但要防止脱离实际、脱离群众、照搬照抄、搞形式主义花架子、虚张声势甚至弄虚作假的恶劣做法。

建国以来，我国农业战线工作，在毛泽东、刘少奇、周恩来和朱德的领导和亲切关怀下，取得了很大成就。经过亿万农民和广大干部的艰苦奋斗，胜利地实现了农业的社会主义改造，粮食、经济作物和林业、牧业、工副业、渔业都有不同程度的增长。但是，我国农业的发展走过了曲折道路，有成功的经验，也有沉痛的教训，需要我们认真总结，以便克服困难，少犯错误，做好工作。党的十一届四中全会通过的叶剑英的《国庆讲话》和《中共中央关于加快农业发展若干问题的决定》具有重大的现实意义和深远的历史意义。我们的国家正在经历着一场以生产建设和技术改革为中心的、在生产关系和上层建筑许多方面实行深刻变革的伟大革命。革命的目的在于解放和发展生产力。我国农业当前的落后状态，经过持久努力，一定会发生翻天覆地的大变革，农业生产力将有惊人的大幅度提高，农业生产水平将进入世界先进行列。在这场伟大的新长征中，农业"八字宪法"将发挥其强大的作用，而它自身也将得到不断发展。

第二部分

第一章　土

一、"八字宪法"土是基础

毛主席指出，土是基础，有土斯有粮；增产的措施，土壤应放在前边。毛主席还指出，土壤学是农业科学的基础科学，学了它会知道怎样增产，而且多次号召我们要学一点土壤学。

毛主席从唯物辩证法的高度，深刻阐述了土壤和农业生产的关系，高度评价了苏联土壤学家威廉斯的学说，辩证地分析了以土为基础的整个农业生产中物质和能量的转化循环过程，提出了"农、林、牧三者相互依赖，缺一不可，要把三者放在同等地位"的科学论断。

毛主席从加速发展我国农业生产的全局出发，对土壤工作作过很多重要指示。毛主席在1955年《关于农业合作化问题》和1956年《全国农业发展纲要（草案）》中，把兴修水利、增加肥料、改良土壤、保持水土、实行精耕细作、改进耕作方法、开垦荒地、扩大耕地面积等列为农业增产的基本措施，并要求采用各种办法，把瘠薄的土地改造成为肥沃的良田。1958年8月，毛主席针对我国历史上耕地较浅、农具落后、畜力较弱，影响农业增产的情况，对河南省长葛县委关于深翻土地获得增产的报告作了重要批示。指出这是劳动人民的一大发明，通过深耕把土壤变成"大水库"、"大肥库"，才能充分发挥水、肥的增产作用，并号召人民公社社员把土地深翻好。同年12月，毛主席在八届六中全会期间，批转了农业部党组《关于土壤普查鉴定工作现场会议的报告》，有力地推动了全国群众性土壤普查、深耕改土运动和土壤科学研究工作的开展。

农业生产对土地有着特殊的依赖性。土地是农业的基本生产资料，在一定的社会经济条件下，农业发展的规模和速度，不仅取决于利用土地面积的数量，而且还取决于标志土地质量的土壤肥力状况。农作物生长发育需要阳光、热量、水分、空气和养料，宇宙供给阳光和热量，而水分、养料主要是由土壤供给的，作物的地下部分生长活动所需的空气和热量也是通过土壤而传递供给的。可见土壤是农作物赖以进行生命活动的基地，是吃饱、喝足、住得舒服的生活环境和条件。在农业生产实践中，土壤肥力的高低直接影响农作物产量的高低，这早已是众所周知的事实。随着农业生产和科学技术的发展，由于土壤肥力的差异所造成的农作物产量悬殊的事实，则更为惊人。就以一个人民公社或生产队来说，其耕地分布的范围不大，按气候条件来说差异很小，即使种植同样的作物和品种，采取的耕作栽培措施也大体相同，然而在粮食单位面积产量上则有超"纲要"的高产田，也有未上"纲要"的低产田，产量不仅有相差几成的，而且有相差几倍的。生产实践证明：农业"八字宪法"中，"土"字是其他各项措施发挥威力的基础。土壤肥力这个基础愈雄厚，就愈能发挥良种、密植的增产作用；浇水、施肥、田间管理、机械化作业等措施的经济效果也就更大。对改革耕作制度、提高复种指数来说，土壤肥力状况则是决定增产增收的基本前提之一。因此，高度肥沃的土壤是农业高产稳产的首要物质条件。没有肥沃的土壤条件，没有不断提高的土壤肥力，便没有农业的高产稳产和持续增产。

二、土壤的本质特性是肥力

在自然界，土壤是历史自然体，有其独自形成发育过程；而长期耕种的土壤，又可以说是人类生产劳动的产物，是人类按照自然规律和农业生产的要求对其不断改造的结果。

肥力是土壤的本质特性。人们常说的肥沃土壤，不仅含有丰富的植物养料，而且是水、养（养分）、气、热等肥力因素基本协调，生产性能好，便于耕作，适宜种植多种作物，产量高而稳定的土壤。我国土壤科学工作者通过总结群众经验和深入研究，认为土壤肥力是土壤与植物在进行物质交换过程中，土壤对植物不断供应和调节水、养、气、热的能力；它是由土壤中的有机物质（包括腐殖质、微生物及酶）和无机物（矿物质）之间的矛盾运动以及同周围环境因素（包括水、热条件等自然因素和人类生产活动）相互作用构成的。未经开垦种植的自然土壤，是自然成土因素——气候、生物、地形、土质、年龄，相互作用过程而形成发展的。其本质特性是具有自然肥力。自然土壤经过人们开垦、耕作、种植作物，则开始了人工作用下的熟化过程；自然肥力和人工肥力相结合，转化为经济肥力，即进入了农业土壤发展阶段。这时，自然因素仍然是起作用的，而人们的生产活动则是影响土壤肥力的最为活跃的因素。在生产实践和科学实验过程中，人们不断加深对土壤的认识，探索土壤及其肥力发展的客观规律，从农业增产的需要出发，采取土壤改良和耕作措施，定向改造和培肥土壤，从而生产更多的农产品。马克思主义从来认为，土壤肥力可以不断提高，土地的增产潜力是很大的。马克思指出："只要处理得当，土壤就不断地改良。""良好的排水设备，充分的施肥，适当的经营等等，加上多用劳动来彻底耕作土地，除草犁地，将会在土地的改良和生产的增加上产生惊人的结果。"（《资本论》第三卷，第1019页）土壤作为农业基本生产资料来说有一个特殊长处，其他生产资料在使用过程中会被消耗或日益磨损，而土壤只要利用管理得当，用地养地结合，就能越种越肥，经久不衰。我国农业有悠久的历史，农民有精耕细作的丰富经验，历代劳动人民以自己的勤劳和智慧，培育了许多良田沃土。诸如成都平原都江堰灌区的良田，银川平原秦渠、汉渠所灌溉的土地，以及关中平原的古老耕地，其耕种历史均在2000年以上，培育良好的地方至今地力不衰，是我国农业高产稳产的基础。因此，土地可以越种越肥，这是我国劳动人民在长期农业生产实践中所获得的真知灼见。至今群众中还广泛流传着"人勤地不懒"、"地是活宝，全在人搞"等农谚。我国历代的思想家、农学家在总结劳动人民生产实践经验的基础上，对土壤肥力问题曾有许多精辟的论述。先秦时期的荀况指出："今是土之生五谷也，人善治之，则亩数盆，一岁而再获之。"他还总结了"多粪肥田""楉耕伤稼"的经验（《荀子·富国篇》）。东汉时期的王充曾指出："深耕细锄，厚加粪壤，勉致人工，以助地力。"（《论衡·率性》）宋代（12世纪）写成的《陈旉农书》粪田之宜篇中说："土壤气脉，其类不一，肥沃硗确，美恶不同，治之各有其宜也。且黑壤之地信美矣，然肥沃之过，或苗茂而实不坚，当取生新之土以解利之，即疏爽得宜也。硗确之土信瘠恶矣，然粪壤滋培，即其苗茂盛而坚栗也。虽土壤异宜，顾治之如何耳。治之得宜，皆可成就。"陈旉还提出了"地力常新"的论点。他说："或谓土敝则草木不长，气衰则生物不遂，凡田土种三五年，其力已乏。斯语殆不然也，是未深思也。若能时加新沃之土壤，以粪治之，则益精熟肥美，其力当常新壮矣，抑何敝何衰之有。"14世纪初叶《王祯农书》粪壤篇中也阐述了类似的论点。这些论述，不仅反映了我国历代劳动人民善于运用耕作、改土、施肥等措施有效地提高土壤肥力的生动事实，而且强调了"人善治之"，不同土壤"治之各有其宜"的宝贵经验，提出了"治之得宜，皆可成就"和"地力常新"的科学论点。这些论点，对认识土壤及其肥力，对发展农业生产，至今仍有积极意义。

现代土壤科学的发展，对土壤肥力问题已有更加深入的探索，认为土壤肥力是土壤的物理、化学、生物性质及其环境因素的综合表现。过去有学者认为矿质养分含量是土壤肥力的指标，也有学者认为团粒结构是土壤肥力的基础，显然这些都关系土壤肥力的重要性质，还不是全面的综合指标。我国一些土壤学家认为，认识土壤肥力，既要研究"体型"，即土体的层次发育及其特征，特别是土壤孔隙、水、气、热的状况与运动规律；又要研究"体质"，即基础物质，指有机无机复合体的组成及其功能，特别是养分、水分的运动规律。这样就有利于摸清土壤中水、养、气、热的状况以及它们的保持与协调关系。土壤肥力是随时间、条件而不断变化的，处在耕种过程的农业土壤其肥力变化和发展的速度较之自然土壤则更为迅速。农业土壤肥力的变化，固然与自然因素有密切关系，但主要取决于人们对土壤在农业生产过程中肥力变化的客观规律的认识，取决于人们是否合理利用土地、重视改良土壤和培养地力的工作，取决于生产力和科学技术发展的水平。我们知道，自然土壤的肥力演变取决于自然成土因素的作用，主要依靠生物的作用。生物从土壤中吸收可利用的营养物质来建造自己的有机体，生物死亡后又加入到土壤中使土壤有机物质增加。有机质的合成与分解，是自然土壤肥力发展的主要动力。对长期种植农作物的土壤来说，由于农作物代替了自然植被，农作物吸取了土壤中的养分生长成有机体以后，除地下部分——根系仍残留在土壤中外，地上部分及其籽实被人们所收获。如不实行秸秆还田，土壤有机质和矿质养料就会不断减少。因此，就需要人们在利用土壤的同时，积极采取各种耕作、施肥和土壤改良措施，以不断地恢复和培养地力。生产实践表明，人们如果只利用地力，而不注意培养地力，土壤中的养分就会越来越少，土壤的物理、化学和生物性质也会变坏。例如在拙劣的耕作技术条件下，甚至使肥沃的土壤变成贫瘠的土壤，随之使农作物产量和品质不断下降，直至变成不毛之地。相反，如果人们善于利用自然条件，主动采取优良的耕作技术措施，例如深耕、施肥、灌溉、排水和水土保持措施运用得当，就可以不断地熟化和改良土壤，就可以创造更高的肥力，从而把瘦土变成肥土，把坏地种成好地。

一定的生产关系和社会制度，对土壤改良和提高地力起着制约的作用。马克思曾经指出："肥沃绝不像所想象的那样是土壤的一种天然素质，它和现代社会关系有着密切的联系。"（《马克思恩格斯选集》第一卷，第151页）土地在人们的合理利用、积极培育下，本来可以越种越肥，但在生产资料私有制的社会里，由于剥削阶级在残酷剥削劳动人民的同时，还贪得无厌地掠夺地力，诸如滥垦草原，滥伐森林，对土地实行大水漫灌，粗放耕种，以及工业废水污染土壤，人为加剧水土流失和风蚀，造成土壤沙化、盐渍化、沼泽化、矿毒化，导致土壤结构破坏，地力衰退，农业凋敝，这在历史上是屡见不鲜的。即使像我国这样的社会主义国家，在发展农业生产过程中，如果不注意正确处理国家、集体和劳动者的关系，不顾农民群众的物质利益；或者不重视普及科学技术知识，在一定时期和局部地区，仍然会出现土地利用不合理，破坏土地资源和生态系统，掠夺地力，以致使土壤肥力减退的种种现象。近十多年来，在林彪、"四人帮"极左路线的严重干扰破坏下，有些地方违反因地制宜的原则，在山坡地毁林开荒，顺坡耕作，造成水土流失；牧区开垦草场，破坏植被，加剧土地沙化；在改革耕作制度、提高复种指数上搞"一刀切"，挤掉了豆科作物和绿肥，使土壤肥力日益减退。不合理的土地利用方式和广种薄收的粗放耕作方法，往往是加剧地力破坏，造成农林牧生产下降的重要原因。因此在土地利用、提高土壤肥力问题上，必须坚持按自然规律办事和讲求经济效益的原则，对土地确定合理的经营方向，宜农则农，宜林则林，宜牧则牧，宜渔则渔，以保证加速我国社会主义现代化农业的发展。

三、普查土壤，合理利用土地

为了加快农业发展速度，逐步实现农业现代化，需要进行农业自然资源、农业经济调查和制定农业区划。土壤是农业生产的最重要的物质基础，查清土地资源和土壤肥力状况，是农业自然资源调查的一项基本内容和重要任务，是制订农业区划、制定农林牧副渔现代化规划、调整农业布局、全面合理利用土地资源的先行步骤。这些工作是紧密联系、不可分割的，因而需要在统一领导下，有计划、有步骤地进行，以保证工作质量，并收到预期的效果。

1958～1960年间，在毛主席亲切关怀下，进行了全国第一次以耕地土壤为主要对象的群众性土壤普查鉴定工作，初步摸清了我国耕作土壤的底细。特别是广泛总结了农民群众在生产实践中所积累的认识土壤、利用土壤和改良土壤的丰富经验，为因地制宜贯彻农业"八字宪法"提供了有利条件，促进了农业生产的发展。同时，通过群众性土壤普查，依靠科技人员在广大基层干部和群众中普及了一次土壤科学知识，使土壤学为发展农业生产服务；对土壤科技战线的专业人员来说，正确认识了劳动人民在农业生产斗争中能动地改造土壤、培肥地力的巨大作用，认识到农业土壤是劳动的产物，亿万农民群众所进行的农业生产活动是土壤科学发展的基本源泉，从而促使我国土壤科学研究走上了与农业生产实践相结合的道路，其意义十分深远。通过全国土壤普查资料汇总工作，还编制了反映我国农业土壤基本概况的土壤类型分布图、土壤肥力概图、土壤改良概图和土地利用现状图，还编写了《中国农业土壤志》。我国第一次群众性土壤普查所取得的巨大成就，是在毛泽东、周恩来的亲切关怀下取得的。70 年代以来，一些地区根据生产发展的需要，先后开展了土壤普查与作物营养诊断的试点工作，对改革耕作制度、经济用肥、合理灌溉提供了科学依据，促进了高产栽培技术的发展。随着以改土治水为中心、以建设高产稳产农田为目标的农田基本建设运动的广泛开展，各地都需要通过土壤普查以及有关农业生产条件的调查研究，找出本地区进一步发展农业生产的主要矛盾，明确农田基本建设的主攻方向和具体步骤，提出综合治理的重点和因地制宜的技术标准，并在此基础上制订一个立足当前、着眼长远，农林牧副渔全面发展，山水林田路综合治理的土地利用和农田基本建设规划，以便做到突出重点，分期实施；保证质量，提高工效，使农田基本建设事业提高到一个新水平。

遵照党中央关于要进行土壤普查的指示，全国第二次土壤普查已进入了准备工作阶段。农林部于 1978 年 10 月召开了全国土壤普查工作会议，在总结近几年来有关单位进行土壤普查试点工作经验的基础上，明确提出这次土壤普查要为加快农业发展，实现农业现代化服务，要在发展生产、发展土壤科学和培养人才三方面作出贡献；在当前特别需要为搞好农田基本建设和提高科学种田水平提供依据和措施。同时具体要求着重解决以下问题：

（一）查清土壤资源，提出合理开发利用土地及进行农林牧副渔合理布局和发展合理生态系统的意见，为制订农业区划和逐步实现农业现代化规划提供依据。

（二）调查不同地区高产稳产农田的土壤性质及环境条件，提出不同地区、不同土壤条件下建设高产稳产农田的主攻方向和关键措施。

（三）查清低产土壤类型的分布、面积、限制土壤肥力提高的主要障碍因素，提出对症下药的改良措施和培肥规划。查清不同地区土壤遭受污染和侵蚀等破坏状况，提出改良及预防措施。

（四）测定各类土壤中的主要养分含量，并调查肥源，为改进化肥分配和使用方法，为实行因土施肥、提高施肥效益提供依据。

（五）总结群众用地养地的经验，根据不同土壤的肥力状况，提出因土种植，合理轮作、耕作的意见。

按照上述目的和要求在全国范围内进行土壤普查，其工作量是巨大的。根据第一次土壤普查和近几年来各地进行试点工作的经验，为了顺利地开展工作，必须组织好专业队伍，坚持专业队伍与群众相结合的工作路线，以县为单位，以社、队为基础，以四级农业技术推广网为基本力量，在县委领导下，组成专门班子，连续作战，分期分批搞好试点，认真培训技术骨干，由点到面，逐步开展；同时各级农业和科学技术部门要加强技术指导，逐级汇总资料，提出工作成果，并进行评价和验收，以保证工作质量。

以土壤普查为主要内容的农业自然资源（土地、气候、水源、生物）调查和农业区划，是发展农业生产的一项基础工作。随着生产的发展和土壤肥力状况的变化，需要连续进行，把工作做得越来越深入细致。一些经济发达的国家，一般都设有专业机构，长期负责进行土壤调查和研究工作，精心积累资料，绘制各种图表，以指导生产。如日本茨城县在农林水产省的统一部署下，由县综合农业试验场负责，曾连续两次进行了土壤普查。第一次是 1947～1958 年，摸清了各种土壤的分布状况，制定了二十万分之一的水田和旱地的《土壤类型图》，针对当时地力低，阻碍生产提高的主要因素，采取了相应措施，对促进地力的提高起了很大作用。第二次是 1959～1977 年，在第一次普查的基础上，制定了五万分之一的水田和旱地的《土壤生产性能分级图》和《地力保全对策图》，进一步摸清了各种土壤的生产性能，提出了改良各种土壤的对策。日本除了定期开展土壤普查外，为了制定各类土壤的施肥标准，各县还每五年进行一次土壤营养诊断，根据不同土壤的各种养分含量，提出氮、磷、钾的不同配方，由工厂生产各类复合颗粒肥料，供农户按需要选购。值得注意的是，日本在战后所进行的两次土壤普查不仅具有连续性，而且工作是愈来愈细致，提供生产上应用的资料愈来愈精确，是可供我们借鉴的。在全面开展土壤普查工作过程中，我们必须重视交流各地进行试点的经验，同时也需要研究和借鉴国外的经验，引进国外先进技术，以不断提高技术水平和工作效率。

在进行土壤普查的基础上，需要制订合理利用土地和改良土壤的规划。土地利用规划应着眼于合理地利用自然资源和改造自然，实行农林牧副渔各业全面发展，因地制宜，合理布局的方针。由于各地条件不同，在规划农林牧用地的比重时，应从实际出发，讲求经济效果，选择最佳利用方案，改变过去那种忽视发展林业、牧业和多种经营的片面观点，以期建立合理的农业生产结构和良好的生态系统。即使在以农业为主的地区，也要积极提高林牧副渔的比重。

在农区进行土地利用规划时，要对主干道路、灌排系统、耕作地块、林网、村庄、果园、经济林、用材林、薪炭林、饲料地、割草场、放牧地以及水产养殖用地等，进行统筹规划和精心设计，实行合理布局，为全面进行农业和农村基本建设、实现机械化、水利化和大地园林化提供蓝图，为建设繁荣、富庶的社会主义现代化农业展示灿烂前景和发展进程。

我国人口众多，而耕地偏少，极需要加强对土地资源的利用规划和管理工作，特别是要珍惜和保护现有耕地。1957年，我国耕地面积为16.77亿亩，平均每人有2.6亩；而今由于人口的过速增长和各项基本建设占用耕地等原因，平均每人只有1.6亩。自1957年至1977年的20年间，我国用很多的人力、物力和财力开垦荒地，增加耕地3.2亿亩；但因基本建设占地和其他用地约减少5亿亩，增减相抵，减少了耕地约1.8亿亩。耕地是农业的基本生产资料，是我国人民主要的衣食之源，每减少一亩耕地，在北方至少是相当于减少了一口人的衣食来源，在南方至少是减少了两口人的衣食来源。因此，在强调计划生育的同时，要千方百计地珍惜和保护耕地，这是关系国计民生的大事，需要引起全党全民和各行各业的高度重视。为了有效地保护耕地，国家除亟须制定土地法严加管理外，在各级进行土地利用规划时，应把增加耕地面积列为一项要求，力求通过平整土地、改良土壤等措施以及采取其他切实可行的办法，使耕地面积有所增加；并且要想方设法防止今后耕地面积继续减少。

四、改良土壤，建设高产稳产农田

我们要把农田基本建设当作一项伟大的社会主义事业来办。农田基本建设的目标，就是要把全部耕地分期分批建设成为高产稳产农田，改良土壤，培肥地力是农田基本建设的重要内容，但必须和治水、培肥、造林相结合，不能单打一，否则不能达到农业高产稳产的目标。

我国农村实现农业合作化以来，以改土、治水、培肥、造林为基本内容的农田基本建设，是在各级党政领导下依靠集体经济的力量，辅以国家财力、物力的支援和技术指导，大搞群众运动进行的，取得了很大成绩。目前，全国灌溉面积已发展到7亿亩，高产稳产农田已达到5亿亩；近几年来，平均每年平整土地约8000万亩，改造坡耕地约1000万亩，扩大灌溉面积2000~3000万亩，对农业增产有显著效果，并积累了正反两方面的丰富经验。近几年来，各地农田基本建设事业有了新的进展。其特点是：由过去的单项治理，发展到山水田林路综合治理；一些地区和社队已做到认真进行规划，分期分片施工；领导和技术指导力量加强，土地、水利、电力资源利用更加合理；并且随着农业机械化的发展，劳动效率提高，这标志着我国农田基本建设进入了一个新的发展阶段。

　　我国土地总面积960万平方公里（合144亿亩），现有耕地面积约15亿亩，只占全国总土地面积的10%多一点，改良土壤，扩大耕地面积的潜力还很大。不仅在人口稀少的边远省、区有成片的荒地可以开发利用，即使在人口较密的老农业区，也还有不少零散土地可以改造利用。随着农业机械化和水利事业的发展，我国在有计划、有秩序地适当扩大土地利用面积方面是有可为的，特别是宜于发展牧业、林业的土地，宜于发展水产养殖业的水面，更是广大。这是我们全面发展农林牧副渔生产的有利条件。在现有耕地中，尚需重点改良的各类低产田约占三分之一；目前产量中等或较高的农田，也需要进一步提高土壤肥力，实现园田化。因此，无论从进一步挖掘现有耕地的生产潜力来说，或从适当扩大耕地面积、合理利用土地资源来说，改良土壤，大搞农田基本建设都是我们面临的一项迫切任务。

　　我国耕地中需要重点改良的土壤类型，在北方主要是盐碱土、涝洼土、风沙土；南方主要是低产水稻土、酸瘦的红壤和黄壤；在西北黄土高原丘陵沟壑地区主要是水土流失严重的粗黄绵土和黄绵土；在全国丘陵地区和土石山区主要是土层很薄的石渣土和沙质土。这些土壤由于所处的环境条件不良或本身的缺陷，各自具有限制肥力提高的障碍因素，影响作物生长发育，产量常低于当地一般土壤 $1/3 \sim 1/2$，因而改良低产土壤的增产潜力是巨大的。我们要坚持不懈地下工夫改造这些土壤，使低产变高产，从而实现各地区大面积平衡增产，这是加快农业发展的一场翻身仗。对这些低产土壤的改良，采取一般的耕作施肥措施，其增产效果很小，需要采取"对症下药"和综合措施、连续治理的办法。所谓"对症下药"，就是针对不同低产土壤类型的主要问题，抓住关键措施进行改良。如盐碱土为除去过多的可溶性盐分，需要采取引水洗盐和开沟降低地下水位等措施；丘陵山区的坡耕地，应逐步退耕还林或种草，缓坡耕地则需采取整修梯田，并增厚土层和等高耕种等生物措施和工程措施，以保持水土。只有采取关键性措施，除去"病根"，才有可能通过耕作、施肥等措施培肥土壤。由于各类低产土壤限制肥力和产量提高的因素往往是多方面的，而化瘠土为肥土又需要有一个过程，所以必须采取综合措施，连续进行治理。总之，无论哪一种耕作土壤，经过改良和培肥，都要增厚活土层，消除限制土壤肥力提高的障碍因素，做到土壤结构好，蓄水保肥能力强，通气爽水，微生物活动旺盛，氮、磷、钾等速效养分含量丰富，供肥及时，便于耕作，从而为农作物生长创造水、养、气、热协调，而又抗逆性强、缓冲性强的良好土壤条件，才算达到了改良土壤的要求。

农田基本建设是向自然作斗争，我们一定要从本地区的实际条件出发，善于利用有利条件，改造不利条件，严格执行因地制宜的原则。不同地区所处的自然地理条件不同，水、热条件各有差异，土壤的类型及限制肥力提高的主要因素也不同，农业生产各有其主要矛盾，因而不同地区农田基本建设的主攻方向和综合治理的重点措施各有不同。必须结合农业区域规划、流域规划和农业现代化规划，在调查总结本地区典型经验的基础上，认真做好本地区的农田基本建设规划。从着重解决当前主要矛盾着手，因地制宜采取综合措施，既要讲究质量和效益，力求在技术上可靠，又要求在经济上合理，集中力量打歼灭战，做到建一处，成一处，不图形式。

兹列举几个不同地区进行农田基本建设的技术措施和经验如下：

（一）华北平原地区。主要问题是旱涝盐碱危害，需采取灌排兼施，以水、肥为中心的综合治理措施。主要是疏浚河道，解决排水出路，健全灌溉、排水系统，降低地下水位；同时平整土地，修成适应机械化作业的条田，并设置林网，有利稳定农田水、热条件；相应改革种植制度，随之采取耕作措施改良，特别是增施有机肥料，以培肥土壤。华北平原的盐碱土，多为含盐的地下水位高所引起，需要改善地区范围的排水条件。国家大规模治理海河，解决排水出路，为治理旱涝盐碱打下了良好基础。在此基础上，采取井灌井排，而且井、沟结合，统一调配四水（雨水、河水、土壤水、地下水），抓住水盐相随的规律，土壤盐分即可基本得到控制。河北省黑龙港地区原有盐碱地2300多万亩，在兴修骨干排水工程的基础上，通过打井修渠、平整土地和增施肥料等措施，盐碱地面积减少了2/3。曲周县在北京农大等单位的帮助下，连续几年进行井沟结合、农林水并举、综合治理试验，采取以治水排盐为中心，以深井、浅井和深排沟为主体工程，以及平整土地、营造林网、种植绿肥等办法，有计划地治理旱涝盐碱地。在田间工程布局上，以开挖支级深沟，将土地分割成4000～5000亩为一片的治理单元；每单元内又以深沟为骨干，设置深浅沟系统；每千亩地范围布置一眼深井（淡水）配合四至六眼浅井（咸水）为一井组，井组、沟网相结合，分层取水，联通使用。通过浅井取用浅层地下水，与深井淡水混合浇地，既缓和了当地灌溉水源缺乏的问题，又实行井灌井排，抽咸换淡，将多余的咸水经沟网排走。经过4年综合治理的试验区，不仅抗旱排涝能力大大增强，而且地下咸水矿化度由每升7克下降到5克左右，盐碱土面积由原来的八成减少到两成。张庄大队在治理前最高年平均亩产为 230 斤，治理的第四年（1977 年）提高到 803 斤。

（二）西北黄土高原地区。主要问题是水土流失严重，干旱缺水。要合理利用土地，建设基本农田，采取农业、水利和造林种草等综合措施，以保持水土，发展生产。即在大面积的荒坡秃岭上种草造林，增加地面覆盖，涵养水源；在宜农的缓坡耕地，有计划地修成水平梯田；在沟谷打坝，建成川台坝地。要使每块耕地都能保水、保土、保肥，为定向培肥土壤打下良好基础，并努力改变广种薄收习惯，扩大造林种草面积，实行农林牧全面发展。

大寨大队位于黄土高原东缘，属太行山地黄土沟壑区，海拔在 900～1000 多米之间，耕地分布在七沟八梁一面坡上，解放前，近 800 亩耕地被大小沟岔分割成 4700 多块，土壤瘠瘦，干旱缺水，水土流失严重。从 1952 年冬实现农业合作化以来，大寨社员从改土着手，大搞农田基本建设，长期坚持从根本上改变生产条件。在 20 世纪 50 年代，逐步把坡耕地、梁地整修成水平梯田，在荒沟打坝填土，修成坝地，把原来跑水、跑土、跑肥的"三跑田"变成保水、保土、保肥的"三保田"。由"三跑"变"三保"，关键是整平土地，层层拦蓄雨水，以土蓄水，以土保肥，从而制止水、土、肥流失。在这个基础上，继续整修土地，合并扩大地块，采取客土调剂土质、大量增施有机肥料和实行深耕深刨等措施培肥土壤，创造深厚肥沃而疏松的活土层，把"三保田"建设成为"海绵田"。1970 年以来，大寨社员继续平整土地，挖山填沟，建设"小平原"，并且兴修水利，发展喷灌和管道灌溉，把大部分沟地和梁地修成能灌溉、能机耕的土地，培肥成为"海绵园田"。这是大寨农业获得高产稳产的基本条件。

大寨海绵田的特征是：土地平整，堵堰牢固，保水保肥；活土层厚，疏松绵软，结构性好；土壤肥沃，便于耕种，高产稳产。而活土层厚是主要特征。海绵田的活土层厚度在一尺左右，它的有机质含量由原来的 0.7% 左右提高到 2% 左右，土质不沙不黏，多为轻壤至中壤；土肥相融，土壤富有结构性，除有相当数量的水稳性团粒之外，还有许多非水稳性的团聚体；土体疏松多孔，总孔隙度在 55% 左右，其中非毛管孔隙约占 15%，毛管孔隙约占 40%，有利于渗水和通气，协调水、气矛盾。由于土壤富有结构性和多孔性状，水、养、气、热诸肥力因素趋于协调，并易为耕作措施所调节，这就给微生物繁殖和作物根系活动创造了良好环境；土壤中微生物的数量比原来增多，各种有益的细菌几倍、几十倍以至成千倍地增加，从而促进了土壤中营养物质的转化，提高了土壤的有效肥力。海绵田活土层以下的心土层稍紧实，有稳水、稳肥的作用；而且底土层很深厚，上下土层之间又没有不利于水分运行和根系伸展的障碍土层（如胶泥层、石渣层和砂礓层等）。有了这样的土体层次构造，既不会滞水闭气，又不致漏水漏肥，而且能把表层渗下来的水分和营养物质贮存起来，整个土体成为"水库"、"肥库"，源源不断地供给作物生育的需要。

陕西省米脂县的高西沟大队，属于黄土丘陵沟壑区，自 1959 年以来，逐步向农林牧结合的方向发展，土地利用实行了"三三制"。全大队原有耕地 3100 多亩，现在用于种植农作物的面积 1070 亩，造林 1050 亩，种草 1000 亩。林业有用材林、经济林，种植的柠条既能当柴烧，又可铡碎制成肥料，种的草主要有草木樨、紫花苜蓿和沙打旺等。种植农作物的耕地面积虽然缩小了，但能集中人力、物力和肥料把土壤改良好，改变了过去广种薄收的习惯。高西沟大队的土地利用"三三制"是逐步实现的，努力建设高产稳产农田是实现"三三制"的中心环节。从 1959 年至 1970 年，修成的梯田、坝地 800 亩，造林、种草 1600 亩，粮田面积缩减到 1400 亩。1971 年，粮食亩产达到 350 斤，比 1959 年增加了 5 倍；粮食总产达到 36 万斤，也增加了 2 倍多。1972 年遇到特大旱灾，粮食产量比上年减少一半，开始兴修水利，几年来修起了两个抽水站，建成两个水库，砌起盘山渠道，安装倒虹吸，并发展喷灌，实现了一人一亩水浇地。1977 年粮食亩产 620 多斤，总产 56 万斤；年产草 250 万斤左右；饲养家畜近千头。高西沟社员总结他们合理利用土地的经验是："高山远山森林山，近山低山造平原，梯田并成高台面，茅楞种草好肥源，缓坡缓抓宜种草，立崖陡坡种柠条，石沟筑库水上山，干沟打坝变良田。"这个大队在它四平方公里的范围内，初步控制了水土流失，从 1966 年以来，几经暴雨的考验，基本上做到了"土不下坡，泥不出沟，不向黄河送泥沙"。从高西沟的实践，人们可以看到"黄土高原绿有日，浊浪黄河清有时"的前景。

山西省平顺县李顺达领导的西沟大队，位于黄土高原的东缘，属太行山土石山区，自 1951 年办起农林牧合作社以来，在河滩、河岔凡是能造地耕种的地方，都建成了良田；全大队 15000 多亩山头山坡，有 12000 多亩种上了苹果、核桃、花椒以及松树和槐树，1978 年干鲜果年收入达八九万元，大牲畜和羊也有很大发展，林、牧两项收入已占总收入的 60% 以上。虽然平均每人只有八分耕地，社员收入和生活水平仍然不断提高，社员高兴地说："山区要想富，发展农林牧。"

（三）南方红壤地区。未经改良的红壤，具有酸、瘦、板结等主要缺陷，丘陵坡耕地和荒坡秃岭大多是水土流失严重，需要实行综合利用和综合治理，发展农业、经济园林和用材林等多种经营，把合理利用土地与改良培肥土壤密切结合起来，方能收到良好的经济效益。已垦的丘陵坡地，需修成水平梯田，采取"揭搬表土，整平地块，深挖底土，肥土盖面"的方法平整土地；并兴修水利，轮种绿肥，施用磷肥和菌肥提高绿肥和农作物产量；同时需要因地适量施用石灰（包括烧石灰和石灰岩磨碎的粉末），以改变土壤酸瘦和结构不良等理化性质。在坡度较缓的荒坡地，可开辟茶园、桑园或柑橘园，或发展油茶、油桐和乌桕等木本油料。对不宜垦殖的山地或荒坡，需封山育林，大力恢复和发展杉木、马尾松和竹林。江西省进贤县，90%以上的土地是在红色黏土母质上发育的红壤，过去因植被破坏，水土流失严重，农业发展缓慢，经过多年来的连续治理，至1978年全县80%的宜林荒山已基本绿化；同时通过大兴水利，引水上山，改坡地为梯田，使60%的红壤耕地能抗旱保收；种植绿肥的面积由过去的十几万亩扩大到40多万亩；在改土培肥的基础上，全县粮食总产比1958年增长一倍半，皮棉增长三倍多，油料增长一倍多。赣南兴国县一带，过去是个"三日无雨水断流，一场急雨沙满丘"的红壤低产区，该县蕉溪大队连续10年来进行综合治理，全大队8200多亩光山秃岭分别种上了茶叶、油茶、油桐和杉树，全面控制了水土流失；同时平整土地，兴修了山塘水库和盘山渠道，发展养猪积肥和扩种绿肥，粮食亩产由过去的385斤提高到1100多斤。

（四）江南水网平原地区。这类地区包括分布在南方各大湖泊周围及大河三角洲的大片农田，人口稠密，水网密布，是我国土壤肥力和农业生产水平最高的地区。以苏州太湖一带为例，解放以来随着机电排灌的发展，多实行稻麦绿肥水旱轮作，形成了稻麦两熟、高产稳产的耕作制。20世纪70年代初以来，大面积发展双季稻，耕作制由稻麦两熟变为麦稻稻三熟。为了适应稻麦两种作物同时交叉生长和机械化作业的要求，迫切需要改变田块高低不平、大小不一和排灌不配套的状况，对农田基本建设提出了更高的要求。苏州地委总结了无锡县东亭大队、江阴县华西大队和吴县龙桥大队等高产单位建设"双纲田"、"吨粮田"的经验，对本地区的农田基本建设提出了"三化三适应"的标准。这就是：大地园林化与机械化作业相适应，排灌系统化与三熟制科学用水相适应，土壤活熟化与稻麦高产栽培相适应。东亭大队，每人平均只有六分耕地，通过全面规划，每年整治一大片，已基本实现"三化三适应"的标准。全大队1500多亩粮田，修成了二亩半左右一块、百亩左右一方的园田，田块整齐，桑园连片，田路两旁绿树成行与机耕道调谐交织。同时整修了排灌系统，完成了田间工程配套，每两块田设一个阀门，块块自立门户，排灌分家；把明渠改为暗渠，实行渠路结合,下走水,上行车,节约利用土地。全队已有90%的粮田能速灌速排。还在70多亩农田修了排水暗沟,使它同田外一米多深的排水沟相连通,直通到河,在麦季可使地下水控制在70厘米以下,有效地消除渍害。东亭大队还积极发展养猪积肥,并采取稻草还田、罱草塘泥或制堆肥、种植绿肥和放养"三水"(水浮莲、水葫芦、水花生)等措施,大力增施有机肥料;加上深耕和提高耕作质量,已使大部分粮田达到熟土层五至六寸,有机质和氮、磷、钾含量丰富,土质疏松,通透性好。

苏州地区以及全国各地一些先进社队进行农田基本建设的实践表明,建设高产稳产农田的综合技术措施及其标准,不仅具有适应本地区自然条件和农业生产的特点,而且是随着农业生产的发展不断向更高水平前进的。近几年来,苏州地区很多社队的农田基本建设,从治理地面发展到治理地下水,从治水、改土、增肥发展到水、田、林、路、村的统一规划,综合治理,从而为实现农业现代化创造条件。

五、合理耕作,用地养地结合

毛主席说:"我看中国就是靠精耕细作吃饭。"我国大部分耕地分布在温带和亚热带,无霜期较长,适合栽种的农作物种类和品种繁多,有充分利用土地的优越条件;不少地区按人口平均占有耕地面积很少,必须经济合理地利用土地;我国群众有精耕细作的丰富经验,因而形成复种指数高,间作、套种方式多,是我国农业的显著特点。从这个特点出发,我们在有计划地搞好农田基本建设、改善土壤环境条件的同时,还必须实行合理深耕和增施有机肥料;合理轮作、换茬,对豆科作物和绿肥等养地作物给予适当的安排;在南方水稻为主的地区,须从实际出发,适当控制双季稻三熟制的面积,并积极创造条件,扩大水旱轮作;特别是从多方面开辟能源,积极发展沼气和小水电,解决燃料问题,尽可能实行秸秆还田,保持一定的绿肥和饲料,千方百计增施有机肥料,从而把充分用地和积极养地结合,使土地越种越肥,这是农业持续增产的基本途径。

土壤耕作是调节土壤水、养、气、热和松紧状况以适应农作物生育需要的重要手段。我国大部分耕地土壤的有机质含量很低,活土层薄,容易板结;复种指数较高,实施耕作和播前整地的时间短促,休闲晒垡的机会少,因而及时进行耕作,讲究耕作质量,减少不必要的耕耙次数,就显得特别重要。不同农业地区的农作制度不同,土壤耕作法也相应而异,但深耕和浅耕松土相结合,深耕和增施有机肥料相结合,各项农艺技术和实现农业机械化相结合,以实现农业高产、稳产、低成本，则是土壤耕作的共同要求。

各地经验证明，深耕结合增施有机肥料，能加速土壤熟化过程，改善土壤的物理、化学性质，促进土壤团粒结构的形成。河南省长葛县社员的经验是：经过深耕的土壤，土壤容重降低，孔隙度增加，通气、渗水性能改善，蓄水保肥性能增强；土壤中各种有益细菌大量增加，促进了养分的转化和供应；增厚了活土层，扩大了作物根系吸收水分和养分的地盘，使庄稼根系发达，茎粗叶茂，增强了抗旱、抗倒和抗病能力。①

随着耕作改制和农业机械化的发展，很多地区土壤耕作法也相应发展。黑龙江省以往长期实行垄作，自1973年以来，经过多点试验，推广了以深松为主体，松、翻、耙、播、压、管相结合，垄作与平作相结合的深松耕法。其主要特点是：分层深松，土层不乱；间隔（垄台与垄沟相间）深松，虚实并存；实行耕、种结合，耕、管结合，耕和不耕相结合，延长了实施深耕的时间。深松耕的方法有垄翻深松（沟、台交替）、垄沟深松、垄台深松、垄帮深松、平翻深松和深松耙茬等多种方式，并根据地势、土壤水分、作物种类、茬口、生育阶段、气象、劳、畜力和机械动力等具体条件，灵活运用深松耕法。由于针对了当地的气候、土壤和农作制特点，能有效地创造"虚实并存"的耕层结构，从而加强了土壤渗水、通气性能，增高了地温，促进了潜在肥力的发挥，有明显的增产效果；结合当地其他增产措施，粮、豆作物可增产百分之十以上，甜菜、土豆则增产更多。

水稻土壤深耕的深度，应与旱作土壤有所差异。根据科研单位近几年来对高产水稻土壤肥力特征的调查研究，南方各地年亩产超"双纲"以至2000斤以上的稻田，其耕作层厚度多在5~6寸之间。耕作层比较浅的，在底土性状良好的水田，可逐年加深耕犁深度；不宜深耕的，一般可结合因土施肥、客土（施用塘泥、沟泥、掺沙、垩泥调节土壤质地），逐年增厚耕作层。对水稻土壤的耕作，我国农民历来采用耕、耙、耥、耘等作业，创造一个"深、肥、松、软、爽、平"的耕作层，以便于水浆管理，实行以水调肥、以水稳温、促控水稻生育。深与肥是通过深耕结合施肥，创造出深厚而肥沃的"泥肉层"；松与软是通

---

① 长葛县坡胡公社孟排大队，20多年来坚持深翻改土，总结出深翻改土要执行"一个原则和四个结合"的经验，一个原则是：保持活土在上、生土在下；四个结合是：深翻与普耕（即机具深耕与畜力浅耕轮回进行）、施有机肥料、平整土地、浇沓地水相结合。该大队1970年以来，开始了机械化深耕，现已有75马力的拖拉机两台，一个冬春安排深耕2000多亩。同时实行耕耙连续作业，用长齿耙耙深（深度6~7寸），用短齿耙耙平（深度2~3寸），并把撒施的肥料耙匀，促使土肥相融，下边不埋藏坷垃，达到活土层厚，上虚卜实。

过多次耙田和水浆管理,使土垡散碎,土肥泥活;爽是通过干耕晒垡、排水烤田、降低地下水位或水旱轮作等措施,更新土壤环境,改良土壤结构;平是通过耖、耢,使田面平整,灌水深浅一致。南方各地农民对黏重冷湿的水田,还强调干耕晒垡或犁冬晒白,以改良土壤物理性质。

我国各地农民都有因地制宜进行土壤耕作以培育高产土壤的丰富经验,在改革耕作制度和实现农业机械化的过程中,需要加以总结和不断发展。

南方水稻地区,随着耕作改制的发展,复种指数进一步提高,近年来一些地区出现了用地和养地、高产更高产与土壤性质及肥力状况不相适应的矛盾。据有关单位在长江中下游平原调查,土壤性质变坏,突出表现在耕作层变浅,土壤板结发僵;犁底层增厚,通透性变差,次生潜育化现象明显;土壤中养分释放迟缓,化肥胃口增大。其原因是:作物换茬季节紧,农活忙,忽视了耕作质量;绿肥产量下降,稻草还田少,有机肥料未相应跟上;土壤泡水时间长,结构破坏,土粒分散。当地群众说:"一年两季稻,长期水里泡,冷湿不通气,作物难长好。"可见渍水时间长,水、气不协调,乃是土壤理化、生物性质变坏的主要原因。稻田在长期淹水、渍水条件下,主要进行着嫌气性的生物过程,致有机质分解缓慢,碳氮比值大,还原性物质增多,不但土壤供肥强度减弱,作物还遭到还原性物质(如硫化氢)的毒害。因此,水田地区积极改善排、灌条件,扩大水旱轮作,从耕作制度上减少土壤渍水时间,增加干耕晒垡的机会,使土壤有一个水、旱交替的过程;改进耕作质量,增施有机肥料,即能有效地改变土壤次生潜育化的方向和性质变坏的情况。浙江一些地区,根据早稻高产稳产、三麦低而不稳、晚稻不高不稳和土壤变板发僵的情况,在推广杂交玉米和扩大油菜的同时,适当缩小三麦和晚稻种植面积,发展两旱一水(麦—早稻—玉米)轮作制,推广多种形式的三熟制。江苏一些地区,随着杂交水稻的推广,适当增加大豆和玉米的面积,逐步试行麦—豆—稻、麦—稻—豆、麦—玉米—稻等多种形式的水旱轮作。随着生产的发展,各地都需要改变单一的轮作换茬方式,即使看来是一种较理想的轮作换茬方式,如果在固定的地块上长期采用,也不利于养地和增产。湖北省农科所的调查试验资料表明,即便是绿肥双季稻长期轮作的水田,也会引起土壤理化性质变坏,病虫、杂草加剧,不利于高产稳产。该省这类长期连作田,土壤中有机质和全氮含量虽然比较丰富,但不易释放出来,速效磷、钾严重缺乏;而改水旱轮作后,土壤物理性状显著改善,速效磷、钾不缺了。在一些老棉田改为水旱轮作后,黄枯萎病也控制住了,除草、防治病虫害的用工量也减少了。可见,因地制宜实行多种形式的水旱轮作，既有利于充分发挥土壤的增产潜力，实行用地养地结合，又有利于缓和劳力紧张和肥料缺乏的矛盾，降低成本，达到增产增收的目的。

我国各地农民历来有用豆科作物与非豆科作物换茬轮作，以培养地力的经验。如农谚说："麦种三年要倒茬，豆子地里好庄稼。"豆科作物所以能养地，一方面是由于根部有固氮菌共生，能从空气中固定氮素而留在土壤中，例如每亩大豆约能固定氮素十几斤，相当于60、70斤硫酸铵所含的纯氮量；另一方面是由于所残留的枝叶和根茬，其含氮量比禾本科作物高，在土壤中腐烂后，可供下茬作物利用。轮种豆科绿肥，不仅在其生长过程中能增加土壤中氮素，而且翻压后给土壤补充了新的有机质，养地的效果尤为显著。利用绿肥养地、增产，有投资少和节省劳力等优点。很多豆科绿肥，又是发展养畜业的优良饲料，有利于发展饲养业和增加有机肥源。因此，从全面实现农业高产稳产出发，在间作、套种、复种中，轮种豆科作物和绿肥，肥饲兼用，农牧结合，使农业生态系统中的能量和物质循环过程更为经济，有利于土壤中有机质建立合理的周转平衡，使土壤中氮素及其他营养元素趋于合理地运转平衡，对建立养用结合、高产稳产的耕作制度具有现实意义。

第二章　肥

一、肥料是植物的粮食

增施肥料是提高土壤肥力，使农作物高产的重要措施。施肥一方面可以供给作物所需要的养料，另一方面还能够调节和改良土壤的物理化学性质，并且能够改善土壤里的生物条件，给农作物生长发育创造良好的环境。

一般作物有机体是由大约60～70种化学元素组成的，其中主要的有15种，即：碳、氧、氢、氮、磷、钾、钙、镁、硫、铁、锰、硼、铜、锌、钼。在这些营养元素中，以碳、氧、氢的需要量最大，约占作物有机体干物质重量的95%。但是这三种元素并不需要靠施肥来供给，因为作物可以从根和叶吸收的水分和二氧化碳中得到。

氮、磷、钾三种元素，约占作物有机体干重的3%～4%，约占作物籽实干重的5%～6%，是作物生长发育所需的主要养料。氮是作物体中蛋白质和叶绿素的重要成分，也是许多酶的成分，促进作物生长根、茎、叶，形成种子。如果氮素供给不足，作物生长缓慢，叶子呈黄绿色，情况严重时，下部老叶逐渐枯黄。在我国除东北地区的黑土和各地少数熟化程度高、含有机质较多的土壤外，其他土壤均缺乏氮素。磷是作物细胞核的重要成分，是构成酶的主要元素，促进作物长根、分蘖、开花、结实。作物缺磷时，生长缓慢，叶片变成紫红色，开花和成熟迟延，结实减少。作物对磷的需要虽然比氮少，但一般土壤里速效磷的供给量也较少，许多土壤，如红壤、黄壤普遍缺乏速效磷。作物对钾的需要量仅次于氮。钾参加对作物体有机物的合成、转化和运输，促进淀粉和糖分的形成，使茎秆生长健壮，增强抗病、抗旱、抗寒和抗倒伏的能力。土壤中钾的含量不像氮那样少，但是红壤和黄壤显著缺少钾，其他土壤随着农业产量的提高，缺钾的现象也逐渐显现出来。由于作物对氮、磷、钾需要较多，而一般土壤含量有限，因此需要靠施用富含氮、磷、钾的肥料来补充，以促进作物苗壮生长，提高产量。所以，通常把氮、磷、钾叫做"肥料三要素"。钙、镁、硫三种元素，虽然作物需要也较多，共占作物体干重的 1.5% 左右，但土壤中的含量一般不算少，不是普遍地缺乏，只有部分土壤，需要通过施肥来补充。如南方的酸性土壤缺钙，需要施用石灰；华中地区有些水稻田缺硫，需施用含硫的石膏作为肥料。作物对铁、锰、硼、铜、锌、钼六种元素的需要量虽然极少，但缺乏时也会生长不良。如油菜缺硼时会产生萎缩不实症，豆科作物缺钼会影响根瘤的发育，苹果缺锌会发生小叶病。对一些缺乏某种微量元素的土壤，也需要施用相应的肥料来补给。

　　总而言之，作物生长发育需要从土壤中汲取多种养料，而这些养料，尤其是氮、磷、钾，只靠土壤中现有的数量供给是远远不够的，而且每年随收获物还要带走不少土壤中的营养元素。因此，必须增施肥料，不断补充土壤养分，才能保证作物正常生长发育，保持土壤肥力；不然地力就会受到破坏。主要作物吸收养分数量见表一。

表一　主要作物生产百斤主产品吸收养分数量（斤）

作　　物	氮	磷	钾
水　稻	2.40	1.25	3.10
冬小麦	3.00	1.25	2.50
春小麦	3.00	1.00	2.50
玉　米	2.60	0.90	2.10
棉花（籽棉）	5.00	1.80	4.00
油菜（籽）	5.80	2.50	4.30
花　生	6.80	1.30	3.80
烟　草	4.10	0.70	1.10

　　早在公元前，我国劳动人民就已在农业生产活动中施用肥料，比欧洲早十几个世纪。战国时代伟大的思想家荀况（大致在公元前 298 年到公元前 238 年）

就总结了当时"多粪肥田"的经验，已经有农作物和土壤之间进行物质交换的朴素思想。西汉《氾胜之书》进一步提出合理施肥，重施基肥，随着作物生长进行追肥，以及施肥和防旱、保墒、抗旱、治虫的关系。我国农谚中，也有"苗凭粪长，地凭粪养"，"堆粪堆粮"，"种地不上粪，等于瞎胡混"等等说法。可见我国农民对施肥历来十分重视。

19 世纪中期，德国化学家李比希总结了农业化学的成果，提出矿物质是植物营养基础的观点，作物消耗了土壤中的矿质养分，而必须施用无机肥料，把消耗的部分归还给土壤，才能维持土壤的肥力。对于他提出的人类有意识地调节农作物与土壤之间物质交换的思想，马克思和恩格斯给予肯定的评价。但是，李比希只看到农作物消耗土壤中的养料，没有看到在合理栽培的条件下农作物提高土壤肥力的作用，没有看到两者之间的相互转化。

苏联土壤学家威廉斯研究了农业生产过程，指出农业生产的有机物质，只有一小部分可以供人们直接食用，其余大部分副产物最合理的利用方法，是借助于动物有机体变成乳、肉、脂肪、毛、皮革和其他畜产品。饲养畜禽也只能把农作物副产物的 1/4 造成畜产品，3/4 则变成厩肥。但是厩肥含有植物所需的多种营养元素，特别是含有植物生长发育所需的氮素。威廉斯断定："如果没有动物饲养业参加，不论从技术方面和从经济方面来说，要合理地组织植物栽培业是不可能的。"

毛主席肯定了威廉斯关于农林牧三者互相依赖的理论，同时形象地指出："肥料是植物的粮食，植物是动物的粮食，动物是人类的粮食。由此观之，大养而特养其猪，以及其他牲畜，肯定是有道理的。"我国一定要走种植业与饲养业并重的道路，因为这是证实了的确有成效的经验。

二、广开肥源，增积肥料

肥料的种类很多，主要分为有机肥料和化学肥料两大类。

有机肥料是指含有大量有机物质的肥料，养分种类齐全。这类肥料可以在农村利用各种动植物残体和各种废弃物，就地积造，就地施用，因此又称为农家肥料。有机肥料的来源很广，种类很多。有的所含有机质容易分解，肥效快，如人粪尿、饼肥、家禽粪等；有的含大量有机物，分解比较慢，肥效迟，但能在土壤里残留下不少有机质，如厩肥、土粪和堆肥等。

化学肥料又叫做无机肥料或矿质肥料。它的特点是有效养分含量高，肥效快，按所含的主要养分不同，可以分成氮肥、磷肥和钾肥等。近年来为了施用、运输的方便，满足不同需要，并减少土壤中的残留物质，还制成含不同比例的氮、磷、钾三种营养元素的化肥品种，这种含两种以上的营养元素的肥料称为复合肥料。

目前，我国主要化肥品种养分含量见表二。

表二　几种化学肥料中的养分含量

品　　种		成　分（%）
氮肥	硫酸铵	20～21
	硝酸铵	34～35
	碳酸氢铵	16～18
	石灰氮	18～20
	尿素	44～46
	氨水	15～17
磷肥	过磷酸钙	16～18
	重过磷酸钙	40～45
	钙镁磷肥	14～18
	磷矿粉	10～20
钾肥	硫酸钾	48～52
	氯化钾	50～60

为了培肥地力和增加农作物产量，要广积农家肥，多种绿肥，积极扩大秸秆还田，迅速增加化肥生产。

目前，我国施用的肥料，数量最大的还是有机肥，化肥的用量，也在逐年增加。有机肥是我国的传统肥料，肥源广、数量多，对改良土壤，提高地力有重要作用。

根据各地经验，解决有机肥料问题的基本途径是"种、养、积、造"并举。

发展养猪并搞好积肥，是多快好省地解决增加肥料来源的重要途径之一。毛主席说："我国的肥料来源，第一是养猪及大牲畜。一人一猪，一亩一猪，如果能办到了，肥料的主要来源就解决了。这是有机化学肥料，比无机化学肥料优胜十倍。一头猪就是一个小型有机化肥工厂。"一头猪一年平均排出的粪尿约4000斤，加上垫圈的草和土，每年积下的肥料可供一亩田施用。据化验，一头猪养到120多斤，排泄的粪尿相当于124斤硫酸铵、94斤过磷酸钙和38斤硫酸钾，还含有大量的有机质和其他各种营养元素。按100斤猪粪尿含氮素半斤计算，那么积100万头猪的粪尿，就相当于办了一个年产5万吨的硫酸铵化肥厂。我国广大农村普遍把养猪积肥作为农业生产的重大措施来抓，各地都有许多猪多肥多粮多的典型。

厩肥和土粪是我国主要的有机肥料。以猪和其他家畜的粪尿为基础，在北方加垫圈土积成土粪，南方稻区多垫以稻草沤制成厩肥。猪圈是沤制肥料的好场所。由于猪的践踏，使垫圈物质和便溺充分混合，在嫌气的条件下缓慢分解，可以减少氮素损失。加垫圈土的数量要适当，土过少尿里的氮素容易损失，垫土过多，不但土粪的质量降低，而且浪费劳力。垫圈土和粪尿的比例一般可掌握在一比一。如加进秸秆时，土可少些。圈粪要经常保持潮湿，氮素损失比较小；如果干湿交替，则氮素损失多。因为由湿到干增加氨的浓度，容易引起挥发损失；接近干时，又促进硝化作用，生成硝酸态氮素；再由干到湿，硝酸渗到下层，被还原为气体氮而损失。草木灰添加在圈内，容易使土粪中的氨挥发损失，最好单独贮存，不要加入圈肥中去。捣过的土粪，其分解程度大约可以接近半腐熟，如果不及时施用，应该在高燥的地方堆紧，并且糊泥保存。

厩肥比土粪有机质含量高，须经过堆积发酵分解方可施用。堆积的方法可分为：（一）松散堆积。补充水分，湿度适宜，空气流通，好气性微生物大量繁殖，发酵分解快，但氮素损失量最大，有时损失含氮量的2/3。（二）高温堆积。将厩肥堆成宽6尺厚2～3尺的长方形堆，使它发酵。堆温很快上升，三日内可达60℃～70℃，待温度下降，将肥堆压紧，再堆上厩肥二尺。这样堆到五尺时，上边盖一层土，防止雨水淋洗。经过高温，褥草中所带野草种子、病菌、虫卵大多被杀死，但也会损失一些氮素。（三）紧密堆积。除去肥堆表面部分外，以嫌气性微生物分解为主，有机物分解慢，氮素损失也少，但是杀菌不如高温堆肥好。厩肥在堆积时经过微生物的作用，植物组织完全丧失了原来的特征，变成黑色松软的一团，即可施用；往后分解变慢，能够陆续供给作物氮素养料。

堆肥是以植物有机质为主的经过发酵分解而成的肥料。一般含土很少，因此，它既不像土粪，也不同于厩肥。大寨大队采取高温堆肥法堆制秸秆肥。方法是在玉米收获后将秸秆切碎，按1000斤秸秆加鲜马粪600斤和人粪尿200斤的比例混合，加水1500～2000斤，充分拌匀，堆成宽10～12尺，高4～6尺的堆，表面盖土1～2寸，以保水保温。堆后5天升温到60℃～70℃，过10～15天翻堆，根据干湿情况酌量加水重堆，经过两次翻堆达到腐熟。

沤肥是南方农村广泛采用的一种积肥方法。如江苏的草塘泥、湖南的凼肥、江西的窖肥等。

近年来许多地区发展了沼气沤肥。办沼气是解决农村中燃料与肥料矛盾的一个好办法，也是改善农民生活，提高燃料能源利用率的一个重要途径，又是防止肥分损失、减少环境污染的有效措施，应当大力推广。四川省绵阳县1973

年以来坚持大办沼气，在 1975 年 70% 的农户用上了沼气。他们将作物秸秆、青草、人畜粪尿混合放在按一定技术规格修建的密封的沼气池中分解发酵，不但能产生可供燃烧的甲烷气，用作燃料，同时由于养分不易挥发损失，沼气肥中可供作物吸收的速效养分含量比一般沤肥略高。一个 10 立方米容积的沼气池，可供一家人煮饭、照明，一年可以提供一吨以上的腐殖酸类渣肥和 500 多担水肥。我国著名科学家钱学森曾提出，农林牧副渔五业之外，还可以加上沼气。说明了在农村发展沼气的重要意义。

我国一些地区还利用泥炭（草炭、泥煤）、褐煤等加氨水制造腐植酸类肥料。腐殖酸类肥料，具有农家肥料的多种功能，能提高地温、保蓄水分、改良土壤，又含有速效养分，近似化肥的某些特性。我国有些地区泥炭、褐煤资源丰富，既可利用制造腐殖酸类肥料，也可直接施用以改良土壤，应当合理利用。

发展绿肥是自力更生、多快好省地增加肥源的有效途径，又是农牧结合的一个重要环节。我国利用绿肥有悠久的历史，是传统的培肥地力的方法。特别是种植豆科绿肥作物，能固定空气中的氮素。如果每亩绿肥产 3000 斤鲜草，即可从空气中固定 10 斤左右的氮素，等于增加 50 斤硫酸铵。从这个意义上说，绿肥作物就像设在田间的化肥工厂。经过绿肥利用后回到土壤中去的磷和钾，也比较容易被作物利用。因此，施用绿肥不仅有利于当茬增产而且能够使后茬作物获得显著的增产。绿肥的种类很多，我国栽培利用的有 40～50 种，其中大量种植的，南方有紫云英（又名草子、红花草子）、苕子（又名蓝花草）、黄花苜蓿（又名金花菜），一般是秋季播种，来年春末翻到地里作基肥。田菁、柽麻在我国南方、北方都能种植，一般作夏季绿肥。个别地区也有种植满园花（又名肥田萝卜）、蚕豆、油菜等作绿肥的。实践经验和试验研究证明，把几种不同类型的绿肥作物和可以用作绿肥的作物实行混播，并当作一季作物那样加强管理，能大幅度地提高鲜草产量。

稻田养萍是南方水稻产区正在推广的一项以田养田，增产绿肥的好办法。红萍也叫绿萍、满江红，是漂浮在水面的一种蕨类植物，与在它的叶片中的蓝藻共生。蓝藻和根瘤菌一样，能固定空气中的氮，增加了红萍的肥分，每千斤鲜萍所含的氮素，相当于硫酸铵 10～13 斤，此外还含有磷、钾和大量有机质。一般每亩压萍 3000 斤，可增产稻谷 80～100 斤。红萍繁殖快，在适宜的条件下几天就能翻一番。放养的时间可长可短，可以充分利用水田或暂时空闲的水面，除了极少数的萍母田以外，不需要单独占用一季耕地面积。在四川，可以利用早、中稻稻底养萍，可以利用晚稻秧田在播种育秧前养萍，可以利用早、中稻收割后到冬小麦、油菜种植前养萍，还可以利用冬水田春秋两季空白水面养萍。江苏养萍逐年北移，从苏南扩大到徐、淮地区。经过几年来的实践，许多地方已总结出不少安全越冬保种、加快春繁和夏季防虫防热的成功经验。水花生、水浮莲、水葫芦也是利用水面放养繁殖的良好绿肥和饲料。

北方的绿肥主要有苜蓿、草木樨、紫穗槐等。草木樨是豆科一、二年生草本植物，适应性强，尤其是在石灰性土壤上生长良好，耐旱耐瘠，根系发达，能够吸取土壤下层的养分，可以套播在麦田里，也可利用荒坡种植。毛叶苕子和柽麻也可用来作为间套作形式的绿肥。

细菌肥料或叫做微生物肥料，是用人工接种的方法来增加作物根系附近某些对植物营养起特殊作用的微生物，使它能够及时而且旺盛地繁殖起来。目前，正在大量推广的是根瘤菌肥料。随着发展农业生产的需要，细菌肥料的使用也必然有着广阔的发展前途。如自生固氮菌肥料、磷细菌肥料、抗生菌肥料等，我国既有科研机构制成的菌剂，也有生产单位自制的菌剂。施用菌肥的效果，与菌剂培制的质量和施用的技术有很大关系，必须严格要求，做到切实有效，并且需要加强理论研究，进一步提高。

其他杂肥，如炕土、墙土、塘泥、湖泥等都是不同季节可以利用的肥源。为了充分挖掘各种肥源，许多地区采取常年积肥和季节性积肥相结合，专业积肥队伍和群众性积肥队伍相结合，积肥和爱国卫生运动相结合，大搞积肥的群众运动。但要讲求实效，不搞形式主义。

自从20世纪60年代以来，化肥对我国农业增产的作用已越来越大，越来越显著。据许多地区的试验，增施一斤化肥（标准肥），能增产二至三斤粮食。不少高产地区、高产社队化肥的施用量相对也是比较高的。如浙江省，粮食耕地单产1200多斤，每亩耕地施化肥130多斤。近几年我国化肥的施用量有较大幅度的增加，1965年平均每亩耕地施用化肥11.3斤，1978年提高到58.6斤。但总的说，化肥施用水平还是比较低的，同许多国家相比，还有很大差距。如1975年西德亩施化肥241斤，日本205斤，朝鲜132斤。为了适应农业高速度发展的需要，必须迅速增加化肥的生产，使我国农业逐步拥有数量充足、质高价廉、品种多样的化学肥料。在中央和省办大、中型化肥厂的同时，全国已有1000多个县建了小型化肥厂。小氮肥厂要进行技术改造，解决质量差、电耗高、煤耗高和热能回收利用的问题。我国生产的氮肥，主要有碳酸氢铵、氨水、尿素、硝酸铵、硫酸铵、氯化铵等品种。今后在继续发展氮肥的同时，还要大力发展磷肥。努力改变钾肥生产的空白状态，使氮、磷、钾保持合理的比例，并积极试制高效复合肥料。

目前，量子生物学的科学实验已经揭开了固氮酶之所以能固氮的一些奥秘，如果这项研究取得突破，现在的化肥工业将从根本上改观。同时，生物固氮遗传工程把固氮基因转移到禾本科作物的科学实验如获得成功，就等于给每一棵植物开了一个"小化肥工厂"。这一切，将为农业生产开辟新途径，作出新贡献。

三、合理施肥，提高肥效

有句老话："种地没巧，肥多就好。"其实这句话是不科学的。施肥并不是愈多愈好。农家肥料中有热性肥与冷性肥，化肥中有的含氮高，有的含磷高，施用不同种类的肥料要看土壤的具体情况、作物的种类，还要考虑到气候和墒情，要精心安排，一点也不能马虎。根据各地经验，要做到合理施肥，既要摸透肥料的特性，又要摸透土壤和作物的特性，并且因地、因时制宜地选定施用哪些肥料，施用多少，什么时候施和怎样施，等等。

有机肥和化肥配合施用是合理施肥的一项基本原则。有机肥料中含有大量的有机质，有机质经过微生物的作用，形成腐殖质。腐殖质有助于土壤形成团粒结构，使土壤松而不散，紧而不板，具有良好的通气、渗水、蓄水、保肥、增温的性能。有机肥含有作物需要的多种养分，肥效缓而长，但速效养分含量低。化肥通常只含一两种营养元素，肥分浓、肥效快。有机肥和化肥配合施用，能使缓效和速效相结合，多种养分和某一两种浓厚养分相结合，取长补短，缓急相济，既能供给作物需要的多种营养元素，又能满足作物在某些生育阶段对大量养分的需要，从而促进作物的健壮生长。有机肥和化肥配合使用，能起到相辅相成的作用。由于有机肥能增强土壤保水、保肥能力和微生物活动，可减少化肥从土壤中散失，并有利于使化肥的养分为植物所吸收利用，从而提高化肥的肥效。而施用化肥由于增加了土壤中的速效养分，又为土壤微生物繁殖创造了条件，有助于有机物在土壤中进一步分解，释放出较多的养分，供作物吸收利用。这样，两种肥料的肥效都能得到较充分的发挥。有的生产队靠"化肥当家"，结果事与愿违，农业成本不适当地提高，增产不增收，甚至使土壤性质变坏，这样的教训值得注意。今后在大力发展化肥的同时，不能忽视农家肥，即使有了较多的化肥，也要注重农家肥料。

有机肥多作为基肥使用。目前许多地区施肥重数量而不讲质量，浪费劳力而肥效不显著。华北地区常用的土粪有机质和全氮含量分别低于10%和3‰，含量较低，要不断改进积制方法，提高质量。腐熟的厩肥和堆肥可在播种时，结合耕翻地施用。半腐熟厩肥、堆肥不能迅速释放养分，要在秋耕时翻入土壤中，并注意保墒，使它在土壤中慢慢分解，到来年春季供给作物吸收利用。

对于人粪尿的利用，在尚未普及沼气池沤肥的地方，需注意在贮存时要遮盖，避免风吹日晒；贮存时间不宜太长；粪尿不要同草木灰或石灰等碱性肥料掺和，以免氮素损失。在华北不少地区只用粪不用尿，有的把人粪尿掺和干土等做成粪干使用，肥分损失很多，最好逐渐改用稀粪。腐熟的人粪尿效力快，可以作为追肥使用。

绿肥在腐烂分解过程里会发热，还会产生有机酸和一些气体，有害作物根的生长。在南方，一般比较嫩的绿肥作物枝叶，在插秧前4月份的天气，压青后10多天就可以在水田里腐烂。为了中和产生的有机酸，需要施用适量石灰。在北方因天气干旱，可先做成堆肥。这样，既可避免因地里缺水而绿肥不易腐烂，也可避免在腐烂时消耗地里的水分，又便于掌握绿肥施用的时间。

增施有机质肥料，不断补充土壤中有机质的数量，即可使土壤肥力提高。但有机质没有充分氧化分解以前，养分处在潜在养分状态，还不能为植物所吸收利用。有机质中的潜在养分转化成有效养分，起决定作用的是人们采取正确的耕作措施，就是要恰当地协调土壤中水、气、热状况，为旺盛的微生物活动创造条件。水和气的矛盾，是影响土壤中潜在养分向有效养分转化的主要矛盾，调节水的问题是矛盾的主要方面。例如南方地下水位高的平原水网地区，降低地下水，又保持适当的水分含量，同时适度深耕，做到通气渗水，能促进微生物的活动，加快土壤有机质向有利于作物吸收的方向转化，增加土壤中的有效养分，促使作物苗壮成长。

经济合理施用化肥，提高化肥利用率，是保证农业增产增收必须注意的一个问题。化学肥料容易挥发、淋失，施用不当，就会有相当部分养分白白浪费了。

怎样改进氮肥的施用方法？根据各地的经验主要采取：

（一）氮肥深施。深施可以使氮肥被泥土覆盖，和地面空气"隔开"防止挥发；同时铵态氮可被土壤吸附，减少淋失。深施比地面撒施一般可提高肥效10%到30%。深施的办法：一是结合播种前整地深施。碳酸氢铵和氨水挥发性强，旱地结合犁地施在犁沟内，随即盖土三至四寸厚，然后耙细整平；稻田犁田后，随即灌浅水、施肥，进行耖耙湿整。二是结合播种时作种肥施。在墒情较好的情况下，播种小麦、玉米、高粱、谷子等旱作物时，把种肥集中施在播种行，也可和细碎的腐熟有机肥及磷肥同时作种肥施。硫酸铵、硝酸铵、尿素都可作种肥施，一般用量每亩 5 至 10 斤。化肥作种肥施用时，要避免同种子直接接触，以免烧苗。三是追肥沟施或穴施。对玉米、高粱、棉花等中耕作物，可结合中耕施入二至三寸土层。四是稻田球肥深施。把碳酸氢铵和干细土（按需要可加磷肥）混合，用造粒机干压成球肥，或将碳酸氢铵直接压成粒肥（有的化肥厂已直接生产），在水稻插秧后"塞禾苑"或用施肥器施入二至三寸土层。

（二）氮肥和磷肥配合施用。如土壤缺磷，单施氮肥增产效益低，氮、磷化肥配合施用，有明显的相互促进作用。在我国大部分地区，都需要采取氮肥、磷肥配合施用。

不同地区条件下，适于施用的化肥品种不同，因而需要注意合理分配氮肥品种。硝酸铵一类的硝态氮肥，在稻田淋失和脱氮损失比铵态氮肥要大，肥效比铵态氮肥降低一二成，加上南方多雨，贮存困难，因此在北方旱地和水浇地施用比较适宜。硫酸铵和氯化铵性质较稳定，在南方作看苗追施偏肥施用最为适宜。

（三）掌握氮肥的适宜用量和施肥期。氮肥用量要根据含氮量、作物种类、品种耐肥程度以及土壤肥力而定。在目前生产水平下，一般每季作物施氮素化肥（折合标准肥）50 斤左右，增产效益较大。追施氮肥的时期，应根据作物长势和气候条件而定。

磷肥的经济合理施用，要注意：

（一）把磷肥重点用在缺磷的土壤上。瘠薄地、施用有机肥不足的地、新平整的生土地和南方酸性土壤等，都缺乏速效磷，施用磷肥能显著提高产量。据山东省土壤肥料研究所在山东、河北、北京对冬小麦进行的 32 个试验统计，土壤有效磷含量在十万分之一以下的，每斤磷肥增产小麦 3.5 斤；含量在十万分之一至十万分之二的，每斤磷肥增产 2.8 斤；含量在十万分之三以上的，增产效果很小。多年施用大量农家肥的田块，土壤中有效磷含量一般较高，可节约磷肥，少施或不施。

（二）把磷肥重点施在适宜的茬口上。磷肥有较长的后效，要善于利用。在绿肥、双季稻轮作区，把磷肥重点施在冬季绿肥上，不仅能"以磷增氮"，而且早稻和晚稻可利用其后效而增产。在小麦（或油菜）和水稻轮作的，小麦与玉米、谷子轮作的，磷肥应重点施在小麦（或油菜）上，水稻、玉米等利用其后效。

（三）磷肥要早施，集中施和深施。磷肥在土壤中移动性小，容易被土壤所固定，因此磷肥应作基肥或种肥，尽量早施、深施在作物根系能达到的地方，并最好与有机肥混合施用。作种肥时做成颗粒肥比较好。也可用磷肥蘸秧根。过磷酸钙含有少量硫酸钙，在缺硫的"冷水田"用过磷酸钙蘸秧根，既可以供给磷肥，又可以供给硫素。

过磷酸钙还可以作成水溶液在叶面喷施。在小麦、棉花、果树等作物开花期，用1%至2%浓度的过磷酸钙溶液进行叶面喷施，能增加小麦的千粒重、棉花铃重、果树坐果率。喷施时间宜选在不下雨的当天早晨或傍晚，使叶面容易吸收。

近年来，随着氮、磷化肥用量增加，作物产量大幅度增长，钾肥的增产作用逐渐明显。据现有研究资料证明，对有效钾含量低的红壤、黄壤以及沙质浅底田、泥沙田、白土等，钾肥的肥效较好。钾肥多用作基肥，作追肥应早施。保水、保肥能力差的沙性土，可分期施用。钾肥用量，一般亩施氯化钾15斤左右、硫酸钾20斤左右，窑灰钾100斤左右，增产效益较高。硫酸钾对各种作物和土壤都可施用，氯化钾不宜对茶叶、烟草、葡萄等作物施用，因为氯素常常对土壤和作物有害，会影响作物的品质。

使用微量元素要针对土壤和作物的特殊需要，可采取拌种、浸种或叶面喷施等方式。在化肥品种的生产和合理施用方面，还有许多问题尚待研究改进。从国外情况看，在化肥品种方面，欧洲，以及美国、日本已发展到施用复合肥料为主，在单一肥料方面，也是采用有效成分较高的品种。国际上总的来讲，是向"复合"、"浓缩"和"长效"三方面发展。磷铵、硝酸磷肥是比较通用的复合肥料。浓缩过磷酸钙、尿素、液氨等浓度较高肥料的生产，在工业发达的国家中其比重正在增长。如氮肥，美国用液氨和含氮溶液，西欧用硝铵，日本用尿素；在磷肥中都是用含有效成分高的重过磷酸钙代替普通过磷酸钙。化肥工艺的总趋势，是用粒状肥料代替粉状肥料。粒径一般为一至三毫米。在造粒过程中有的还添加微量的表面活性剂，用以防止结块，易于机械施用和深施。对尿素还采用包膜或用化学方法制成缓慢释放的长效肥料，可延长有效时间，从而减少施肥次数。硝化抑制剂的使用，对减少氮肥的淋溶和反硝化损失有明显效果，日本已制成多种含硝化抑制剂的化肥。美国、日本研制农药化肥，是把防治病虫、消除杂草和施用化肥结合一起制备的肥料。微量元素肥料也在广泛应用，还把微量元素纳入复合肥料生产。在覆盖栽培中施用二氧化碳类作肥料的也日渐增多。我国有关部门已注意到上述化肥品种的发展趋势，并结合我国情况开始研究制造和应用。我国随着化肥品种和产量的增加，随着农业机械化水平的提高，将不断改进施肥技术。我们需要把专业科技人员的研究与广泛的群众实验结合起来；把普及推广科学知识，运用现代先进技术与总结群众的生产经验结合起来，以逐步做到因土壤、因作物合理施肥，使同样数量的肥料，能够发挥更大的增产作用。

第三章 水

一、水利是农业的命脉

毛主席说："水利是农业的命脉。"恩格斯在《反杜林论》里曾经指出："如果没有灌溉，农业是不可能进行的。"这些科学论断深刻地揭示了发展水利和发展农业生产之间的密切关系。农谚说："有水无肥一半谷，有肥无水望天哭"，也说明水对农作物生长的重要性。

任何生物都离不开水，水对于植物主要有三种作用：

（一）水是植物体的重要组成部分。一般植物体内含有70%以上的水分，新嫩的作物所含水分达到90%以上，就是晒干了的籽实如稻谷、麦子等，也还含有12%左右的水分。在构成作物有机体干物质的几十种化学元素中，氧和氢两种元素占将近一半，它们也是从水里分解得来的。

（二）水是植物生命活动所必须的条件。水分能使作物有机体各部分的生理活动联系成为一个整体，并且是作物有机体利用其他生命因素（光、热、空气、养分）的介质。植物只有在水分充足时，才能够进行正常的生命活动，生长点的细胞才能分裂和生长。禾谷类作物种子发芽时，所需水分约相当于种子重量的一半；豌豆、甜菜的种子发芽时需要相当于种子本身的重量或者更多的水分。植物从土壤里吸取的养分，必须先溶解在水里，才能被植物的根毛吸收。根系吸收的水分和养分，通过茎的导管输送到叶。叶片当有足够的水分时，才能伸展，放开气孔，吸收更多的二氧化碳，并在阳光下进行光合作用，把水分和二氧化碳制成有机物质。作物体内的有机物质，也要溶解在水中，才能输送到体内各部分，供给作物生长发育。

（三）水绝大部分用于蒸腾。植物对水分的需要量，99.8%以上消耗在植物生长期间的蒸发上。水分化成水汽从叶面散出去的作用，叫作蒸腾作用。夏天一片叶子在一小时内所蒸发出来的水分，比它自己原有的水分还要多。一株玉米一天大致要消耗水分三四斤，一生就要消耗400斤左右。小麦生产一斤干种子，要消耗700~800斤以上的水。植物蒸散水分的消耗确实很大，但这是一种重要的生理过程，它对植物很有好处。叶面上水分的蒸发，能使根得到从土壤中吸取和向上输送水分和养分的动力，而且对叶片起着保护作用。叶面水分蒸发时，可以调节叶片温度及其周围的气温，使叶片在灼热的阳光下仍然进行光合作用而不致被晒伤或晒死（照在叶片上的太阳光能，约有1%～5%用到光合作用中去，其余部分变成热能，如果没有水的蒸腾作用，叶片便会烧焦）。

作物在缺少水分时，不能进行正常的生命活动。细胞失去紧张状态，枝叶萎蔫下垂，光合作用受到抑制，作物有机体的组织、器官的形成和生长，以及所有新陈代谢作用，都会受到抑制。如果缺乏水分的时间不长，当水分得到补足时，作物可以恢复原来状态；但如果萎蔫的时间过久，细胞脱水过多，植株就会死亡。

这就是长期干旱造成作物受灾减产的原因。

土壤中水分过多，也对作物的生长发育不利。水分和空气占土壤孔隙的比例，对一般作物来说，以七比三为宜。如果土壤水分过多，空气就会相对的过少，作物根系的呼吸作用和土壤微生物的活动就会受到影响。这时，好气性细菌活动减弱，肥料不能很好分解，作物所需养分不能满足，而且产生反硝化作用使有效养分变为无效；由于嫌气性细菌活动强烈，土壤中积累大量有机酸，作物根部就会中毒。如果持续时间过长，作物的根就会被闷死腐烂，植株也会随之死去。通常所说的作物受涝（泥涝）就是这类情况。

水灾和旱灾是农业生产上的大敌。我国地形、气候都比较复杂，不同地区、不同年份、不同季节的降雨量分布很不均匀。我国北方很多地区经常发生春旱、夏涝，南方沿海容易春涝，山区容易秋旱。据历史记载，黄河流域在解放前的2000年间，发生了水灾1500多次，旱灾1070多次；海河流域在解放前的580多年间，发生水灾387次，旱灾407次；长江流域的江汉平原和淮河流域1931年发生的一场大水灾，就淹没了湘、鄂、豫、皖、苏5省的1.2亿亩耕地。1928年的大旱，遍及华北、西北、西南13个省份，灾民达到1.22亿人。在旧中国，每一次水旱灾害，总要造成几十万，甚至千百万人流离失所。为了要战胜水旱灾害，就必须兴修水利。按照各地情况采取各种不同的工程措施，治理大、中、小河流，充分利用大气水、地面水和地下水，除害兴利，做到遇旱有水，遇涝排水，提高抗御旱涝灾害的能力，保证农业丰收。所以说，发展水利和合理用水是保证农业增产的一项根本措施。

二、依靠群众，除害兴利

我国劳动人民很早以来便注意治水，发展灌溉事业。远在2000多年以前，就建设了著名的都江堰、郑国渠和引漳河水灌邺等巨大灌溉工程，促进了当时的农业生产。其他如遍布江南的塘坝工程，华北地区的水井，西北的坎儿井以及利用水力或人力的提水工具，如龙骨水车、筒车等等，也都是我国古代劳动人民与干旱作斗争的重要创造。但是，由于长期的封建统治，百多年来的帝国主义侵略，直到国民党反动统治覆灭前夕，山河破碎，水利失修，灾害频繁，农业凋敝。

新中国成立之后，开始了群众治水、利用水利资源为人民造福的新时代。毛主席非常重视水利建设。1950 年淮河大水后，毛主席即作出了根治淮河的决策，指示"一定要把淮河修好"。敬爱的周总理根据毛主席的指示，主持政务院会议，研究通过了治淮的决定，部署了建国以来第一个治水战役。为了保障长江中游千百万人民生命财产的安全，1952 年 3 月，毛主席决定修建荆江分洪工程，并亲笔题词："为广大人民的利益，争取荆江分洪工程的胜利。"经过工地广大军民的努力，抢在当年洪水到来之前，胜利地完成了任务。同年，毛主席还视察了黄河，发出了"要把黄河的事情办好"的伟大号召，并在 1955 年第一届全国人民代表大会第二次全会上，主持通过了《根治黄河水害和开发黄河水利的综合规划的决议》。1963 年海河大水后，毛主席又作出了"一定要根治海河"的决定。从土地改革到农业合作化和人民公社化运动，党和国家十分注意把广大农民在生产关系的变革中所激发出来的社会主义积极性，引导到兴修水利等改变农业生产的基本条件上来。毛主席在《中国农村的社会主义高潮》的按语中指出："兴修水利是保证农业增产的大事，小型水利是各县各区各乡和各个合作社都可以办的，十分需要定出一个在若干年内，分期实行，除了遇到不可抵抗的特大的水旱灾荒以外，保证遇旱有水，遇涝排水的规划，这是完全可以做得到的。在合作化的基础之上，群众有很大的力量。几千年不能解决的普通的水灾、旱灾问题，可能在几年之内获得解决。"依靠群众治水，发动亿万农民办水利，这是我国治水路线的基本点。

解放以来，我国农村掀起了一次又一次的水利建设高潮。近几年来，每个冬春都有一亿以上的群众上阵，大搞农田基本建设，经过广大社员、工人、技术人员和干部的共同努力，我国的治水斗争取得了重大胜利。主要江河都得到了不同程度的治理：黄河扭转了历史上"三年两决口"的险恶局面；长江大大增强了抗御洪涝灾害的能力；淮河流域改变了大雨大灾，小雨小灾，无雨旱灾的多灾景象；海河流域正在进行根治，逐步摆脱洪涝旱碱四大灾害的严重威胁。水利资源也得到了初步开发。在治理江河的同时，因地制宜地兴建了大量的各种各样的小型水利工程。全国累计已建成大中小型水库 8 万多座，塘坝 600 多万个，总蓄水库容 4000 亿立方米；万亩以上的大中型灌区 6000 多处，机井 200 多万眼，机电排灌动力已达 5000 多万马力，为解放初期的 400 倍。水电建设装机容量比解放初期增长了几十倍。目前，全国有 2/3 的易涝面积得到了不同程度的治理，将近一半的耕地得到了灌溉，比解放初期翻了两番。这些成果，为抗御水旱灾害，夺取农业丰收，促进国民经济的发展起了重要作用。

在群众性治水斗争中，各地积累了许多经验，因地制宜地进行了大量的以山水田林路村综合治理为基础的农田水利基本建设。在占我国总面积 2/3 的山区和丘陵山区，很多地方兴建山塘水库，开挖盘山渠道，引水灌田。不少地方形成库塘相连、长藤结瓜式的灌溉系统。许多山区建立了水轮泵站和抽水站，提水灌溉山坡梯田。北方很多地方开发利用地下水，发展井灌，有的地方已由单井灌溉走向群井汇流，由单一的浅井走向浅、中、深井相结合，对战胜干旱起了重要作用。在华北平原一些地方，井灌降低了地下水位，起到井排作用，使盐碱地得到改良。许多平原地区，结合平整土地开挖渠道，建设棋盘式的能排能灌的园田。在珠江三角洲、长江三角洲和沿江滨湖地区，建成分别能使几百万亩农田受益的机电排灌站网。古老的都江堰和黄河中游的引黄灌区都披上了新装，焕发了新的青春。在新疆沙漠边缘地区，修通渠道，引天山雪水灌田，开辟了大片绿洲。

各地发展水利的一条共同经验，就是依靠群众，从实际出发，按照唯物辩证法办事。

（一）要坚持蓄泄兼筹的治水方针。旱和涝是自然现象中两个对立的方面，因此，治水也就有蓄和排两种方法。在我国的治水历史上，历来就有两种意见，有的主张蓄，有的主张排。二者都是片面的。1950 年，周总理根据毛主席的指示，总结了我国的历史经验，从淮河流域旱涝交错的特点出发，制定了"蓄泄兼筹以达根治之目的"的方针。"蓄泄兼筹"，是辩证的统一。单纯地蓄，单纯地排，都不能有效地、全面地解决除害兴利的问题。同样，在一块土地上，灌溉和排水，也是辩证的统一。譬如在解决冀、鲁、豫平原的水利问题上，有一个时期，由于片面强调蓄水灌溉，修建平原水库或引黄灌溉而又不注意排水，结果造成一些土地的盐碱化。以后，正确处理了蓄与泄、灌与排的关系，水利事业便迅速发展。群众说："有排无灌，不能抗旱；有灌无排，盐碱成灾；有灌有排，粮食就来"，就是一个生动的总结。

（二）治水和改土要紧密结合。治水和改土也是辩证的统一。过去有些同志没有认识到这个问题，往往只抓治水，不抓改土，只抓工程措施，不抓生物措施，水利工程虽然修了不少，但由于水土流失不能有效控制，灌溉效益不能充分发挥，粮食产量增长不快。群众在实践中，总结出水和土的辩证关系："治水不改土，有水没用处；改土不治水，大旱要吃亏。"近几年来，越来越多的地方，以建设旱涝保收、高产稳产农田为目标，实行治水和改土相结合，实行山水田林路综合治理，实行农林牧全面发展，收效越来越显著。

（三）要全面规划，统筹兼顾。兴修水利在为农业增产服务的同时，要积极为工业和城市用水服务，积极发展水电、水产、航运等综合利用的事业。在一段时间里，有些地方在建设水利工程中，忽视了航运、漂木、水产。毛主席及时指出：兴修水利要三救，即救鱼、救船、救木。周总理根据毛主席关于"全面规划，加强领导"的指示，亲自总结了在治理长江规划中，要"正确处理远景与近景，干流与支流，上、中、下游，大、中、小型，防洪、发电、灌溉与航运，水电与火电，发电与用电等七种关系"，为我们提出了搞好水利规划的基本原则。

（四）把革命精神和科学态度结合起来。水利建设是和大自然作斗争，水利工程要保证质量，经得起大自然的考验，还要讲究实际效益，既要有积极态度，又要量力而行，决不能搞虚假浮夸。只有老老实实，兢兢业业，搞好规划，精心设计，精心施工，加强配套，加强管理，把高度的革命精神、严肃的政策观点和严格的科学态度结合起来，才能真正做到为人民除害兴利。

湖南韶山灌区是发展水利事业的一个好典型。经过周密的调查研究，精心设计，灌区主体工程当年施工，当年受益，当年增产。灌区人民不断加强管理，完善配套，扩大效益，灌溉近百万亩，亩产超千斤。灌区建设还全面考虑了航运、水产、发电和人民的各种要求。

在水利工作中，坚持唯物辩证法，反对主观主义和形而上学，是一个长期的任务。我们一定要紧紧掌握唯物辩证法这个锐利武器，大力发展水利事业。

五届人大政府工作报告中指出，要"充分发动群众，大搞以改土治水为中心的农田基本建设。国家要抓好大型水利工程的建设，继续治理黄河、长江、淮河、海河、辽河、珠江等大江大河，搞好解决西北、华北、西南地区干旱问题的骨干工程，兴建把长江水引到黄河以北的南水北调工程。各地要因地制宜地搞中、小水利工程，认真抓好坡地、盐碱地、红壤土等低产田的治理"。我们要按照这个要求，认真搞好水利建设，为农业生产作出更大贡献。

三、加强管理，提高效益

我国的水利资源虽然很丰富，但在不同地方以及不同年份和季节间分配不均，这对发展农业生产是不利的。为此，我们要修建水库，调节水量，积极开发当地水利资源，把大气水、地表水、地下水充分合理地利用起来，有计划地进行南水北调，最大限度地满足农业灌溉用水和工业及生活用水。

我国已有的水利工程设施，还存在很大潜力，例如已经建成的灌区，大搞配套，做好田间工程达到设计效益，就可大大扩大浇灌面积；整治好水库，就可以增加蓄水，迅速扩大效益；搞好渠道防渗，提高水的利用率，也能大大增加灌溉面积；消除大水漫灌，就可以大大节约用水量，提高抗旱能力；做好用水管理，合理灌溉，结合其他农业措施，实行科学种田，农业产量可以大大提高；综合利用水利工程，对发电、养鱼、植树造林，发展农林牧副渔业生产都有很大潜力。如果我们能在近几年内搞好现有工程配套挖潜，这对于迅速发展当前的农业生产，为大规模的水利建设创造条件，都有极其现实的意义。光建设不管理，水利建设就失去了意义。因此，当前全国除去一些水利基础很薄弱的地区，应积极兴建新的水利工程之外，大多数地区应当是从整顿、加强水利管理着手，大搞除险加固，大搞配套挖潜，大搞综合利用，充分发挥现有水利工程的效益。实践证明，加强管理，提高效益，促进增产是大有文章可做的。如江西省余江县的白塔灌渠，原设计灌溉面积 7 万亩，20 多年来，由于不断加强管理，开源节流，1975 年灌溉 18 万亩，相当于原设计的 2.6 倍。湖南省桃源县的经验认为："水利大发展，管理是关键。"他们整顿思想，明确管理体制，健全管理机构，充实管理人员，建立规章制度，改造"四老"（老工程、老面貌、老效益、老产量）工程，在短短几年时间里，水利工程和管理工作的面貌焕然一新，工程效益和粮食产量显著增长。

在加强水利管理工作中，建好、管好、护好渠道工程是很重要的一项工作。许多灌区由于渠道没有衬砌，水的利用系数只有 40% ~ 50%，有的低到 20% ~ 30%。如果把渠道衬砌好，利用系数可以提高到 70% ~ 80%。陕西渭南人民引洛灌区，经过渠系改建和衬砌，灌溉面积由设计的 40 万亩扩大到 67 万亩，超设计 67%。因此，为了减少渠道的渗漏损失，主要渠道应采用石头、水泥和塑料薄膜等铺衬，小渠道也可采用灰土夯实、原土夯实或黏土铺砌等。要因地制宜，就地取材。田间灌排水沟，要逐步向地下管道化发展。河南温县、江苏无锡等地搞了地下管道灌排系统，它可以避免蒸发，节约用水，渠道上还可以种地，并有利于机械化耕作，应该因地制宜地推广。

北方地区近年来机井有较大发展，有些地区在抗旱集中用水时，地下水位急剧下降，产生水量不足的新矛盾，这是很值得注意的。开发利用地下水，发展井灌，要根据当地水文地质条件，必须注意井位井距的合理布局。层间水（机井一般都是取用层间水）埋藏深度，一般在几十米到几百米，由于埋藏较深，地下水量的补给，源远流长比较缓慢，水位下降后，不易迅速恢复，所以必须注意分层取水，合理利用。在上游地区和山地丘陵地区发展井灌，应注意保持水土，利用雨季降水，补给地下水源。如大寨大队过去地下水很少，现在地下水多了。这是因为过去山上没有覆盖，土地是坡地，河是干河沟，夏季降雨，从山到地又到河，都流走了。现在由于保水工作做得好，山上有了覆盖，土地平整，河沟成了良田，在降雨时就蓄得多，走得少，这样逐年往下渗透，地下水位提高了，就使旧井有了新水。这就是要想增加地下水，必须保住天上水；只有蓄住天上水，才能增加地下水。山东桓台县搞了引河蓄水工程，汛期可以利用这些河沟排水防涝，汛末秋冬，借上游用水少的时候，引河蓄水，灌入沟渠，使之在全县循环流转，渗入地下，形成一个无形的"地下水库"。但是采用这种办法，应当注意当地的地层、土质等有关条件，避免在一些易碱地区引起盐碱化的发展。

在缺乏自流灌排条件的地方，搞好提水工具和排灌机械的配套和管理使用，是保证合理灌排的必要条件。现在全国机械排水和灌溉面积已达4亿多亩，排灌机械动力已发展到5000多万马力，这是当前农业上抗旱和排灌的重要工具，是农业机械化的一个重要方面，今后还要加快发展。在排灌机械的安装和管理使用上，要根据扬程和流量及当地动力来源条件，选择适宜的水泵动力机，并需注意机、泵、管、带的合理配套，加强维修管理，节约燃油料，降低生产成本，充分发挥设备效益。要把零配件的生产和供应放在同主机同等的重要地位，坚决改变由于零配件供应不足造成停机的现象。水轮机、水锤扬水机工作可靠，维护简单，不用燃料，生产成本较低，有条件的地区应大力发展。在一些排灌机械目前发展较少的地区，对于农村中常用的人畜力提水工具，仍应注意维修使用，并在现有基础上注意改进，提高工效。有条件的地区，还要尽量利用自然界的风力和水力带动提水工具，以节约劳畜力。

四、合理灌溉，经济用水

"水"是人类经济活动和生活中一时也不能缺少的一种资源，对于农业，水利是命脉。

"水"不同于其他矿物资源，它是一种动态资源。海洋中的水在蒸发为水汽后随大气气流进入内陆，在内陆地区形成降水。降水产生地面径流叫地面水，地面水以百川汇流的形式循大江大河复归于海。如此反复不已，这叫水的大循环。地面水的一部分渗入地下，形成地下水，最后也从地下归入大海，参与这个循环。内陆的地面水也在一个地区内，通过水面蒸发，地面蒸发，作物蒸腾，地下水蒸发，产生降水，形成局部循环，这叫小循环。水通过这种大、小循环，川流不息，年年月月，无穷无尽，从这一点上说，水是地球上的一种用之不竭的资源。但对每一地区、在每一时段内，其降水量和由降水产生的地面水量及补给于地下水的水量，则都是有定量的，而且是变动的、不稳定的。因此，从这个意义上说，水又不是取之不尽的。由于水具有这样的特点，所以"看水办事，量入为出"，管好一笔"流水账"，做到合理用水，使用水事业，特别是农业用水，在用水的量上和时间上能最大限度地适应于当地水资源的动态变化规律，水利工程设施可以降低到最小需要量，就显得十分重要。

我国的水资源是丰富的，全国地面水年平均径流量约 2.6 万多亿立方米，少于苏联（有 4.34 万多亿立方米）而略多于美国或加拿大（各有 2.2 万多亿立方米），并远超过世界其他国家。但如按全国总人口平均计算，由于我国人口众多，目前平均每人占有毛水量不足 3000 立方米，尚略低于西欧一些国家的水平，比苏联、美国、加拿大就更低得多。再按当代工农业生产用水量来看，20世纪 70 年代初美国工农业生产用水量，按全国总人口平均计算，每人年用水量超过 2000 立方米，我国如达到这个水平，年总需水量就将近 2 万亿立方米，占到全国地面水年平均径流量的 80% 左右，水情显然是很紧张的。由此可见，合理用水，把有限的水资源管好用好，在年降水量变差大，水情不够稳定的自然条件下，最大限度地满足工农业和城乡生活用水要求，适应社会主义经济建设对需水量不断增多的发展趋势，防止各产业部门争水矛盾的发生、发展，从现在起就要予以最大的注意和重视。农业用水量是一个大户头，首先要求做到合理用水，在保证农业合理用水的基础上，为工业用水让出尽可能多的水来。同时，实践证明，农业合理用水也是防止灌溉不当而造成沼泽盐碱化的关键。

农业合理用水要从作物的合理灌溉、广辟水源和节约用水这几个方面采取措施，互相结合。

作物的合理灌溉，就是按照作物需水规律，适时适量地进行灌溉，以最少的供水量、较低的成本，获得最高的产量。合理灌溉的中心问题是准确地掌握什么时间需要灌溉，灌多少水量，用什么方法灌溉以及与其他农业措施的结合等。影响灌溉的因素很多，如气象、水文、土壤类型、作物种类等。要做到根据作物的需水规律合理灌溉，主要靠总结群众高产的灌溉经验和进行田间科学实验。我国劳动人民在生产实践中总结出看天、看地、看苗的灌溉经验，就是根据不同气候、土壤和作物田间需水规律及丰产要求来确定作物进行灌溉的时间、次数、水量，制定出适合当地不同作物的高产灌溉制度。看天、看地、看苗三者是密切联系的。

看天，就是要看当时当地的天气变化，降雨量多少，气温高低，决定是否灌水和灌多少水。看地，就是看土壤墒情。由于土壤性质不同，所谓适宜的土壤水分也有差异，如沙壤土一般土壤水分保持在16%至20%（干土与所含水分重量之比）对于耕作和作物生长比较适宜，约相当于土壤最大持水量的60%至80%。有经验的农民判断墒情采用眼看手捏的办法。如果土壤中水分不足，就需要适时适量灌水。需要灌水的数量和次数，因土质的不同也有不同。如黏土保水力强，每次灌水量可大些，次数可少些；沙性大的土壤保水力差，要勤灌少灌，避免一次灌水量过大，致使水分养分流失。腐殖质多、土壤结构好、精耕细作的土壤，土壤保水力强，地面蒸发量少，灌水间隔日数可以长些。看苗，就是要看不同作物以及同一作物不同生育期对水分的不同需要，并掌握正常生长的长相和缺水的表现，运用合理灌溉，培育高产的群体结构，达到高产的目的。

以中国农业科学院农田灌溉研究所对豫北和豫西两地区亩产800至1000斤的冬小麦灌溉研究为例，他们认为高产冬小麦的灌溉要从作物生长发育总体性考虑，运用灌溉结合其他管理措施，使冬小麦在整个生长期有一个比较合理的群体动态结构。灌溉措施主要根据苗情而定。群体结构指标是：基本苗每亩15万株以上，冬前苗数每亩60万株以上，春季分蘖高峰每亩80万株左右，收获时穗数每亩40万株左右。灌好播前水，足墒下种，保证基本苗数。冬灌要兼顾土壤水分、气温、苗情三个条件，三个条件均适宜时冬灌效果好，否则效果不佳，乃至造成危害。初步认为：土壤含水率在17%以下（占田间持水量的70%以下），日平均气温在摄氏3度以上或左右，苗已分蘖的情况下灌冬水较好，否则不宜冬灌。返青期灌水与否，根据麦苗群体动态而定。初步认为：春季分蘖高峰值在每亩80万株左右时，灌返青水不会引起倒伏。如春季分蘖高峰值大于每亩90万株或接近90万株时，灌返青水有引起倒伏减产的危险。因此，在早春有控制麦苗生长的必要时，不要灌水。如果是弱苗，就要结合追肥早浇返青水和拔节水，使土壤含水量保持在18%左右；如果是旺苗，就要适当控制肥水，土壤含水量在16%左右时，可晚浇拔节水，并要适时中耕、镇压；如果是壮苗可迟浇返青水，但土壤含水量不足15%时，应即浇返青水，拔节期要及时追肥浇水，使土壤含水量保持在17%至19%。水稻的不同生育阶段对水分的要求大体是：移植至返青期，以浅水层灌溉为宜；在分蘖初盛期采用浅灌，可以促进分蘖；分蘖盛期后采取排水晒田或采取深水灌 7～10 天，这两种不同的办法均可抑制无效分蘖；拔节至孕穗期灌水宜较深，不能脱水；抽穗、开花至乳熟期一般可以用浅水层连续灌溉或湿润灌溉；黄熟后期稻穗勾头后开始排水，由湿润直至落干。要根据作物的不同长相掌握不同的灌水时机。

我国主要作物全生育期需水量，据武汉水利电力学院农田水利工程系调查总结，如表三。

表三　我国主要作物全生育期需水量

作物	地　区	干旱年 需水量 （立方米/亩）	中等年 需水量 （立方米/亩）	湿润年 需水量 （立方米/亩）
双季稻	长江流域	300～450	250～400	200～300
	华南	300～400	250～350	200～300
中稻	长江流域	400～550	300～500	200～450
一季晚稻	长江流域	500～700	450～650	400～600
冬小麦	华北	300～500	250～400	200～300
	黄河流域	250～450	200～400	160～300
	长江流域	250～450	200～350	150～280
春小麦	西北	250～350	200～300	—
	东北	200～300	180～280	150～250
玉米	西北	250～300	200～250	—
	华北、黄河流域	200～250	150～200	130～180
棉花	西北	350～500	300～450	—
	华北、黄河流域	400～600	350～500	300～450
	长江流域	400～650	300～500	250～400

讲究灌溉方法，提高灌水技术，是节约用水、保证作物增产的主攻方向。

我国目前现有灌区采用的灌水方法主要是地面沟畦灌。细流沟灌、小畦浅灌是与我国精耕细作园田化相适应的特有灌水技术。要提高沟灌、小畦灌的灌水技术就必须平整好土地，修建好临时输水毛沟，按地形、土壤及水源条件筑成长宽规格适当的畦。在播种前后就把畦田修好。放入畦田的流量要掌握好，避免流量过大，串畦跑水或使畦的末端水量过多。那种不筑畦，大水漫灌的办法，既浪费水，又会冲刷土地，流失肥料，甚至造成土壤盐渍化，应力求避免。采取沟灌的要在第一次灌水前开挖灌水沟，沟的长度、间距、宽度，要根据土壤、地形条件和作物的行距而定，沟深一般五六寸，沟内水深保持沟深的 2/3

以下，不能漫过沟顶，水流到沟长的八成左右时，就要闭口。稻田灌溉要做到灌排分家，开好稻田水沟，消灭过水丘（串灌漫灌）。为了做到充分合理用水，我们必须实行计划用水。同一灌区水源必须统一使用，制订用水计划，实行轮灌，合理配水，组织好浇地队伍，实行责任制度，要遵守用水制度和用水公约。

喷灌是一种先进的灌溉工具和方法。喷灌具有以下几个优点：（一）与地面灌溉相比，可以大量减少输水和田间渗漏的损失，节约用水；（二）可以节省大量地面工程量，提高土地利用率；（三）在喷灌强度和水滴大小适中的情况下，可以不产生地面径流，防止水土流失，不破坏或少破坏土壤团粒结构，避免地面板结；（四）采用喷灌的方式可以更好地调节田间小气候，调节作物的呼吸作用，提高光合作用的有效利用，有利于农作物增产；（五）适用于各种复杂地形和坡度较大的地段，做到合理灌溉；（六）利于机械化、自动化，提高灌水劳动生产率。许多地区实践经验证明，喷灌不仅是一项省水增产的灌溉新技术，更重要的，它已成为干旱水源不足的山丘地区多快好省地实现水利化的重要途径之一。现在各省都在由点到面大力推广。

滴灌是近年新发展起来的另一种灌水技术。滴灌系统由干、支、毛三级管道组成。灌溉水由水源送入干管，经支管进入毛管，在毛管上开小孔，在小孔内插入滴头，水由滴头缓慢地滴到地面，湿润作物茎根附近的土壤，使作物主要根系所在的土体保持适宜于作物生长发育的水分状况。滴灌除具有喷灌同样的优点外，还有地温较高时比喷灌更省水，可减少杂草滋生等优点，适用于大田作物、蔬菜和果木，缺点是滴头易被堵塞，因此对灌溉水水质要求高。据中国农业科学院农田灌溉所近年对冬小麦、春玉米、黄瓜、苹果等作物的小面积试验，省水增产效果都显著。在河南省偃师县关窑大队，畦灌小麦三水，用水量每亩 105～170 立方米，亩产 392 斤；滴灌三水，滴水量每亩 30～45 立方米，亩产 472 斤；滴灌四水，用水量每亩 40～60 立方米，亩产 567 斤。

渗灌也是近年提出来的一种新灌水技术，又称地下浸润灌。做法是在耕地地面下 40～60 厘米深度处，以 2～3 米左右的间距，布置地下管道系统，水从管道内渗出向土壤供水。采用这种灌水技术，地面上不见水，比喷灌滴灌更先进，被认为是灌水技术的发展方向，目前正在开始试验研究中。

第四章　种

一、良种在农业生产上的意义

种子是农业的基本生产资料，是获得丰收的内在条件。农业"八字宪法"

中的"种"字，包括选育新品种、品种审定、良种繁殖、提纯复壮、种子检验、种子精选加工、经营推广等一系列的种子工作，是农业生产带根本性的基本建设。

农业上所说的种子，是播种材料的总称，包括用于有性繁殖的种子，也包括用于营养繁殖的块根、块茎以及其他营养器官。所谓良好的种子，通常有两个含义，一是指适应一定地区的优良品种，如产量高、品质好、抗逆性强等等；一是指符合一定质量标准的种子，如品种纯度高和发芽率高等等。

毛主席早就指出："有了优良品种，既不增加劳动力、肥料，也可获得较多的收成。"我国劳动人民很重视选种，常言说"母壮儿肥"，他们在长期的生产实践中选育出许多栽培品种，留下了异常丰富的品种资源，积累了选种的丰富经验。我国古农书中就有许多有关选种的记载。如《氾胜之书》（公元前 1 世纪）中对选种留种有"取麦种，候熟可获，择穗大强者，斩束立场中之高燥处，曝使极燥，无令有白鱼，有辄扬治之。""取禾种，择高大者，斩一节下，把悬高燥处，苗则不败。""种伤湿、郁、热，则生虫也。""取轩艾杂藏之；麦一石，艾一把；藏以瓦器、竹器。顺时种之，则收常倍。"这些是我国种子工作的宝贵财富。我国社会主义制度的建立为选育和推广良种工作开辟了广阔的道路。在建国初期，广泛开展了良种评选运动，扩大了优良地方品种的利用。如广东省评选的水稻地方良种矮仔黏和塘埔矮等，在华南地区生产上保持高产稳产达十七八年之久。根据生产发展的需要，各地先后选育和推广了一大批优良品种。1957 年我国农民育种家用系统选育法育成了第一个水稻矮秆良种矮脚南特号。接着我国农业科技人员利用矮源进行杂交，先后育成了著名的广场矮、珍珠矮等良种，并迅速推广，有效地防御了台风危害，对提高我国水稻单位产量起了重要作用。1973 年又利用杂种优势培育成杂交水稻，1975 年开始用于生产，1978 年已推广到 6000 多万亩，一般增产二三成以上。小麦品种也有重大突破，先后选育推广了碧蚂一号、丰产三号和泰山一号、四号等高产抗锈良种，摘掉了小麦是"低产作物"的帽子。近几年来，我国又培育出八倍体小黑麦，正在高寒山区推广。玉米、高粱杂交种的推广面积已占播种面积的 60% 左右。棉花品种，解放以来进行了三次大规模地更换，对改进品质、提高产量起了显著作用。陕棉四号、陕棉四〇一以及抗病洞庭棉等抗病品种的育成和推广，在棉花枯萎病严重地区发挥了很大作用。油料、糖料、麻、烟等经济作物也选育推广了一批优良品种。这些事实生动说明，培育和选用良种是农业增产的一项非常重要的措施。

　　建立和健全良种繁育推广体系是搞好种子工作的组织保证。我国大部分地区从20世纪50年代开始，逐步建立起以县为单位的良种繁育推广体系。县有示范繁殖农场（即良种场）担负着试验示范和繁殖良种的任务。县种子站经营县良种场生产的种子和从外地引进的种子。公社、大队有良种场（队），生产队有种子田。这种以生产队的种子田为基础，自选、自繁、自留、自用，辅之以必要调剂的种子工作方针，在当时的历史条件下，对于依靠群众、发扬自力更生精神，选育、繁殖良种，推广良种，克服"等、靠、要、调"的思想，起过重要作用。近几年来，随着生产的发展和科学种田水平的提高，有些地方出现了常规品种由大队种子队统一繁殖、统一保管、统一供应生产队大田生产用种，杂交水稻、杂交玉米、杂交高粱由县良种场繁殖亲本，公社良种场制种，统一供应全公社大田生产用种的新形式。看来，种子工作"四自一辅"的方针，由以生产队为主逐步过渡到以大队、公社为主，再进一步过渡到以县为单位组织统一供种，是发展的趋势。根据国务院的通知，各省、地、县正在加强种子公司的建设，以便逐步实现种子生产专业化、加工机械化、质量标准化、品种布局区域化，以县为单位组织统一供种（简称"四化一供"）。这是种子工作上的一项重大改革，应以积极的态度、稳妥的步骤加以推广。

　　在选育和推广良种工作中各地积累了丰富的经验，主要是坚持试验、示范、推广三步走的方法。有了新品种，先放到不同地势，不同土质，不同栽培条件下，进行小面积试验。通过两三年的多点试验，确实表现适合当地条件，并比现有品种的原种显著增产，再进行大面积示范，使群众进一步认识和掌握它的栽培特点；经过小面积试验和大面积示范，才在生产上进行大面积推广种植。这样就把良种选育和推广工作建立在既积极、又按照客观条件办事的基础上。这样做看起来慢，实际上是符合了多快好省。但是，过去有些地区和单位在这方面曾走过弯路，吃过苦头。有的不重视选用良种，怕麻烦、怕花钱、怕减产，守着需要淘汰的老品种不肯更换，产量一直提不高。有的把良种看得绝对化，一听说哪里有了新的优良品种，就"乱引、乱调、乱推"，在调种上花了大量人力、财力、物力，但由于条件不适宜或栽培技术未跟上，或未经检疫引起病害，反而造成减产。一般说来，优良品种能够比较适应和充分利用外界条件，具备高产、稳产、优质、早熟、耐肥水、抗病虫等优良性状，但是一个品种不可能各个方面都具备合乎要求的性状。事实上没有"万能"品种，也没有"万年青"品种。任何品种的优良性状，都是在一定的自然条件和栽培条件下，通过长期的选择与培育形成的。如果这些条件得不到满足，某些优良性状就不能显现。

所以选用良种要因地制宜，还要结合良法，才能发挥良种的增产作用。群众说得好，"良种是个宝，还需种得好；会种是个宝，不会种是根草"。

周总理对于种子工作十分重视，有过许多重要指示。1962年中共中央国务院发出了《关于加强种子工作的决定》。这个决定总结了建国以来种子工作的经验，明确了种子工作的基本方针原则。30年来，我国的种子工作有很大的成绩，但是由于种种原因，特别是由于林彪、"四人帮"的干扰破坏，使许多地区的种子工作削弱了，良种繁育推广体系不健全，大田生产用种严重混杂退化。群众说："远看绿油油，近看三层楼，祖孙三代全都有，十成年景八成收。"不少地方还缺乏早熟、高产、优质、抗逆性强的品种。当前，种子工作与加快农业发展速度的形势很不适应，跟农业比较发达的国家相比，在育种速度、品种管理和种子标准化等方面，还有很大差距。国外很重视培育优良品种的工作。20世纪60年代后期，矮秆高产的墨西哥小麦和菲律宾水稻品种育成后，世界某些地区的粮食得到较大的增产。墨西哥在矮秆高产小麦育成前，平均亩产100斤，推广矮秆高产品种后，1976年平均亩产561斤，从一个粮食进口国，一跃而为粮食出口国。菲律宾水稻新品种比原来的品种提高产量二三倍。由此可见，良种的增产潜力很大。我们必须大力加强种子工作，使种子工作跟上形势发展的需要。

二、充分利用现有良种，不断选育接班品种

（一）研究和利用农作物遗传变异的规律。所有农作物的品种都具有遗传性与变异性。遗传与变异是生物有机体在进化过程中的两种运动状态，是对立的统一，"依据一定的条件，各向着其相反的方向转化"。因为它有遗传性，各个不同品种才能保持其相对稳定的性状，保持世代之间的继承性；因为它有变异性，生物才有进化，作物品种才有改进和发展。研究和利用农作物遗传变异的规律，是选育良种的基础科学知识。

关于生物进化和遗传与变异的原因，历来学者有种种不同的看法，形成了不同的学派。

在历史上第一个提出系统的进化论的是法国人拉马克（1744～1829）。他提出的生物随环境变化而改变的理论是唯物主义的论点。但是他没有成功地论证它，而是用器官"用进废退"和获得性遗传的假说来说明生物的进化。在进化论上能够提出令人信服的论据的是英国学者达尔文（1809～1882）。达尔文的《物种起源》的发表，得到了马克思主义创始人的重视和高度评价。恩格斯把达尔文的进化论称作19世纪自然科学的三大发现之一。列宁也说过："达尔文推翻了那种把动植物种看做彼此毫无联系的、偶然的、神造的、不变的东西的观点，第一次把生物学放在完全科学的基础上。"达尔文从在人工选择下动植物品种可以改变的事实出发，创立了以自然选择为基础的生物进化学说。他认为生物进化是通过环境变化、生物变异和自然选择而实现的，即生物在生存斗争中适者生存，不适者淘汰，对生存有利的变异会遗传给后代，累代如此，由微小变异逐渐发展成显著的变异，形成新的物种，推动生物的进化。由于受到时代的局限，达尔文学说还存在着不足之处。他受到了马尔萨斯人口论的影响，夸大了生存斗争的作用，而对生物进化的内因重视不够。他对遗传和不定变异的原因还不知道，并提出一个不正确的遗传理论——泛生说来说明获得性的遗传。

米丘林学说在很大程度上是拉马克学说和达尔文泛生说的综合。它也承认自然选择，但它认为自然选择的对象是一定变异，不是不定变异。这跟达尔文自然选择的基本精神有原则性的区别。

20世纪20年代，摩尔根学派在孟德尔的豌豆杂交实验的基础上，建立了以基因学说为基础的细胞遗传学，肯定了基因是遗传的基本单位，存在于细胞染色体上。

从20世纪50年代到现在，生物学的发展达到了研究分子的水平，即分子生物学、分子遗传学，解决了有关遗传的若干重大问题。现在知道了作为遗传物质的核酸，特别是DNA（脱氧核糖核酸）的分子结构。它是由核苷酸所组成的多聚体，是大分子。一般是双链结构，主要分布在染色体上，含有许多遗传信息（基因）。它至少有以下几种重要的性质：（1）通过复制作用，生成一个和原来的分子在结构上完全相同的核酸分子，把遗传信息一代代传下去；（2）遗传信息可以从DNA流入RNA（核糖核酸），称作转录，再由RNA流入蛋白质，称作翻译，指导蛋白质的合成，然后由蛋白质（酶）去直接指挥新陈代谢过程；（3）能够发生变化（突变），提供生命进化的原始材料。DNA、RNA和蛋白质之间存在着复杂的相互联系、相互制约的关系。一般说来，对遗传起主导作用的是细胞核（或染色体或DNA分子），但也不能绝对化。过去，有许多遗传学家认为染色体是唯一的遗传基础，这不符合客观事实。现在知道，细胞质对遗传也起作用。细胞质里的叶绿体、粒线体等都含有自己的DNA分子，有自己的连续性，它们并不是在染色体的制约下产生的。同时有人发现RNA对DNA有反作用。我国科学家童第周等利用一种动物卵的细胞质或从细胞质中提取的信息RNA注入另一种动物的受精卵内，也可以使后者的性状发生改变，并遗传下去。

最近分子生物学有了新的发现，可以把影响遗传的信息从一个 DNA 分子某一段上切割下来，接到另一段上面，从而改变了个体的某一遗传特性。这是一种遗传工程，是 20 世纪 70 年代出现的一个新领域，它为育种工作开辟了新的前景。

总之，从现代遗传学的观点来看，生命的发展完全证明毛主席阐述的唯物辩证法的这一原理，即"外因是变化的条件，内因是变化的根据，外因通过内因而起作用"。单独一方面的变化都不能导致生命的发展。物种的进化包括两个步骤：一是变异的发生，二是自然条件对变异的选择即汰劣留良。

变异属于表现型的范畴，是基因型和环境相互作用的产物。

基因型是指整个遗传基础，是个体发育的可能性，是内因。环境是外因。引起基因型变化的主要有两个途径：一是突变，包括染色体数目和结构的变化、细胞核基因的分子基础的变化和细胞质基因的变化；二是通过杂交实现的基因重新组合。

由环境条件引起的外表变化，即获得性，是不能直接遗传的，但它对生存有利。在历史过程中，如果出现了相应的遗传基础，就会受到自然选择的保存，不遗传的变异就可以转化为遗传的变异。因此，不能完全否定获得性在生物进化中的积极意义。

我们可以利用生物遗传和变异的规律，采取多种有效的方法，产生丰富的遗传性变异并进行人工定向选育，在较短的时期里创造出适合人们需要的新的优良品种。同时，利用相对稳定的遗传性，采取必要的措施，保持和巩固其优良性状，发挥良种的增产作用。

（二）发挥现有良种的增产作用。现有良种的增产潜力还很大。杂交水稻、杂交玉米、杂交高粱增产效果显著，要积极推广。同时，对增产显著的粮、棉、油等作物的常规品种，也要大力推广。

为了克服目前许多地区大田用种"多、乱、杂"的现象，要开展品种大普查，因地制宜地评选出适宜推广的优良品种。黑龙江省宾县发动群众，对全县六大作物品种进行了大普查，从 83 个品种中评选推广了 28 个比较早熟、高产的良种，做到了布局合理，扩大了良种面积。宾县的经验，可供各地仿行。

对于在生产上正在应用的现有良种，要认真搞好提纯复壮。任何优良品种，在连续栽培的过程中，由于机械混杂、天然杂交和良种本身发生变异等原因，都会出现混杂退化的现象。提纯和复壮是紧密联系而又不同的两回事。不能把良种提纯复壮简单地理解为，混杂的良种一提纯，即把混杂的植株去掉就完全变好了。应该把"提纯"理解为"去伪存真"，选出纯的良种植株；把"复壮"

理解为"去粗取精"，从良种里选出特征特性好和长势健壮的植株。因此，只有把提纯和复壮两种工作结合起来，才能选出又纯、又好、又壮的种子，发挥良种的增产性能。

稻、麦等作物提纯复壮的方法，有穗选法和穗行提纯复壮法。

1. 穗选法。在作物接近成熟时，在田间（也可以在晒场上）按照良种的特点，选收纯良的穗子，混合脱粒留种。

2. 穗行提纯复壮法。有选穗和穗行比较试验两个步骤。先在种子田或大田里选择具有原品种特性的、长势好、无病虫害的单穗几百个到几千个，再经室内复选一次，剔除不符合要求的单穗。晾晒以后，分穗脱粒贮藏，以备播种穗行试验。穗行试验地要选择地势平整、地力均匀的地块，便于管理和进行比较；不能选重茬地，以防混杂。将选留的每一个穗的种子，点种一行，就叫穗行。生长期间，定期观察记载并分次选择评定。成熟时，先把杂的和不好的穗行收净，然后混合收割选留的穗行，供原种圃繁殖。也可以将确定留选的优良穗行分别收割、脱粒、室内考种，将当选的穗行进行编号，妥善贮藏，供下一年种成穗系圃。经第二年比较试验后，将当选的优良穗系收获后混合脱粒，供原种圃繁殖。这种两年两圃制或三年三圃制穗行提纯复壮法比穗选法得到的种子要好得多。它是提高良种种性，发挥增产潜力，延长使用年限的一项有效措施。

（三）积极培育新品种。在积极推广现有良种的同时，要不断选育出更好的优良新品种，代替不相适应的老品种。育种总的目标，是要求育成具有综合优良性状兼抗多种病虫害、品质好、适应性强的高产品种，但也要根据当地当前生产上对各种作物品种的不同要求而有所侧重。根据育种目标和工作基础，选用相应的育种方法，或者几个育种方法综合运用，这是选育新品种的共同经验。当前应以系统选育、杂交育种、杂种优势利用等作为主要育种方法。在常规育种的基础上，结合各种现代育种新方法、新技术的综合运用，能够进一步提高育种效果。选育一个新品种，包括从收集、研究育种原始材料、动摇遗传性，到经过连续选育，使优良变异株系的遗传性稳定下来；再通过比较鉴定，产量试验（异花授粉作物的自交系还要测定配合力并试配组合进行测产）以及区域性试验和生产示范，表现确实优于当地现有推广良种，才能加速繁殖，应用到生产中去。这是育种的全过程，必须环环扣紧。

现将育种的主要方法介绍如下：

1. 系统选育。系统选育就是个体选择法，它是最基础也是最基本的选育种方法。其优点是：方法简便，容易掌握；选育的品种容易稳定，进度较快，有一定效果。如广东洪春利从南特一六号中选育出矮脚南特水稻品种，金善宝从引进的意大利小麦品种中选出南大二四一九小麦品种，徐州地区农业科学研究所选育的徐州一八一八棉花品种，就是采用个体选择法选育出来的，在生产上起了显著作用。选育的方法和步骤大体是，在现有栽培良种的生长发育过程中，发现个别植株，由于天然杂交或自然突变出现具有优良性状的变异时，单株（穗）收获，单行种植进行比较，选优去劣，两三年后即可育成新的优良品种。系统选育可以与提纯复壮结合进行。

2. 杂交育种。将遗传性不同的亲本，通过雌雄性细胞的结合，获得优良后代的育种方法，称为有性杂交。经过定向选育可能使双亲的优良特性在杂种后代中表现出来，而且也往往能获得双亲所不具备的某些新的特性和特征。培育新品种的方法，到目前为止，最有效的是杂交育种。这方面的潜力还很大，应该充分予以挖掘利用。杂交的主要方式有以下几种：

一是单交，又叫简单或成对杂交。一般以最适于当地栽培和高产的品种作为一方，以具有主要育科目标的突出优良特征、特性的品种作为另一方进行杂交。如果这个组合（甲乙）称为正交时，父母本互相调换的组合（乙甲）则称为反交。通常情况下正交、反交没有什么区别。碧蚂一号小麦就是西北农学院赵洪璋用蚂蚱麦作母本，碧玉麦作父本杂交育成的。

二是复式杂交，是指三个以上品种之间不同组合方式的杂交。复式杂交的目的，是把多个亲本的优良性状和特性结合在一起，使选育出来的品种更符合育种目标。例如：北京农业大学蔡旭选育的农大一三九小麦，是由四个亲本进行两次杂交培育而成的，基本上综合了几个亲本的冬性、成穗率高、耐肥水、抗病、丰产等优良性状。

三是回交，将单交所获得的杂种，与综合性状优良的亲本再进行杂交，称为回交。为了在杂交后代中加强某一亲本的综合优良性状时，往往采用这种方式。连续回交法在雄性不育研究中常被采用。

根据育种目标，正确选配亲本是杂交育种成败的关键。怎样选配亲本？许多育种工作者认为，一定要仔细研究亲本的主要的优良特征、特性和主要缺点，选取的亲本必须具备比较多的为我们所需要的优良特性和性状；双亲的有利性状能够"互补"而不要有共同的严重缺点；两亲本或亲本之一必须具有某些很突出的优良性状，不要两个亲本的优点都很平常。这些都是公认有效的原则。此外，选取在地理上相距较远，生态类型差异较大的亲本组合，使其有丰富的杂交遗传基础，从而增加了选获更好的性状的可能性，但也不是差异越大越好，应该考虑到它们的适应性，以及理想的特性在当地能不能表现出来。只有真正掌握了外引品种的原产地的生态条件，才能有目的地选用这类亲本材料。亲本之一是否必须选用地方品种？地方品种对当地自然条件适应性强，当引进品种缺乏这些条件的时候，选用地方品种做亲本非常重要，但是已经有了适应性较广的推广种，就不一定用地方品种了。杂交组合应该配多少？要根据育种工作者的经验和具体情况而定，不应强求一律。杂交组合配得太少，不容易选出好的品种来，但也不是越多越好，随着组合数目的增加，工作量越来越大，会降低观察选择的精确性，形成被动局面。在对亲本的主要优缺点基本了解的前提下，只要育种目标明确，注意抓住主要矛盾，并不需要配大量组合。

为了顺利地进行人工杂交，就要熟悉杂交亲本的花器构造、开花习性、开花期等，事前准备好杂交工具，学习掌握去雄、授粉、套袋隔离等操作技术，授粉后要做好标记和必要的观察记载。

杂交育种的大量工作是杂种后代的选择、培育、评比和鉴定。在正常的情况下，杂种第一代，要根据育种目标和各组合的实际表现以及有关性状的显隐性关系，适当淘汰一部分组合。杂种第二代开始分离，应根据育种目标进行选择。其方法有系谱法、混合法、集团选择法等。系谱法就是分棵种植、连续多代个体选择法。杂种二代的入选率，一般为种植株数的5%左右，以单株为单位，形成一代一代的系谱。混合法就是从杂种第一代到第三四或五代以当选的杂交组合为单位，混合播种在各个小区里。待杂种遗传性比较稳定后，再进行一两次的单株选择。集团选择法是从杂种第二代起，选择某些性状相似的株群，混为一个集团；而将另一种类型，另列为一个集团。以后继续进行集团选择和提纯。

在杂种后代的选育过程中，要注意采用较好的栽培技术和适当稀植或单株种植，使杂种的某些性状得到充分发育，便于我们选择。采用系谱法时，杂种二代的种植株数，禾谷类作物一般在1000～5000株，以增加选择机会。从第一代起，就要种植对照品种作为选择依据。早期世代应注意对遗传上比较简单、外表上容易识别而又具有经济价值的某些性状进行选择；而高世代，特别是成为系统后，一定要注意综合丰产性状和其较为复杂的特性。如果系统内各主要性状不再分离而又合乎育种目标的要求时，立即参加品种鉴定，特殊优异的可以破格提升品种比较试验，同时应积极加速繁育种子，早日与生产见面。根据育种家们的经验，绝大部分育成品种，都是早在第二三代就看中了组合，第三四代看准了家系。因此，对很有苗头的组合、家系要采取多点鉴定的方法，分发至育种联系点鉴定选择。并且可以利用温室栽培、异地繁育等方法来加速世代繁育。如水稻、春小麦可以一年三代。这样就可以缩短育种年限，搞得好，一个新品种从杂交到育成只需要三五年的工夫。

3. 杂种优势利用。两个具有不同遗传型的同一作物品种、品系进行杂交，所产生的第一代杂种比双亲生长健壮、抗逆性强、丰产性能高等，这种现象叫杂种优势。杂种第二代和以后的种子已经出现性状分离，杂种优势迅速减退，不宜再利用做种。利用杂种优势来提高产量和改进品质是近代农业科学上一大进展。世界生产玉米的先进国家都无例外地以推广自交系间杂交种玉米作为提高单产的主要手段之一。我国推广的玉米杂交种已有 100 多个组合。因杂交组合方式的不同，可分为单交种、双交种、三交种、顶交种、品种间杂交种等。有些地区为了加快推广玉米杂交种的步伐，还选取多个配合力好的优良自交系混合种植任其自由授粉，从而产生尽可能大的杂种优势。这是综合种，做法简单，可以连续种植几代不需年年制种。

单交种是由两个优良自系，杂交而成。如新单一号、郑单二号、丹玉六号等。这种杂交方式增产效果显著，但需要制种面积大些。近几年由于农村科技水平不断提高，这种杂交方式已成为我国玉米育种的主要方法。

双交种是用两个单交种即四个自交系配制而成的，如双跃三号、吉双八三号、黑玉四六号等。种植 10000 亩双交玉米一般需要繁殖一亩自交系，配制 20 亩单交种，300 亩双交种。自交繁殖区和单交种制种区隔离距离一般不少于 400 米，双交种制种区不能少于 200 米。三交种是由一个单交种和一个自交系杂交而成的杂交种。

顶交种是由一个优良品种和一个自交系杂交而成的杂交种。

玉米是异花授粉作物，为了获得比较纯的亲本，必须通过自交四至六代并不断选择，才能选出性状稳定整齐的自交系。自交系纯度是获得强大杂种优势的重要因素。选育、繁殖、提纯自交系是玉米杂交制种的基础工作，必须做好。

不论是自花授粉作物，常异花授粉作物，还是异花授粉作物，靠人工去雄杂交制种困难较多，特别是自花授粉作物，如能利用雄性不育，制种就方便得多。用雄性不育系作母本，必须有两种父本，一种是保持系，是给不育系传宗接代的，使不育系代代保持雄性不育的特性，同时保持系能够自育，可继续繁殖应用。另一种叫恢复系，是同不育系杂交配制的种子第二年种到大田的，具有杂种优势。因此推广不育系杂交种，必须做到不育系、保持系、恢复系"三系配套"。1972 年湖南黔阳农校袁隆平等利用野生稻稗育植株先后转育成一批育性稳定的不育系和相应的保持系。广西、湖南、江西等省（区）于1973年先后从亲缘较远的东南亚的品种中，筛选出一批具有强恢复力和优势的恢复系，实现了我国籼型水稻杂交种的三系配套。在各级党委的领导下，经过广大社员和科技人员的共同努力，又突破了制种难关，摸索出搞好花期相遇的一系列技术措施，大大提高了繁殖制种产量。目前我们已经获得了一批不育系、恢复系，配制出了一大批优良杂交组合，正在南方稻区迅速推广。目前生产上推广面积最大的有南优、汕优、威优等系统，具有根系发达，吸收力强，适应性广；长势苗壮，分蘖力强，穗多、穗大、粒多；光合能力强，产量高，一般亩产可达千斤；蛋白质含量高和省种、省秧田等优点。我国水稻杂种优势利用成功是社会主义大协作的成果，为大幅度提高水稻产量开辟了新的途径，引起了国外的重视。高粱雄性不育系杂种利用成效也很显著。粳稻型的三系组合以及油菜、甘蓝、大白菜的优势利用也取得了一定成果。

4. 远缘杂交。不同属、种、亚种的植物类型之间的杂交，由于它们的父母本的亲缘关系较远，故称之为远缘杂交。异源八倍体小黑麦的育成是远缘杂交的突出成果，也是多倍体育种的成果。小黑麦在原来自然界并不存在，它是一个由不同属的六倍体的小麦和二倍体的黑麦杂交育成的新物种。它兼具小麦的面粉品质好、蛋白质含量高、小穗多花（粒）的特性和黑麦的抗逆性强、小穗数多（穗大）、抗病、适应性强的优点。鲍文奎从1951年开始研究小黑麦，通过获得大量小黑麦属间杂交种子（大部分小麦的品种不能和黑麦杂交，需要先经过能同黑麦杂交的所谓"桥梁品种"的小麦，同预定要与黑麦杂交的小麦品种进行人工杂交），再经过杂种染色体加倍产生小黑麦原种（品系），以及小黑麦品系间杂交后代选择三个阶段，突破了结实率低、饱满度差两个关键问题，选获了几十个小黑麦品种。有些品种已在贵州、四川、宁夏、甘肃等高寒瘠薄地区推广种植。

5. 人工引变育种。这是用物理（目前主要采用 X、γ 射线、热中子、快中子、微波、激光以及其他如低温、强光、电刺激）、化学等方法，对作物某一器官或整个植株进行处理，促使作物发生遗传性变异，然后从中选择我们需要的变异类型，培育成新的品种。譬如利用各种射线照射农作物种子，产生变异的频率往往比自然界出现的变异高出百倍以上，甚至可达千倍，而且变异范围大，产生有利用价值的变异增多。这种方法对改良作物品种的某些单一的不良性状比较有效。辐射诱发的变异，后代分离较少，一般在第二代出现变异，第四代左右即可定型，并且可以由科研单位处理种子，由群众进行选育。我国辐射育种工作是 1958 年以后发展起来的，十几年中已育成一批粮棉油等农作物新品种。如浙江的"原丰早"、广东的"辐陆早一号"等水稻品种；湖北的"鄂麦六号"、山东的"鲁滕一号"、山西的"太辐号"、黑龙江的"新曙光一号"等小麦品种；辽宁的"铁丰一八号"大豆品种；广东的"粤油二十二号"花生品种，都在生产中起到一定的增产作用。

6. 单倍体育种。这是指用花粉来培育植物新品种的方法，是世界上 20 世纪 60 年代出现的一项育种新技术。目前世界上一般都是将花药（即花粉囊）放在玻璃试管里的培养基上，经过 20 多天的培育，使它的花粉粒"发芽"，然后长成单倍体植株。因为它只有来自父本的一套染色体，不能繁育后代，要经过药物（如"秋水仙素"、"富民隆"等）处理，使染色体加倍，才能结实繁殖，从中选育优良的品系。一般采用优良亲本所做的杂交组合杂种一代植株上的花粉进行培养，能及早稳定杂种性状，缩短育种年限。我国于 1970 年开始研究，于 1974 年首先用此法育成单育一号烤烟新品种，已用于大田生产。现在我国用此法已育出一些水稻、小麦、烟草、茄子的新品种。单倍体育种研究的时间尚短，技术条件要求较高，在简化培养方法、提高培养的成功率等方面还有待进一步研究和改进。

为了在选育品种方面取得更多的成果，要充分发挥专业机构的骨干作用，实行专业研究与群众性科学实验相结合，合理分工，各有重点，开展有主有次、多种途径的育种工作；要搞好规划，明确主攻目标，集中力量打歼灭战，要实行多学科（遗传、栽培、生理、土壤、化学、昆虫、病理等）协作，采用先进技术，共同攻关；要按经济区划建立农作物品种资源库，对国内外品种资源做好收集、保存、整理、鉴定和利用的研究工作，以扩大种质来源，建立品种特性档案，有针对性地充分利用品种资源，提高育种工作的预见性，避免盲目性；要加强重点育种单位的力量，加强育种技术队伍的培训，加强育种的基础理论研究。一定要源源不断地选育出适合社会主义大农业发展要求的后备品种，在短期内选育出一批高产、早熟、优质、抗病虫、抗逆性强、适应性广和适于机械化作业要求的新品种。同时积极加强以提高光能利用为中心的生理育种的研究和选育能够综合利用的品种，以及高产更高产的新品种，力争在选育良种方面有明显的突破。

三、健全良种繁育推广体系，加强良种推广工作

良种选育、繁殖、经营是种子工作的三个重要组成部分。只有在狠抓良种选育的同时，加强良种繁育推广体系的建设，严格管理制度，把选育、繁殖、

经营三者有机地结合起来，才能使良种迅速普及，充分发挥良种的增产作用。

新品种能否在生产上种植利用，在什么地区推广，增产效果如何，这些都是亟待解决的问题。故按照一定的农业区域，选择具有代表性的地点，进一步鉴定新品种的丰产性、稳产性和地区适应性等，是十分重要的一项工作。这个工作称为品种区域试验。品种区域试验的目的，是确定新品种的经济价值和适应地区范围，并为推广良种和实现品种布局区域化，提供科学依据。

品种区域试验的基本要求是试验的典型性和准确性，使试验结果能正确地反映客观实际。所谓典型性是指在试验点的设置、田块选择及栽培技术措施等方面的代表性如何。所谓准确性是指试验所允许的误差达到最低限度。因此，在安排试验设计方案时，要考虑各个试验点的气候条件、土壤肥力、生产技术水平等。同时，同一种作物同一试验组别的试验方法、供试品种、栽培技术管理、观察记载和统计分析方法应有统一的规定。

区域试验是一项细致而又繁琐的工作，担任试验的工作人员，应具有严肃认真的科学态度和责任心。区域试验又是一项持续性的工作，一般要经过二、三年的试验，才可得出结果。因此，它要求参加试验的人员和试验点能相对稳定。如果变动频繁，则往往会影响试验结果的准确性。

在试验期间，可以结合进行群众性的评比活动，防止单纯依靠记载数据或小区产量结果来衡量品种的优劣。经过一二年区域试验，表现突出的品种，可结合进行生产试验。这样，一方面可缩短整个试验程序，另一方面也为下一步的推广良种工作准备了足够数量的种子。

在品种区域试验、生产试验的基础上，对新育成或新引进的品种进行群众性的、全面的综合考察和评价，选出最优良的品种，是良种推广的重要环节之一。20世纪50年代期间，我国曾在全国范围内开展群众性的良种评选活动，评选出许多优良的农家品种和育成品种，如水稻良种"老来青"、"南特号"、"黄壳早二十日"，小麦良种"平原五十"、"南大二四一九"、"碧蚂一号"，棉花良种"岱字一五"、"徐州二〇九"，花生良种"伏花生"、"狮头企"，大豆良种"满仓金"、"荆山扑"等等。这些评选出的良种，受到群众欢迎，迅速得到推广，曾在生产上起了很大作用。

随着新品种的陆续选育出来，如仅采用群众评选的方法已不能适应良种推广的需要，必须采取有组织有计划地开展新品种的审定工作，以鉴定新品种的经济价值，确定其适宜推广的地区，并提出相应的栽培技术措施。这样，就可因地制宜地加速良种的推广，有利于实现品种布局区域化。未经审定的品种不得任意推广，这样可以避免发生盲目调种的情况。

我国目前已有山西、黑龙江、河北、青海、贵州、广东等十多个省成立了农作物品种审定机构，开展了品种审定工作。它们的经验证明，品种审定工作对加强农作物品种管理，有计划地推广良种，大有好处。山西省有五点体会：（一）确定了推广品种，克服了生产上品种"多、乱、杂"的现象。例如，过去全省生产上种植的小麦品种达 365 个，经过审定，从中评选出 45 个作为推广品种，并提出了有希望的接班品种 23 个。（二）规划了良种推广区域。全省按气候条件划分为南部、中部和北部三个地区；按土壤肥力划分为高水肥、一般水肥和旱涝地三种类型。然后，根据品种特性，提出适宜上述不同地区的推广品种。（三）加快了良种推广速度。1974 年全省良种种植面积只有 800 多万亩，1978 年扩大到 2500 万亩，基本上普及了良种。（四）在一定程度上控制了病虫害蔓延。对丰产性能较好，但不抗病特别是不抗检疫性病虫害的品种，实行严格审查，禁止繁殖和推广。

建立和健全良种繁育推广体系，是搞好种子工作的组织保证。过去推行以县为单位的县有原（良）种场，公社（大队）有良种场，生产队有种子田的三级良种繁育推广体系，对繁育推广良种，发展农业生产起了积极的作用。现在，随着农业生产的发展，良种繁育工作也必须进一步充实和提高。1978 年国务院批转农业部关于加强种子工作的报告中，要求逐步实现种子生产专业化、加工机械化、质量标准化、品种布局区域化和以县为单位组织统一供种，这是种子工作走向现代化的一场重大改革。1978 年全国有 12 个县搞"四化一供"试点，1979 年又扩大了 70 多个县。

什么是种子生产专业化？就是根据各种农作物用种的需要，建立专门的种子生产基地，按照一定的操作技术要求，进行繁殖原种和大田生产用种。种子生产基地有两类：一类是大田用种基地，任务是为大田生产提供优良种子；第二类是原种基地，任务是为大田用种基地提供质量更高的原种、新品种和杂交种亲本。如果做到大田生产所需要的种子均由大田用种基地供应，大田用种基地所需要的种子均由原种基地供应，这就实现了种子生产专业化。

种子生产专业化是从生产实践中逐步发展起来的。我国有几千年的小农经济传统，过去是家家种田、户户留种。建国以来，特别是农业合作化和人民公社化以来，逐步建立了一些全民所有制的良（原）种场，不少生产队也有了比较固定的种子田，比小农经济进了一步，但基本上仍然是由生产队自己种田，自己留种，种子的数量和质量难以保证，容易发生混杂退化，影响农业生产的提高。一些种子工作先进的社队，自1970年以来，开始探索种子生产专业化的道路。山东、黑龙江、辽宁等省的许多大队、公社，集中一定的土地、农具、耕畜、仓库和人员组成种子专业生产队或种子站，专门从事种子的生产和供应。这就是各地实行的"大队供种"或"公社供种"。另外，南、北方不少省、市（区）推广杂交玉米、杂交高粱、杂交水稻的县、社，由于杂交制种的技术和条件要求较高，多年来采取"县繁社制"或"县繁县制"的办法。"大队供种"、"公社供种"、"县繁社制"、"县繁县制"等的发展，说明相对地集中制种，集中供种，逐步走向种子生产专业化，有利于采用先进的科学技术，从而也减少人力、物力和财力的浪费，提高了种子的产量和质量。因此，也可以说，种子生产专业化，是实现种子现代化、工业化的第一步。

什么是种子加工机械化？就是把专业化生产出来的"半成品"种子，采用种子加工机械和仪器、药物进行加工处理，制成合乎国家规定的，即合格的种子。

近年来，一些农业发达的国家，种子加工机械迅速发展，已经形成一个新兴的庞大的工业体系。例如美国有1000多家种子公司，拥有数千个现代化的种子加工厂；意大利8千多万亩粮食耕地，有263个种子加工厂；法国1.5亿亩耕地，有404个种子加工厂；罗马尼亚现有41个种子加工厂，正在兴建中的还有20个。目前，我国也生产了一批种子加工机械，开始推广使用，起了很好的作用。

用机械加工处理种子，首先是把良种基地生产出来的"半成品"种子，进行初步清选，剔除过大、过小或其他杂物。如果需要烘干时，采用烘干机或烘干室对种子进行烘干，使种子含水量达到安全贮存所允许的标准。第三步是对种子进行精选分级。即应用带有各种形状筛孔的滚筒筛选机和比重精选机，按种子的大小、宽度、厚度、重量进行分级，使种子达到规定的质量标准。第四步是对种子进行药物处理。第五步是装包、缝包、贴标签、堆垛入库。以上整个加工过程都是在工厂里进行的。

实现种子加工机械化，可以提高种子质量，增加作物产量，节省用种量和劳动力，更好地适应其他农机具，例如精量点播的要求。

种子加工机械化，是农业机械化的一个组成部分。目前我国一方面从国外引进一些必要的加工技术和成套设备，另一方面更重要的是发扬自力更生、艰苦奋斗的精神，大力发展我国种子加工机械事业。现在，我们正引进几套种子加工厂成套设备，作为生产示范和研究试制的样机。

种子质量标准化，就是对农作物优良品种、种子分级、原种生产方法、种子检验方法和种子贮藏、包装、运输等方面，制定出先进而可行的技术标准，作出科学合理的规定，使之在种子工作全过程中贯彻执行。只要按照标准的规定，繁殖、管理、使用的种子，保证用于大田的农作物种子达到国家规定的质量标准，就是实现了种子质量标准化。许多地方的经验证明，同一种优良品种，使用符合质量标准的种子，比未精选的可以节约用种量 20% 左右，并且一般可增产 5% ~ 10% 或更多一些。

目前我国已经制定的技术标准有两类，共五项标准。第一类是"部颁标准"，即农业部制定的《主要农作物种子分级标准（试行草案）》，这项标准适用于全国。第二类是"地方标准"，是由各省（区、市）制定的，适用于一个地方的范围。其五项标准是《农作物优良品种标准》、《农作物种子分级标准》、《主要农作物原种生产方法标准》、《种子检验方法标准》和《种子贮藏、包装、运输标准》。

农业部制定的《主要农作物种子分级标准（试行草案）》，对全国水稻、小麦、大麦、玉米、高粱、谷子、大豆、马铃薯、甘薯、油菜、花生、棉花、黄麻 13 种农作物分为原种和良种两类，良种又分为一、二、三级，并规定种子纯度、净度、发芽率和水分四项指标。这样，种子生产单位繁殖种子，种子公司经营调剂种子，衡量种子质量的好坏，划分种子等级有了统一的尺度。其他几个标准，对种子的生产、检验，也都相应地作了规定。

我国种子质量标准化工作，已经有了一定的基础，积累了不少的经验，今后在标准化方面宜加强领导，搞好协作，积极配合其他三化，将会对种子现代化起到良好的促进作用。

品种布局区域化，就是按照不同地区的自然条件和耕作制度，种植相适应的作物品种。农作物是有生命的有机体，同一作物的不同品种，都具有不同的地区适应性。水稻按其生态类型，可分南方和北方稻区，而南方稻区又有早、中、晚稻之分，每一种又分为早、中、晚不同成熟期的品种。事实证明，不同区域种植的农作物品种，如果盲目引种，就会造成损失。一般说来，农家种的区域适应性比较小，它们选择自己所需要的环境比较严格些。这是因为农家品种较长期地生长在一定的环境中，遗传性比较保守。相对而言，通过两个或两个以上亲本杂交的品种，因为具有父母亲本双重的遗传性，对外界条件的适应性就比较广泛些。黑龙江省为了做好农作物品种布局区域化，根据历年积温的高低，将全省划分为六个积温带，在不同的积温带内，选择适合于该地区种植的品种，避免早霜和低温的危害。其他不少省，如山西、江苏等都在通过品种普查、品种区域试验和生产示范，因地制宜地搞好品种区域化。

以县为单位组织统一供种，就是由一个县的种子部门负担供应全县大田生产所需用的，合乎"四化"要求的优良品种，这要经过一个复杂的、艰苦努力的过程。一年多来，在各省市建立试点县的经验说明，搞好"四化一供"，首先要把种子公司办好，以取得组织的保证。其次在具体做法上，要注意做好规划，办好基地，并采取逐步发展、逐步完善的步骤。

种子工作很大程度上是属于经济工作。成立并办好种子公司，是当前种子工作按经济规律办事的一项新措施。过去那种单纯靠行政手段的办法，已不能适应农业发展对种子的要求。1977年中共中央49号和1978年国务院97号两个文件都明确指出，要抓紧把种子公司建立起来。种子公司主要的任务是：贯彻、落实中央有关种子工作的具体路线、方针和政策；组织良种的选育、审定、繁殖和推广工作；搞好种子生产基地建设；经营粮、棉、油、麻、绿肥等作物新品种、原种和杂交种的亲本；办理进出口业务；组织种子专用机械、器材、设备的试验、推广和管理；收贮一部分救灾备荒良种。

建立种子公司，是根据我国30年来种子工作实践和发展我国社会主义大农业的需要，并吸取了农业发达国家的先进经验而提出的。当前，各级种子公司实行"行政、技术、经营"三位一体，属事业单位，企业经营，但应积极创造条件，把不属于国家种子行政工作的部分，逐步转向企业化经营。这是种子业务能否兴旺发达的关键。种子公司办好了，就能保证大田生产所用的种子数量足、质量好、成本低、增产大、供应及时。

种子"四化一供"是我国种子工作上的一件新事情。它有一个逐步发展和不断完善的过程。不可能一下子就做得很好，只能是由少到多，由小到大，由低级到高级，逐步发展，逐步提高，并要把中央和地方，国家和集体各方面的积极性都调动起来，才能做好这个工作，为农业现代化多作贡献。

第五章　密

一、合理密植的增产作用

毛主席说："密植就是充分利用空气和阳光。"空气和阳光是植物进行光合作用，制造碳水化合物的主要原料和动力。在适宜的气温条件下，植物通过光合作用把空气、水分和土壤中的矿物质等无生命的物质转化为有机物质，把太阳光能转化为贮存的化学能。农作物体内干物质的90%～95%以上是光合作用的产物，其中能为人们直接利用的经济产量如各种粮食作物的子粒，约占总干物质的 $1/3 \sim 1/2$，因此，光合作用形成的总干物质的数量直接影响作物的产量。作物的绿色叶片（叶绿体）是光合作用的基本工具，是制造有机物质的工厂。所以，因地因时因作物制宜，实行合理密植，增大单位面积土地上作物群体受光的叶面积，对提高产量有重大意义。从合理密植这个角度来说，农业生产就是大范围地利用绿色植物光合作用形成有机物质的过程。农业"八字宪法"各方面的增产措施，实质上都是直接地或间接地创造有利于作物进行光合作用的条件，来增加作物体内有机物质的积累。深入研究和运用光合作用的原理，实行合理密植，在一定的空间和时间内，充分利用阳光、空气和地力，大幅度地实现无机物质向有机物质的转化，是促使农作物增产的一条重要途径。

合理密植就是通过选用适宜的品种，采取适宜的种植密度和种植方式，运用综合的栽培管理措施，建立一个从苗期到成熟各个生育期都是合理的动态群体结构，达到充分利用光能、热能、二氧化碳和土壤肥水等条件，从而在单位面积上获得高额产量。实现的途径包括两个方面：一是，在一定空间即一定的农田面积上，根据条件调整株、行距，合理安排作物植株密度，提高植株绿色部分对阳光的截获率和增加根系对肥水的吸收面积，力争一季作物高产；二是，在一定时间（一年的生长季节）范围内，通过育苗移栽和间、套、复种，改一熟为多熟，充分利用本地的光能、水分、空气和热量等自然资源，提高土地利用率，力争全年多收。

二、合理安排作物种植密度

我国农作物的种植密度过去一般偏稀。这是因为当时肥、水不足。一般说来，作物形成一斤干物质大约需要 $500 \sim 600$ 斤水和 $5 \sim 10$ 克氮。在缺水少肥的情况下，单纯提高种植密度，并不能达到增产的目的，甚至造成减产。但稀植由于作物植株少，绿色叶面积小，不能充分利用阳光和空气，又限制了农作物产量的提高。解放以后，随着农业的集体化和生产条件的改善，我国许多作物的种植密度增加了。如水稻原来插秧的株行距是七寸、八寸到一尺多，一亩插六千到一万蔸，现在一般株行距是四、六寸，密的是三、五寸，一亩插到两、三万蔸。南方亩产千斤的水稻田，每亩有效穗 30 万 ~ 40 万。北方小麦，由原来每亩十来万穗，增加到 $20 \sim 30$ 万穗，许多亩产 $800 \sim 1000$ 斤的麦田，每亩成穗 $40 \sim 50$ 万。玉米由每亩 1000 多株增加到 $2500 \sim 3000$ 株，乃至 $4000 \sim 5000$ 株。棉花也由每亩 2000 株左右增加到 $4000 \sim 5000$ 株。其他各种作物的单位面积的株数，都按条件有相应的增加。实行合理密植，对提高我国农作物产量起了很大作用。但是，由于缺乏经验，有些地区也一度有过密度过大造成减产的教训。植株过分拥挤，个体争夺肥水严重，相互挡风遮荫，通风透光不良，抑制了光合作用，使植株生长细弱；同时，田间作物层的热量不易散发，助长呼吸作用，使分解有机物放出二氧化碳的异化活动加快，影响作物有机物质的正常积累，对个体和群体的生长发育都不利，而且往往引起倒伏，落花落荚落铃严重，空秆率、空壳率增加，甚至招致生病、生虫。

密植程度怎样算合理？这是一个比较复杂的科学问题。毛主席在 1959 年指出："不可太稀，不可太密。许多青年干部和某些上级机关缺乏经验，一个劲要密。有些人竟说愈密愈好。不对。老农怀疑，中年人也有怀疑的。这三种人开一个会，得出一个适当密度，那就好了。""上面要精心研究到底密植程度以何为好，积累经验，根据因气候不同，因地点不同，因土、肥、水、种等条件不同，因各种作物的情况不同，因田间管理水平高低不同，做出一个比较科学的密植程度的规定，几年之内达到一个实际可行的标准，那就好了。"

为了科学地选择符合高额增产要求的群体结构，我国许多科研单位和不少公社、大队、生产队建立了密植对比试验田，进行不同作物、不同产量水平、不同种植方式和密度的试验。他们从自然条件、作物生育规律和耕作栽培措施三个方面的相互作用来探索密植增产的规律。在作物整个生育期中，从苗、株、穗、粒的动态发育过程，研究合理的群体结构。试验的共同要求是，要在大田形成密植程度高，通风透光好，能够充分利用光能和大量同化二氧化碳的群体结构，经过巧用水肥和科学管理，达到高产。土、肥、水是密植增产的重要物质条件，这方面条件改善后，光、热、气逐渐上升为主要方面。根据科学试验，多数作物在叶面积系数为三到五时，即叶片的总面积相当于耕地面积的三倍到五倍时，对太阳光能的利用最充分。因此，合理密植的要求，就是使作物的叶面积系数能较快地达到这个标准，并比较长久地保持下去，做到既能增加作物生长前期的光能利用，又能避免作物生长后期叶面积过大，群体内部的光照状况恶化，经济系数降低。

随着矮秆、耐肥水、抗倒伏品种的选育和种植方法的改进，一些作物的种植密度有进一步提高的趋势。如我国南方过去单季晚稻种高秆的老来青类型品种适宜密度每亩约为 20 万苗，现在种双季矮秆品种已达到 40～50 万苗。从国外的情况看也是如此。如美国玉米的密度原来每亩不足 2000 株，后来随着杂交种的推广，增至 4000～5000 株，近年又育成矮生直立叶型杂交种，每亩保苗 1.6～1.8 万株，亩产可达 2000 斤。棉花采用有限生长型品种，每亩由 5000 株左右，提高到 2 万株以上，不仅提高了早期光能利用和皮棉产量，而且棉桃分布集中，成熟集中，便于机械收获。墨西哥小麦和菲律宾国际水稻研究所培育的某些水稻也属于矮秆、直立叶型品种，适于用较高的密度。但是，我国育成的杂交水稻品种，分蘖力强、穗大、粒多，则适用于较小的密度。一亩大田用种量 2 斤左右，插 10000 ~ 20000 蔸，每蔸分蘖秧插一粒谷，单身秧每蔸插两、三粒谷为宜，每亩穗数 20 万左右，产量可达千斤以上。

对于分蘖的作物如稻、麦等，怎样正确对待主穗和分蘖穗的问题，是有争论的。有人主张高度密植，主要依靠主穗；有人主张稀植，偏于依靠分蘖。各地丰产栽培的实践证明，密植程度应根据当时当地的具体条件来考虑。对于分蘖力强的品种，在高肥水的条件下，如果种植密度过大，往往由于分蘖过多，而造成群体过旺，不利于增产。在这种情况下，应采用较少的基本苗，争取多分蘖，通过分蘖来调节和建立合理的群体结构，以分蘖成穗为主，夺取高产。在晚播或肥力水平不高的情况下，或春麦地区，由于分蘖期短，分蘖少，就必须采用主穗为主或主蘖并重的方式，否则就不能保证单位面积上有足够的穗数，难以高产。在一般情况下，既要使每亩有足够数量的主穗，又要争取一定数量的分蘖，应做到主穗和蘖穗并重，并在提高穗数的前提下，使分蘖和主穗共同提高，从而达到穗多、穗大、粒多、粒饱，高产稳产的目的。

下面介绍两个单位探索合理密植中遇到的问题：

河南省偃师县岳滩大队，1966 ~ 1976 年的 10 年间，小麦亩产由 600 斤增加到 900 多斤。在合作化时期，当时的岳滩农业社，小麦实现了碧蚂一号良种化，亩产由单干时的百十来斤，增加到 300 斤。1958 年，岳滩成立了人民公社。社员们扒掉村里的龙王庙，盖起科研室，建立了试验田、种子田、丰产田，开展了治水、改土、造林、培育良种等改变生产条件的斗争。他们在改土的基础上，加肥、加水、密植，小麦亩产由 300 多斤增加到 600 斤。他们不满足于这个成绩，继续探索小麦高产的途径。但当时仍然沿袭攻 600 斤关的老办法，继续加大肥、水和密度，每亩播种 30 ~ 40 斤，产量不仅没有增加，局部麦田反而青干、倒伏、大减产。小麦亩产连续几年停留在 600 斤上下。通过多年的实践，他们逐步认识到"密"与"土、肥、水"等的辩证关系，采取了一些新的措施，选用新良种，适当减少播种量，合理施肥，经济用水，以促为主，促控结合，协调个体与群体发展的矛盾，探索出在当地栽培条件下，比较适当的密植规格：每亩基本苗 15 ~ 18 万，越冬期分蘖达到 50 ~ 70 万（要掌握大分蘖有 40 万左右），返青后期达到 70 ~ 90 万，最后成穗在 40 万左右，产量达到 800 ~ 900 斤，高的可以达到千斤或超过千斤。

上海市金山县金卫公社八二大队粮食连年大幅度增产。他们的体会是，处理基本苗同分蘖的关系，必须从三熟制水稻特点出发，既要确保基本苗，又不能把有效穗的指标都寄托于基本苗；既要充分利用作物分蘖这个自然特性，又不能对分蘖寄予过高的希望。1972 年，他们把分蘖的指标打算得足足的，早稻只插基本苗 27 万株左右。但由于早稻的有效分蘖期短，许多迟生的分蘖来不及形成自己的根系，只能依赖主茎营养，因而中途死亡，形成无效分蘖，每亩有效穗只有 40 万左右，他们认为并不理想。1973 年，他们把基本苗增加为 32 万株左右，这样分蘖率虽然仍保持在 150% 左右，可是基本苗多了，有效穗相应的也多了。同时采取了匀株密穴（兜）、增穴增苗、密中有稀的办法，使每一株基本苗的光合作用仍能很好地进行，不但多争了有效穗，而且为争大穗打下了基础。

合理密植夺高产，是多种条件和各种措施综合作用的结果。

只有在一定条件下一定程度的密植，才能够高产；如果缺少必要条件，超过可能限度，就谈不上合理密植。

各种作物的密植程度，应在认真总结当地实践经验的基础上，由生产大队、生产队的干部和社员充分讨论后作出决定。客观条件在变化，密植程度也要相应变化。确定密植的程度，还要照顾到有利于机械化，有利于作物的田间管理，不违农时，保证播种面积，保证高产、低成本和增加总产量的原则。合理的种植密度，只是为增产提供了初步基础，还必须有相应的栽培管理，才能收到密植增产的实效。

三、因地制宜，改革耕作制度

积极创造条件，因地制宜地改革耕作制度，适当增加间作、套种、复种面积，也是合理密植的一项重要内容。

解放前，我国多数地区一年一熟，部分地区两年三熟或一年两熟，复种指数只达耕地面积的 120%。农业合作化以来，各地对耕作制度逐步进行改革，复种指数逐年增加。《1956 年到 1957 年全国农业发展纲要》对提高复种指数，按照五种不同地区的不同条件要求分别提高到下列水平：（一）五岭以南地区，达到 230% 左右。（二）五岭以北、长江以南地区，达到 200% 左右。（三）长江以北，黄河、秦岭、白龙江以南地区，达到 160% 左右。（四）黄河、秦岭、白龙江以北，长城以南地区，达到 120% 左右。（五）长城以北地区，一般应当尽可能地利用已有耕地，减少撂荒面积，在可能的地方，力争扩大复种面积。随着以改土治水培肥为中心的农田基本建设的发展和品种、机械等条件的改善，上述目标已经实现，而且有了新的发展。目前全国复种指数已提高到150%。各地情况表明，凡是因地制宜地合理地改革了耕作制度，同时措施相应跟上的地方，都促进了粮食、棉花、油料及其他作物不同程度的增产。否则就不能持续增产，甚至招致减产。

间作套种是在时间和空间上充分利用光能、热能、水分、空气和地力，扩大播种面积的一种好形式。利用高矮作物间作，可以变单一作物群体的平面用光为复合作物群体的立体用光，达到分层、分片、交错用光的效果；由于能改善光照状况和发挥边行优势，可相应地增加种植密度，发挥密植增产的作用。对不同生长期的作物实行套种不仅能充分利用全天光照，而且还能提高全年光能的利用率；在下茬作物未套种前，种下茬作物的田垄就成为通风透光的渠道，可更好地发挥边际效用；两茬作物吸收营养的时间交错开，能充分利用地力；套种豆科作物，还可以利用根瘤菌的固氮能力，提高土壤肥力，使用地和养地结合。

间作、套种、复种、育苗移栽、轮作换茬，在我国农业生产上有着悠久的历史，这是我国农业精耕细作优良传统的一个明显特点。近年来又有很大发展，并有许多创造。

在北方，比较普遍的是通过扩种以小麦为主的夏收作物，扩大一年两熟制的面积。过去，这些地区，旱地多春播棉花、玉米、高粱、红薯，都为一年一熟，小麦有的一年一熟，有的麦收后复种大豆、红薯、玉米、谷子和春播作物形成两年三熟，水浇地多小麦、晚秋一年两熟。现在，不少地方在麦收前，套种玉米和棉花，一年两熟。在水肥、劳力、机械条件好的生产队，小麦、水稻和小麦、玉米两熟连作的面积也有发展。目前在华北平原，以小麦、玉米为主的两熟制已在平原地区占50%左右，而小麦套种玉米又占两熟面积的1/2到2/3左右。有些地方试行推广一年三熟制，即在套种玉米的麦田里，小麦收获后，在麦垄里及时复播或移栽玉米、高粱、谷子、豆类等。在辽宁、冀北、晋北、陕北、河套地区和河西走廊，也在水浇地上发展了一部分小麦间套种玉米等。

一些地区在进行间作套种的改制中，体会到要注意掌握下面几个问题。

一是认真贯彻执行农林牧副渔并举和"以粮为纲，全面发展，因地制宜，适当集中"的方针，在确保国家种植计划的基础上，合理安排各种间作套种的面积，确保粮、棉、油料、饲料齐丰收。在大城市工矿区要建设好副食品基地，保证供应。

二是改变耕作制度，一定要因地制宜从实际出发，决不能不顾当地条件，强求各地一律。要合理配置各种间作套种的作物，合理倒茬。一般地讲，高秆与矮秆，早熟与晚熟，喜阴与喜阳，直根与须根等特性不同的庄稼互相间作套种比较合适。

三是大力选育早熟、秆低、抗病、抗倒、株型紧凑而又优质高产的适合间作套种的品种。

四是间作套种形式和田间管理方法，要根据各种作物的生长特点因地制宜，合理确定条带和行株距实行合理密植。如有的麦棉实行高低垄种植，高低相差二寸左右，棉花种在高垄上，光照好，地温高，湿度小，适合棉花苗期生长的需要；小麦种在低垄里，水分充足。小麦浇水时对棉畦地温影响不大，同时，又能起到"明浇小麦，暗溻棉花"的作用。在间作棉的管理技术上，重点抓保全苗，保密度，促壮苗早发三个环节，以减轻麦棉共生期间对棉花的不利影响。

南方水田种植制度的改革，在20世纪50年代、20世纪60年代是间作稻改连作稻、单季稻改双季稻或稻麦两熟。20世纪70年代以来，不少地区充分利用气温高、雨量多、霜期短等有利条件，发展了一年三熟制。有两水一旱，也有两旱一水的。如稻—稻—麦，稻—稻—油，稻—稻—肥；稻—玉米—麦，稻—豆—油等。广东、广西、福建、江西、浙江、湖南等地目前以双季稻为主的耕作制度基本上是适宜的，争论较少。对苏州、上海、成都平原地区的改制争论较多。许多科学家和实际工作者，从不同角度考虑，有不同的认识和见解，提出了一些好的建议。下面我们介绍一下苏州地区改制的情况。

苏州地区历来是稻麦两熟，1956年开始种双季稻，到1965年双季稻的面积不到6%。从1966年以后，随着水、肥、农机条件的改善，特别是品种上的突破，使耕作制度的改革迅速发展，双季稻三熟制的面积由1965年的35万亩，发展到1975年的436万亩，约占稻田面积的76%。改制促进了粮食增产，十年来粮食亩产年年超"纲要"，八年超千斤，近几年达到1200斤。

一年种三熟，就是要在一年365天里，种出累加起来需要450多天的庄稼，要在220天的无霜期内，安排全生育期240到250天的两季水稻。作物生长期不足与农事季节紧张是两个突出的矛盾。怎样解决这两个矛盾？他们的办法是：

一是实干苦干抢季节。充分发动群众，从大干上抢季节，从巧干中争时间。

二是发展农机争季节。全区排灌、脱粒、耕田和粮食饲料加工实现了机械化，加快了收种进度。

三是合理布局保季节。三熟制的布局，夏熟作物要早熟，水稻要早、中、晚熟品种合理搭配，以便错开农活，分段收种，调剂劳力，争得季节上的主动权。为此，在发展三熟制地区，他们推行了一保三改的措施。一保就是保持绿肥占总耕地面积的25%，为前季稻提供秧田、早茬口和肥料；三改就是一改部分晚熟小麦为大元麦和早熟小麦，大元麦面积占麦田面积的60%，为前季稻提供中茬口，其余油菜、早小麦与绿肥留种田为晚茬口；二改两季稻的单一的晚熟品种和早熟品种为不同熟期的多品种合理搭配，各季搭配的早熟品种为下一季提供早茬，使抢收抢种达到前不松、中不空、后不紧的要求；三改低产品种为高产品种。

四是两段育秧补季节。部分早稻采用塑料薄膜覆盖提早育秧，晚稻实行两段育秧，秧田里育小秧，寄秧田内长粗，缩短大田生长期。这样既错开了农活，缓和了季节和劳力的矛盾，又保证了秧苗的正常发育，使两季稻获得高产。

一年两熟变三熟，一亩要用两亩田到三亩田的肥料，怎样解决肥料不足的问题？他们发动群众自力更生，大积大造自然肥料，把农家肥作"当家肥"，化肥只作"促进肥"。全区绿肥面积已发展到180万亩，亩产4000~5000斤，高的达万斤。从直接翻压一亩绿肥肥一亩田改为割来沤草塘泥肥二到三亩田，提高了肥效。全年生猪饲养量570万头，实现了一亩粮田一头猪。大力放养三水一萍（水花生、水葫芦、水浮莲、绿萍），"三水"面积发展到55万亩，放养绿萍170万亩。1975年推广四季造肥仓和萍肥库，为三熟制提供了大量的有机肥料。通过大积自然肥料，使稻麦每季都施上草塘泥80担。1975年开发泥炭200万吨，制造腐植酸类肥料100万吨。此外，实行化肥深施，提高了化肥利用率。

随着三熟制的发展，苏州地区按照双纲田、吨粮田的六条标准（挡得住、排得出、灌得好、降得下、园田化、配套全）改土治水，大搞农田基本建设，从水土条件上保证一年三熟制的增产。江阴县华西大队只有400多个劳力，多年以来不停顿地大干，每亩田做了1400多个土方，把原来七高八低水系混乱的1300多丘碎田块，改造成为400多块格田成方，能降、能灌、能排的吨粮田。

但是在扩种双季稻三熟制中也确实存在不少问题，主要是由于未能因地制宜，措施没有跟上，因而带来一些危害农业生产的问题。像苏州地区的阳澄湖、淀山湖地区，田多劳力少，改制的步子跨得大了一些，效果不好；还有些社队双季稻三熟制面积过大，没有重视用地养地，使土壤性质变坏，土壤发黏、发滑或发僵，不能持续增产，农业成本增加，经济收益下降。许多人认为，应当实事求是，从实际出发，根据当地具体情况适当调整，使稻麦两熟和双季稻三熟制适当搭配，以求得全面均衡增产。经济力量强，人多地少和水肥条件好的社队，三熟制可多些；而经济力量弱，人少地多和水肥差的社队，要少些。双季稻三熟制面积较大的社队，也应考虑轮作制度的改变，要把麦—稻—稻单一轮作方式，改为多种轮作方式，逐步搭配麦—豆—稻，麦—稻—豆，麦—玉米—稻等旱三熟面积。这样可使土壤减少渍水时间，减少病虫害，降低成本，增加收益。

四川省发展双季稻有正反两方面的经验。过去一部分社队，特别是沿长江两岸地区，种植双季稻收成较好，并积累了一些经验。但是，不顾条件急于推广，硬派任务，结果许多地方的双季稻产量不稳不高。以成都平原来说，全年积温达5000度，并不少；但秋季日照差，凉得早，晚稻易遇低温而形成大量瘪粒，加上水肥劳力不足，多年双季晚稻产量只有200多斤。从1976年以来，四川省委领导先后跑了山区、丘陵、平坝的若干县，广泛听取贫下中农和基层干部的各种不同意见，深入了解发展双季稻和中稻的历史和现状，分析了自然条件和经济条件等各方面的状况，提出了猛攻中稻，大力提高单位面积产量，同时创造条件，因地制宜积极发展双季稻的方针。有条件的地方继续抓好双季稻生产，条件暂时不具备的地方则在中稻上狠下工夫，并且大量发展小麦、玉米、甘薯和洋芋的间套复种。这种从实际出发，趋利避害，因地制宜的做法，取得了较好的效果。

在耕作制度改革中，建立新的合理轮作制是一项重要措施，是保证作物持续增产的重要条件。

我国农民对作物轮作有丰富的经验。在距今1400多年前写的《齐民要术》一书中，就提到"谷田必须岁易"，"麻欲得良田，不用故墟"的道理。合理轮作可以因不同作物采取不同耕作栽培措施，从而改善土壤的耕性、肥力和生产性能，特别是种植豆科作物和绿肥，可为后茬作物创造良好的生长条件。深根作物和浅根作物的适当搭配，可以充分利用各层土壤中的养分。合理轮作还可以打破杂草和作物的伴生关系，打破原有病虫发生的规律，有利于消灭田间杂草和病虫害。

我国人多地少，必须特别重视提高土地利用率，充分利用光、热、水、土等自然资源，在不多的耕地上取得尽可能高的农产品产量。随着土、肥、水、品种、机械等条件的发展，以间套复种为中心的多熟种植是要坚持的，是有前途的。它是发展我国农业的一个重要途径，也是农业现代化的重要课题。当然，这决不是说，一年内种植次数越多越好，种植的方式越繁杂越好。改革耕作制度的合理标准，不在复种指数有多高，而在于提高全年的总产量，做到增产增收。要做到这点，首先要因地制宜，按照当地自然条件、生产条件、耕作水平等情况，合理安排作物布局、品种布局和种植制度，绝不能照抄外地，一刀切，一律化。在作物布局上，一定要坚决贯彻"农林牧副渔同时并举"和"以粮为纲，全面发展，因地制宜，适当集中"的方针，按照国家计划，安排粮食、工业原料、副食品、饲料、肥料的生产，确保全面丰收。一定要用地和养地相结合，从精耕细作、增施有机肥、合理施肥、灌溉、轮作等方面，不断提高土壤肥力。不仅要当年增产，而且要持续增产，做到土地愈种愈肥，产量愈来愈高，成本愈来愈低。改革耕作制度必须积极稳步，实事求是，走群众路线。条件具备的地方应积极改革，条件不具备的地方，首先从改变生产条件做起，发动群众，根据改变了的条件，分析原来耕作制度的利弊，总结当地经验和学习外地先进经验，先在小面积进行改制试验，取得成功经验后，逐步推广。采取哪种耕作制度，复种指数提高多少，都要经过干部、社员和技术人员反复讨论作出决定。改制增产是全面贯彻"八字宪法"，采取综合措施的结果。对改制后出现的矛盾，要认真分析研究，切实解决，农业机械化、科学试验要跟上，力争做到熟熟增产，全年增产，全面增产，持续增产，增产增收。

第六章　保

一、加强植物保护，同灾害作斗争

保，就是采取各种有效的措施和方法，控制和消灭为害农作物的病虫害和防御各种自然灾害，保护农作物的正常生长发育，达到高产稳产。广义的植物保护工作的范围，包括防治病、虫、杂草、鸟兽害和有计划地预防灾害性天气（旱、涝、风、雹、低温、霜冻等）以及环境保护等。一般地讲，植物保护工作的范围，专指防治病虫害（包括杂草和鸟兽害）。

我国幅员辽阔，资源丰富，作物种类繁多，气候差异明显，因此病虫害的种类多，发生为害大。南方水稻产区，水稻主要受螟虫、稻飞虱、稻叶蝉、纵卷叶螟以及稻纹枯病、白叶枯病、稻瘟病和病毒病的危害；北方旱粮（小麦、玉米、高粱、杂谷）地区，主要受地下害虫、蝗虫、黏虫、玉米螟以及小麦锈病、麦类赤霉病（主要是长江流域麦区）、玉米大斑病、小斑病、黑穗病和甘薯黑斑病的危害。南北方棉区，棉花主要受蚜虫、红蜘蛛、红铃虫、棉铃虫以及苗期的炭疽病、立枯病和枯萎病、黄萎病的危害。果树和蔬菜上的病虫害种类更多，为害更严重。东北、西北、西南的一部分地区，野燕麦等杂草威胁农作物的正常生长，一些地方草荒比较严重。新疆、广东等地鼠害比较严重。病虫害往往对农作物造成很大损失。如水稻螟虫，为害严重的年份，损失稻谷 100 亿斤左右；小麦条锈病 1964 年大流行，约损失小麦 60 亿斤；长江流域麦区 1973 年小麦赤霉病流行约损失小麦 24 亿斤；近年来黏虫不断发生，1977 年发生面积达 1.7 亿亩。根据各地材料估算，虽经大力防治，每年全国仍因病虫为害损失粮食 200 亿~300 亿斤，占粮食总产的 5% 左右；损失棉花 600 万~700 万担，占总产的 15% 左右。

我国劳动人民很早就有同农作物病虫害作斗争的历史记载。西汉《氾胜之书》便有处理种子，使作物耐旱、不受虫害，以及在瓜田种韭菜和豆的记载。晋《南方草木状》中叙述了利用赤黄蚁防治柑橘害虫的情况。公元 6 世纪，北魏贾思勰的《齐民要术》中还记录了当时农民合理轮作、防病增产的经验。几千年来，劳动人民在同病虫害不断的斗争中积累了丰富的经验。但是，长期的封建地主阶级统治，把劳动人民的智慧和创造性压抑了。在旧中国，广大农民在帝国主义、封建主义、官僚资本主义残酷统治压迫剥削下，生命朝不保夕，更无力抵御病虫害和各种自然灾害。拿蝗害来说，是旧中国历史性的大灾害，它和水灾、旱灾一起成为旧中国封建社会的三大灾害。解放前，河南人民就流传着"水、旱、蝗、汤"四大灾害的说法。

解放后，植保工作取得了很大的成绩。《全国农业发展纲要》规定消灭危害最严重的 11 大病虫害中，飞蝗、小麦吸浆虫、麦类黑穗病、小麦线虫病和北方棉区的红铃虫等危害已基本消除。稻螟虫、黏虫、棉蚜、棉红蜘蛛、甘薯黑斑病、玉米螟在大部分地区，经过大力防治，控制了危害。过去对小麦生产威胁比较大的条锈病和秆锈病也基本上得到了控制。各地还狠抓了当地主要病虫的防治，对保证农业丰收起了一定的作用。

二、防治病虫害的途径与方法

病虫的发生、为害及消长与寄主、环境条件有密切的关系。在一定地区内，它是各种农业生态因子相互作用的产物。这些农业生态因子，包括各种农作物、其他生物（植物、动物、微生物），自然环境（土壤、气候），人们的农事活动（耕、种、灌溉、施肥、田间管理以及防治病虫害等），构成一个地区范围内的农业生态系统。其中任何一个组成部分（农业生态因子）的变动都直接或间接地，或轻或重地影响整个农业生态系统的稳定，从而影响害虫种群的消长和病害的发生流行。而且每个组成部分内部，以及它们相互之间都存在着矛盾和斗争。这些矛盾和斗争，既包括有利于农作物生长发育，又抑制病虫发生和为害的方面，也包括有利于病虫发生和为害的方面。例如，某些作物种植面积的扩大和复种指数的增加，有利于某些病虫的越冬和繁殖，这些病虫发生就会多起来。近年来，我国南方冬种面积的扩大，有利于黏虫的越冬和繁殖，黏虫的发生量就大；北方间作套种面积的增加，容易使病毒病增加，如某些地区的小麦丛矮病及玉米粗缩病等有发展；相反，种植抗病品种，就可能压低某些病虫害；保护和释放天敌，害虫就会受到控制，数量下降，但如果防治方法不科学或防治时期、用药次数、用药浓度不当，也会杀死一些天敌，造成害虫的再度猖獗；鸭子和青蛙都是有益生物，都吃害虫，但是鸭子放养不适当，也要吃掉蝌蚪。虫与病之间也有关系，蚜虫大发生，助长了病毒病的传播；消灭了稻飞虱和稻叶蝉，也抑制了水稻病毒病的发生。人们的农事活动，对病虫害的消长起着决定性的作用，某些耕作栽培措施的改变，可能抑制某些病虫害的发生，也可能造成另一些病虫害的猖獗。例如改造低产田，增加土壤肥力，作物生长健壮，能抵抗一些病虫的发生。相反，肥料施用不当，特别是氮肥施用过多，造成植株旺长、贪青迟熟，病虫危害一般会加重。密植能增产，过度密植，影响田间小气候的改变，造成郁闭、不通风，往往加重病害的发生；农药能治病虫，不合理地滥用农药，非但防治效果差，同时还引起一系列的副作用。因此，防治病虫害就必须要从一定的地区范围内，农业生态系统的各个组成部分相互关系的整体出发，充分利用有利于农作物正常生长发育，而不利于病虫生存和为害的因素，达到消灭和控制其危害的目的。

防治病虫的途径归纳起来有以下三个方面：1. 通过检疫的方法，防止病虫害分布区域的扩大和危险性病虫在国际、国内传播蔓延。2. 通过科学的农事活动，充分利用自然界抑制病虫的因素和创造不利于病虫适生的条件，控制它们的发生和为害。3. 采用直接杀灭的措施，将已经发生的病虫捕灭下去。以上三个方面是相辅相成的，而不是孤立的，只有因时、因地制宜地综合运用，方能充分发挥作用，达到防治的目的。但是，人们往往重视病虫发生后的直接杀灭措施，而忽视自然界抑制病虫的因素（包括天敌或有益生物）和人们的各种农事活动的巨大潜力，忽视检疫措施的预防作用，造成防治工作的被动局面。

防治病虫害的方法主要有：植物检疫，农业防治法，生物防治法，化学防治法，物理和机械防治法等。

（一）植物检疫（下一节详述）。

（二）农业防治法。这是综合运用农业"八字宪法"控制和消灭病、虫、杂草发生为害的措施。农业防治法和保证农作物增产的技术措施是一致的。如实行轮作倒茬，品种合理布局，适时耕种，合理施肥，科学用水，中耕除草，田园卫生等措施。可以预防或减轻许多病虫害的发生和为害。因此，农业防治法在病虫防治法中占有很重要的位置。

特别是抗病虫品种的利用是一项最经济有效的措施，对那些用其他方法防治比较困难，或还没有很好防治方法的病虫害，更有积极的意义。解放以来，我国在抗病虫育种上取得了一些成果。如，解放初期选育出抗小麦吸浆虫的"南大二四一九"、"西农六〇二八"等品种，由于其颖壳组织坚硬、抱合紧密，不适于成虫产卵和幼虫侵入，相对的吸浆虫为害就较轻。应用抗病品种防治小麦条锈病是比较成功的突出例子，据1973年统计，全国小麦抗锈良种的种植面积已占麦田播种面积的85%。从1965年以来，基本上控制了条锈病的为害。防治比较困难的棉花枯萎病，近年来，也选育出一些抗病性强的品种，在长江、黄河流域棉区表现出适应性广、产量较高、抗病的特性，目前已在重病区推广50多万亩，起到了抗病增产的作用。

但是，抗病虫品种的选育，也不是一劳永逸的。因为在品种和病虫的相互关系中，任何一方面的改变，常常引起另一方面的变化。推广抗病品种后，病菌逐步适应这一条件，而且往往会出现新的致病力更强的小种。如我国小麦抗锈品种"碧蚂一号"抗锈性的丧失就是一个突出的例子。更值得注意的是，华北地区目前出现一种致病力强的条锈菌新小种"条中十九号"，对当前生产上使用的抗病品种均有不同程度的感染，对小麦的增产是一个潜在的威胁。因此，要密切注意病虫和品种相互间的变化关系，要不断选育新的抗病虫品种。

另外，世界许多地区，在不少作物上，不仅找到了一批抗病虫品种，而且正在致力于选育具有"水平抗性"的抗多种病虫的新品种。

（三）生物防治法是利用有益生物来防治病虫害的方法。近年来，这项工作有了较快的发展。1972年全国生物防治面积只有120多万亩，1976年就发展为5200多万亩，扩大了40倍，1977年又翻了一番，为1亿多亩。因地制宜地推广生物防治，具有效果好，成本低，使用安全，不污染环境等优点。它的主要内容有：以虫治虫，以菌治虫，以菌治病等。目前我国生产上已利用赤眼蜂、金小蜂、平腹小蜂、瓢虫、马蜂、草蛉等有益昆虫，防治玉米螟、棉花红铃虫、棉蚜等害虫。如东北地区，利用赤眼蜂防治玉米螟，仅吉林省柳河县，1972年以来连续放蜂5年，已将玉米螟百株虫量由166头压低到34头，近两年放蜂面积稳定在20万亩，每年减少玉米损失800～900万斤。近几年，全国利用瓢虫治蚜面积在700～800万亩左右，河南省安阳地区利用瓢虫治蚜面积常年有40～50万亩，基本控制了棉花生长前期的蚜虫为害。以菌治虫，主要是利用白僵菌、杀螟杆菌、青虫菌、"七二一六"防治玉米螟、菜青虫、稻苞虫、稻纵卷叶螟、棉铃虫等。以菌治病，主要是用井冈霉素、春雷霉素、灭瘟素、内疗素等抗菌素防治水稻和其他作物的病害。目前，我国用井冈霉素防治水稻纹枯病的面积已达2000多万亩，效果在90%以上，比化学农药"稻脚青"效果还好。此外，湖南、湖北、广东等省还发展了养鸭治虫、除草，深受群众欢迎。许多地方还自力更生，土法上马，建立了一批县办生物防治工厂，生产菌种和蜂种，供应社队使用，初步形成了生防基地，促进了生物防治的发展。许多地方还十分重视自然天敌资源的调查、保护和利用。今后，生物防治工厂化，做好天敌的保护和利用，生物防治的潜力将会更大。

（四）化学防治法应用化学药剂防治病、虫、杂草是植物保护工作中一个极其重要的手段。解放以来，我国化学农药的生产从无到有，从小到大有了很大的发展。目前我国已能生产110多种农药，170多种农药制剂，初步形成了自己的农药工业体系，在防治病虫害保证农业丰收方面，发挥了很大的作用。

化学防治法的优点是：第一，可以达到较高的防治效果。在大田合理用药，可以杀死90%以上的害虫，应用熏蒸剂防治仓库害虫，如使用得当，可以把害虫全部消灭。第二，可在较短时间内，扑灭大面积为害的病虫害。第三，在某些情况下，其他防治方法往往不如化学防治有效。如飞蝗、黏虫、稻瘟病等病虫害大面积发生为害时，必须采用化学药剂才能及时控制危害。而且化学药剂使用方便，受自然条件的影响比较小，适于机械化，因此，化学防治是综合防治措施中一项极为重要的措施。

但是，化学防治也有不少缺点：第一，防治病虫害往往要多次用药，成本较高。第二，用药不当，也产生一些不良的后果，会影响农作物的生长发育，甚至发生药害。第三，会杀死病虫的天敌，往往导致害虫的再度猖獗和次要病虫的上升为害。如农药杀死了水稻田的蜘蛛等天敌，是造成稻飞虱和稻叶蝉为害加重的原因之一。第四，长期使用单一的农药，还可能使害虫产生抗药性，过去用"六六六"防治水稻螟虫，每亩用一斤药，现在要用一斤半至二斤药才有效。第五，高毒高残留的农药使用不当，会引起人畜的急性中毒和慢性中毒，同时还污染环境，造成残毒，产生公害。因此使用农药必须注意发挥它的优点，克服它的缺点，注意和其他方法的配合使用，才能收到更好的效果。另一方面，需要生产更多的高效、低毒、低残留的选择性农药，代替现有副作用较大的农药。

合理使用农药要求达到经济、安全、有效。必须考虑以下几个问题。1. 对症下药。各种农药都有一定的防治对象和范围。例如，"敌百虫"对纵卷叶螟有效而对大螟、三化螟则效果差。另外，为了防止害虫产生抗药性，可轮换使用或混合使用农药。药剂混用，不仅节省用药，而且提高防治效果。2. 适时施药。要抓住病虫生活史和发生规律中最容易受药剂打击的时期。同一种虫，幼虫龄期不同，抗药性不同，一般三龄以前抵抗力低，因此一般应掌握在幼龄期用药。例如，防治三化螟掌握在蚁螟盛孵期，防治棉铃虫掌握在产卵盛期施药才能奏效。适时施药还要考虑对作物的安全，一般作物开花期对药剂比较敏感，不宜用药；同时，还要保证对人畜的安全，避免残毒，要掌握每种作物的安全等待期。例如"甲六粉"，在水稻收获前18天应停止使用。在果树、蔬菜、茶叶、烟草、中药材上应禁止使用高残毒的有机氯农药（"六六六"、"滴滴涕"等）。3. 采用合理的用药量和施药次数。无论哪一种农药，施用浓度和用量都要适当，切不可任意加大浓度和用药量，以免引起药害，污染环境和促使害虫产生抗药性。另外施药次数过多，对害虫的天敌影响大，反而不利于控制害虫的繁殖。4. 选择适当的剂型及施药方法。农药的剂型常用的有乳剂、粉剂、可湿性粉剂、烟雾剂、熏蒸剂等等，施药的方法也有喷雾、喷粉、泼浇、点蔸、撒毒土以及超低容量喷雾等。应根据具体情况，选择适当的剂型和施药方法，才能节约用药，提高防治效果。

（五）物理和机械防治法就是利用不利于害虫和病菌发生的各种物理因素（高温或低温、高频高压电流、光射线、超声波等）或器具来消灭病虫害的方法。如沸水烫种防治蚕豆象和豌豆象，温汤浸种防治黑穗病，盐水或泥水选种防治小麦线虫病，黑光灯、高压电网诱杀地下害虫，用钴-60、高频电流杀死仓库害虫等等。

此外，近年来，国内外还出现了利用性诱剂、保幼激素、拒食剂、昆虫绝育法等防治害虫新途径。我国应用性诱剂在棉花红铃虫测报上，已取得良好的效果。

以上这些方法的运用，要按照各地区农作物的布局、栽培特点、经济条件和病虫害的发生发展规律等各方面的因素来综合考虑，必须因地制宜有机配合，合理运用，才能达到预期的防治效果。

三、预防为主，综合防治

防治农作物病虫害是人们同自然灾害作斗争的一个方面。病虫发生后，往往由于防治不及时，由少到多，由局部到全面，逐步蔓延扩展，造成灾害。只有加强预防措施，使病虫害不发生或者少发生，并且根据病虫害发生消长的规律，及时除治，才能收到显著的防治效果。因此，植保工作必须遵照毛主席"预防为主"的指示，实行"预防为主，综合防治"的方针，才能有效地消灭病虫危害。

"预防为主，综合防治"的思想，是人们多年来从实践中逐步发展起来的。在化学农药没有出世以前，人们采用了当时条件下可能采用的多种方法来防治病虫害。历史上劳动人民治蝗，就有耕翻土地，旱田改水田和种植蝗虫不爱吃的作物以及挖卵、捕打、火烧、诱杀、挖沟、惊赶、鸭啄等方法。有机农药发明后，化学防治逐渐变成防治病虫的主要方法。但是也有人错误地把打药当作防治病虫的唯一方法。多年实践证明，单纯依靠农药，等虫害流行以后再去治，并不能很好地解决病虫害问题。必须把防治工作做在病虫发生之前。

认真贯彻"预防为主，综合防治"的方针，首先要抓好植物检疫和病虫预测预报这两项预防性的措施。

（一）植物检疫这是防止人为地传播病虫害的措施。有许多病虫害只在局部地区发生，但是它们常常可以通过国内外的贸易和交换，随着种子、苗木、农产品、包装物和交通运输工具传播到其他地区。如棉花红铃虫、棉花枯萎病、蚕豆象、豌豆象、甘薯黑斑病、毒麦等，都是由美国、日本、苏联等国传入我国的。这些病虫传入后，又随种苗调运而在国内传播蔓延，造成危害。

解放后，党和国家十分重视植物检疫工作。目前已在全国各主要的国际通航的港口、机场、陆运口岸设立了口岸动植物检疫机构，负责对外植物检疫工作。各省、自治区、直辖市也相应建立了植保植检站，负责对内植物检疫工作。1957年国务院颁发了《国内植物检疫试行办法》，各省、自治区、直辖市还制定了本省的植物检疫办法，初步形成了一套对内检疫工作的制度。多年来，开展危险性病虫的调查、封锁和消灭工作，培育无植物检疫对象的种子苗木，调运种苗实行检疫检验和消毒处理，对防止危险性病虫、杂草的传播蔓延起了一定的作用。

搞好植物检疫工作，不仅要有一套完整的检疫机构和制度，努力提高检疫检验工作的技术水平和工作质量，而且更重要的是要做好宣传工作。对那些不认识检疫工作重要性或者只看到当前增产，而忽视传播病虫对生产将造成严重的、深远的恶果的同志，要多做宣传工作，要讲清当前利益与长远利益的关系，讲清楚检疫与生产的一致性。要使广大干部和群众认识检疫工作在预防病虫传播蔓延中的重要作用，增强法制观念，自觉遵守国家检疫规定。只有这样，把检疫工作深深地扎根于群众之中，实行专业机构与群众运动相结合，才能做好这项工作。

（二）病虫预测预报这是贯彻"预防为主，综合防治"方针的关键措施，是各级党委指挥病虫防治工作的重要依据。解放以来，这项工作有了较大的发展，目前全国已有2/3的县和一些重点公社建立了专业病虫预测预报站，培训社队农民植保员400多万人，初步形成了县、社、大队、生产队四级病虫测报网和防治网，做到了专业测报与群众测报相结合。专业测报站是四级病虫测报网的中心，不办好专业测报站，就不能有效地提高和指导社队群众性的测报工作，而社队群众性的测报水平不高，也会影响专业测报的准确性。因此，必须从中央到省、地、县建立健全病虫测报体系，像办气象站那样办好病虫测报站。专业测报站要有固定的站址、相对稳定的专业人员、必要的图书资料和仪器设备。要掌握当地主要病虫发生发展规律，进行系统观测，准确、及时地发出预报。

要培训基层植保员，普及病虫知识，指导群众性的测报工作。经验证明，只有在专业测报站的指导下，开展群众性的测报和防治工作，才能纠正"打药一刀切"、"治虫马后炮"，避免盲目性，掌握有利时机，因地、因时制宜地制订防治措施，经济、安全、有效地消灭病虫危害。

许多地方测报工作搞得好，对控制病虫为害，保证农业增产增收起了一定的作用。如浙江省黄岩县1976年稻飞虱、稻纵卷叶螟发生严重，由于测报准确、防治及时，农药用量下降27%，每亩农药成本下降1.5元，病虫损失率由11.4%，下降到3%。江苏太仓县，历年都用大量农药防治水稻三化螟，1976年，根据测报，一至三代三化螟都没有治，结果水稻并没有受损失，因而节省农药150万斤，资金47万元。许多地方的病虫测报站，还开展天敌资源的调查，特别是生物防治工作搞得比较好的地方，不仅要测报害虫的发生期和发生量，而且还要预测天敌的发生情况。我国测报工作已走上了为生物防治服务，为综合防治服务的新的发展阶段。

在综合防治中，要以农业防治为基础，因地制宜结合生物防治、化学防治、物理防治等措施，才能达到经济、安全、有效地控制病虫危害，保障农业丰收的目的。

在我国消灭飞蝗的危害，是实践"预防为主，综合防治"方针的一个突出范例。解放以来，我国对蝗虫发生基地进行了系统的调查研究，逐步掌握了蝗虫成灾的规律。各主要蝗区，贯彻"依靠群众，勤俭治蝗，改治并举，根除蝗害"的方针，积极改造蝗虫发生基地，同时，加强预测预报，及时进行药剂防治。他们兴修水利、植树造林，实行水、旱、蝗综合治理，把沿海、滨湖和河泛易涝地区，原来适合于蝗虫繁殖的荒滩大洼改造成良田，因地制宜发展多种经营和渔业生产，极大地压缩了飞蝗的发生基地。如山东省寿光县，原有蝗区面积78万亩，几年来，开垦农田42万亩，造林2万亩，兴修水库、盐场等综合利用14万亩，共改造蝗区58万亩。蝗区面积压缩到20万亩，虫口密度由每平方丈几十头，下降到两头左右，基本上控制了蝗害。目前全国蝗区面积大大缩小。但是，对治蝗问题仍然不能放松警惕，不仅残余的老蝗区仍适合飞蝗的繁殖，正在改造的蝗区情况也没有完全稳定，新蝗区还不断产生，要继续搞好防治工作，巩固扩大防治成果，才能彻底根治蝗害。

实践证明，要进一步搞好植物保护工作，还必须充分认识到人和病虫害的斗争是长期的、复杂的和艰巨的。这是因为：1. 植物是病虫的食料或寄主，一定的病虫害，往往是一定农作物的伴生物。在条件具备时，某些农作物便有遭受某种病虫危害的可能性。2. 在病虫和产生它的条件没有消除以前，必然还会继续发生危害。防治后的残余病虫，遇到环境、气候适宜，很快就会增殖起来，往往在下一代、第二年或者几年后造成新的危害。3. 新的适宜病虫发生的环境不断出现，为病虫大量发生创造了有利条件。耕作制度和农业技术措施不断革新，保证了农业增产，也抑制了某些病虫的发生，但是也使另外一些病虫得到发展的机会。如南方水稻改制和推广杂交水稻后，使有些地区稻飞虱、稻叶蝉和水稻白叶枯病危害相应的加重。棉区冬种面积扩大，间种套种面积增加，使棉铃虫、棉红蜘蛛等危害加重。灌溉条件改善与施肥水平提高，农作物生长旺盛，害虫食料丰富，也有利于多种病虫的发生。品种的配置与更换，也和病虫发生有很大关系。4. 病菌和害虫本身的变化，使防治工作增加新的困难。有些害虫产生抗药性，有些品种丧失抗病性，病菌本身也在变化，产生了新的生理小种。5. 现代交通运输的发展和国际交往频繁，危险病、虫、杂草更容易从国外传入或从国内传出或在不同地区之间传播蔓延。因此，病虫、作物、环境和天敌等情况在不断变化，一度危害减轻的病虫，如果放松防治，危害可以加重；次要病虫也可以上升为主要病虫；偶发性病虫可以变为常发性病虫；过去没有的病虫，也可能传入和扩大蔓延。这就对植物保护工作提出了更高的要求。因此，人们必须牢固地树立人定胜天，抗灾夺丰收的思想，同病虫害作长期的、复杂的和艰巨的斗争，才能保证农业的高产稳产。

四、预防灾害性天气

在保护农作物正常生长发育的斗争中，发扬抗灾夺丰收的精神，战胜旱、涝、霜冻、低温、台风、干热风、冰雹等灾害性天气，是保证农业高产稳产的重要条件。

在我国，过去干旱和洪涝的发生次数多、范围广、危害重，是造成农业减产的主要原因。所谓"水淹一条线，天旱一大片"，旱灾对产量的影响更大。建国以来，经过大力兴修水利，防旱防涝的能力已经大大提高。

我国旱涝情况的发生，是由于季风环流反常和大型天气反常。我国是盛行季风的国家，季风带来了大规模的空气移动和水汽、热量的输送。冷暖空气交接的锋面降水，是我国东部各省降水的主要成因；在东部沿海各省进入夏季以后，还有台风的影响，可以形成第二个降水高峰时期。从春末到夏初，随着南方暖空气势力不断增强，冷暖空气交接的锋面由南而北逐渐推移，形成各地雨季有规律地出现。在季节反常年份，如南方暖空气势力特别强盛，冷暖空气交接的锋面迅速北移，就容易造成南旱北涝；相反，如果南方暖空气势力很弱，冷暖空气交接的锋面长期停滞于江南一带，就容易造成南涝北旱。

我国干旱的大致情况是：春旱以华北地区发生最多，几乎是十年九旱，春旱对春播和越冬作物生长影响比较大，尤以春旱接着夏旱危害更大。如1960年和1972年北方大旱都是春旱接着夏旱，对农业生产影响最大。华南局部地区，也常有春旱出现。夏旱、伏旱以长江流域和江南地区较多。天气反常时可能出现空梅（6月）、伏旱（7月）、初秋旱（8月）和秋旱（9月）。有的年份还发生夏秋连旱，对农业生产影响比较大。北方和长江流域有时也发生冬旱，如及时冬灌，对生产影响不大，但可能加剧来年的春旱。

在一般情况下，自然界降水正好适合作物需要的情况是比较少的，自然界降水与作物需要的矛盾是经常存在的。对旱涝灾害应该做好"立足于防"的思想准备。

防旱防涝的根本措施是山水田林路综合治理，建设高产稳产农田。在一定的土、肥、水条件下，按照对灾害性天气"灾前防、灾来抗、灾后抢"的原则，灵活机动地确定适应各种作物的合理布局，因地制宜地改革耕作制度，在田间管理上采取抗旱排涝措施，如：抗逆播种，合理灌水，精心护理，抢时抗灾等，将大大减轻旱涝灾害的危害。

除旱涝灾害外，霜冻、低温、台风、干热风、冰雹对农业生产的影响也很大。

霜冻，是指作物表面的温度迅速下降到使其遭受危害时的低温过程，一般在摄氏零度以下。在秋作物收获前，秋霜提前发生，影响作物正常成熟的是早霜冻。在东北、西北和华北北部一年一熟地区，有些年份发生。华北两年三熟和一年两熟地区，如果不按积温条件种植适宜的作物和合适的品种，早霜冻为害的机会增加，后季作物往往因之失收，这是改革耕作制度工作必须慎重考虑的一个因素。早霜冻也常常影响蔬菜质量，受冻的蔬菜冬季不耐储藏，造成损失。防止早霜冻的办法，主要是因地制宜地确定适当的作物布局和耕作制度，选用适宜的品种，适时播种，采取全年促早熟的管理措施。同时，当春季温度升高，越冬作物返青拔节失去耐寒力以后，这时出现的霜冻是晚霜冻。我国黄淮流域主要冬麦区，常发生不同程度的晚霜冻危害，影响小麦产量。时间常在4月上、中旬。发生的时间越晚，而早春温度又偏高，小麦提前拔节的年份，受害最重。如1953年4月中旬的晚霜，使小麦减产几十亿斤。防止晚霜冻的办法，主要是加强管理，防止麦苗旺长；在霜冻发生前及时浇水、熏烟改变小气候，减轻危害。霜冻发生后，浇水，追肥，可促进麦苗生长。根据经验，受冻小麦即使地上部分全部冻死，只要分蘖节不死，经过浇水追肥，仍能有一定收成。因此，一般不应犁毁重种。晚霜冻对春播作物也有影响，能够不同程度地冻坏幼苗。对此，要适期播种，在霜冻来临前对幼苗采取预防措施。

低温冷害，是20世纪70年代以来比较突出的自然灾害，分冬季低温、春季低温和秋季低温三种。冬季低温，主要影响越冬作物小麦、油菜以及华南地区果树等的生长，严重时受冻作物大面积死亡。受冻时间越长，温度越低，影响越大。北方在冬季干旱年份遇上低温，影响较大。南方冬季低温如和长时间的降雨降雪同时发生，受冻就更重。防止冬季低温的办法，在北方适时精细播种，浇好冬水，增施腊肥；在南方是及时追肥，做好清沟排水工作。春季低温，对南方的早稻育秧影响比较大。3、4月长时间阴雨，温度在摄氏10度以下，在华南地区和长江流域，往往造成大面积的烂种、烂秧。防止办法是抢冷尾暖头播种育秧，在低温来临时加强水浆管理。在有条件地区，采用塑料薄膜育秧和温室育秧，可以有效地防止烂种烂秧。秋季低温冷害，在东北往往由于夏、秋期间阴雨天气多，日照少，积温不足，大秋作物生长期延长，在秋霜来临前还不能成熟，称为延迟型冷害；另一种是作物生育期间，发生较短时间的异常低温，直接危害作物结实器官的形成，称为障碍型冷害；有的年份两种情况都有，是混合型冷害。低温冷害是造成东北地区产量不稳定的一个重要原因。防止的办法是选用早熟品种，适时早播，加强管理，促进早熟。在南方，主要是"寒露风"，多发生在9月下旬到10月上旬，正当双季晚稻抽穗扬花，持续3天平均温度粳稻低于摄氏20度，籼稻低于22度，杂交稻低于23度，就会影响授粉结实，使空壳秕粒大量增加，俗称"翘穗头"（一炷香）。南方低温冷害一般是障碍型的，其次是混合型的，延迟型发生的较少。防止办法是合理搭配品种，抓季节，争早播，促早发。同时，在冷空气入侵时，加强水浆管理，提高穗部温度和土壤温度。有的地方进行喷灌或使用水面增温剂，都有一定效果。

台风，是5月到11月影响我国沿海地区最大的灾害性天气之一。台风中心经过的地区带来的狂风暴雨常常造成庄稼倒伏，水淹减产。但受台风影响降雨对南方许多地区解除伏旱、秋旱有好处。对待台风灾害，要根据气象预报，首先采取一些防范措施，以减轻损失。我国首先育成的矮秆水稻良种抗倒伏能力强，是与台风长期进行斗争的产物。

干热风，主要发生在黄、淮、海流域5月下旬到6月上旬冬小麦灌浆成熟期。当出现最高气温大于摄氏30度，空气相对湿度小于30%，风力在三级以上的干热天气时，小麦被高温逼熟，麦株青枯，籽粒干秕，千粒重大大减低，往往造成大幅度减产。预防办法是浇好麦黄水，改变麦田小气候，如及时喷灌或喷施磷酸二氢钾，效果更好。根本的办法，是平原造林绿化，种植防风林带。

冰雹，是我国重要灾害性天气之一。它的出现范围虽然较小，时间也比较短促，但来势猛，强度大，且常伴有狂风，有时还有暴雨，常常给局部地区的农作物和人民生命财产造成严重损失。我国降雹的特点从地理分布上看，西部多，东部少；山地多，平原少；青藏高原是全国降雹最多的地区。从时间上看，主要集中在春、夏及早秋季节，一天之内又多出现在午后及傍晚。近几年不少地方用小火箭或高射炮射击雹云，对减少雹灾损失有一定的效果。

加强为农业服务的气象工作，是预防灾害性天气的重要措施之一。提高长、中、短天气预报的准确率，可争取主动，采取相应措施，减少灾害性天气对农业的影响和损失。搞好农业气候区划，为因地制宜合理利用气候资源，制订农业区划，提供科学依据。

第七章　管

一、加强田间管理，力争当年增产

农作物的生长与繁殖，是在一定的环境条件下与外界不断地进行物质交换来完成的。作物一方面利用外界供给的原料和动力，通过同化作用来制造新的物质，另一方面是在异化中消耗能量与排除陈旧部分。这种新陈代谢的生命活动是一切生物的特征，在作物的一生中每时每刻都在进行着。农作物进行新陈代谢所需要的环境条件，一般说来主要是：适当的温度，足够的阳光，充足的水分，流通的空气，完备的养料，良好的土壤。对于上述六项主要环境条件，各种作物的要求是有很大差异的。例如有的作物需要较高的温度，适宜在我国南方亚热带地区生长，有的作物则可以在较低的温度条件下生长；有的作物喜欢酸性的土壤，有的作物则比较耐盐碱；有的作物喜欢多湿，有的作物则比较耐旱。任何一种农作物都有它自己的多方面的属性、特质、生长发育规律以及和自然环境多方面的联系。每种作物在不同的发育时期需要的条件也不一样。一株作物从种子萌发、抽枝、生叶到开花结实形成下一代（所谓个体发育）是个很复杂的过程，与过去该种作物形成的历史条件（所谓系统发育）有密切关系，需要在一定条件下顺序进行。例如冬小麦在幼苗期要经过一定的低温阶段，才能正常发育。如果将冬小麦春天播种，往往会因没有经过低温阶段，到了夏天尽管生长很旺盛，但是抽不出穗来。又如大豆，是短日照作物，光照对其生长发育影响很大。不同品种对短光照的要求不同，把北方的大豆品种，引到南方种植，由于光照时间缩短，又往往会提前开花结实，但植株生长很小，结果产量不高。这些都是在农业生产中值得注意的问题。作物从种子萌发到形成下一代的整个生长发育过程中，作物特性和环境之间，生长发育不同阶段之间，个体和群体之间，营养生长和生殖生长之间，植株各个器官功能分工和整体新陈代谢之间，都处在不断的矛盾运动中。田间管理的基本要求，就是要在认识和掌握作物的生长发育规律和影响作物生育的生活环境条件的基础上，抓住不同生长发育阶段的主要矛盾，综合运用农业"八字宪法"，积极创造和充分利用有利因素，有准备地及时地克服不利因素，满足作物对营养和环境的需要，正常进行光合作用，制造尽可能多的有机物质，促使作物高产，把增产的可能性变为现实。

田间管理是贯穿在作物全生育过程中一整套的农业技术措施。在农业"八字宪法"中，它不仅使其他七个字更好地联系起来，构成科学种田的整体，而且其他七个字在科学种田中所起作用的大小，往往也决定于田间管理的水平。譬如，把农田基本建设搞好了，还必须跟上田间管理，才能把增产的可能性变为现实；良种也必须结合良法才能发挥它的增产潜力。所谓"粪大水勤不用问人"的观点，是不科学的。我国有句农谚，作物是"三分种，七分管，十成收成才保险"。在同样的自然环境、生产条件下，种植同一作物，同样的播种质量，因为田间管理水平不同，产量往往高低悬殊。同样一亩地，粮食相差几百斤，棉花相差几十斤是常见的。经过加强田间管理，作物生长情况的变化是很大的。我国地域辽阔，自然条件复杂，在播种季节，作物生长季节，难免这里、那里会遇到水、旱、风、雹、低温、霜冻、病虫等灾害，加强田间管理，是变不利因素为有利因素，促使矛盾转化，夺取丰收的关键。山东省鱼台县 1976 年冬 34 万亩小麦播种后不出苗，即使出苗的也是"一根针"，苗情很差。但经过"清棵扒苗"，精心管理，小麦长势大变化，越长越好，创造了 1977 年"'土里捂'，六百五"、"'一根针'，八百斤"的灾年夺丰收奇迹。这一事例生动地说明了加强田间管理，对夺取当年增产的重要性。

我国农民有长期精耕细作的传统和丰富经验。汉代《氾胜之书》对农作物栽培有如下记载："凡耕之本，在于趣时（及时耕作），和土（土地的合理利用和改造），务粪（施肥），泽（灌溉），早锄（中耕除草），早获。"还有北魏的《齐民要术》、南宋的《陈旉农书》、元代的《王祯农书》、明代的《农政全书》及明末清初的《补农书》等，都有精耕细作的增产经验记载，为我们提供了宝贵的研究线索。但是，这些经验毕竟是封建制度下小农经济的产物，有很大的局限性。我国社会主义的大农业和农业机械化程度的逐步提高，为进行科学的田间管理提供了良好的条件。同时，也对田间管理提出了新的要求，增加了它的复杂性。农业生产的特点，首先是直接在自然状况中进行，受自然环境的影响很大，地域性、季节性强；其次，生产对象是有生命的有机体，天天在发展变化，而且种类多，特性不同；再次，生育周期时间长，作业项目多。这些特点决定了田间管理技术要求的复杂性。各项技术措施的运用更需要因地、因时、因作物制宜，不能规定出一套死规格，到处照搬，年年照搬。根据各地经验，要搞好田间管理，就要切实尊重生产队的自主权，采取增产措施，由生产队自己作主；就要求干部和社员努力学习农业科学技术知识和先进经验，种好试验田、丰产田；就要加强技术指导和技术推广工作，并在生产实践中，不断总结经验，以便逐步把握住规律性的东西。

二、掌握季节，不违农时

"掌握季节，不违农时"，是农业生产最基本的要求之一。从我国古代农民的经验和历法科学中发展成的二十四节气，早已成为指导农事活动的有力工具。二十四节气是我国古代劳动人民在生产实践中，结合在天文、气候和农业生产等方面的丰富经验提出来的，反映了他们对自然条件和农业生产关系的深刻理解，其中蕴藏着无数宝贵的科学道理。各地农民群众都有在农业生产中灵活运用二十四节气的经验，例如棉花播种，华北是"清明早，小满迟，谷雨种棉正当时"；华中是"清明前，好种棉"。这些地区，当时达到的平均气温与各地科学试验，棉花播种需要在日平均摄氏 12 度以上的要求，基本上是一致的。又如湖北黄冈地区对于晚稻有"寒露不出头，割回喂老牛"的谚语，意思是说晚稻如果插得晚了，到寒露还未抽穗，就不会有什么收成。根据研究，这个地区寒露时期正是日平均温度降到摄氏 20 度以下的时候，在低于摄氏 20 度并持续一定时间，则影响花粉成熟，花药开裂，水稻不实率就显著增加，这是完全符合科学道理的。对我国农民掌握生产季节的丰富经验，在现代科学技术的基础上，不断总结，提高和发展，是一项很有意义的工作。毛主席很重视气象对农业的影响。1953 年，当毛主席了解到一次强寒潮毁了好多庄稼时，就指示有关部门要常常把天气告诉老百姓。

农事活动必须抓紧，抓得及时。毛主席要我们"不失时机地掌握生产环节"。时间就是粮食，时间就是力量。"人误一天，地误一年"，"春争日，夏争时"，只有事事赶在时间的前面，才能取得生产上的主动权。为了做到不失时机地掌握生产环节，许多单位的经验是，未种先管，一种就管，环环扣紧，一管到底。所谓未种先管，就是要做好播种前的准备，为田间管理做好两个方面的基础工作，一是精细整地，施足底肥，保好墒；一是精选和处理好种子，力争做到适时适墒早播，一次全苗。这是夺取高产稳产的首要步骤。

各地有很多适时早播增产的经验。冬小麦的适宜播种期，在黄河流域是秋分到寒露前后，使它在越冬前能够有一定的温度和时间来完成扎根与分蘖。丰产的经验表明，以有三五个分蘖的麦苗越冬最好。如果播种太迟，温度太低，冬前就不能很好分蘖、扎根，越冬期间麦苗容易冻死。来年返青也较晚，有效分蘖显著减少，对产量的影响很大。北京市郊区有些社队采取育苗移栽的方法，解决了由于扩大复种，晚茬麦不能及时播种的矛盾，取得了较好的收成。

水稻适期早播，防止烂秧，培育壮秧，不仅有利于当季增产，而且有利于下一季作物的适期播种，是获得全年丰收的重要措施。早稻的适宜播种期，籼稻要求在日平均气温稳定通过摄氏 12 度，粳稻要求在日平均气温稳定通过摄氏 10 度时开始。早春的气温总是忽高忽低，寒暖相互交错。要做到适时早播，就要掌握寒潮规律，在寒潮期中浸种，寒潮末尾催芽，寒潮一过抢晴播种，播后只要有三五个晴天，秧苗就扎根扶针，到下一次寒潮来时，不致因深灌护苗，发生浮苗、倒秧、烂根等现象。并且根据生产的需要，还要安排好第二批、第三批种子的播种，以保证适时插秧。我国育秧方式主要有水育秧和半旱育秧两种。秧田管理，要根据气候的变化和秧苗的长势及时灌水和追肥，后期要及时除稗、治虫，才能育好壮秧。为了进一步提早播种，早播早插，不少社队采用了薄膜保温育秧、增温剂育秧、蒸气育秧和温室无土育秧等新技术。

温室无土育秧是湖北省黄冈县团风公社花园大队的贫下中农和干部在 1975

年试验成功的。人们称赞它有"三省"的优点。一省种子：无土秧是在温室里秧盘上培育的，能够满足秧苗生长需要的温度、水分、养分、氧气等条件，成秧率在90%以上，并能避免因寒潮侵袭造成的烂秧损失，一般比秧田育秧可节省种子20%到30%；二省劳力：两三个人可以管理一个播种千斤稻种的温室，六七天能培育出一批可插大田30到35亩的秧苗，同塑料薄膜育秧比较，每亩大田可省两三个育秧工；三省秧田：育无土秧，一般只需要2%的寄秧田，100万亩早稻插无土秧，就能节约7万~8万亩秧田。同时，无土秧生长整齐有利于插秧机械化，秧苗根系粗壮，加上插秧时苗小，胚乳还有1/3左右，插下去不仅返青快、分蘖早，而且有较强的抗寒力，还可以减轻白叶枯病的感染危害。吉林省怀德县大榆树大队从1973年以来，实行玉米催芽播种，可提前成熟5~7天，节省种子30%（不发芽的种子挑出来作饲料），一般可增产8%左右。在低温冷害严重年份，增产更为显著。播种结束后，要求早管，用早管促早发。首先要查苗补苗。群众说："有钱买种，无钱买苗"，一亩地必须有一亩地的苗，苗不全就要移栽补全。过去有些人认为"七缺八不缺"，不注意全苗，这种思想对产量很有影响。玉米、棉花等中耕作物要及时间苗、定苗、中耕除草，消灭苗荒、草荒，保证苗齐、苗匀、苗壮。

收获是农业生产中季节性强、时间要求紧、耗费劳力多的作业项目。俗话说："豆炸一时，麦熟一晌。"有些社队由于没有做到及时收割脱粒、晾晒，丢失霉烂的损失惊人，很值得总结经验，吸取教训。为了做到丰产丰收，就要切实掌握不同地块作物的成熟度，密切注意天气的变化，安排足够的劳动力，并充分发挥农机具的作用，及时突击抢收抢打，颗粒归仓。同时，也为下一季的及时播种栽插创造条件，有利于全年增产。

三、巧用肥水，促控结合

根据各地经验，高产农田田间管理的主攻方向，是通过巧用肥水，促控结合，使作物前期早发，中期稳长，后期不早衰。

早发关系全局，是夺取高产的头一仗。稳长，既要促进生长，又要防止生长过旺，避免营养生长和生殖生长失调，以利增加干物质的积累和生殖器官的增长。后期管理的要求主要是防止贪青疯长，又不脱粒早衰，促使营养物质向生殖器官转运，以达到粒大、籽饱、铃重，把丰收在望，变为丰收到手。

田间管理的实质，就是看天、看地、看苗，巧用水肥，对农作物的生长发育做到积极促进和适当控制相结合。促进，就是满足作物在不同生育阶段所需要的营养物质和生活环境。控制，就是力求避免危害作物达到高产长相的不利因素，如通过中耕、蹲苗、治虫等，防止作物疯长倒伏，以及落蕾、落铃、空荚、空秆、空壳等现象。从全局说，促进是主要的基本的方面，而控制还是为了有利于促进，目的都是为了夺取高产。

合理促控的要求和做法，因作物而不同。

冬小麦冬前管理一般是促早发壮苗，促根增蘖，适时灌冬水并结合镇压或划锄松土，保护麦苗安全越冬。但对年前生长过旺的麦田，则要进行镇压，控制生长。早春返青期，底肥充足的壮苗、旺苗一般不浇返青水，不追返青肥，而要及时锄耙，控制茎叶旺长，抑制分蘖，蹲好基部二节，促进根部下扎。晚播的弱苗，冬前分蘖不足的麦田，要积极运用肥水促进。小麦起身后，分蘖达到高峰，以后即进入拔节期。拔节前后正是营养生长与生殖生长并进的旺盛生长时期，需要充足的水分和养料。这个时期的管理，对形成穗多秆壮，穗齐籽多，具有重要作用，因此必须及时巧管。河南新乡县七里营公社的经验是：1. 对苗稀，分蘖少，叶片黄瘦直立，形似"马耳"的弱苗，应一促到底。在拔节前几天除净杂草，提早、适量增施速效氮肥，结合浇好水，促使麦苗由弱变壮，增多有效穗。因为这时小麦分蘖正值两极分化的时期，拔节后十余天便进入分蘖两极分化的高峰，小分蘖大量死亡。2. 对群体发育适中，植株青绿健壮，叶形倾斜，叶尖微曲，形似"驴耳"的壮苗，本着"以促为主，促控结合"的原则，于拔节期及时追肥浇水。在时间上也要"看天、看地、看苗情"，一般可掌握在4月上旬左右，土壤含水量保持在17%～19%，每亩施硫酸铵20斤左右。3. 对群体过大、叶片深绿肥大下垂，形似"猪耳"的旺苗，应采取"以控为主，控促结合"的原则。在拔节前进行一次压苗，结合中耕增施磷肥、钾肥，晚施氮肥。土壤含水量在16%左右时，可晚浇拔节水，到下部第一、二节拔出并基本定型、第三节开始延伸后再进行浇水，根据苗情酌量施肥。并做到以水控肥，加速小分蘖死亡，管住中部叶片，不使披叶封垄，以促进麦株健壮发育。小麦抽穗以后，进入以生殖生长为主的灌浆上籽期，这是增加粒重的关键时刻。许多地方的经验是，后期管理以水为先，保证浇好抽穗、扬花、灌浆和麦黄四水。但后期浇水要因地制宜，特别是麦黄水应在麦收前7至10天浇完，有贪青趋势的要适当提早停水，浇水时还要注意避开大风，以免倒伏。小麦挑旗后，对后期脱肥的麦田，结合浇水追施少量速效肥，有利于灌浆，增加粒重。但不能施肥过多过晚，以免贪青晚熟。地力肥沃，叶色深绿的麦田，不要施挑旗肥。抽穗后根外喷磷，有提高粒重的作用。

水稻从栽插到有效分蘖末期是决定穗数的关键阶段。栽后促返青，活棵促分蘖，是我国南北方种稻的共同经验。除培育壮秧、施足基肥、早栽浅栽外，在追肥技术上要狠抓一个"早"字，突出一个"重"字，早稻一般在栽后 7～10 天追第一遍肥，晚稻在栽后一周内追第一遍肥。追肥量要占全生育期追肥总用量的 80%。灌溉要坚持浅水勤灌。水上加水，在整个有效分蘖期间，严防田水落干。水稻有效分蘖一般约在分蘖高峰期前 10 天结束，以后就进入无效分蘖期。有效分蘖期的长势要快，无效分蘖期长势要稳。在栽培管理上把握好这个转折点，是夺取水稻高产稳产的重要环节。关键是适时、适度烤田。烤田一般在无效分蘖期至拔节前后进行，做到"苗足不等时"，"时到不等苗"。烤田程度一般以稻田"四周开细裂，中间不陷脚"为适宜。我国农民有丰富的烤田经验。对肥田、黏土、旺苗要早烤、重烤；对瘦田、沙土、弱苗要迟烤、轻烤；漏水田不烤；对于洼田、烂泥田要反复烤。天气正常烤的时间短一些；天气阴雨，烤的时间长一些。对于长势差的稻田，烤田前先施一次追肥，带肥烤田，使还水后长势迅速恢复并转旺。烤田结束，水稻进入拔节、穗分化时期，是水稻一生中生长最旺盛时期，根、茎、叶、穗同时生长，需要大量营养。因此，在烤田叶色退淡的基础上，要讲究巧施穗肥，数量不宜过多，促中带稳，使稻苗封行不封顶，增加每穗粒数，提高结实率和千粒重。在灌水技术上，要改变前期的浅水勤灌为间歇灌溉，干干湿湿，促使茎秆基部节间短，根系发达，防止黑根烂根。水稻抽穗后，根系和叶片开始进入衰退过程，但水稻产量的 80% 以上的干物质是抽穗后叶片光合作用所制造的。因此，保持抽穗后叶片较长的功能期，防止早衰，也是夺取水稻高产的重要一环。要叶片不早衰，就要维持根系有较强的活力。所以养根、保叶是这个时间栽培管理的主攻方向。养根是关键。养根的主要措施是合理灌溉，做到带水抽穗，干花湿籽，干干湿湿，以湿为主，防止长期大水淹灌，以协调灌浆结实需"水"和维持根系活力需"气"的矛盾。

　　正确处理水稻生长促控的中心环节是适时合理地掌握肥水管理，也就是全国劳动模范、农民科学家陈永康，根据他多年栽种晚粳品种老来青的实践经验所总结的"三黄三黑"的规律。陈永康的"三黄三黑"的水稻栽培经验，在专家们的帮助下，逐步上升为先进的科学理论。稻叶黄黑变化是水稻生理变化的反映，是养分的转化过程。叶色发黑表示氮素增加，促进生长的表现。叶色退黄，是增加碳水化合物的积累，促进秆硬粒饱的象征。1964 年，他在有 44 个国家参加的北京科学讨论会上，宣读了关于"三黄三黑"的论文，受到了各国科学家的重视。

　　玉米的管理，河南省滑县秦刘拐大队总结出"三叶间（苗）、五叶定

（苗）、六至九叶控、十叶往后肥水攻"的经验。在肥水管理上，他们掌握"先粗后细、先轻后重、最后再轻"的追肥原则，巧吃三顿饭。第一顿饭主要是攻秆。追肥量一般每亩土杂肥 4000～5000 斤（以老房土、锅灶土为好），条施或穴施；第二顿饭在 10～12 片叶时肥水猛攻，叫做"攻穗不见穗，攻穗先攻胎，胎大棒子大"，每亩追施化肥 30 斤左右，距玉米 1.5～2 寸处穴施，追后培土，大水浇灌；第三顿饭，应在抽雄穗前即心叶末期追施，一般每亩追施化肥 10～15 斤，并结合浇水。

上海市南汇县泥城公社，棉花"三促三控争三桃"的经验，丰富了植棉技术。所谓"三促三控争三桃"就是促进壮苗早发，控制中期疯长，力争带桃入伏；促进花铃期旺盛，控制过早封行，力争伏桃满腰；促进早熟，控制早衰，力争秋桃盖顶。其技术核心是："争时间，争光照，促壮根，长势稳。"在肥水运用上，他们是增施河泥作基肥，早施苗肥，稳施蕾肥，适时重施当家肥（以猪粪或饼肥作当家肥，蕾期施、花期用），补施花铃肥。在用水方面，根据"促弱、控旺、防烂铃"的要求，与施肥结合，合理灌排。

四、中耕锄草，精耕细作

精耕细作是我国田间管理技术的好传统。勤劳勇敢的我国农民，在长期的农业实践中，积累了极其丰富的田间管理技术经验。许多国外人士称赞我们种地像绣花一样精细。毛主席指出："我看中国就是靠精耕细作吃饭。将来，中国要变成世界第一个高产国家。"

中耕锄草是田间管理的一项重要内容。毛主席很早就注意研究我国农民精细耕作的经验。1941 年秋，在陕甘宁边区政府办的农业展览会上，毛主席碰到延安吴家枣园的劳动模范郝光华，向他了解农村的情况。毛主席说："我想提个问题，谷子地不锄，碾出的小米是什么成色，每斗多少斤？锄一遍，是什么成色，多少分量？锄两遍三遍的，又是什么成色？"毛主席问得这样详细，郝光华一时答不完全。毛主席亲切地对他说：不要紧，以后留心总结就行了。1942 年毛主席在《经济问题与财政问题》的报告中，曾经指出："鼓励农民多锄一、两次草。锄草的作用，不但在于去草助苗，而且在于蓄水耐旱。如多锄一两次，即使肥不多，亦可增加收获量。"我国有句俗话："锄头底下有水，锄头底下有火。"天旱时，锄地可以保墒；土壤湿度大时，又可通过锄地来散墒通气。

谷子在生育期一般需要进行三四次中耕锄草工作。群众经验认为中耕次数多的，籽粒充实饱满，由于谷子的出苗数常为实际需要苗数的好几倍，如不能及时间苗，就会影响幼苗生长。间苗以早间为好，苗高一二寸时即可定苗，结合进行一次浅中耕。此后半月左右，即可进行第二次中耕，深度可达二寸左右，以便疏松土壤，调节土壤温度、水分，促进根系发育。拔节后，苗高二尺左右可进行第三次中耕，并进行培土，以便多雨时利于排水和防止倒伏。在孕穗后期至抽穗前进行第四次中耕，此时由于根系密布上层，只宜浅锄。在中耕锄草的同时，要及时拔掉病株和谷莠子。

棉田间苗中耕，要及时和注意质量。在苗出齐后，就要开始间苗，到生出二三片真叶时定苗。当出苗后能够分辨出棉行时，就要开始中耕，封垄后要继续中耕。中耕不仅要在行间进行，在株间也要进行。坚持苗期浅锄、蕾期深锄、后期浅锄。两熟套种的棉田棉花出苗后，要在麦（豆）行里间苗，并除掉麦行里的杂草，割麦后定苗并随即中耕灭茬，疏松土壤，消灭杂草。棉田培土有抗涝、防旱和防止棉株倒伏的作用。棉花定苗后就可以结合中耕进行培土，将棉行中间的土向两旁棉株根际培壅。分三四次将棉行壅成条状的土垄，最后的垄背可以壅到5寸多高。培土工作要在伏旱或秋涝之前完成。

棉花整枝能够促使养料集中供给棉株开花结铃的需要，同时，由于除去了多余的枝叶，容易通风透光，因而使棉花提早成熟，增加产量。整枝包括脱裤腿、去赘芽、打疯枝、打顶尖、打果枝尖、去老叶等。这些操作要根据棉花生长的具体情况来进行，并不是在任何情况下都要全套采用。

减少蕾铃脱落是棉花增产的一个技术难题。在1966年第五次全国棉花集中产区生产会议上，周总理邀请几十位植棉劳模座谈，总理对大家说："要继续研究解决棉花脱蕾落桃问题。主席把任务交给我，我依靠大家。"10多年来，由于林彪、"四人帮"的破坏，这个研究课题进展不大，今后我们还要继续研究。

抗灾夺丰收是田间管理的又一重要环节。搞农业，真正"风调雨顺"的年份是很少的，而各种自然灾害却是不同程度地经常发生。所以不能把希望寄托在"风调雨顺"上，应该把丰收的基点放在有灾上，要立足有灾，要准备和各种灾害斗。

田间管理要掌握全局，统筹兼顾，全面安排。在一年里，不仅要一熟高产，而且要熟熟高产。在时间安排上，要上熟为下熟打算，前期为后期打算，今年为明年打算，农闲为农忙打算。在作物安排上，要以粮为纲，全面发展。抓了粮食，不要误了棉花和其他经济作物，要全面安排劳动力和肥料等。在农事活动安排上，要把农田基本建设、作物田间管理和收获庄稼及副业生产等，统筹安排。在农忙季节里，要保证有足够的劳动力、机具用在农业生产上，适时完成各项农活。

我国广大贫下中农，积累了极其丰富的根据看天、看地、看庄稼、决定合理进行田间管理的经验。其核心是看庄稼，就是要细心观察作物生长的情况，密切注意自然条件对作物的影响，精心培育，细致管理，最终保证作物有一个合理的"长相"。为此，有的社队，采取"一查、二排、三议、四定"的方法，准确地进行管理。"查"就是由干部、有经验的贫下中农和技术人员组成三结合小组，逐队逐块全面检查，弄清苗情，做到心中有数。"排"就是通过苗情检查，排队分类，确定各种类型苗情面积。"议"是在检查排队的基础上，集体议原因，论危害，提措施。"定"是制定看苗管理方案，不失时机地掌握增产环节，落实各类田块的管理措施。在选种、育秧、用水、施肥、植保等方面要有必要的分工和专人负责管理。通过精细的管理，使庄稼长势达到队与队、远地与近地、地头与地心、好地与孬地大体平衡，全面增产。

上述田间管理的各项经验，大致反映我国生产力发展的近期水平，同社会主义现代化大农业的要求还有很大差距。今后随着农业生产的发展和科学技术的进步，既要使我国精耕细作的优良传统得到继续发扬，又要与现代化的农业技术装备结合起来，逐步实现田间管理的化学化、机械化和自动化。如使用除草剂、间苗器等大幅度提高劳动生产率；把我国丰富的看天、看地、看苗情的田间管理经验与科学地认识作物生长发育规律和准确预报环境条件变化结合起来，保证作物自始至终沿着合理的生育进程生长发育。为了提高劳动生产率，促进农业大幅度增产，我国正在加快采用新技术的步伐。如从20世纪60年代初期开始在生产上应用化学除草剂，近几年发展较快。化学除草面积从1965年的100~200万亩，1978年扩大到4000万亩。实践证明，南方稻田用化学除草一般比人工拔草增产10%~20%。黑龙江省1974年小麦化学除草面积650万亩，一般增产15%~20%。青海省用除草剂防治野燕麦，一般每亩增产粮食60~70斤。湖南省1975年进行3万亩棉花密植化学除草试验，比常规栽培的增产两成，节省人工50%，降低成本30%~40%。实行高度机械化生产，也必须结合化学除草。目前我国投产的除草剂已有十多种，主要是除草醚，其次是2，4-D、二甲四氯钠盐和敌草隆等，近几年还从国外引进氟乐灵、杀草丹、拉索、利谷隆和百草枯等新药。

在应用化学除草和采用现代化农业机械，提高耕作质量的前提下，适当减少田间作业次数，简化某些作业项目是可行的，也是必要的。但是对于我国传统的精耕细作经验决不能轻率否定。这些经验是劳动人民在长期实践中逐步积累和不断改进得来的。少耕、免耕的适用范围和应用，应因作物、土壤、地形和降水量而不同，还不宜普遍采用。至于在什么情况下可以减少哪些生产环节，主要应该从对产量的影响上来考虑。如果只图提高工效，而得不到增产的实际成果，就不能算经济合理，这样的简化是不可取的。

第八章　工

一、改革工具，逐步实现农业机械化

农业"八字宪法"中的"工"字，就是毛主席指出的："通过农具改革运动逐步过渡到半机械化和机械化。"我国在建国初期，为了支援在土地改革中新获得土地的贫下中农，恢复和发展农业生产，国家发放了大量农业贷款，大力增补旧式农具，推广改良农具。在农业合作化运动中，大量推广了新式农具，试办了农业机械化。人民公社化以后，我国开始成批生产拖拉机和其他农业机械，农业机械化进入了有计划地发展阶段。我国农具改革大体上是经历了改良农具、新式农具（即半机械化农具）到逐步实现农业机械化的过程。

改良农具一般是在旧式农具的基础上，在性能、结构、材料等方面加以改进，使作业质量、工效比旧式农具有所提高。我国旧式农具种类繁多，所以改良农具的项目种类也很多，但是主要项目是耕地、播种、中耕、提水、运输等方面的工具。改良农具就结构、原理以及解放劳动力的作用来看，比较旧式农具没有质的变化，仍属旧式农具的范畴。例如用改良犁耕地，除役使耕畜以外，还必须用人力扶犁以保持作业状态，否则不能作业；使用改良耧播种，播种深浅，摇动排种，甚至耧的重量支撑都要靠人力维持；至于改良锄、镰、锹、镐等工具，劳动力本身仍然是作业的动力。马克思指出："作为单纯动力的人和作为真正操作工人的人之间的区别，在许多手工工具上表现得格外明显。"使用旧式农具和改良农具作业，劳动力都同样处于动力或辅助动力地位，某些作业虽然使用了畜力，劳动力也还没有变成"真正操作工人"，劳动力还没有得到解放，劳动强度大，劳动生产率低，生产力还处于较古老的手工生产水平。

新式农具比改良农具前进了一大步。一般采用了现代农业机械的结构、原理、材料，作业效率、作业质量和劳动强度有较大的改善，对劳动力的解放有明显的作用。新式畜力农具，如双轮双铧犁、播种机、收割机等，只要把农具调整到作业状态，人工只操作起落、转向就可以作业。新式人力农具虽然劳动力仍是作业动力，但由于劳动强度降低，劳动条件改善，解放劳动力的作用也是明显的。如人力水稻插秧机使劳动力脱离了本身是工具的状态；人力胶轮车比肩挑、人背极大地降低了劳动强度，改善了劳动条件。我国推广的新式农具

项目比较齐全，耕、耙、镇压、播种、插秧、中耕、植保、收割、脱粒、运输、提水、加工等方面都有不少品种，其中植保、插秧工具的推广，填补了我国旧式农具的空白；特别是耕地、脱粒、运输、植保、提水、加工等取得了很大的成绩，有些已成为农业生产中的主要工具。就是在实现农业机械化的过程中，仍需要大力发展新式农具。但是新式农具虽然采用了现代农业机械的技术成就，由于受到以人、畜力为动力的限制，不能充分利用和发挥这种成就，仍然不能突破手工生产的局限性。有的地方曾用 12 头毛驴牵引一台双轮双铧犁，有的国家曾用 50 匹马牵引一台联合收割机。这样，作业机和动力之间产生了尖锐的矛盾，使作业机不能充分发挥作用，甚至这种作业形式本身就难于控制，正如马克思指出的"正是由于创造了工具机，才使蒸汽机的革命成为必要"。新式农具的推广，促进了动力机械的应用，为农业机械化的发展准备了条件，推动了农具改革向农业机械化发展的必然趋势。

农业机械化就是在农业生产的过程中，逐步使用机械代替人、畜力作业，最后达到在一切能够使用机器操作的部门和地方，统统使用机器操作。农业机械化使劳动力得到彻底的解放，使劳动力成为"真正操作工人"，突破了手工生产的局限性，使农业跃进到现代化大农业。农业机械的结构性能、功率大小，可以按照需要设计创造，不受人力、畜力动力的那种天然条件的限制，在生产力的发展阶段上是一次革命性的飞跃。一个劳动力操作的农业机械可以是几马力、几十马力、几百马力，一个劳动力操作农业机械完成的作业量，可以顶手工操作的几个、十几个、几十个、几百个劳动力完成的作业量，为生产力的发展开辟了无限广阔的前景。我国农业机械化包括农作物生产过程机械化、农业运输机械化、农产品加工机械化、农田基本建设机械化以及畜牧、林业、渔业的生产、运输、加工、基本建设机械化。这就是说，不仅农业生产中主要生产环节的作业要采用先进高效的农业机械，而且辅助作业环节，如装卸、运输及加工等也都要实现机械化，使农业生产的全部过程实现机械化生产，部分实现电气化、半自动化、自动化和工厂化生产，逐步做到农业工业化。科学耕作制度、先进农艺方法与现代的机械技术紧密结合，互相适应，互相促进，将使科学种田达到更高水平，大幅度地提高单位面积产量和劳动生产率；有效地改造大自然，按照合理经济原则，充分开发利用农业资源；大大提高抗御自然灾害的能力，使农林牧副渔全面发展，高产稳产。

早在全国解放前夕，毛主席在党的七届二中全会上就指出"占国民经济总产值90％的分散的个体的农业经济和手工业经济，是可能和必须谨慎地、逐步地而又积极地引导它们向着现代化和集体化的方向发展的，任其自流的观点是错误的"。在农业合作化运动中，毛主席指出："中国只有在社会经济制度方面彻底地完成社会主义改造，又在技术方面，在一切能够使用机器操作的部门和地方，统统使用机器操作，才能使社会经济面貌全部改观"。实现了人民公社化以后，毛主席又及时地指出"农业的根本出路在于机械化"。在1962年党的八届十中全会上，毛主席号召全党坚持党在农业问题上的根本路线，这就是：第一步实现农业集体化，第二步在农业集体化的基础上实现农业的机械化和电气化。这条根本路线，科学地反映了生产力和生产关系、经济基础和上层建筑之间的辩证关系，具体地指明了我国农业革命的方向和道路。有步骤地开展农业的技术改革，使我国的集体农业逐步地实现机械化和现代化，这是关系我们国家命运的一件大事。

我国的国民经济，不可能长期地建立在一方面是使用机器生产的工业，另一方面是靠手工劳动的农业这样两种不同的技术基础上。不实现农业的机械化和现代化，就不可能大大地提高农业的劳动生产率，不可能满足日益增长的商品粮食和工业原料的需要，不可能为工业特别是重工业的发展开辟广阔的市场，工业的现代化和整个社会主义建设事业，就会遇到绝大的困难。

我们人民公社的集体经济，不可能长期地建立在使用畜力和落后的手工工具进行生产的基础上。不使农业跃进到使用机器的大规模经营，不迅速地壮大集体经济力量，大幅度地提高社员从集体分得的收入，就不能从根本上改变农民的小生产者的心理习惯，农村的社会主义集体所有制就不能巩固和发展。

我们的工农联盟在经历了土地改革和农业集体化两个阶段后，现在已经进入了一个新的阶段，就是用现代工业和科学技术武装农业，对农业实行全面的技术改造。我们的工农联盟，不可能长期地建立在主要以消费品作为城乡结合纽带的基础上。我们要向农民提供越来越多的机器、化肥和其他生产资料，满足农民提高农业生产技术的要求。只有做到这一点，我们才能在新的基础上进一步巩固工农联盟，进一步加强无产阶级专政，使我国社会主义制度获得更加强大的物质基础。

二、农业机械化要从我国的实际情况出发

我国农业人多地少，目前平均单位面积产量还比较低，实现农业现代化首先要求大幅度提高农业的单位面积产量，从而大幅度提高农业的总产量。农业机械化必须从这一特点出发，立足于实现农业的高产稳产。各地的经验证明，单位面积产量潜力很大，也证明农业机械化对提高单位面积产量作用很大。拿粮食来说，在平均亩产 300～400 斤的地区有亩产近千斤的社队，在平均亩产 400～500 斤的地区有亩产 1000 多斤的社队，在平均亩产千斤的地区有亩产过双纲的社队。这些高产社队，除了农业"八字宪法"的土、肥、水、种、密、保、管等七个方面较一般社队水平高以外，普遍一个特点是拥有较多的农业机械，一般在耕、耙、排灌、植保、脱粒、加工等方面，有的还在播种、中耕、运输、农田基本建设等方面，不同程度地实现了机械化。这些社队，农忙季节劳畜力不足、不能适时耕作的问题已初步解决；影响单位面积产量的旱、涝、病、虫等自然灾害基本克服；农田的基本条件得到较大的改善。我们要认真总结他们的经验，针对直接或间接提高单位产量的需要，因地制宜地发展农业机械化，把农业机械化和科学种田密切结合起来。

在提高单位面积产量的同时，我们还要有计划地用成套机械适当开垦荒地。我国有几亿亩宜农荒地可以开垦，这些荒地多数分布在人少地多的地区。用成套机械开垦，机械化水平较高，可以用较少的人力，达到较高的劳动生产率，提供更多的商品粮和其他农副产品。我们许多国营机械化农场已有这方面的经验。据黑龙江省某些国营机械化农场的经验，使用国产成套机械，也能做到亩产 400 斤，人产 10 万斤，甚至 20 万斤粮食，商品率达到 80% 甚至 90%。这样，把开垦荒地和建设商品粮基地结合起来，不但扩大了耕地面积，而且可以更有效地增加国家急需的农产品。

农业机械化要全面贯彻"农林牧副渔同时并举"和"以粮为纲，全面发展，因地制宜，适当集中"的方针。农林牧副渔五业和粮、棉、油、麻、丝、茶、糖、菜、烟、果、药、杂等 12 个字的机械化要相应发展。根据农业机械化技术上和经济上的可能性，和生产发展的需要，区别轻重缓急，有重点地发展各种生产门类和各种关键项目的机械化，特别是林、牧、渔和各种集中产区的经济作物生产机械化，要和商品粮生产基地建设统一规划，有计划地实施。

农业机械化要和发展多种经营、社队企业结合起来。我国人口众多，农业机械化节省出来的劳动力，不可能大量转入城市和国家工业，这就为集体经济发展多种经营和社队企业创造了条件，多种经营和社队企业的发展又为农村多余劳力广开生产就业门路，并为农业机械化提供资金。农业机械化程度和速度要和多种经营、社队企业的发展统筹规划，在资金、劳力安排方面要综合平衡，既要充分利用农业机械，又要充分利用劳动力资源，使广大农村向着农工商综合经营、工农结合、城乡结合的方向前进。

由于我国农业的情况比较复杂，各地人口分布不均，生产门类繁多，发展多种经营和社队企业的条件不同，再加技术上和资金条件的限制，我国农业机械化的程度和速度不能一刀切。不同地区、不同生产部门、不同项目之间，要有先有后，有高有低，有快有慢，要因地制宜地实行选择性机械化。在一定时期内，部分机械化和全面机械化会同时发展，机械化、半机械化、手工劳动将同时并存。

农机的投放，要和农林牧渔基地建设结合起来，实行集中力量打歼灭战的方针，这是加快农业机械化和现代化的重大措施。对这些基地要装备成套的农业机械，集中使用，配套成龙，使基地农业生产的单产总产和劳动生产率都达到较高的水平。同时，一般地区要抓好现有农机的使用管理，抓好配件、配套农具供应，抓好农机和农艺结合等问题，充分发挥农机作用。

三、按照不同地区特点发展农业机械化

我国各地自然条件、农业生产条件、经济条件、技术条件差异很大，对农业机械化的要求不同。深入调查研究，科学地分析各地的不同条件和要求，分别确定农业机械化的方法步骤，分别轻重缓急和先后次序，力争做到技术上合理，经济上合算，生产上发挥最大作用。就全国总的情况来看，大体可分八种类型的地区。

（一）东北垄作区。包括辽、吉、黑三省的大部分，内有松嫩、松辽、三江三大平原，地势平坦，土壤肥沃，农作物主要是玉米、大豆、高粱、谷子、水稻、春小麦，南部有棉花，北部有亚麻、甜菜等经济作物。一年一熟，以旱田垄作为主。人少地多，北部有大面积宜农荒地可开垦，农业商品率高。春耕、夏管、秋收等田间生产的农时季节都比较紧张，劳畜力负荷大，特别是农业运输量大，运距远，时间长。农作物生产过程和农业运输都要求优先发展机械化，并用成套机械开荒，提高生产率，建设大面积商品粮基地。现有机械适应性较好，整地、播种、中耕、脱粒、加工等机械化程度较高，应采取较快的速度，先一步实现农业机械化。适宜发展较大马力的拖拉机和通用高效的配套农具以及适于农田运输和公路运输的大中型卡车。目前应着重解决垄作、平作、深松通用的成套机械，小麦雨季收获机械，玉米、大豆、高粱、谷子的播种、管理、收获机械化的方法和机具。

（二）华北平作区。包括淮河、汉水以北，燕山以南，吕梁山以东的黄淮海平原及汾、渭平原。地势平坦，土壤肥力差，主要农作物是冬小麦、玉米、谷子、高粱、薯类、棉花、花生、大豆及水稻等。是我国粮、棉、油的重要产区，棉、油集中产区商品率较高。旱、涝、洪、碱等自然灾害较多。两年三熟为主，北部有一年一熟，南部有一年两熟，耕作制度复杂，是间作套种较多的地区。三夏、三秋农活集中，劳畜力不足。常年劳力富裕，多种经营门路较少。田间作业投工量大，作业工序繁多。目前机械化水平仅次于东北地区，耕、耙、部分播种及脱粒、运输、排灌、植保、加工等作业机械发展较快。但是由于耕作制度复杂，现有机械不适用，大部分作物播种、管理、收获机械化尚未突破。应把耕作制度改革和农业机械化密切结合起来，重点解决三夏三秋主要作业项目的机械化方法和机具。棉花、油料、薯类等主要生产环节尚未有成熟的机械化方法和机械，特别是农业生产迫切需要解决的改造低产田、增强抗御自然灾害能力（如烘干设备）、用地养地相结合等方面所需要的机械，应组织科研攻关，优先发展。

（三）东南丘陵水田区。包括淮河以南，川、云、贵高原以东，直到东南沿海地区。丘陵低山广布，江河湖泊汇集。气候温暖，雨量充沛，土壤肥沃，生长季长。是我国水稻、棉花、油料、麻类、糖料、茶叶、桑蚕等主要产区。单产高，潜力大，生产内容丰富。一年两熟为主，三熟制也占相当比重。人多地少，精耕细作，土地利用率高。耕作制度复杂，实现机械化的难度大。土壤耕作有旱耕、水耕、湿耕。作物安排水田有一水一旱的稻麦两熟，有两水一旱的稻—稻—麦、稻—稻—油、稻—稻—肥（绿肥）等三熟。旱田有棉麦套作，麻类、甘蔗平作，但多深沟高畦。江河湖洼地有沤田、山谷溪旁有冷浸田。常年劳动强度大，生产繁忙。机械作业不易适应，目前除排灌、植保、脱粒、加工及部分地区的耕、耙、运输机械化有相当的发展以外，大部分地区的耕、耙、播种、插秧、中耕、收获等作业的机械化还都未打开局面。特别是许多经济作物生产机械化还是空白。这个地区的农业机械化在技术上和经济上都有许多难题，现有国内外的经验尚不能全部解决这些问题，需要从土地利用、作物布局、耕作制度、机械化的方法步骤、机械结构原理、动力机形态等各个方面探索多种途径，创造一套新的经验。目前除有选择地继续发展排灌、植保、脱粒、加工、水陆运输等机械以外，在水田方面应着重探索拖拉机、手扶拖拉机、机耕船、绳索牵引机和各种耕作机械在各种条件下的适应性及机具改革的方向；水稻田间育秧、拔秧、插秧及温室育秧、插秧等不同途径对早、中、晚稻的适应性、工艺程序和成套机械；水稻的机械中耕、追肥和化学药剂除草技术的适用范围和机械设备以及水稻收获工艺和机具。在旱田方面，应重点研究棉麦套作的农艺改革和成套机械，耕种湿烂泥田、深沟高畦田的技术和机具，茶园、桑园、果园的耕作、管理、收获工艺和机具。运输方面应重点研究田间运输，山丘索道机械。此外，甘蔗、麻类、橡胶等作物应在集中产区建立机械化试点，摸索经验。

（四）西南高原盆地水旱田区。包括川、云、贵农区及湘、鄂、陕、桂、甘局部。地形地貌复杂，山峦盆地交错，气候温湿多雾，除少数盆地外，农田分布高低悬殊，素有立体农业之称。水旱田交错，耕作复杂，一年两熟为主，有部分三熟。主要作物是水稻、玉米、小麦、油菜、杂粮以及若干经济作物。这个地区农业机械化问题，除盆地水田与东南丘陵水田区相似以外，显著的特点是江、河两岸田高水低，需发展高扬程提水机械、喷灌机械；坡地、冬水田面积大，需发展农田基本建设机械；交通不便，运输困难，需发展筑路、运输机械。对山地拖拉机、汽车、索道、轨道等机械设备要大力开展科研和试点。

（五）黄土高原梯田区包括吕梁山以西，青海湖以东，长城以南，渭河流域以北的地区。全区为黄土覆盖，水土严重流失，地下水深埋，是严重缺水区。植被破坏，土地贫瘠，畜力缺乏，耕作粗放，大部地区缺粮。主要作物是小麦、薯类、谷子、玉米、大豆和油料。该区应从恢复自然生态平衡、造林种草、根治水土流失入手，因此要从农林牧三结合出发发展机械化。目前应重点发展农田基本建设机械，水利施工机械，高扬程提水机械，造林机械，运输机械等。现有拖拉机、汽车等动力机械不适应该区地形条件，需研制体积小，重心低，马力大，适合山地、坡地应用的动力机。积极推广喷灌等节约用水机械。

（六）西北灌溉农区。包括新疆南疆平原、天山南北山前平原，甘肃河西走廊，宁夏、内蒙古河套地区。年降水量在300毫米以下，不足农业的基本需要。主要依靠高山融雪、地下水及黄河引水灌溉，这些地区如果没有灌溉，就没有农业。主要作物有小麦、玉米、油料、棉花、甜菜、水果，并兼有较发达的畜牧业。一般地多人少，土地平坦，应着重发展水利施工、农田基本建设、提水、运输等机械，改善引、灌、排等水利系统，治理盐碱为害。发展较大型的农牧兼用的拖拉机及成套农具，提高农牧业的生产率。发展造林机械，促进防护林带的发展。

（七）高原牧区。包括新疆的北疆，内蒙古，辽、吉、黑三省西部及宁夏、甘肃牧区。位于海拔千米左右的高原上。全区遍布天然草场，面积辽阔，人烟稀少，是我国潜力极大的牧区。主要牲畜是羊、马、牛、驼等。大部地区严重缺水，草原退化，交通不便，生产力低，抗御自然灾害能力低。加强牧区、半牧区的草原建设，是这些地区特别迫切的问题。应大力发展风冷式动力机械，提水供水机械，发展基本草场的成套机械，草原更新机械，运输机械，以及畜产品采集、加工机械。这个地区是我国畜牧业的重要地区，牧业机械化极为薄弱，应集中力量，加快机械化的步伐。

（八）高寒牧区。包括西藏全部，青海大部，甘肃、四川、云南局部。地处海拔 3000 米以上高寒地区，生长季短，气候寒冷干旱。地区辽阔，人烟稀少，生产潜力大。主要牲畜是羊、牦牛、犏牛。流动放牧，逐水草而居。河谷地带有零星分布的农田，种植青稞、小麦、玉米、豌豆、油菜等。机械化重点应放在封滩育草，建立打草基地；开源引水，利用缺水草场；推广牧草种植，改良颓斑地。交通极为不便，应发展高效率的运输机械。充分开发利用当地的风能、水能、太阳能，改善能源条件。动力机械必须有增压机构和防冻设施，以适应高寒特点。河谷地带零星分布的农田，水热条件好的地方适宜农作物生长，并可获高产，为牧区所急需。应发展农田基本建设机械和农田生产过程成套机械，以扩大农作物面积和提高单位面积产量。

四、把农业机械化和科学种田结合起来

农业机械化和科学种田相结合的问题，既关系到农业机械化能不能化起来，又关系到科学种田能不能在广大农田真正实现。黑龙江省绥化县从 1953 年就开始使用拖拉机，但是长期以来由于扣、拾的垄作耕作制度和拖拉机配套的平作机具的矛盾，使机耕的田间作业 20 年停留在耕、耙、压"老三样"的水平。许多其他作业仍然是手工操作，每年农业生产只是在"春忙种、夏忙铲、秋忙割拉拣"的圈子里打转转，科学种田搞不上去。春季播种男女老少齐出动，起早贪黑地干，还是常常违误农时，造成农作物贪青晚熟，人、畜力起垄行距不一致，中耕机械用不上，只好用拖拉机拉旧犁，人扶犁蹚地，被叫做"犁后喘"。群众抱怨说："快起车，拉坏犁；急刹车，戳肚皮；压了苗，干着急；满身汗，全身泥。"精耕细作想搞搞不了，农田条件想变变不了，粮食产量长期在亩产 200 斤左右徘徊。

1973 年绥化县开始把农业机械化和科学种田结合起来。经过三年的努力，基本解决了 20 年来未解决的问题，使农田作业的机械化很快地提高到新水平。1977 年机耕面积达到 70％以上，机播各种作物达到 82％，机械中耕、机械深松面积达到 85％以上。春季播种只用 15％的劳力，12 天就完成任务，其他各项作业也都按质按量适时完成。科学种田提高到新水平，粮食产量上了"纲要"。

绥化县在较短的时间内，解决了农业机械化长期存在的问题的经验，是有普遍意义的。他们的主要经验是领导转变思想，业务部门转变作风，农机改革和农艺改革结合起来。

第一是领导转变思想。1973 年县委总结了农业生产长期上不去的经验教训，体会到建设社会主义现代化大农业，用小农经济的思想不行，用小农经济手工业的方法也不行。县委主要领导同志深入到机械化程度高，高产稳产的宝山大队，总结了机械化和科学种田相结合的经验，看清了农业的根本出路，明确了科学种田的方向。县、社、队三级书记都办点，从实践中学习机械技术和农艺技术，和群众打成一片，取得了直接经验，掌握了领导机械化科学种田的主动权。全县自力更生办机械化，把农业机械化和科学种田结合起来，促进了农林牧副渔全面发展。

第二是农机部门和农业部门结合起来。1973年以前，农机部门和农业部门在指导农业生产上，长期处于"两分家"的状态。各搞各的点，各唱各的调，机械化和科学种田对立起来，唱"对台戏"，种"顶牛田"。农机部门"只管拖拉机跑，不管粮食打多少"，农业部门是"间、混、套、复种，不管拖拉机能用不能用"，劳力越来越紧张，拖拉机不能下地，没活干。1973年县委把农机、农业部门组织起来，统一思想，共同制订机械化科学种田方案，共同搞试点，共同总结经验，共同做推广工作，把两股劲拧成一股绳。农业部门从实现农业机械化的方向着眼，改革农艺；农机部门从科学种田的目标出发，改革农机，经过几年努力，创造了一套适合机械化作业的新农艺，改革成功了一套符合科学种田要求的新机具，闯出了一条机械化科学种田的新路子。

第三是把农艺改革和农机改革结合起来。在农艺改革方面，首先是正确对待传统的耕作制度，把精耕细作的科学经验和手工操作的习惯做法区别开来，有分析有批判地继承、发扬符合科学规律的部分，而不是把精耕细作和手工操作混为一谈。例如对待人工摆籽，精量点播问题，肯定了精量点播而不是坚持人工摆籽；对旧的种植方法，吸取了平岗地易于春旱适于平播后起垄、低洼易涝地适于垄上播种的经验，改革了扣、拈的旧方法，实行机械化平播、垄播、精量点播的新方法，而不是让机械从形式上去模仿人力、畜力作业。这样不但工效是人、畜力所不能比，播种质量也大大地优胜于手工操作，一举改变了抢不上播种季节的被动局面。其次是充分利用机械作业的优点，采取新的农艺措施，丰富科学种田的内容，而不是在传统的农艺措施的圈子打转转。例如结合机耕、机械中耕采用深松耕作法，解决了旧耕作法造成的"犁底层"、"死三角"，加深了耕层，改善了土壤的理化性状，实现了土壤耕作的一次重大改革；利用机械蹚地工效高质量好的优点，改人工铲地为主为机械蹚地为主，真正做到活土暄地发苗，消灭草荒。这样就使人、畜力条件下做不到的先进农艺措施得到实现。第三是农艺措施要为机械作业创造条件，既保持了精耕细作的传统，又发挥了机械化的作用。例如在施肥制度方面，把过去肥料较少的情况下实行的"律口粪"、"抓把粪"等适于手工操作的方法，改为耕翻施基肥，机械播种施颗粒种肥，机械中耕追化肥等一套新办法，使施肥措施更加符合科学种田的要求。在种植制度上把适于人、畜力作业的2∶2、2∶4的小比例间作，改为适于机械作业的6∶6、6∶12的大比例间作，解决了拖拉机不能下地问题。

在农机改革方面，坚定不移地把科学种田作为机具改革的目标，利用一切机械技术的可能性，最大限度地满足科学种田的需要。为了使播种机械达到平播、垄播、条播、点播、间种、清种以及播种玉米、大豆、高粱、谷子、小麦等各种作物的要求，1974年用单排种杯播双行，1975年改为双排双开沟器，1976年又改为双排种双开沟器、双种子箱的"三双播种机"，全面达到了各种播种方法和各种作物的要求，解决了多年机械播种的"老大难"问题，为播种以后的一系列机械作业开辟了道路。绥化县农机改革的另一特点是充分利用现有机械，改一用为多用，改一能为多能，而不是像有些地方那样，农艺大改革，农具就大淘汰，造成大损失。该县原有配套农具主要是48行条播机、七铧犁、扣种机等，在适应科学种田上都有不少问题，他们没有淘汰一件，而是千方百计加以改革利用。根据改革难度大小，县、社、队三级分工，领导干部、技术干部、广大群众三结合，经过几年努力，突破了不少技术难关，使全县350台七铧犁、扣种机都配上了播种部件、中耕自动随行器、深松铲、追肥器、护苗器、割茬刀等，作业项目由原来的5项增加到17项，全面达到了科学种田的要求，充分利用了现有机具。

五、加强科学管理，充分发挥农机作用

农业机械化的科学管理，是农业机械化工作的一个重要方面。随着农业机械化的发展，管好用好农业机械已成为人民公社管理工作的一项重要内容，成为领导农业生产的一个重要环节。这就要求我们的思想作风从领导手工生产转到领导社会主义现代化大农业上来。

加强农业机械化的科学管理，充分发挥农业机械化的作用，必须把农业生产的组织管理和农业机械化的组织管理统一起来，实行统一思想，统一计划，统一领导，把农业机械的使用管理、维修供应、技术培训全面组织起来。做到组织落实，设备资金落实，技术落实。根据农业机械化发展的深度和广度，人民公社、生产大队应建立相适应的管理组织机构，调配业务熟练、责任心强、作风好的得力干部，并要相对稳定。

要建立健全农业机械管理工作的岗位责任制，这是科学管理的组织基础。人民公社农机管理站、农机站、生产大队农机队，都要实行严格的岗位责任制。

人民公社农机管理站、农机站的站长、生产大队农机队的队长、农机驾驶操作人员、修理人员、油物料保管供应人员、财会人员都要根据人民公社管理的有关规定和《农村人民公社农业机械机务管理规章》等有关方面的文件，明确制定职责范围，定期考核执行情况。把岗位责任制和物质利益联系起来，在农机管理工作中认真落实按劳分配的原则。

农机管理要建立严格的经济核算制度。做到消耗有定额，成本有核算，作业有计划，质量有标准，好坏有奖惩。认真实行单机核算制度，定人员，定机具，定任务，定消耗，定成本。严格执行机务规章和有关制度，全面实现高效、优质、低耗、安全的要求。

要大力加强农机维修工作，合理设置维修网点，提高维修水平。要进一步加强领导，认真把修理、旧件修复、配件生产统筹规划，迅速把大修能力搞上去。提高修理质量，降低修理成本，缩短修理时间。维修配件生产和不宜分散修复的旧件，要按照专业化原则，统一规划定点，分工协作，批量生产。县、社、队的维修网点要合理布局，合理分工，经济核算，用较少的设备和人力取得更大的效果，使农业机械化有可靠的技术后方。

农机供应工作，要省、地、县、社统一组织，合理分工，合理划定服务范围和经营范围，合理设置供应网点，做到供应及时，品种对路，方便群众，减少人力浪费和物资、资金的积压。减少流通环节和费用，减轻农民负担。加强技术服务工作。

农机队伍建设，是实现农业机械化带根本性的大事。首先是要做好经常性的思想政治工作，提高每个农机人员的社会主义觉悟，树立实现农业现代化的雄心壮志。同时必须大力开展技术培训，"机器未到，培训先行"。各级农业部门的领导干部要带头学技术，学管理，取得领导农业机械化生产的主动权。要大力培训管理人员、操作人员、修理人员、供应人员。驾驶员和动力机操作手，必须做到"三懂三会"：懂机械构造原理，懂机务操作规程，懂农业生产知识，会操作调整，会维护保养，会排除一般故障。要严格考核，严格驾驶制度。

第三部分

第九章　光能利用

一、农业生产离不开太阳光能

"万物生长靠太阳"。农作物生长需要的水和肥料都是可以人为供应的，唯独太阳能，只有靠叶面去捕捉。农作物生长依靠太阳光的这个特点，决定了农业生产不能像工业生产那样集中在小面积的厂房之内进行。因此，了解太阳光对植物的作用的本质和特点，对于经营和发展农业，是不可少的。

作物的身体，在除了水分以外的干物质中，90%以上是有机物。但是植物所吸收的东西，无论是土壤中的矿质元素，还是空气中的二氧化碳，都是无机的物质。从无机物质制造有机物质这个本领，几乎是绿色植物所特有的。动物则不能自己制造，因此人们维持生命活动的能量——食物，全部是直接或间接来自植物；燃料，也都是现在或多年前植物所积累的。植物利用太阳光的能量，将空气中的二氧化碳和从土壤中吸收的水，转化为糖和其他有机物，这个过程，称为光合作用。

植物通过光合作用制造的有机物，是农作物的产量形成的物质基础，这已经是一般常识了。但是在考虑农业问题时却常常忽略这个基本原理。例如，常听到有人说，遗传工程发展了，将来有可能把玉米和马铃薯杂交起来，得到一种地上结玉米棒子，地下结马铃薯的植物，那岂不是一季顶两季吗？其实这种杂交如果成功，也并不直接提高光能利用率。同样数量的有机物，向两头分配，各得一半，总产量并不增加，只增加了收获的麻烦。

（一）光合作用所要求的条件植物体中，只有绿色的部分，主要是叶片，才能进行光合作用。衡量一块土地面积上光合机器的数量的单位，主要也是叶面积。但水稻、小麦等作物的叶鞘和穗也是绿色的，也能进行光合作用。

光合作用的主要原料是水和二氧化碳。植物离不开水。但是植物所吸收的水直接用在形成光合产物上的，却只占微不足道的一小部分。二氧化碳的消耗量，按重量算比形成光合产物所用的水，只多一倍多，比所合成的有机物多半倍。但是空气中二氧化碳极少，只占万分之三多一些，每立方米中只有半克多，所以二氧化碳的供应是个大问题。植物的叶片很薄，上面布满了小孔（气孔），这都是适应吸收二氧化碳的需要而形成的。

光合作用的进行，要求一定的温度范围。太冷了，就不能进行。温度太高也不利。特别是冬作物如小麦，后期气温高于摄氏 30 度，光合作用速率就下降，甚至停止。这也是干热风造成小麦高温逼熟的部分原因。

虽然植物体干物质的 90% 以上是有机物质，但那不到 10% 的无机物质，对这 90% 以上有机物的形成也是不可少的。许多营养元素严重缺乏时，都造成植株缺绿，也就是不能正常形成叶绿素，叶片自然也就不能正常进行光合作用了。在农业生产中，对光合作用影响最大的矿质营养元素是氮。增加氮的供应，不但有利于叶片光合作用的顺利进行，而且能促使叶面积很快扩大，把土地覆盖起来，充分吸收太阳光能。

（二）太阳辐射能资源。太阳辐射能是光合作用的能源，也是地球上最大的能源。太阳能的表示单位是每平方厘米每分钟的卡数，夏季晴天中午可达 1.6 以上。冬天或早晚太阳倾斜度大时就低一些，阴云密布时当然就更低了。全年的太阳能量是各季节每分钟太阳能的累计数，因数字较大，以每平方厘米千卡为单位。我国主要农业地区，大都在 100～140。就全国而言，西部高，东部低。西藏的某些地方可高达 190。东部农业区集中的地方，南方低，北方高。川、黔一带阴天多，太阳辐射能最少，有低到 90 左右的。

太阳辐射能量是影响作物产量的一项重要资源。许多高产记录出现在青海、新疆、西藏等地，这和当地辐射能资源丰富有密切关系。但是这些地方因雨量稀少，大面积产量不高或无法大面积种植作物。大面积高产地区如四川盆地、长江下游、珠江三角洲等却往往恰好是辐射能源较少的地方。可能是由于这个原因，辐射能资源不像雨量、温度条件那样受人重视。

（三）怎样计算太阳能的利用效率。单位地面积上光合作用形成的有机物质所含能量与同样面积上接受的辐射能之比，就是太阳能利用效率。植物体干物质中有机物所含能量随物质种类而异。碳水化合物（包括蔗糖、淀粉、纤维素等）每克约含 4 千卡；蛋白质高些，含 5.7 千卡；脂肪最高，含 9 千卡多一些。油料作物、豆科植物种子同样重量所含能量（热量）就比一般植物体高些。矿物质不含热量，但因重量所占比例较小，对计算影响不大。多数植物体以碳水化合物为主，按每克 4 千卡估计相差不远。

如果某地太阳辐射能为每年每平方厘米 120 千卡，而收获干物质每亩 1000 公斤，那么太阳能的利用效率就是：

$$\frac{1000 \times 1000 \times 4}{120 \times 667 \times 10000} = 0.5\%$$

二、影响光能利用效率的因素

在上面所举的例子中，太阳能的转化效率只有 5‰，许多地方，一年还积累不到 1000 公斤的干物质，转化效率就更低了。可是我们也常听说，光合作用的最大能量转化效率，可以达到 30%，这两个数字为什么差距这样大呢？

要想估计提高光合作用中太阳能的转化效率的可能幅度，就必须先分析一下是哪些因素影响了太阳能的利用效率，然后就可以知道有没有可能克服这些因素，以及——对于可以克服的因素来说——如何去克服它们。

（一）太阳辐射的整个光谱范围，包括紫外线（小于5%），可见光（约45%），红外线（约50%）。可见光大约从400毫微米到700毫微米。所谓"可见"是指人眼睛可见。植物能够利用于光合作用的范围，比这略大一些。粗略地说，光合作用能利用的部分占太阳能总量的50%。有些人称这部分辐射为"光合有效辐射"。并用"光能利用率"来专指"生理有效辐射"的利用率。它的数值比按全部辐射能计算的太阳能利用率大约高一倍。

（二）叶片将可见光的一部分反射出来。一部分向天空反射，就损失了，这部分约占所接受光的5%。叶子还能透过一部分。此外，直立叶还将一部分光向下反射。如果叶层多，向下透过和反射的光还可以被下面的叶片吸收。

（三）叶子光合作用在最好的条件下，转化效率约为30%，这是指红光。蓝光量子所含能量大，需要的量子数却和红光一样多，效率就低一些。各种颜色的光平均起来，转化效率就只有20%左右。

（四）上面所说"最好的"条件，是指对转化效率最好，包括光强低而二氧化碳浓度足够高。但空气中二氧化碳浓度太低，只有万分之三多一点，在光强高时，就远远不能满足光合作用的需要，转化效率就大大低于上面所说的数字。

（五）植物体的各个器官包括叶片在内，都要进行呼吸作用，消耗一部分光合作用制造的有机物。最后能收获到的有机物只有光合作用制造的总量的一半到2/3。

（六）植物群体的叶面积如果不够大，就会有一部分光从叶子之间隙漏到土地上浪费掉。叶子多一些，浪费就少一些。

（七）由于水分亏缺、土壤营养供应不足，会造成叶片光合能力不高。病害感染，也会损害叶片光合能力或加大呼吸消耗。

三、对几个光能利用效率问题的分析

以上几类因素之中，第一项即紫外与红外光无效，是一切绿色植物共有的。第二项，反射，随叶子颜色深浅、排列角度等而有些变化，但反射占吸收光比例很小，因此变化的绝对量不大。第三项，最高能量转化效率，已经过多人多次反复试验。以上这几项因素都没有多少改变的可能性。其他几个因素，调节的可能性是存在的，但要克服的困难在性质上很不一样。其中有几个问题值得分析一下。

（一）二氧化碳的供应问题。空气中二氧化碳极其稀薄，对强光下光合作用的旺盛进行，起了限制作用。因此，在农业生产上不能套用实验室内得到的最高转化效率。在开放的大田里，由于空气交换太快，没有经济上可行的办法来提高二氧化碳浓度。在玻璃温室或塑料大棚里却可以人为增加二氧化碳，来大大提高它的浓度。二氧化碳来源可用加热时燃烧产生的或工厂的废气（但要注意除去二氧化硫等有害物质）。近来在广东佛山地区发现一个产生几乎是纯二氧化碳的气井，用来提高塑料棚下栽培的作物的产量，取得明显的结果。

作物群体的光合速率，也就是吸收二氧化碳的速率，既受空气中二氧化碳浓度"推"的影响，又受叶子内部光合机器"拉"的影响。光合机器"拉"力的差别，最受人注意的，是十几年前发现的"四碳植物"与"三碳植物"的差别。所谓四碳植物，就是二氧化碳同化的最早产物是四个碳的有机酸的那些植物，包括玉米、高粱、甘蔗等重要作物。它们的光合机器能把二氧化碳浓度降到十万分之一以下，"拉"力特别大，它们积累的干物质以至最后产量往往也比较高。而三碳植物，即二氧化碳同化的第一个产物是三个碳的有机酸的植物，包括水稻、小麦等大多数作物和植物。它们的光合机器只能把二氧化碳浓度降到十万分之五、六，"拉"力就差一些。因此有人想把三碳植物改造成为四碳植物，例如从其中筛选有四碳植物优良性状的品种或变种。这是高光效育种的一个重要内容。

（二）群体结构和光能利用。群体结构包括许多方面，其中对光能利用影响最大的，是叶面积系数（即叶面积与地面积之比）。叶面积太小，漏光就多。但是叶面积系数也不是越大越好。一般以3~5为最好，具体数字视作物类型和气候条件而异。过多的叶面积因为受光不足，对光能利用不能作出贡献。

农业上影响叶面积系数的一个因素是种植密度。究竟密度多高最适宜是个复杂问题。因为植物群体叶面积的发展，总有一个由小到大的过程。叶面积在达高峰时最适宜的那种密度，生长初期大部分时间内叶面积偏小。反之，如果早期叶面积系数已经达到3~5，那么发展下去就会变得不可收拾。

另一方面，某些降水特别少的地区，如西北的某些地方，叶面积多少为宜要看全生长期特别是后期的水分供应。前期叶面积大，虽然多积累些干物质，但到后期水分满足不了大量叶面积的蒸腾失水，会变得只剩一把草而颗粒无收，不如早期密度低一些，还能收到些产量。

叶子的角度也对光能利用有影响。在辐射强的地区，上层叶子挺直一些，接受的光较少，中下层的叶子则可以多接受一些光。由于叶子在强光下进行光合作用时能量转化效率低，所以上层叶子所失无几，而中下层叶子获益很多。总的说来是有利的。选择直立叶型，也是育种上的努力方向之一。

栽培上常常提出加大行距或变等行距为宽窄行交替，以利用边行效应的说法。所谓边行效应，就是边行的植物叶片受光较好，因而生长和产量也较好。但边行以外有一些光能落到地面上浪费了。按照能量不灭法则，漏过浪费的光能和叶片接受的光能不可能同时增加，所以必然同时在株间、穴间或窄行间其他叶片接受的光强变弱。除非是减少植株来产生边行，可是那样等于减少叶面积。一般说，生产上采用条播、宽窄行相间或长方形种植而不采用撒播、等行距或正方形种植主要是对播种、管理等方便，而不是有利于光能利用。

至于行间漏光的损失究竟有多少，要看植株叶子伸展的幅度，而不应看茎秆间的距离。例如棉花枝条是横生的，行间漏光就少；水稻叶子接近直立，行距大了漏光就多。此外株高与行距的比例也有影响。因为太阳正好与行向平行的时间是不多的。株高与行距之比越大，太阳光直接照射到地面的机会越少。在农业上流行一种计算"土地利用率"的方法，看播幅占土地面积的百分比，这是很不合理的。因为不论地上部分还是地下部分，营养吸收面积都决不以播幅之内为限。

（三）光能利用和水分消耗。植物生长耗水极多。每形成一斤干物质通常要消耗 500~800 斤水于植物的蒸腾作用。这个比值称为蒸腾系数。这个数字还不包括土壤的渗漏和蒸发。作物生长要消耗这么多水的根本原因，一方面是因为太阳能既是光合作用的能源，又是推动叶片蒸腾失水的热量来源；另一方面叶片吸收二氧化碳的特点——叶片薄而且有许多气孔——也正好便利了水分的散失。二氧化碳同化与水分散失在能源供给和输送途径上的共同性，决定了植物耗水的必然性，所以大幅度降低蒸腾系数是困难的。但二者又有一些彼此不同的特殊性，造成蒸腾系数有一定范围的起伏。此外土壤蒸发在灌溉不当时数值可以大大上升，而这对光合作用是毫无意义的，应该尽量控制或避免。在极端干旱的灌溉农业地区，以单位土地面积接受的光能来计算产量潜力，还不如以灌水量为单位来计算更有意义些。

（四）光能利用与产量形成光合作用的产物虽然是作物形成产量所凭借的物质基础，但作物的产量通常只占总干物质的一部分。这一部分所占的比例称为经济系数。一般情况下经济系数变化不大，因而全田的干物质重量与产量是平行的。但也有一些情况或措施对经济系数有较大影响。特别是开花期和开花以后遇到低温、干旱等不利条件，常会发生经济系数大大降低。后期重施氮肥虽然有利于叶面积和光合作用的维持，却不利于籽粒灌浆和成熟，对收获块根、块茎的作物也不利于块根、块茎中淀粉的积累。

（五）轮作制与茬口问题在一年不止一熟的地区，究竟一年种几熟最好，几熟之间如何搭配、衔接，这当中也有光能利用问题。有些人认为三季总比两季好；也有些人说三三见九不如"二五一十"；反过来也可以说"二五一十"又不如"三四一十二"。这种讨论方式离开了产量形成的物质积累过程，无法得出正确的结论。因为三季中的每一季与两季中的一季产量不一样，一熟究竟是300斤，还是400斤或500斤，也随季节的长短和品种特性与气候条件间的相互关系而异。如果两季变三季能够增加干物质积累，那是因为原来的两季作物生长季不够长，没有充分利用某一时期的光能，增加一季作物就可以更充分地利用。但如果原来的两季作物已经利用得相当充分了，那么增加一季作物就没有好处，徒然浪费种、收、管的劳力，而且还增加了一段生长初期叶面积覆盖不足的时间，反而浪费了光能。所以得失利弊，要具体分析。这个问题之复杂处还在于牵涉到经济系数问题。有时单从光能利用来看，增加一季能多累积一些干物质，但籽粒成熟来不及，或开花授粉遇到低温，粮食产量反而降低。

四、提高光能利用效率的可行途径

据有关资料，影响全年光能利用的诸因素中，除温度条件目前非温室栽培一般不能大范围大幅度长时间改变外，至于包括在农业"八字宪法"之内的作物因素和环境因素（栽培条件），则是多可在一定限度内以人力加以改变的。因此，农业"八字宪法"如能得到全面贯彻，阳光与在温度允许限度内的光能利用率，便成为决定作物产量的主要因素。据报道，世界上能达到的最高的光合生产效率，玉米（意大利）为4.6%，高粱（美国）为4.5%，大豆（美国）为4.4%，水稻（美国、日本）为3.2%。我国按农业发展纲要划分的三类地区初步估算，粮食亩产有可能分别达到以至超过1600斤、2000斤和4000斤。但由于作物品种、土壤条件、肥料、水源以及病虫、风、雹等自然灾害的限制，实际大面积平均产量将比此数低。随着生产条件的改变和技术的进步，本世纪内上述三类不同地区相当一部分耕地粮食亩产分别达到800斤、1000斤和2000斤，则是经过努力可以实现的。

从现有的情况来看，提高光能利用效率的可行途径：

一是，培育光合效率高的农作物品种和物种。要求具有高光合能力、低呼吸消耗，光合机能保持时间较长，叶面积适当，株型好，长期有利于田间群体最大限度地利用光能，农产品的经济系数高。

二是，采取合理的栽培技术措施。在不倒伏和不妨碍二氧化碳流动的前提下，扩大田间群体的叶面积系数并维持较长的功能期，使之有利于作物光合产物的积累、运输，有效地增加产品（器官）的收获量。

三是，充分利用生长季节。采取间套复种和轮作改制，合理安排茬口，不断创造和改善合理的农田群体结构，使之更多地截取阳光进行光合作用，以提高复合群体的光能利用率。

四是，提高叶绿体内的光合效率。如抑制光呼吸作用；补施二氧化碳肥料；利用人造光源补充光照等，提高光合作用效率。此外，通过人工调节光照时间控制作物开花和衰老，以及充分利用生长季节的有利条件，达到正常结实成熟。

我国幅员辽阔，每年陆地上接受的阳光，如果以2%的效率被利用，就可以形成300亿吨有机物质，相当于100～150亿吨粮食。目前土地面积有85%以上是非耕地。在积极提高现有农田的光能利用率的同时，还应积极开垦宜农荒地，利用低坡地发展多年生油、粮作物，其余未耕地，尽可能植树造林、种草或封育，使之成为森林和草场，较有效地提高光能利用率。

第十章　农业气象

一、农业生产的尖兵

人们生活在地球上，而地球又被一层厚厚的空气所包围，这层厚厚的空气，称为大气。冷、暖、干、湿，风、云、雨、雪、霜、雾、雷电等自然物理状态和现象及其演变统称为气象。上述状态和现象在一个地区多年表现出的特征就是气候。探索和研究气象变化规律的科学叫做气象学，它是人们认识自然，战胜自然，向自然夺取自由的一种有力武器。风云变幻，气象万千，国计民生无一不与气象有关。不论是工业、农业、军事、交通运输和人民生活都离不开气象。特别是搞农业，更少不了气象工作的密切配合。

农业是露天作业，受天气、气候的影响极大。农业耕作制度的改革，作物的合理布局，新品种的引进，病虫害的防治，合理施肥，兴修水利等等都得考虑当地的气候条件，需要气象部门提供情报、资料。农业"八字宪法"中的每一个字都直接或间接地与气象有关。我国旱涝风雹冻等自然灾害频繁，严重影响着农业生产。如果气象部门能够及早地、准确地作出灾害性天气预报，就可以及时防御，变大灾为小灾，减少或避免损失。所以，1964年，毛主席接见竺可桢等科学家时指出：农业"八字宪法"似应加上"光"和"气"。因此，战斗在农业生产第一线的同志，都应当懂得一些气象知识，掌握气象规律，根据客观自然条件，科学地安排生产。

近年来，广大气象工作者牢记毛主席关于把天气常常告诉老百姓的教导，遵循周总理关于气象工作是保护人民的，首先是保护劳动人民的指示，日夜战斗在风云前哨。各地贯彻国家台站与社队哨组相结合，专业人员与群众相结合的原则，加强农业气象工作，把现代科学技术与群众经验结合起来，深入实际，调查研究，逐步认识和掌握当地的天气、气候特点及演变规律，提高灾害性天气预报水平，为充分利用气候资源，搞好科学种田，战胜自然灾害，夺取农业的稳产高产作出了贡献。1976 年冬，广西壮族自治区的桂平县气象站准确地作出了本县范围内 1977 年春天气温偏高无寒潮侵袭和早秋有冷害的天气预报，全县抓紧时机及时播种、插秧，早稻没有发生烂秧，晚稻也避过了早秋冷害。江西奉新县气象站及早准确地预报了 1973 年 6 月下旬的连续 4 天的大暴雨，由于全县做了充分的防洪准备，虽然总雨量达到 386 毫米，但并未受到大的损失，得到了广大干部群众的好评。

气象为农业服务是多方面的，林、牧、副、渔都离不开气象。研究林区的气候规律，进行森林气候区划，将为合理的造林设计、经营管理、安排生产技术措施，实现林木速生丰产提供根据；研究灾害性天气对林业生产的影响，开展森林火险预报，具有很大的经济价值；研究森林的气象效应，揭示森林对改造气候所起的作用，是发展社会主义大农业的一个重要课题。我国发展畜牧业生产潜力很大。牧区气象工作者围绕牧业生产的主要环节：放牧、抓膘育肥、安全越冬，以及牲畜繁殖制度的改革，草库伦的建设等方面，积极开展预报、情报服务和科学试验，为发展牧业生产作出了贡献。

我国有丰富的水产资源，要发展海洋捕捞和水产养殖业，做好气象服务十分重要。如研究了解鱼类活动及生殖周期，选择适宜的水温促使孵出的鱼苗健壮快长，掌握海流的移动规律跟踪经济鱼类的移动，海上大风对渔业生产和渔民安全的影响，鱼类加工对日照的要求，渔场的分布等都需要气象工作当参谋。近年来，广大气象工作者积极开展海上气象服务，为广大渔民抓住有利天气，抢风头，赶风尾，不失时机抓紧生产，创造了极其有利的条件，特别是预防灾害性天气方面，作出了显著成绩。

随着农业生产的飞跃发展，气象部门将摸索和解决更多的新的气象问题，当好农业生产的尖兵。

二、宝贵的科学遗产

我们伟大祖国是世界上具有悠久历史的文明古国，又是一个以农为本的大国。劳动人民在农业生产实践中，密切注意气象变化，积累了丰富的经验。早在殷周时期，古代劳动人民就已经能用土圭确定出"二分"、"二至"了。以后节令逐渐增多，到汉代《淮南子》一书（公元前 139 年）的天文训中已有完整的二十四节气的记载，被西汉太初历所采用。古代的二十四节气的顺序和现在的完全一样。二十四节气：立春、雨水、惊蛰、春分、清明、谷雨、立夏、小满、芒种、夏至、小暑、大暑、立秋、处暑、白露、秋分、寒露、霜降、立冬、小雪、大雪、冬至、小寒、大寒，除"二分"、"二至"、"四立"是反映季节转换的外，其余大部分都是反映气候、物候的。古时定五日为一候，每一节气有三候。二十四节气共七十二候。每候有一个相应的物候现象叫做候应。七十二候是从物候学角度来反映气候的，它是二十四节气的很好的补充。

二十四节气和七十二候是我国古代劳动人民在天文、气候和农业生产等方面的经验结晶，是我国古代农业气象科学的宝贵遗产。

二十四节气是以地球环绕太阳运行的轨道（即黄道）上所处的位置来确定的。如黄经零度时，太阳直射赤道，昼夜平分，北半球气候渐暖，叫做春分；黄经90度，太阳直射北回归线，北半球的白昼最长，黑夜最短，气候炎热，叫做夏至；黄经180度时，太阳又直射赤道，昼夜又行平分，北半球气候渐凉，叫做秋分；黄经270度时，太阳直射南回归线，北半球白昼最短，黑夜最长，气候寒冷，叫做冬至。地球绕太阳转一圈是360°，每转15度定为一个节气。当地球运转到这些位置的时候就叫"交节气"。这就是在天文上节气的划法。但是，我们通常讲的节气的划分，据《农桑通诀》，与七十二候的关系如下：〔立春〕东风解冻、蛰虫始振、鱼陟负冰；〔雨水〕獭祭鱼、候雁北、草木萌动；〔惊蛰〕桃始华、仓庚鸣、鹰化为鸠；〔春分〕玄鸟至、雷乃发声、始电；〔清明〕桐始华、田鼠化、虹始见；〔谷雨〕萍始生、鸣鸠拂羽、戴胜降于桑；〔立夏〕蝼蝈鸣、蚯蚓出、王瓜生；〔小满〕苦菜秀、靡草死、麦秋至；〔芒种〕螳螂生、始鸣、反舌无声；〔夏至〕鹿角解、蜩始鸣、半夏生；〔小暑〕温风至、蟋蟀居壁、鹰始挚；〔大暑〕腐草为萤、土润溽暑、大雨时行；〔立秋〕凉风至、白露降、寒蝉鸣；〔处暑〕鹰乃祭鸟、天地始肃、禾乃登；〔白露〕鸿雁来、玄鸟归、群鸟养羞；〔秋分〕雷始收声、蛰虫坏户、水始涸；〔寒露〕鸿雁来宾、雀入大水为蛤、菊有黄花；〔霜降〕豺乃祭兽、草木黄落、蛰虫咸俯；〔立冬〕水始冰、地始冻、雉入大水为蜃；〔小雪〕虹藏不见、天气上升、闭塞成冬；〔大雪〕鹖不鸣、虎始交、荔挺出；〔冬至〕蚯蚓结、麋角解、水泉动；〔小寒〕雁北乡、鹊始巢、雉鸲；〔大寒〕鸡乳、征鸟厉疾、水泽腹坚。

节气不是指"交节气"的当天，而是指一段时间（约15天）。二十四节气在阳历上的日期基本上是固定不变的，能反映季节与气候的变化，依靠它能够正确地掌握季节，不违农时。这就是二十四节气所以至今仍为国内外（日本）

农业生产上广为使用的直接原因。

二十四节气产生于黄河流域，节气名称的含义，大致符合黄河流域的情况。由于农业生产和气候情况都有很强的地域性，所以不一定适用于其他地区。但是，各地都能按照当地的实际情况，灵活运用，创造了具有当地特点的节气农谚，从而使二十四节气兼有"因时制宜"和"因地制宜"的性质。

此外，在观测气象，认识、掌握气象变化规律，防御自然灾害方面，科学遗产也是十分丰富的。早在西汉时，就有了观测风向的仪器，这比西欧发明风向标要早1000年。东汉时的王充就把琴弦长度与天气变化联系在一起，与现在用毛发湿度计的原理相近。雨量筒我国发明于宋朝，而外国到17世纪才使用它。到了明朝，即距今500年前，国家已制定统一标准的雨量器，发到各州、县，让各地观测、记载并报告雨量情况。王充是我国历史上第一个对云雾、降雨、雷电等大气现象作出科学解释的学者。他在分析雷的成因时指出，"雷者，太阳激气也"，这与当代认为太阳加热引起对流产生雷雨的理论是一致的。他还说："雨从地上，不从天下"、"湿则为雨，寒则为雪"。这样王充就比较科学地阐明了雨雪是地面水分蒸发到空中凝结而成的道理。汉文帝时，古书中已有"凡草木花多五出，雪花独六出"的记载。说明公元前100多年，我国劳动人民已发现雪花是六瓣的。北宋的沈括用实验证明了虹的成因；生动地记载过陆龙卷风的发生过程；还利用古生物推论远古时候陕西气候比宋代温暖潮湿等等。

北魏贾思勰著的《齐民要术》一书从多方面阐明农业气象问题，指出农业气象对农业生产的重要性。如他说："顺天时，量地利，则用力少而成功多。任情反道，劳而无获。"这就是说农业生产必须因时、因地制宜，必须按照自然规律行事，否则凭主观愿望，违反自然规律，则劳而无获。这个道理至今仍不减其重要的科学价值。关于霜的成因和防霜方法，他在书中说："天雨初晴，北风寒切，是夜必霜。此时，放火作煜，少得烟气，则免于霜矣。"这里，他不仅正确地阐明了霜生成的原因，而且科学地总结了劳动人民熏烟防霜的措施。直到今天，仍为国内外采用的防霜办法之一。

我国悠久的气象科学遗产，丰富的民间测天经验，是发展我国气象科学事业的源泉。我们一定要加以继承发展，使其更好地为气象科学技术现代化服务。

三、丰富的气候资源

（一）我国季风气候的主要特点。我国位于欧亚大陆的东南部，面临广阔的太平洋和南海，海陆之间的巨大热力差异，使我国季风气候特别显著。

冬季风来自高纬度的亚洲内陆。那里太阳斜射，黑夜漫长，空气寒冷干燥，当其积累到一定程度，在高空西北气流引导下便向南暴发，气温急剧下降，这就是寒潮。在频频南下的寒潮控制下，我国大部分地区冬季普遍寒冷而干燥。与世界上同纬度的其他国家相比，我国是最冷的国家。例如：东北地区1月平均气温比世界同纬度的地区偏低 15℃~20℃，黄淮流域偏低 10℃~15℃，长江以南偏低 6℃~10℃，就是华南沿海也要偏低 5 摄氏度上下。

夏季风分为东南和西南季风。东南季风来自太平洋，主要影响我国东部地区；西南季风来自印度洋和南海，主要影响西南和华南地区。经过广阔洋面的夏季风，空气中含有大量水汽，给我国大陆带来了丰沛的雨水，所以我国绝大部分地区的雨水集中在 5 到 9 月的下半年里。在正常年份，东南季风的前沿雨带（东南季风与大陆上北方冷空气之间的锋面雨带）于 5 月中旬在华南出现，6 月中旬从华南北移到长江中下游地区，这里就进入了梅雨季节。7 月中旬雨带从江淮地区迅速北进到淮河以北，我国北方地区进入雨季盛期。8 月下旬雨带开始返回南方，我国东部地区雨季先后结束。

我国各地雨季开始时间正常与否，大都直接与季风的进退有关。一旦季风规律反常，各地年雨量的分布受季风影响也不正常。西北内陆远离海洋，加上重山阻隔，湿润的东南季风和西南季风很难影响到这里。所以，年雨量都在 200 毫米以下，吐鲁番盆地中心的托克逊等地甚至还不到 10 毫米。年雨量从西北地区向东南逐渐增加，起自东北大兴安岭，止于中不（丹）边境的 500 毫米年雨量线，大致把我国分为西北和东南两半。东北长白山区年雨量可以多到 800 到 1000 毫米，长江中下游以南大都在 1000 毫米以上，东南沿海、台湾、海南岛等许多地方还超过 2000 毫米。

（二）我国气候资源的优越性。冬冷夏热是我国季风性气候的主要特点之一。冬季，我国是同纬度上最冷的国家，但夏季，却成为同纬度上（除干旱、沙漠地区外）最热的国家。例如 7 月平均气温东北北部比同纬度地区偏高约摄氏 4 度，华北偏高约 2.5℃，长江中下游偏高 1.5 ℃~2.5℃。

冬冷当然有不利的一面：作物的生长期因此而缩短，越冬也会更加困难，冬小麦和苹果的北界受到限制；冬冷使我国副热带北界南撤到淮河秦岭一线；使我国热带纬度上许多地区不是热带气候。许多影响农业的重大灾害性天气，也都是冷空气活动的结果。

但是，冬冷对农业也有有利的一面：冬小麦南界南移，广西热带纬度上还能种小麦，就是因为冬凉可以使小麦完成春化阶段；寒冬可以冻死害虫，瑞雪预兆未来丰收等等。

　　冬冷固然不利，但夏热却是宝贵的农业气候资源。例如：水稻安全齐穗要求日平均气温应高于20℃，我国最北部的呼玛纬度已近北纬52°，7、8月份日平均气温可达21℃～22℃，仍可种植水稻。像这样的高纬度地带，世界上恰恰只有大陆性气候最强的东亚和中亚地区才具备这样的条件。我国成了世界上大面积种植水稻界限最北的国家。棉花在生长期中需要的热量比水稻更多，然而我国种植棉花的北界也到达玛纳斯垦区（约北纬44°～45°），这在世界上也是罕见的。同纬度上的海洋性气候较强的国家，冬较暖，但却夏凉，只能种植温凉的麦类和土豆等作物。我国劳动人民早就深刻认识冬冷夏热的作物生长之间的辩证关系，例如农谚说："不冷不热，五谷不结。"可见冬冷夏热的气候特点是有一定优越性的。

　　我国雨量主要是集中在夏半年里，约占年雨量的78%，冬季雨量是很少的。正好，由于冬冷，我国大部分地区土地冬闲（东北）或是停止生长（华北），或者生长缓慢（长江以南），对水的要求不高。冬季气温低则蒸发小，降水虽少对作物生长的影响却不大。夏季是作物生长最旺盛的季节。由于我国大部分地区夏季热量比同纬度丰富，再加上夏季风带来的丰沛的雨水，雨热同季，水热共济，形成了我国十分优越丰富的农业气候资源。古诗云："季风之时兮，可以阜吾民之财兮"（夏季风的及时可以增加人民财富），说的正是这个意思。

　　我国虽然雨热同季，但也不是没有干旱危害。例如华北、东北、西南有春旱，江南有伏旱，西北还有广大的干旱地区。但是干旱对农业生产的影响也要具体分析。在一定条件下，不利也可转化为有利。例如干旱沙漠地区晴天多，太阳辐射强，因而光合作用旺盛，制造积累的有机物较多，是高产的必要条件。热量丰富则保证了作物光合作用的顺利进行；大气干旱又是促进蒸发的动力，使植株水分代谢迅速，生命力旺盛。因此，如果灌溉条件解决了，不利因素立即成为极为有利的农业气候资源，从而粮棉高产，瓜果甜美。例如我国吐鲁番盆地的长绒棉品质优良，盆地特产无核葡萄和鄯善哈密瓜驰名中外。我国东部地区也是这样。例如1978年，虽然遇到了几十年不见的大旱，可是由于发挥了多年来水利建设的作用，开展抗旱斗争，粮食仍然获得了丰收。在世界屋脊的青藏高原，夏季相当冷凉，喜热的作物固然不耐夏凉，但这恰恰是喜温作物小麦生长的理想气候条件。西藏自治区从1972年大面积推广种植冬小麦以来，连年大面积高产。这是因为，在一定高度以下，夏季虽凉，但仍在小麦适宜生育条件范围内。而夏凉使小麦生育期延长，可以更充分利用生长期中的光能，而没有平原上初夏季节高温逼熟，严重降低产量的干热风天气。

　　我国幅员辽阔，地形复杂，气候极其丰富多样。从热量气候带说，有热带、副热带、温带和寒温带气候；从干湿气候区来说，有湿润、半润湿、半干旱和干旱气候区；从温度季节类型说，有南海诸岛的四季如夏，有青藏高原（部分地区）的全年皆冬，有东北北部的长冬无夏，有华南地区的长夏无冬，还有云南中南部的四季如春，以及面积最大的冬冷夏热四季分明类型等等；从干湿季节类型说，我国干旱地区四季红日普照，川黔部分地区终年潮湿，天无三日晴，华北、东北和西南地区春旱夏雨，而长江中下游地区春雨伏旱等等。

　　由于气候类型的多种多样，我国农林牧副渔各业都有适宜发展的地区。例如东南部地区雨水较多，农业发达，平地阡陌纵横，山区梯田层叠；东北、西南许多山区森林茂密，成为我国主要的木材产地；内蒙古、新疆和青藏高原草原千里则是我国广阔的牧场……

　　由于气候类型多种多样，适应各种气候条件的动植物种类和资源（包括繁多的中草药和贵重药材）也极其丰富多彩，为社会主义建设提供了宝贵的自然资源。

　　四、趋利避害夺丰收

　　（一）影响我国的主要灾害性天气。旱、涝、风、雹、冻等灾害性天气是农业生产的大敌，直接影响着农业的高产稳产。

　　洪涝和干旱是我国主要自然灾害之一。旱涝在全年均可能发生，一般来说北方主要是春旱、夏涝；南方主要是伏旱和雨季洪涝；有些地区秋旱对晚秋作物也有一定影响。

　　春末夏初，在我国内陆燥热气团的控制下形成的"干热风"，也叫"火风"。它使正在灌浆的小麦急剧失水，失去正常生理机能、麦秆青干，造成秕粒，使千粒重严重下降，影响产量。这在华北地区危害最重。

　　台风是我国东南沿海一带的主要灾害性天气。它是发生在热带或接近热带洋面上的一种十分猛烈的风暴。它的能量很大，中心风力往往在12级以上。台风侵袭时的狂风暴雨和它所造成的巨浪可毁坏作物、渔船，冲垮海塘堤岸，拔树倒屋，还可以造成洪涝。不过事物总是一分为二的，在南方伏旱时，台风带来的降水对农业却是十分有利的。近20年来，在我国登陆的台风大约200多个，平均每年10个左右，大约50%在汕头到温州之间登陆，35%在汕头以南，15%在温州以北。台风的主要活动季节在5～10月之间，其中7、8两月最盛。8月台风登陆最多，影响最广，北可影响到黑龙江南部，西可深入到河南、湖北等中原地区；9月开始向南撤退；10月则主要在海上活动，偶尔也可在温州以南登陆。

不只是东南沿海的台风可以形成风害，因局部地区热力对流及冷空气活动而形成的大风，对农业生产危害也很大。一阵大风之后，往往果树折枝，作物倒伏、落粒，严重减产。西北地区的大风还常常形成沙暴，侵蚀吞没农田。沿海地区的大风，还会危及渔业生产的安全。大风一年四季都可能出现，由于局部地区热力对流而形成的雷雨大风多出现在夏季；由于冷空气活动而形成的大风，以冬半年为多，尤以春季为盛。

以低温为主导因子的灾害性天气有寒潮、霜冻、低温阴雨、"寒露风"和低温冷害等。寒潮，顾名思义是指北方寒冷气流像潮水一样涌来的意思，它是指的冷空气对大范围地区的侵袭过程。受影响地区气温急剧下降，并常伴有大风和雨雪。气象部门规定48小时内降温摄氏10度以上，长江中下游气温达摄氏4度以下的才叫寒潮。寒潮过境，气温急剧下降，往往造成冻害，并带来大风，在黄河以南也可产生冰凌（冻雨）影响通讯、交通。寒潮带来的暴风雪可造成北方牧区的"白灾"。侵入华南的寒潮温度降到摄氏5度以下，可使橡胶等热带经济作物受害。不过寒潮带来的降雪有利于缓和北方的干旱和冻死害虫。影响我国的寒潮主要来源于极地和西伯利亚的冷空气，多经蒙古到我国河套南下，或经新疆沿河西走廊南下，第三条路是经蒙古东部到我东北而从黄河下游向南扩散。还有一种情况是东路冷空气下到黄河、西路冷空气下到青海东部，汇合于黄河以南而南下。

在秋季或冬春晴朗无风之夜，地表物体因辐射冷却，近地面的温度由于冷空气入侵，降到零度以下，水汽在物体上凝华成冰晶，这就是霜。群众称为"白霜"。霜冻则是指温度下降而使农作物受害的低温过程，可以有霜，也可以没有霜。群众称没有霜而使作物受害的低温过程叫"黑霜"。霜冻的形成和地形有关，一般洼地重、坡地轻，所以有"雪打高山，霜打洼"的说法。我国除华南部分地区外，大部分地区都有霜冻。无霜期由南至北渐短。霜冻是许多地区提高复种指数和种植生长期较长的作物的主要障碍。秋霜偏早的年份可使尚未成熟的作物受冻，春季霜冻结束晚又会使拔节后抗寒力减弱的小麦，或其他喜温春播作物受冻。

春季冷空气南下，长江流域和华南常出现低温阴雨天气，早稻育秧时，遭到低于摄氏12度的阴雨天气达四天或以上时，就容易造成烂秧。秋季在寒露前后南下的冷空气极易形成"寒露风"，此时若温度低于摄氏20度（粳稻）至23度（杂交稻）则会使处在扬花期的水稻受冻，造成空壳秕粒，严重影响产量。

在作物营养生长期间，如持续低温，则可使生长期延长，在秋霜到来之前不能正常成熟；在作物生长期间短期的低温，也可使生殖生长发生障碍。这便是低温冷害，对生产影响很大，在东北地区比较突出。

还有一种灾害性天气是冰雹，它是从积雨云中降落下来的冰块，往往砸毁庄稼，伤害人畜，危害生产。冰雹一般是由于地面强烈增热空气产生对流，加之冷空气侵入，更促进了对流的发展，这样就往往在午后形成积雨云，云中气流强烈翻滚，水滴冰晶不断碰撞凝聚使冰体并合不断增大，当上升气流支持不住时落到地上，就是冰雹。冰雹多出现在4~9月份，江淮及沿海多见于5、6月份，西北、华北则多发生在7、8月份。一般是山区多于平原，高原多于盆地。

（二）灾害性天气的预报。影响农业生产的灾害性天气虽多，但人们是可以逐步认识的。气象工作要不断摸索天气变化规律，努力提高灾害性天气预报水平，为农业生产防灾抗灾当好参谋，做到趋利避害。

气象台站对灾害性天气按照"图（天气图）、资（资料）、群（群众经验）结合"的技术原则可以提前作出预报。把世界各地气象站同一时刻观测的，如气压、温度、湿度、风等气象要素绘在一张空白的地图上，这就是"天气图"，它是分析、预报天气的主要工具；气象台站多年来积累的资料，反映了一地的天气气候规律，也是天气预报的重要依据之一；群众在生产实践中总结的看天报天的经验，同样也是十分重要的。把三者结合起来，制成相应的预报工具，进行综合分析便可作出预报。气象台站在预报过程中，要用数理统计方法和电子计算机等多种手段和方法对预报因子进行分析计算，从中找出规律，提高预报准确率。

灾害性天气发生之前，气象要素、天象物象常有异常变化，我国广大群众，根据前兆预报灾害性天气积累了丰富的经验。例如：河南林县小店公社气象员张启才，根据1975年4月5日和7日，出现大西北风（风力达9级以上）等指标，运用"有怪风就有怪雨"，"春风对秋雨"等谚语反映出的天气变化的规律关系，结合物候反映，预报秋季将有暴雨。结果当年8月5日连降三天特大暴雨，雨量在300毫米以上。由于服务及时，林县作了准备，组织力量防御，大大减轻了损失。预报霜冻、低温阴雨、寒露风等的群众经验和谚语也很多。如"夏雨淋透、霜期退后"，"秋后热得很，来春冷得多"和"三九不冷看六九，六九不冷倒春寒"等。

大风和冰雹的形成与热力对流和冷空气活动有关，干燥有利于升温，因而群众有"热生风"，"热过头冷子流"，"天旱多怪风"和"旱年多雹灾"的经验。

台风来临以前往往也有很多征兆：前两三天可见一些浮游生物和鱼类等群集海面，由于风浪的摩擦和冲击，产生次声波，它可远传几千公里，使水母纷纷游离海岸。台风临近时可见丝状有光云彩，群众有用"古龙晒日""辉线""横云""断虹"等预报台风的经验，但对这些经验要灵活应用。1972年广东省普宁县流沙公社气象员陈恩旺观测到台风来到前出现的横串云、风缆（辉线）等，但根据当地天气并不热而且云行逆而偏向一边，结合老农的其他经验，预报当地只受台风边缘影响，不会遭到正面袭击。公社根据他的分析，未布置提前抢割水稻，减少了损失。

现代技术的应用，如气象卫星拍摄云图照片和气象雷达等可帮助了解台风、冰雹、暴雨等的动向和确定台风的位置，对短期天气预报很有帮助。电子计算机和其他新技术的发展，使人们能够更快地获取和处理资料，甚至由机器直接作出预报。气象科学的发展将使气象学理论更加丰富。

五、科学种田的参谋

（一）农业气象的基本内容。温度、降水、光照等气象因素对农作物的生长、发育、产量和产品质量都有较大影响。农业气象就是研究对农业有意义的天气、气候和水分条件及其与农业丰歉相互关系的科学。我国劳动人民在长期的生产实践中积累了丰富的农业气象科学知识，对促进我国农业的发展起了一定作用。在农业现代化进程中更需要做好农业气象工作，当好科学种田的参谋。在农业区划中，光、温、水及各种灾害性天气发生的规律是限制作物种植、品种布局和各种间套复种制度的主要自然因素。农业生产从播种、灌溉、施肥、中耕、收获……各种技术措施都应根据不同的天气、气候条件而进行，以趋利避害，夺得丰收。农业气象的基本内容包括以下几方面。

1. 农业气象观测和试验。对大气中发生的各种自然物理现象及其变化过程，通过仪器或人的耳目，进行连续、系统的观测和记载，这就叫做气象观测，是农业气象观测的基本内容之一。气象观测在观测场内进行。观测仪器有干、湿球温度表，最高、最低温度表，雨量器，地温表，风向风速计和日照计等。观测项目有空气温度、湿度、最高温度、最低温度、降水量、风向、风速、日照时数、不同深度的土壤温度等。

对作物从种子萌芽到成熟的整个过程外部形态变化的观测，叫做作物生长发育期的观测。观测地段要选在能代表当地一般自然状况的生产大田上，水田一般不小于一亩，旱地应适当扩大。发育期因作物不同而异，如水稻的发育期有：出苗、返青、分蘖、拔节、抽穗、开花、乳熟、完熟。此外应根据生产或研究需要进行株高、叶数、千粒重、空壳、秕粒等项目的考察及土壤温度观测。

自然界中的生物受到天气、气候的影响而出现各种现象，如植物的发芽、开花、结实，动物的南来北往、生育繁殖等都叫自然物候。观测并记载一年中植物的发育阶段，动物的活动、生育等就叫自然物候观测。自然物候观测能帮助我们更好地安排生产。自然物候观测的植物通常有银杏、水杉、垂柳、胡桃、榆树、野菊花、芍药等；动物有家燕、楼燕、杜鹃、青蛙、大雁等。观测项目植物有萌动、展叶、开花、果实成熟、黄枯等；动物有初见、初鸣、终鸣等。

农业气象试验是农业气象工作的基础。试验任务首先应根据农业生产的需要来确定，同时也应考虑到农业气象本学科发展中的一些问题。

农业气象试验的方法主要有：

分期播种法。作物从某一时间开始播种，每隔一定时期播一期，连续若干期。这样就可以使作物在相同发育期遇到不同的气象条件。

地理播种法。将一作物同一品种按相同的试验方案，选择不同的地理条件进行种植，使作物在相同发育期遇到不同的气象条件。

将上述两种方法结合起来，则叫做地理分期播种法。

通过上述方法取得的资料，经对比分析，即可得到在什么样的气象条件下，对作物生长、发育、产量、产品质量有利；什么样的条件对其不利，从而得出定量的数据。

2. 农业气象服务。农业气象服务项目主要有农业气象情报和农业气象预报等。

农业气象情报是报导前一阶段的气象条件对农业生产影响的一种服务资料。它能帮助农业部门及时地了解情况，安排生产措施。目前我国常用的有农业气象旬报、农业气象季度简报、农业气象年度简报和农业气象临时报导。其中以墒情报、雨情报和灾情报更为生产所需要。

农业气象预报是针对农业生产需要所作的气象预报。主要有春播预报、夏收、秋收预报，干热风预报、寒露风预报，产量预报等。

（二）农业气候区划。农业气候区划是农业区划的一部分，它根据各地农业气候资源的相似性和差异性，正确地分析地区的农业气候资源，为合理配置和进行农业生产提出农业气候依据。

农业气候区划又分综合农业气候区划和某种农作物的农业气候区划。

综合农业气候区划，是根据当地主要作物的关键性农业气候问题制订的，但同时也反映了发展其他作物的农业气候上的可能性和问题，也包括有关发展林业、牧业和渔业的气候条件，以达到对利用这个地区农业气候条件作出综合的评价。为了满足全国各省较大范围的农业生产区划需要，也可以制定较小范围（公社、县）的农业气候区划，即对该地区的农业气候条件作出比较详细而具体的鉴定，并且要考虑当地的小气候特点。这主要是为了满足各个生产单位的实际需要而进行的。

某种农作物的农业气候区划，目的是确定某种作物对气候条件的具体要求，它比综合农业气候区划详细而具体。

上述两种区划也可综合起来。即一方面作出整个地区的农业气候区划，另一方面也对该地区内的重要作物作出某种作物的农业气候区划。

农业气候区划的内容主要包括以下几方面：

1. 确定农业气候指标。也就是当地主要作物对气候条件的具体数量要求。这是地区农业气候区划的基础。

2. 编制地区的农业气候图。主要有热量供应图、水分供应图、灾害性天气图以及分区图等。

3. 各界限的农业意义以及各区的文字说明。也就是说明栽培主要作物的可能界限，即保证作物在90%的年份中都能成熟的界限。并说明各区的农业气候特点（包括有利和不利的）与农作物生长、发育的关系。

此外，还必须考虑到地区自然历史特征（主要是地形、地势、土壤的影响）；当前生产水平对地区气候的影响；地区的经济条件、生产特点等。

农业气候区划与气候区划、农业区划有什么区别呢？气候区划是从气候的差异，气候形成的某些规律来确定的，主要是根据气候上一般等值线，如等温线、等雨量线等进行气候区划；或者根据具有气候意义的，如与自然景观相符合的某些等值线来区划，有时也结合考虑农业的广泛需要。但农业气候区划，则是从农林牧副渔的具体要求来考虑，着重发掘与分析地区农业气候资源，对农林牧副渔的合理布局，作出确切的农业气候评价。

农业区划是一门综合科学，是合理开发利用农业自然资源，因地制宜地规划农业生产的基础工作。它的内容很广，例如：农业自然区划、农业部门区划、农业技术改革区划和综合农业区划等均属于农业区划的范畴。从目前来看，它研究在农业现代化的条件下更充分合理而有效地利用自然条件和自然资源，并按照农业现代化的要求，研究实行区域化、专业化的农业生产布局，建设农业商品生产基地，还要进一步研究因地制宜实现农业机械化、电气化、水利化等问题。农业气候区划，只是农业区划中的农业自然区划中的一个部分。它是制订农业区划的农业气候依据。

（三）调节农田小气候。农田小气候是指距农田地面以上二米的近地面空气层中的光、热、水、风的综合情况，是以农作物为下垫面的一种特殊小气候。当前大范围的控制天气、气候过程尚较困难，但控制和调节农田小气候环境则是可能的。通过调节植被层小气候，提高作物光合生产率，调节土壤和近地面层的温度等来改善农田小气候，以延长作物生育季节，增加复种指数……从而争取农业的更大丰收。

近年来，广大社员在生产实践中创造了不少改善农田小气候的经验。如：

1. 营造防护林。在农田营造防护林，能涵养水源，使农田风速减弱，蒸发减小，保持土壤和空气较为湿润，并能增加农田积雪的厚度以及防止土壤冲刷。这是改善农田水分状况，防止干旱和干旱风的有效措施。

2. 灌深水。南方地区，在后季稻抽穗扬花期间，往往遇到较强冷空气的袭击，以致造成大量的空秕粒，严重影响产量。当地群众创造了灌深水增温，即夜灌日排的经验。据观测可提高土温摄氏一至二度，并相应提高了水稻穗部的温度。一般水深10厘米时，晴天可提高穗部温度摄氏三度多，阴天可提高摄氏二度多，雨天提高摄氏一度多。灌浅水效果就差些。因此，当地群众的经验是：开花期遇低温，必须深水灌到"漫田岸"。

3. 实行间套复种，充分利用生长季节，提高光热能量利用率。这也是改善农田小气候达到增产的有效措施。例如：间作套种高矮秆作物搭配，可以改善通风透光条件，在肥、水供应合理和充分的情况下，就能大大地促进作物有机质的合成。

4. 施用土面增温剂。这是利用化学物理的方法，防御干旱和低温等灾害，改善农田小气候的一种有效措施。主要是利用化学工业的副产品及残渣制成乳剂或水溶胶，喷在田地表面，抑制水分蒸发，保墒增温，延长作物生长季节，促进种子发芽出苗、苗齐苗壮、提早成熟，增加产量。

六、用人工影响天气

随着科学技术的不断发展，人们不仅能够大体上掌握气象变化的规律，预报天气，而且进一步朝着影响天气、控制天气的方向努力。"呼风唤雨，驱云消雹"这是数千年来人们的梦想，如果真能实现，将给农业生产创造十分有利的条件。目前人工影响天气还处在试验阶段，国内外都在进行广泛的试验研究。对农业影响最大的是灾害性天气，所以人工影响天气的研究工作目前主要集中在人工降雨和防雹两个方面。我国从 1958 年开始了试验工作，由于农业生产的迫切需要，发展迅速，全国各省、自治区、直辖市都曾经开展试验，并动员了很多群众参加。虽然人工影响天气还有很多科学问题尚待解决，还受到自然条件和技术水平的限制，但开展得好的地区，在抗旱防雹中，还是起了一定的作用。

人工降雨和防雹的原理是什么呢？我们知道雨雪冰雹都是从云中形成长大后掉下来的。如果我们能改变云的内部结构，造成加速雨雪增长或抑制冰雹生长的条件，就能够达到降雨和防雹的目的，这就是人工影响天气的着眼点。如果没有云，在目前的水平下，还不能做到造云下雨。

大气中气流的辐合，地表加热，以及冷暖气团的活动都会产生上升气流，气流在上升过程中逐渐膨胀冷却，当它们中所含水汽随着温度的降低达到饱和时，就凝结出大量微小的水滴或凝华成冰晶，它们飘浮在空中，这就是云。大范围的上升气流产生大片的层状云，局部地区对流产生垂直发展的积状云。

云滴的大小通常只有万分之一厘米。它们的体积要比一般的雨滴小百万倍。也就是说云滴必须长大百万倍，或者有百万个云滴合并在一起才能形成一个雨滴。只有具备一定条件的云，从云滴到雨滴的这种增长过程，才能进行和完成，所以不是所有的云都会下雨的。

云的温度不同，云的组成成分及雨滴增长的过程也不同。云的温度全部高于零摄氏度叫做暖云。暖云全部由小水滴组成，这些小水滴的大小是不均匀的，大水滴的下降速度大些，它们会赶上别的水滴并吞并它们，这叫冲并增长。大水滴通过冲并增长越来越大，落速也越大，增长速度也越快，最后形成雨滴落到地面。温度低于摄氏零度的云叫做冷云。温度低于零下 30 度的冷云，全部由冰晶组成，这种云很高，通常不会下雨。温度在摄氏零度到零下 20 度之间的冷云，它们有的可能仍是过冷却的小水滴组成，有的可能是过冷水滴与冰晶混合组成。当过冷水滴与冰晶同时存在时，由于它们饱和水汽压不同，冰晶会迅速增长，引起周围空气的湿度降低，而使水滴蒸发，这样大量的水便从水滴上转移到冰晶，这个过程叫"三相过程"。冰晶长大下降成雪或融化为雨。自然界中大部分的雨雪都是通过这种"三相过程"产生的。上面说的是自然云雨滴形成的两个主要过程，云是不是下雨，主要决定于是不是有持续的上升气流和足够的水汽，一般来说，云越厚，含水量越大，下雨的可能性也就越大。

有一些很厚的云，云中含水量也较大，但是因为它们缺少大水滴或冰晶，不下雨。在这种条件下，我们可以对云进行人工催化。对于暖云，通常是用飞机在云中撒入一些吸湿性的颗粒，例如直径为几十微米的盐粒，它们吸湿增长，在云中产生一批大水滴，加速冲并增长，催云下雨或增加雨量。对于过冷云催化是在云中产生一些冰晶，这可以用飞机在云中撒干冰，或将一些化学药剂引入云中，最常用的是碘化银的烟粒，介乙醛的粉末等。它们既可用飞机引入云中，也可以用小火箭或用高射炮弹携带催化物质，发射入云，在云中爆炸分散成很小质点。这些化学药剂质点能够起冰晶核心的作用，叫做成冰核。过冷水滴遇到它们马上变成冰晶。使云中产生部分冰晶便可在云中发动"三相过程"，使云下雨。还有一种叫动力催化的方法，特别适用于积状云催化。在积状云中撒播大量的成冰核，使大部分过冷水滴都变成冰晶，此时会有大量的潜热释放出来，使云顶温度升高，发展上升。在一定的大气条件下应用这种方法可使云体加厚几公里，云体加大，从而使降雨量也成倍增加。

冰雹发生在强烈发展的积雨云中。它们中间有十分强的上升气流和很大的含水量，上升气流不断供应潮湿空气，又使长大的雨滴雪片掉不下来，因此云中水量充沛，冰粒与云中大量过冷水滴相碰，冻成更大的冰粒。在云中上下几次来回，形成冰雹。一旦它们的落速超过上升气流速度，就倾泻下来，形成雹灾。

防雹的方法之一就是将冷云催化剂装入小火箭头部或高射炮弹内，用小火箭或高射炮射入云中过冷水层部分，使大部分过冷水滴变成冰晶。这样水就不会集中在少数原有的冰雹上，减少形成冰雹的条件或只出现小冰雹落到地面而不致成灾或减少灾害。有很多地方用空炸炮对准雹云轰击或炮弹在空中爆炸。据报导，打炮后有的雹云消散或转向。这个方法还须进一步试验。究竟是因为爆炸影响了云中上升气流，还是有其他作用？还在探讨中。

人工影响天气还包括，消云、消雾、消暴雨和影响台风等。消雾消云，国内已作过不少试验，在一定条件下是能做得到的。削弱台风的试验，国外已进行过试验，有的试验结果表明可减少风速10%～30%。人工影响近地面层的低温和霜冻试验在国内外进行了大量工作。我国在这方面的工作已有多年的历史，主要是烟雾法防止霜冻。近年来黑龙江省应用烟幕弹防霜，可以增温摄氏一至二度，在大面积范围内使用有一定效果。国外有的应用加热法、喷水法、烟雾法等对果园和不同的农作物在局部范围内有一定的效果。虽然在这门科学中，我们还面临许多问题和困难，但是随着科学技术的迅速发展，人工影响天气的试验研究工作一定会逐步深入和提高。

《中国农谚》序 *

(1980 年 5 月)

我国是历史悠久的农业古国，又是幅员辽阔人口众多的农业大国。几千年来，我国的劳动农民积累了丰富的生产经验。这些宝贵的经验，由我们的先人总结、锤炼，世代相传，荟萃为两宗宝贵遗产。一宗是历代刊行卷帙浩繁的农书，从中可以看到中国劳动人民在历史上对于世界农业科学技术发展的贡献。另一宗是堪与历代农书相媲美的数量庞大的农谚。这些农谚为历代农学家收集整理，录入农书。有的被诗人或史学家收入诗篇或史传。"谚"是什么，在我国最早的字典——汉代许慎的《说文解字》中说："谚，传言也。"据此，农谚就是我国历代的劳动农民，以精练生动的简短语言，口耳相传，世代相袭，用以传授农业生产经验的农业谚语。

我国农谚起源很早。在先秦的一些典籍中已略见端绪，而在汉代以来的农书中更多有征引。如著名的汉代农书《氾胜之书》和北魏农学家贾思勰《齐民要术》中就引用有不少农谚。其中"顷不比亩善"、"高田种小麦，终久不成穗"、"锄头三寸泽"、"麦黄种麻，麻黄种麦"等，是至今仍在部分地区流行的古老农谚。在旧社会，农民被压迫被剥削，没条件学文化，不能把经验写出来，只能凭借易说、易懂、易记、因而也易于流传的农谚，总结和传授其生产经验，或是借机抒发当时欢乐、哀怨的感情。因此，可以说农谚的特点是产生于农业生产实践过程中，由农民群众所创作，在农民群众中流传，在农民群众中运用，其内容是农业生产经验和生活经验的结晶，成为农民群众之间世世代代组织生产、指导生产、鼓舞生产的一种手段。

1958 年在全国土壤普查运动中，了解到农民多喜欢引用农谚来说明农业生产情况和各种土壤的性状。于是，农业部有鉴于农谚在农业生产中的重要意义和作用，随即提请全国各地农业部门着手搜集农谚。后来又将这一任务交付农业出版社，继续在各地农、林、牧、水产、气象、出版部门的大力协助和各地许多农谚爱好者的赞助下广事搜罗，共收集到农谚 10 余万条，经过选择整理、

---

* 本文系刘瑞龙为农业出版社 1980 年出版的《中国农谚》一书撰写的序言。

分类排比，选出三万余条，编成《中国农谚》一书。《中国农谚》的内容分为农作物、增产措施、林牧副渔、气象、农村社会生活等五大类，在各大类之下又按农活项目和生产时序先后，分为一系列的小类，使每条农谚按内容性质各归其位，便于读者检索。这是一部收录较全的农谚资料集，它对农业科研、教学、生产部门以现代科学方法分析研究和验证农谚，用于发展农业科学和促进农业生产，将会起到良好的作用。

农谚，来源于农民群众的生产实践，反映着当时的生产力和生产关系，经过世代相传，反复验证，今天能保留、流传下来的部分多数是广大农民认为见效的东西，其中绝大多数具有科学价值，闪耀着劳动农民智慧的光芒。研究农谚，可以使我们从中获得许多农业生产技术知识，发现许多可贵的农业科学研究的线索。农谚包括农、林、牧、副、渔、气象等各个方面，万紫千红，丰富多彩。研究农谚可以单条进行。但是，由于农谚短小精练，每一条农谚只说明特定地区的某一个问题或某一项技术的一个环节，所以孤立地研究个别农谚或少数农谚，较难看到农谚中包含的农业中具有系统意义的或全面意义的问题。现在《中国农谚》一书把流行于全国的农谚集中起来，按类编排，把中国农谚约略的全貌展现在读者面前，这就可以看出农谚的互相补充、互相联系、互相注解的关系，便于从农谚的整体中全面而系统地了解农谚中包含的各方面问题。例如，我们可以从农谚中看到农民对农业各方面关系的全面了解。可以从"一年之计莫如树谷，十年之计莫如树木"、"一年富，拾粪土，十年富，种树木"、"种树十年，强似种田"、"现在人养树，将来树养人"、"山上光，年景荒"、"山上和尚头，清水断了流"、"山上开荒，山下遭殃"、"绿了荒山头，干沟清水流"、"种树防旱涝"等一系列农谚中了解到我们的先人对农业和林业关系的认识多么清楚。再结合"无牛不成农，无猪不成家"、"将军一匹马，农民一头牛"、"猪是农家宝，粪是地里金"、"开个豆腐坊，养猪不用粮"等一系列农谚中，我们可以理解到他们对于农、副业相辅相成的关系认识如何深切。又，我们还可以从农谚中看到农民对农业中生物和环境条件统一以及人的作用的认识，对农业增产措施相互关系类似现代农业"八字宪法"相互关系的了解。"土生万物"、"万物生于土，万物归于土"、"地力为本"、"人养地，地养人"、"人薄土，土薄人"、"人不亏地皮，地不亏肚皮"、"人勤地不懒"、"有力黄金土，无力荒草坪"、"土是摇钱树，粪是聚宝盆"、"粪草粪草，庄稼之宝"、"地凭粪养，苗凭粪长"、"积粪如积粮"、"开渠打坝，不怕不下"、"水路不修，有田也丢"、"水成田，衣成人"、"儿要奶足，田要水扶"、"有水无肥一半谷，有肥无水望天哭"、"求天不如挖地"、"小孩要娘、种田要塘"、"家有莲花转（指水车），不必靠老天"、"秋耕没犁，春耕破皮"、"田头多管，仓里谷满"、"种良苗壮，母壮儿强"等等。从这一系列农谚中，可以领会到农民群众对于农作物的特性及其与环境条件之间的关系，对于各项环境条件的特点及其相互关系的认识何等敏感。

此外，还必须看到农谚的很大部分是在旧社会产生和流传下来的，必然受到历史的和阶级的制约。它反映着当时落后的生产力和生产关系，即自然经济、封建剥削、分散落后的小农经济，以及旧的传统观念等等。例如其中一部分占验性的带有迷信色彩的农谚便属于这一类性质。这类农谚，有其产生的历史根源，也为研究农谚时所不可或缺。作为资料集的《中国农谚》，应该把这类农谚酌为收录。因为在一些带有迷信色彩或粗看不甚合乎道理的农谚中，也间或包含某些合理成分或应予肯定的因素，或某些启示苗头、值得进一步探索的东西，需要通过科学的分析验证研究，以判明其究竟是精华还是糟粕。总之，农书和农谚是我国宝贵的农学遗产，我们应该以辩证唯物主义和历史唯物主义作为指导原则，运用自然辩证法、现代的科学方法进行分析和验证研究，一切通过实践来批判地加以继承和发扬。

旧农谚是旧时代历史条件下的产物，其中当然有着历史残迹和历史局限性。解放后，由于农村中政治经济的巨大变革，生产条件变化了，科学技术发展了，广大农民群众在新的集体经济和新的生产条件下创造了大量的新农谚，我们以后还应对解放后的新农谚加以搜集、整理、分析、验证、研究，以丰富我们农业科学宝库。我们的民族是富于革新和首创精神的，我们既尊重传统农业的经验，又不局限于传统农业的经验。我们批判地继承传统，是为了更好地创造和发展新的传统，要在批判地继承和发扬优良的农业传统的基础上，开创和发展新的农业，即中国式的社会主义现代化农业。我们研究农谚始终要立足在促进我国的农业现代化建设事业上面，达到继往开来的目的。

上海市郊区农业调整中的两个问题 *

（1980 年 7 月 27 日）

1980 年 7 月 27 日，我们从无锡到达上海市。在市农委的安排下，对郊区农业生产方针、三熟制等问题分别举行了座谈。现将这两个问题的情况整理如下。

一、关于郊区农业生产方针问题

根据全国长期计划座谈会的精神，市农委和市计委农业处的同志正在研究这个问题。他们说：1979 年曾提出要把郊区建成稳产高产的粮棉油基地和为城市提供大量副食品的基地。这从字面上看，好像是可以的，但从实践来看，主次不分地要求建成两个基地，矛盾很多，很难办到。上海市总人口现约 1100 万，其中郊区农业人口约 450 万，集体耕地约 500 万亩，按农业人口平均每人只有 1.1 亩地。近几年的情况是，粮食总产将近 50 亿斤，每年为国家提供商品粮 8 亿多斤，占全市商品粮需求量的 1/6 多一点；提供棉花 200 万担左右，占全市棉纺原料的 1/3；提供食油 8000 多万斤，占全市食用油和工业用油量的 1/2；猪肉、禽、蛋的上市量一般占全市销售量的 60%～70%；蔬菜基本自给；市区销售的鲜牛奶和大部分淡水鱼也靠郊区提供。上海市郊区农副产品的商品率是较高的，但农民的口粮和畜禽饲料一直很紧张。从目前存在的问题及发展趋势来看，要求建成两个基地的提法，不仅粮食紧张的矛盾不会得到缓和，而且供应城市大量副食品的问题也难以得到较好解决。从郊区实际出发，从有利于扬长避短、发挥郊区优势着想，他们建议采取下述生产方针，即：在保证郊区粮食自给的前提下，以副食品生产和种植经济作物为主，开展多种经营，更好地为城市人民生活服务，为城市工业生产和外贸出口服务。要在这个方针指导下，经过调整，逐步建立起合理的农业结构，使农林牧副渔和社队工业有计划、按比例地发展起来。

---

* 本文是刘瑞龙在农业部副部长任上对上海市郊区农业调整中存在问题作调查研究后，向农业部党组的汇报稿。

　　根据上述建议采取的方针，他们提出了调整农作物布局、副食品结构以及农林牧副渔比例关系的意见。

　　农作物布局，根据中央关于少进口棉、糖、油，多进口些粮食的原则，在郊区粮食自给的前提下，拟减少粮食面积，扩大棉花、油菜和其他经济作物的种植面积，用郊区扩种的棉花、油菜籽来抵换粮食征购任务。并设想了两个方案：一个方案是全部粮食征购任务（1980 年为贸易粮 6 亿斤），都用扩种的棉花、油菜籽来抵换。这样需要扩大棉花和油菜面积各 40 万亩。到 1985 年，棉花亩产以 130～150 斤计算，总产皮棉 52～60 万担。以 1 斤皮棉抵换 8 斤贸易粮计算，可抵换 4.16～4.8 亿斤。油菜籽亩产以 250～300 斤计算，总产 100～120 万担，以 1 斤油菜籽抵换 2 斤贸易粮计算，可抵换贸易粮 2～2.4 亿斤。两者合计可抵换 6.16～7.2 亿斤贸易粮，抵换征购任务后略有多余，还可多得棉籽饼和油菜籽饼 1 亿斤左右。粮食面积从 1980 年的 291 万亩，到 1985 年减至 240 万亩（由占总面积的 58％ 减至 48％），按亩产 1700～1800 斤计算，总产达 40.8～43.2 亿斤。郊区那时口粮、种子需要 30 亿斤，集体饲料按现在 10 亿多斤的水平提留，可以做到粮食自给。另一个方案是小调整，即在现有基础上扩大棉花 20 万亩和油菜 30 万亩，两者产量约可抵换粮食征购任务的 1/2，作为调整的起步。

　　郊区农作物布局实际调整的条件和幅度，在很大程度上取决于国家能稳定地给上海市调进多少商品粮。我国人口多，目前粮食供应仍很紧张；进口粮食数量大，易受国际市场的波动和影响，调整步子大有一定风险。另外，郊区提供的商品粮是稻谷，国家调进粮是小麦，不仅不符合市区人民吃粮习惯，而且会因面食增加而增加生活支出。但权衡利弊，调整对国家、对上海都有好处。第一，可为城市工业多提供轻纺原料，多生产外贸出口产品，换取更多外汇，促进工业发展，有利于安排劳动就业。第二，农民可增产增收，种植棉麦两熟制比种三熟制（稻—稻—麦）一般每亩净收入可增加 60 元左右；种植油菜比种麦每亩净收入可增加 20 元左右。第三，适当扩大棉花等经济作物、缩小三熟制面积，可以合理安排茬口，实行平旱轮作，有利于用地养地结合；并可避免大忙季节劳力过于紧张和一部分作物种、管失时的弊病。从当前实际情况出发，即使设想作大调整，步子上也要分二三年进行；如果大调整的条件没有具备，采取第二个方案进行小调整，或者说逐年作些调整，也会比目前松动一些。尽可能松动一些，这是郊区干部和群众的普遍要求。群众说得好："巧动一着棋，全盘皆活了。"在座谈中，大家认为：调整势在必行，一定要采取积极的态度和逐步调整的方针；而调整农作物布局，则是把郊区经济搞活，加速发展农副工生产的物质基础，要首先抓好。

对于副食品结构，要根据城市人民生活需要和郊区生产提供的可能性，按经济合理的原则进行调整。他们提出了 3 条具体意见：第一，必须就近生产供应不宜或很难从外地调进的副食品，如蔬菜、淡水鱼、牛奶、西瓜、甜瓜、水蜜桃等，应立足郊区生产，实现全市自给。蔬菜生产要增加品种，提高质量，重点解决淡旺季节的供需矛盾，做到稳定地、均衡地供应。淡水鱼以养殖为主，大力发展精养鱼塘和社队河沟养鱼，到 1985 年产量争取从目前的 37 万担增加到 80 万担。适当压缩养猪腾出的饲料发展奶牛，到 1985 年由目前的 2.3 万多头增加到 4 万多头，产奶量由目前的 1.4 亿斤增加到 3 亿斤左右。第二，就近生产供应经济效果好，但也可能或必需从外地调入一部分的副食品，如猪、禽、蛋等，应当尽可能保持适当的自给水平（至少不低于目前的 60% ~ 70%）。1985 年前，郊区生产保持上市禽 1000 万只，蛋 1 亿斤的水平；上市猪肉适当压缩，保持 15 万 ~ 16 万吨肉的水平，即生猪上市量 300 ~ 320 万头。第三，不适宜于在郊区生产或经济效果不如外地，而又可以从外地调进的，如苹果、橘子等，就不必发展。

调整农林牧副渔的比例，着重是加强绿化造林和充分利用水面发展水产养殖。对于其他经济作物和副业生产，如种植香料、黄草，养长毛兔，种蘑菇及手工编织原料等，也要相应地安排和发展。

对郊区农业生产方针和调整意见，他们准备报市委讨论同意后报国务院审查批示。

在座谈中，他们还谈到目前城市郊区蔬菜生产和市场供应存在的问题很多，希望农业部会同商业部开个会，研究提出一些解决问题的办法。

关于全国农业自然资源调查和农业区划第二次会议的精神，市农委正进行传达和讨论，他们准备在年内搞出一个粗线条的材料，作为因地制宜调整农业结构和作物布局的初步依据。

二、关于三熟制问题

上海市郊区在 1956 年开始种植双季稻，1963 年开始了以双季稻为主的三熟种植，至 1975 年一些县以稻—稻—麦为主的三熟制种植占粮田面积的 70% ~ 80%，即除了秧田外，几乎都种植双季稻、麦子。在三熟制种植达到饱和的情况下，虽然粮食增长了，但形成季节紧、茬口紧、劳力紧，经济作物和绿肥面积减少，有机肥料供应不足，土地用多养少，土壤结构变坏；而且农本增高，出现了增产不增收的情况，农业生产和农民生活一直处于紧张状态。群众说："我们农民一年到头都是在一级战备中。"粉碎"四人帮"后，从1977年秋开始才进行了一些调整。

缩减三熟制面积，搞松动一些，会不会降低粮食总产，是大家都担心的问题。现在看来，调整得好，仍然是增产的。在座谈时，松江县委书记杜述古比较系统地谈了他们进行调整的情况。松江县1977年粮田面积43万多亩，种植早稻的面积占80.7%，种植单季稻的面积仅4.4%，全年粮食总产5.34亿多斤；1978年适当扩种单季杂交稻，相应压缩一部分三熟制早稻，单季晚稻占粮田面积增加到10.4%，早稻缩减到占粮田的72.6%，全年粮食总产达6.6亿多斤，比1977年增产1.26亿多斤（增产23.5%）。1979年，全县粮田面积40.2万多亩（开3条大河减少了1万多亩地），单季晚稻增加到占20.8%，早稻压缩到占60.9%，全年粮食总产6.78亿多斤，比1977年增加1.439亿多斤，比1978年增产1760多万斤。两年来的调整实践，不仅粮食连续增产，油菜、棉花等作物也都是增产的。

松江县委认为，适当压缩三熟制之所以能增产，最主要的是缓和了季节、茬口和劳力都高度紧张的矛盾。过去在三熟制达到饱和的情况下，各熟作物都有一部分播种、栽插延误季节，三麦、油菜播种、移栽不能保证在11月15日和20日前结束，特别是油菜，一般要到11月底、12月初才移栽完，达不到壮苗越冬；早稻过去有很大一部分是"6月苗"；后季稻迟到8月10日后插秧的尾巴在25%左右。压缩部分三熟制，这3个导致减产的尾巴基本上割掉了，首先在不违农时上争得了满足作物生育要求的主动权。其次是在劳力安排和田间管理上也相应地变被动为主动。过去1年3个大忙的收、种时间都在20天以上，收、种、管3方面很难兼顾，特别是棉花，从7月20日到8月20日正是结铃盛期，由于粮食抢收、抢种紧张，往往顾不上管理，严重影响了产量。以往为了抢季节，早稻不能"养谷老"，出现割青稻，产量也不高。这两年适当调整作物布局后，基本上做到种、管、收及时，能比较主动地争取各熟作物都增产。

松江县委负责同志说，在安排农作物布局上，必须坚持实事求是，一切从实际出发；切忌不顾具体条件，单纯追求提高复种指数。从初步调整的情况来看，全县两熟制大体可占到粮田面积的1/3。在调整中，他们注意不大上大下，不"一刀切"，因地制宜，逐步调整，从三熟产量低的队做起。各社队还应根据自己的条件而有差异，特别是要根据人均土地的多少以及机械化的水平，量力而行，安排三熟和两熟所占的比例。综合各社队的经验，人均耕地大体 1.3 亩左右的社队，两熟制面积一般可占到 20%，不超过 30%；人均耕地 1.8 亩的社队，两熟制面积可占到 40%，不超过 50%；人均耕地 2 亩以上的社队，两熟制面积可占到 70%。这样的比例基本上可以割掉 3 个尾巴，改变种、管、收的被动局面。但生产条件好、劳力充裕、管理水平高的社队，则不宜过多地缩小三熟制面积，否则对光热、土地和水资源不能充分利用，也不利于粮食进一步增产。

松江县的实践表明，合理调整三熟和两熟的种植面积，能获得较好的经济效果。特别是土地较多而劳力较少的生产队，适当压缩三熟制面积，有利于实现各熟均衡增产，产值增加，农本相应下降；同时由于减少了用种量，减少了秧田面积，增加绿肥面积，化肥用量减少，每亩农本也相应下降。该县砖桥公社的张塔桥生产队，1978 年以种植稻麦两熟为主，每亩种子成本为 5.25 元，比 1976 年全部种三熟时的 11.77 元减少了 6.52 元；肥料费用每亩也减少 4 元左右。据测算，种植 20% 的单季稻，平均每亩农本比全部种三熟时可减少 3 元左右；种植 30% 的单季稻，每亩农本可减少 6 元左右；种植 40% 的单季稻，每亩农本可减少 9 元左右。

在三熟制地区，要注意搞好土壤普查，查明土壤肥力变化情况，因地制宜地采取有效措施，恢复和提高土壤肥力，持续培肥土壤。

正确对待中国的农业历史遗产 *

（1980 年 10 月 24 日）

我们的祖国正在进行一场伟大的农业改革，这就是改造传统农业，实现中国式的农业现代化。所谓中国式的农业现代化，就是在农业集体化的基础上实行农业的技术改造。用社会主义工业、现代农业科学技术和现代管理科学这三者全面装备农业，改变生产条件，改革经营管理体制和方法，集中力量发展农业生产力，从根本上改变我国农业经济上、技术上落后的面貌，使之成为农、林、牧、副、渔全面发展，农、工、商综合经营，并具有世界水平的现代化社会主义大农业。这种农业现代化之所以是中国式的，是因为它具有中国的特点，是和中国的自然条件、经济条件、技术条件以及历史经验相结合的；这种农业现代化的一切措施都是从中国的实际出发的。为了实现这种中国式的农业现代化，就产生了一个如何对待我国的农业历史遗产，如何处理农业现代化与传统农业的关系问题。很明显，农业现代化不是在空中建造的楼阁，它不能离开原有的基地，不能离开我国农业几千年的历史发展。因此，创新必须建立在继承和改造的基础上并与之相结合。它不但要吸收全人类最新的科学成果，而且要总结和利用我国农业发展的历史经验。

有的同志认为，中国农业是旧社会的产物，是封建、迷信、落后的，没有什么可学的，没有研究、总结、整理的价值。也有人认为，现在搞农业现代化了，传统农业已是历史的陈迹，没有必要再翻腾故纸堆去寻宝了。这实在是一种误解，需要加以澄清。

一、对我国农业历史遗产的估价

我国是一个古老的农业大国，有几千年乃至上万年的农业历史，哺育出包括五十几个民族，近十亿勤劳、勇敢、智慧和富有革命传统的人民。世世代代

* 本文是刘瑞龙在《中国农业科学技术史稿》第三次编写会议上的讲话稿。该《史稿》由梁家勉主编，农业出版社 1989 年出版。

生息在这块广阔土地上的劳动人民，正是我国原始农业、古代农业、近代以至现代农业的承担者，因此，中国农业史和中国农业科技史，本质上都是中国劳动人民创造的历史。我们的祖先是在极端困难的条件下，为了生活，为了我国各族人民的生存和发展，披荆斩棘，开辟农业发展的道路。在长期的艰苦奋斗中，有过数不清的光辉创造。

我国是世界上农业发生最早的国家之一，又属于世界上为数不多的最大的栽培作物起源中心之一。早在原始农业阶段，我国的先民就为我们驯化了多种野生动物和培育了许多具有重大经济意义的农作物。例如，我国南方的水稻栽培和黄河流域禾黍类作物的栽培都是世界上最早的，在原始时代就形成了相当发达的稻作文化和粟作文化。我国是大豆的原产地，世界上一些国家大豆的名称正是从我国大豆古称"菽"的语音转化而来的。我国又是栽桑养蚕和栽培茶叶的故乡等等。

进入了阶级社会，尤其是春秋战国时代建立了封建地主经济制度以后，在我国具体的历史条件下，形成了独特的精耕细作的优良传统，比之同时代的西欧和世界上其他地区的农业，在许多方面达到当时的先进水平，直到今天，还在世界上享有盛誉。我国很早就把多种自然能源用于农业生产，例如利用牛、马、驴、骡、驼耕作和运输，施用有机肥料，使用风车、水车等，我们的祖先利用自然能源的方面和方法是很多的。在长期的农业生产中，他们又创造和发明了多种农具，有的农具（如"中国犁"）在世界同时代是十分先进的，对世界农业的发展产生过巨大的影响。我国很早就发展了水利灌溉事业，建造了一批高水平的古代水利灌溉工程。我们的祖先很重视选种技术，为我们培育了许多优良品种，我国是世界上品种资源最丰富的国家之一。我国施用有机肥料在世界上也是最早和最广泛的国家之一。绿肥的栽培同样是很早的，我们的祖先采用了各种培肥地力的方法。我国耕地的利用率很高，很早就实行耕地连作，并在这个基础上发展了多熟种植，这在世界农业上是很有特色的。我国传统的轮作倒茬也是一门很大的学问。我们的祖先在长期农业生产实践中积累了丰富的天文历法、农业气象和物候学知识。此外，他们很早就懂得某些生物病防治的措施了，等等。

我国历史上又有农牧结合、多种经营的宝贵经验。有人说我国古代农业很早就是单一经营，这种说法不完全符合历史事实。我国农区猪、牛、羊等牲畜的饲养是很早和很普遍的，而且与种植业互相利用产品、互相促进，创造了具有民族特点的农牧结合、多种经营的方式。汉、唐时代以养马业为基干的国营畜牧业的规模，在世界史上是空前的。我国北部、西部一些少数民族曾经拥有相当发达的畜牧业，他们创造的动物远缘杂交利用方式（如北方地区的骡和西藏地区的犏牛）也是我国农业史上光辉的一页。此外，我国在经济林木和经济昆虫的利用、水产养殖、自然资源利用与保护等方面，也不乏出色的成就与成功的经验，等等。

以上所列举的只是我国农业历史中许多发明创造中的一小部分。在这些创造中有许多具有科学意义的东西。我国古代的思想家、政治家、农学家曾经根据劳动人民的实践提出许多有重大科学价值的理论和论点。在这里我们也略举数项：

"国以民为本，民以食为天"，这种农本思想直到今天在某些方面仍然是有意义的。它相当深刻地指出了农业生产在整个社会经济政治生活中的重大意义。

农业的对象是有生命的物质，这种生物有机体在人们的生产劳动的干预下，不断同外界环境进行物质交换与能量转化，以制造人类所需要的产品。因此农业生产是自然再生产与经济再生产两个过程的结合。我们的祖先对此很早就有了朴素的认识。《吕氏春秋·审时》说："夫稼，为之者人也，生之者地也，养之者天也。"正是对农业生产中生物体与人和环境条件之间辩证关系的朴素概括。我们的祖先懂得农业生产对环境条件的依赖，懂得按自然规律办事的重要性，他们强调顺天时、量地利、因时因地因物制宜，不违农时，兴利除弊，趋利避害，防灾避荒，等等。他们也懂得在农业生产中人对环境条件并不是消极的、无能为力的，比如"土生万物"，土地是农业生产的基础，但在人们不同的经营方式之下，"土可使肥，土可使棘"，如果耕作得法，用养结合常施粪肥，建立有利于人类的物质循环，就可以"化臭为奇，化恶为美"，使土地越种越肥美。这种"地力常新"的思想正是我国传统农学思想的精髓之一。

与上述指导思想相联系，我国很早就产生了集约经营的农业思想。例如战国时的李悝就提出"尽地力之教"，中心是通过勤谨治田以提高单位面积产量。《齐民要术》说："凡人营田，须量己力，宁可少好，不可多恶。"《陈旉农书》说："多虚不如少实，广种不如狭收。"《沈氏农书》说："宁可少而精密，不可多而草率也。"所有这些，都是我国集约经营、精耕细作夺高产的传统在农业思想上的反映。以上这些科学原理，经过千百年来农业生产实践的检验，直到今天仍然被证明是有效的，直到今天还没有磨灭它的科学光辉。

我国传统农业的辉煌成就，为举世所公认。世界上有些知名的科学家，在相当早的时候就已注意研究我国的传统农业，并对它作了高度的评价。例如达尔文在《物种起源》第一章里讲他看到了一部中国古代的百科全书，里面清楚地记载着选择原理。这应是与中国农书有关的。近代农业化学的奠基者李比希等人，都赞扬中国人民长期保持土壤肥力的本领。美国育种家勃劳格，把中国的两熟栽培和三熟栽培，看作世界上最惊人的变革之一。我看这种变革即使不是最惊人的，也是巨大的。英国科学史家李约瑟，颂扬中国人民的发明，在他的论著中，列举了古代由中国传向西方的重要机械和技术发明，其中与农业有关的机具有龙骨车、水碾、水排、风扇车和簸扬机、独轮车、加帆手推车、磨车，驮重牲口用的两种高效马具（胸带和套包子）等。它们的使用都比欧洲早1000 年左右。李约瑟说这些发明从公元 1 世纪开始到 18 世纪期间，先后传到欧洲和其他地区。这就是说，这些创造发明，具有国际的意义。

在肯定我国传统农业这些客观存在的伟大成就的同时，我们也要看到由于历史条件的限制而不可避免地有许多落后的东西。我国传统农业是在封建地主土地私有制占支配地位的条件下发展起来的，是小农分散经营、规模狭小、生产条件很不稳定的农业，难以在较大规模上合理利用自然资源，更不可能在生产结构的总体上正确处理农、林、牧各业之间的关系。例如历史上曾经发生过盲目的围湖造田和毁林垦荒的事情，导致了对自然资源和生态平衡的某种破坏。又如我国很早就形成以种植业为主的民族和以畜牧业为主的民族在地区上明显分隔开来的布局，这虽有因地制宜发展农业生产的一面，但由于种种历史原因使得它们各向其片面发展，成为我国当前农业生产结构不合理的历史根源。我国传统农业又是以手工操作和部分使用畜力为主的，劳动生产率相当低下，加之残酷的封建剥削，从封建社会后期开始，农业生产发展长期陷于迟缓状态，其速度往往落后于人口的增长。我国传统农业科学技术又是建立在直观经验的基础上的，缺乏基于近代自然科学的精确的实验为依据，有些技术经验难免受具体的时间、地点和条件所局限，并往往知其然而不知其所以然。此外在传统的农学中也掺杂了一些占验、祭祀、禁忌等封建迷信及其他非科学的成分。由此可见，传统农业已经远远不能适应建设现代化的社会主义大农业的需要了。

总之，对我国农业的历史遗产应进行实事求是的科学分析和评价。在这个问题上采取民族虚无主义或者采取夜郎自大的态度，都是违反科学的、不正确的。

二、研究我国农业历史遗产的现实意义

我们搞现代化农业，首要的任务是学习现代农业科学技术，作为发展农业生产力的主要武器。对于一切阻碍生产力发展的老看法、老习惯，都是应该摒弃的。搞现代化，就是要改造传统农业。但要改造它，就必须先去研究它，了解它，才能弄清应兴应革的方向，才能在继承的基础上创新。我们决不应该割断历史，决不应该拒绝利用我们历史遗产中可以利用的部分。从科学的角度看，我国古代有三类最大的遗产，第一是农书，其次是医书，再次是兵书。这就是说，我们的祖先不但很重视发展农业作为解决衣食问题的方法，而且还努力保护它和保卫它，以维持我们民族的生存与发展。这些遗产，尤其是农学遗产，不仅是我国古代灿烂文化的重要组成部分，同时也是我们今天搞中国式的农业现代化所必须珍视、利用、借鉴的宝贵财富。我们应当重视对我国农业历史遗产的研究。

我国农业历史遗产中，哪些内容在今天搞农业现代化过程中仍然是有用的？我国传统农业的生产技术是在中国具体的自然条件和社会经济条件下历史地形成的。它反映了我国劳动人民的聪明才智和对客观规律的深切认识。今天，我国的社会制度发生了根本的改革，世界科学技术的发展也早已今非昔比，但我国的自然条件和某些基本的社会经济条件仍无大的变化，如封建社会后期逐渐形成的人多地少的情况，甚至现在还有所发展。在这种情况下，传统农业孤立分散、自给自足的自然经济方式和装备落后的状况固然必须改变，某些技术措施也已不再适用；但以"精耕细作"为特点的传统农艺的精华，仍然保持着它的生命力。因为这种通过精细的耕作管理，以提高单产为主攻方向的精耕细作传统，无疑符合我们现今的国情。只要人多地少这种基本情况没有改变，我国农业就必然要走精耕细作的道路。农业机械化与农业现代化的其他一切措施都必须考虑这一基本的要求。在精耕细作的总的精神下，我国传统农业土地利用率高，同时又重视地力的培肥，在一定范围和一定程度上实现了生物与环境条件之间的合理物质循环，而能源资金的消耗又相当的节省。并由此产生了一套技术措施，如施用有机肥、合理的轮作倒茬和多熟种植等等，所有这些，都是我们今天仍然需要在现代科学技术的指导下加以继承、改造、提高和利用的，只有这样才能创造出符合我国现实与历史特点的现代化农业来。

搞中国式的农业现代化不能闭关自守，对世界各国农业中先进的、对我有

用的东西，我们都要学习和吸收。中华民族是善于学习的民族，在我国历史上就曾经从国外引进许多新的作物和家畜的新品种以及先进的农业技术。我国的农业正是在与其他国家互相交流、互相学习的过程中发展起来的。但这种学习不是不顾我国具体条件的照搬照抄，也不是对我国农业历史特点的全盘否定。学习外国的先进经验要与中国的具体条件、发展需要、历史传统相结合。对于欧美发达资本主义国家的农业要作具体分析，它们拥有先进的技术装备和管理经验，劳动生产率很高，但并非完美无缺的。他们走过许多弯路，现在还有不少根本性的弊病，是不容重复的。现在世界上不少学者都在议论"石油农业"、"能量密集型农业"和"无机农业"的出路。所有这些名目都是指投入大量资金和消耗大量非再生性能源，使用过量的化肥、大量农药、除草剂进行经营的一种农业方式，它引起了能源浪费、自然资源和生态平衡破坏、环境污染等恶果。现在"石油农业"、"无机农业"危机四伏，在这种情况下，国外有些人转而研究中国的传统农业，从中寻求所谓"有机农业"、"生态农业"的线索。他们对我国精耕细作的、能源使用很经济的、能长期保持地力的、近乎园艺式的农业很感兴趣。这很值得我们注意和深思，我们切不可妄自菲薄。

在我国农业遗产中也有些部分带有封建迷信的色彩，但在这种外壳里往往包含了有用的科学内核。需要加以科学分析鉴定，不宜简单抛弃。有些问题传统农业虽然提出而未能解决，却为今天继续研究提供了线索。即使是失败的教训，也可以作为借鉴而发挥其应有的作用。

此外由于世界上经济发展的不平衡，我国传统农业中有些技术对于先进的地区来说，已经是过时了；但对国内外部分落后的地区，有许多还是直接可以用得上的，仍然具有一定的现实意义。我们在援外工作中就碰到过这样的情况。比如非洲有些国家很落后，拖拉机、水泵发挥不了作用，因为如果没有汽车把石油运进去，它们就成了一堆废铁。在这种情况下，我们有些援外人员就教当地人民挖井，用桔槔灌溉，用砍刀开荒，在汽车进不去的地方推广独轮车，这些东西花钱少，可以就地取材制造，真正使这些落后国家受益。现在我国有些贫困山区拖拉机用处不多，而耕牛却对他们帮助很大。可见不要看轻我国传统农业中这些"落后"的东西，在一定的具体条件下，它们可能比先进的东西有用得多。

今天，研究、总结、整理我国农业历史遗产，不是崇古、颂古、食古、泥古、复古，更不是厚古薄今，而是古为今用。我们的着重点是从研究我国农业发展的历史过程中，对过去的农业遗产，不是采取兼收并蓄的态度，并不认为过去一切都好，而是进行认真的科学分析，区别对待，有批判地总结、整理、继承，剔除其中封建、迷信、腐朽的糟粕，汲取其中科学性、人民性的精华。所谓科学性，就是那些反映客观规律的东西，那种在历史上起过推动作用的革命性的东西。所谓人民性，主要是我国劳动人民在生产劳动中的各种发明创造，以及各代思想家、政治家、农学家对这些经验的记载和总结。这些经验也散见于农谚、民歌、歌谣中。历代统治人物中也有为人民做了好事的，如秦蜀郡守李冰建都江堰，西汉搜粟都尉赵过发明推广代田法和新田器，北魏高阳太守贾思勰著《齐民要术》等等。他们所提出的有利于农业发展的政策和措施，包括他们成功的经验以及失败的教训，也应列入人民性精华的范围之中。

从我国农业科学技术史中，科学地发掘这些科学性、人民性的内容，是我国农史工作者的光荣任务。我们掌握这些珍贵遗产，不是束缚我们的思想，更不是停留在原有水平，而是要从中得到启发、借鉴，增加营养，进一步解放思想，给予实事求是的分析评价，在现代科学原理的指导下，提出在新条件下改革、创新的任务，在促进农业现代化事业上，作出推陈出新的成绩。

三、研究农业遗产的观点和方法

为了整理总结我国农业历史遗产，需要把《中国农业科学技术史》编写好，我们不但要编写古代的农业科技史，而且要编写近代现代的农业科技史。基本的要求是切实、充分地反映我国农业遗产中科学性、人民性的精华。

（一）要整理总结好我国的农业遗产，应抓好四个观点：

1. 历史的观点。要求全部史料真实、可靠、可信。存真是首要条件，这是我国史学的好传统。没有存真就没有信史。要保持历史的真实性和严肃性，切忌失实、掺假、夸大，也就是同志们所讲的反对假、大、空。凡事都要放在一定的历史条件下来考察，要符合历史的本来面目，经得起历史的考验。这是我们的研究成果能否具有生命力的关键。要在社会历史发展总的背景中，阐述农业科学技术的发展，说明各种农业科学技术重大变革发生的原因及其意义、影响。要注意各个阶段发展的连续性。

2. 科学的观点。就是实事求是，对于不同历史阶段的生产力和生产关系、各代农业政策、农业生产和科学技术的发展，都以历史事实为依据，进行历史的、科学的分析。要通过纷繁复杂的现象找出我国农业科技发展的客观规律来。切忌罗列现象，主观随意，牵强附会。

3. 人民的观点。忠实地反映各个阶段人民的利益和要求、生产和生活条件、人民的艰苦奋斗以及创造和发明。注意同时期或以后相应的农业典籍、记录和著作，以至统治阶级拟定和实行的有利于人民的政策和措施。

4. 唯物辩证的观点。马克思主义的辩证唯物主义和历史唯物主义应是贯穿我们全部研究工作的思想路线。不要照套现成的术语，而要对具体问题作具体的分析。在研究农业科学技术时，要特别注意利用自然辩证法的成果，利用科学的、历史的和辩证的分析方法。

（二）为了使《中国农业科学技术史》正确地反映我国农业科技的发展规律，有几个关系要处理好。

1. 科学技术和历史的关系。这两者都要，它们是统一的，不可分割的。不是离开农业科学技术讲历史，也不是单讲农业科学技术，而是把两者密切结合，使人们不止看到若干技术细节，还要看到农业科学技术发展和社会政治经济条件相互制约的关系。必须把农业科学技术放在一定的历史范围内来观察分析，才能看到它的发展线索、主要内容和历史作用。

2. 社会经济和科学技术的关系。从来社会经济发展的需要是推动科学技术进步的主要动力。各个历史阶段社会经济条件、发展水平和当时农业生产发展的需要，是农业科学技术发展的依据。不作这样具体分析，就不可能说明问题。

3. 科学与技术的关系。科学原理大多是在技术发展过程中形成的。生产技术发展了，逐步显露了农业生产和科学技术诸方面的内在联系，于是这种内在联系即规律性，逐步被人们所认识，上升为科学的概念或理论；这种科学的概念和理论，又进一步推动生产技术向前发展。我们研究农业遗产，不局限于个别的技术，还要研究农业科学的理论和思想，力求通过刻苦的研究从大量材料中，找出能够提供我们参考、借鉴的东西。

4. 材料和观点的关系。观点是从研究材料中形成的，要坚持论从史出。一个观点的提出，应有充分的史料依据，不要只抓住一点，以偏概全。空论连篇是要不得的，论多于史也不妥当，一般采取寓论于史的写作方法。但也不要只是材料的堆砌，选用材料是为了阐明观点。不是所有的材料都立论，要重点材料重点阐明。要注意简与繁的关系，真正有历史价值的材料不能丢。有人写的东西之所以能引人入胜和保持长久的生命力，主要原因之一是他们拥有并驾驭了丰富的、可靠的材料。材料在研究工作中是第一性的东西。有价值的史料是很可珍贵的。有了丰富的材料，留给后人去研究也是好的。而那些不是建立在扎扎实实的材料基础上的无根空论，则是一点价值也没有的。当然，在史料扎实可靠的基础上，还要作深入的研究，找出其内在关系。在写作时要对材料进行组织，注意叙述的准确性、鲜明性、生动性与逻辑性。

5. 共性与个性的关系。各个历史时期有其共同的东西，也有不同的东西。共同的东西不必讲得太多，要多讲具有特点、富于个性的东西。

在我国农业历史遗产中有世界上首屈一指的卷帙浩繁的农学专著，在历代的经史子集、稗官野史、诗歌农谚中也保留了许多农业史和农业科技史的资料。除此以外，我国考古事业的发展，也为我们提供了日益增多的实物材料，可以补充、订正和大大丰富有关文献记载。我国是多民族的统一国家，历史上农业科技的光辉成就是各民族的共同创造。许多少数民族对我国农业和农业科技的发展，都作出了独特的贡献。研究少数民族农业发展史，是研究中国农业发展史的不可缺少的一部分。我国许多少数民族中又保存了关于古代社会各种形态（如原始社会、奴隶社会、封建领主制社会等）及其农业生产方式的丰富材料，研究这些材料，可以加深我们对这些社会形态及其农业生产方式的认识，这对农史研究是很有意义的。因此，民族学和考古学应该进入农史研究的领域。这也就是说，我们除了要认真整理和研究有关农业历史文献外，还要注意吸收民族学和考古学研究的成果，把文献学、考古学和民族学三者结合起来。此外，我们还要注意对世界农业史的研究。各国人民都对世界农业的发展作出过自己的贡献，对外国一切好的东西，不论是现在的或是历史上的，我们都要吸收利用。我们应在继承全人类优秀农业成果的基础上建设我国现代化的社会主义大农业。同时，中国农业史又是世界农业史的一个组成部分，只有进行中国农业史与世界农业史的比较研究，才能弄清我国农业历史的特点以及它在世界农业历史中的地位和作用。我们把上述诸方面的工作做了，将会大大开拓我们的眼界和研究领域，使农史研究注进新的活力。

对农业历史遗产的研究要坚持百花齐放、百家争鸣的方针。编写《中国农业科学技术史稿》要吸收前人研究成果，注意国内外最新的研究动态，各种重要的学术观点均应在书上以不同形式得到反映，提供后人继续深入研究的基础。对农业史与农业科技史中的重大问题，应组织不同学术观点的同志进行自由的讨论，鼓励形成具有不同风格和不同特点的各种学派，以推动农史研究的深入发展。

关于南通、盐城地区商品棉基地
建设若干问题的调查报告*

(1980 年 11 月 19 日)

6 月 5 日至 7 月 15 日，我们先后同南通地委左开运、纪元等同志到了南通、海门、启东、如东、如皋和海安六个县；同盐城地委杨明、郭玉汉等同志到了东台、大丰两个县，每个县都重点看了一些社队，看了沿海新垦区的情况。并先后听取地委、县委和江苏省围垦指挥部介绍情况。在为期 40 天的时间里，采取边看、边听、边座谈讨论的方式，了解当前农业生产和农民生活状况，着重探讨这两个地区建设商品棉基地的若干问题。

打倒"四人帮"后，南通、盐城地区的农业连续 3 年获得丰收，特别是三中全会以来，由于认真贯彻执行中央两个农业文件，人心欢畅，生产蒸蒸日上，农村经济开始活跃，社员收入年年增加，广大干部和社员满怀热情地在争取今年农业丰收。地、县领导干部已开始考虑全面发展农业生产和农村经济的长期规划。南通地委认为，该地区的农业已打破 10 年徘徊、进入新的发展阶段；盐城地委认为，该地区现已具备低标准的商品棉基地的水平。总之，这两个地区的农业和棉花生产正面临着向现代化逐步前进的新阶段。形势在发展，正呈现一系列需要研究的新情况和新问题。我们这次同地委、县委的一些同志对若干问题作了初步探讨，整理成这个材料，供有关方面进一步研究时参考。

一、扬长避短，发挥本地区优势的问题

南通、盐城地区是棉花集中产区。1979 年两个地区的计划植棉面积 548 万亩（实际植棉面积比计划面积大），总产皮棉 750 万担；植棉计划面积占江苏省的 62%，皮棉产量占江苏省的 71%。目前两个地区棉花单产比全国平均产量高

---

* 1979 年 6 月，刘瑞龙恢复原职，重新担任农业部副部长职务。他以满腔热忱关注全国农村经济体制改革，轻车简从地考察了 8 个县，并向农业部党组写了调查报告。这份调查报告，由农业部转报国家农委，同时抄送中共江苏省委参阅。据江苏省农委函复："省委负责同志同意这些意见。"

出一倍多，皮棉产量占全国总产的17%，而且棉花质量也较好，是理想的细支纱原料。两个地区在今后农业现代化建设中怎样发挥自己的优势，地、县同志们根据从历史到现状的分析，初步认为有以下一些长处和短处。

（一）气候、土壤等自然条件宜于植棉

南通、盐城地区无霜期230～240天，稳定通过15℃气温的时间达180天，年积温4100℃以上，年雨量1000多毫米，能充分满足棉花生长对热量和雨量的要求；范公堤以东沿海一带，土壤大多为轻壤土，地势平坦，能灌能排，有利于棉花高产稳产。但因地处滨海，易受台风、低温和雨涝等自然灾害的袭击；排灌骨干工程虽已初具规模，目前部分地势低的土地地下水位较高，雨季暗渍威胁大，在小型农田水利配套和江海堤防工程方面还有待进一步完善，并提高标准，才能摆脱"怕涝不怕旱"、"旱丰水欠"的状况。

（二）植棉历史长，群众和很多干部有丰富的栽培、管理经验

解放以来已形成了一套粮棉轮作、粮棉套、夹种的耕作制度；劳力充裕，耕作较精细。但随着人口的增长，平均每人占有耕地面积越来越少，粮棉争地的矛盾日益突出。目前部分县、社棉花种植过于集中，如启东县棉花计划面积58万亩，铺地面积（即棉花和玉米夹种面积）达95万亩，占全县集体耕地面积的86.3%，形成年年夹种、重茬，无法合理轮作，病虫害加剧（特别是棉花枯萎病扩展）；而且土地用多养少，地力不易维持和提高。在棉区合理安排和调整棉粮布局，按社队因地制宜地确定粮棉种植比例，是制订农业发展规划中必须认真对待的突出问题。

（三）农业的技术装备及科学种田的水平已有显著增长和提高

以南通地区来说，农用总动力已达117万马力，大中型拖拉机840台，手扶拖拉机18300多台，喷灌机12000多台，在灌溉、脱粒、植保、农副产品加工等方面已基本实现机械化和半机械化；1979年施用化肥31.5万多吨，平均每亩施用量达90市斤。棉花塑料薄膜育苗移栽，近两年已大面积推广。但目前田间作业机械化水平很低，播种、间苗、中耕、除草和收获几乎全靠手工劳动，不仅劳动生产率低，而且农民劳动强度很大，很辛苦。加速田间作业机械化的步伐，也是面临的任务。

（四）自然资源和劳力资源丰富，有发展农工副业的有利条件

两个地区海岸线全长600公里（南通地区194公里，盐城406公里），而且平原河渠密布，有水面291万亩（南通地区90万亩，盐城地区201万亩），可以发展淡水和海产养殖业，充分利用农副产品，以发展猪、牛、羊、禽、兔等

养畜业和各种加工业。南通地区人口密集,农村多余的劳力约100万,每年城镇待业青年约1.3万多人,可以向生产的深度和广度进军。特别是邻近上海等大城市,加强同大中城市的经济联系,利用城市的工业和科学技术,是发展多种经济、建设棉区的有利条件。但就广大地区而言,目前农工副业和农工商综合经营还是薄弱环节,如何充分利用本地区的劳力和轻工原料的优势,发展为大工业服务、为城市服务和为当地人民生活服务的加工工业,全面发展农工副生产,这既是为农业现代化积累资金和解决劳力出路的重要途径,也是尽快地使棉区农民富裕起来的关键所在。

(五)沿海有可供开发利用的滩地

据江苏省围垦指挥部的资料,苏北沿海一带可开发利用的滩地有346万亩,其中盐城地区有225.6万亩,南通地区有45.6万亩,两个地区合计有271万多亩,占78.3%。有计划地开发利用滩地,可以扩大粮棉种植面积和发展林牧副渔生产,是可以发挥优势的一个重要方面。但要合理开发利用这些宝贵的土地资源,需要及早抓好勘测和规划工作,兴修大中型水利和配套工程,而且需要列入国家计划项目,安排一定的投资。

要发挥优势,真正做到扬长避短,趋利避害,就需要认真总结历史经验,深入进行农业资源和农业经济调查研究工作,搞好综合农业区划,这是进行农业现代化建设的一项基本功,是把长期农业生产规划建立在科学基础上的必要步骤。南通、盐城地区地、县领导部门在部署当前生产和增产措施时,已初步体现了分区域条件考虑问题和分类指导的方法,各有关部门已积累了一些材料和经验,进一步做好这项工作是有基础的。但从更高的要求来看,还需要组织科技力量,各部门密切协作,做很多深入细致的调查研究和综合分析工作,使综合农业区划和长远规划切实起到指导今后农业发展的作用。

二、粮棉合理布局,正确处理粮棉矛盾问题

在棉区,粮棉关系处理的好坏,关系到棉农生活和棉花生产能否稳定地、持续地增产的问题。"你要百万担,我要吃饱饭。"棉农要吃饱了饭才能放开手脚搞棉花生产。"粮食增了产,棉花就大胆";"夏粮产量低,棉花成了小弟弟";"粮食一年增,二年掉,棉花增产办不到"。群众形象、生动的语言,讲明了棉粮生产的依存关系。多年来的实践也表明,棉区没有足够的粮食做基础,要大发展棉花生产只能流于空谈。

南通、盐城重点产棉区，在生产方针上以棉为主的思想是明确的。"以棉为主"，就是以生产商品棉、提供国家发展棉纺工业所需的原料为首要任务；生产粮食也是为了发展棉花生产——保证棉农所必需的口粮服务的。国家不是要从棉区调出商品粮。国家为了从棉区多收购一些棉花，并使棉农口粮不低于邻近产粮区的水平，还要尽可能给棉区调进一些粮食。而从国家的情况来看，当前粮食和棉花都要进口，因而既要求棉区尽可能多生产棉花，又要求粮食也能基本自给；而棉区按人口平均占有的土地面积少，这就是棉区出现粮棉争地的症结所在。

因地制宜，实行粮棉合理布局，正确制定和调整粮棉种植比例，这实质上是制订本地区的明确的生产方针问题。这个问题事关发展生产和改善人民生活的大局，须采取慎重态度。关于农业生产方针，必须是农、林、牧、副、渔全面发展，使整个农业具有适合本地区自然条件和经济技术条件的内部结构，从而有利于建立良好的生态系统和生产技术体系，以达到高产稳产和持续增产的目的。关于粮棉布局，两个地区过去提过"以粮为纲，粮棉并举"，提过"粮棉并举，突出棉花"，也提过"以棉为主，粮棉双高产"等。但在实践上，粮棉争地的矛盾依然存在，粮挤棉或棉挤粮的现象反复出现。这次我们同地、县同志反复研究，认为提出"以棉为主，粮食基本自给"的方针含义比较明确，也比较能反映客观实际。

根据"以棉为主，粮食基本自给"的方针，两个地区粮棉比例究竟怎么安排较为恰当，这是必须从实际出发，认真探讨的问题。

目前两个地区的粮棉种植比例略有差异：

南通地区平均每人只有 0.97 亩耕地，全区现有粮食作物面积占集体耕地的 45%，棉花和其他经济作物面积占 55%。棉花计划面积为 295 万亩，实际种植面积已达 320 万亩，约占集体耕地面积的 50%；麻类、花生、薄荷、药材等经济作物 30 万亩，约占 5%。秋粮面积实际上只占 45%。全区按人口平均每人只有 0.45 亩粮田，1979 年平均每人口粮 476 斤，如果提高到 500 斤，加上种子、饲料用粮和城镇统销粮等，全年共需粮食 50 亿斤。如去年全区粮食总产 42.5 亿斤计算，粮食自给率为 84%。为了保证棉农口粮，今年江苏省在去年原调进南通地区粮食 4 亿斤的基础上，又增调 2 亿斤（共调进 6 亿斤）。目前省里再多调进粮食也有困难；而且再多调进粮食在运输和品种调剂问题上也不好解决（现调进粮食多为小麦，按农民吃的习惯是希望调进稻谷）。这就是说，南通地区需要在粮食基本自给的基础上来发展棉花生产。另一方面，确定粮棉种植比例还必须考虑合理轮作换茬、有效地减少病虫害和农药污染，以及符合用地养地结合的要求。今后即使国家有可能调进更多粮食给棉区，也不能把凡是适合种棉花的耕地都种上棉花，即无限制地扩大棉花种植面积。这次我们同地、县同志交换意见，初步认为，南通地区从现有耕地面积、人口增长和粮食单产水平来说，实际植棉面积已基本接近饱和；如果从计划面积来说（实际植棉面积大于计划面积），通过地区内各县、社队之间的调整（如皋、海安的高沙土地区，植棉面积只占25%），尚可扩大植棉面积20~30万亩（即达到350万亩左右）。这就是说，粮食和经济作物的种植比例可以从目前计划面积的45%、55%调整到40%、60%的比例。按这个比例，秋粮面积要减少30万亩，粮食总产比现在少2亿多斤，按正常年产量全地区粮食总产40亿斤，尚需调进商品粮10亿斤。总起来说，粮棉种植面积可按"四六"开进行内部调整，粮食自给率保证在80%（即基本自给），每年调进商品粮10亿斤。这便是南通地区现有耕地面积上扩大棉花种植面积的限度。超过这个限度新的矛盾更多。从战略上考虑粮棉种植面积比例不宜绷得太紧，还要留有调节余地，才比较主动。

盐城地区平均每人占有耕地面积1.3亩，目前全区粮棉种植面积共806万亩，棉花计划面积258万亩（铺地面积是360万亩），按计划面积占38%；秋粮计划面积548万亩，占62%。而且全地区内粮棉种植比例也因地而异：沿海重点棉区是粮棉各占50%；里下河、射阳河两岸重点粮区，粮占78.5%，棉占21.5%；渠北旱粮区，粮占81.2%，棉占18.8%。具体到各县、社，也因条件不同而粮棉种植面积各有偏重。这样在全地区和县都有自己的小商品粮基地，可在地区内部主动进行调节，达到粮食完全自给，棉花作贡献。1979年盐城地区还能调出5000万斤商品粮，比南通地区回旋的余地较大，且沿海可开垦的滩地也较多，因而发展棉花生产的潜力也较大。但从发展上看，随着人口的增长，粮棉争地的矛盾也会出现；而且棉花集中产区的情况已与南通地区相近似，因而合理布局、因地制宜安排粮棉种植面积，同样是需要认真对待的问题。

三、发展棉花生产的政策问题

我们所到之处，干部群众对三中全会以来有关农村经济和发展生产的一系列政策，都说高兴和拥护。政策稳，人心定，生产发展，生活改善，这是普遍的反映。具体到棉花生产，希望现在有利于生产发展，得到拥护的政策稳定不变，确保兑现；也听到了一些议论和需要考虑改进的意见。

（一）棉农的口粮问题

按国务院确定的精神，棉农的口粮不要低于邻近地区粮农的实际口粮标准，但这个规定一直未能兑现。南通地区 1979 年平均每人口粮 476 斤，不仅低于邻近产粮区苏州、扬州地区，而且同江苏省平均口粮 521 斤相比也还少 50 多斤。盐城地区东台县 1978 年平均每人口粮 454 斤，比邻近的兴化县低 90 斤。南通地区的同志说，省里对我们是照顾的；国家也要从我省调出粮食，我们也不应向省里提出过高的要求，但希望能做到不低于全省平均口粮水平，做到棉农不吃议价粮。

（二）棉花定购基数和超产加价问题

按全国供销合作总社规定，定购基数是前三年的平均产量（江苏省还加个打九五折），这实际上是多增产多定购，水涨船高，基数一年一变；而且这两个地区 1976～1978 三年是连续丰收，三年平均产量是历史最高的，按照这个基数定下来，平年不利于调动生产积极性，一遇灾年就更成问题了。他们的意见可仿照粮食三定做法，一定几年，不要一年一变。如果粮棉购销双定，一定几年，有利于安排粮棉茬口和调整布局，对粮棉增产都起促进作用。如果目前办不到，也希望在头一年秋收前把棉花定购任务和粮食调进指标定下来。关于棉花超产加价的计算单位，省委规定以县为单位；由于一县之内生产发展也是很不平衡的，增产减产的生产队混在一起结算很不合理。地、县的意见是：和超购奖励粮食一样，应当以生产队为结算单位。

（三）奖售化肥问题

按国务院 1978 年规定，生产队每交售 100 斤皮棉，奖售化肥 80 斤。南通、盐城棉区复种指数高，加上近两年大面积推广塑膜育苗移栽，每亩需肥量增加，很多同志提出，能否采取交售 1 斤皮棉奖售 1 斤化肥的办法。国家供应地方的增粮保棉化肥数量今年是定下来了，能否一定几年，也希望明确下来。

（四）籽棉加工和棉油、短绒、返还问题

按国务院规定，"在棉花集中产区，一般应由生产大队组织轧花、剥短绒和棉籽榨油，向国家交售皮棉、短绒和棉子油。"江苏省政府已决定将各地轧花厂下放到公社来办，其利润 20% 缴所得税，70% 给社队，10% 作为工厂再生产的资金。看来划这样几条杠杠作为过渡是合适的。但据南通地区反映，省政府今年又发文作了更改；即从社队分成利润的 70% 中，拿走 20% 归省、地（其中省得 15%，地区得 5%）。地委认为这一改变与国务院规定有出入，不利于增加棉区社员收入，需要加以研究。

（五）社员自留棉换布票的问题

现行规定是 1 斤自留皮棉可兑换 5 尺布票；而实际上 1 斤皮棉可织 10～20 尺布。南通地区 1979 年社员自留棉约 13 万担，用于换布票的只有 8 万多担，其余 5 万担除部分用做棉絮外，多用于土纺土织。如果改为 1 斤皮棉换 7 尺或 10 尺布票，国家还可多换得一些棉花。

（六）棉花增产部分的提成比例和发展地方棉纺工业问题

两个地区的同志认为，在保证完成国家棉花定购任务的前提下，多增产棉花多留成，发展地方棉纺工业，搞生产、加工、销售一条龙，是利用本地原料和劳力资源，发挥地区优势的一个重要方面。两个地区对这方面的要求是很热切的。

南通地区 1979 年产皮棉 400 多万担，省里定购任务是 283.89 万担；超过定购任务的 128 万零 9 担皮棉，约可发展纱锭 40 多万枚。现属地区范围的若干零星小厂加起来只有 10 万纱锭，用棉约 20 多万担，仅占全地区皮棉总产的 7.5%；有织布机 8700 多台，织布用纱还要从外地调进。盐城地区皮棉产量占全省的 33%，留给地区用的只占 17%，纱锭只占全省的 8%，布机只占 5%，印染能力只占 2.5%，造成棉花大量外调，棉布及其他纺织品大量调进的不合理现象。两个地区都希望稳定定购基数，超购部分给地方发展棉纺工业。这可就地利用原料，安排农村多余的劳力就业，有利于扶植棉区经济实力；又可避免轻纺工业继续集中于大城市，实现轻纺工业合理布局。问题是近几年来国家每年还要进口上千万担棉花才能勉强供应现有轻纺工业的需要。因此对这个问题要按统筹兼顾的原则，在增产棉花的基础上逐步扩大超产留成给地方的比例。

四、发展棉花生产的科学技术问题

20 世纪 70 年代以来，南通、盐城两个地区皮棉总产都增加了 100 多万担，大体是一半来自扩大面积，一半来自提高单产。但原来高产的县主要来自扩大面积（棉花同玉米套种，铺地面积大）。在棉花集中产区，今后以扩大面积来增产的潜力不大，应该进一步改善生产条件，提高科学技术水平和改善经营管理，以主攻单产来增加总产。要大幅度提高单产，除推广已有科技成果外，必须在品种和栽培技术上有新的突破，逐步实现农业科学技术现代化，为此，加速提高干部和社员的科学技术水平问题，就显得更加突出了。

主攻单产，要从多方面提高科学技术水平和改进管理方法，要有成套的从实际出发的趋利避害的措施。从现有高产单位的经验看，当前主要是抓种子建设、推广先进栽培技术、肥料建设、综合防治病虫害和加速田间作业机械化的步伐这几个方面。

（一）种子建设

首先要恢复和健全在十年浩劫中被打乱了的棉花良种繁育体系。一些县原有的良种场被部队接管后又转给了农垦系统，棉区人多地少，难于再辟新基地，如东等县一再要求将良种繁育场归还地方，这个要求是合理的，应当尽快解决。其次是要加强品种提纯复壮和杂种优势利用，加速培育和推广抗病高产的新品种。

（二）推广先进栽培技术

这次我们看到的塑料薄膜营养钵育苗移栽，就是一项行之有效的增产技术。育苗移栽的棉花一般比直播的早发苗半个月，明显地具有争早发、避灾害、稳长、早熟、不早衰的优势。如东县1978年以来大面积推广育苗移栽，尽管去年早霜比常年提前20多天，由于争得了早发、早熟，受害程度轻，加上其他技术措施的配合，这个县连续两年夺得皮棉百万担。如东县今年植棉计划面积64.6万亩，育苗移栽的达60万亩，除沿海新垦区主要是直播外，老棉区几乎都是育苗移栽的，棉苗长势普遍较好。

（三）肥料建设

两个地区复种指数高，土地用多养少。因而，广开有机肥源，培肥地力，显得特别重要。化肥施用上要针对土壤氮、磷、钾比例失调的情况，配合施用磷肥和钾肥。南通县李港公社用等价的四种化肥（碳铵、尿素、过磷酸钙、磷酸磷铵）在元麦上作试验，以施用复合肥磷酸磷铵的肥效最佳。在棉花栽培上也应进行不同肥料品种的肥效试验，以提高施肥的科学技术水平。南京永利化工厂生产的磷酸磷铵很受群众欢迎，但目前供应量有限，希望有关部门能根据需要组织多生产这类产品。

（四）综合防治病虫害

近年来，由于间、套作面积大，轮作换茬安排得不好，棉花病虫害趋于严重。棉铃虫、玉米螟、枯萎病均较过去发生普遍。而且药物防治对环境污染的问题也很突出。群众迫切希望化工部门生产高效、低毒、低残留的农药；同时希望农业科研部门搞出综合防治病虫害的样板，并加强技术指导。棉花枯萎病需要引起注意，南通地区1979年发生不同程度病株的棉田有160万亩，即在全地区43%的棉田均有病株发生。盐城地区今年在涝渍重的棉田，枯萎病也较严重。培育和推广抗病品种是一个办法；但在未掌握理想的抗病品种前，合理安排轮作换茬，特别是稻棉地区实行水旱轮作，更是值得重视推广的有效措施。

（五）加速田间作业机械化的步伐

南通、盐城地区间、套种方式复杂，田间作业机械化有它的难度，机具不配套，群众说"拖拉机望田兴叹"；加上劳力比较充裕，以致田间作业几乎全靠人力，大多靠妇女劳动。据江苏省妇联在海安县三个生产队的调查，农业劳动中女劳力占用工量的52%～63%，占棉花生产用工的80%～90%，晴天也是一身露水一身汗，青壮年妇女患痛经的不少，子宫下垂的也多，加速田间机械化的进度，对保护劳力健康显得十分必要。同时在三夏、三秋农事大忙季节也出现劳力的紧张，影响社队企业和副业按计划生产，特别是遇到灾害性天气的年景，需要抢收、抢种和抢管，农民劳动强度大。当前田间作业机具配套搞得较好的生产队也有，如大丰县丰富公社新丰大队九队，使用的田间作业机具就有上10种。对已试验成功的小型配套机具，应创造条件，加速推广。同时，要在相对稳定本地区耕作制度的条件下，组织农学、农机人员共同研制适应地区农艺要求的田间作业配套农具，坚持搞好一批机械化试点，以加速农业机械化的步伐。

提高农业科学技术水平，要抓好一支队伍，地、县同志普遍认为，当前科学技术力量不足，既需要充分发挥现有专业技术人员的作用，又需要积极培养一批专门技术人才。启东县寅阳公社今年已开始办职业学校，招收高初中毕业生200人，分会计、农机、电工、无线电和农业技术5个专业培养人才。目前棉区各县都有农科所、气象站和病虫测报站等，有的县还有农校和农场。应把这些单位的专业技术人员组织起来，协同工作，逐步形成县的农业技术指导中心，加强试验、示范和推广工作。地、县同志还提出，希望农业部和省农业厅把农业教育抓起来，按照党中央对干部年轻化、专业化的要求，有计划、有选择地培训各级农业干部，恢复和健全中等农校，举办各种专业训练班；希望恢复农业中学，农村普通中学增设农业课程，以及协助解决农业教育师资、经费和设备等问题。

五、进一步搞好农业基本建设问题

农业是在露天生产，需要进一步从多方面搞好农业基本建设，切实改善生产条件，增加抗灾能力，才能保证农业实现高产稳产进入一个新的水平。

30 年来，两个地区在农田水利建设上已取得巨大成绩。南通地区有了比较好的基础，大引、大排、大调度的骨干工程已初具规模，而且格局也比较合理。从把全部耕地建设成为高产稳产农田和建设成为现代化棉花商品基地的要求来看，还必须继续搞好农田基本建设。盐城地区地处淮河、里下河下游，地势低洼，每遇涝年，上有客水压境，下有海潮顶托，加以近几年来海港逐渐淤塞，抗洪排涝任务十分艰巨；遇到干旱年份，上游来水少，有水也是喝"迴龙汤"，水质差，对粮棉产量也有很大影响。两个地区的共同问题是雨涝威胁大，渍害重，粮棉产量一般是"旱丰涝歉"。当前突出的任务是加速搞好中小型水利工程配套，提高标准、近几年在小型工程上，推广田间一套沟，"里三沟，外三沟"，把田"抬起来种"，已收到排涝防渍的良好效果。

一般认为南通地区水利问题不大了，但据地委分析，实际情况是今后水利建设任务还很艰巨。全区还有 270 万亩农田的地下水位降不到 1 米以下，易受暗渍；有 142 万亩农田遇大涝时，三、四级河水位降得慢，容易受涝；有 130 万亩农田，在大旱时，大河水少小河干，有的社队连饮用水都有困难；还有加固堤坝和防坍保岸问题，解放以来沿江地区坍失的农田达 30 万亩；目前江海堤防还有 60 多公里险段急需加固。盐城地区的水利建设任务更重，目前还有 60% 的河渠建筑物有待配套；还需整治沿海骨干河道，完成新洋港及西潮河排洪干河工程，增大入海流量；还将开挖通榆河，南引长江水，冲淤保港，保证灌溉水源和加速沿海滩地的淋盐洗碱。两个地区要进一步搞好水利建设，尚需花费巨额投资，一是靠地方自筹，一是靠国家给棉区建设以一定的投资和贷款。南通地区 30 年来用于水利建设的投资共 4.76 亿元，其中地方和集体自筹投资 2.49 亿元（约占 52.3%），群众负担很重。地、县同志反映，为了加速棉区建设，减轻群众负担，希望国家和省今后在对商品棉区的投资和贷款上，与商品粮区同等对待。

商品棉区的农业基本建设，必须有全面观点，要在搞好总体规划的基础上，采取综合措施，组织各有关部门协同进行。在搞好水利建设的同时，要抓好改土培肥、植树造林、农村能源和集镇建设等多方面的工作。

当前农村能源紧张，燃料、饲料、肥料、木料俱缺，开辟新的能源具有战略意义。这次我们看到海安、如皋等县有一些社队正在推广沼气与太阳灶结合的试点。海安县成立了能源研究所，在搞利用太阳能的多种装置试验。盐城地区新洋农业试验站试制的抽气结构太阳镜很轻便适用。他们还准备研究风能利用。南通地区科委，在如皋县场南公社十二大队五小队搞试点，全队 40 来户，家家有个沼气池，有个太阳灶（成本各六、七十元），天晴下雨都可浇水、做饭，改变以烧柴草为主的习惯，社员感到很高兴。沼气池和太阳灶结合，再配以少量的秸秆和煤，逐步改变农村人民生活耗能结构，就有可能扩大秸秆还田的面积，这是培肥土壤、建设高产稳产农田的一个物质条件。从多方面开辟农村能源的工作，应当引起重视，不断总结经验，努力把试点搞成功，并创造条件，加以推广。

目前沿海棉区的造林绿化和营造防护林是个薄弱环节，据说覆盖率还不到 2%。为了调节气候，减轻台风等自然灾害的侵袭，要着重搞好四旁绿化，并在沿海堤岸和河、渠两岸建立强大的防护林体系。同时要按因地制宜、因害设防的原则，在平原地区有重点地营造护田林网。

六、全面发展农工副业，走向农工商综合经营问题

怎样使棉区尽快富庶起来，使农业能积累资金，使劳力有出路，这是关系到农业现代化建设速度的大问题。多年来的实践已经表明，单一地在有限的亩耕地上搞种植业，局限于提供粮食和原料的经济活动，不能增加多少扩大再生产的资金，多余的劳力也难有出路。要富裕起来，就要广开门路。"要得富，农工副"，这已成为棉区干部和社员的口头语。近几年来，南通、盐城地区的农工副业有了发展，农村经济结构正在发生可喜的变化。1979 年南通地区农工副总产值为 22.138 亿元，其中农业产值占 53.6%，社队工业产值占 33.3%，副业产值占 13.1%。盐城地区农工副总产值为 20.08 亿多元，其中农业产值占 66%，社队工业占 28%，副业占 6%。

两个地区东临黄海，南有长江，境内河渠密布，资源丰富，发展副业的门路很多。在各地区分别有：以瓜果、薄荷、药材、杞柳、芦苇、咸水草等为重点的种植业，有以猪、牛、羊、兔、蜂、蚕、貂和家禽为重点的饲养业，有以鱼、虾、蚌珠、纹蛤、紫菜为重点的水产养殖业，还有以刺绣、钩针、挑花、抽丝、红木雕刻为主的工艺美术产品，以竹、草、柳条、紫穗槐等为主的编织业。农副产品综合加工利用的潜力也很大，单是棉花一项，副产品有棉籽榨油，棉油脚制肥皂，棉籽壳作工业原料可制糠醛等产品，短绒可做香烟过滤嘴原料。目前不少社队已有搞好副业生产的经验。海门县大新公社一大队搞副业生产"七个一"，即一个饲养场、一间蘑菇房、一口养鱼塘、一条杞柳沟、一块湖桑

园、一个鳝鱼池和一条养蚌沟。全公社接种珍珠 10 万只，共有 27 个副业项目，去年产值达 95 万元。盐城地区今年上半年集体副业收入达 9000 万元，比去年同期增长 80%；今年有 1.8 万个生产队规划实现副业产值 1 万元，到 6 月底止已有 213 个生产队超万元。

近两年来，两个地区的社队工业也开始起步。南通地区社队工业产品已达两千多个品种。他们认为，要充分利用本地区的资源，发挥劳力多和现有技术力量的优势，着重发展劳动密集型的工业，搞投资少、用工多、见效快、利润高的项目。启东县的寅阳公社，社队企业的发展，促进了全公社经济实力的迅速增长，社员正在走向富裕。该公社在 1974 年时，只有农机厂、砖瓦厂和缝纫社 3 个企业，400 名职工，产值只有 40 多万元，利润不过两三万元。1975 年发展了农机配件厂、服装加工厂等 10 多个工厂，以后每年都发展五六个工厂，到 1979 年，社队企业发展到 46 个，由务农转向务工的社员达到 4378 人，产值达 1000 万元，利润达 90.5 万元，产值比 1974 年增长了 25 倍。目前该公社的社队企业产值已占到农工副总产值的 52%。1979 年，全公社平均每人收入达到 185 元。由于社队企业积累了资金，公社每年自产 5000 吨磷肥，以低价售给生产队，有力地支援了农业；公社还为几百名为革命作过贡献的老干部，因公致残的劳动者，烈军属子女和生活困难户妥善安置了工作；还为社员兴办了福利事业。全公社打了 13 口深井，有两个大队已户户安上了自来水，到 1981 年全公社 9000 多户人家都能吃上清洁的自来水，保护了人民健康。总之，过去认为难以办到的事，设想要等待国家给投资才能办的事，这个公社通过广开生产门路，依靠发挥劳力资源充裕的优势，正在得到逐步解决。

农工副全面发展，是走向农工商综合经营的物质基础；而农工副业发展的必然趋势是农工商综合经营。如皋县部分公社、大队办的饭店、小吃部已达 113 个，旅社 13 个，照相馆 10 个，综合商店 16 个，理发店 64 个，还办起了浴室、水炉房 5 个，加工兼销售的四坊（油、糟、豆腐、粉坊）429 个，务商人员有 2847 人。这不仅方便了群众生活，也改变了集镇上只有商业供销部门做独家生意的局面，促进了"铁饭碗职工"服务态度的改善。在当前要积极发展农工副业生产；要商，先要有商品，而且要商品率高，产销对路。随着商品生产的增加，农工商综合经营也就提到日程上来了。在农工副业发展较好的地区，办农工商综合经营试点也是必要的。

七、开发利用沿海滩地问题

据江苏省围垦指挥部的资料，苏北沿海一带可围垦开发利用的滩地有346万亩，分布在盐城地区和南通地区的共271万亩。而且又比较集中地分布在大丰、射阳、东台和如东四个县（大丰83万亩，射阳50万亩，东台38万亩，如东35万亩，共206万亩，占两个地区沿海可开发滩地的76%）。省围垦指挥部和地、县同志认为，沿海可围垦的滩地，是指积淤成陆的土地，起围点一般在平均高潮位以上，其高不小于1.7米。滩地的特点是围得快、长得快；如果不及时围，形成地面外高内低，反而会增加以后兴修排灌工程的困难。采取综合措施，综合开发利用，综合经营管理，不但不会破坏整个地区的生态平衡，而且是建立新的、更为合理的生态平衡。而今位于范公堤以东的近两千万亩耕地，就是历代劳动人民逐步围垦出来的。据现有资料，苏北沿海绝大部分海岸一直是向海淤涨的，每年淤涨成陆的面积约有五六万亩。群众说："既然老天爷每年都送来这些土地，我们怎能让它荒着不利用！"

解放初期，华东局有关部门曾组织一批专家对苏北沿海滩地进行过考察，据当时概查，约可开发利用800万亩，并提出了修水利、废盐灶，引淡排盐，移民垦殖和建立国营农场的建议。30年来，苏北沿海共开发利用的土地约700万亩（包括解放前垦后荒弃的土地），其中建立省属国营农场14个（总面积约120多万亩，已垦种的耕地57万多亩），为增加粮食生产和发展多种经营作出了贡献；也为今后围垦事业的发展提供了正反两方面的经验。

据省围垦指挥部的初步设想，沿海滩地的开发，将采取以县为单位，组织社队联合开发经营为主，国家给予投资和贷款扶助的方式，以充分发挥地方的积极性。但一定要实行统一规划布局，统一布置水系，统一工程标准，以保证新垦区充分合理地利用土地和水利等资源，全面发展农、林、牧、副、渔生产，逐步建设成为现代化的农业基地。

在西北地区农业现代化学术
讨论会上的发言*

(1981 年 1 月)

西北九省、区的农业科学家和农业部门的领导干部在兰州开会，进行农业科学技术交流，讨论改变西北穷困落后面貌、逐步实现农业现代化的问题。这是一次很重要的会议，开好这次会，对发展西北农业，巩固边防，将有积极和深远影响。我因事未能前来参加学习，想在书面发言中提几点粗浅建议，和同志们共同探讨。

1. 西北地区辽阔，大多是兄弟民族地区，又是国防前线，大部分地区历史上遗留下来的贫困面貌，30 年来改变不大；当前生态平衡遭到严重破坏，农业生产力水平很低。这种现状，同农业现代化的目标存在着一个相当长的艰巨历程。因此，我们既要解放思想，探讨和明确长远的奋斗目标，又要从现实出发，调查研究，实事求是地提出从当前开始逐步付诸实现的分期目标、途径和切实可行的措施。

要从根本上改变西北地区的农业面貌，一定要走中国式农业现代化的道路。必须从目前实际需要和可能的步骤和措施做起，放宽政策，使农民休养生息，恢复元气，发展生产。活跃和发展农村经济，使农民逐步富裕起来。采取行之有效的措施，逐步改变生产条件，逐步改善当前农业生态的恶性循环，逐步改变穷困面貌，把这作为起点，从经济、科学技术、培养人才和试点积累经验等方面，架设过渡到农业现代化的桥梁。千里之行，始于足下，是否可以考虑把这作为我们献计献策的重点。

2. 黄土高原水土流失的综合治理，是关系西北大部分省、区发展农业生产、改变穷困面貌的大问题，也是关系黄河下游广大平原地区人民的生命安全和经济发展的大问题。综合治理的成败，是关系国计民生的大事。

综合治理黄土高原水土流失、根治黄河的根本措施是造林、种草，增加地

---

* 20 世纪 80 年代初，刘瑞龙因身体状况一直不太好，医生禁止他长时间外出，他不能出席外地召开的一些重要农业会议时，也要尽可能地送去书面发言。本文即他的书面发言之一。

面覆盖，配合必要的工程保证，建设新的合理的生态系统。要有效地搞好造林、种草，必须与发展当地农牧业生产和改善人民生活密切结合起来。例如造林，要重视解决人民烧柴需要的薪炭林，能增加集体和社员收入的经济林（包括果树、木本粮食和木本油料，以及种植药材等）。同时要营造防护林网，防治风沙，保护农田和牧场，特别要重视保护水源林。沙漠边沿，要重视对沙生植物、林草间作和防风固沙的科学研究。种草要结合发展畜牧业。发展人工草场，改善天然草场。总之，造林、种草一定要解决同当地人民当前增产、增收有关的各种问题。荒山、荒地要按政策确定所有权和使用权，解决谁种谁收益的问题。国家对集体和个人的造林、种草，要创造提供种子、苗木等有利条件，进行技术指导，并在经济上给予适合当地需要的扶持和补助。要把造林、种草和当地人民切身利益结合起来。同时要按照国家法令和政策的规定，保护现有自然资源，保护森林、草原、水源，首先要严禁乱砍、乱伐森林的破坏行为。

造林种草的生物措施和必要的工程保证措施在根治水土流失方面是相辅相成，不可分割的。这两方面，各有作用，不能互相代替，在不同情况下，各有重点。不要重复过去强调一面，互相割裂的错误做法。

今年4月，国家科委、农委和中国科学院在西安会议上讨论了黄土高原综合治理初步方案。这次会议将以此为基础，结合新材料，进一步深入讨论，使之更充实完善，增大方案的可行性，争取获得更好的经济效果。

3. 发展西北地区农业生产，从宏观经济看，必须实行农、林、牧、副、渔全面发展。西北各省、区以至各地、县、社情况，千差万别，总方针是农、林、牧结合发展。至于在具体地区和生产单位内的各业比重，必须从当地自然、经济、技术条件等实际情况出发，因地制宜。有的以牧为主，有的以农为主，有的以林为主。不论以何业为主，都要研究适合当地条件的农、林、牧结合的形式，目的是合理、经济、充分地利用自然资源，扬长避短，发挥优势，达到增产、增收的目的。直到各县、各社队也要因地制宜，制定当地实际需要和可能条件的生产方针，不能简单地把一个大地区范围的生产方针原封不动地作为自己的方针，切忌一刀切。在调整当地农业结构和生产布局时，例如退耕还林、还牧，都要从实际出发，根据条件和全局利益，通盘规划，积极稳步地实施，避免盲目性。

一个地区，一个小的流域，一个县的农业基本建设，必须根据农业区划制定统一规划。农、林、牧、水利以至社队企业、工业、交通、商业、小城镇、居民点和文化设施的建设，都应在调查研究的基础上进行，认真规划。通过民主讨论，在若干方案中选择最佳方案。讲求经济效果，切忌仓促草率从事。从根本上改变一个地区的生产条件，要有总体规划和分期分批实施的步骤；在实践中要不断根据情况修订完善，经过长期努力才能收效。要不断检查总结经验，各部门密切协同，实现规划任务。不论资源调查、农业区划、农业发展规划、基地建设、进行试点等项工作，都要求自然科学家和经济科学家紧密合作，综合考虑各项措施在技术、经济等方面的可行性。

4. 西北广大地区干旱缺水，水资源的合理开发和节约利用，对发展农业生产有特殊重要的作用。新疆的科学工作者提出，应当把每消费一方水能生产多少斤有机物质，作为衡量农业现代化技术水平的一个标志，这是有道理的。干旱地区水资源十分宝贵，在开发利用上应当把地面水、地下水资源摸清楚，统筹规划，合理利用。对已有的灌溉水源的利用，特别要厉行节约。现有灌区的耕作制度、耕作栽培技术的科学研究要加强。目前我们许多灌区水的利用系数很低，是很可惜的。一定要尽快搞好田间工程配套，最大限度地减少渠道渗漏，努力使每一方水都用到增产上来。

西北半干旱地区大部分是旱地农业。黄土高原大部地区，只有 400～500 毫米的年降水量，且季节分布不匀，春旱严重，对春播出苗威胁很大。加强对旱地农业的研究值得特别重视。但目前这方面的研究力量很少，没有专门的研究单位。半干旱地区的农民，对旱地耕作栽培有丰富的经验，首先应当研究、提高和推广农民群众行之有效的经验。如果说到农业要现代化，就认为已有的经验不适用了，这是不对的。我国农业现代化，不仅需要选用国外最新的科学技术，使之中国化；而且要善于分析、继承、运用我国农业精耕细作的优良传统，并使之现代化，在继承和改造基础上创新。我国农业现代化必须是从应用、改造和提高传统的耕作栽培技术上起步。现代化技术也必须与传统的、行之有效的各项增产技术相结合。在相当长的时期内，限于水源、能源和投资，普遍搞电力提灌、喷灌、滴灌还不可能的条件下，西北半干旱地区应当有专门研究旱地农业的科研单位，对不同作物的地区适应性、抗旱品种、保墒耕作栽培技术以及地面覆盖等，都应该研究出成套的适用的科技成果来。

5. 西北地区要特别重视发挥现有科技人员的作用和加速培养兄弟民族的科技干部。目前西北大部分地区地瘠、民贫，加速实现农、牧、林业增产的难度较大。好比一个穷苦老百姓生了病，没有钱治病，如果有比较高明的医生，能针对病情，开出花钱少、收效快、收益大的药方，善于调理，健康就可能较快地恢复。如果不重视这种医生的作用，病就难以治好。改变西北穷困地区的面貌，固应主要靠广大农牧民，靠符合当地情况的政策，调动广大农牧民的积极性；同时也要靠调动现有科技人员积极性的政策，加强科学指导。目前在西北地区工作的农业科技人员很多是内地调去的，在比较艰苦的条件下，他们作了很多有益的工作，贡献很大。但长期以来，由于对他们的安排、使用不当，他们的工作和生活条件未得到应有的改善，造成了一些人不安心工作。其实他们对当地情况熟悉，对当地已产生了深厚感情，今后只要切实改善他们的工作和生活条件，是可以发挥更大作用的。我们要努力落实知识分子政策，使他们安下心来，为改变西北地区的穷困面貌、逐步实现农业现代化作出贡献。西北兄弟民族地区，农牧业科技人员缺乏，还要依靠现有科技人员培养兄弟民族的科技人才。我们要认真贯彻党和国家的民族政策，兄弟民族之间要加强团结，相互学习，这是建设西北地区的重要保证，需要总结经验，努力做好。

《多熟种植》序 *

(1981 年 4 月 23 日)

我国农业条件的特点是，人口多（10 亿人口、8 亿农民）、劳力资源丰富、耕地少（占全国总面积比重小，人均耕地更少）、底子薄、科学文化水平低，自然资源虽丰富，但资源分布和经济发展不平衡，各地情况千差万别。发展我国农业生产必须着力研究这些特点。这就要求我们在有限的耕地上、在资源条件允许的条件下，努力提高土地利用率，提高光能利用效率。多熟种植，正是在这样一种自然条件与社会经济条件下，充分利用光能、热量、水源、地力等自然资源以及其他生产条件的集约化的种植制度。因地制宜地实行耕作制度改革，搞好多熟种植，提高单位面积产量，无疑是发展我国农业生产，实现增产、增收的一项战略性措施。研究这方面的客观规律，是我国农业科学工作者的重大任务。

我国农业具有因地制宜、精耕细作的优良传统，我国劳动人民很早就创造了间作、套作、复种、轮作等提高单产的经验。但是在旧中国，由于受社会政治经济各种因素的限制，它的发展是缓慢的，大量光、热、水、土等资源未被充分利用。解放后，为了迅速发展我国农业生产，满足社会各方面对农产品的需要，改革原来的耕作制度就势在必行。20 世纪 50 年代初期，周恩来和邓子恢要我们调查研究全国粮食生产中不同种植制度的分布问题，以后毛泽东又在制定《全国农业发展纲要》时着重指出提高复种指数，发展间套作、轮作等措施。这样，一个全面的群众性的耕作制度改革就迅速发展起来了。

经过 30 年的努力，多熟种植已经成为我国种植业中一种主要的种植制度。由南向北，三熟制、双季稻、稻麦两熟、小麦玉米两熟等面积增加了 3 亿多亩。当前，全国复种指数已达 150% 左右。间、套作面积也大量增加。大体上，全国现有耕地的 1/2，播种面积的 2/3 实行多熟种植。全国约 3/4 的粮食，1/2 的棉花、油料作物以及绝大部分的绿肥，是在实行了多熟种植的土地上获得的。可见，多熟种植已在我国农业生产中占有很重要的地位，长期实践证明，适合我

---

* 《多熟种植》，沈学年、刘巽浩编著，农业出版社 1982 年出版。本文是刘瑞龙为该书撰写的序言。

国人多地少的特点，是在较少的耕地上增加尽可能多的农产品的重要途径。随着我国农业现代化水平的逐步提高，多熟种植还将日益显示其重要作用。

30年的路程并不是一帆风顺的。各地耕作制度改革除成功者外，也有失败的。凡是从实际出发，因地、因时、因作物制宜，为当地自然、经济、技术等条件所许可并稳步前进的，对农业增产都起了积极作用。反之，凡是违反客观规律，急躁冒进，强迫命令，瞎指挥，一刀切，盲目改制，盲目提高复种指数的，效果都不好，引起季节、茬口、劳力过分紧张；用地不养地导致地力降低；因耽误季节造成拖腿田日益增多；加上经营管理不善，加重了农民辛苦程度，增加了生产成本，造成减产、减收。四川较早发现并进行了适当调整，以后长江中下游各地也陆续地进行了调整，部分三熟拖腿田调整为两熟，农时、茬口、劳力矛盾有所缓和，能精耕细作，成本降低，拖腿田减少，收到了增产增收的效果。

耕作制度改革和多熟种植涉及农业的根本问题。改革耕作制度必须首先抓紧农业是有生命物质的再生产这个根本特点。农业生产的本质是人类通过生产劳动，利用自然环境条件，促进和控制生物体（植物、动物、微生物）的生命过程，取得人类生活需要的产品。生物—自然环境—人类劳动三方面因素进行着互有联系，但是性质不同的多种再生产过程：在植物有机质与自然环境之间，通过绿色植物的光合作用，进行能量、物质的交换与转化过程，无机物转化为有机物，太阳能转化为化学能，这是自然再生产过程。人类劳动对生物进行栽培、饲养、繁殖、加工，成为人类生活需要的产品，这是经济再生产过程。农业是这两个过程的结合。这些过程都是受自然规律和经济规律支配的。我们研究多熟种植、改革耕作制度时，要着重探索在农作物自然再生产过程中人类生产劳动的作用，从中发现规律，提出技术、经济措施，指导生产实践，争取获得好的经济效果，适应人们日益增长的物质生活和文化生活的需要。总之，要按照自然规律和经济规律办事，要因地制宜，必须注意下列问题：

1. 要从实际出发，认真调查研究和当地农业区划有关的自然资源、农村经济与技术条件、农业生产水平和历史经验，以经济、合理、充分地利用劳力和自然资源来生产更多的农产品为目标，扬长避短，发挥优势，制定出适合当地条件的种植制度方案。耕作制度的调整和改革都要因地制宜。首先考虑自然条件和经济条件，注意粮食供应平衡，重视经济效果，综合有关因素，反复分析，趋利避害，慎重决策，稳步前进。

2. 要把多熟种植放在农业经济结构和生产布局的总体上去考虑，多熟种植要与建立良好的大农业生态体系和发展多种经营相结合。"农、林、牧、副、渔同时并举","决不放松粮食生产,积极发展多种经营"的方针,基本上反映了我国农业内部关系的客观规律和全面发展我国农业生产的要求,多熟种植和耕作制度改革,必须在这一方针的指导下进行。

3. 坚持用地与养地相结合。就是要兼顾当前与长远的利益。多熟种植的目的是提高单位面积产量和增加总产量,要力争做到熟熟增产,全年增产,全面增产,持续增产。持续增产的基础是培肥地力,搞好农田基本建设,有计划、因地制宜、量力而行地改变农业生产条件。要因地制宜,精耕细作,发展林、牧、副、渔各业,种植豆科作物和绿肥,增施有机肥料,实行秸秆还田,科学栽培,合理灌溉,合理轮作,合理施用化肥等。这样做,不但会使产量越种越高,土地也能越种越壮。

4. 要注意改制为逐步实现农业现代化开路。要努力用现代科学技术武装农业,要把生产和管理都放在科学基础上,按自然规律和经济规律组织和指导农业生产。要注意研究支配农业发展的生物学过程,以及为此而服务的科学技术和经营管理。应从我国条件出发,经过逐步发展过程,在继承我国精耕细作传统、引进国外适用的先进科学技术、稳步改造的基础上,创新、发展、提高,以实现中国式的农业现代化。在我国条件下,多熟种植与农业现代化应该而且可以互相促进。正确地推行多熟种植,不但有利于单位面积产量的提高与农、林、牧、副、渔综合发展,同时也将促进农业现代化多种手段的发展。

5. 要注意技术与经济的结合。因地制宜地改革耕作制度,推行多熟种植时,不仅要研究自然规律,力争高产、优质,同时要讲究经济效果,改善经营管理,总结、改善、稳定、提高各种农业生产责任制,进一步加强农村社会经济优势。各项农业措施,都要艰苦奋斗、降低成本,力求投资少、见效快、收益大,以提高投资效果,增加集体收入,使农民富裕起来,改善农民生活。学习运用经济杠杆指导农业,调动农民积极性,以提高农业扩大再生产的能力,增强加快发展农业生产力的经济力量。

6. 要实行多学科协作的综合研究。既然多熟种植要依据光、热、水、气、土、养等自然因素和种子、栽培、植保等各种技术因素,并兼顾自然规律与经济规律,研究多方面条件和措施的综合作用,那就必须实行多学科的协作,注意调查研究,实事求是地走群众路线,总结推广科学研究成果和行之有效的群众经验。

我国多熟种植的经验是十分丰富的,在世界上越来越受到重视。对这些经验的总结，并在现代自然科学与经济科学原理的指导下进行深入研究，还是做得很不够的。现在一些高等农业院校与科研单位的有关专家，从理论与实践这两方面对我国的多熟种植进行初步的系统探讨与总结，这是一个值得赞扬的尝试。它将有助于多熟种植在生产上健康地发展，同时也必将促进这一学科研究工作的深入与提高。当然，由于还是第一次系统地编写这样一本书，在研究资料上难免有短缺，不少问题还没有解决，或者没有接触，未知数还很多，探索之路还很长。有待各个方面的农业科学工作者进一步共同努力。

春节家庭座谈会 *

(1982 年 1 月 25 日)

刘瑞龙：今天我们召开春节家庭团聚座谈会。可能有人会感到可笑，但我觉得一家人在一起谈谈话，很正常，也有必要。今天，我感到特别愉快，特别欢喜。以前总感到和孩子们在一起没有更多的话要讲，现在看来这个想法有许多不对头的地方。过去我们对孩子缺点看得多，长处看得少，责备得多，鼓励得少。现在我感到，作为一个父亲，这样做是不对头的。为什么说不对头呢，因为我在批评、责备人家的时候好像自己是完全正确的，实际上不是这样的。我参加党 50 多年了，55 年走过的路也是很曲折的，是犯过许多错误、走过许多弯路的。既然是这样，我怎么能够要求我们的孩子一贯正确，是完人呢？这次，特别使我欢喜的就是，我看到了自己孩子的长处。特别使我喜欢的是，我对延申的认识有了一个很大的改变。什么改变呢，就是我认为延申是有思想的，他对许多问题是在进行思考、进行探索的。而且我感到他在进行思考和探索中知识面还不是太窄的。过去我总认为他缺乏分析能力，现在看来，这个认识是不对的。这一段接触，我们采取了交流思想的方法，互相研究问题的方法。在交流思想、互相交流问题中求得相互理解。我感到这种方法是正确的，使我对延申有了一个新的观感。另外对延宁我也有了一个新的观感。过去，我对她的缺点看得多一点。这一次我从几个细微事情上看到了延宁的优点。这个优点就是她注意了解各种各样的问题，包括有关国家建设的一些问题。而且她采取的态度很好，就是她在工作岗位上不到处去讲，不随便发表意见，但在家里，对父母，她认为重要的问题还是及时反映的，这样就增长了我们的知识。我们家里有这么一个孩子，对做父母的很有帮助。另一个就是她积累资料的态度是认真的。她建议我们订阅的几个刊物是很重要的。她自己经常注意一些文章，这些文章对我们也很有用，我就是利用了延宁这个治学的态度、积累资料的态度，从她那里"偷"材料，"偷"女儿的材料，也就是把她抄写的东西抄下来积累起来。我抄的几个东西，一个是《有效的管理者（摘要）》，另外就是《现代华人

---

* 本文据录音稿整理。

的素质》，我把它抄下来，是因为我认为对我有用处。通过和延申交流、讨论问题，和从延宁反映情况和治学态度里，我改变了对他们两个人的认识或观感，纠正了过去我片面的认识。我认为，这是一个健康的因素，一个健全的因素，一个向前的因素，是一个前进的因素，也是一个进步的因素。我和妈妈都感到应当鼓励这个因素，加强这个因素。我看两个姐姐应该这样看，阿筑也应该这样看。今天我讲的这一点就是今天会的主旨，主旨即是主题，就是推动这个积极因素，促进这个积极因素，发展这个积极因素。

刚才和姐姐们（即延淮、延东）谈大家现在的年龄。延宁29周岁，也是"望三"之年，向30岁发展了。孔子曾经讲过，"三十而立，四十而不惑，五十而知天命，六十而耳顺，七十而从心所欲，不逾矩"。现在，你们4个人加上阿筑都是30多岁了，只有延宁快到"三十而立"之年，其他都过了"三十而立"之年了。我现在还没有达到"七十而从心所欲，不逾矩"这么个程度。但是我有个希望，希望过了30岁，或者靠近30岁的子女，能够真正立起来。立起来就是要自立。自立有很多含义，不仅指自己能够生活，还要有自己的判断、有自己的理想、有自己的志愿。我感到"三十而立"的"立"字里面有很多文章。谈到"立"的问题时，我要说的是：你们的父亲至今参加党近55年了，这55年间，我们是经历了很多挫折的。我1927年参加党的时候，当时的环境正是大革命失败以后的环境，是国民党打杀共产党的环境，是革命处于低潮的环境，我就是在那样的环境中参加共产党的。大革命失败以后，我们看到许许多多的情景。像毛主席讲的那样，过去在大革命中间高喊革命的人里面"有的动摇了，有的叛变了，有的去当资本家了，有的去回家过地主生活了"。但是，确实有一大批共产党员继续坚定地前进，他们对共产主义理想坚信不疑。我现在还可以背诵我们入党时的誓词，誓词是"服从革命，阶级斗争，共产主义，牺牲个人，严守秘密，誓不叛党！"经过50多年的考验，我们是履行了入党誓词的，我们没有做任何违背誓词的事情。今天可以告诉你们的是，我们对誓词是问心无愧的，是以自己的行动，以自己的工作来履行我们的入党誓词。我们参加党的前后，社会上对马克思、恩格斯学说，对这个左派共产党的认识有各种各样的理解。我们入党时也看到党的路线曾发生过很大的变化，当时有着各种各样的思潮。如果你们要了解，可以看看茅盾写的三部曲，即《动摇》、《幻灭》、《追求》，还有《腐蚀》，这几本书很能代表那个时候知识分子的思想状况。以后瞿秋白盲动主义遭过一次失败，李立三路线遭过一次失败，王明路线遭到了更大的失败。这三阶段的每一次失败之后，都有各种各样的思潮、各种各样的思想出来，在这中间，我们和陈独秀的取消主义进行过斗争，和左倾机会主义进行过斗争，各种各样的困难，各种各样的曲折都没有能够阻挡我们的前进，我们还是英勇顽强地继续前进。在经历了50多年曲折的斗争后，今天我们仍然继续在干，而现在需要你们跟着你们的父母一起去献身这个伟大的理想。因为经历了50多年的曲折，使我们懂得了一个基本的道理，这就是：社会主义、共产主义，是历史的必然；资本主义最终是一定要被消灭的，这是不以任何人的意志为转移的真理。解决世界的问题，解决中国的问题，只有靠社会主义，今天没有任何别的道路能够解决中国的问题。因为在中国，已经试验过许许多多的主义了，无数的主义都经过试验，最后的结论是只有社会主义能够救中国，这是55年来得出的一个坚定的信念。另外就是，我们这个党是中国有史以来最好的党，我们的党是伟大、正确、光荣的党，是具有非常强生命力的党！这也是我多年来通过许多曲折弯路所得出的不可动摇的结论。今天，经过十年浩劫，虽然我们在前进道路上还有许多困难，还有许多问题要我们去解决，但是我认为，在党的领导下，我们完全可以解决这些问题，我们是可以把建设"四个现代化"的步伐加快的，"四化"事业是一定能够胜利完成的。为什么这样看这个问题呢？当年在"四人帮"横行霸道的时候，我们看到共和国的大厦将倾的时候，感觉这个大房子快要倒塌了，中国快要沉到海底了，但是党的十一届三中全会以后，所有的一切都义无反顾地向好的方向发展和转变了。3年来，在就业问题上，我们解决了几千万人的工作，仅去年一年就解决了一千多万人的工作。这在世界上任何一个国家都是不可能办到的。国家斥资几百亿，两年工夫，就盈利了几十亿，这也是人家做不到的。另外，十年浩劫后，仅仅经过3年的工作，农村里面的农民就有饭吃了，农民有产品了，手里有粮食了，农民手里有钱了，10亿人口能养活自己了，这是个了不起的事情，这就是共产党的威力，这是在党中央领导下办到的。从这个事实里看到了我们的希望，看到了我们的前途。所以，经过55年曲折的历史给我一个坚定的信念，这就是：只有社会主义才能救中国，只有我们党才能建设好社会主义的新中国。我们今天虽然有困难，但这些困难是完全可以解决的，这些困难是不能够阻止我们前进的。我想这是第三层意思。

　　第四层意思，我要讲的是希望我们的子女，我的女儿，儿子和媳妇，你们要和我一样树立信心，坚定信念，我们一起努力奋斗，大家都能够在"四化"建设中发挥自己的作用，作出应有贡献。我想这就是我们今天谈话的一个主题，刚才所说的坚定意志也就是要集中到这一点上来，这个意志就叫做"有志者事竟成"，我们是一定能够成功的。世界上的社会主义制度是从苏联的 1917 年十月革命开始的，可以说社会主义制度在全世界尚处在幼年时期，在中国也只有 32 年的历史，今年才第 33 年，所以，可以说这项制度还处在幼年时期，还在积累经验的时期和探索前进的时期。现在党中央总结了历史经验，去年六中全会通过了《关于建国以来党的若干历史问题的决议》，今年的《政府工作报告》提出的 10 条方针，应该说是多年经验的总结，是很宝贵的经验。但是，在我们面前还有许多没有被我们认识的必然王国，还有许许多多需要在实践中继续探索的东西。希望你们不要太着急，不要认为我们这个社会主义制度搞了这么多年了还没有什么发展。现在我们能够使 10 亿人口有饭吃，使几千万人能够就业，这就是个了不起的事情！所以我们必须继续探索，要用自己的实践来创造经验，来使我们的"四化"事业能够按照我们预定的部署前进，这个问题我就不多说了。现在要说的是我们怎么能够作出贡献，发挥一定的作用。怎么样能够达到这个目的？这就是中央所说的：我们每一个人都要成为一个德才兼备的人。所谓德，就是为党、为人民、为祖国献身的精神，全心全意为人民服务的精神。才，就是建设国家的才能，建设社会主义现代化的才能。我今天和你们姐姐讲到，中国唐朝有个历史学家叫刘知幾。他在一篇文章里提出，史学家要有三个条件，我把它抄下来了，叫"史家三才"，是"才"、"学"、"识"，即才能、学问和见识，他是这么排序的。刘知幾把所谓"有学无才"的人，比方成一个愚蠢的商人，手里虽有很多钱，但却不能使他的货物增加。而"有才无学"呢，即有才干，但没学问，就好比一个木匠，虽然有了木头，但却没有斧头、没有锯等工具，这样还是不能够把房子盖起来。清朝有个诗人叫袁枚，他打了一个很好的比喻，他认为"才"、"学"、"识"三个字的关系是怎样的呢，他说"学如弓弩"，"学"就是一张弓。"才"呢，就是一支箭。他说，"学如弓弩，才中箭镞。识以领之，方能中鹄。"他下面还讲到，学习还是要学的，你取仙方不要搞教条主义，你学一个好的东西，但是不要丢掉他的规律性。"我心里有一盏明灯，只有我能看到，只有我能知道。"他提倡要有独立见解，要有独立思考的能力。对于跟人家学的东西呢，他有两句话，叫"不取亦取"，即有取的，有不取的，你虽然有好主意、好办法，但我还要独立思考，我认为真正好的东西，我就取它，不好的东西我还是要把它丢掉。还有"虽师勿师"，这是指虽然有些地方我把他作为先生，但是有些地方不一定把他作为先生。今天在和两个姐姐研究中国人对德、才问题的态度时我说："我们要做个德才兼备的人"，也就是做一个德、识、才、学兼备的人。怎么能够做一个德、识、才、学兼备的人呢？

德与识的问题，要依靠马列主义理论修养，辩证唯物主义、历史唯物主义的修养，依靠自己在政治、理论上的修养。而才、识、学依靠的是学习和实践。今天《人民日报》有一篇文章，这篇文章我想你们应该好好看一看。这篇文章的题目叫《广泛涉猎，重点研究》，就是要解决好学习中间"广"与"深"的问题。过去中国古人讲，这个人是将才，是个好将军，但什么是好将军？什么是庸才？这里面讲到，"夫为将者，不通天文，不识地理，不知奇门，不晓阴阳，不看阵图，不明兵势"，有了这几个"不"呀，"乃庸才也"。所以现在我们要建设"四化"，必要的经济、政治、军事理论思想、文化知识，乃至国内外、省内外、县内外的情况都要有所了解，对这些东西不了解，任何工作你都做不好。毛主席强调我们的干部要有比较广博的知识面，他针对我们社会主义建设的需要提出，要学一些自然科学和技术科学，要学一些哲学和政治经济学，要学一点历史和法学，要学一点文法和逻辑，还要学一点哲学史，有条件的还要学一种外语，这是毛主席在进入社会主义建设阶段后提出来的。在这个方面，就是广泛的涉猎，扩大知识面，这一点与我们做好工作有很大的关系。过去叫博览群书，鲁迅强调要"随手翻翻"。孙中山说"我除掉革命以外，就只有读书"，"一天不读书，日子就很不好过。"毛主席也说，"饭可以少吃，觉可以少睡，书不能少读"。他是提倡我们要养成读书的习惯，我们要有广博的知识，除了读书以外，还要和各个方面的实践相接触，叫"虚心求知，善于学习"，善于关心各种各样的人和事，这样才能够使知识丰富起来。记得过去我和你们讲要"随时随处留心皆学问"，随时随地留心呀，都有学问，这个也是我工作的一个习惯。你们知道的，我看到好的东西就把它记下来，听到好的东西也都要把它记下来。我现在收集了关于解放战争中间的 185 篇材料，就是这么日积月累搞起来的。这就是说，要广泛涉猎，但是仅仅这一条还不行。你的知识面再广，你没有一点真才实学还是不行。所以一个人不可能样样精通，样样精通办不到。样样都通做不到，但是也不能够样样都停在懂一点儿的水平上，蜻蜓点水，只懂一点儿，只是半桶水，这不能解决问题。因此学习要有重点，要结合自己的业务，重点学习一点儿东西，要进行重点研究。没有专门的知识，没有抓住重点问题，没有一抓到底的精神就不可能做好工作。过去我们工作曾经犯错误就是因为既不懂，又不学。所谓重点研究要从两方面进行，一个方面是从业务工作和专业知识方面，在它的系统性和深入程度上下工夫，是专业的知识，是系统性的知识，要有系统性，要有深度。我希望你们树立这么个志愿，力求在三五年内能通过自己努力，成为一个方面的行家和专门家。另外在实际工作中，抓住当前迫切需要解决的问题，深入钻研，一抓到底。要专为一件事情，研究一个问题，集中一段时间亲自调查，看材料，读一点书，向专家请教，把个人钻研和找人讨论相结合，弄清情况，找出方针办法来。拿我自己来讲，我就是在师范学校学习过，后期师范1年，前期师范3年，就是个4年的师范生，就是个小学教员，我就是这么个本领。以后能够做一点工作也就是靠学习，现在搞农业也还是靠学习。最近组织上要我搞《大百科全书·农业》卷。《大百科全书·农业》卷是科学书，里面具体应该包括些什么科学知识，在这个问题上我们要对人民负责，不能随便搞，因此，我们必须积累知识，所以最近我写了一个探索性的思路。这个思路，我请教了许多自然科学家，包括土壤学家、生物学家等，向他们请教，并请农业科学院和农大审查。他们给了我正面的答复，建议大体上同意我所提论点，提了很多好的意见。这个问题经历了一个千难万难的过程，我用了3年的工夫，才写成了这篇文章。为什么要告诉你们这些呢，是为了说明学习是个勤奋的问题、坚持不懈的问题，持之以恒的问题，滴水穿石的问题，必须要有这种精神。只有努力学习，准备好建设国家、服务人民所需要的才干，我们才能在建设"四化"中间多出一点力，才能够发挥一点作用，能够添一块砖，添一块瓦。我想，今天春节谈话的要点就是这几层意思。看你们的妈妈还有什么话要说，另外姐姐、弟弟、妹妹、阿筑呀，你们大家来谈谈，不要我一个人说话。总之，今天我们谈的还是讨论问题的方法，交流思想的方法。

江彤：我同意爸爸的意见，过去我们对延申和延宁缺点看得多一点，现在看来这些缺点不一定是缺点，有些是我们自己看法不正确。今年延申回来以后，爸爸和延申一起交谈了很多问题，爸爸很高兴。就是通过互相交谈，互相了解，和对一些问题的研究，才使他们对问题的看法最终达到了接近，在这个过程中，彼此看法都有了一定的改变。所以今天全家在一起开这样一个春节座谈会，我觉得很有意义。尽管有人会说这种方式太生硬，但实际上这样交谈等于彼此相互学习，老的也要向小的学习。我们过去也有旧思想、旧观念，通过交谈大家就能够取长补短，共同进步。

刘瑞龙：这叫教学相长，教的也要向被教的学习，才有后来居上的感觉。

江彤：好了，我不谈了。

延东：全家坐下来互相交心，进行心声的交流，难能可贵。今天爸爸、妈妈，特别是爸爸讲了很多肺腑之言，确实是积55年革命生涯的经验之谈，使我深受教育。现在社会上议论代沟问题，讲到两代人存在一定的思想隔阂，从某种意义上说有其客观原因。确实，像爸爸妈妈所讲的，青年人和老年人的成长道路和经历的环境有很大的不同，决定了他们在思维方式和行为方式上存在着一定的差异。如果大家能够相互交流，相互学习，这种差异也是能够一致起来的。刚才爸爸讲，过去对延申、延宁，指责得多，帮助得少，批评得多，鼓励得少，主要是对年轻人成长的环境和过程缺乏了解。这次我参加市工作会议，与一个老区委书记住在一个房间。在交谈中，我特别谈到了延申和延宁的经历，她听完后很感动。她在"文化大革命"中也曾受到过严重的冲击，但当她听完咱们家孩子的经历后说，没想到你们 30 多岁年轻人的经历也这么坎坷！现在北京青年中流传着这样一种说法，说这一代青年人，是"出生在红旗下，成长在困难时期，成熟在动乱时期，工作在调整时期"。应该承认，这一代青年人不同程度受到过各种各样的挫折。阿筑妈妈挨斗时，她就去保护，去跟人家吵。延申在深山里一个人烧木炭，吃的是盐水泡米饭呀。延宁 13 岁下乡砍柴，一镰刀砍在自己膝盖上头，过去就是那样的苦日子。他们在思想成熟的时期正赶上"四人帮"横行的时候，因而在思想上受到一定的伤害。我觉得老一代应该了解这一代青年人的经历，才能够在思想上与他们更好地交流。爸爸刚才说，老一辈要回顾一下自己的青年时代，也不是说就是一贯正确的，也是走过许多弯路的，也是逐步成熟起来的。至今爸爸还认为自己还没有到"从心所欲，不逾矩"的地步，何况是年轻人呢，更何况他们在"文化大革命"期间经过了这么一段波折呢。我觉得今天这样的交流很好，体现了咱们家民主、团结的气氛，互相帮助、共同前进的气氛，这个好风气从此树立起来了。

刘瑞龙：过去是家长制，一言堂！

延东：我觉得全家老小常在一起来探讨一些问题，有助于大家共同携起手来，在我们党和国家处于困难的时候，能够信心百倍地去克服困难，不断地将党的事业推向前进。刚才爸爸讲到立志问题。我们几个人都到了"三十而立"的年龄，应该认真体会爸爸讲的问题。现在社会上有各种各样的说法，一些人因受到国外错误思潮的影响，认为社会主义也不怎么好，共产主义更是很渺茫的事情，好像什么都比资本主义差。爸爸说他积几十年的经验得出的结论是中国还得走社会主义道路。但社会主义到底怎么搞，需要在实践中不断地探索。过去我们对于社会主义、共产主义的认识还很肤浅，并没有完全建立在深刻的理论基础之上。从苏联 60 多年的经验教训看，从中国 30 多年的经验教训看，搞社会主义确实很不容易。没有什么现成的经验可以遵循，必须通过实践去创造。那天，我的一个朋友说："延东你就大胆地干，好多东西现在都在摸索，都需要我们在实践中去创造，去总结发现规律性的东西"，我觉得她讲的是有一定道理的。

刘瑞龙：所谓社会主义的合理性，就在于它的公有制，生产资料变成公有的，因此，消灭了剥削，过去被剥削阶级独占的一部分生产资料和生产品，现在为全体人民所享有了，而且我们能够最合理地利用生产资料，进行合理的生产和合理的分配。这是社会主义最根本的优越性。

延东：这个东西我现在还学得不透。因为关于社会主义生产关系的合理性，我刚开始研究这个问题，还没有进行更加深入地探讨。

对"明天"的两种理解*

（1982 年 5 月）

对"明日"或"明天"一词，有截然不同的两种见解。一贬一赞，都着眼于立足眼前、争取未来，都很积极，都对我们当前的四化事业有用。现介绍如下：

一则是清代学者钱泳札记所载钱鹤滩撰写的《明日歌》。札记说："后生家每临事，辄曰：'吾不会做'，此大谬也。凡事做则会，不做安能会耶？又，做一事，辄曰：'且待明日'，此亦大谬也。凡事要做则做，光一味因循，大误终生。"

钱鹤滩先生有《明日歌》最妙，附记于此："明日复明日，明日何其多！我生待明日，万事成蹉跎。世人苦被明日累，春去秋来老将至。朝看水东流，暮看日西坠，百年明日能几何，请君听我明日歌。"这是旧时代有志之士对畏难因循、虚度误业的人的规劝从善之词。这在今天，对那些满身官、暮、娇、骄四气的人，也是治病必需的"良药"。

另一则是新时代唱遍全球的《国际歌》所强调的"团结起来到明天"。这是我们共产党领导人民进行革命和建设的法宝和根本信条，是取得胜利的根本保证，是我们的远大前途和希望。发扬蓬勃朝气，振兴中华，团结奋斗，踏实稳进的愚公移山革命精神，是永远不能丢掉的。

国务院各部机构改革取得第一步胜利，应向改进工作作风、提高工作效率的目的前进。

机构改革以及整个经济体制的改革，连同打击经济领域中的严重犯罪活动，建设社会主义精神文明，整顿党风，这是坚持四项基本原则、保证实现四个现代化的相互关联的四件大事，更要持续努力达到目的。

肃清旧时代的暮气，发扬新时代的朝气，都是当前和今后必须持久努力的。

---

* 本文原载于 1982 年 5 月 7 日《人民日报》。

论传统农业向现代农业的转化 *

（1983 年 5 月 13 日）

一、正确地认识我国的传统农业

我国幅员辽阔，人口众多，有悠久的农业历史，有丰富的农业遗产。精耕细作是我国农业优良传统的集中体现。这是一个综合性的概念，体现了多种增产措施的综合作用。其中包括了选种、育种、土壤耕作、灌溉施肥、旱作保墒、植物保护、田间管理等技术措施。包括了开展多种经营、实行农产品综合加工利用等方面的丰富经验，也包括了兴修水利、改良土壤、利用多种能源、进行工具改革以改善生产条件的努力。我国农民因地制宜地综合运用上述措施，取得了在有限的土地上获得较高的单位面积产量的效果。我国古代的思想家、政治家和农学家根据劳动人民的实践，提出了许多有科学价值的理论。例如"国以民为本，民以食为天"的农本主义思想，正确认识和处理农业生产中生物体与人和环境条件之间辩证关系的思想——"夫稼，为之者人也，生之者地也，养之者天也"（《吕氏春秋·审时》），陈旉"地力常新壮"的思想，种地"宁可少而精密，不可多而草率"（《沈氏农书》语）的集约经营的思想，就是精耕细作夺高产的传统在农业思想上的结晶。中国农民正是依靠这种因地制宜、采用综合增产措施、以提高单产为主攻方向的精耕细作传统，在中国这块土地上辛勤耕作了几千年，哺育了 50 多个民族和光辉灿烂的古代文化，土地不但没有种坏，而且养活了从战国秦汉的几千万到现在的 10 亿人口，创造了世界为之惊叹的奇迹，显示了这种精耕细作传统的强大的生命力。

为什么代表古代世界最高水平的精耕细作农艺产生在中国呢？这与我国的具体的社会经济和自然条件有关，也是我国广大农民在长期同自然界斗争过程中逐步摸索和掌握了客观规律的结果。春秋战国以来，我国逐步确立了土地可以买卖的封建地主经济制度，比起西欧中世纪封建领主制来，中国农民在人身上比较自由，有更多的经营自主权，因而其生产积极性比西欧农奴高。但由于

---

* 本文原载于 1983 年 5 月 13 日《人民日报》。

生产规模狭小和生产条件不稳定，中国农民只能用多投放劳动的方法，争取在有限的土地上获得更高的产量，以维持一家数口的生计。在这种情况下，逐步产生了精耕细作的农艺。同时，由于社会经济发展的不平衡，由于土地兼并的发展，我国从战国时代起，就已产生局部地区耕地相对不足的情况。这种情况随着人口的增加不断发展，到了清代终于形成了全国性的人多地少的格局，迫使人们不得不走精耕细作以提高单产的道路。还须指出，我国地大物博为农业生产提供了良好的基础，但我国的自然条件并不总是对农业生产发展有利的，例如北方的春旱多风，南方的连绵阴雨天气，都曾是农业发展的不利因素。精耕细作正是我国劳动人民在与不利的自然条件斗争过程中的伟大创造。强调趋利避害是我国传统农学思想的重要特色。在某种意义上，精耕细作就是充分发挥人的主观能动作用，克服自然条件不利的方面，利用其有利方面的一种巧妙的农艺。它突出地体现了我国劳动人民艰苦创业的精神，善于适应和改造自然的本领和精湛的生产技艺。

今天，我国的社会制度已发生根本的改变，但自然条件并没有很大的改变，人多地少的矛盾比古代更为尖锐了。我国古代劳动人民根据我国具体社会经济条件和自然条件所创造的、反映了客观规律的农业技术体系，仍然有其存在的价值和依据。只要我国人多地少的情况和自然条件没有改变，我国农业就必然要继续走精耕细作、节能低耗、集约经营、提高单产的道路。

我国传统农业很早为世界知名科学家所称道。18 世纪瑞典生物学家林奈就曾赞扬过中国的农业。19 世纪著名生物学家达尔文认为是中国最早提出了选择原理。德国农业化学家李比希认为，中国古代对农家肥料的利用是无与伦比的创造。

现在，当西方"石油农业"危机越来越严重的时候，人们看到了中国传统农业有许多优点。美国学者勃劳格认为中国因地制宜地推行间作套种、多熟种植是世界上已知的最惊人的变革之一。美国另一位农学家维得·瓦尔特开列了中国传统农业值得美国学者学习的 15 个项目，其中除了杂交水稻，其他各项均属传统农业技术的范畴。研究中国科技史的著名英国学者李约瑟，研究中国农业史的专家日本学者天野元之助，对中国农业的优良传统都给予高度评价。

由此可见，我国传统农业不但对中国，而且对世界发达的国家，都有许多至今仍然适用的经验，有许多符合现代农业发展需要的合理的成分。这些经验并没有过时，仍然是我国建设社会主义现代农业所必须继承和发扬的。

另一方面，我们也要看到我国传统农业的历史局限性。我国传统农业是在封建土地私有制占支配地位、由小农分散经营、手工劳动的条件下发展起来的，生产规模狭小，生产工具简陋，生产条件不稳定，劳动生产率和商品率低，基本上是一种自给自足的自然经济。这种情况妨碍了在更大规模上合理利用农业资源，妨碍了在农业生产结构的总体上建立农、林、牧、副、渔各业协调发展的关系，限制了生产力的进一步发展。

因此，对传统农业必须进行实事求是的、全面的科学分析，正确地认识它的生命力及其局限性，既不要把传统和落后混为一谈，全盘否定传统农业，陷入民族虚无主义；也不要人为地拔高它，以至陷于不符合事实的、夜郎自大的可笑境地。

二、什么是中国式的农业现代化

我国农业一定要实行现代化，一定要继续进行农业技术改造，一定要从传统农业向现代化农业转化，改变我国农业技术装备落后、经济落后的现状。必须坚定地贯彻执行这一方针，这是毫无疑义的。

什么叫农业现代化？从农业现代化先行的国家看，在它们的发展过程中，形成了大体相同的发展要求和趋势，这就是：生产手段现代化，生产技术和经营管理科学化，劳动社会化、专业化。除此以外，由于各国社会经济和自然条件不同，农业经营的重点，实行农业现代化的政策、步骤和方法各不相同，并没有一个共同的或绝对的模式。有人说，现代化是一个国际性概念，只能有一个模式，这种观点是幼稚的。在世界上农业现代化先行的国家中，凡是对我们国家有用的科学技术和经营管理方法，我们都要有选择地学习，加以消化和吸收。对它们走过的弯路和存在的弊病，则应引为戒鉴。特别是资本主义国家用高投资和高能耗换取农产品的所谓"石油农业"，造成环境污染和农业的畸形发展，这些我们决不能盲目地仿效和重复。我们要开辟中国农业现代化的新路子。

对于中国式的农业现代化，各方面在讨论中提出了不少创见，我们试行归纳，作这样的设想：

从我国的条件和需要出发，用现代科学技术和社会主义工业武装两种公有制农业，武装附属的农家经济、专业户和各种形式的协作和联合，把生产决策、生产技术、经营管理都放在现代科学技术的基础上，建立有利于农业持续发展的合理的生产结构、生产布局和良性循环的生态系统，建设农、林、牧、副、渔全面发展的发达的农业和农工商综合经营的富庶的社会主义农村。实行集约经营、精耕细作、培养地力、提高单产，做到投资少、耗能低、效益高。把现代农业科学技术和我国精耕细作的优良传统结合起来，取得高度的土地生产率、劳动生产率、商品率和就业率，以丰富的农副产品满足人民生活、工业发展和物质文化建设日益增长的需要。这就是中国式的社会主义农业现代化。

中国农业现代化是在中国的土地上进行的，是依靠熟悉和掌握传统农业技术的中国广大农民进行的，必须从中国的实际条件出发，必须把现代科学技术和我国精耕细作的优良传统结合起来，才能达到传统农业向现代农业的转化。在这一转化过程中，要严格地考虑我国各地的自然资源、经济条件、技术条件的不平衡性，要进行资源调查、农业区划，要作出长期和近期的发展规划，要搞试点，积累经验，逐步推广，这样才能做到从实际出发，稳步前进。这个转化是一个经济发展、技术改造、文化提高的过程。这个转化不是一个早上就能突然宣布实现的，必然有一个传统的东西和现代的东西相结合和相交替的过程，要采取若干过渡的形式和方法。在这过程中，多种能源、多种工具、多种技术、多种经济成分、多种组织形式、多种管理方法将同时并存。在中国农业发展进程中，不是抛弃精耕细作的传统来实现现代化。相反，必须利用精耕细作的传统来实现现代化。把精耕细作和现代化结合起来，这将是中国农业现代化的特点和优点，是加快实现中国农业现代化的最基本的依据。这不是守旧，而是创新。这是具有中国特点的、符合中国条件和发展需要的、社会主义农业现代化的道路，是中国农业发展的必由之路。

《中国农业浅说》1984年版单行本编者的话*

（1983年7月）

党中央总结了我国经验，提出依靠政策和科学加快农业发展的方针，因为只有制定和执行符合实际情况和人民要求的正确政策，才能调动广大人民群众的积极性；只有组织和领导广大群众因地制宜地采取适用的科学技术，才能实现和提高各项农业措施的经济效益。邓小平同志在一次讲话中，在具体阐明要靠政策调动群众积极性的重要意义的同时，还着重指出："科学技术的发展和作用是无穷无尽的。"科学技术是生产力，是一种在历史上起推动作用的、革命的力量，一旦为广大群众所了解、掌握和应用于实践，就会变成巨大的物质力量。用现代农业科学技术和科学管理知识武装广大农民和干部，提高科学种田水平，是加快我国农业发展、逐步实现农业现代化的一项基础工作。

1979年我们曾编写过《农业"八字宪法"浅说》作为普及农业科学技术知识的参考读物，受到了读者的欢迎。党的十一届三中全会以来，我国农村形势发生了很大变化，建立了各种形式的生产责任制，调整了农村经济政策，打破了我国农业生产长期停滞不前的局面，农、林、牧、副、渔生产全面发展，出现了学科学、用科学的热潮，我国农业正在从自给半自给经济向着较大规模的商品生产转化，从传统农业向着现代农业转化。这是非常可喜的好形势。同时，近几年来，关于农业发展战略问题的讨论，使我们对于如何实现我国农业现代化的认识有了新的提高。为了适应形势发展的需要，我们重新编写了《中国农业浅说》一书。这本小册子吸收了《农业"八字宪法"浅说》中有关我国农业的传统经验的内容，增加了适合我国具体条件的国内外科研新成果和先进技术。鉴于建国以来农业生产上的经验教训，本书强调了要充分利用自然资源，注意保持生态平衡，和发挥我国人多的优势，讲究经济效益。重点阐述了走集约化道路、搞密集型劳动、采用密集型科学技术，在单位面积上创高产的传统农业经验和现代农业科学技术。

本书以《中国传统农业向着现代农业转化》一文，作为绪论，论述了农业

---

* 《中国农业浅说》，农业出版社1984年出版，署名刘瑞龙编。

生产和农业科学技术的本质，发展我国农业的基本措施和方针。对几个关键性的增产措施，分章地进行了论述。除一般技术知识外，着重介绍了适合我国情况的当代新技术和高产单位的先进经验。

本书是由编者与农业有关部门的科研工作者和专业工作者以及参加农业科研基点的同志合作，共同拟定提纲、收集资料、整理编订而成的。先后参加本书编写审订工作的同志有（以姓氏笔画为序）：马克让、马曌翁、王天铎、王炳章、毛达如、方原、叶和才、石山、刘锡庚、刘河石、刘松林、刘明孝、吕世简、庄巧生、朱祖祥、李君凯、李清华、邱式邦、沈其益、何维勤、宋达泉、娄溥礼、张乃凤、张庆海、陈华癸、陈宗源、罗宗洛、祖国辅、侯光炯、柳培柏、项南、钱正英、梁雪峰、饶兴、郝盛琦、席承藩、陶鼎来、陶岳嵩、高惠民、黄瑞采、章一华、龚一询、曾观惠、粟宗嵩、彭克明、蔡旭、裴温、鲍文奎、戴松恩、魏震五。

现将本书贡献给在农业战线上辛勤劳动、工作的广大农民、干部和技术人员。但愿这本小册子对热心我国社会主义现代化农业建设的同志们能提供微薄的帮助。由于编者水平的限制，不尽不实缺漏谬误之处，在所难免，尚祈读者指正。

刘瑞龙

1983 年 7 月

《中国农业浅说》1984年版单行本后记*

(1984年9月)

本书是在1983年7月定稿的，现在即将付印。时隔一年，农村形势又有了令人鼓舞的进展。群众勤劳致富的积极性进一步高涨，多种形式的家庭联产承包责任制进一步稳定、完善和发展；作为农村先进生产力代表的专业户有了普遍发展，很多地方还出现了大批各种形式的经济联合体；从农业生产中转移出来的劳动力显著增加，社会分工步伐明显加快；伴随乡镇工业的日益兴旺，小城镇出现了发展的好势头……这一切说明我国农村正在发生着具有重大意义的历史性转变，即：由自给半自给经济向较大规模商品生产转化，由传统农业向现代化农业转化。

我们在本书绪论中较详细地阐述了中共中央1983年1月发出的《当前农村经济政策的若干问题》（简称八三年一号文件）。这个文件经过一年试行，取得明显成效，证明所提出的基本目标、方针、政策是正确的。最近，《中共中央关于1984年农村工作的通知》（简称八四年一号文件）正式下达。文件在指出农业丰收，农村工作进展的大好形势后，强调："只要保持党的政策的稳定性和持续性，在实践中不断总结新经验，解决新问题，就能团结并带领亿万农民群众，发展农村已经开创的新局面，实现党的十二大提出的宏伟目标，同时，走出一条具有中国特色的社会主义农业发展道路。"文件指出："今年农村工作重点是在稳定和完善生产责任制的基础上，提高生产力水平，梳理流通渠道，发展商品生产。"1984年一号文件的贯彻，必将使农村大好形势进一步发展，而且对城市的改革也是一个很大的推动。这两个一号文件，是今后一个时期指导农村工作的纲领性文件，我们农业战线的同志要认真学习，全力贯彻。

1984年5月，《政府工作报告》指出："今后在经济工作中，要着重抓好体制改革和对外开放这两件大事。农村改革，要进一步稳定和完善各种形式的家庭联产承包责任制，积极发展专业户和各种形式的经济联合体，继续改善农业结构，支持农民积极扩大商品生产。城市改革的步子要加快，……"

---

* 本文原载于农业出版社1984年出版的《中国农业浅说》一书。该书署名刘瑞龙编。

7月，中央着重提出："使各级领导同志更深刻地理解邓小平同志关于'马克思主义最注重发展社会生产力'、'社会主义阶段的最根本任务就是发展生产力'的讲话精神，落实对内搞活经济、对外开放的政策，促进经济改革的顺利进行"。

中央强调指出："我国现阶段实行的是社会主义制度，有着资本主义不可比拟的优越性。但是，我国的经济还很落后，人民生活还不富裕，需要放宽政策，努力发展生产，同时要善于寻求和利用某些变通的过渡性的经营方式，作为一种补充，以利于社会主义经济的发展，加速社会主义现代化建设。我国现在允许国外资本到国内来办独资企业，允许国内个体经营存在，就是对社会主义经济的补充。这样做，不但不会影响而且有助于我国社会主义制度的发展和完善。各项工作的改革，都要本着实事求是的精神，坚持马克思主义基本原理，克服'左'的思想影响，坚持按照中国的实际情况办事。"

中央同时强调："要坚持允许一部分人先富起来的政策。发展社会主义经济，归根到底是为了使全体人民共同富裕幸福；但共同富裕是波浪式前进的，必有先富后富之别，而不可能'同步'富裕。一部分人富起来之后，要善于引导他们把多余的资金投入到开发性生产的正确方向上去。"

党中央和国务院的上述重要指示对促进农村和城市改革具有深远意义，我们必须遵行。

为了适应农村这样一个历史性转变，我们正面临一个重新学习的任务。中央指示：各级、各部门的干部都必须戒骄戒躁，从实际出发，扎扎实实地进行调查研究，努力通晓经济规律和自然规律，使自己的思想、能力、工作方法和工作作风来一个大的转变和提高。我们既需要合格的领导者，又需要大量的具有新素质的生产者和经营者。要从今年开始在全国有计划地普训人才。要政治政策教育、科学技术教育、经营管理教育并进。我们编写这本小册子也正是基于这样的认识，因此，在内容上除了介绍农业生产的特点和规律外，并阐述了党在农村的基本方针、政策。值此全国上下认真贯彻八四年一号文件之际，愿本书的出版，能对此作出微薄的贡献。

编　者
1984 年 9 月

中国农村改革的道路[*]

——庆祝建国 35 周年

（1984 年 10 月）

新中国已经过了 35 年的战斗历程，由一个半封建、半殖民地贫穷落后的旧中国，建成了独立自主、初步繁荣昌盛的社会主义新中国。中国农村经济的发展，经过实践、认识、再实践、再认识，初步走上了一条具有中国特色的社会主义农业发展道路，在改革中不断开拓前进。

新中国成立不久，就在全国实行了土地改革，农民解除了封建的压迫和剥削，获得了土地。对汪洋大海般的小农经济，进行社会主义改造，使之走上社会主义的农业发展道路，这是当时摆在我们面前的一项新的历史任务。党中央和毛泽东同志正确地分析了土地改革后的农民既是劳动者又是小私有者，具备合作劳动和个体劳动两个积极性，从而依据自愿互利、典型示范和国家帮助的原则，引导农民走合作化道路，从临时互助组和常年互助组，发展到半社会主义性质的初级农业生产合作社，再发展到社会主义性质的高级农业生产合作社。这是建国初期，继新区实行土改以后，我国农村的又一次大革命，变私有制为公有制，建立了社会主义农业合作经济，因而解放了农村生产力，促进了农业生产的发展。农业总产值由 1949 年的 271.8 亿元上升到 1957 年的 527.4 亿元，农副产品的产量均有大幅度增长，人民生活水平显著提高。

但在农业合作化后期，即 1955 年夏季批"小脚女人"以后，农业合作化以及对手工业和个体商业的改造，要求过急，工作过粗，改变过快，形式也过于简单划一，以致在长期间遗留了一些问题。这是建国后农业合作化运动中"左"的萌芽。这种"左"的萌芽的发展，造成了 1958 年以后轻率地发动"大跃进"运动和农村"人民公社化"运动，使得以高指标、瞎指挥、浮夸风和"共产风"为主要标志的左倾错误严重泛滥开来，农村经济受到严重挫折，国民经济出现了"三年困难"时期。经过党中央和毛泽东同志对国民经济的调整，纠正了错误，国民经济得到恢复和发展。但从 1966 年起错误地发动了"文化大革命"，

---

* 本文原载于 1984 年第 10 期《农村工作通讯》。

使农业再次受挫，"左"的错误进一步发展。"一大二公"、"三级所有"、"吃大锅饭"、"逐步过渡"，成为硬性指导农村工作的固定模式。管理体制上集中过多，大大限制了农民和生产队的自主权；生产上大搞形式主义和瞎指挥，违背自然规律和经济规律，分配上搞平均主义以及各种不合理负担，违背了"按劳分配"的原则。还错误地在农村大批所谓"资本主义"，连社员家庭副业、集市贸易，甚至于集体经济的多种经营和工副业，都受到严厉限制。这就严重地束缚了农村生产力的发展，极大地挫伤了广大农民的积极性。直到1978年党的十一届三中全会之前，农业发展速度一直未恢复到1957年以前的水平。

前事不忘，后事之师。我们党在新中国成立前曾多次犯过"左"的或右的错误，但都能在毛泽东同志亲自领导下很快得到纠正。为什么在新中国成立后到十一届三中全会之前，特别是在农业问题上，"左"的错误却愈演愈烈而得不到纠正呢？农业合作化和建设具有中国特色的社会主义现代化农业，确实是个缺乏先行经验的新问题。但是，根本原因是领导思想主观、片面、骄傲和不虚心，听不进不同意见，看不到一种倾向掩盖着另一种倾向，成绩背后隐藏着不足和弊病。历史经验告诉我们，作为一个革命者，特别是一个共产党员，在任何时候，特别在胜利的大好形势下，都要谦虚谨慎，戒骄戒躁，实事求是，严格按照客观规律办事。

党的十一届三中全会，是新中国成立以后我们党历史上一个伟大的转折，也是中国农业发展历史性的转折。党中央坚持了实事求是的思想路线，正确地总结了正反两方面的经验教训，纠正了过去在指导思想上长期存在的左倾错误，并紧紧抓住农业这个国民经济的基础，作出一系列放宽农村政策、搞活农村经济的决策。特别是尊重和支持群众的首创精神，实行了多种形式的家庭联产承包责任制，积极发展多种经营和乡镇企业，疏理流通渠道，实行技术改造。在建设具有中国特色的社会主义现代化农业进程中实行一系列改革，极大地调动了广大农民的生产积极性。因而近五年来，我国农业发展之快，出乎人们的预料。农业总产值由1978年的1887亿元，到1983年上升为2764.7亿元，平均每年递增率近8%，远远高于前29年的平均水平。

党的十二大确定了力争到本世纪末，全国工农业年总产值翻两番的宏伟目标。那时全国人民生活要达到小康水平。实现十二大确定的总任务、总目标和国家规定的农业发展指标，建设具有中国特色的社会主义现代化农业，建设具有高度物质文明和高度精神文明的社会主义新农村，是现阶段中国农村改革的目的和内容。必须在严格控制人口增长、合理利用自然资源、保持良好的生态环境的前提下，改革农业经济结构，改革经济管理体制，继续进行农业技术改造，按照我国的国情，走出一条具有中国特色的社会主义农业现代化道路。

实行农村改革和为它服务的经济政策最根本的任务就是发展生产力，就是引导农民勤劳致富，从而加快国家富强的步伐。党在农村的任务，第一是领导人民翻身得解放，解除压迫和剥削；第二就是领导他们勤劳致富，不断地改善物质生活和文化生活。促进农村富裕的政策是让一部分农民先富起来，为广大农民提供经验，使他们开阔眼界，从而带动他们共同富裕。共同富裕是波浪式前进的，必有先富后富之别，不可能"同步"富裕。一部分人富起来之后，要善于引导他们把多余的资金投入到开发性生产的正确方向上去。实践证明，这是一条共同的规律。苏南农民说："兴社会主义业，冒社会主义尖，聚精会神想富，理直气壮赚钱。"这表达了广大勤劳致富农民的共同心愿。在社会主义条件下，生产资料公有，实行按劳分配，一部分农民先富起来，不存在旧社会的那种两极分化。现在许多地方"一户成功、百户仿效"的情况就是证明。实行富民政策，不会放慢而是加快了国家富裕的速度。因为农民富裕是社会财富增加的结果，农民不仅为国家提供更多的粮食、经济作物、副食品和工业原料，而且为工业发展提供了广阔的市场。民富是国富的基础，国富是民富的靠山，这是公认的真理。

实行农村改革，首先是改革农业经济结构，除对现有耕地实行集约经营外，把农村中大量的剩余劳动力转移到多种经营的广阔天地中去。要改变过去农业中的单一经营，坚定地走农、林、牧、副、渔全面发展，农、工、商综合经营的道路，要坚定地执行决不放松粮食生产，积极开展多种经营的方针。这样做的目的在于：保持农业生态的良性循环和提高经济效益；满足工业发展和城乡人民需要；使农村的剩余劳动力离土不离乡，建立多部门的经济结构；使农民生活富裕起来，改变农村的面貌，建设星罗棋布的小型经济文化中心，逐步缩小工农差别和城乡差别。

与此同时，要继续改革经济管理体制，发挥经济活力，开创商品生产日益发达的生动局面。为此，要进一步稳定和完善各种形式的家庭联产承包责任制。在这个基础上，积极发展专业户和各种形式的经济联合体，继续发展乡镇企业，继续改善农业结构，支持农民积极扩大商品生产。只有发展商品生产，才能进一步促进社会分工，把生产力提高到一个新的水平，使农村繁荣富裕起来，加速实现我国社会主义农业的现代化。

此外，要继续实行对农业的技术改造，改善农业生产条件，加强农业科学技术和教育工作。使农业有一个比较先进的物质、技术基础。要建立、健全农业科学技术研究推广体系和培养农村建设人才的教育体系，使我国农村经济在日益完善的生产关系和不断进步的技术基础上，取得更快的发展。我国农业的技术改造，应有自己的特色。一方面必须注意发扬传统农业所具有的精耕细作、集约经营、节能低耗、维持生态平衡等等优点；另一方面，又要在农村生产和建设的各个方面吸收现代技术和先进管理方法。要使传统经验和现代科学结合，使传统经验科学化，使生物技术和工程技术结合，使农业科学技术知识和经营管理知识相结合，在农业领域逐步扩大新技术的应用，提高农业宏观的和微观的综合经济效益。要系统地将现代农业科学技术知识和现代管理方法传授给广大农民群众和干部，提高他们的素质，并根据这个方针，改革我国的农业科学研究和教育工作。

在农村改革中，既要抓物质文明建设，又要抓精神文明建设。使整个农村物质生活不断改善，政治思想不断进步，文化知识不断提高。要加强农村思想政治工作，教育农民成为有理想、有道德、有文化、有纪律的社会主义新型农民。

中国式的社会主义农业现代化还在探索中前进。有人把中国农业现代化的要素归纳为：产品商品化，生产专业化，服务社会化，经营集约化，生态良性化，工具机械化，技术科学化。这是需要继续探索的问题。实践证明，家庭联产承包责任制并不妨碍农业的机械化，它创造了加快多种适应性的农业机械化的物质条件。

中国式的社会主义农业现代化，应从中国的客观条件和现实需要出发，用现代科学技术武装两种公有制农业，武装家庭经济，武装专业户和各种形式的协作与经济联合，把生产决策、生产技术、经营管理都放在现代科学的基础上，建立有利于农业持续发展的合理生产结构、生产布局和良性循环的生态系统，建立农、林、牧、副、渔全面发展的发达的农业，建立农、工、商综合经营的富庶文明的社会主义新农村。把现代农业科学技术和我国精耕细作的优良传统结合起来，做到投资少、耗能低、效益高，取得高度的土地生产率、劳动生产率、商品率和就业率。以丰富的农副产品满足人民生活和物质文化建设日益增长的需要。

中国农业的现代化，当前阶段要集中力量为中国农业的两个转化服务：第一，为自给半自给经济向较大规模的商品生产转化服务。为发展农村商品生产和商品交换服务，也就是为多种经营服务。为此需要解决一系列的问题，例如：

提高农副产品的产量和质量，产品变成商品，产前、产中、产后和信息服务，以及加工、贮藏、运输、销售等方面的需要。第二，为传统农业向现代农业转化服务。中国农业现代化只有把现代科学技术和我国精耕细作传统结合起来才能实现。要严格地考虑我国各地自然资源、经济水平、技术条件的不平衡。要进行资源调查、农业区划，作出长期的、近期的发展规划，进行试点，总结经验，逐步推广，从实际出发，稳步前进。这个转化是一个经济发展、技术改造、文化提高的过程。在转化过程中，多种能源、多种工具、多种技术、多种经营形式、多种管理方法，将同时并举。把精耕细作和现代科学技术结合起来，将是中国农业现代化的特点，是加快实现中国农业现代化最基本的依据。这不是守旧，而是在继承、改造的基础上创新。这是具有中国特色的社会主义农业现代化的道路，是中国农业发展的必由之路。

党中央指出：我国现阶段实行的是社会主义制度，有着资本主义制度不可比拟的优越性。但是，我国的经济还很落后，人民生活还不富裕，需要放宽政策，努力发展生产，同时要善于寻求和利用某些变通的过渡性的经营形式，作为一种补充，以利于社会主义经济的完善和发展，加速社会主义现代化建设。

中国农村的改革正在前进，农村的各个方面正在发生前所未有的变化和不断地向前发展。城市改革加快步伐，无疑将促进农村的进一步改革。实行体制改革和对外开放两大决策，城乡改革互相配合，互相支持，定将加快出现一个城乡改革的新局面。

发展农史科学研究　培养农史人才*

（1984 年 12 月 5 日）

发展农史科学研究，培养农史人才，是一个问题的两个方面。培养农史人才，是为了发展农史科学研究和农史教育事业。

农业工作者必须学习农史，因为只有了解过去才能更深刻地认识现在，预测未来。通过学习，掌握农业发展规律，继往开来，把我国农业优良传统和现代科学技术成果结合起来，建设具有中国特色的社会主义现代化农业。这是学习农史的根本目的。由于我国农业的迅猛发展，农村经济正在向专业化、商品化、现代化发展，学习农史，发展农史科学研究的迫切性和必要性越来越明显了。我国是历史悠久的农业大国，是世界农业发生最早的国家之一，有丰富的农业遗产。我国传统农业的突出优点，同志们讲了很多，大体上讲包括精耕细作、集约经营，节能低耗，维持生态平衡，因地制宜发挥优势等等，综合众长，集中地体现在精耕细作上。我国传统农业由于历史的原因，仍然具有难免的局限性，我们在发扬传统农业优点时对它的局限性要进行全面改革。

我国农业必须进行经济的、技术的改造，改变现存的落后状态，走向现代化。我国农业的技术改造，中国社会主义现代化农业的特点，应该表现在以下两个方面：一方面必须注意发扬传统农业所具有的精耕细作、集约经营、节能低耗、维持生态平衡等等优点，另一方面又要在农村生产和建设的各个方面吸收现代科学和先进管理方法。要使传统经验和现代科学结合，使传统经验科学化，使农业科学技术知识和先进经营管理知识结合起来，在农业领域逐步扩大新技术的应用，提高农业宏观的和微观的综合经济效益。中国农业现代化，当前阶段要集中力量为我国农业的专业化、商品化、现代化服务，中国农业现代化只有把现代科学技术、先进的经营管理方法同我国精耕细作的优良传统结合起来才能实现。这种结合也是中国农业现代化的特点，是加快建设具有中国特色的社会主义农业现代化的必由之路。

下面我想谈谈我国农史研究简要的历史。

---

* 本文系刘瑞龙在广州全国农史专业硕士研究生培养方案审订会议上的讲话稿，原载于农业出版社1988 年 6 月出版的《农史研究》第七辑。

我国很早就有人从事有关农史资料的搜集、鉴别、考据、整理工作。解放前农史研究大都处在自发的目标不明确的阶段（此处讲大都并不是所有，例如丁颖的研究水稻是有目标的）。只是在全国解放后，在中国共产党领导下，才真正开始具有科学意义的农史研究工作，一些有代表性的农史科学家如丁颖、竺可桢、辛树帜、王毓瑚、石声汉、万国鼎、胡锡文、陈恒力等，都有重要的农史论著。丁老关于水稻起源的发现是对世界农学的贡献，华南农学院古农书特藏室就是在丁老支持下建立起来的，他还支持梁家勉撰写《徐光启年谱》。党的十一届三中全会以后，经过拨乱反正，被林彪、江青反革命集团摧残的农史界恢复了活动。从那时起到现在五年中，全国农史学者发表了 1000 多篇论文，在农史科研上有许多新的创造和发展。根据中宣部 1965 年在大连《中国科学技术史》编写会议上建议，本着丁颖和许多农史前辈生前的愿望，1979 年 3 月开始在农业部党组领导下由梁家勉任主编，团结全国农史学者，用三年时间完成了《中国农业科学技术史》的三稿，对全国解放后农史科学研究成果做了比较系统的整理。12 天后，党中央提出把现代农业科学技术与我国农业精耕细作传统结合起来的方针，各地农史研究工作继续加强，农史展览和农史宣传受到干部和群众的欢迎，农业大学、农业院校选修农史的学员在增加。昨天华南农大学生会举办的农史知识竞赛，说明学习农史的活动正在群众中逐步发展。党中央关于农村工作的一号文件推动了农史科研工作，十二届三中全会关于经济体制改革的决定，再次着重提出建设有中国特色的社会主义的总要求，这对农史科研工作是一个新的推动。我们必须继续遵循十一届三中全会倡导的实事求是、一切从实际出发、理论联系实际和十二届三中全会决定的精神，在已有的基础上进一步发展我国农史科学研究，为建设具有中国特色的社会主义现代化农业而通力合作，开创农史研究工作的新局面。为此，提出如下建议：

第一，农史研究的内容，应以中国农史为重点，研究中国农业在世界农业中的历史地位，研究中国农业的优良传统。在研究中国农史时应该兼顾研究世界农业史，特别注意总结世界各国农业现代化发展中的经验教训，作为我们农业现代化的借鉴。

第二，现在整理起来的农史资料限于鸦片战争前各时代，在这方面梁家勉同志说还有许多未发现的东西，对这些未发现的东西，我们要继续发掘，对已有的研究成果，有待于深化。整理农业古籍工作要继续进行，对鸦片战争以后中国近代现代包括新中国成立以来的农业史，我们要立即着手收集整理。

第三，农史研究的根本方法应是历史唯物主义和辩证唯物主义的立场、观点和方法，全面客观反映事物发展的规律性，全面广泛地收集材料而且深入进行研究，去粗取精，去伪存真，由表及里，由此及彼，这是提高农史研究质量的根本方法。

第四，强调科学技术的研究与社会经济研究结合起来。研究科学技术的同时，既要注意某种科学技术在自然科学中的地位，也要注意在社会经济中的科学性，要学会从经济上分析各种科技得以产生、发展的社会原因，以此发现科技发展的规律。

第五，专题研究与综合研究、微观研究与宏观研究相结合。首先要弄清历史事实，因此对具体事实的研究考证是必要的，但光做这些还不够，还要探索事物发展的全过程，从农业发展的战略要求出发。要鼓励农史研究工作者从有关全局的方面进行综合研究，不能为啃古农书而啃古农书，应当与现实挂钩。这不是反对对具体事物的研究考证，而是为了引导大家站得高些，看得远些。与大局无关的可少研究或不研究，与大局有关的则不可忽略，见微知著的东西要抓住不放。

第六，开展农史研究的新领域要注意各学科之间的配合，要注意吸收考古学、民族学、社会学、历史学及自然科学各方面提供的丰富材料。因为各学科互相渗透是现代科学带普遍性的趋向。更何况农史是边缘学科，包括自然科学和社会科学。我们要善于把兄弟学科纳入研究，便可有所发现，有所发明，有所创造，有所前进。否则就会抱残守缺、萎靡不振。

第七，提倡个人研究与集体研究相结合。要充分发挥个人的聪明才智，个人研究难以解决的问题，要各学科互相协作配合，协同作战，加强各单位各学科之间的情报交流，打破相互间的封锁。农史研究中要发扬科学民主，坚持双百方针，团结协作，共同搞好农史科学研究事业。

第八，农史研究要注意提高与普及相结合。不仅要把农史研究继续深入搞下去，而且要把农业教育向广大农村普及，使其化为巨大的物质力量。农史展览对农史研究的普及与提高有很大作用，今后应加强这方面的工作。

最后，我想谈谈培养农史人才问题。培养农史人才是为了发展农史研究和农史教育。刚才梁家勉同志讲了，培养农史专业人才，特别是培养硕士生。解放前没有，只有解放后十一届三中全会拨乱反正后的今天才有。这是新事情，大事情，我们一定要全力以赴地搞好它。关于这方面，会议要讨论，我不详细地讲了。我只是想在此提一下，我们不仅要培养硕士，将来还要进一步培养博士生，我们要培养自己的农史博士。刚才梁家勉同志提到培养接班人，一点不错，我们要更多的接班人。形势愈来愈显出培养农史人才的迫切性。昨天开了个座谈会，我有个提议，所有农业院校学生都要学习农史。了解国内外农业历史、现状和发展趋向。一定要了解这些，才能搞好工作，农业院校应将农史选修课变为必修课。这是我在华南农大的建议。我的谈话到此为止，不妥当的地方请各位指正。

学习丁颖的高尚品德和治学精神

——为纪念丁颖教授逝世 20 周年而作

（1984 年 12 月）

敬爱的丁颖离开我们 20 年了。他是中国共产党的优秀党员，是我国优秀的农业科学家、稻作专家、农业教育家，曾任华南农学院院长，中国农业科学院第一任院长，中国科学院学部委员，全国科协副主席。由于他在国际上的学术地位，先后被全苏列宁农业科学院，民主德国农业科学院，捷克农业科学院选聘为通讯院士。他德高望重，同志们都尊称他为"丁老"。今天，我们纪念丁颖，是为了表彰他为发展我国农业生产、农业科学研究和农业教育事业所作出的卓越贡献，学习他全心全意为人民服务的高尚品德和理论联系实际的治学精神，促进具有中国特色的社会主义现代化农业和农业科学、教育事业。

丁颖，字君颖、号竹铭，广东省高州县人，1888 年出生于农民的家庭。幼年饱受封建势力的压迫，他看到中国人民深受帝国主义和封建势力的双重压迫，导致农村经济破产，民不聊生，从而对旧社会十分不满。他中学毕业后，在孙中山先生领导的辛亥革命影响下，满怀希望考上公费留学，三度留学日本十二年学农。留学期间，目睹国内民穷财尽，日本侵略者野心吞并中国，激起他强烈的爱国主义思想、民族自尊心和科学救国思想。回国后，先后任教于中山大学农学院和华南农学院，多次拒绝国民党反动政府高官厚禄的利诱，坚持从事教育和科学研究事业，探索解决中国民食问题和发展我国稻作事业的途径。通过 20 多年的稻作研究，逐渐了解到科学与政治的关系，事实证明，在反动政府的黑暗统治下，在旧社会三座大山压迫下，脱离政治的"科学救国"，是"此路不通"的。

丁老以盼望黎明的心情迎来了广州和全国的解放。他得到共产党和人民政府的信任。中共中央华南分局拨款支持他的科研事业，他深切感到，只有党和人民政府才是真正关心科学事业发展的。解放后，他比较系统地学习了马列主义理论著作，特别是比较深入地钻研了毛泽东的《实践论》和《矛盾论》。在党的教育帮助下，1956 年他光荣地加入了中国共产党。丁老从此走上了我国优秀知识分子所共同向往的光明大道。丁老从旧社会一个爱国主义者、民主主义者，在中国共产党的领导下，转变成为一个马克思主义者，一名共产主义战士。这是他历尽旧社会艰辛、不断追求真理的结果。

丁颖毕生从事于水稻科学研究事业，他的科研生活，给我们很多有益的启示。

（一）他有明确的科研目的。

丁老自己说是为解决人民衣食不足的问题，为了解决民食问题和发展我国的稻作事业，为了完成广东省食米自给的目的。他1942年在《纯粹科学的农学观》一文中就说："农业是应用的科学，……学农的要求，第一要认定，没有需要应用的对象便没有农学存在余地。"总之，解决国计民生中的实际问题是他科学研究的基本出发点。

（二）他的科研方法是从中国实际出发的。

他不甘心照抄从国外来的东西，而是运用科学原理，研究记载中国经验农法的古农书，并去请教有经验的农民，探索经验农法中积累的许多优越经验和蕴藏其中的科学道理。但经验不等于科学理论，不能达到科学应用于生产的目的，于是决心开展配套的稻作试验研究。丁老开拓了把科学理论、传统经验和实验研究三结合发展农业科研的先例。

（三）他是我国配套研究水稻科学的先行者。

在科研方法上，从实践和理论中，他提出一套相互配合、成为一定体系的配套成龙方法试用于水稻科学，已获得彪炳农业史册的成果。他全面地、系统地探索了水稻科学各方面的问题，在他一生发表的140多篇论文（包括与其他作者合著）中包括水稻的起源演变，分类和生态，生长和发育，栽培和育种等。他曾经提出：水稻研究首先要解决水利、肥料、品种和耕种技术4个问题。因为国民党政府腐败，水利问题无从谈起，就把最大部分力量放在育种工作上。现实的教训使他深切地认识到，培育良种在当时是唯一行之有效的增产办法。为了找出一些生长更易，抵抗恶劣环境条件更强的品种，他注意了杂交育种工作，主要力量放在早熟、矮秆和比较大穗的品种杂交育种上。丁老和他的助手们搜集了各地栽培稻种7000多个，他认为这些农家品种，都具有不可忽视的优良遗传特性，是祖国的宝贵资源。如果利用杂交方法，转育农家品种中的某些优良特性，是可以集多个农家品种优点之大成，培育出新型优良品种的。总计由开始到1952年的25年中，他和助手们在辛勤劳动中，用纯系育种和杂交育种育成的品种有60多个。在进行水稻田间试验的同时，对我国栽培稻种起源进行了比较深入的研究。他多次到华南热带地区进行野生稻考察，从野生稻的地下茎、植株形态和染色体数等方面研究，认定多年生野生稻是亚洲栽培稻的祖先。他还根据野生稻集中分布于华南各地，未见之于北方，从而得出我国栽培稻种起源于华南，并非引自国外的结论，否定了日本学者把籼稻定名为印度型、粳稻定名为日本型的非科学论点。

从丁颖同志水稻科学研究的广度和深度看，由于丁老本身学术水平的发展，可以分为解放前和解放后两个阶段。如果说丁老解放前水稻研究已有许多重要发现、但还具有初期难免的局限的话，那么，解放以后，马列主义、毛泽东思想把他的思想领域展开了，大大提高了他的理论概括能力，使他有可能把过去对一些问题的认识、体会和看法系统化起来。由于解放后党对科学的重视，土改完成和农业合作化后农村生产力的发展，广大农民迫切要求农业科学，使他有更多机会去接触和联系生产实际问题。丁老总结了1952～1962年10年中他和助手们一道进行的水稻研究工作：

1. 结合国家的农业区划，根据稻种分类的观察结果，再参照各地的气候、地理、土壤、栽培制度以及病虫害等条件，进行了我国稻作区域的划分。丁老以地区、栽培制度和稻种特性三结合的方法，把全国分为华南双季连作籼稻带、华中单双季籼粳稻带、华北单季粳稻带、东北早熟粳稻带、西北干燥粳稻带、西南高原籼粳稻带等六个区。这个划分方法，既反映了现实情况，也对今后的发展指明了方向；

2. 根据几年来的调查研究所得，他提出了中国栽培稻种的起源及其演变过程的看法，并开展了有关晚、早稻，籼、粳稻和野生稻、栽培稻的演变实验；

3. 从生态学的观点出发，对我国7000多个地方品种的观察结果，对我国栽培稻种进行了五级的系统分类，即：籼、粳—晚、早—水、陆—黏、糯—栽培品种；

4. 在各地农民原有的栽培品种、栽培制度和栽培技术的基础上，进行了水稻生长发育的研究，初步摸清了水稻本身生长发育过程的规律性及其与环境条件的关系，并调整这些关系的主要技术措施。在稻作区域划分、稻种起源演变、稻种分类、水稻生育过程观察以及抗战前进行过五年多的水稻周年稻种观察等方面的研究结果启发下，使他感到从生态学这个角度来研究水稻的品种和栽培问题，有着十分重要的意义。因此，在品种形态分类工作将近结束的基础上，他们开始了水稻品种生态学及其有关问题的研究，即研究品种与光、温、水、土等及其他栽培条件的关系（丁老曾着重指出，温度是决定稻田熟制的主要指标），为引种、调种、育种以及合理密植等栽培技术上的人工调整和技术改造，提供了理论依据。

从上述情况看，丁老的水稻科学研究，已经有了新的进展，从专题研究进到综合研究，从技术研究进到规律研究，若干问题已从战术范围提高到战略研究的水平。丁老晚年由他领导全国水稻专家并由他主编《中国水稻栽培学》，对他自己和全国水稻科学研究成果，作了系统概括的总结，为我国水稻科学研究的进一步发展奠定了基础。

丁颖是中国农业科学院的第一任院长。由于丁老在中山大学农学院和华南农学院的杰出贡献，1957年春经中共中央农村工作部和农业部推荐，党中央国务院正式任命丁颖为中国农业科学院院长。

丁颖坚定地执行了党中央、国务院关于农业科学研究的路线、方针、政策和部署，他在农业科学院近八年工作中，作出了杰出的贡献。

丁颖按照党中央农村工作部和农业部的规划，建立了中国农业科学技术研究推广体系。按照广义农业的观点，种植业、畜牧业、多种经营各业，按需要分别设所。重视新技术应用，设原子能利用研究所。重视农业经济，设农业经济研究所。重视农史研究，设南京农业遗产研究室。此外，各省、市、自治区，各地、县的农业科学研究机构也相继建立。

他坚持科学要为农业生产服务、为农业现代化服务、理论联系实际的方针，他认为农业科学要解决生产中必须研究解决的问题，使生产计划的实现得到科学上的保证。他认为在科学为群众所掌握时，就成为物质力量。农业科学应该成为农业生产的主要物质条件之一，要实现农业生产计划，就必须发挥科学研究的物质力量。他认为生产计划拟定时一般根据以下几个方面：（1）方针政策；（2）经营管理；（3）物质条件；（4）技术措施。他特别注意生产条件的改善和耕种技术水平的提高。为了配合国家粮食增产计划、提高水稻单产和总产量，改善低产面貌，他认为最重要的问题有：（1）为减免自然灾害，研究旱涝、风霜出现的规律；（2）稻田肥源和水旱轮栽问题；（3）具有特适性能的品种选育和高产品种的栽培试验；（4）运用丰富的品种资源；（5）处理杂草。

丁颖实事求是的精神，突出地表现在他的学术思想上的严格的科学态度。他常说："科学是客观的，科学工作者要听得不同的意见，不能先入为主，不要有门户之见。"他在20世纪50年代我国农学界摩尔根学派和米丘林学派的大辩论中，采取了公正的立场。他拥护毛泽东提倡的"百花齐放，百家争鸣"方针，认为不论哪一个学派，一切能在科学实验上作出真实贡献，并经过实践证明的，都是符合真理的。他对当时被一部分人压抑得抬不起头来的摩尔根学派学者鲍文奎研究员的科学试验，给予了很大支持。丁老的科学态度还表现在他一丝不苟，坚持真理，敢于否定自己。例如，鲍文奎曾经提出广东省最晚熟的晚稻品种，拿到海南岛的最南端的崖县种植，由于光照反应，可能缩短生育期而成为早稻的看法。当时丁老认为不可能把最晚熟的晚稻变成早稻。不久，丁老因公去广东，他专门在崖县做了这方面的试验，一年之后，证实了广东省的晚稻在崖县确实缩短了生育期变成了早稻，修正了他原来的看法。他回到北京找到鲍文奎，说明了试验情况，肯定了鲍的看法。这件事在农学界传颂一时。

在执行科研为农业生产服务的方针中，他坚决执行了科研、生产、教育三结合，实验室、试验场和农村基点三结合，试验、示范、推广三结合的方针，从而开辟了农业科学研究的新局面。

他在科学研究方法上，提出注意研究农业增产因素中各个因素相互的内在联系和配合成套的关系，在农业科学中，每一项研究因素与其他因素的关系，如选种与栽培也有成套的关系。因此，他认为当研究关系复杂的问题时，必须把有关的各方面力量组织起来，进行协作的综合研究，使整套的栽培技术问题可以同时解决，也可以使生产水平和理论水平同时提高。综合研究是改变过去孤立起来的单项研究的基本方法。他提倡中国农业科学院江苏分院组织植物生理、土壤、气象研究机构，总结陈永康同志水稻丰产经验的综合研究方法。他主张解决低产田的生产问题，需要从不同的角度进行探索。

丁颖 1962 年 11 月写的《38 年的回忆和感想》一文中总结了他的全部科学研究经验。他说："总括 10 年来，在马列主义的指导下，对于一些农业科学问题的系统和全面的看法或多或少地形成和发展起来，从这些观点出发，我认为今后要研究解决农业生产有关的科学技术问题，应有下列的明确认识：首先，农业科学是研究农业生产有关客观世界的各种规律的。就作物栽培的客观规律来说，可分为三个方面，即：作物本身的生长发育规律问题；同作物生长发育有关的环境条件变化规律问题；作物生长发育与环境条件关系的规律问题。其次，从作物生育与环境条件关系，即作物生产有关的问题来说，归根到底，是对于这些关系的人工调整和人工改造的问题，也就是相互关系的矛盾统一问题。作物栽培的成功经验，可以认定为作物生育的要求与环境条件的关系获得人工的统一而达到平衡，增产的技术措施则由于打破旧平衡而达到新平衡的结果。"他认为："与解放前相比，这十年来取得的成果是较大的，但与当前农业生产的实际需要来说，则距离尚远。特别是近几年来，我国遭到严重的自然灾害，为了稳产和增产，自己尚未能拿出很多现成有效的办法来。"他还留下了许多需要继续深入探索解决的问题，要我们继续承担。用丁老的话说，就是"继续努力进行我们最积极的研究工作。"

当然，丁老在农业科学院工作期间的建树是很大的，对发展我国农业，发展我国农业科研和教育事业，是起了先行者的促进作用的，我们应充分认识。同时在这段工作期间，还出现了若干初期缺乏经验所难免的那些局限，也曾经受当时"左"倾错误的干扰，使我国农业科研事业经历了一些曲折。丁老当时对那些主观、片面的错误做法，内心是不赞成的，在我们个人交往中，他也曾经有过这方面的表示。

丁颖的一生是革命的一生、战斗的一生。他为振兴我国的社会主义现代化农业，发展我国农业科学研究和教育事业，贡献了他的全部精力。他自觉地拥护党的领导，坚定地执行党和国家的农业科学研究工作的路线、方针、政策，热爱党、热爱人民、热爱社会主义祖国，对党和人民政府交给的任务认真负责，坚决完成。他为了解决水稻生产情况和存在的问题，跑遍了全国稻区，并且每到一地，便亲自下田观察，甚至临终前20天，还抱病在山东稻区调查，这种对党和人民事业高度负责的责任心和事业心，永远值得我们学习。丁老勤奋好学，从不自满，对先进的科学技术、科研成果、生产总结乃至罕见的农书古籍等总是先读为快。我曾和他多次出国考察，他总是如饥似渴地了解情况，从不放弃每一个学习机会。勤问、细看、多记，并且坚持每天整理笔记，吸取了很多有益的东西，带回来很多可贵资料，不少已经用到科研和生产中去。丁老的作风一贯实事求是，理论联系实际，作风踏实，治学严谨，谦虚谨慎，联系群众，善于团结科学家共同工作，奖掖后进，不遗余力。他的科学研究紧密地结合生产实际，他常说："我们不应该离开生产实际问题来进行理论研究，也不可能离开理论而要求系统地完整地解决生产实际问题。"他在科学研究中重视我国农业的优良传统，重视农民经验，重视科学实验，把三者结合进行科学理论上的分析。他晚年不顾高龄，为发展我国北方水稻生产，足迹遍及北方新老稻区。丁颖全心全意为人民服务的高尚品德和理论联系实际的治学精神，是留给我们的不朽遗产。愿发扬光大，激励我们去完成党的十二大确定的总任务、总目标，推进城乡改革，振兴中华，完成具有中国特色的社会主义现代化农业的伟大事业，在党的十一届三中全会决议指引下奋勇前进！

试论农业自然资源调查和我国农业现代化 *

在三年调整期中，要加快我国农业的发展，主要依靠坚定不移地、持续地、稳定地贯彻党中央决定的农业方针和农村经济政策，在科学技术、经济工作和经营管理上，因地制宜地积极推行各项行之有效的增产措施。近两三年内，不具备在全国齐头并进搞农业现代化的条件，只能有重点地稳步前进，为逐步实现农业现代化准备条件。

为了加快农业的发展，要办的事情很多，应该集中力量搞好带有全局性的几件大事，以推动农业生产和农村建设的全面发展。看来，搞好农业自然资源调查和农业区划。就是带有全局性的大事之一。

为什么要进行农业自然资源调查和农业区划工作？因为，农业是有生命的物质的再生产。农业生产的对象是生物和环境因素的统一，农业生产过程就是生物和生活环境进行物质和能量交换的过程。人们通过生产劳动，利用和改造自然所提供的各种材料和条件，来满足人们生产和生活的需要。要发展农业生产，必须首先摸清生物和它们赖以生存的自然环境，就是首先要认识农业生产的客观对象，了解它们内部的和外部的规律，才能有效地按照人们的需要去利用改造它们。这就是正确指导农业生产、坚持因地因时制宜原则的先决条件，是克服瞎指挥的最好消毒剂。所以，搞好包括土壤、气候、水、生物等农业自然资源调查和社会经济调查，并据此搞好农业区划，做好从农村社队到县、省、中央各级农业、林业、牧业、渔业的现代化规划，就成为加快农业发展、促进农业现代化摸底探路的先行基础工作。世界上农业先进国家在农业发展中，都十分重视这方面的工作，例如：美国、日本等国家都曾用了相当长的时间，相当强的科学技术力量，采取多种先进技术来进行农业自然资源调查，做好农业区划工作，从而大大加快了这些国家农业现代化的进程。我国地域辽阔，不同地区的自然条件、社会经济条件和生产技术条件千差万别，农业的地区性、季节性和发展的不平衡性，十分突出。认识这些特点，是按照自然规律和经济规

---

* 随着改革开放的深入，作者把更多的精力投入到深入钻研和潜心探索中国式的农业现代化问题上，撰写了一系列文章。本文是其中带有全局指导性的重要文章之一。

律发展农业的基础。新中国成立以来，我国农业成就很大。但在我们过去的工作中，因为忽视这方面的调查研究，犯过瞎指挥的错误，遭到损失的事例不少。林彪、"四人帮"的极左路线，以主观唯心主义、形而上学为基础的瞎指挥，无视客观规律，使农业受到更大的破坏，教训是极为深刻的。因此，我们在向农业现代化目标进军的时候，一定要做好农业自然资源调查和农业区划工作。

进行自然资源调查以及农业区划时必须正确地、完整地执行"农、林、牧、副、渔同时并举"和"以粮为纲，全面发展，因地制宜，适当集中"的方针，逐步改变我国目前只重视粮食种植业，忽视经济作物种植业和林业、牧业、副业、渔业的状况，充分挖掘潜力，使农、林、牧、副、渔各业都有一个大发展，逐步改变我国目前的农业结构和人们的食物构成。我们要坚持种植业和饲养业并重、农林牧紧密结合、农林牧副渔并举的思想。因为农业发展不是孤立的，同整个生物环境保持着相互依赖、互养互荣、相互转化的密切关系，形成总体的生态平衡。农、林、牧的合理布局，是良好生态的前提，没有充分发展的畜牧业和林业，就不可能有健全、迅速发展的农业。没有农、林、牧、副、渔全面高涨，中国农业就没有高速度，就不能过关。

在进行农业自然资源、社会经济调查和农业区划的时候，一定要做好土壤普查工作。土地是农业的基本生产资料。气候、水、生物都是在一定地区的土地上起作用的因素，同土壤是不可分割的。土壤学是农业的基础学科之一，土壤普查要为农业区划提供基本资料。为了有利于区划工作的进行，在力量允许的条件下，对土壤、气候、水、生物的调查，以同时进行为有利。如力量不足，也可以先后进行。但必须统一计划，并对各项调查资料作综合分析。

在土壤普查和其他农业自然资源调查中，除了要有计划地深入了解当地自然条件和生产技术条件外，还要了解当地的社会经济情况。调查社会经济情况，容易为人们所忽略。他们不了解农业的再生产过程是受自然的和社会经济的两方面规律制约的。而如果不深入系统地调查当地社会经济情况，就不可能真正了解当地农业生产中的情况、问题和发展规律，就不可能提出切实可行的建议。

在土壤普查及其他农业资源调查中，都要注意静态的和动态的两方面情况的了解。所谓静态的，是指那些相对稳定、变化较慢的情况；所谓动态的，是指形成、变化、发展、趋势等历史过程的情况。无论了解土壤的宏观世界还是微观世界，都要从静态和动态两个方面去了解，而着重点是了解动态方面。因为，如果不着重动态方面的了解，就无从正确了解现状和它今后发展的趋势，无从研究控制其坏的发展因素，引导它向好的方向发展。这就需要从不同地区、不同时间、不同类型、不同程度、不同水平上进行比较研究。从它的差异、数量、质量、难易、顺逆、利弊、好坏、成败和不平衡中去发现主要矛盾和相互联系的各个方面。根据实际情况和群众经验，找出兴利除害、变害为利、趋利避害、解决矛盾的办法，提出切实可行的建议，包括主攻方向和具体建设步骤，近期要求和远景目标等。

我国的土壤肥力状况，近10多年来发生了很大变化。一方面，由于农业基本建设的加强，高产稳产田增加了，灌溉面积增加了，由于土壤改良工作的进行，有些地区如盐碱土地等低产土壤的面积在缩小。另一方面，由于林彪、"四人帮"的严重破坏和工作上的瞎指挥，破坏了农、林、牧、副、渔全面发展的方针，毁林开荒，乱垦草原，盲目围垦，导致土壤利用不合理，资源破坏，丘陵山区水土流失严重。黄河每年下泄大量泥沙，河床每年增高10厘米。长江流域每年冲刷大量表土，干流携带泥沙每年平均5亿吨以上。全国沙漠面积在扩大。草原沙化、碱化、退化面积扩大，草质下降严重。淡水养殖面积大大缩小。长江沿岸，有污染源4万个，每天大量工业废水排入长江，在渡口、重庆、武汉、南京、上海等沿江城市，已形成明显的污染带。江南有些水田，由于长期泡水，地下水位升高，引起严重的次生潜育化现象。华北有些地区由于灌溉不当，次生盐渍化面积有新发展。黑龙江省的农业生态也有恶化趋势，林区和草原都在缩小，草原衰退，森林过伐少植，降水量减少，耕地黑土层变薄，有机质含量大大下降，拜泉县已经出现了大量的"火烧云"、"破皮黄"，即岗地黑土全光，黄土裸露。所以，我们在农业资源、社会经济调查和农业区划工作中，必须十分注意这方面的情况，研究具体措施和对策，从根本上逐步改变这种自然生态恶性循环的情况，向良性循环的方向发展。

第一次对现有耕地的土壤普查，对贯彻农业"八字宪法"，促进农业增产、发展土壤科学起了有益作用。这次土壤普查工作要扩大到荒山、荒地、荒原、林区、宜林地，要农、林、牧、渔、垦兼顾，为农业生产、农村建设全面发展服务。并要结合各种生产基地的建设和改造低产田入手。在查明我国土壤资源的基础上，提出合理利用和开发土地及农、林、牧、渔用地合理布局的意见，宜农则农，宜林则林，宜牧则牧，宜渔则渔，为农业区划因地制宜地实行农业的区域化、专业化提供科学依据。还要查明低产土壤的障碍因素，提出改造利用的措施，总结建设高产稳产农田和草场的条件及经验。并且在查明土壤肥力、性状的情况下，总结群众用地和养地结合的经验，提出因地种植，因地耕作，施肥、灌溉、轮作、轮牧、造林营林，因地选用农业机械，为提高科学种田水平，实现高产、稳产、低成本服务。

综上所述，我们在农业的三年调整期中，首先做到农业资源调查先行，摸清家底。接着，进行农业区划，然后，作出农林牧渔各业现代化的规划，有计划地逐步进行农、林、牧、渔商品生产基地的建设。此外，由省、市、自治区选若干不同类型县在完成资源调查、区划、规划工作后，开始进行农业现代化综合试验，以积累经验。在上述各项工作中，要有计划地训练科学技术骨干，普及科学技术知识，组织技术队伍，为农业现代化准备技术力量。

既然进行农业自然资源调查和农业区划是为农业现代化作准备，那么，我们就来探索一下究竟什么是农业现代化？我们如何实现农业现代化？

我国农业现代化，是在社会主义制度下进行的，又是在我国的特殊条件下进行的。我国的特殊条件，就是人口众多，耕地少，底子薄，科学文化水平低，但幅员广阔，自然资源比较丰富，有众多的劳动力等。我们搞农业现代化，定要从这种实际出发，要注意解决下面的一些问题：

一、关于我国农业现代化的重点问题。我们国家底子很薄，农业经济积累能力有限。如何把有限的物力、财力投放到关键的地方，对我国农业现代化全局关系极大。机械技术与生物技术两方面的改革，谁先谁后，谁轻谁重，还是两者紧密结合按需要和情况协调发展，是要认真考虑的。

主张把着重点放在农业机械化的理由是农业现代化的主要标志是提高劳动生产率，其途径就是农业机械化，农业机械可以省工、省时、提高生产效率，是农业增产的一个重要环节，是公认的。但它的发展不是没有问题的，工业先进国家发展起来的高度机械化的、以减少农业劳力转入工业为特征的现代化的所谓"能源集约农业"，近23年来，投资不断增长，消耗物资和能源大量增加，农业成本不断提高，虽有农业省工、省时、减人的效果，但产量增长有限。在环境污染和能源危机压力日益增大的情况下，国外科学家认为必须改变这种情况。较早提出这个问题的是美国科学界人士。他们1975年在《美国科学研究计划书》中提出"改进农业技术"的任务，认为"重点要放在提高可更新资源的产品产量上，增加可更新资源对食物、饲料和工业的生产力。""农业研究上要求投入不可更新的资源（水、能源、肥料、农药和工时）最少，而获得的产品最多。进行低能量生产技术的研究。"十分强调要"着重研究支配农业生产率的生物学过程"，认为"目前进入了生物科学和农业生产的新时代。"他们这些提法，是值得深思的。日本科学家提出改变过去偏重"无机农业"的做法，要向

"有机农业"发展。西德科学家主张采取"机械技术现代化"与"生物技术现代化"并进的做法，这些都值得我们参考。

现在国外所谈的"生物技术现代化"，主要是以促进生物生长发育和改善生物环境因素为中心的各种科学技术，如遗传育种、光合作用、生物固氮、土壤、气候、自然生态平衡、植物保护、肥料、灌溉等等。农业先进国家单位面积产量和总产量增长得益于生物技术发展的最大。农业机械在省工增产方面，在不同地区起了不同程度的作用。

我国农业现代化，在目前条件下，像工业先进国家那样，大量投资，大量消耗物资和能源，从事以全盘机械化为中心的农业现代化，我们暂时是学不起的，眼前也是行不通的。他们的弯路和弊病也不应该重复。我们应当根据条件和需要，虚心学习和积极引进对我国有用的东西。事物都有共性和个性。共同趋势应该分析研究和借鉴。但在不同国家，因社会制度、自然资源、经济发展等条件不同，农业现代化进程和重点不可能一样，不可能有统一的模式。我们应该从我国实际出发，走适合我国条件的中国式的社会主义农业现代化的道路。

二、我国农村3亿多农业劳动力，由于农业现代化而腾出来的劳动力如何安排，是我国农业现代化首先碰到的一个问题。因此，我国农业现代化的每一个步骤，都要考虑到为多余劳动力广开生产就业门路的措施，做到农业现代化的程度越高，农村多余劳动力的生产门路越广。我国农业现代化腾出来的劳动力，工业和城市安排不了，只能在农村和发展中小城镇安排生产和建设，因此，根本解决办法就是向生产的深度和广度进军。

首先，还是在现有耕地上精耕细作、多种经营上下工夫。这是我国农业现代化的宝贵基地，向全国发展的进攻出发地，要首先用力建设好。要在搞好农业基本建设、提高科学种田水平、大幅度地提高单位面积产量、从而不断地提高总产量上下工夫。粮食单产不能长期停留在"四、五、八"水平上，而是要逐步向亩产600斤、1000斤、1500斤、2000斤方向进军。要努力改变低产地区的生产条件，把低产变高产作为农业建设的主攻方向。建设商品粮基地，应先选择在几块人均耕地较多、单位面积产量较低、增产潜力较大的地方搞起来。要特别重视改变单打一的经营方式，在抓紧粮食作物的同时，各种经济作物都要提高单产和总产。同时，要大力开展多种经营、科学造林、科学养殖、发展社队企业，这些方面都可以容纳很多的劳动力。

其次，要看到15亿亩耕地以外尚未开发利用的辽阔国土，向近期可以进行经济开发的那些荒地、荒山、草坡、草原、宜林地和水域进军。在开发新地区时，一定要按照自然规律和经济规律办事，有一个整体规划，一业为主，综合地有计划地有秩序地开发，建立合理的生态环境，以保证各项生产事业顺利发展。我们要在保护自然资源条件下，有计划地开垦宜农荒地。建立新的粮食作物和经济作物（棉花、油料、糖料）基地，建设新的林业、牧业、渔业基地。

再次，我国自然资源比较丰富，生产门路很多，要经济、合理、充分地加以利用。无论是原有的农区或是新开发的地区，都还可以因地制宜地积极发展多种内容的种植业（林场、干鲜果、木本油料、木本粮食、茶场、蚕桑场、药材等）；养殖业（畜禽、水产等）；要积极办好社队企业，包括：农、畜、林、渔产品加工业；农用工业（中小农具制造和农机修配业以及在统一计划下的零部件加工等）凡原料有来源、有销路的各种小型工业、手工业和其他工副业；还有为农村人民衣食住行服务的行业、基层商业、建筑业、运输业；土特产、山货的生产、采集、加工、运销行业；为城市大工业辅助加工；为出口、为旅游服务的各种行业等。所有这些行业，都可以组织在集体所有制内。凡是自己能解决原料、加工、销路的，都应允许集体所有制经营。在大城市郊区，在条件较好的农、牧地区和经济作物集中产区和其他各类地区，积极试办生产、加工、销售一条龙的农、工、商联合企业，增加集体经济和社员收入，增加集体的积累，扩大再生产的能力。这种多种经营的社队企业，既可以容纳多余劳力，在国家物质和技术支持下，又可以为农业现代化积累资金。看来，在农业中根据我国条件走农、工、商一体化，产、供、销一条龙的道路，使我国农村逐步变为农、林、牧、副、渔布局合理、全面发展，农工商综合经营的富庶农村是一种健康发展的符合客观需要的必然趋势，应该得到有关部门的热情帮助和积极支持。

此外，我们还要有计划地组织调剂劳动力支援内地和支援边疆，帮助经济落后地区加快发展步伐。

如果这样考虑，农业现代化的程度愈高，生产就业的门路可能愈广，农业现代化的速度可能会加快，农业劳力的优势就可以充分发挥。资源得到充分合理利用，农、林、牧、副、渔全面高涨，农村建设全面发展。当然，劳力出路宽广，不是说人口越多越好。还是要抓紧计划生育，采取有效措施，使全国人口增长率逐年下降。

三、我国实现农业现代化，要特别强调因地制宜。我国国土大，农业生产水平地域差异很大。农业现代化的内容是多方面的，各地农业现代化发展的进程、先后、重点，都要从本地生产中存在的主要矛盾出发，首先从急需解决的问题着手，应因地而异，不拘一格。农业现代化离不开机械化，不论人少地多或人多地少地区，不论平原或山区，都是需要的，但不是所有地方都一定要从机械化开始。要改变那种把农业机械化与农业现代化等同起来的见解。农业机械化也要因地制宜，从急需的着手，有选择地量力进行，不能一刀切。要切实解决农机与农艺、机械技术与生物技术互相结合互相适应互相促进的问题。

四、在农业现代化过程中采取的一切措施，都要考虑我国底子薄的特点。农业现代化资金来源要靠我们自己劳动积累加国家的支持。资金和劳力的使用，都要讲究投资少、见效快、收益大。必须严格按照自然规律和经济规律办事。力求以最少的劳动和物质消耗，获得最大的经济效果。在采取每一个重大措施前，都要认真调查研究，搞好规划，贯彻政策，分期分批，量力而行，集中力量打歼灭战。

五、建议农用工业多方促进农业现代化事业。急农业和农民之所急。大力有计划地增产当地急需、品种对路、配套齐全、质高价廉的农用动力和机具，并保证零配件的生产和及时充分供应，提高现有农业机械化的耕作效率。

六、我们要积极学习国外先进经验，科学技术、先进设备、科学管理方法，有选择有步骤地引进对我有用并有力量引进的先进技术设备，但要注意我们的条件、需要和基础。引进是为了增强自力更生的力量，要努力学习、消化、仿制、改造、创新，要驾驭众长，为我所用。力戒照搬照抄，随人俯仰。我国农业现代化，还是靠自力更生、苦干巧干。是搬不来，抄不来，买不来的。

七、在我国农业现代化中，要科学走在前面。要因地制宜地全面地贯彻农业"八字宪法"，迅速恢复和大力发展农业科学、农业教育和技术推广事业，用现代科学技术知识武装农村工作干部，农业科技人员和广大农民，更是必要的。

我想，我国农业现代化如果注意到以上这些问题，进程可能会快一些。

从以上设想看，要从根本上来改变我国农业科学技术上、经济上的落后面貌，变为先进的社会主义现代化大农业，就应该是，把我国的农业建设成为自然资源利用比较经济、合理、充分的，环境生态系统比较合理平衡的，环境污染比较轻的，农村就业率高的，农、林、牧、副、渔全面发展的，土地利用率和劳动生产率高的，农产品商品率高的，能满足工业发展和人民生活持续改善需要的现代化的农业。生产力发展水平，在一定时间内，农村各项生产中，机械化、半机械化、手工、畜力农具（大、中、小型），多种能源利用（包括电力、沼气、风力、水力、太阳能等）将同时并存。这种现代化大农业，以两种社会主义公有制为基础，以计划经济指导为主，以市场经济调节为辅，以开展多种经营，发展社队企业为基本内容，以农、工、商一体化，生产、加工、销售一条龙为基本生产方式，采取科学方法管理生产，为逐步缩小工农差别、城乡差别，准备条件。这些设想中有许多看法不一定妥当，哪些是可以肯定的，需要进一步调查研究，学习国外的好经验，总结我们自己的经验，经过生产实践的考验，才能看清楚。

与子女谈婚姻[*]

刘瑞龙：今天，首先是代表你们的母亲，然后是代表我自己，向你们三对小夫妻讲话。上一次我已经向延淮、延申和自强他们三个人讲过了，因为上一次有一些同志没有听到，所以今天再重复一下。上一次讲话有四点，第一点就是希望每一个人都做一个合格的共产党员，都做一个合格的革命干部。第二，希望每一个人始终在政治上要和党中央保持一致，要做遵守宪法的模范。第三，就是我们每一个人对党和祖国建设事业都应该是个有用处的人，都应该作出应当做的贡献。第四点，我们希望每一个人在政治上，在业务上加强学习，学习马列主义、毛泽东思想，不断地取得进步。这就是上一次对他们三个人讲的话，今天再重复一下。今天要讲什么呢？就是讲延淮和自强，他们结婚的事情，结婚的根本基础是政治上的一致，也就是志同道合。这是他们结婚的根本基础。不能忘记这个基础。始终要记得这个基础！什么叫志同？什么叫志？志就是为人民，为党的事业，为祖国建设全心全意服务的志愿，所谓志同就是同这个志。道，什么叫道？道啊，就是马克思列宁主义的道，就是四项基本原则的道，就是社会主义的道，共产主义的道！道就是这个道。和这个道，同那个志。所以今天你们要注意，你们的结婚，不是一种苟合，而是一种非常严肃的、志同道合的结合，是两个共产党员，两个革命干部，两个社会主义者、共产主义者的结合。这是你们始终要记得的，一刻也绝不能忘掉的。而且这个志同道合是永远的，是一生的，一辈子的，不是要中途变卦的，这是绝不允许的。在这个地方，我讲到，我们要永远地志同道合，我们要白头偕老。我们要永远地做一个合格的共产党员，合格的共产主义者，合格的马列主义者。邓大姐过去在重庆办事处告诉许多女同志八个"互相"，你们要执行这八个"互相"。第一个"互相"，是要互相尊重。既然是志同道合，就要互相尊重。尊重对方是一个共产主义者，是一个共产党员，是一个革命干部，彼此都是有独立人格的，要互相尊重。第二，要互相学习，学习什么东西？学习对方的长处，不要学习对方的短处。第三，要互相爱护，爱护什么？爱护大家的进步，爱护大家的健康，爱护

---

* 本文据录音稿整理。

大家的成长。第四个"互相"，互相帮助，互相帮助进步，在政治上、业务上互相帮助。第五个"互相"，要互相促进。第六个"互相"，就是互相体谅。假如要是有一些不顺心的事情，要易地而处呀，要替对方想一想。不要仅是埋怨。第七个"互相"，要互相忍让。最后一个"互相"就是互相进步。所以这个"互相"你们要永远记得，这是老大姐告诉我们年轻一辈的。今天，我也把这个话向你们转达。总之，你们处理工作的时候，处理你们生活的时候，处理你们学习的时候，为人处世的时候，始终要记得自己是个共产党员，自己是个革命干部。

学习孙冶方"最小最大"观点，
努力提高农业经济效益*

孙冶方是我学习政治经济学的老师。在我们接触中，他经常强调的一个论点是："讲经济，就要用最小的劳动消耗去取得最大的经济效果。""最小最大"论点，是孙冶方社会主义经济理论的一条红线。这个思想是完全符合马克思关于时间节约规律和列宁关于"劳动生产率，归根到底是保证新社会制度的最重要、最主要的东西"等一系列论述的。冶方同志再三强调："我们要通过对社会主义生产关系的分析来证明，社会主义生产关系比资本主义能够以最小的耗费取得更大的经济效果，从而推动社会主义经济的发展。"

党的十一届三中全会以后，中央领导同志一再强调要重视经济效益。邓小平曾经指出，提高经济效益是各项工作的一条十分重要的方针。在党的十二大报告中也强调指出：要"把全部经济工作转到以提高经济效益为中心的轨道上来。"在作为国民经济基础的农业工作中，不能只讲生产，还要讲经济效益，讲农村整个社会的发展，注意整个社会的建设。我们要学习冶方同志一贯坚持的"最小最大"观点，千方百计地提高农业生产、建设、流通各个领域的经济效益；把提高经济效益，当作农村经济工作的根本指导思想。

经济效益，照老话说就是："人尽其才，地尽其利，物尽其用，货畅其流。"也就是现在通常所说：投资少，耗能低，产量高，质量优，维持生态平衡。这是农业各个部门生产中最大的经济效益。也就是说，要使得农民的生产结果和他们所投入的劳动、物质和能量相称。在农业各个部门的生产和建设中，一切技术工作和经济工作都要以提高经济效益作为根本的出发点。

提高农业的经济效益，仍然是一靠政策，调动和提高广大人民群众的积极性；二靠科学，采取适用的科学技术，发展生产力。依靠综合运用农业的自然规律和经济规律，提高经营管理水平。

---

* 孙冶方（1908～1983），著名经济学家，老一辈无产阶级革命家。1924年入党，1925年11月受党组织派遣赴莫斯科中山大学学习。1930年9月回国后，曾任中共江苏省委文化工作委员会书记等职，并长期从事马克思主义理论教育和经济部门的领导工作。新中国成立后，曾任华东军政委员会工业部副部长、上海财经学院院长、国家统计局副局长、中国科学院经济研究所所长等职。中共十二大当选为中共中央顾问委员会委员。1983年2月22日在北京逝世。

农业经济效益应包括宏观的和微观的两个方面。

宏观经济效益，主要涉及的是整个农业发展的战略方向，涉及战略全局的部分。例如，搞好农业区划，因地制宜、合理充分地利用农业自然资源和经济资源，兴利除弊，扬长避短，发挥优势；建设合理的经济结构和生产布局；加强农业生产的先行部分（如农业生产条件的改善，生产资料的供应，农业生产技术服务等）的建设和后续部分（如农产品加工、储藏、信息、运销等）的建设，发挥综合经济效益。

微观经济效益，主要涉及的是具体生产技术措施的经济效果，推广、应用当地经过试验行之有效的科技成果。任何一项农业措施，都要考虑到它的可行性、合理性和经济效益。考虑农业经济效益问题，必须注意自然规律和经济规律的综合研究。技术经济措施必须适应农作物生长发育的实际需要，才能获得最好的经济效益。微观经济效益所涉及的还有改善经营管理，降低成本，合理利用劳动、资金和自然资源，实行集约经营，研究投入产出比例和生财、聚财、用财之道。注意宏观经济效益和微观经济效益的结合，是今后农业生产和农村经济的核心问题。要加强对计划工作的领导，坚持"计划经济为主，市场调节为辅"方针。计划好是最大的节约，计划不好就会造成最大的浪费。要学会运用经济手段结合行政手段领导经济工作。要学会运用经济杠杆、经济法规管理经济，促进经济发展。

党中央1983年一号文件下达以后，我国农村大好形势有新发展，出现了许多新情况、新问题、新经验，不同地区农民也提出一些新想法、新要求。研究这些情况、问题、经验，继续发展大好形势，继续探索具有中国特色的社会主义农业现代化的道路，是摆在经济理论和实际经济工作者面前的重要任务。这里所说的新情况、新问题有：如何进一步完善不同形式的农业生产责任制，在不同地区，如何妥善处理统与分的问题；农村多余劳动力的情况和出路，如何扶持、保护和引导专业户、重点户（承包、自营、联营）的发展；农村商品流通如何进一步搞活；如何有选择、高效益地机械化，如何实现从传统农业向现代农业转化；如何引导农民运用资金搞生产建设和智力开发，取消向农民不合理的乱摊派，以及承包土地的转让和调节问题等。对于上述问题，要针对不同地区、不同情况，分别进行调查研究，在研究和解决这些问题中，孙冶方的社会主义经济理论，特别是他一贯坚持的"最小最大"原则，是具有现实意义的。

以马列主义毛泽东思想为指导编好两本书[*]

我想就《中国大百科全书·农业》卷和《中国农业百科全书》的编写工作提供几点探索性设想。

一、为什么要编辑出版这两部书

编辑出版《中国大百科全书》和《中国农业百科全书》是我国科学文化的一项基本建设。在历史上，百科全书对推动一些国家科学文化的发展曾经起过不可低估的作用。我国古代就有过不少类似百科全书性质的类书，如汉有《尔雅》，魏有《皇览》，唐有《艺文类聚》，宋有《太平御览》，明有《永乐大典》，清有《古今图书集成》等等。但这些并非现代意义的百科全书。到了现代，由于科学突飞猛进地发展，科学的门类越分越细，越来越多，百科全书就成了一种便于人们查阅、扩大知识领域、寻找正确答案的重要工具书。同时，它也是人类积累知识的重要文库。

现在，我国农业正处在从传统农业向现代农业逐步发展的历史转变时期。发展农业一靠政策，二靠科学，现代农业的特点之一是用先进的科学技术武装农业，把农、林、牧、副、渔各业的生产技术和经济管理逐步建立在现代科学的基础上，促进农业生产的迅速发展，满足我国人民不断增长的物质和文化生活的需要。为了逐步实现我国的农业现代化，需要不断发展我国农业科学技术并加强农业科学技术的普及工作，需要运用现代科学原理来总结我们祖先宝贵的农业遗产和农民经验，需要充分发挥我国农业科学家的成就，需要根据我国的国情来借鉴和引进国外先进的农业科学技术。因此，在马列主义毛泽东思想指导下，编辑出版一种比较适用的、具有先进水平的介绍人类现有全部农业知识的比较大型的工具书就成为迫切需要。这种工具书既要全面系统，又要精练概括，既反映现代农业科学水平，又具有中国特点；既可供检索查阅，又可供

---

* 本文是刘瑞龙在《中国大百科全书·农业》卷、《中国农业百科全书》编写座谈会上的发言稿。刘瑞龙时任《中国大百科全书·农业》卷编辑委员会主任，并主持《中国农业百科全书》的编辑工作。

浏览阅读；既能适应农业战线上的干部以及教学、科研人员需要，又能使广大读者也感到有用。

《中国大百科全书·农业》卷、《中国农业百科全书》在普及农业科学知识，提高科学研究和农业教育水平，促进我国的农业现代化事业中必将发挥一定作用。中国农业历史悠久，科学文化遗产丰富，具有特色，两书的编辑出版对于世界农业科学知识宝库，将有所增益。这就是我们编辑两书的根本出发点。

一年多来，根据党中央和国务院的决定，在国家农委的领导下和农业科学界的大力支持下，两书的编纂工作取得了重要进展。《中国大百科全书·农业》卷已进入撰写阶段，《中国农业百科全书》正进行总体设计，建立各卷编辑委员会，有的学科分卷也即将开始撰写。在这一重要阶段，我想进一步明确两书的指导思想，明确两书的科学内容，是必要的。

二、两部书的科学内容

这两部书应当向读者介绍些什么知识，这是一个需要认真研究和仔细探索的问题，希望在编写实践中集思广益，妥善安排。

初步设想是，应该根据农业生产和农业科学的本质内容，结合百科全书的特点，确定所应包含的知识范围。这里，联想起一件事。在20世纪50年代中期，毛泽东曾经向农业部的同志提出过两个问题，希望我们去研究：一个是"农业是什么？"再一个是"农学是什么？"后来，还是毛泽东自己在看了威廉斯的土壤学以后，肯定了农林牧三结合和这三方面物质大循环中相互依存的关系，指出了中国农业一定要学习美国，走种植业和饲养业并重的道路。这以后，我国的农业科学研究工作者都注意研究和探讨这个问题，提出了许多好的见解，不断丰富了我们的认识。

（一）农业生产的特点

毛泽东说："科学研究的区分是根据科学研究对象所具有的特殊的矛盾性。"当然科学有许多共性的东西，但是作为某一专门的学科或科学体系，就要研究它的对象所具有的特殊的矛盾性。那么，农业生产的特殊矛盾性是什么？为农业生产服务的农业科学体系所包含的特殊矛盾性是什么？根据现有资料的研究，经过多次和许多同志讨论，初步可以把农业生产的特性概括为农业是有生命物质的再生产。这里我们所说的农业，不是仅仅局限于种植业的过去所谓"狭义的农业"，而是包括农、林、牧、副、渔各业在内的大农业，即过去所谓"广义的农业"。农、林、牧、渔生产的对象都是有生命的物质，副业的大部分原料也来自生物。农业生产是人类和自然环境及生物界打交道的经济活动。我赞成不少同志所说关于农业本质的下述概念，即：农业是人类通过社会生产劳动，利用自然环境提供的条件，促进和控制生物体（植物、动物、微生物）的生命活动过程，以取得符合人类生活需要的产品。农业生产有三个方面的因素在互相起作用：一个是生物有机体（包括植物、动物、微生物）；一个是生物赖以生长、发育、繁殖，进行新陈代谢、遗传变异的自然环境条件，包括光照、温度、水分、空气、土壤、养分、生物等条件；再一个因素是人类的社会生产劳动。这三方面的基本因素是相互作用，相互联系的，包含着两种性质不同而又结合进行的再生产过程：一种是自然再生产过程，就是植物有机体和自然环境之间进行着能量、物质的交换、转化、循环的过程。在这个过程中，植物依靠自身叶绿体利用太阳光能，进行光合作用，吸收空气中的二氧化碳和土壤中的水分和养分，通过同化作用制成碳水化合物，使无机物转化为有机物，太阳能转化为化学能。植物有机体的生长繁殖又为动物的生长繁殖提供了条件，加上微生物的活动，构成万物自然繁衍生息的世界。但仅仅这个自然再生产过程还不能构成农业生产，它只是为农业生产提供了自然基础。作为农业，一定还要有社会生产劳动的干预，按照一定的经济目的，作用于生物体和它的环境条件，从最初的采集、狩猎、驯化进到栽培、饲养、抚育、繁殖、加工等生产过程，促进自然物质转化为人类生活需要的各种产品，这就是经济再生产过程。农业的经济再生产经过一个由简单到复杂的发展过程，逐步形成包括生产、加工、运输、销售、分配、消费的完整系统。所以，自然再生产同经济再生产密切结合的过程，就产生和发展了农业。

从农业生产发展进程可知：农业生产对象的生物有机体，具有复杂的新陈代谢的生活机能；农业通常是露天生产，生物体依靠与外界环境进行物质交换而生长发育，太阳能是主要能源，土壤是生命活动基地，受自然界季节性和地域性的严格制约，生产周期长；只有通过人类的社会生产劳动，才能使自然物质变成人类所需的食物和其他生活资料。

种植业和饲养业是农业最初的两大生产部门。由于种植业是首先利用植物光合作用形成有机物质的原始创造者，所以叫第一性生产，饲养业是利用种植业产品及其副产品如秸秆和糠麸等饲养动物的，所以叫第二性生产。此后，林业、渔业、副业也逐步发展起来。从农业生产过程中物质循环的情况看，农、林、牧、副、渔是一个互相依赖、互相制约、互相促进的整体。农业中的种植业为林、牧、副、渔各业劳动力提供食物；林业为农业提供良好的生态环境，湿润的气候，充沛的水源，木材和木本粮、油、果等食物以及丰富的肥料和饲料；畜牧业提供畜产品和大量优质肥料。农、林、牧三结合，农、林、牧、副、渔的全面发展，构成整个农业合理利用资源，稳定健全发展的基础。从整体说是这样，但在不同地区不同条件下又各有侧重带动其他，各有其不同的特点。

农业生产是为人类生活提供食物和其他生活资料的物质生产部门，是人类生存发展的根本条件，是人类历史上最早的劳动部门，它的发展是其他劳动部门发展的前提。马克思说："一切劳动，首先原来也是把食物的占有和生产作为目的。"马克思在《剩余价值理论》中为此强调"农业劳动是其他一切劳动得以独立存在的自然基础和前提。""超过劳动者个人需要的农业劳动生产率，是一切社会的基础。""社会为生产小麦、牲畜等等所需要的时间越少，它所赢得的从事其他生产、物质的或精神的生产的时间就越多"。对所有国家来说，农业是人民生活的必需，是工业和其他各项事业发展的基础，对农业是国民经济基础的规律，毛泽东有精辟阐述。

从农业生产的本质看，农业生产乃是自然的和经济的再生产过程矛盾的统一，是生产力和生产关系矛盾的统一，它的发展是受自然规律和经济规律支配的，是自然规律和经济规律矛盾的统一。我们从事农业的同志一定要了解和研究有关这两种再生产过程的客观规律及其有关的科学知识。

（二）农业科学是探索农业的自然规律和经济规律的科学

农业科学知识的来源是农业生产实践和科学实验。科学始终是由生产决定的，没有农业生产也就没有农业科学；反之，没有现代农业科学技术，也谈不到有现代化的农业。农业科学促进了农业生产，农业生产又为农业科学的发展提供条件，二者是相辅相成的。农业科学的任务，就是要研究、实验、探索、发现、揭示、阐明支配农业发展的自然规律和经济规律，运用它们因地制宜地指导农业生产，消耗较少的能量、物质和劳动来取得当时当地最好的经济效益。由于农业是自然再生产与经济再生产过程的结合，因此，农业科学知识的范围，应该包括两个基本的或主要的方面，即应该有它的自然科学部分和经济科学部分（也就是社会科学部分）。在这个意义上说，农业科学是自然科学和经济科学的相互交错、相互结合、相互渗透的一门综合性科学。它具有完整性、系统性、规律性，不是漫无边际、杂乱无章、支离破碎的偶然事实材料的堆积。这也是两书所应包括的知识内容和特点。

鉴于《中国大百科全书》总体设计中还有社会科学各卷，故在农业卷里经济科学方面的分量，不宜涉及过广，包括农业经济学的基本知识就可以了。而应以介绍农业的自然科学为主。《中国农业百科全书》因对象不同，除注意综合性、知识性外，还强调了专业性和技术性，已专设《农业经济》卷。

就农业的自然科学方面来讲，《中国大百科全书·农业》卷与《中国农业百科全书》应该以应用科学和生产技术为主。但事实上，农业技术的发展从来是和各种基础科学的发展不可分割的。从一定意义上来说，没有数、理、化、天、地、生诸学科的发展，就没有现代化的农业和农业科学。数、理、化、天、地、生，尤其是生物学，对于促进农业的发展起着十分重要的作用。可以这样说，现代农业科学最初就是发源于研究生命的本质、生物生存和发展规律的生物学的发展结果。

1838 年德国科学家施莱登和施旺提出了细胞学说，发现植物体和动物体都是从细胞的繁殖和分化中发育起来的。指出细胞是表现生命现象的基本结构和功能单位，开始探索生物体内在的秘密。

1840 年德国化学家李比希提出植物矿质营养学说，提出人类有意识地调节农作物和土壤之间进行物质交换和植物矿质营养元素的平衡和补偿的学说，开辟了农业化学的发展和化肥农业应用的前景。

1842 年德国化学家迈尔研究多种物质运动形式，提出"能量转化和守恒"定律，指出："自然界各种不同形式的能量可以相互转化。在转化中，一种形式能量减少多少，还有另一种形式的能量增加多少，与之相当。能量不会凭空产生，也不会凭空消失，只能从一种形式转化为另一种形式。"这个定律先后由法国科学家笛卡尔、德国物理学家赫尔霍姆茨、英国物理学家焦尔和格罗沃等加以论证和发展。俄国农学家季米良捷夫研究植物光合作用后证明，"能量转化和守恒规律也适用于动植物有机体，它为我们说明有机体的活动与物质消耗之间的关系。"

1859 年英国生物学家达尔文发表了《物种起源》，提出自然选择、遗传和变异性生物进化三个基本因素的理论。达尔文以丰富事实证明，现有一切动植物的物种，都是由单细胞长期发展的结果；动植物所以获得现有的特性和机能，能够适应周围的环境而得以维持其生存，是由于遗传和变异的相互作用，由于适者生存、自然选择的结果。这个理论为以后的遗传学、育种学奠定了基础。

光合作用原理的发现，加快了农业科学的发展。这个原理是一个由不同国籍（英、法、瑞士和荷兰）和不同背景（两个牧师、一个医生和一个职业化学家）的几个人作出的重大发现。1776年一位英国牧师最先注意到植物与空气的关系，这是人类对光合作用研究的开始。一位荷兰医生最先发现太阳光对植物的影响，一位瑞士牧师1782年在一篇论文中论证光合作用中有二氧化碳的参与，1804年一位瑞士化学家断定，除二氧化碳以外，光合作用必须还有水作为反应物。1796年一位学者正式将光合作用的规律转换为"化学语言"。"光合作用是地球上利用太阳能的最主要过程，是我们一切食粮和燃料的最初来源。我们维持生命运动的能量——食物，全都是直接或间接来自植物。如何使光合产物更有效地转化为我们需要的食粮、燃料，是我们面临的重大问题。……必须了解光合作用的过程及其内部的机构。"（详见殷宏章：《光合作用研究的进展》。）

所以，农业科学最初是围绕着生物科学展开的。

自然科学和农业生产实践的一步步结合，逐渐形成以生物学为中心发展起来的遗传学、植物生理学、病理动物生理学、病理学、农业昆虫学、农业微生物学等；逐步发展起有关农业环境的科学，如农业生态学、土壤学、农业气象学、农业营养学、农业地理学等；同时又发展了有关农业生产的技术科学，如遗传育种、改良土壤、耕作、栽培、饲养、兽医、病虫杂草防治、环境保护、农业工程、农业基本建设，水利、农业机械、农业能源以至农产品的加工、储藏、运输等等，还有数学、物理、化学在农业上的应用，以及各种新技术（原子能、电子计算机、激光、遥感、自动控制、农业系统工程、新发展起来的农业基础科学如遗传工程、增强植物光合效率、生物固氮等）在农业中的应用等等；所有这些有关生物科学和技术科学方面的基本知识，都应该比较全面地在《农业》卷与《中国农业百科全书》中得到适当反映。

由于农、林、牧、副、渔各业之间的科学技术不少部分是相互交叉的，因此在介绍这方面知识的时候，如何恰当地处理好这种复杂的交叉关系，把条目设计好，是需要仔细研究的。有的技术条目可以共性为主，不同学科应各有侧重。有的以按农、林、牧、副、渔各业，以至各种不同的作物、树种、畜禽及不同技术措施等等分门别类、各有特点地加以介绍比较合理。这些问题请同志们研究处理。

和农业的自然科学部分同样重要的，就是农业的经济科学部分，这是阐明农业的经济再生产过程发展规律的科学。1980年密云农业经济学术讨论会上，对此曾有过酝酿，认为农业经济学应该是研究生产关系和生产力的有关发展规律和政策的；农业技术经济学应该是研究各种技术经济效果的；农业经济和农业企业的经营管理学是研究提高经济管理水平的。

在农业经济科学中，首先着重全面、准确、扼要地介绍马列主义、毛泽东思想有关农业的理论及其发展。注意从农业的经济规律和自然规律的紧密结合上，从生产关系和生产力改革、发展的紧密结合上，介绍中国土地改革后农业的社会主义改造和技术改造的重要实践和发展规律；介绍中国和世界农业的特点、发展和趋势；根据党中央十一届三中全会以来各项农业文件和政府工作报告精神介绍中国式农业现代化和相应的农业发展战略，多方提高农业经济效益以及全面发展农村经济中统筹农业生产、农村建设和农民生活的各项经济政策等。根据上述认识，初步设想对下列问题应加以科学整理和适当反映：

1. 土改后农村两极分化倾向，农民的两种积极性和组织起来进行合作化，中国农业合作化的成功经验和左倾错误失败的教训；党的十一届三中全会以来解放思想、拨乱反正，调整政策，提高农产品收购价格，健全农业生产责任制，发展多种经营，进行农村经济调整和改革，调动了亿万农民的积极性，有力地推动了我国农村经济的蓬勃发展。

2. 我国农业中两种社会主义公有制以及附属的社员家庭经济（自留地和家庭副业）、专业户和多种经济成分、多种形式的经济联合等。集体经济内部的体制、社队企业和集市贸易。国家、集体、个人三者利益统筹兼顾。

3. 我国以农业为基础，工业为主导，按农、轻、重为序发展国民经济的方针。积累和消费的关系。党中央、国务院提出的今后20年中我国经济发展的新路子，农业在十大方针中的地位，20年分阶段的要求和总目标，中国式农业现代化的目标和相应的农业发展战略。

4. 中国农业的特点。农业资源调查，农业区划，合理开发、利用、保护农业自然资源；调整农业生产结构和布局；抓紧土地、水、生物和重点开发地区的调查，加强保护农业资源，制止某些地区生态环境继续恶化，逐步向良性循环转化，按区划基础制订土地利用和农村建设的总体规划和农村各方面建设的全面规划。

5. 农业发展战略就是全面发展农村经济，保证国民经济全面增长。合理利用现有耕地，同时要逐步地、合理地、充分地利用全国国土中一切可以利用的土地；建立农、林、牧、副、渔全面发展的合理的生产结构，获得综合经济效益和增加农业内部积累。避免重复生产单一化。个别地区因地制宜的发展计划和全国合理布局要协调起来。决不放松粮食生产，积极开展多种经营。多种经营重点应放在开发山区、水域、滩涂、草原和发展家庭养殖业方面。要广开生产门路，不宜片面地鼓励在有限的耕地上搞自由种植，同时注意不要破坏水土保持和生态平衡。振兴林业是根本大计。发展畜牧业要农区、牧区两手抓。必须保证粮食生产持续稳步地增长，同时使各项经济作物和其他农副产品普遍增长。多种经营要综合发展，要抛弃自给自足的自然经济观点，大力发展商品生产和商品交换，发展农村经济，必须以社会主义经济为主，市场调节为辅。

6. 依靠政策和科学，加快农业的发展。我们必须认真研究和总结实践中出现的新情况和新问题，坚持社会主义集体化道路和土地等基本生产资料公有制长期不变。坚持农业集体经济实行农业生产责任制长期不变，努力改进和完善各种类型的农业生产责任制和农村各项经济政策。在建立和完善农业生产责任制的过程中，必须坚持因地制宜分类指导；与当时当地的生产需要相适应，因地制宜；恰当地协调集体利益与个人利益，使集体统一经营和劳动者自主经营两个积极性同时得到发挥，坚持土地的集体所有制，切实注意保护耕地和合理利用耕地，控制人口，保护耕地是我们的重大国策；完善生产责任制和促进农业生产的全面发展目标密切联系，生产队要因地制宜地制订全面发展农、林、牧、副、渔、工、商的规划。

7. 农业科研、教育和推广机构要相互配合，加强协作。农业要吸收多学科的科技成果，把现代科学技术的研究成果同我国农业精耕细作的优良传统结合起来，走投资省、耗能低、效益高和有利于保护生态环境的道路。结合农、林、牧、副、渔各业生产近期和长远需要，拟订包括科学技术和农业经济的重点研究项目，有计划地进行科学技术攻关。

科学是生产力，农业科研成果和经过科学总结的群众中行之有效的经验，对农业增产有好处，但必须把这些科学知识传播下去，为广大农民、干部所理解，运用于实践，取得增产效益，才能使可能的生产力转化为现实的生产力。推广就是转化的有力工具。因此，要把现有农业科技成果分类排队，制订计划，因地制宜，分期推广。

教育是发展科学技术的基础，是很重要的智力投资。要调整和加强农业院校的领导班子，进一步改善办学条件，抓好教育质量，提高师资与教材水平。县及县以下农村中学要设置农业课程，有的可以改为农业专科学校。继续抓好各级农业领导干部、管理干部和职工的专业培训。积极创造条件，加强农民教育，抓紧扫盲工作，提高科学文化水平。

8. 关于发展商品生产和商品交换。多种经营是发展商品经济的关键。今后一个时期农副产品收购价格必须采取基本稳定的方针。增加农民收入主要依靠发展商品生产，实现多产畅销。切实改善农村商业，疏通流通渠道，加强市场管理；农业经济要以计划经济为主，市场调节为辅，在国家统一领导下，把生产队的自主权，农民的主动性和国家经济计划的要求协调起来；收购农副产品要兼顾国家、集体、个人三者利益。逐步推广三者在产、购、供、销方面平等互利的经济合同制；基本稳定行之有效的政策，照顾农民的利益，同时教育农民顾全大局，按规定完成农副产品交售任务，支援工业、城市和出口，为国家建设多做贡献。必须多方疏通和开辟流通渠道。国营商业和供销合作社打破地区封锁，按照经济规律组织商品流通；同时试办和发展社队集体商业和农工商联合企业等等，逐步实现多成分、多渠道、少环节，当地政府加强领导，做好协调、疏导和管理工作。农村各种运销活动，都严格遵守政府政策法令，服从工商管理。

在保证完成计划上调任务的前提下，积极开展农副产品的就地加工、产品精选和综合利用。农村的加工业，要根据经济效益原则，由主管部门协同地方规划，逐步发展，避免盲目性。

9. 十分重视提高农业生产、建设、流通等各个领域的经济效益。从宏观的农业决策和微观经济管理方面发掘农业内部潜力，坚决改正农业生产中长期不讲经济效益的现象，力争做到以最少投资获得最大利益。种植业、养殖业、农村工副业都必须提高单产，提高劳动生产率。粮食和经济作物的增产，主要靠改变广种薄收，实行精耕细作，集约经营，改造中产、低产田。畜牧业要强调提高出栏率、出肉率和产毛率。其他各业都要努力提高经济效益。按照全面发展农村经济的方针，建立合理的生产结构，因地制宜地发挥多种技术措施的综合作用，获得综合经济效益，增加农业内部积累。在多种经营中，实行合理的社会分工，吸收农村广大劳动力为社会创造财富。努力开拓新的生产领域，做到人尽其才，地尽其利，物尽其用，货畅其流，向生产的社会化、专业化发展。生产、就业、消费三者是互相依存、互相促进的。发展多种经营要集体和个人一齐上。从改善经营管理和民主管理入手，进一步办好社队企业。在现阶段，多数地区，很多项目主要靠农家经营，发展家庭副业，发展专业户，可以充分利用分散的物力、财力和具有技术专长的人才。这是一项巨大的经济资源。要注意适应生产发展的需要，组织必要的协作和联合。

要着重抓好水利、农机、化肥等项投资的利用效益。大型水利建设，必须根据总体流域规划，按择优原则和基建程序进行。小型农田水利要继续积极努力进行，讲求实效。农业机械化必须有步骤、有选择地进行。农民要求适用、低耗、轻便、耐用、价廉的农机具很重要。各地应根据当地情况推广适用技术和进行集约经营。积极增产磷钾和微量元素肥料，改变化肥构成，提高施用效益。要重视利用农家肥、绿肥、豆科作物，发展薪炭林、小水电、沼气池，实行秸秆还田，以调节土壤化学物理性能，增加土壤有机质。

集体经济的核算单位，要建立经济核算制度，搞好经济活动分析，降低生产成本。整顿财务，健全财务管理和民主监督制度。培训经营管理人员，积极试行会计专业化。

10. 在广大农村开展深入的思想政治教育和政策教育，并把这种教育经常化，不断对农民灌输社会主义思想，为建设具有高度精神文明和高度物质文明的新农村而努力。

以上基本经验，应按理论联系实际原则，实事求是地介绍。至于有关农业行政、农业立法、农业学术团体、群众团体也应择要介绍。

关于其他社会主义国家的，国营的集体的农业和农民的家庭经济；资本主义国家农场主经济、农户经济和农业组合、协会、公司等，以及这些国家的农业经济技术政策及其动向；国际农业机构等也应酌量介绍。

（三）世界和中国农业经济和农业科学技术发展史

反映有关农业发展的自然再生产和经济再生产相互结合的全过程的就是农业史，包括原始社会的、奴隶社会的、封建社会的、近现代的农业经济和农业科学技术的发展史。百科全书介绍世界的和中国的农业发展史，要说明中国农业在世界农业中的地位和作用，客观地反映中国农业与世界农业的相互交流。研究农业不能割断历史。毛泽东说："我们是马克思主义的历史主义者。"只有了解历史才能更深刻地了解和改革现状，预测和发展将来。我们在研究农业史时，要注意社会经济、自然条件、科学技术和学术思想的关系。各个历史阶段社会经济条件和当时农业生产发展的需要，是农业科学技术发展的依据。不注意这一点，就看不清历史发展的线索和根源。介绍中国和外国农业历史的目的，是为了在比较中取人之长，补己之短，更好地扬长避短，发展自己，促进我国农业现代化。因此，两书要有选择地阐明一些有代表性的国家的农业发展史，介绍它们在农业生产方面的条件、历史、特点、现状、发展的曲折过程和基本趋势等等。中国农业历史已有几千年之久，我们既要重视自己的传统经验和现代化科学成就，也要注意学习别国的长处，避免重复别国的短处、弯路和弊病。

农业科学的自然科学部分和经济科学部分及农业史，都有涉及总体情况的宏观内容和反映局部情况的微观内容，研究客观存在的宏观规律和微观规律的互相结合、互相补充，参考系统论的原理，对客观事物的本质联系和运动规律进行系统的研究和分析，才能得到比较全面的科学知识。

（四）中国式农业现代化

上述有关农业、农业科学、农业史的看法，着眼点在于加快我国农业发展，逐步实现中国式农业现代化。我国农业必须走社会主义现代化的道路。我们一定要在农业集体化的基础上，集中力量，实现对农业的技术改造，发展农业生产力，改变我国农业技术上、经济上的落后面貌。

党中央多次提醒我们，要走中国式社会主义现代化的道路。这就是政府工作报告中指明的："要根据我国的国情，走自己的路。"我国经济发展必须走"速度比较实在、经济效益比较好、人民可以得到更多实惠的新路子。"这也就是我国农业现代化的道路。

什么是中国的国情？正如陈云所说的"十亿人口，八亿农民"，由此产生一系列特点。例如：国土大，自然资源比较丰富；人口多，农民比重大；历史久，是多民族国家；农业主要是手工劳动，半自给经济，商品率低，工业化水平低，科学文化水平低；资源分布和经济发展不平衡，各地情况千差万别，等等。从总体看，中国特点有两个：一是每人平均耕地较少，但山多，水面、草原大，自然资源比较丰富；一是技术装备落后，资金不足，但劳动力资源比较丰富。发展农村经济，必须从这一实际情况出发。在相当长时期内，我国进行技术改造，不能统统要求最新技术，片面求洋、求新，而必须根据需要与可能，紧紧围绕提高经济效益。

国外农业现代化先行国家，发展中形成了大体相同的要求或趋势，即：生产手段逐步现代化，生产技术和经营管理科学化，生产劳动社会化、专业化。但因各国条件不同，其经营重点、方针、政策、步骤、方法各不相同，没有共同模式。它们对我国有用的科学技术和经济管理方法，我们要有选择地学习、消化。对它们的弯路和弊病，特别是资本主义国家用高投资、高能耗换取农产品的所谓"石油密集农业"，因而造成的环境污染和畸形发展，我们决不能盲目地仿效和重复。我们要在中国条件下开辟我国社会主义现代化的新路子。

中国式农业现代化的内容是什么？近来各方讨论中提出不少创见，现在试行归纳设想如下：中国式的农业现代化要从我国条件和需要出发，用现代科学技术和社会主义工业武装两种公有制农业，以及附属的农业经济、专业户和各种形式的协作与联合，把生产决策、生产技术和经济管理都放在现代科学基础上；建设有利于农业持续发展的合理的经济结构、生产布局和良性循环的生态系统；建设农、林、牧、副、渔全面发展的发达的农业和农工商综合经营的富庶的农村；实行精耕细作、提高单产、培肥地力、集约经营、投资少、耗能低、效益高，使现代科学技术的研究成果与我国农业精耕细作的优良传统结合起来，取得高度发展的土地生产率、劳动生产率、商品率和就业率；以丰富的农副产品（食品、工业原料、副食品、出口物资等）满足人民生活（吃、穿、住、用、行）、工业发展、全国物质和文化建设日益增长的需要，促进我国新的经济振兴时期的到来，在本世纪末达到小康水平，保证"四化"的顺利进行。

总之，所有措施首先都要真正从我国实际情况出发，严格考虑我国资源分布、经济发展、技术水平的不平衡性。从全局考虑，因地制宜地执行党中央决定的各项方针政策和农业发展战略。为达到这个目的，必须统一考虑五件事，循序进行：（1）进行农业资源调查和农村经济调查；（2）据此制订农业区划；（3）据此研订农业发展的长期规划和近期计划；（4）据此建设农业商品生产基地；（5）进行小范围农业现代化试点积累经验。

其次，农业现代化是一个社会经济发展、技术改造和文化提高的过程，不能一步登天。我国耕作制度复杂，劳力众多，集体经济力量薄弱，农业机械化和生产装备的现代化必须有步骤、有选择地进行。在今后相当长的时间内，必须是机械化、半机械化、手工工具并举，人力、畜力、机电动力并用，工程措施和生物技术措施相结合。还必须预计到，中国农业现代化还是一个农业现代化和农村工业化相结合的过程。我国土地少、人口多的情况下，农业现代化必然会引起农村劳力不但大量向林、牧、渔等专业转移，而且将大量向工业、商业、运输业、建筑业、服务业，尤其是向工业转移。因此广开生产门路，发展多种经营，依靠集体内部积累筹集资金，加上国家支持，有准备地逐步地实现这个转移，就十分必要了。

第三，着重谈谈正确对待和处理好继承祖国农业遗产、发展国内农业科学同引进国外先进科学技术之间的关系。中国农、林、牧、副、渔各业遗产丰富，它们都是在中国特定历史条件下久经考验而延续下来的。有很多好东西值得继承、发扬和提高。例如，中国有句古话："国以民为本，民以食为天"；农业要"因时因地因物制宜"，要"顺天时，量地利"，要"精耕细作"，要"用地养地"，采取种植豆科作物和多种绿肥，大量施用有机肥，实行多种形式的合理轮作培肥地力，使"地力常新"；我国农民善于综合利用自然资源，如桑基鱼塘等。在耕作种植、畜牧养殖、林木抚育、水利、丝、茶、果、蔬、园艺、药材等方面，经验十分丰富，有很多文字记载。古代农学家提倡要趋利避害，兴利除害，扬长补短，要积粮备荒。这些经验至今仍有科学价值。中国农民历来重视选种，达尔文在说明选择原理时就曾经提道："如果以为选择原理是近代的发现，那就未免与事实相差太远。……在一部古代的中国百科全书中已有关于选择原理的明确叙述。"他又说："中国的古代作者们建议应当栽培和保存各个地方的特有变种。"我国农民和农学家的创造和科学发现，对达尔文进化论提供过重大帮助，这是对某些民族虚无主义者的深刻教育。祖国农业遗产必然有它的时代局限性，但是确实还有许多具备科学价值必须分析继承和提高发扬的东西。新中国成立以来，我国农业科学技术虽然屡经挫折，仍然取得了巨大的成就。我们和国外先进科学有一定的差距，我们决不能闭关自守，对国外先进科学要积极地学习、消化、引进、选用。我们设想：中国式的农业现代化不能割断历史，应该继承因地制宜、精耕细作的优良传统，充分发挥我国农业科学家的成就，同时引进国外对我们有益的现代科学技术和管理经验。对两者都要进行认真分析，而不应该停留在原有的水平上，都要按情况和需要稳步地加以改造，对传统经验要使它现代化，对国外科学要使它中国化。我们要在继承、引进、改造的基础上创新，并进一步发展、提高。

以上设想，限于见闻和理解水平，并非定见，目的是提供思考线索，便于构思、选题、定目、集材、研究、着笔，并作为引玉之砖。希望同志们继续探讨校正、使认识进一步充实完善起来。

三、坚持用马列主义毛泽东思想指导两书的编写工作

要编好这两部农业百科全书，必须有一个明确的指导思想，这就是坚决遵循党的十一届六中全会历史决议基本结论的精神，坚持四项基本原则，坚持用马列主义毛泽东思想指导全书的编写工作。坚持辩证唯物主义和历史唯物主义的立场、观点、方法认识问题和解决问题。在阐明农业科学技术时要特别注意利用自然辩证法的科学成果。不是套用现成术语，而是对具体问题作具体分析。

马克思指出："研究必须充分地占有材料，分析它的各种发展形式，探寻这些形式的内在联系。只有这项工作完成以后，现实的运动才能适当地叙述出来。"

恩格斯强调理论思维对于科学研究的重要意义。他说："一个民族想要站在

科学的最高峰，就一刻也不能没有理论思维。"他指出从形而上学的思维复归到辩证思维的绝对必要，"恰好辩证法对今天的自然科学来说是最重要的思维形式。因为只有它才能为自然界中所发生的发展过程，为自然界中的普遍联系，为从一个研究领域到另一个研究领域的过渡提供类比，并从而提供说明方法。"他着重地说："不论在自然科学或历史科学的领域中，都必须从既有的事实出发，因而在自然科学中必须从物质的各种实在形式和运动形式出发；因此，在理论自然科学中也不能虚构一些联系放到事实中去，而是要在事实中发现这些联系，并且在发现了之后，要尽可能地用经验去证明。"

毛泽东系统地指出了反映事物本质的方法："要完全地反映整个事物，反映事物的本质，反映事物的内部规律性，就必须经过思考作用，将丰富的感觉材料加以去粗取精、去伪存真、由此及彼、由表及里的改造制作工夫。"依据实事求是、群众路线的原则，向读者认真负责地提供准确的科学知识。

我们还必须发扬学术民主，坚持"百花齐放，百家争鸣"的方针，这是我党提出的促进文艺发展、科学进步和社会主义文化繁荣的一贯方针。各种重要的学术观点，均应在两书中以不同形式得到反映，向读者提供继续深入研究的基础。我们首次编写这样两部农业工具书和科学知识书，只要我们遵循正确的方向，团结一致，持久坚韧地学习，扎扎实实地稳步前进，随时总结经验，克服困难，确保严肃的科学性，就一定能把这两部书编好。

论 农 业[*]

（1986 年 3 月）

农业是人类社会最基本的物质生产部门。农业生产的对象，是植物、动物以及微生物，它们都是有生命的有机体，都依赖一定的环境条件而生长繁殖。人类通过社会劳动，对它们的生长繁殖过程及其所处的环境条件进行干预，从而取得生活所必需的食物和其他生活资料。

早在公元 1 世纪，中国史学家班固（32～92 年）在其所撰《汉书·食杂志》中，就有"辟土殖谷日农"之说。这反映了古代汉族居住的黄河流域以植物种植业为主的朴素的农业概念，亦即当今所称的"狭义农业"。其实，人类原始农业是从采集、狩猎野生动物、植物的活动孕育而产生的，后来种植业和畜牧业相依发展，至今的农业仍以种植业和以它为基础的饲养业两大部门为主体。天然森林的采伐和野生植物的采集、天然水产物的捕捞和野生动物的狩猎，主要是利用自然界原有的生物资源，其起源远早于农业。但由于这些活动后来仍长期伴随种植业和饲养业而存在，并不断地转化为人工的种植（如造林）和饲养（如水产养殖），故也被许多国家列入农业的范围。至于农业劳动者附带从事的农产品加工等活动，则历来被当作副业。这样，就形成了以种植业（有时称农业）、畜牧业、林业、渔业和副业为其结构的广义的农业概念。

社会商品经济的发展，促进了农业内部的专业分工，加强了各专业之间的相互联系；同时也促进了农业与工业、交通运输业、建筑业和商业的密切联系，加强了农业生产的社会化，从而形成了多种专业、多方面联系的农业生产与农业经济体系。生态学的发展，揭示了农业的每一构成部分，实际上都是生态系统中物质和能量循环过程中的一个环节，它们彼此间以及与环境条件之间有着密切的联系。现代科学技术和农业生产的发展，正使人们对农业的认识日益深化。

---

　* 作者时任《中国大百科全书》总编辑委员会副主任，并兼任《中国大百科全书·农业》卷编辑委员会主任。本文系作者特为《中国大百科全书·农业》卷而作。

一、作为国民经济基础的农业

在人类的一切生活资料中，居于首要地位的是食物。中国有句古语，叫"民以食为天"（《汉书·郦食其传》）。马克思的论断是"食物的生产是直接生产者的生存和一切生产的首要条件"。按营养学的基本知识，人只有从食物中摄取碳水化合物、蛋白质、脂肪和维生素等营养物质，进行新陈代谢，才能维持生命、从事劳动和繁衍后代。而历史上的饥荒和当今世界部分地区的缺粮危机，则从反面说明了食物生产的不足势必导致社会动乱，产生严重的政治经济后果。可以认为，在人类尚不能用化学方法合成比农产品更为廉价优质的全部营养物质以前，农业作为最基本、最主要的食物生产部门的职能，将不可能被别的生产部门所取代。

人类的生活需要是多方面的，除了食物以外，还需要衣着、住房等等。随着时代的进步，人的生活需要不但更趋多样化，而且要求优质、方便、舒适。手工业和商业，以及现代工业和可称之为"第三产业"的服务业等的发展，适应了人类生活的多方面的需要。同时，除了物质资料之外，各种"精神产品"的生产也日益发展起来。然而，不但许多工业，如食品工业，纺织工业等的原料直接来自农业，而且工、商业赖以发展的市场和一部分资金来源，也离不开农业。从历史上寻根溯源，只是由于农业生产力的发展和农业劳动生产率的提高，当农业劳动者所生产的食物除了满足自身需要之外还有剩余时，才有可能使一部分人从农业中脱离出来，专门从事其他生产活动。这是手工业、工业、交通运输业、商业、服务业、科学文化卫生事业以及其他一切社会上层建筑得以产生和发展的根本前提。正是在这个意义上，马克思十分精辟地指出"超过劳动者个人需要的农业劳动生产率是一切社会的基础"。历史已经证明了这一论断的正确性。

世界的现实也仍然表明这一论断的正确性。当今的经济发达国家，农业技术都比较先进，农业生产水平多数也比较高，也有少数发达国家农业并不发达，但都需要进口某些农产品以满足国内需求。这种情况说明，任何一个国家国民经济的繁荣和发展，都必须以农业为基础，不是以本国农业为基础，就必然要依赖他国农业为基础。第二次世界大战以后，摆脱了殖民主义枷锁而赢得独立的一些发展中国家，有的曾经一度把发展工业放在优先地位，而忽视农业，农业中又以发展经济作物为重点，用以出口换取工业设备；而关系国计民生的粮食却依靠进口。这些国家在国际保护主义和不等价交换的情况下，不但本国的农村经济不能振兴，工业也难发展，有的甚至负债累累，一遇天灾人祸，便饥荒频仍。这说明发展中国家的经济如果依赖外国农业为基础，是很不牢靠的。

新中国 30 余年来正反两方面的经验，特别是 1978 年 12 月中国共产党十一届三中全会以来农业以至整个国民经济的变化，更以雄辩的事实说明：农业生产发展了，农村经济繁荣了，社会才能安定，国民经济才能全盘皆活，协调发展。正如毛泽东曾经指出的：农业是国民经济的基础。

二、农业的特性和发展阶段

农业是怎样发展起来的，它又怎样逐步迈向更高的水平？回答这个问题，首先要分析农业的性质和特点。

农业生产，如同一切社会生产一样，也是一个经济再生产的过程。在这个过程中，农产品由结成一定生产关系的社会成员，凭借一定的生产手段和劳动对象生产出来；然后通过交换和分配，部分投入消费领域，部分又重新成为劳动对象而回到下一个生产过程，如此周而复始。就这一方面来说，农业生产具有一切社会生产的共性，即按照经济再生产的客观规律而发展。

但农业生产又有不同于其他社会生产的特殊性质，即它是有生命物质的再生产。它的经济再生产过程总是同自然再生产过程交织在一起的。

所谓自然再生产，是指生物有机体通过同它所处自然环境之间物质、能量的交换、转化，而不断生长、繁殖的过程。在这个过程中，绿色植物依靠光合作用，将二氧化碳和水、矿物质养料转化成为有机物，用于自身生长，并繁殖后代，由此构成自然界的"第一性生产"，构成生生不息的植物世界。种类繁多的植物产品又可为动物所食用，提供动物赖以生长、繁殖的养料，由此构成自然界的"第二性生产"，构成生生不息的动物世界。植物、动物的残体和排泄物回复到土壤中以后，经过微生物分解，可以再一次成为植物的养料，如此循环不已。这个自然再生产的过程，按照自然界生命运动的客观规律而发展。

显然，单纯的自然再生产过程，构成自然界的生态循环，但并不是农业生产。作为农业生产还要有人类生产劳动对自然再生产过程的干预。这种干预必须既符合生物生长发育的自然规律，又符合社会经济发展的规律；这种干预的有效性，一方面取决于人类对自然界生命运动规律的认识程度和干预手段的先进程度，另一方面又必然要受社会经济条件的制约，从而构成了农业生产的二重性。农业再生产的规模，是随着社会经济的发展而不断扩大的，人类对农业的自然再生产过程的干预能力，是随着科学技术的进步而不断提高的，经济发展和科学技术进步之间又相互联系，相互促进，由此推动着农业生产由较低水平向较高水平不断地发展。

按农业生产力的性质和状况来看，农业的发展历程，可以大体概括为原始农业—古代农业—近代农业—现代农业四个阶段。

在距今约七八千年前的新石器时期，当原始农业在亚洲西部肥沃的新月形地带即今伊拉克、叙利亚一带以及中国的黄河流域和其他一些被誉为古代文明起源的地区开始形成的时候，人类对自然界的干预能力是极其微弱的。凭借的生产手段，只是石刀、石铲、木棒等最简陋的工具。单个劳动者力量不足，就靠许多人集体劳动。砍倒并放火烧掉地面的植物，将种子播到地里，靠草木灰和土壤中固有的肥力而生长发育。这里的地力耗尽了，就易地栽种，到另一块土地上再放火烧荒。这种所谓"刀耕火种"的耕作方法，比起纯粹依靠从自然界采集现成生物资源的活动来说，虽有所进步，但生产力水平还是很低。因为起决定作用的，仍是各种自然因素。在原始农业时期，在更为广泛的地区还产生了从捕猎动物到驯养动物的原始畜牧业，有许多民族部落开始长期过着逐水草而居的游牧生活。这一阶段由于生产力水平极低，农畜等产品多在氏族公社内部分配和消费，很少有剩余可用以进行商品交换。

到了古代农业阶段，人类对自然条件如季节变化、土壤肥瘠等与农业生产的关系有了进一步的认识，农产品由于因时因地种植而获得增加。但初期受奴隶制的束缚，生产的发展是缓慢的。在奴隶制解体并进入封建社会的过程中，铁制农具的出现和畜力的使用，促使生产力发生了质的变化。凭借铁犁、畜耕等新的生产手段，人们有了改善动植物生育环境的较大能力。长期的生产经验的积累，又使人们有可能摒弃"刀耕火种"而采取新的耕作方法。在欧洲出现了以休闲轮作为主要内容的二圃制或三圃制农业；在中国，则较早地形成了以耕、锄、选种、施肥、浇水、轮作、复种等措施紧密配合的精耕细作的农业技术体系。与之同时，在有的地区还出现了以放牧或游牧为主的畜牧业生产方式。剩余农畜产品的增加，又促进了手工业和商业，商品交换逐渐发展起来。这种情况，反过来又要求农业提供更多可供交换的农产品，从而推动农业生产和农业技术的继续进步。正是在这种背景下，古代农业突破了原始农业的局限，导致了农业生产力的一次飞跃。

但古代农业仍然有很大的局限性。作为基本动力来源的人畜力，是靠农业生产的食物所提供的能量维持的，施入土壤的自然肥包括绿肥和动物排泄物等，也来自农业本身。因此，在生产过程中，物质和能量主要是在农业系统内部周而复始地循环着。这种半封闭式的循环由于不能从其他物质生产部门取得更多的物质和能量补给而限制了农业的发展。同时，封建地主阶级对农业劳动者实行残酷的压迫和剥削，更是严重地束缚了农业生产力。商品经济的发展也仍很缓慢，自给自足的自然经济仍占统治地位。古代农业的这种局限性，只是由于18世纪60年代的产业革命，以及随之而来的资本主义经济的勃兴和科学技术的进步，才得以被打破，从而促成了向现代农业的转变，使生产力出现了又一次飞跃。

　　现代农业是以现代工业、现代科学技术和现代市场条件为前提的。纺织和其他工业的发展，工商业人口的大量增加，促进农产品市场的扩大，对农业生产提供了强大的经济刺激。率先出现的，是畜力牵引的改良农具和化学肥料，这是机械工业和化学工业发展的成果。相应发生的是农业经营规模的扩大或生产集约程度的提高。这可以说是现代农业的先行阶段，也可以说明是农业发展的近代阶段。随着内燃机的发明、石油等矿物能源的开发利用以及化学工业的进一步发达，人畜力农具为动力机械所取代，多种化学肥料和农药被广泛使用。农业中投入的物质能量大大增加。农业同工业的关系变得更加密切，从而古代农业的半封闭式循环被打破了。尤其重要的是，各门自然科学纷纷被引入农业领域，形成了栽培、饲养、育种、病虫害和兽疫防治、农业工程以至生物工程等应用学科。这不仅使人们在调节控制作物和畜禽的生产环境方面逐渐取得了前所未有的主动权，而且获得了改造动植物本身遗传特性的能力。再加上电子计算机、原子能、遥感、激光等先进技术手段在农业中的应用，人们对农业自然再生产过程的干预能力，达到了空前的广度和深度。同时，农村经济向发达的商品经济转化，农业的专业化、社会化程度提高；农业生产同农产品的加工、销售以及同农业生产资料的制造、供应之间的联系日趋紧密，又促进了各种农、工、商一体化的经济形式的产生。所有这一切，都为农业的扩大再生产提供了有利条件，使现代农业的生产水平远远超越了古代农业，而成为经济、科技和社会这个整体中的重要组成部分。

　　在当今经济发达的国家，农业现代化的效果是十分显著的。以美国为例，每公顷玉米的产量在1800～1940年的140年间，始终停留在1.5吨的水平上，而1941～1981年的41年间却增加了近4倍。美国的农业劳动生产率，在1870～1910年和1910～1950年的前后两个40年间，分别增长0.5和1.4倍，而1950～

1975 年的 25 年间增长了 2.4 倍；每个农业劳动力所能供养的人数，1840 年为 3.9 人，1910 年为 7.1 人，1975 年增加到 54 人。农产品的商品率 1910 年为 70%，1979 年已达到 99.1%。再从世界范围看，第二次世界大战以后，农业也在加速发展，1950～1981 年的世界谷物总产量增加了 1.5 倍，已经超过了同期世界人口增加 77% 的增长速度。农业加速发展的事实，否定了 180 多年前马尔萨斯关于粮食的增长赶不上人口增长的预言。

　　然而，世界农业的发展很不平衡。广大的第三世界国家仍处于传统农业向现代农业转化的过程中，而且不同国家转化的程度和所需条件的完备程度还相差悬殊。1981 年世界按人口平均的谷物产量达 368.5 千克，但占世界人口 74% 的发展中国家人均谷物产量只有 243.5 千克。营养不良还在影响着广大人民的健康，饥荒还在剥夺许多人的生命。资本主义国家的农业，则由于生产资料私有制和生产社会化的矛盾而不断地出现危机、停滞和农产品的大量浪费。而过度地使用矿物能源和化肥、农药，还导致生态平衡的破坏和环境污染的加剧。社会主义制度在一些国家中的建立，为进一步发展农业生产提供了新的条件，但它也还存在许多不完善之处，许多社会主义国家的农业都还处在改革的进程之中。这都说明，已经经历了漫长发展过程的农业，还将继续按照其经济的和自然的规律，不断前进，迈向新的高峰。

三、多门类、多层次的农业知识系统

　　农业生产的进步和自然科学、经济科学的多方面的渗透，已使农业科学成为一个多门类、多层次的知识系统。

　　曾经有过这样一种错觉：似乎人可以靠"天"吃饭，务农不用科学。但实践却告诉人们靠"天"吃饭并不容易；于是自古就有人不断总结经验，在改善农业生产条件、改进耕作、饲养方法等方面下工夫。这些经验和方法，用文字记载下来，形成了光辉灿烂的古代农业文化。然而，生产实践经验只是产生科学的源泉。它本身不等于科学。

　　现代农业科学是现代自然科学和经济科学被应用到农业生产实践、并与之相结合的产物。农业生产，作为自然再生产和经济再生产的统一过程，实际上包含着 3 个方面的因素在起作用。一个是生物有机体，一个是生物赖以生长、繁殖的环境，再一个是人的生产劳动等社会经济活动。其中每一方面，都是一个复杂的系统，各有独特的运动规律。而农业生产又不能依靠任何单一因素的作用，它需要三个方面因素的协调统一。这就决定了农业科学不仅包含的学科门类繁多，而且具有从微观到宏观的多种层次。

农业科学首先是一门技术科学，它提供人工控制生物有机体的生命活动，从而取得所需产品的技术知识。主要的内容可以概括为：①由育种学提供的有关动植物品种改良的技术知识。其目的是通过改变动植物的遗传特性，使产品更加符合人们的经济需要。包括作物育种学、动物育种学等。②有关植物栽培和动物饲养的技术知识。其目的在于通过人工控制动植物的生长、繁殖过程，以取得更多更好的产品。与此相应的有作物栽培学、园艺学、林学、畜牧学、水产学以及植物保护学和兽医学，及其所属的分支学科等等。③有关农产品收获、采伐、捕捞和贮藏、加工的技术知识。这方面涉及更多的边缘学科。④有关改进农业生产手段和生产环境的技术知识。这就是农业工程学。包括的学科有农业机械、农田水利、土地开发、农业建筑和农村能源等。

经验性的农业生产技术，早在现代农业科学产生以前就有了。作为科学的技术不同于经验性技术的一个根本点，在于前者是以科学原理为指导的。因此，农业科学还必须提供与之有关的基础理论知识。由于各种农业生产技术的应用都是以生物有机体为对象的，阐明生命运动规律的生物学在农业基础学科中居于首要地位。如育种技术就主要是以遗传学为理论基础而发展的。农产品的生产及其贮藏、加工、运输等技术除了需要普通生物学、生理学和生物化学的知识外，还需要有关环境条件变化规律的知识，这就涉及更多的学科，诸如土壤学、农业化学、农业气象学、农业工程学，以及植物病理学和昆虫学等。而农业生态学则有助于揭示农业生产中生物之间以及它们与环境条件之间宏观联系的规律。离开了这些基础理论知识，一切生产技术的改进与创造显然是不可想象的。

所有这些，构成了农业的自然科学的基本内容。它是多门类的，学科范围涉及生物、环境和人所凭借的生产手段，涉及三者之中每一方面的许多因素。它又是多层次的：从应用技术，到专业理论、基础理论；从生物有机体及其环境条件，到影响它们的发展变化的微观的物质运动和宏观的生态联系。因之，农业科学的研究必须借助更为基础的数学、物理学、化学、天文学、地理学等等。

然而，自然科学还只能说明农业自然再生产的规律。而对农业经济再生产规律的说明则需要社会科学，特别是经济学。农业经济学主要包括三方面的内容：一是对于农业的生产、交换、分配和消费规律的研究，提供有关农业生产资料所有制和经营形式、农产品交换、农业收入分配、农业资金、信贷和农业税收等方面的知识；二是对于农业生产经济以及农业技术经济的研究，提供农业资源开发利用、农业的合理结构和布局、各种技术措施的合理组配及经济效果评价的知识；三是对于农业企业经营管理的原则和方法的研究。农业经济的再生产由于受自然再生产的制约而产生的某些特点，例如土地的特殊重要性，自然条件对生产的影响和生产的不稳定性以及生产的季节性、地域性、生产周期长和生产时间与劳动时间的不一致，设备利用率较低等等，要求农业经济学提供的知识，能够反映农业经济发展的特殊规律。

农业经济学研究的对象，可以是农业整体，也可以是某种农产品的生产或某一生产过程；研究的范围，大至一国或一个地域的宏观发展战略，小至一个生产单位的微观经济活动或某项技术措施的经济效果，因而也是多门类、多层次的。

除此以外，有关农业历史的研究，包括农业科学技术史和农业经济史的研究，对于阐明农业发展的基本经验和规律，也有重要意义。

以上，只是农业知识系统的一个简单轮廓。分类未尽完善，概括也欠全面。随着农业生产的发展和科学研究的深入，学科之间还必然会相互渗透，出现各种交叉学科。例如正在发展中的农业系统工程学就是在自然科学与经济科学相渗透的过程中产生的。可以预见，在当今世界新技术革命的形势下，农业科学不仅将适应生产发展的需要而出现更多的门类和层次分化，而且将出现不同学科之间的综合，从而使它的研究和应用达到新的深度和广度。

四、历史悠久、方兴未艾的中国农业

中国是世界农业发源地之一，也是世界上历史最悠久的农业大国之一。在距今 7000 多年前，中国人的祖先已经摆脱了采集、狩猎经济，开始从事农业生产。进入阶级社会以后，其间朝代更迭，沧桑变化，但长期以来一直是"以农立国"。

中国幅员辽阔，气候条件复杂，既有大片温暖、湿润气候条件下的沃土，也有不少严寒、酷热和患旱患涝、土壤瘠薄的地方。多样的地理环境，提供了丰富多彩的自然资源。中国是水稻、大豆、粟、黍等重要栽培作物的起源地，多种果树、蔬菜、花卉、药材和茶树的故乡。中国人最早发明了栽桑养蚕，创造了多种耕作制和多熟制的栽培技术。中国人培育的许多动植物栽培品种和生长在中国大地上的野生种，早已成为世界优良动植物品种的种质资源宝库。总之，在较早的历史年代，中国人民已经在自己的土地上，用自己的汗水浇灌出了农业生产的累累硕果。

中国古代的农业文化遗产也是闻名于世的。早在春秋战国时代，中国人已经知道农业增产之道在于调节好"天"、"地"、"人"三者与农作物的关系（《吕氏春秋·审时篇》）；到北魏时贾思勰又提出了"顺天时、量地利"，因地因时因物制宜的原则；为了在有限的土地上充分挖掘生产潜力，历来实行精耕细作，注意"用地"和"养地"的结合，以使"地力常新壮"（《陈旉农书》）。这实际上反映了农业集约经营的早期思想。中国历代有关这些思想、经验和文字记载，除散见于各种古籍以外，专门的古农书有数百种之多。其中，北魏的《齐民要术》和明代的《农政全书》被誉为古代世界最完备的两部农业百科全书。至于民间的"农谚"，更是简练生动，家喻户晓，广为流传。中国传统农业充分反映了经验积累之丰富和普及之广泛。

可见，中国农业的过去，是十分光辉灿烂的。它是中国古代社会经济、政治、文化发展的基础，是世界传统农业发展的先驱。来源于历代农业的生产经验和文献，至今犹有珍贵价值。

然而，在长期闭关自守的过去，封建社会停留了特别漫长的时间。资本主义虽萌芽较早，但迟迟未能发展。两千多年的封建剥削，加上近代帝国主义、封建主义、官僚资本主义的压迫，造成农民生活十分贫困，农业生产手段极为落后，农村商品经济很不发达，正如毛泽东在中国革命胜利前夕所分析的：直至20世纪40年代末，"中国还有大约90%左右的分散的个体的农业经济和手工业经济，这是落后的，是和古代没有多大区别的，我们还有90%左右的经济生活停留在古代"（《在中国共产党第七届中央委员会第二次全体会议上的报告》，1949年3月5日）。这是由于长期反动统治和多年战争以及自然灾害所造成的落后状况。它使当代中国农业同经济发达国家的差距，难以数计。

1949年中华人民共和国成立，标志了帝国主义、封建主义和官僚资本主义统治的终结，从而为农业的振兴和现代化提供了可能。完成于1952年的土地改革，使中国农业从半封建制度的桎梏下解放出来，生产迅速上升。接着进行的农业合作化，又使中国农业解脱了小生产所有制的局限，走上了社会主义的轨道。从建国起到1978年止的近30年间，中国进行了空前规模的农业基本建设，使历史上极为严重而频仍的水、旱灾害大为减轻。农用拖拉机和机电排灌动力的大幅度增长，化肥、农药和优良品种的推广使用，以及耕作制度的改革等等，使农业的单产和总产都有很大的提高。但是，30年中农业的发展也有过严重的挫折。1955年夏季以后，由于指导思想上对合作化要求过急，工作过粗，改革过快，形式过于简单划一等原因，农业的发展速度曾受到影响。随后，在1958年掀起的"大跃进"和农村人民公社化运动，特别是1966年开始的长达十年的"文化大革命"动乱，更使中国农业遭受了重大损失。农业中集中统一的经营体制和平均主义的分配方式压抑了农民的生产积极性，阻碍了农业劳动生产率和商品率的提高，使中国农业长期未能摆脱自给、半自给性传统农业的落后状态。

中国共产党1978年12月召开的十一届三中全会，拨乱反正，纠正了过去"左"的错误，是建国以来具有伟大历史意义的转折点，也是中国农业发展的转折点。从1979年开始，逐步推行农业经济体制改革，主要是普及了以家庭承包为主的多种形式的联产承包责任制，实行了一系列搞活农村经济的政策，包括提高农产品价格，取消对农产品统购、派购的制度，实行国家计划指导与市场调节相结合的方针等等，使农业中过于集中统一的经营体制得到了改变。广大农民群众由于有了经营自主权而大大提高了生产积极性，从而有力地促进了农村商品经济的发展和农业生产水平的提高。同时，各种乡镇企业也迅速发展起来。它为随着农业劳动生产率提高而产生的大量剩余劳动力提供了出路，为发展农村中多种经营，引导农民脱贫致富提供了可能，同时也为积累资金，推进农业的现代化提供了可能。

当然，中国农业现代化的实现，仍然需要经历长期、艰难的过程。几亿农民搞饭吃的局面的改变，农业技术改造所需资金的积累，现代农业科学技术手段的应用及其与中国传统技术的结合，农业中传统的狭小经营规模向适度经营规模的过渡，传统的经营管理方式向现代经营管理方式的转变等等，都不可能一蹴而就。这不仅需要农村经济和农业科学技术的进一步发展，而且需要整个国民经济和国家科学技术、教育文化事业的进一步发展。这将是一个需要几代人努力的伟大事业。但近十年来改革的成效证明，前进的方向已经指明，航道已经开通。在中国共产党领导下，只要充分发挥社会主义制度的优越性，坚持正确的路线，遵循客观的经济规律和自然规律，坚持改革，继往开来，在辽阔的960万平方公里土地上，出现具有中国特色的高度现代化的社会主义农业，将是历史的必然。

学习邓子恢农业思想的初步体会[*]

（1986 年 8 月 17 日）

邓子恢是我党农民运动的卓越领导者，长期领导农民进行改造中国土地制度的事业。在农业合作化运动中，他坚定地遵循党的正确方针政策，坚持马克思主义的实事求是、一切从实际出发、理论联系实际的思想路线，积累了丰富的经验，作出杰出的贡献，给我们留下许多深刻的不朽的思想遗产。邓老是我国在建设有中国特色的社会主义现代化农业道路上一位无私无畏的探索者，是一位有远见卓识的领导同志，是一位对党的事业无限忠诚的优秀党员。

邓老在中国农业社会主义改造的艰苦探索中，在党中央、毛主席领导下，逐步形成的基本思想是：在农业合作化的生产关系变革中，和土地改革一样，也应着眼于农村生产力的发展，着眼于农业生产的发展；把增加生产、增加农民收入作为变革生产关系的基本目的和中心任务。在农业合作化后，邓老特别强调要使农民从改善生活达到共同富裕，热情维护农民的物质利益，他是社会主义富裕论者，农民共同富裕是他向往的目标。邓老关于农业合作化的思想和发展农业生产的思想是一个整体。下面试就几个方面做一些探讨。

邓老坚定地执行了党中央农业合作化的方针政策，他准确地把握了农村由新民主主义向社会主义转变的方向。他坚持中国农民在土地改革后必须走农业合作化道路，指出这是农村工作的总方针、总任务。他同时又认为，中国的农业合作化，一定要从中国小农经济的现状出发，在适应中进行改造，走自己的道路，避免像苏联集体化中因失误所造成的损失。他强调正确对待农民在土地改革后发扬起来的两种积极性，应该支持农民发展互助合作的积极性，同时不应该忽视或粗暴挫伤农民个体劳动的积极性。他坚持党中央提出的农业合作化必须"积极领导，稳步前进"的方针，以及自愿互利、典型示范和国家帮助的原则。邓老对农业合作化中，依靠贫农、巩固地团结中农、逐步限制富农剥削，一直到最后消灭富农剥削的阶级政策，做了精辟的阐述。他坚持互助合作必须根据需要和可能，根据党中央决定，采取从临时互助组和常年互助组，发展到

* 本文系刘瑞龙在邓子恢农业思想讨论会上的发言稿，原载于《邓子恢农业合作思想学术讨论会文集》，农业出版社 1989 年 5 月出版。

半社会主义性质的初级农业生产合作社，再发展到社会主义性质的高级农业生产合作社的步骤和形式而逐步发展。这些是对于农民土地私有制的改造，容易为农民接受的种种过渡步骤、过渡形式，使农民有准备地、自然而然地、自觉自愿地进入社会主义。

邓老十分注意搞好合作社的经营管理，提出整顿财务，提出加强合作社的生产组织和健全管理制度的种种办法。强调建立各种集体的和农户家庭的责任制度，来协调集体、个人关系，保障和提高农民的生产积极性，以确保增产、增加社员收入。邓老认为这才是发挥合作社优越性的根本方法。他还提出合理分配、民主办社、勤俭办社、干部参加集体生产劳动、发展社员家庭副业等。

1962 年春，邓老为了巩固集体经济、纠正共产风等左倾错误的危害，在探索把集体经济利益和个人经济利益联系起来的形式中，提出稳定生产队所有制，尊重生产队的自主权，保留小自由，固定生产队的粮食征购制度若干年不变等意见。并重新强调建立严格的生产责任制，主张实行包工包产，劳动报酬联系产量。根据群众的意见，在农业生产中，建立包括包产到户在内的各种联产承包责任制。指出建立责任制，是搞好生产的关键。邓子恢提出的农业中要实行生产责任制的观点，党的十一届三中全会拨乱反正后，已在全国推行，并在新条件下得到发展和进一步完善。农民积极性迅速提高，农业生产蓬勃发展。

关于发展农村经济，子恢同志提出一系列有远见的主张。他认为发展农业生产，首先要弄清我国农业的基本情况，弄清自然资源和各种条件，发挥优点，避免弱点。他领导中央农村工作部积极参加了《全国农业发展纲要》的研订工作。他强调要在发展多种经营，增产粮棉的同时，增产其他经济作物，全面发展农、林、牧、副、渔各项生产，以后又强调发展集体工业。他曾批评生产单一化的偏向。

他非常重视农业技术改革工作，积极推广生产技术和经营管理的先进经验，提倡在全国普遍建立技术推广站和经营管理站；他认为改进技术和经营管理，一定要因地、因时、因人、因事制宜，避免一般化、公式化、强迫命令的主观主义。他主张农业基本建设要照顾现实需要和可能条件，分清轻重缓急，量力而行，不应该有"百废俱兴"、"一步登天"、"一哄而起"的思想。

他赞成农业社和供销社、信用社结合，提出农村手工业社和农业社合并来发展农村工业。这种主张，实际上是今天农工商综合经营思想的萌芽。1962 年 7 月，子恢同志在中央党校的报告中，主张开放农村集市贸易，允许私人买卖。对商业上统购、派购中出现的产品越少越统、越统越死的现象，提出批评，表达了他搞活农村经济的强烈愿望。这种把农业经济集体和农民个人看做独立的商品生产者和自主经营者的思想，在我们今天发展公有制下有计划的社会主义商品经济的事业中，仍有重大现实意义。

在建立和发展农业科学事业上，邓老作出了卓越贡献。在1955年12月全国农业科学工作会议上，他要我们看到农业合作化后农民伸手要求科学技术援助的新形势。他主张发展农业生产主要依靠农民的劳动积极性，还要依靠科学，劳动加科学，增产才更有保证。这个观点和党中央今天提出的发展农业一靠政策、二靠科学是一致的。他提出农业科研工作的三个方面，即总结农民的先进经验以继承我国农业的优良传统，国内的创造发明以及引进国外的先进经验，三者要齐头并进，而以总结群众经验和推广科研成果为主。这种主张，实际是今天党中央提倡的"把现代科学技术和我国精耕细作传统结合起来"的思想萌芽。他提出推广和提高并重，在推广的基础上继续提高。他要求农业科学工作者搞好科学实验，还要从实验室走到大田去和干部群众一道研究新情况、总结新经验，发展试验成果。他坚持"双百"方针，对不同学派主张发挥各自专长，不加歧视。他强调发挥现有科技人员的作用，并且有计划地培养新的科技人才，建立和扩大科学网。在他倡议下建立了中国农业科学院和各地区所、专业所，培养了几万名农业科技人员，开始了我国农业科学研究的新时期。

长期实践证明，子恢同志和他主持的中央农村工作部，是坚持社会主义方向，坚持党的路线、方针、政策的，工作成绩是显著的。他对农业集体化运动中一些重大问题所提出的意见，大都是正确的。他关于发展我国社会主义农业的正确主张，对建设中国式的社会主义现代化农业，仍有重要的借鉴和参考的意义。

当然，这里不是说邓老在处理农业问题上没有任何缺点，这里只是学习他主导的正确的方面。邓老的长处在于倾听干部和群众对自己的意见，发现不妥时勇于自我批评，虚心改正。当他受到不公正的批评以后，能够顾全大局，委屈负重，坚持原则，维护党的团结，是我们学习的典范。

邓老的农业思想是在党的领导下，改造中国农业的事业中，领导和群众相结合的产物。并可分列为土地改革、农业合作化、农业生产、农业科学、农村思想政治工作等各个方面。

邓子恢农业思想形成的基础，可以理解为包括：改变半封建、半殖民地的旧中国落后农业的强烈愿望和党中央毛泽东同志改造中国农业的正确路线、方针、政策的启示；邓老对马列主义、毛泽东思想的无限忠诚，把这作为改造中国农业的武器；在长期农村工作和农民运动中培养的深厚的群众观点与熟练的群众路线，和群众的密切联系；在一切工作中坚持实事求是、用调查研究开路的工作方法等。学习和发扬邓老这些基础思想和高尚品德，对端正党风、建设精神文明、促进改革和四化建设有重大意义。

学习梁家勉的治学精神*

(1988 年 5 月)

我国当代农史科学研究的开拓者之一，华南农业大学研究员，蜚声国内外的农史学家梁家勉，半个多世纪以来，勤勤恳恳地献身于农史科学研究，写了许多论著，为整理中国农业古籍，为培养农史人才，扩大农史科研队伍，作出了重要的贡献。20 世纪 20 年代家勉同志在中学读书时期开始私淑中山大学丁颖教授，阅读丁颖教授的著作，为之倾倒而笃志于农史事业。就读于中山大学农学院后，斯志弥坚，开始运用自己的旧学和新学，陆续撰写、发表《孟子农业政策观》、《关于以农立国的商榷》、《中国荔枝繁殖法考略》等多篇论文，为丁颖教授等师长所瞩目。这是他笃志于农史研究事业实践的开端，并从此和农史科研结下了不解之缘。

抗日战争初期，他为生计奔波，仆仆于粤桂各中学、师范、农校等教坛间，席不暇暖。但对农史工夫，仍耿耿于怀，锲而不舍。所发表的虽只《诗经之生物学研究发凡》一文，但其他如《古农书解题》、《农史字证》、《中国农植物史证》等草稿，粗已奠定个人尔后农史研究雏形，积累了一些具有方向性的资料（其中少部分后已发表）。

1941 年春，丁颖院长随中大迁回粤北，得知他在连州中学任教，特召回该院，主管图书馆工作，而他于公务之余，挑灯夜课，仍热衷于研究农史，先后发表了《烟草史证》、《从字源上对远古农耕史迹试探》、《中国农植物史证》等学术论文。

1949 年后，治学的环境条件逐渐改善，他写作的领域扩大，数量增多，先后写成农史论著逾 120 余篇。以类别计，大致可分为以下四个方面。

（一）农史古籍的研究。

梁家勉长期担任图书馆馆长，是目录学家，对中国古代农史文献具有真知灼见。在这方面他编著有《〈农政全书〉撰述过程及有关问题的探讨》、《〈齐民

---

* 梁家勉，著名农史学家，图书馆管理专家，中国农史学科的开拓者和奠基人。1941 年后，任中山大学农学院图书馆主管馆员。1956 年加入中国共产党。他于 20 世纪 30 年代便开始对农史进行研究，一生不离不弃，著述颇丰。主编《中国农业科学技术史稿》，获国家有关部门的多种奖项。

要术〉的撰者、注者及撰期》、《有关〈齐民要术〉若干问题再探讨》、《中国动植物志的出现及其发展》、《整理出版古农书刍议》、《总结劳动人民经验，编辑了大部头农书的诸葛颖》等。

（二）对古代倡导科学理论、农业学说，富有创见的学者和古农书的撰者的研究。

在这方面编著有《徐光启年谱》、《〈花镜〉及其撰著者西湖花隐翁》、《中国近代数理科学先行者——邹伯奇先生》等。

（三）动物、植物及某些农业资源的历史研究。

写出有《中国甘蔗栽培探源》、《荔枝栽培和利用的起源及其发展》、《番薯引种考》、《罗望子名实考》、《中国古代对固氮植物的认识和利用》等论文。

（四）传统农业科学技术的起源及其发展过程的研究。

在这方面写有《逐步丰富的祖国农业学术遗产》、《农耕八项传统技术史证》、《我国古代防治农业害虫的知识》、《中国劳动人民植物育种工作的成就》、《一部有关农事月令的著者、重农学派政论家：崔寔》、《地力与人功——"用"、"养"结合的优良传统》、《中国农业历史遗产的鸟瞰》等论文。

上述四方面的农史论著，反映了他一贯的治学方向和农史科研成就。这些论著受到了国内外许多专家学者的好评。如对于《〈齐民要术〉撰者、注者及撰期》，辛树帜誉之为"近代研究贾学之杰作"；日本研究中国农史的专家天野元之助博士曾函告说："……四、五天来，我每天展读，体会尊作内容，并将尽量引入拙稿……"。又如《〈农政全书〉撰述过程及若干有关问题探论》一文发表后，中国科学院副院长竺可桢函称"对于文定公名著由来，探源寻本，发潜德之幽光，阅之得益不浅"。1981 年《徐光启年谱》出版后，也深为学术界所赞许，1983 年被评为广东省优秀社会科学研究成果。

1979 年农业部组织编写《中国农业科学技术史稿》，梁家勉同志任主编。他从编写原则到编写工作的许多具体问题和划分章节、文风、体例等等，提出了全面系统的意见。经过许多撰稿同志写出初稿、二稿、三稿后，梁家勉又拟订了通稿方案，并直接指导进行四稿、五稿的修订。最后在定稿阶段，他摒除一切杂务，婉谢所有宾客来访，集中精力以每天一万字的进度，如期完成了百余万字的全书定稿工作，并写出了《结束语》和《通稿工作总结》。这对于年近八十高龄的家勉同志，委实是艰苦的任务。但是，他以非凡的决心和毅力胜利地完成了。为此，农牧渔业部领导何康、相重扬特致函表示祝贺和谢意。

梁家勉的农史论著深得学术界的好评。原因在于他青年时代即笃志研究农史，方向专一，目的明确；在于他勤于学习，学识渊博；在于他治学态度严谨，锲而不舍。以他编写《徐光启年谱》一书为例，在执笔前曾写出《编写要旨及凡例》，分别向"徐学"专家陈垣、竺可桢、王重民等教授征求意见。其次搜集史料丰富，引用文献达 300 种以上。直接的、间接的有关文献，包括谱主本人的与谱主关系密切人物的著作，内容有关的史书、谱牒、地志、笔记、杂录以至诗、词、赋等，凡能如实反映谱主生平历史的资料，虽片言只字，不厌求全。再其次，他主张史料贵全尤贵确，对于史料在运用之前必进行甄审、考证，决不照搬。有些真伪难辨、传闻异词的，或有所附会、荒诞无稽的，则探其原因，明其真相，慎其去取。如所据版本不同，文句内容有出入，一时不易肯定的，则存信存疑，附注说明。对谱主每篇文章，每一信件的写作期，也务求考究清楚。另外对编次和体例也尽量求其完善，除以谱主生卒年为起迄外，还编录了"谱前"和"谱后"两部分，前者由谱主生年上溯到南宋时，后者由谱主卒年下迄新中国成立前夕，使谱主生平及其思想体系，能系统体现一脉相通的源流。

　　梁家勉从青年时代对国故就已深有领悟，并笃信经学古籍中的一些名言。如《孟子·尽心篇》的三乐：父母俱存，兄弟无故，一乐也；他认为这难以普遍做到，至于孟子所说："仰不愧于天，俯不怍于人，二乐也。得天下英才而教育之，三乐也。"家勉同志则认为必须做到并引为己任，成为他长期自勉的信条，洁身自爱，坦直忠诚，教诲后生，培育英才，形成他处世、待人、律己的良好作风。这种作风使他成了一个爱国主义者，热爱人民事业的人。他在执教连州中学时期，敢于不畏淫威，拒绝国民党督学强迫他加入国民党的无理要求。他从不相信国民党对于中国共产党的诬蔑和虚伪宣传，但因当时他与共产党并无接触，所以也没有确切的认识。直到全国解放后，亲眼目睹在中国共产党领导下工农大众的翻身，国家各项建设的蒸蒸日上，通过前后对比，通过对马列主义、毛泽东思想的学习，他认识了，觉悟了，于 1955 年心悦诚服地申请加入了中国共产党。就这样前一个拒绝加入，后一个申请加入，突出地表现了梁家勉同志政治思想的根本转变，世界观的根本转变，同时也极大地提高了之后的治学学风，在他一贯坚持的谨严态度，科学方法之外，又增强了马克思主义的理论指导。

　　家勉同志是农史学家，也是诗人，他的近作有句云："史坛无限抛荒地，还待挥锄协力耘"这正是作者老骥伏枥，志在千里，愿与农史学界同志们共同奋力前进的写照。《中国农业科学技术史稿》甫经脱稿，他已又投身另一部巨著《中国植物学史》的部分主编工作。现值家勉同志八十诞辰，我们衷心祝愿他健康长寿，结出丰盛的累累硕果。

农史科学如何为农业现代化服务 *

——建设有中国特色的社会主义现代化
农业的若干设想

（1988 年 5 月）

一、建设有中国特色的社会主义现代化农业任务的提出

1979 年 9 月，中共中央《关于加快农业发展若干问题的决定》明确指出："我们一定要集中力量抓好农业技术改造，发展农业生产力，在农业集体化的基础上实现对农业的技术改造，这是我们党在农业问题上的根本路线，任何时候都不能忘记。"这是当时党中央总结历史经验得出来的结论。李鹏同志在全国人大七届一次会议上的政府工作报告中指出："我国农业的根本出路在于由传统农业向现代农业转变。"目前，我国农村经济正在向商品化、专业化、现代化的方向发展，正在从自给、半自给经济向较大规模的商品经济转化，从传统农业向现代化农业转化。农业现代化是历史的必然发展。世界农业的发展大致经历了原始农业、传统农业、现代农业三个阶段。其中现代农业在一部分国家和地区的历史尚不足 100 年。

现代农业是指从 20 世纪初，特别是第二次世界大战以来的农业。它的基本特点是物质和能量的"开放式循环"，从农业以外投入大量的能源和物质，从而加速了农业生产的发展。现代农业的基本特征是把农业生产建立在现代科学技术基础上，即生产技术科学化、生产工具机械化、生产组织社会化。

农业现代化是一个综合性的概念。农业生产是一个自然环境、生物、人类社会交织在一起的复杂系统。

农业现代化也是一个历史性概念。农业现代化的过程就是农业生产力由低级到高级，由量变到质变的过程。中国现代化农业是既具有中国特色又具有当

---

* 本文是刘瑞龙 1988 年 5 月在广州召开的中国农史学会第二次学术讨论会上的讲稿，刘老不幸于 5 月 25 日溘然长逝。从此篇第四部分的标题与行文构思揣度，显系未竟之提纲，可见刘老当时用心之切。斯人虽已去，但激励后继者追思先贤，赓续努力。——本文整理小组

代世界水平的科学化、机械化、社会化的农业。

农业现代化又是一个世界性的概念。中国农业现代化应该同当时在经济和技术上已经达到世界先进水平的国家相比，只有在经济上和技术上赶上、接近和超过当时先进国家的水平，才算实现或基本上实现了现代化。

由于社会制度不同，生产目的不同，就有社会主义现代化和资本主义现代化的区分。同时由于社会的、历史的、经济的差异，各国实现农业现代化的道路和方法各有不同。不同国家由于国情各异，农业现代化各具特色。在现代化过程中，早期采取措施的重点不同，大体可概括为三种类型：一是地广人稀、劳力不足、工业发达的国家，如美国、苏联和澳大利亚等，侧重于机械技术措施，提高农业劳动生产率；二是人多地少、自然资源贫乏的国家，如日本，偏重于生物、化学技术措施，提高土地生产率；三是耕地和劳力都感不足，工业基础较好的国家，如法国、联邦德国和其他西欧国家，机械技术措施和生物、化学技术措施并重。这些国家在农业的发展过程中，其共同点都是重视农业教育、科研和技术推广事业的发展；重视运用投资、信贷、税收、价格等经济手段和农业立法来扶植和调节农业生产；并都是根据自己的自然条件和社会经济条件来确定农业结构、生产布局和管理体制，为现代化过程的实现创造条件。

二、实现任务的道路和步骤

中国农业的根本出路在于实现社会主义的农业现代化，必须按照客观规律进行农业的经济改造和技术改造，改变农业技术落后和农村经济贫穷的状况，发展有计划的商品经济，建设繁荣、富裕、民主、文明的社会主义新农村。

现代农业是以先进科学技术和设备武装起来的农业，它的基本特征和主要内容是农业生产技术、农业生产手段、农业生产管理的现代化。

农业生产技术现代化就是广泛运用先进的农业科学技术。农业生产的特点之一是以自然要素作为生产要素直接参加生产过程的。农业产量的高低，归根到底取决于植物和动物的生长情况，取决于土地等资源的合理利用和经营管理水平。农业产量的增加，农业劳动生产率的提高，有赖于自然力的利用和控制，就是人们通常所说的"促进和控制"，有赖于对农作物和畜禽的性状和生长环境的改善、调整和控制。农业机械、化肥、农药等生产资料的投入和人们的劳动只有符合生物本身的生长发育规律，才能取得良好的效果，这要以认识和掌握自然规律为前提。为此，就需要借助于生物学、遗传学、育种学、作物栽培学、动物饲养学、植物保护学、兽医学、土壤肥料学、农业工程学、育林学、草原学以及生态学、生态经济学等农业科学理论、经济科学理论、环境科学理论来指导农业生产，提高人们自觉控制农业生产全过程的能力。

农业生产手段现代化，就是用现代化物质技术装备农业，实现农业机械化、电气化、水利化和园林化。在农业中广泛使用机器和电力标志着农业由手工劳动过渡到大机器生产，是农业生产力的根本变革。只有在农业生产的一切部门和一切作业项目都实行了机械化和电气化操作，才能极大地提高农业劳动生产率。

农业管理现代化就是农业中一切大生产都需要科学管理。因为生产规模和经营范围越扩大，分工越细，就越要求劳动者之间、生产的各个环节之间的紧密配合，相互协调，进行严密的科学管理。现代化大农业广泛采用先进的生产工具和科学技术，更离不开科学管理。

农业劳动者在建设物质文明和精神文明的过程中，将锻炼自身成为有理想、有道德、有文化、有纪律的社会主义新型农民。这也是社会主义现代化农业的基本标志之一。

农业现代化的目的是创造一个高产、优质、高效、低耗的农业生产系统和一个合理的、高效的农业生态系统，以满足国家建设和人民生活对农产品不断增长的需要，并建设起一个保证能持久发展生产的生态环境，不断提高生物和自然界进行物质循环和能量转化的效益，以获得最好的生态效果。

衡量我国社会主义农业现代化水平的重要标志是：

（一）要有较高的农业劳动生产率。

农业劳动生产率的高低，取决于机械化水平、农业科技应用的状况和生产管理的好坏等多种因素，它是机械化、科学化、社会化综合发展的结果。

（二）要有较高的土地生产率。

提高土地生产率的重要一点是必须建立一个良好的生态系统，才能使自然界的水、土、光、热、气等非生物因素和动物、植物、微生物等生物因素之间，建立起一个相互联系、相互依存、相互制约的关系，使动植物在良好环境里进行物质循环和能量交换，保证农产品持续增加。

（三）要有较高的资金利用率。

随着农业现代化的推进，各种现代农业机械设备、水利设施等固定资产投资将大大增加，化肥、农药、除草剂等流动资金也将随机械化水平的提高而相应增加。同时还要考虑物化劳动的投放使用是否合理，经营管理是否科学。如果只求劳动生产率和土地生产率而不求资金利用效果就可能出现不惜工本，大量追加投资，造成增产不增收，农民收入不能增加的恶果。

（四）要有山区资源较高的利用率。

我国是多山的国家，山区资源利用得充分与否，关系国家的兴衰，必须特别加以重视。

实现有中国特色的社会主义现代化农业一定要从我国的国情出发。我国基本国情就是社会主义还处在初级阶段。处在社会主义初级阶段的中国的农业，是在我国生产力落后、商品经济不发达的根本条件下的农业。我国农业在新中国成立后和成立前是根本不同的，它是经过土地制度的改革和农业合作化以后有了初步物质技术基础的社会主义农业。但是，除一些经济发达地区外，传统农业还占支配地位。中国传统农业有采取综合措施、提高劳动生产率、精耕细作的优良传统。这些优良传统不仅对中国，而且对世界上其他国家包括发达国家的农业，至今仍有许多可供参考借鉴的重要价值，有许多适应现代农业发展需要的合理成分。我国传统农业中的宝贵经验，是我们建设有中国特色的社会主义现代化农业必须继承和发扬的。另一方面，我国传统农业有它的局限性。它是在封建地主土地私有制占统治地位，由小农分散经营、手工劳动的条件下发展起来的，生产规模狭小，生产工具简陋，生产条件不稳，经验世代相传，利用自然能力弱，劳动生产率和商品率低，是一种自给自足的自然经济和半自然经济。更重要的是局限于耕地内，以种植业为主，林、牧、副、渔各业均附属于种植业，山区资源的利用更差。这种局限性，妨碍了在更大规模上充分与合理利用农业自然资源；妨碍了在农业生产结构的总体上建立农、林、牧、副、渔各业协调发展的关系；妨碍了商品经济的发展，限制了农业生产力的提高。对这些局限性，都应实事求是、因地制宜地进行适应社会生产力发展的改革，把精耕细作的优良传统同现代科学技术结合起来，使精耕细作的传统经验科学化、现代化，逐步实现有中国特色的社会主义农业现代化。中共十三大报告指出："总的来说，我国农村还处在开发时期，许多资源还没有合理利用，潜力很大，农、林、牧、副、渔和乡镇企业的发展前景都是十分广阔的。"

我国实现农业现代化，要按照中共十三大确定的我国经济建设大体分三步走的部署来进行："第一步，实现国民生产总值比1980年翻一番，解决人民的温饱问题。这个任务已经基本实现。第二步，到本世纪末，使国民生产总值再增长一倍，人民生活达到小康水平。第三步，到下个世纪中叶，人均国民生产总值达到中等发达国家水平，人民生活比较富裕，基本实现现代化。然后，在这个基础上继续前进"。

三、实现农业现代化当前的任务和方针政策

按照中央所指示的道路和战略步骤，我们要着手抓以下工作：

（一）加强调查研究，搞好农业区划，在这个基础上进行农业现代化的规划。

实现农业现代化，要贯彻执行集中力量打歼灭战的方针，一片一片地搞，一块一块地吃。农业机械要集中使用，配套成龙；用于农业的财力、物力要重点投放。这样才能充分发挥效力。就国家来说，可以从两头抓起：一头是城市郊区，即市管县利用城市优势进行；一头是贫困山区利用国家投放的资金和有关负责单位的人力来做。

（二）培养农业专门人才。

恩格斯早就指出：单靠机械的和化学的辅助工具是不够的，还必须相应地发展运用这些工具的人的能力。武装我们农村工作干部和农业技术人员，需要大批掌握现代农业科学技术的专门家。中共十三大报告中指出："把发展科学技术和教育事业放在首要位置，使经济建设转到依靠科技进步和提高劳动者素质的轨道上来。现代科学技术和现代化管理是提高经济效益的决定性因素，是使我国经济走向新的成长阶段的主要支柱"。"科学技术进步和管理水平的提高，将在根本上决定我国现代化建设的进程，是关系民族振兴的大事。"

（三）要合理地调整我国农业的生产结构。

我国农业目前的生产结构，农、林、牧之间的比例还不是合理的，达到建立良性循环的基础还需要一个很长的过程。我国必须在保证粮食增产的同时，积极开展多种经营，才能扬长避短，发挥地大人多两大优势，克服耕地不多这一劣势。如果只在占国土1/10多的耕地上作文章，不在占国土9/10的山区、草原、江河湖泊和滩涂上打主意，农民就很难富起来。

中共十三大报告在讲到"关于建设和改革全局的极端重要的农业问题"时指出："农业的稳定增长和农村产业结构的改善，是整个国民经济长期稳定发展的基础。在社会主义初级阶段，我国农业生产条件还比较落后，发展还很不稳定，加强农业建设尤为迫切和重要。我们必须十分重视粮食生产，争取在今后十多年内粮食产量有较大增长，这是实现到本世纪末战略目标的一个基本条件。我们又必须继续合理调整城乡经济布局和农村产业结构，积极发展多种经营和

乡镇企业，并且把它同支持和促进粮食生产很好地结合起来，保持农村经济的全面发展和农民收入的持续增长"。

（四）积极发展商品生产和商品交换。

农业生产责任制的普遍实行，带来了生产力的解放和商品生产的发展。由自给半自给经济向较大规模商品生产转化，是发展我国社会主义农村经济不可逾越的必然过程。只有发展商品生产，才能进一步促进社会分工，把生产力提高到一个新的水平，才能使农村繁荣富裕起来。才能使我们的干部学会利用商品货币关系，利用价值规律，为计划经济服务。才能加速实现我国社会主义农业的现代化。因此，要进一步解放思想，勇于改革，理顺关系，搞好服务。努力适应和促进农村商品生产的发展，使广大农民尽快勤劳致富，走出一条具有中国特色的社会主义农业现代化的道路。

（五）实行农业现代化，必须正确处理人和自然界的关系，进一步贯彻执行党中央一系列文件中所指示的关于合理利用资源，保持良性生态环境与控制人口增长的战略决策。

在关于《制定国民经济和社会发展第七个五年计划的建议》中，党中央再次提出"在一切生产建设中都必须遵守保护环境和生态平衡的有关法律和规定，十分注意有效保护使用水资源、土地资源、矿产资源和森林资源，严格控制非农业占用耕地，尤其要注意逐步解决北方地区的水资源问题。"这实际上把三大前提提高为一切生产建设的前提。这是党中央高瞻远瞩，抓住了当前经济建设的要害问题。现在所提倡的建设和发展生态农业的思想、生物工程和技术工程结合的思想、有机农业和无机农业结合的思想，都是有利于贯彻三大前提战略的。

中共十三大报告中特别指出："在推进经济建设的同时，要大力保护和合理利用各种自然资源，努力开展对环境污染的综合治理，加强生态环境的保护，要经济效益、社会效益和环境效益很好地结合起来。"这就是我们的方针。

（六）实现农业现代化，整个农业必须有一个合理的布局。

所谓合理布局，就是要逐步实行区域化、专业化生产，不断提高农业生产的社会化水平。不这样做，农业就不可能实行大规模的全面的机械化，不可能大规模地全面采用一系列的先进科学技术。同时要使农、林、牧、副、渔平衡发展，不同地区要根据各自的自然条件，宜农则农，宜林则林，宜牧则牧，或者以一业为主，搞好多种经营。我们还要在认真搞好规划的基础上，扎扎实实地搞好试点，边实践边总结，有秩序、有步骤地前进。

（七）农业的现代化，不能离开现代工业和交通运输业的武装。

在若干年内，我们必须根据我国农业的特点和现代化的要求，根据各地的不同条件和生产需要，统筹安排，按照专业化协作的原则，组织好全国农用工业的合理布局。要使各种农业机械，各种农用化工产品，都能经济合理地进行大批量生产，不断地提高质量，降低成本。在交通运输方面，要努力建设联结城市、县镇和农村的公路，基本上做到县县、乡乡通汽车。根据资源条件努力兴办农村小水电站、小火电站，大力推广沼气，采取一切切实可行的措施，扩大农用能源。要因地制宜地开展农田水利和草原灌溉，要加快发展农用化工产品，使我国农业逐步拥有数量充足、质量优良、品种丰富、价廉物美的化学肥料、农药、塑料薄膜和除草剂等产品，以适应农业高速度发展的需要。

（八）把商品经济的发展和合作经济的发展一致起来。

这几年实行家庭联产承包制，实行双层经营体制，除集体经营外，恢复了家庭经济，效果很好，大大激发了农民的创造能力和主动精神，加快了农村发展进程，这是发生在农村的最深刻的伟大变化。发展商品生产和完善合作制目标是一致的。因为二者的共同目标都是为了发展生产力。生产力发展了，为合作经济提供了物质前提。列宁当年高度评价了合作制，认为："这使我们找到了私人利益、私人买卖的利益与国家对这种利益的检查监督相结合的尺度，找到了使私人利益服从共同利益的尺度"。家庭承包制，这种双层经营的合作经济的经营形式，正是发挥了列宁所讲的合作制的作用。

（九）有计划地发展小城镇建设和加强城市对农村的支援。

逐步实现城乡一体化，农业工业化。这是加快实现农业现代化，实现四个现代化，逐步缩小城乡差别、工农差别的必由之路。我国农村现有八亿人口，有三亿劳动力，随着农业现代化的进展，必将有大量农业劳动力逐步节省下来，这些劳动力不可能也不必要都进入现有的大中城市，工业和其他各项建设事业也不可能和不必要都放在大中城市。我们一定要十分注意加强小城镇的建设，作为改变全国农村面貌的前进基地。

（十）中国农业现代化的进程是一个经济发展、技术改造、文化提高的过程，必然有一个传统经验和现代科学技术相结合、相融合、相交替的过程，要采取若干过渡的形式和方法。

四、农史科学研究的总题目是如何使传统农业向现代农业
转化，如何为中国式社会主义农业现代化服务

（一）通过实际考察开展对不同农业地区的农业史的研究。农业的地域性很强，中国地域广大，从南到北，从东到西，各种自然条件、社会经济技术条件不同，栽培技术、耕作方法亦不同。应加强地区农业史的研究，用来指导农业现代化的进程。

（二）对传统农业进行定性、定量的研究，用现代科学技术对传统农业的优越性进行研究：优越性在哪儿？有多大？怎样使我国农业优良传统与现代科学相结合？如何使传统农业科学化、现代化？怎样运用这些知识指导农业现代化？

（三）比较农业史的研究。主要涉及国际农业史的研究。各国情况不同，实现农业现代化的道路不同，要研究他们的发展经验，以供我们借鉴。

（四）对传统农业进行多学科的综合研究。农业涉及的学科很广泛，它们之间有协作的问题。只有各有关学科进行协调的综合研究，对传统农业得出科学的正确认识，才能解决农业现代化中的继承与改革的问题。

（五）资源开发史的研究。我国的自然资源非常丰富，有很多还没有得到开发和利用。要充分发掘我国各地名优特产等资源，进行历史的研究，促进我国社会主义农业的发展。

（六）从历史上研究土地开发利用问题。我国人多地少，随着各项建设事业的发展，耕地将逐年被占用而减少。根据这种情况，要研究历史上对土地开发利用的成功的经验和失败的教训，指导我们合理开发和利用土地。

（七）从历史上研究山区的开发与治理问题。我国是多山的国家，山区经济的发展关系到农业的兴衰和山区人民的生活问题，应认真总结这方面的历史经验，推动当前的山区建设工作。

中国农史学会第二次学术讨论会闭幕词 *

(1988 年 5 月 23 日)

代表同志们：

中国农学会农史学会第二次、中国科学技术史学会农史学科委员会第三次农史学术讨论会，承蒙华南农业大学大力协助主办，开得很好。到会代表共 77 人，其中高级职称的 47 人，中级职称的 20 人，初级职称的 7 人，研究生 3 人。代表中女同志 10 人，老、中、青、妇女各方面代表俱全，代表面比较广泛。

由于我们在召开学术讨论会的通知中提出了，传统农业向具有中国式的社会主义现代化农业转化的中心议题，在所收到的 54 篇论文中，有关传统农业向现代化农业过渡的文章 24 篇，占 44%；有关农业历史的论文 16 篇，占 30%；有关农史方法及通论的文章 14 篇，占 26%；有的文章题目虽然似乎与中心议题较远，但多是从宏观或微观方面与现代农业的发展有关的问题。可以说这次的论文更加接触生产实际，对传统农法进行科学实验的论文也有所增加。有些中青年同志的论文，不论在内容和文字方面也都具有较高的水平。我们农史学界后继有人，令人欣慰。

召开农史学术讨论会提出传统农业向具有中国特色的社会主义现代化农业过渡的中心议题，并拟发《农史科学为农业现代化服务——建设有中国特色的社会主义现代化农业的若干设想》的研究参考提纲，这种定向引导组织学术讨论会的办法，在我们还是第一次试行，利弊如何，有待今后继续试行，并请同志们评议，以便改进。我们提出这个中心议题，是由于我们国家面临着在传统农业的基础上建设具有中国特色的社会主义现代农业的伟大改革时代。我们农史科研工作者责无旁贷，理应尽快把我们的农史科研工作纳入国家建设现代化农业的轨道上来，发挥农史科学的时代作用。当然，我们这样提出问题，不是要所有的同志一拥而上，一律直接地只局限研究这个中心议题。农史科学是多

---

* 1988 年 5 月，中国农史学会在广州召开第二次学术讨论会。刘瑞龙不顾年迈体弱，坚持参加该会，并坚决要求和其他代表一起住在没有空调的华南农大内部招待所。5 月 22 日晚和与会人员讨论问题直到 23 日凌晨 3 时，23 日上午又参加会议闭幕式，并一直工作到晚上，终致心脏病突发，于 25 日不幸逝世。本文是刘瑞龙在该会闭幕式上致的闭幕词，也是他人生最后一次精彩演讲。

学科的交叉学科，其中有基础学科，有应用学科，有其层次性，而同志们又各自有各自的专攻的专业、学科和特长，如果让同志们都集中单纯地研究一个中心议题，那就未免过于简单化了。现在是改革的时代，农史学会一成立，就面临改革的形势，中心问题是要促进农史科研，改进研究方法，扩展研究领域，面向生产、面向实际、面向世界、面向未来。希望同志们就各自的专业、学科和特长，探索如何为农业现代化服务的问题。

由于问题比较集中，讨论比较热烈，大家畅所欲言，不回避不同意见，做到百家争鸣，真理愈辩愈明，有助于讨论向深化发展，澄清问题，共同提高。

个别论文反映，有的朋友认为："你们搞农史的研究现代化，是不务正业，是演'反串'角色。"认为研究现代化问题与农史工作者无关。这种把农史研究和现代化割裂的思想，与我们过去宣传不够有关。

一、这次研究的中心是改造传统农业向现代化农业转变，建设有中国特色的社会主义现代化农业。会议进行了认真、热烈地讨论。在会议前我们发表了有关这个问题的参考研究提纲，在提纲中，有关这方面的问题已经说了的就不再重复。建议今后各地对提纲进行审议订正，并寄北京。我们准备把这个提纲作为一个建议向有关部门提出。

讨论中认为，对于传统农业或者现代农业都要有一个全面的认识。传统农业出现以后，从养活了我国最初的几千万人口到现在的 10 亿多人口，作出了巨大贡献。它有存在的客观根据。新中国成立以后，传统农业已经发生了局部的质变，首先是土地改革，彻底消灭了地主阶级封建剥削的土地制度。此后又进行了社会主义改造，经过国家、集体和农民私人的投资，已经具有一定物质技术基础，开始了现代化的进程。我们现在的农业，是有若干现代化因素的传统农业，传统农业原有的优点仍然存在。但是同时又存在着阻碍生产力发展的局限性，必须进行改造，才能走向现代化，才能进一步发展生产力。

我们所说的现代化农业，是被现代工业和现代科学技术所武装的农业。西方的已经达到现代化水平的农业有很多优点。但是由于资本主义唯利是图的制度和石油农业导致农业配置不合理，环境污染，生态破坏，引起农业危机等等弊病，这是我们不应该重复，而应该设法避免的。传统农业和现代农业本质上是不同的，其基本区别主要是生产力发展水平的不同，以及相应的生产关系的不同。

传统农业一定要加以改造。向现代化农业转变，才有出路，这个认识是一致的。但是，如何转变，有几种不同的意见：一种意见认为，在转变的过程中，必须利用现在的传统农业的若干合理因素，认为利用这些因素是为现代化开辟道路的，有利于转化的。在传统农业的基础上投入的社会主义工业和现代科学技术加以武装，同时发展商品生产和商品交换，这样引导农民富裕起来，完成这次转化。另一种意见认为传统农业不需要利用，认为改造传统农业不需要利用传统农业本身存在的合理因素，认为这种利用对现代化是有害的。主张这种意见的虽然是少数，但作为一种倾向是值得重视的。

从传统农业向现代农业转化，建设中国式的社会主义现代化农业，一定要根据中国的国情。10亿人口，8亿农民；中央指出的中国农业的两个基本特点；现在中国处在社会主义初级阶段，对这些条件，必须严格加以考虑。由传统农业向现代化农业转变，这是一个大的质变，按照十三大的规定，要经过三步才能完成。这是一个质变，但它是传统农业基础上的质变。它要经过一个长时期的过程，这个过程不是突变，不是一个早上就变化得了的，而是一个经济发展，技术改造，文化提高的一个长期的过程，是一个渐进的，由量变通过若干局部质变，达到全部质变的复杂过程。我们要有领导地、有步骤地、有秩序地稳步前进。在这个过程中间，我们要采取若干过渡的灵活变通的方法，不能重复过去左的，急躁冒进的，不顾现实条件地一刀切，一阵风，一哄而起的错误做法。我们要采取多种经济成分、多种经济形式，多种能源，多种工具同时并存的复杂办法。而且要从点做起，由点到面，由基地推向全局这样波浪式地前进。

关于社会主义初级阶段的传统农业，我国现代化的道路以及它的任务、方针、政策都已在参考提纲中做了初步说明，这里不再重复。

会议感谢农大教授董恺忱给会议吹来了一阵新风，他向同志们介绍了美国农业经济学家舒尔茨关于改造传统农业的著作中所表达的若干重要论点。我已经建议他写出提纲，供同志们参考，可以启发我们深入探讨转化的问题。

舒尔茨的中心意思就是"要改造生产率极低的传统农业，成为高生产率的经济部门"。"传统农业占统治地位的国家是贫穷的"，必须改造传统农业向现代化农业过渡。在改造传统农业时，农民是最主要的因素。必须给以充分的重视，并采取相应的措施，特别要重视对农民的投资。舒尔茨对传统农业下的定义为"完全依靠祖祖辈辈一直使用的生产要素进行耕作的农业。"这个定义比较切合实际。其他分析请参阅董恺忱同志的提纲，这里就不重复了。

二、农史研究如何为农业现代化服务，这是我们会议提出的又一个大问题。我在开幕式上讲了下面一段话，我认为有必要在闭幕式上再重复一下。道路就是我国农业的优良传统和现代农业科学技术结合起来，就是把传统经验科学化、现代化。要做到这一点，就要把农史科学和现代农学的各个方面结合起来。用现代农业科学原理对传统农业采取农业系统工程方法进行定性的方法，进行科学分析，迟仁立强调了这一点，区别它的精华部分和糟粕部分，确定应该继承和发扬的部分和经过改造进行创新的部分。分别情况，继承、发扬、改革、创新，就是我们的方针。执行这个方针时，必须进行调查研究，接触实际才能适应有的放矢，因地制宜的原则，只有这样，才能加深对农学和农史的理解，检验历史经验和现实科学的可靠程度，防止脱离实际，脱离当前建设的实际的毛病。还要注意历史经验和现代科学相互矛盾、相互融通、相互补充的部分。

在农史研究中，应按照课题的性质，对具有战略性的课题，以进行多学科协作的综合研究为宜，对范围比较狭小的具体问题，以进行小范围的专题研究为宜。

三、今后的工作：

（一）为了加深研究传统农业向现代化农业转变的问题，要抓紧中国近代、现代农业史和科技史的研究。华恕同志发言中提出的几点意见很好。第一，搜集近代、现代农业的人物、有关的文物和资料。第二，要注意搜集基础资料。第三，要利用全国有关方面的力量来搜集这方面的资料。最后，还有一个补充建议：要研究中国近代、现代农业史，要和农业部《当代中国农业》编辑部联系，和各省志编辑部联系，《中国农业科技史稿》近代现代的续编委会建议以原有的编委为基础，再根据情况，增加若干副主编。

（二）《中国农业史》、《中国农业通史》的编撰工作要积极进行筹备，请考虑这次会议上是否可以指定若干同志进行若干工作。

（三）为了配合各地农业现代化的进程，要注意地区农业史的研究，包括经济史、技术史、资源史的研究。这里特别强调一下山区农业经济史、山区农业技术史的调查研究，以加强山区的农业建设。

（四）普及农业教育要具体化。这里包括各农业大学、农学院农史研究室的建立和健全问题，教材问题。

（五）加强农史队伍的培养和提高。农史工作者要加深对自然科学、历史科学、经济科学的学习，现有的农史工作者要有计划地进行提高。

（六）学习梁老。昨天我们已经祝贺梁家勉同志的高寿和他的卓越成就。就是发扬他的治学精神，他实事求是的科学研究态度。我们要向他学习，更好地发展农史科学研究，为改造传统农业和向社会主义农业现代化过渡服务。

（七）关于会务的几个问题。一是会章问题，建议各地回去后审议一下会章，提出修改意见寄本会。发展会员问题，以订正以后的会章为准，照会章办事。

（八）我们这次会议要由秘书组写一个会议纪要，这个会议要出一本小册子，里面有开幕词、讲话、提纲和祝贺梁老的诗词、讲话以及闭幕词等。

责任编辑：张继华
装帧设计：徐　晖
责任校对：张彦　周昕　湖催

图书在版编目（CIP）数据

刘瑞龙文集 第三卷/刘瑞龙 著. -北京：人民出版社，2010.9
ISBN 978 - 7 - 01 - 009243 - 0

Ⅰ.①刘…　Ⅱ.①刘…　Ⅲ.①刘瑞龙（1910～1988）-文集 ②社会
　主义建设时期　Ⅳ.①C53

中国版本图书馆 CIP 数据核字（2010）第 174600 号

刘瑞龙文集
LIURUILONG WENJI
第三卷

刘瑞龙　著

人民出版社 出版发行
（100706　北京朝阳门内大街 166 号）

涿州市星河印刷有限公司印装　新华书店经销

2010 年 9 月第 1 版　2010 年 9 月北京第 1 次印刷
开本：710 毫米×1000 毫米 1/16　印张：28.75
字数：500 千字　印数：0,001-3,000 册

ISBN 978 - 7 - 01 - 009243 - 0　定价：63.00 元

邮购地址 100706　北京朝阳门内大街 166 号
人民东方图书销售中心　电话（010）65250042　65289539